論語

雍용也야第뎨六뉵

子ᄌᆞㅣ로
면디이로

子ᄌᆞㅣ 曰왈雍용也야는 可가使ᄉᆞ人인南남面면

南남面면ᄒᆞ얌즉ᄒᆞ도다

子ᄌᆞㅣ 곧ㅇ샤디雍용은 可가ᄒᆞ여곰

仲듕弓궁이 問문子ᄌᆞ桑상伯ᄇᆡᆨ子ᄌᆞ한대子ᄌᆞ

子ᄌᆞㅣ 曰왈可가也야ㅣ 簡간이니라

仲듕弓궁이 子ᄌᆞ桑상伯ᄇᆡᆨ子ᄌᆞ를 묻ᄌ

온대子ᄌᆞㅣ 곧ㅇ샤디 可가홈이簡간ᄒ

심성함양 윤리실천 교본
인류대동 세계평화 지침

한글판 논어경문과
인정仁政 덕치德治 사상

張基槿 編著

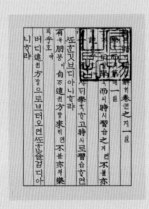

明文堂

▲ 공자시교도(孔子示敎圖) 단상(壇上)의 중앙이 공자이다.

▶ 공자상(孔子像)

▼ 하늘은 나에게 덕(德)을 주셨다 송나라 환퇴(桓魋)가 공자를 죽이려 하자 공자가 이렇게 말했다.

◀ 공자(孔子, 李公麟聖賢圖)

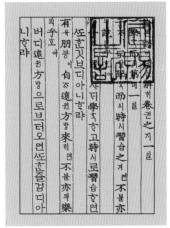

▲ 논어언해(論語諺解) 목판본 광해군(光海君) 4년(1612) 내사간(內賜刊).

◀ 공문십철(孔門十哲) 덕행(德行)에는 안연·민자건·염백우·중궁, 언어(言語)에는 재아·자공, 정사(政事)에는 염유·자로, 문학(文學)에는 자유·자하가 뛰어났다.

▼ 논어언해(論語諺解) 한글로 풀이한 『논어언해』는 조선조 세조(世祖) 때에 이미 발간되어 부녀와 서민들도 읽게 했었다.

▼ 공자묘(孔子廟)

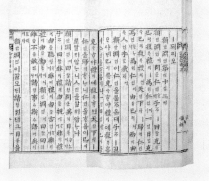

▲ 순(舜)임금 요(堯)임금으
로부터 왕위를 물려받았
다.

◀ 요(堯)임금 순(舜)임금과
함께 성제(聖帝)로 일컬
어진다.

▲ 우왕(禹王) 치수(治
水)의 공로로 순임금
에게 발탁되어 왕의
자리에 올랐다.

◀ 탕왕(湯王) 은(殷)나라의 초대 왕

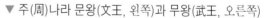

▼ 주(周)나라 문왕(文王, 왼쪽)과 무왕(武王, 오른쪽)

필자의 희망

사람도 동물적 삶을 산다. 그러므로 수심(獸心)을 바탕으로 험하게 살 수도 있다. 사람은 육체적 삶을 산다. 그러므로 식색(食色)의 욕구와 육신적 쾌락을 채워야 한다. 이는 개별적 삶이다.

그러나 사람은 혼자서는 태어날 수도 없고, 또 혼자만으로는 살 수도 없다. 가정에서는 부모와 형제가 하나가 되어야 하고, 또 나라에서는 다스리는 사람과 백성이 하나가 되어야 한다. 서로 사랑하고 힘을 합해야 좋은 공동체를 형성한다. 뿐만 아니다. 사람은 역사와 문화를 계승하고, 또 발전해야 한다.

사람은 영장(靈長)이다. 그러므로 잘 배우면 우주 천지 자연 만물의 도리를 알고, 또 실천해서 덕을 세울 수 있다.

공자는 2,500년 전의 지성선사(至聖先師)다. 탁월한 사람들을 가르쳐서 지인용(智仁勇)을 알고, 또 실천케 했다. 배워야 도를 안다. 서로 사랑하고, 또 협력해야 한다. 아울러 윤리 도덕을 적극적으로 실천해야 한다. 그래야 군자가 된다.

오늘의 지식인도 마찬가지다. 배워서 도리를 알고, 또 서로 사랑하고 협동해야 좋은 공동체를 형성한다. 특히 인류 대동의 평화세계를 건설하고, 동시에 역사적·문화적으로 발전해야 한다.

2010. 11. 1. 장기근 삼가 올림

차   례

4. 이인편(里仁篇) | 122

5. 공야장편(公冶長篇) | 158

6. 옹야편(雍也篇) | 202

7. 술이편(述而篇) | 239

8. 태백편(泰伯篇) | 278

15. 위령공편(衛靈公篇) |518

20. 요왈편(堯曰篇) | 726

1. 학이편(學而篇)

논어는 편마다 첫 장의 두 글자를 따서 편명(篇名)으로 삼았다. 「제1편 제1장」의 첫 구가 「학이시습지(學而時習之)」다. 그래서 「학이(學而)」를 편명으로 삼았다.

황간(皇侃)은 학이편을 앞에 내세운 이유를 다음같이 말했다. 「옥돌은 다듬지 않으면 옥기가 되지 못한다. 사람은 배우지 않으면 도를 모른다.(玉不琢 不成器 人不學 不知道)」 <禮記 學記篇> 주자(朱子)는 집주에서 말했다. 「이 편의 글은 모두 근본에 힘을 써야 한다는 글이다. 이는 곧 도에 들어가는 관문이고 덕을 쌓는 바탕이다. 배우는 사람이 먼저 힘써야 한다.(所記多務本之意 乃入道之門 積德之基 學者之先務也)」

제1편은 총 16장이다. 학문을 통해 도(道)를 깨닫고 덕(德)을 세우기를 강조한 글들이다. 도덕의 뜻을 바르게 알아야 한다. 도는 천도(天道)다. 보이지 않는 형이상의 도리 및 법칙이다. 덕은 득(得)이다. 도를 실천해서 얻은 좋은 성과가 덕이다. 좋은 성과는 땅 위에 나타난다. 따라서 지덕(地德)이라고 한다. 천도는 절대선의 우주(宇宙)의 도리다. 우주 천지자연 만물은 천도를 따라 생육화성(生育化成)한다.

사람은 영장(靈長)이다. 하늘이 내려준 탁월한 본성을 바탕으로 인류대동(人類大同)의 평화세계를 구현해야 한다. 그러기 위해 잘 배우고, 또 윤리 도덕을 실천해야 한다.

1-1 : 경문 한글 풀이

공자가 말했다.「도를 배우고 때에 맞게 실천하고 익히니 역시 기쁘지 않겠는가. 뜻과 도가 같은 동지들이 멀리서 와서 함께 어울리니 기쁨이 넘치노라. 남이 나를 몰라도 성내지 않으니 역시 군자로다.」

子曰 學而時習之 不亦說乎. 有朋自遠方來 不亦樂乎. 人不知而不慍 不亦君子乎.

[학(學)의 깊은 뜻]

(1)「배울 학(學)은 본받을 효(效)」와 같은 뜻이다.「사람의 본성은 착하다. 배우고 깨닫는 데는 앞서는 사람과 뒤처지는 사람이 있다. 후각자(後覺者)는 반드시 선각자(先覺者)가 행하는 바를 본받고 따라야 한다. 그래야 선(善)을 밝혀내고 원래의 본성(本性)으로 복귀할 수 있다.(學之爲言效也 人性皆善 而覺有先後 後覺者 必效先覺之所爲 乃可以明善 而復其初也)」<집주>

(2) 공자(孔子)가 말하는 학(學)의 깊은 뜻을 바르게 알자. 결론부터 말하겠다. 학은「천도(天道)를 배워서 깨닫고, 인행(人行)으로 지덕(地德)을 세움이다.」

(3) 사람은 잘 배워야 절대선(絕對善)의 천도를 깨닫고 안다. 알면 실천해야 한다. 그래야 지상세계에 덕을 세우게 된다. 그렇게 하는 지식인을 곧 군자(君子)라 한다.

[천도(天道), 인행(人行), 지덕(地德)]

(1) 천도(天道)는 절대선의 하늘의 도리다. 사람을 위시하여 자연 만물을 생육화성(生育化成)하는 공평무사(公平無私)한 도리다.

(2) 사람은 개별적 삶을 산다. 동시에 공동체적 삶을 산다. 개별적 삶은 식색(食色)을 본으로 한다. 단 사람은 우주 천지 자연 만물과 조화를 이루어야 한다. 동시에 사람은 서로 사랑하고 협동해서 함께 잘사는 하나의 공동체를 이루어야 한다.

(3) 그러므로 윤리 도덕 예의범절을 따르고 지켜야 한다. 그래야 가정, 국가, 인류 세계 등의 공동체를 건전하게 만들고, 동시에 역사적·문화적으로 계승하고, 또 창조적으로 발전하게 할 수 있다.

(4) 모든 사람은 태어나 살다가 죽는다. 산다는 것은 곧 육신적 기능으로 업적을 남긴다는 뜻이다. 죽으면 다시 자연으로 돌아간다.

(5) 거듭 말하겠다. 도리를 알기만 하고 행하지 않으면 소용이 없다. 개인적으로나 사회적으로나 국가적으로나 천도를 실천하고 지덕(地德)을 세우고 남겨야 한다.

[군자(君子)와 학문]

(1) 문자학적(文字學的)으로 「학(學)은 각(覺)이다.」 배워서 깨닫고 안다는 뜻이다. 또 「학(學)은 효(效)다.」 배워서 깨닫고 알게 된 「천도천리(天道天理)를 본받고 실천함이다.」

(2) 배워 깨닫고 실천하고 덕(德)을 세우는 사람이 군자다. 그래서 공자는 논어 첫 장에서 말했다. 「배워서 실천하고 학문과 덕행이

몸에 숙달하니 참으로 기쁘지 않겠느냐.(學而時習之 不亦說乎)」

(3) 학덕(學德)을 겸한 지식인이 곧 군자다. 군자는 외형적 물질문화보다 내면적 정신문화 및 윤리 도덕을 높인다. 그래야 인정덕치(仁政德治)를 구현(具現)할 수 있다. <* 오늘의 많은 사람들은 정신 도덕보다, 외형적 재물을 높인다. 고로 위기에 처해 있다.>

[주(周)나라의 예치(禮治)]

(1) 인정덕치는 절대선(絶對善)의 천도(天道)와 착한 본성, 즉 인심(仁心)을 바탕으로 인류대동(人類大同)의 평화세계를 구현(具現)함이다.

(2) 인정덕치는 고대의 전통이다. 특히 주(周)나라 초기에 문왕(文王), 무왕(武王) 및 주공단(周公旦)에 의해서 확립된 예치(禮治)다.

(3) 공자는 제자에게 가르치고, 또 실천하기를 강조했다. 그래서 공자는 성왕(聖王)의 사상, 고대의 전적(典籍), 특히 주나라의 예악(禮樂)과 문물(文物) 및 육예(六藝)를 가르치고 익히게 했다.

(4) 육예는 곧 「예(禮)·악(樂)·사(射)·어(御)·서(書)·수(數)」다. 예(禮)는 예의범절, 악(樂)은 음악, 사(射)는 활쏘기와 무술, 어(御)는 말 타기와 수레 몰기, 서(書)는 글과 책 쓰기, 수(數)는 수학과 과학적 지식이다.

[오늘의 인류 위기]

(1) 오늘의 사람들은 어떤가. 학식과 기술로 돈을 버는 것에 골몰하고 있다. 물론 물질문명, 자연과학, 기계발전도 절대로 중요하다.

(2) 그러나 남을 생각하지 않고, 오직 나만 잘먹고 잘살려는 이기적

욕심(利己的 慾心)과 또 육체적·감각적 쾌락만을 추구하는 삶만을 살면 안 된다. 개인적으로나 국가적으로나 동물적 수심(獸心)과 이기적 욕심만을 바탕으로 외형적 재물(外形的 財物)을 취하면, 서로 다투고 싸우게 된다.

(3) 나라가 무력전쟁을 하면 세계가 위기에 빠진다. 평화세계를 창건하기 위해서는 모든 사람이 서로 사랑하고 협동해야 한다.

[육신적 삶과 정신적 삶]

(1) 사람도 동물에 속한다. 그러나 사람은 영장(靈長)이다. 그러므로 사람의 삶에는 크게 두 가지가 있다.

(2) 하나는 동물적·육신적 삶이다. 먹고 마시고 뛰고 놀고, 또 남녀가 서로 사랑하는 것은 동물적·육신적 삶이다. 개별적·이기적·외형적·물질적 삶만을 고집하면 서로 다투고 싸우고 뺏기 내기를 하게 된다. 국가적으로는 약육강식(弱肉强食)과 부국강병(富國强兵)에 몰두하게 된다. 고로 오늘의 세계가 위기에 빠진 것이다.

(3) 다른 하나는 영적(靈的)·정신적(精神的)·도덕적(道德的) 삶이다. 보이지 않는 형이상(形而上) 천도를 알고 지덕을 세우는 삶이다. 고로 도덕을 배우고 행해야 한다. <* 크게 말하면 자연법칙도 하늘의 도리다.>

[현왕(賢王)과 군자(君子)]

우매하고 악덕한 자는 천도를 알지 못한다. 반대로 재물만을 안다. 그래서 무력으로 남을 살상(殺傷)하거나 또는 가렴주구(苛斂誅求)한다. 또 탈취한 재물로 자신만의 부귀영화를 누린다. 악인은 악인끼리 어울리게 마련이다. 술꾼은 서로 어울려 호음음탕한다. 악인은 살인강도와 재물탈취를 한다. 현명한 임금 밑에는 학문과 덕행이 높은 군자들이 모여서 성왕(聖王)을 보좌한다.

[성내지 않는 군자]

(1) 논어에 있다. 「군자는 남이 알아주지 않아도 성을 내지 않는다. (人不知而不慍)」 군자는 학덕을 겸한 사람이다. 학문과 덕행은 나에 속한다. 「나를 알아주고, 안 알아주는 것」은 남이 하는 것이다.

(2) 사람은 알려지기를 바란다. 즉 「지기(知己)」도 「인간적 욕심(人欲)」에 속한다. 군자만이 인욕(人欲)을 극복하고 남에게 인덕(仁德)을 베풀 수 있다. 공자의 학문정신이나 목적은 「도덕적 인격자, 즉 군자를 배양하고 그들을 바탕으로 도덕적 선세계를 창건하는 것이다.」 옛날에도 군자는 우매하거나 악덕한 집권자에게 등용되기 어려웠다. 그래도 군자는 성을 내지 말아야 한다. <* 1장이 중요하다.>

1-2 : 경문 한글 풀이

유자가 말했다. 「사람됨이 부모에게 효도하고 형에게 공손한 사람은 사회에 나가서도 윗사람 범하기를 좋아하는 일이 없다. 윗사람 침범하기를 좋아하지 않으면서 난동하기를 좋아하는 그런 사람도 없다.」

「군자는 근본에 힘을 써야 한다. 근본이 서야 도를 실천한다. 부모에 대한 효도와 형에 대한 공손

함이 바로 인(仁)을 행하는 근본이다.」

有子曰 其爲人也孝弟 而好犯上者 鮮矣 不好犯上 而
好作亂者 未之有也. 君子務本 本立而道生 孝弟也者
其爲仁之本與.

[본성(本性), 인심(仁心), 효제(孝弟)]

(1) 인간의 본성은 하늘이 만물에게 심어 준 것이다. 식물에게는 식물의 본성이 있고, 동물에게는 동물의 본성이 있다. 하늘은 영장(靈長)인 사람에게만 탁월한 본성을 주었다.

(2) 인간의 본성은 곧 탁월한 철학적 이성(哲學的 理性)과 인심(仁心)이다. 사람은 이성을 바탕으로 공동체를 과학적 문화세계로 향상되게 하고, 또 발전되게 할 수 있다. 동시에 사람은 인심을 바탕으로 인정덕치(仁政德治)를 할 수 있다.

(3) 인심은 크게는 자연 만물을 양육하는 바탕이다. 작게는 서로 사랑하고 협동하여 함께 잘사는 공동체를 영위함이다. 자연과 만물이 자연의 도리를 따라 살고 번성하듯이, 인간도 인심을 바탕으로 서로 사랑하고 협동해서 잘살아야 한다.

(4) 가정적 차원에서는 효제(孝弟)다. 모든 사람은 부모에 의해서 태어나고 부모의 사랑으로 양육된다. 그러나 세월이 가면 부모는 노쇠하고 자식은 성인이 된다.

(5) 성장한 자식이 늙은 부모를 봉양한다. 그래서 「부자자효(父慈子孝)」라고 한다. 사람에게는 형제가 있다. 형제는 서로 사랑하고 협동한다. 이를 「형애제공(兄愛弟恭)」이라 한다. 「부자자효」와 「형애제공」을 줄여서 「효제(孝弟)」라 한다.

[인(仁)의 철학적 풀이]

(1) 인(仁)은 공자 사상의 핵심이다. 논어에만도 백 번 이상 나온다. 그러나 공자는 인에 대한 정의를 말하지 않았다. 다만 인에 대한 실천을 사람과 경우에 따라 설명했을 뿐이다. 인의 뜻을 오늘의 말로 대략 다음같이 추릴 수 있다.

① 인(仁)의 뿌리는 하늘 : 하늘은 만물을 낳고, 사랑으로 양육하고 더욱 번식하고 있다. 그와 같은 하늘의 사랑이 곧 인간의 사랑, 즉 인의 뿌리다.

② 인도(人道)는 곧 인도(仁道) : 「인(仁)」과 「인(人)」은 서로 통한다. 그러므로 사람이 따르고 행해야 할 도리나 길은 바로 인도(仁道)다. 「어질 인(仁)」은 「사랑하고 키운다」는 뜻이다. 사람도 천도를 따라 만물을 사랑하고 양육하고 역사와 문화를 더욱 발전케 해야 한다. 그러므로 「천도(天道)」는 「인도(仁道)」이고, 또 사람이 행할 「인도(人道)」이다.

③ 「인은 남을 사랑함(仁 愛人也)」 : 사람은 하늘로부터 착한 성품을 받아 지니고 있다. 그 착한 성품의 기본이 곧 인심(仁心)이다. 인심은 남을 사랑하고 키워주는 자애심(慈愛心)이다. 인심은 사람만을 애육(愛育)하는 데 멈추지 않고, 자연 만물에 대한 사랑으로 확대된다. 그러므로 인(仁)을 「사람들을 사랑하고 만물을 이롭게 육성함이다(愛民利物)」라고 한다.

④ 「인은 두 사람이다(仁 二人也)」 : 「너와 나, 두 사람이 서로 사랑하고 협동하는 것이 인」이다. 사람은 어려서부터 부모에게 효도하고 형제간에 우애하는 생활을 몸에 익혀야 한다. 그래야

사랑이 몸에 배고 도덕적·인적(仁的) 공동생활을 한다.

⑤ 공동생활의 원칙 : 공동생활에는 기본원칙이 있다. 서로 사랑하고 협동하면 서로 편하고 함께 잘살고, 또 발전한다. 반대로 서로 미워하고 쟁탈하면 서로 피곤하고 못산다. 그래서「인애지리(仁愛之理)」라고 한다.

<＊ 그러나 우매하고 욕심이 많은 사람은 천리(天理)를 모르고 서로 쟁탈하고 서로 피곤하게 산다.>

(2) 「부모와 자식간의 사랑과 협동」은 「종적 사랑과 협동」이며, 이를 「효(孝)」라 한다. 한편 「형제간의 우애와 협동」은 「횡적 사랑과 협동」이고 이를 「제(弟＝悌)」라 한다.

(3) 효제(孝弟)·충신(忠信)·인의(仁義) : 가정에서의 효제를 국가적으로 확대하면 충신이 되고, 세계적으로 확대하면 인의가 된다. 그러므로 가정에서 「종적·횡적 사랑과 협동」을 실천하고 익히면, 사회에서도 종적·횡적으로 모든 사람과 잘 어울리고 서로 사랑하고 협동하게 된다. 그러므로 「효제가 인을 이룩하는 근본(孝弟也者 爲仁之本)」이라고 말했다.

(4) 효(孝)는 계지술사(繼志述事) : 인간은 세대(世代)를 이어가면서 선조의 뜻을 계승하고 선조의 사업을 더욱 발전케 한다. 인간만이 역사 문화를 계승하고, 또 발전시키고 있다. 이것이 곧 효(孝)다.

(5) 「애지리(愛之理) 심지덕(心之德)」 : 인간은 천리를 따르고 행하는 이성(理性)과 서로 사랑하는 인심(仁心)이 있다. 그러므로 사람은 본성적으로 효제충신(孝悌忠信), 인의예지(仁義禮智) 같은 윤리도덕을 높이고 실천하게 마련이다. 그것이 인간의 착한 본성(本性)

이다. 이와 같은 모든 덕을 합해서 한마디로 인(仁)이라고 한다. 사랑을 행해서 얻은 좋은 성과가 인덕(仁德)이다. 그러므로 주자는 「인을 사랑의 근본원리, 인심을 바탕으로 한 덕(仁者 愛之理 心之德)」이라고 풀이했다.

(6) 인(仁)과 성인(聖人) : 중국 도통사상에서 가장 높이는 요(堯) 임금과 순(舜)임금이 바로 성인(聖人) 성제(聖帝)다. 그들은 인간적 욕심을 따르지 않고, 하늘의 도리를 따르는 도심(道心)을 바탕으로 인정덕치(仁政德治)를 펴고 박시제중(博施濟衆)했다. 즉 천하만민 및 만물을 사랑으로 품고 넓게 덕을 베풀었다. 그러므로 맹자(孟子)는 「인은 아무도 대적할 수 없다.(仁者 天下無敵)」고 말했다.

(7) 백만 년 이상 된 인류세계의 역사를 되돌아보자. 개인적으로나 국가적으로나 주먹이나 무력이 이긴다. 그러나 장기적으로 보면, 천도를 따르는 도덕이 승리하게 마련이다.

1-3 : 경문 한글 풀이

공자가 말했다. 「말을 듣기 좋게 하고 얼굴을 보기 좋게 꾸미는 자는 참된 인(仁)이 없다.」

子曰 巧言令色 鮮矣仁.

[교언영색(巧言令色)]

(1) 폭력으로 남의 토지나 재물을 탈취하는 정치는 악덕정치다. 악덕한 세력에 붙어서 일시적 명리를 얻으려는 자는 소인이다. 남을 속이고 욕심을 채우려는 자는 악인이다. 왕숙(王肅)은 「간교하게 꾸민 말에는 진실이 없고, 낯을 보기 좋게 꾸민 자는 실질이

없다.(巧言無實 令色無質)」고 했다. 제13. 자로편(子路篇)에 있다. 「강직의연하고 질박하고 과묵한 사람이 인자에 가깝다.(剛毅木訥 近仁)」

(2) 거듭 말하겠다. 교언영색은 음흉간사하게 남을 속이고 자신의 이익을 얻기 위한 꾸밈이다.

1-4 : 경문 한글 풀이

증자가 말했다.「나는 날마다 세 가지 일에 대해, 자신을 반성한다. 남을 위해서 도모함에 있어 불충하지 않았는가. 붕우와 사귐에 있어 신의를 저버리지 않았는가. 스승으로부터 전수받은 학문을 익히지 않은 바 없었는가.」

曾子曰 吾日三省吾身 爲人謀而不忠乎 與朋友交而不信乎 傳不習乎.

[스스로 반성하자]

(1) 자기반성은 인격 도야의 바탕이다. 누구나 허물이나 실수가 많다. 그러므로 스스로 반성하고 다시 되풀이하지 않아야 한다.

(2) 주역(周易) 건괘(乾卦) : 「종일 근면 노력하고 저녁에는 두려운 마음으로 근신해야 허물이 없게 된다.(終日乾乾 夕惕若 厲无咎)」

(3) 반성의 내용 : 「남에게 충성하지 않았나.」「붕우에게 말과 행동을 다르게 하지 않았나.」「스승에게 배운 바를 실천하지 않은 일이 없었나.」 스스로 성실해야 한다. 매일 반성해야 한다.

1-5 : 경문 한글 풀이

공자가 말했다. 「천승(千乘)의 나라를 다스리되 모든 일을 경건하고 믿음직하게 하고, 씀씀이를 절약하고 사람들을 사랑하고, 백성들을 적절한 때에 부려 써야 한다.」

子曰 道千乘之國 敬事而信 節用而愛人 使民以時.

[덕치(德治)의 삼사(三事), 오요(五要)]

천승(千乘)의 나라는 곧 제후국(諸侯國)이다. 인애덕치(仁愛德治)를 하기 위해서는 다음같이 해야 한다.

(1) 삼사(三事) : 경사이신(敬事而信), 절용이애인(節用而愛人), 사민이시(使民以時).

(2) 오요(五要) : 경(敬), 신(信), 절(節), 애(愛), 시(時).

(3) 이것이 인정(仁政)의 요체(要諦)다. 위정자는 백성 다스리는 일을 하늘을 모시듯이 경건하게 해야 한다. 그러면 백성들도 하늘을 믿고 따르듯이 위정자를 믿고 따른다. 위정자는 백성을 사랑하고, 또 국가의 씀씀이를 절약해야 한다. 그것이 인정이다.

[경(敬)의 깊은 뜻]

(1) 경(敬)에는 많은 뜻이 있다. 존경(尊敬), 공경(恭敬), 근신(謹愼), 엄숙(嚴肅) 등의 뜻을 다 포함한다. 크게는 하늘과 하늘의 도리를 엄숙하게 따르고 행한다는 뜻이고, 작게는 조심하고 세심하게 일을 다룬다는 뜻이다.

(2) 주자는 「경(敬)을 주일무적(主一無適)」이라 풀이했다. 「오직 하나인 하늘과 하늘의 도리를 중심으로 하고 다른 곳으로 나가거나 흐트러지지 않는다」는 뜻이다. 즉 천리로 덕치를 한다.

정자의 주(註) : 경(敬)은 곧 「하늘이 내려준 성리(性理)를 주로 하고, 동물적 · 이기적 욕심에 쏠리지 않는다는 뜻이기도 하다. 주일(主一)은 경(敬), 무적(無適)은 일(一)이다.

1-6 : 경문 한글 풀이

공자가 말했다. 「어린 사람은 집 안에서는 부모에 게 효도하고, 밖에 나가서는 윗사람에게 공손해 야 한다. 항상 말과 행동을 근엄하고 성실하게 하 고, 모든 사람을 사랑해야 한다. 특히 인덕 있는 사람을 친근하게 모시고 섬겨야 한다. 이와 같은 덕행과 자기 수양을 하고도 여력이 있으면, 성현 의 글이나 문물제도를 배워야 한다.」

子曰 弟子 入則孝 出則弟 謹而信 汎愛衆 而親仁 行有餘力 則以學文.

[개별적 삶과 공동체적 삶]

(1) 사람은 혼자 태어나 살다가 홀로 죽는다. 그러나 태어나서 죽을 때까지는 혼자 살지 않고 반드시 남과 어울려 살게 마련이다.

(2) 어려서는 부모에게 양육되고 형제자매와 어울려 자란다. 학교 에 가서는 선생과 학우와 어울려 글을 배우고, 또 기술도 습득한다.

사회나 국가에서는 상하좌우(上下左右) 모든 사람과 어울려야 부강(富强)하게 된다.

(3) 성장하면 결혼하고 자식도 낳고 이번에는 내가 부모가 된다. 한편 내가 윗사람이나 지도자가 되어 남을 가르치거나 지도하기도 한다. 그리고 노쇠하면 가정을 자식에게 물려주고, 또 사회나 국가를 후배에게 넘겨준다. 그리고 결국에는 죽는다. 모든 사람이 다 같다. 오늘만 그런 것이 아니다. 과거에도 미래에도 다 같다.

(4) 거듭 말하겠다. 사람은 홀로 태어나고 홀로 죽는다. 그러나 사는 동안에는 절대로 홀로 살 수 없다. 반드시 남들과 어울려 살게 마련이다. 또 모든 사람은 삶의 보람이나 업적을 남긴다.

(5) 인류가 지구상에 출현한 지 백만 년 이상이 된다. 그때부터 오늘까지 모든 사람이나 집단은 선인(先人)이나 선대(先代)가 남긴 삶의 업적을 계승하고, 또 발전시켜 왔던 것이다. 그 총체가 바로 오늘 우리가 누리고 있는 풍요로운 물질문명, 놀라운 과학문명 혹은 정신문화와 학문지식 및 도덕 윤리의 규범이다.

[도덕과 윤리]

(1) 천도(天道)와 지덕(地德) : 우주 천지 만물을 창조하고 운행하는 절대자를 천(天)이라 하고, 도리를 천도라 한다. 천도를 따르고 실천해서 얻어지는 좋은 성과를 덕(德)이라 한다. 도는 보이지 않는 형이상(形而上)의 도리다. 덕은 눈에 보이게 땅 위에 얻어지고, 또 열매를 맺는다. 그래서 지덕(地德)이라고 한다.

(2) 윤리(倫理) : 사람은 혼자 태어나 혼자 죽는다. 그러나 사는 동안에는 반드시 남과 어울려 살고, 또 반드시 삶의 자국, 즉 업적을

남기게 마련이다. 그것이 바로 불가피하게 따라야 할 천도다. 이왕 따르고 살 바에는 좋은 성과를 얻도록 해야 한다. 그러기 위한 모든 사람의 행동 규범이 곧 윤리(倫理)다.

[오륜(五倫)을 실천하자]

인간관계에서 서로 지키고 행할 윤리적 규범을 크게 다섯 가지로 나누어 오륜(五倫)이라 한다.

① 부부유별(夫婦有別) : 남편과 아내는 저마다 지키고 행할 도리와 직분상의 분별이 있다. 경제나 생산면에서는 「남경여직(男耕女織)」이라 했다. 그러나 가정을 평화롭게 하기 위해서는 「부화부순(夫和婦順)」해야 한다.

② 부자유친(父子有親) : 부모는 사랑으로 자녀를 양육하고, 자녀는 진심으로 부모에 감사하고 효도해야 한다. 이를 「부자자효(父慈子孝)」라고 한다.

③ 군신유의(君臣有義) : 임금과 신하는 나라와 백성을 다스리기 위해서 도의(道義)로 하나가 되어야 한다. 임금은 신하에게 예양(禮讓)하고, 신하는 임금에게 충성(忠誠)해야 한다.

④ 장유유서(長幼有序) : 가정에서는 형과 동생, 사회에서는 연장자와 후배들이 서로 사랑하고 협동해야 한다. 그러기 위해서는 「형우제공(兄友弟恭)」해야 한다. 동시에 선배와 후배는 서로 질서를 따르고 지켜야 한다.

⑤ 붕우유신(朋友有信) : 벗은 신의를 지켜야 한다. 함께 어울려 놀거나 악덕한 짓을 하면 안 된다. 서로 어울려 함께 글을 배우고 인덕을 권장해야 한다. 이를 「붕우보인(朋友輔仁)」이라고 한다.

[여리 가지 덕행]

(1) 나 자신이 솔선해서 윤리 도덕을 실천해야 한다. 오륜 중에서도 효(孝)와 제(弟)가 핵심이 된다. 제2장에서 유자(有子)가 「효제는 인을 이루는 근본이다.(孝弟也者 爲仁之本)」라고 했다.

(2) 인(仁)의 근본 뜻을 오늘 말로 다음같이 풀 수 있다. 「서로 사랑하고 서로 협동하고 함께 잘사는 하나의 공동체를 완성하는 모든 덕행을 종합해서 인(仁)이라 한다.」

(3) 그러므로 「큰 인(仁)」 속에는 수없이 많은 덕목 덕행이 포함되게 마련이다. 6장에 나오는 덕목 덕행도 다 인(仁)에 속하는 덕목 덕행이다. 가정에서 행하는 효(孝)와 제(弟)는 그대로 국가적 차원에서는 충(忠)과 신(信)으로 확대된다. 언행(言行)을 근엄(謹嚴)하고 성실(誠實)하게 해야 한다. 아울러 모든 사람을 사랑하고 특히 인자(仁者)와 어울려야 한다. 이와 같은 덕행이 몸에 배고 익은 다음에 학문 지식을 배워야 한다. 욕심쟁이는 기술을 악용하게 마련이다.

1-7 : 경문 한글 풀이

자하가 말했다. 「현인을 현명하게 받들고 섬기는 것을 흡사 미색을 좋아하듯이 하고, 부모를 섬기고 효도함에 전력을 기울이고, 임금을 섬기고 충성함에 자기 몸을 바치며, 벗과 사귐에 있어 말한 바를 신실하게 해야 한다. 글을 배우지 않아도, 반드시 그를 배운 사람이라 말하리라.」

子夏曰 賢賢易色 事父母能竭其力 事君能致其身 與
朋友交言而有信 雖曰 未學吾必謂之學矣.

[현현역색(賢賢易色)]

(1) 학문은 자기를 수양하고 인덕(仁德)을 높이고, 또 윤리 도덕을
실천하기 위해서 배우는 것이다. 절대로 남을 속이고 남의 재물을
탈취하기 위한 재주를 배우는 것이 아니다.

(2) 인간도 동물이다. 그러므로 식(食)과 색(色)의 욕구를 바르게
채워야 한다. 먹어야 개체를 보존하고 활동하고 일할 수 있다. 남녀
가 짝짓기를 해야 자녀를 낳고 종족이 번식하고, 또 발전할 수 있다.

(3) 인간은 개별적 존재이면서, 공동체적 · 역사 발전적 문화생활을
한다. 그러므로 「나」만 알고, 「전체」를 모르면 안 된다.

(4) 인간의 존엄성과 가치는 개별적 · 육체적으로 탁월한 기능에
있다. 그러나 더욱 큰 것은 전체적 · 정신적 · 도덕적 생활에 있게
마련이다.

(5) 따라서 윤리 도덕을 높이고 실천해야 한다. 가정에서는 부모에
게 효도하고 국가에 충성하고, 친구와 사귈 때는 신의를 지켜야
한다. 사회적으로 착하고 현명한 사람을 높이고 받들어야 한다. 그
래야 공동체가 바르게 된다.

1-8 : 경문 한글 풀이

공자가 말했다. 「군자는 무게가 없으면 위엄도 없
다. 배워야 고루하지 않다. 충성과 신의를 주로
해야 한다. 벗을 사귀되 학덕(學德)이 못한 자를

택하지 마라. 과실이 있으면 즉시 고쳐야 한다.」

子曰 君子不重則不威 學則不固 主忠信 無友不如己
者 過則勿憚改.

[수양의 요체]

군자는 다음의 다섯 가지를 행하고 익혀야 한다.

① 부중즉불위(不重則不威) : 무게와 권위를 세워야 한다.

② 학즉불고(學則不固) : 천도(天道)를 바르게 배워야 한다. 고주
(古注)는 「불고(不固)」를 「예(禮)에 통달한다」로 풀었다.

③ 주충신(主忠信) : 마음과 언행이 성실해야 한다.

④ 무우불여기자(無友不如己者) : 학문이나 인덕이 나만 못한
자와 어울려 놀기만 하면 안 된다.

⑤ 과즉물탄개(過則勿憚改) : 즉시 개과천선해야 한다.

1-9 : 경문 한글 풀이

**증자가 말했다. 「부모님의 상례를 정성으로 모시
고 선조의 제사를 잘 지내야 한다. 그래야 백성들
의 인덕(仁德)이 두텁게 될 것이다.」**

曾子曰 愼終追遠 民德歸厚矣.

[효도와 신종추원(愼終追遠)]

(1) 「예기 제통편(祭統篇)」에 있다. 「효자의 부모 섬김에는 세 가지
도리가 있다. 생존시에는 정성으로 봉양하고, 돌아가시면 애통하며
장례를 치르고, 후에는 경건하게 때맞추어 제사를 모신다.(孝子之

事親也 有三道焉 生則養 沒則喪 喪畢則祭)」이를 논어에서는 「신종추원(愼終追遠)」이라고 요약했다.

⑵ 이와 같은 효도를 특히 백성을 다스리는 임금이 솔선해서 실천해야 한다. 그래야 백성들이 교화되고 민풍(民風)도 돈후하게 될 것이다. 이렇게 하는 것이 곧 인정(仁政)의 기본이다.

⑶ 인(仁)을 행하는 기본이 효(孝)다. 인간의 육체적 삶은 태어남으로써 시작하고, 죽음으로써 종결된다.

⑷ 「정신적·도덕적·역사적·문화적 삶」은 세세대대(世世代代)로 이어진다. 그것이 천리다. 그러므로 생각이 깊고 역사와 문화의 계승 발전의 가치를 진실로 아는 사람은 「신종추원」한다.

<* 오직 「동물적 삶」만을 살려고 하면 안 된다.>

1-10 : 경문 한글 풀이

자금이 자공에게 물었다. 「선생님은 어느 나라에 가시든지, 그 나라 임금으로부터 정치에 관한 말을 듣는데, 선생께서 먼저 요청한 것일까요, 혹은 그 나라 임금이 자진해서 물은 것일까요.」 자공이 말했다. 「선생님은 『온화, 선량, 공손, 절검, 겸양』의 덕으로 임금을 감화하시고 정치에 대한 말을 들으신다. 선생님의 들으심은 다른 사람과는 다르다.」

子禽問於子貢曰 夫子至於是邦也 必聞其政 求之與

抑與之與. 子貢曰 夫子 溫良恭儉讓以得之 夫子之求
之也 其諸異乎人之求之與.

[덕으로 임금을 감화]

(1) 공자는 여러 나라를 방문했고, 가는 곳마다 그 나라 임금과
정치에 대한 논의를 했다. 그러나 공자는 다른 사람과 달랐다. 다른
사람은 권모술수(權謀術數)와 부국강병(富國强兵)의 책략을 가지
고 임금에게 접근하고 설득하려 했다.

(2) 하지만 공자는 높은 덕과 예로써 임금을 감화하고 임금이 자진
해서 물어오게 했다. 즉 예치(禮治)와 인정(仁政)의 대도(大道)를
알리고자 했다.

(3) 특히 공자는 「온량공검양(溫良恭儉讓)」의 오덕(五德)을 바탕
으로 임금을 감화했다. 고로 자공이 「다른 사람들과는 크게 다르다.」
고 말한 것이다. 「대전주소」에 있다. 「공자는 성덕과 눈부신 빛으로
임금들과 접했다.」 그래서 임금들이 자진해서 문의한 것이다. 당시
의 모든 나라 임금들은 사사로운 욕심을 바탕으로 부국강병만을
추구했다. 그래서 인도(仁道)를 따르지 못했다.

1-11 : 경문 한글 풀이

공자가 말했다. 「아버지 생존시에는 어른의 뜻을
살펴 따라야 하고, 이미 돌아가셨으면 생존시의
행적을 살펴, 본으로 삼아야 한다. 3년 간을 두고
선친의 도를 고치지 않아야 비로소 효라 할 수
있다.」

子曰 父在觀其志 父沒觀其行 三年 無改於父之道 可
謂孝矣.

[부도(父道)를 지킨다]

(1) 부모님 생존시에는 정성껏 봉양하고, 돌아가시면 정중하게 장
례를 치르고, 또 제사를 정성으로 모셔야 한다. 그것이 효(孝)다.
그러나 효도에는 높고 깊은 뜻이 있다.

(2) 효(孝)는 「본받을 효(效)」와 뜻이 통한다. 크게는 하늘의 도리
를 본받고 따르고 행한다는 뜻이고, 작게는 선조나 아버지의 뜻이
나 이상 및 사업이나 공적을 계승한다는 뜻이다.

(3) 가정적 차원에서는 가문과 선조의 전통을 계승하고 발전시킨
다. 국가적 차원에서는 나라를 수호하고 역사와 문화를 발전케 한
선인(先人)들의 숭고한 뜻과 공을 계승 발전한다.

(4) 중용(中庸)에서 공자가 말했다. 「주(周)나라의 무왕(武王)과
주공단(周公旦)은 효도를 충분히 달성했다. 무릇 효는 선조나 아버
지의 뜻과 이상을 계승하고, 아울러 선조나 아버지의 사업을 더욱
발전시키는 것이다.(夫孝者 善繼人之志 善述人之事也)」

(5) 즉 무왕과 주공단은 천명(天命)을 받고 포악무도한 은(殷)나라
의 주왕(紂王)을 방벌(放伐)하고 주나라를 세워, 천도에 합당한 문
물제도 및 예악(禮樂)을 제정하고 예치(禮治) 덕치(德治)를 폈다.
이는 크게는 하늘의 뜻과 도리에 호응한 것이고, 가정적으로는 선
조 및 아버지의 이상을 계승하고 성취한 것이다. 그러므로 그들을
효의 달성자라고 칭찬한 것이다.

(6) 이와 같이 효도 사상 속에는 역사와 전통을 계승하고 더욱 발전

케 한다는 「역사적 발전관(歷史的 發展觀)」이 살아 있다. 인류의 역사와 문화는 「선 방향」으로 발전한다. 그것이 곧 천도이기도 하다. 그러므로 후생은 마땅히 「계지술사(繼志述事)」해야 한다.

(7) 위의 경문에서 「3년 간, 선친의 도를 고치지 않아야 비로소 효라 할 수 있다.(三年無改於父之道 可謂孝矣)」라는 말에 대해서도 여러 가지 설이 있다. 그러나 원칙적으로 아버지는 천도를 따라 바르게 살고 역사 문화 발전에 공헌을 했다.

(8) 만약 아버지의 도가 잘못된 경우에는 자식은 충간(忠諫)해야 한다. 잘못된 것을 계승하라는 뜻이 아니다. 또 정리(情理)상으로도 아버지의 유품 유물을 간직해야 한다. 부모는 물론 형제나 처자, 스승이나 선배, 붕우나 동료 사이에서도 작고한 사람을 두고두고 생각하고 추념해야 한다. 아버지의 뜻과 전통을 계승해야 한다.

1-12 : 경문 한글 풀이

유자가 말했다. 「예를 지키고 행할 때는 조화를 귀중하게 여겨야 한다. 선왕의 예가 그러했으므로 아름답고 좋았다. 단 대소의 모든 일을 조화만을 위주로 하면, 잘 안 될 때가 있다. 조화의 귀중함을 알고 조화롭게 하되, 예로써 조절하지 않으면 역시 안 된다.」

有子曰 禮之用 和爲貴 先王之道 斯爲美 小大由之 有所不行 知和而和 不以禮節之 亦不可行也.

[예절(禮節)의 깊은 뜻]

(1) 인간은 혼자 태어나고, 개별적 존재로서, 개별적으로 먹고살게 마련이다. 그러나 동시에 모든 사람이 어울려 공동체를 꾸미고 서로 의지하고 협조하며 역사와 문화를 발전케 하고 있다.

(2) 공동체 생활을 원만하게 하기 위해서는 윤리 도덕 예법을 따라야 한다. 나만의 입장이나 욕심을 주장하면 공동체 생활을 원만하게 할 수 없다.

(3) 예(禮)라는 한자는 「이(理)와 이(履)」에 통한다. 즉 「하늘의 도리를 따르고 실천한다」는 뜻이다. 「예의 본(本)은 천리다.」 천리는 곧 천도(天道)다. 천지 만물을 낳고 양육하고 음(陰)과 양(陽)이 어울려 번식하는 도리가 천도 천리다. 인간의 경우는 수적 번식만 하지 않고 역사와 문화를 더욱 창조적으로 발전시키는 도리다. 그러므로 예의 본체를 천리라고 한 것은 높은 수준의 철학이다.

(4) 예를 외형적으로 절하는 것, 혹은 강압적 규제라고만 생각하면 안 된다. 예는 내면적으로 자연 만물과 조화를 이루고 즐겁게 살고 발전하는 문화적 생활 예술이다. 그러므로 사회생활에서 높이는 예의범절이나 혹은 관혼상제 같은 의식이나, 국가적 차원에서 제정된 문물제도인 「전례(典禮), 의식(儀式), 예의(禮儀), 예악(禮樂)」 등이 다 하늘의 법도를 따른 것이다.

(5) 예는 위계와 질서가 엄격하게 정해져 있다. 공동생활을 「진선미(眞善美)」와 하나 되게 하는 고도의 예술적 생활규범이다. 예절이나 의식은 상하좌우의 모든 사람을 서로 화목하게 하고, 동시에 함께 즐겁게 하는 효능이 있다. 「화목과 즐거움」을 합해서 화락(和

樂)이라고 한다. 결국 예는 공동체의 모든 사람을 화목하고 즐겁게 해준다. 자연의 도리는 부드러우면서도 엄격하다. 하늘은 말없이 춘하추동(春夏秋冬) 사계절을 돌려가면서 만물을 생육화성(生育化成)한다. 그러므로 자연의 도리를 따른 예법(禮法)도 부드러우면서도 엄격하게 따르고 지켜야 한다. 주자는 「집주」에서 말했다. 「엄하면서도 부드럽게, 화락(和樂)하면서도 절도있는 것이 자연의 이치이고, 예의 전체 모습이다.(嚴而泰 和而節 此理之自然 禮之全體也)」「화(和)만 알고, 예로써 제약(制約)하지 않으면 안 된다.」

1-13 : 경문 한글 풀이

유자가 말했다. 「말과 약속이 도의에 가까워야 말이나 약속을 거듭할 수 있다. 남을 공경하되 예에 맞아야 수치를 면한다. 남을 의지하되 친애하는 정의를 잃지 않아야 그를 주체로 삼을 수 있다.」

有子曰 信近於義 言可復也 恭近於禮 遠恥辱也 因不失其親 亦可宗也.

[언행을 신중하게 하라]

(1) 유교는 덕행(德行)을 높인다. 덕(德)은 얻을 득(得)과 통한다. 도(道)를 따르고 실천해서 얻어진 좋은 성과(成果)를 덕이라 한다. 그러므로 덕행은 곧 절대선(絶對善)인 천도(天道)를 따르고 실천해서 좋은 성과를 거두는 행동이다.

(2) 덕행은 천도를 기준으로 한다. 천도에 어긋나는 말이나 행동은 덕이 될 수 없다. 천도에 어긋나는 나쁜 약속을 지키고 이행하는

것은 덕행이 아니라 범죄적 악덕이다. 악덕한 권력자에게 굴복하고 아첨하는 것은 예의가 아니고 굴욕적 예속이며 창피한 짓이다.

(3) 예의(禮義)는 생활의 예술미다. 하늘의 도리를 바탕으로 한 공동체의 문화적 규범이다. 예절은 모든 사람이 저마다의 신분 계층에 어울리도록 지키고 실천해야 한다. 형식적인 「허례허식(虛禮虛飾)」이 아니다. 천도를 바탕으로 예를 행하고, 또 따라야 한다.

(4) 오늘에는 예(禮)를 대신하는 것이 법(法)이다. 그런데 법은 권력을 잡은 자에 의해서 좌지우지된다. 그래서 문제가 많다.

(5) 남을 믿고 의지하되, 그가 진정으로 남을 「친애하는 인심(仁心)과 인덕(仁德)」을 지니고 있어야 한다. 간악하고 권모술수를 쓰는 악인을 의지하거나 내세우면, 일을 망치고 나라를 혼란케 할 것이다.

(6) 주자는 말했다.

① 「약속한 말이나 내용이 옳고 합당해야 그 말을 실천할 수 있다.(約信而合其宜 則言必可踐矣)」

② 「남을 공경하되 예의나 절도에 맞게 해야, 창피와 굴욕을 멀리하고, 또 면할 수 있다.(致恭而中其節 則能遠恥辱矣)」

③ 「내가 믿고 의지할 만한 사람은, 인덕(仁德)을 잃지 않는 사람, 즉 인인(仁人)이라야 한다.(所依者 不失其可親之人 則亦可以宗而主之矣)」

1-14 : 경문 한글 풀이

공자가 말했다.「군자는 배불리 먹기를 구하지 않

고, 편히 살기를 구하지 않고, 일을 민첩하게 하고 말을 신중히 하며, 도를 좇아 바르게 해야 한다. 그래야 가히 배우기 좋아하는 사람이라 말할 수 있다.」

子曰 君子食無求飽 居無求安 敏於事 而愼於言 就有 道 而正焉 可謂好學也已.

[군자의 학문]

(1) 군자는 인(仁)의 세계를 창건할 휴머니스트다. 한몸의 안락을 구하기에 앞서 경세제민(經世濟民)해야 한다. 그러기 위해서는 항상 배우고 수양해야 한다. 공자는 다음의 넷을 들었다.

「식무구포(食無求飽), 거무구안(居無求安), 민어사이신어언(敏於事而愼於言), 취유도이정(就有道而正)」

(2) 군자는 지행일치(知行一致)해야 한다. 덕행의 기준은 천도다. 절대선의 천도를 따르고 실천해서 땅 위에 현실적으로 좋은 성과, 즉 지덕을 세워야 한다.

(3) 천도는 우주(宇宙)의 이법(理法)이다. 천지 자연 만물이 조화를 이루고 시간의 흐름에 따라 더욱 「생성(生成), 변화(變化), 번식(繁殖), 발전(發展)」하는 도리다.

(4) 인간의 경우는 시간의 흐름에 따라 대를 이어가면서 역사와 문화를 더욱 새롭게 창조적으로 발전시키고 있다. 천도는 한쪽으로 치우치거나 어느 하나만을 편협하게 사랑하는 도리가 아니다.

(5) 천도는 자연 만물과 인간이 우주적 조화(調和) 속에서 함께

생성 발전케 하는 절대선의 도리다. 천도는 공평무사(公平無私)하고, 광명정대(光明正大)하고, 또 영구불변(永久不變)하는 진리다.

(6) 그러므로 군자는 먼저 천도를 알고, 천도에 맞게 행하고 남에게 덕을 베풀어야 한다.

(7) 군자는 항상 자기반성을 하고 「취유도이정(就有道而正)」해야 한다. 「바를 정(正)」은 문자학적으로 「한 일(一)과 머무를 지(止)」의 합자(合字)다. 곧 「하나인 절대선의 도리에 가서 머문다」는 뜻이다. 군자는 돈이나 명예나 지위나 물질적 부(富)나 육체적 쾌락을 추구하면 안 된다. 군자는 국가와 민족 및 인류의 문화 발전에 이바지해야 한다.

1-15 : 경문 한글 풀이

자공이 물었다. 「가난해도 아첨하지 않고 부귀를 누려도 교만하지 않으면 어떻습니까.」 공자가 대답했다. 「괜찮다. 그러나 가난하면서 도를 즐기고, 부하게 살면서도 예를 좋아하는 사람만 못하다.」 자공이 말했다. 「시경에 있는 『절차탁마』가 바로 그 뜻이군요.」 공자가 말했다. 「사(賜)야! 그대는 비로소 나와 함께 시를 논할 수 있겠다. 지나간 일을 말하면, 미래의 일도 아는구나.」

子貢曰 貧而無諂 富而無驕 何如 子曰 可也 未若貧而樂 富而好禮者也. 子貢曰 如切如磋 如琢如磨 其斯之謂與. 子曰 賜也 始可與言 詩已矣 告諸往而知來

者.

[첨교(諂驕) 낙도(樂道) 호례(好禮)]

(1) 자공(子貢)은 언어에 뛰어난 제자로 화식(貨殖)에 밝았다. 그는 처음에는 가난했으나 나중에는 경제적으로 부유하게 살았다. 그래서 「가난해도 아첨하지 않고, 부귀를 누려도 거만하지 않으면 어떻습니까.」하고 물은 것이다.

(2) 그러자 공자는 한 단계 높은 낙도(樂道)와 호례(好禮)를 말해주었다. 이에 총명한 자공이 「절차탁마(切磋琢磨)」를 들고 맞장구쳤다. 공자는 「비로소 너와 같이 시를 논할 수 있다.」하고 칭찬했다.

(3) 시경에 있는 「3백 편의 시」를 오늘의 가르침으로 받아들일 수 있어야 한다. 이를 자공은 능히 했다. 그래서 공자는 자공을 가리켜 「지나간 일을 말해주면, 미래의 일을 안다.(告諸往而知來者)」고 칭찬했고, 이어서 「비로소 자네와 함께 시경의 시를 논할 수 있다.」고 칭찬한 것이다.

(4) 공자가 시경의 공부를 중시한 이유는 다름이 아니다. 시는 사람의 성정(性情)을 솔직하게 표현한 것이므로, 시를 읽으면 옛사람들이 정치적 현실에 어떻게 대응했는지를 알 수 있다.

(5) 정치가 좋으면 백성들이 화락(和樂)하고, 정치가 악하면 백성들이 원망(怨望)했다. 따라서 시경 공부를 하면 결국 백성들을 즐겁게 하기 위해서 어떠한 정치를 펴야 하는지를 알게 되는 것이다. 결국 정치의 득실을 시를 통해 알 수 있었던 것이다.

1-16 : 경문 한글 풀이

공자가 말했다. 「남들이 나를 몰라준다고 걱정하

지 말고, 내가 남을 모르는 것을 걱정해야 한다.」

子曰 不患人之不己知 患不知人也.

[군자의 목적]

제1. 학이편(學而篇) 첫 장에서 「남이 알아주지 않아도 화를 내지 않는다」라고 했다. 마지막 장에서는 「내가 남을 모르는 것을 걱정한다」라고 했다. 군자는 「학덕을 수양하고 천도를 따르고 실천하고, 또 백성을 교육 감화해서 착한 도덕세계를 창건하는 것」을 목적으로 한다. 악덕세계에서 대부분의 속인들은 재물과 권력을 목적으로 삼는다. 그러므로 악덕세계에서는 도도 모르고, 또 군자를 몰라도 걱정하지 않는다. 여기서 「내가 모든 사람을 잘 알아야 한다」는 말에 대한 해석은 복잡하다. 좋은 사람과 나쁜 사람을 바르게 구분해야 한다.

2. 위정편(爲政篇)

형병(邢昺)은 좌전(左傳)에 있는 「배운 다음에 정치에 들어간다.(學而後入政)」는 구절을 인용하고 말했다. 「그래서 학이편(學而篇) 다음에 위정편(爲政篇)을 오게 했다.」 또 말했다. 「위정편에서 논한 바, 효(孝)·경(敬)·신(信)·용(勇)은 다 백성을 다스리는 덕행이다. 성현과 군자는 다스리는 사람이다. 그러므로 첫 장 다음에 위정(爲政)을 내세우고, 또 편명으로 삼았다.」

황간(皇侃)은 「군자가 백성을 교화하고 풍속을 높이기 위해서는 반드시 배움을 바탕으로 한다.(君子如欲化民成俗 其必由學乎)」고 하였다. 이 말은 「예기(禮記) 학기편(學記篇)」의 말을 인용한 것이다.

공자는 「정치는 바르게 함이다.(政者正也)」라고 했다. 주자(朱子)는 「공자의 말은 정치를 가지고 사람의 잘못을 바르게 해준다는 뜻이다.(所以正人之不正也)」라고 풀이했다.

유교에서는 「수기치인(修己治人)」을 강조한다. 정치에 참여할 군자는 먼저 학문과 덕행을 쌓고, 자기수양으로 인격을 완성한 다음에 정치에 참여하고 백성들을 잘살게 해야 한다.

학문이나 수양의 기본 도리는 천도 천리(天道天理)다. 그러므로 유교에서 말하는 바른 정치는 절대선(絕對善)인 하늘의 도리를 따르는 덕치(德治)를 펴서, 천하 만민을 고르게 사랑하고 현실적으로 잘살게 해주는 정치다. 이것이 「박시제중(博施濟衆)하는 인정(仁政)」이다.

2-1 : 경문 한글 풀이

공자가 말했다. 「다스림을 덕으로써 하면 마치 북극성이 제자리에 있으되 별들이 공수(拱手)하고 따르는 것 같으니라.」

子曰 爲政以德 譬如北辰 居其所 而衆星共之.

[정(政)과 덕(德)]

(1) 밤하늘에 반짝이는 북극성을 중심으로 질서정연하게 회전하는 뭇 별들을 내세워 「인정덕치(仁政德治)」를 문학적으로 비유했다. 공자는 문학자 및 예술가이기도 하다.

(2) 이 장의 핵심인 「위정이덕(爲政以德)」의 깊은 뜻을 생각해 보자. 공자는 말했다. 「정치는 바르게 하는 것이다.(政者正也)」

(3) 「정(正)」은 문자학적으로 「하나(一)에 가서 멈춘다(止)」는 뜻이다. 설문해자에 「일(一)」을 다음같이 풀이했다. 「아득한 태초에 도가 하나에서 나타나 섰고, 하나에서 하늘과 땅이 나누어 형성되었고, 다시 하늘과 땅, 음과 양이 서로 어울려 변화하고, 만물이 태어나 살고 자라게 되었다.(惟始太初 道立於一 造分天地 化生萬物)」

(4) 결국 하나[一]는 유일무이(唯一無二)한 하늘, 혹은 절대선(絶對善)인 하늘의 도리다. 그러므로 「바르게 한다」는 것은 곧 「하늘과 하나가 된다」 혹은 「하늘의 도리를 따르고 실천한다」는 뜻이다.

(5) 덕(德)은 득(得)이다. 도(道)를 따르고 행해서 얻은 좋은 성과를 덕이라 한다. 구체적으로 말하면 자연 만물이나 사람은 다 하늘

의 도리에 따라 태어나 살고 있다. 식물·동물·인간이 생명을 내려받고 삶을 누리고 있는 것이 곧 덕이다. 그러므로 「덕으로 다스린다고 함은 곧 하늘의 도리를 따라 천하 만민을 잘살게 해주는 것이다.」 이것이 「바른 정치, 덕의 다스림이다.」

(6) 그러나 주자는 이차적 작은 뜻을 기본으로 하고 풀었다. 즉 「정(正)」을 좁은 뜻으로 「남의 잘못을 바로잡아준다」로 풀었다. 또 「덕」도 좁게 「마음으로 터득한 덕성(德性)」으로 풀었다. 그러므로 「위정이덕(爲政以德)」을 「법령이나 호령이 아니라, 임금의 심덕(心德)을 바탕으로 다스리고 감화한다」는 뜻으로 풀었다.

(7) 고주(古注)를 보자. 인정(仁政)은 인간적 조작이나 형법을 가지고 강압적으로 하는 것이 아니다. 「임금이 심덕(心德)으로 백성들을 감화해서 스스로 바르고 착하게 되게 한다. 이는 흡사 북극성이 제자리에 가만히 있으되 뭇 별들이 그를 존경하고 그를 중심으로 질서정연하게 돌아가는 것과 같다.」 <包咸>

(8) 「이 장은 정치의 요체를 말한 것이다. 『위정이덕(爲政以德)은 가장 좋고 착한 정치는 덕으로써 하는 것보다 더 좋을 게 없다』는 뜻이다. 덕(德)은 득(得)과 같은 뜻이다. 만물이 살고 번식할 수 있는 것을 덕이라 한다. 순수하고 맑은 덕을 흐트러뜨리지 않고 인위적인 조작을 안하고, 맑게 교화하는 것이 곧 다스림을 잘하는 것이다.(德者得也 物得以生 謂之德 淳德不散 無爲化淸 則政善矣)」 <邢昺疏>

(9) 「덕으로 다스리면 동요하지 않고, 교화하고 말없이 믿게 하고 조작하지 않고도 성취한다. 지키는 바가 지극히 간략하지만 능히

번거로운 일들을 처리할 수 있다. 처하는 바, 지극히 조용하지만 능히 움직이는 것들을 제어한다. 힘쓰고 애쓰는 바 지극히 적지만 능히 모든 사람을 복종케 한다.(爲政以德 則不動而化 不言以信 無爲以成 所守者至簡 而能御煩 所處者至靜 而能制動 所務者至寡 而能服衆)」<范氏>

(10) 덕치(德治)와 반대되는 것이 패도(覇道)의 악덕정치(惡德政治)다. 무력과 권모술수를 농하고 이기적 탐욕을 채우는 정치다. 오늘의 악덕한 정치가들은 성현들이 높인 인정(仁政)이나 덕치(德治)의 도리와 뜻을 모른다. 반대로 동물적·이기적·관능적 욕구를 채우기 위해 무소불위(無所不爲)의 악행을 자행하고 있다.

<* 오늘의 인류세계는 심각한 위기에 빠져 있다. 그 이유와 현상을 대략 다음같이 말할 수 있다. 대부분의 사람들이 존엄하고 숭고한 정신생활을 모른다. 많은 사람들은 생각하는 힘과 숭고한 가치를 모른다. 인류가 하나라는 대동사상(大同思想)이 부족하다. 그러므로 인류를 하나로 묶는 윤리 도덕의 숭고한 뜻도 모르고, 또 행할 줄도 모른다. 개인이나 국가는 재물과 과학 등을 무기로 악용하고 남을 폭력이나 무력으로 침공하고 나만 잘살려고 한다. 그래서 범죄적 악덕을 예사로 범하고 있는 것이다.>

2-2 : 경문 한글 풀이

공자가 말했다. 「시경 3백 편의 시를 한마디로 『생각에 사악함이 없다』고 하리라.」

子曰 詩三百 一言以蔽之 曰思無邪.

[공지의 시교(詩敎)]

(1) 시경(詩經)은 주(周)나라의 시가를 추린 시집이다. 내용별로 「풍(風)·아(雅)·송(頌)」 셋으로 나눈다. 풍(風)은 각 지방의 노래다. 아(雅)는 제후나 왕족들의 행사 및 의식이나 연락(宴樂)을 읊은 시들이다. 송(頌)은 주나라의 조상들을 칭송하는 종교시다.

(2) 옛날에는 시를 예(禮)와 악(樂)과 함께 연주하고, 또 국가적 차원의 제사나 의식 및 행사 때에는 무용을 함께 추기도 했다.

(3) 개인적 차원에서는 선비들이 가정적 행사에서, 또는 민간에서 시가(詩歌)를 음영(吟詠)했다. 시나 노래는 사람의 생각이나 감정을 솔직하게 표현한다. 시가는 즐거운 경우에는 화락(和樂)하게 나타나고, 고통스러우면 애원(哀怨)하게 나타난다.

(4) 고대에는 채시관(采詩官)이 지방으로 다니면서 민간의 시나 노래를 채집하고, 시가를 통해서 민풍(民風)을 살피고 덕치(德治)에 활용했다. 즉 옛날의 임금들은 민간의 시를 보고 백성들이 즐거워하는가, 반대로 원망하는가를 살폈던 것이다. 공자가 시경의 학습을 강조한 것은 바로 시를 통해 정치를 바로잡고, 또 높이는 효능이 있기 때문이었다.

(5) 시는 인간의 사상과 감정을 부드럽고 아름답게 표현한다. 시는 인간의 성정(性情)을 순화하고 높여준다. 모시(毛詩) 대서(大序)에 있다. 「시는 사람의 속마음이나 뜻이 밖으로 나타난 것이다. 마음속에 있을 때는 뜻이지만 말로 표현되면 시가 된다.」 「시는 득실을 바로잡고 하늘, 땅 및 귀신까지 감동시키는 데 더할 게 없다.(正得失 動天地 感鬼神 莫近於詩)」

2-3 : 경문 한글 풀이

공자가 말했다. 「법으로 이끌고 형벌로 억제하면, 백성은 법망을 뚫고 죄를 모면하고도 창피한 줄 모른다. 그러나 덕으로 이끌고 예로 고르게 다지면, 염치를 알고, 또 바르게 된다.」

子曰 道之以政 齊之以刑 民免而無恥 道之以德 齊之以禮 有恥且格.

[덕치(德治)와 법치(法治)]

(1) 중국의 고대 정치사상은 법치(法治)보다 덕치(德治)를 높였다. 그렇다고 법률이나 형벌을 완전히 배제한 것은 아니다.

(2) 하늘은 사람에게 착한 성품을 주었다. 그러므로 도덕을 따르고 행하는 것이 본성(本性)이다. 그러나 사람은 식색(食色)을 삶에서 절대로 중시한다. 즉 먹어야 살고 활동할 수 있다. 한편 남성과 여성이 어울려야 자녀를 낳고 가정, 국가 및 인류를 계승 발전케 할 수 있다. 그러므로 식색은 절대로 중요하다.

(3) 식색은 개인적 차원의 필수조건이다. 윤리 도덕은 공동체를 위한 필수조건이다. 사람은 개별적으로 삶을 영위하지만 동시에 공동체적 삶을 살아야 한다. 또 사람은 과거·현재·미래를 이어가면서 역사와 문화를 계승하고, 또 발전케 해야 한다. <* 서양의 개인주의 사상은 육체적·개인적·이기적·물질적 삶만을 중시한다. 그래서 동양의 윤리 도덕적 정치사상을 잘 알지 못한다.>

(4) 도덕정치는 절대선인 하늘의 도리를 따르는 정치다. 임금이 솔선수범(率先垂範)해서 덕을 세워야 한다. 동시에 인심(仁心)을 바탕으로 모든 백성이 다 같이 잘살게 인정(仁政)을 펴야 한다. 그러면 백성들도 감화되고, 또 교화되어 저마다 착한 마음을 되찾고 윤리 도덕을 실천하고 착한 삶을 살게 된다.

(5) 옛날에도 악덕한 임금은 악정(惡政)을 폈다. 즉 무력으로 백성들을 위협하고, 형법으로 백성들을 억압하고 가렴주구(苛斂誅求)하여 자기만의 탐욕을 채웠다. 그렇게 되면 백성들도 점차로 악화(惡化)되고 표면적으로, 혹은 일시적으로 법망(法網)이나 죄에 걸리지 않으려고, 고식적(姑息的)인 수단을 강구하게 된다. 고로 양심이 마비되고 험악해지고 타락하게 마련이다.

[예(禮)와 예치(禮治)의 뜻]

(1) 예(禮)를 「예의, 범절, 의례, 의식」의 뜻으로만 안다. 그러나 예의 뜻은 깊다. 허신(許愼)은 「설문해자」에서 다음과 같이 풀었다.

(2) 「예는 이(履)다. 신(神)을 섬기고 복을 내려받는 바탕이다.(禮履也 所以事神致福也)」

(3) 한편 예는 이(理)와 통한다. 즉 「하늘에 제사를 올리고 하늘로부터 도리(道理)를 내려받고 그 도리를 실천하고 복을 받는다」는 뜻이 있다. 이를 사신치복(事神致福)이라 한다.

(4) 예는 내면적으로는 하늘의 도리를 따르고 실천함이고, 외형적으로는 「진선미(眞善美)가 일치하는 생활의 예술적·문화적 표현이자 규범이다.」

(5) 그러므로 덕치(德治)나 예치(禮治)는 이상적인 도덕정치다. 그

렇다고 법치(法治)를 부정하거나 무시하면 안 된다. 법치만을 목적으로 하거나 법치만으로 끝나지 않고 덕치로 올라가야 한다.

(6) 영장인 사람은 착한 본성이 있다. 그러므로 도덕정치로써 백성들을 착하게 영도하고 교화하면 이상세계를 창건할 수 있다.

<* 오늘의 정치는 도덕성을 바탕으로 한 예치를 외면하고 오직 동물적·이기적 욕심만을 채우려고 남을 속이고, 무력으로 남의 재물을 겁탈하는 데 골몰하고 있다.>

2-4 : 경문 한글 풀이

공자가 말했다. 「나는 열다섯 살에 학문에 뜻을 두었고, 서른 살에 세상에 나섰고, 마흔 살에 현혹되지 않았고, 쉰 살에 천명을 알았고, 예순 살에 귀가 따르게 되었고, 일흔 살에는 마음내키는 대로 좇아도 법도를 넘지 않았다.」

子曰 吾十有五而志于學 三十而立 四十而不惑 五十而知天命 六十而耳順 七十而從心所欲 不踰矩.

[공자의 수양 단계]

공자가 자신의 평생을 회고하고, 자신의 수양과 향상 과정을 요약해서 말한 것이다. 그러나 이 말은 일반 사람과는 차원이 다른 성인(聖人)의 단계를 말한 것이다. 군자가 되려는 사람들도 본받고 따라야 한다. 공자의 가르침은 지극히 현실적이고 상식적이라 하겠다. 단 보통사람이 이와 같이 수양하기는 쉬운 일이 아니다. 이 말을 오늘의 사람들에 맞게 설명하겠다.

(1) 지학(志學) : 15세 청소년 때 학문에 뜻을 세우고 배워야 한다. 이때의 학문은 도덕세계를 창건하기 위한 높은 학문이다. 먹고 놀고, 남을 속이거나 죽이고 남의 재물을 탈취하여, 나 혼자 사치하고 쾌락을 취하기 위한 악덕한 지식이나 기술을 배우는 것이 아니다.

(2) 이립(而立) : 임어당(林語堂)은 「At thirty I had formed my character」라고 영역했다. 즉 자기의 소신과 인격을 확립했다는 뜻으로 풀었다. 그러나 그것만으로는 안 된다. 30세 때에는 사회의 일꾼으로 사회에 나가 활동한다. 오늘의 대부분의 사람들은 나 혼자 잘살기 위해 돈 버는 것을 사회활동이라고 생각한다. 그러나 사람은 혼자서는 살 수 없다. 서로 어울려 돕고 함께 잘살기 위해 공동생활을 한다. 그러므로 공동체에서 나만을 위하는 것은 도리에 어긋난다. 나보다도 전체를 위하는 것이 하늘의 도리다. 그러므로 유교에서는 수기치인(修己治人)과 경국애민(經國愛民)을 강조했다. 오늘의 지식인도 개인주의·이기주의를 극복하고, 도덕적 공생(共生) 공영(共榮)을 높여야 한다.

(3) 불혹(不惑) : 절대선의 천도를 배워 깨닫고 천도에 맞는 선세계 창건의 의지와 신념이 확고하면, 망설이고 주저할 게 없다. 부국강병(富國强兵)만을 추구하는 악덕세계에서 벼슬하거나, 부귀영화(富貴榮華)를 누리려고 비굴하고 천박하게 살지도 않는다. 참다운 대장부가 된다.

(4) 지천명(知天命) : 나이 50세가 되면, 사람을 위시하여 자연 만물이 다 하늘이 내려준 본성의 도리를 따라 살고 번식하고 발전하고 있음을 알아야 한다. 식물·동물은 의식은 없으나, 자연의 도리대로 산다. 그러므로 악덕한 죄를 저지르지 않는다. 그러나 사람은

동물적·이기적 욕심만을 내세우고, 천도 천리를 소외한다. 그래서 인간세상은 동물 이하의 악한 세계로 전락한 것이다. 각자가 욕심만을 채우려고 서로 싸우고 뺏기 내기하는 곳이 지옥이다. 오늘의 세계는 바로 생지옥이다. 지옥을 사람의 세계로 바꾸려면 모든 사람 개개인이 하늘이 준 착한 본성 속에 깃들어 있는 천리를 되찾고 착한 사람이 되어야 한다. 이 도리를 아는 것이 바로 지천명이다.

(5) 이순(耳順) : 젊어서는 자기의 생각이나 말만을 옳다고 고집하고 남의 생각이나 말을 배척하기 쉽다. 그러나 60세가 되면 너그럽고 관대한 마음으로 남의 말을 긍정적으로 받아들인다. 공자의 말은 차원이 높다. 남의 말만 들어도 남의 마음속을 읽고 안다는 뜻이다. 더 높은 뜻은 옛날 성현의 말은 다 천도에 맞는다. 그러므로 말만 들어도 속마음이 감동하고 실천하게 된다. 종교적으로 말하는 하늘같이 넓게 받아들이는 것이다.

(6) 불유구(不踰矩) : 70세가 된 경지다. 마음과 몸이 하나가 된 경지다. 마음 자체가 동물적 이기심을 극복하고 하늘의 도리와 일치한다. 따라서 그 언행(言行)이 법도를 넘지 않고 천도에 부합된다. 천인합일(天人合一)의 경지다.

2-5 : 경문 한글 풀이

맹의자가 효를 묻자 공자가 대답했다. 「어기지 않아야 한다.」 번지가 수레를 몰았다. 공자가 그에게 말했다. 「맹손이 효를 묻기에 내가 어기지 않는 것이라고 말했다.」 번지가 「무슨 뜻입니까.」

**하고 되묻자, 공자가 말했다. 「부모가 살아 계실
때에는 예로써 섬기고, 돌아가셔도 예로써 상례
를 치르고, 제사도 예로써 모셔야 한다는 뜻이다.」**

**孟懿子問孝 子曰 無違 樊遲御 子告之曰 孟孫問孝於
我 我對曰無違 樊遲曰 何謂也 子曰 生事之以禮 死葬
之以禮 祭之以禮.**

[삼환씨(三桓氏)의 전횡(專橫)]

노(魯)나라 제13대 임금 환공(桓公)은 제(齊)나라에 갔다가 제양공
(齊襄公)에게 피살된 비극의 주인공이다. 뒤를 장공(莊公)이 이었
다. 그러나 환공의 다른 세 아들이 합세하여 노나라의 군사권과
통치권을 가로채고 대를 물려가면서 노나라를 지배했다. 이들이
곧 삼환씨(三桓氏)로 「맹손씨(孟孫氏), 숙손씨(叔孫氏), 계손씨(季
孫氏)」다. 그들 때문에 노나라가 오랫동안 혼란했으며, 노나라 임
금들도 대대로 제대로 나라를 다스리지 못했다. 한편 공자도 그들
때문에 노나라 임금을 바르게 섬기지 못했다. 여기 나오는 맹의자
(孟懿子)는 맹손씨의 후손이다.

[효(孝)와 무위(無違)]

(1) 맹의자(孟懿子)가 효(孝)에 대해서 묻자, 공자는 「어기지 말라
(無違)」고 애매하게 대답했다. 공자가 이렇게 대답한 데는 깊은
뜻이 있다. 효는 순종하는 덕행이다. 크게는 천도천리(天道天理)를
따르고 행해야 한다. 그런데 맹의자의 집안은 하늘의 도리와 예법
(禮法)을 따르지 않고 임금을 무시하고 나라의 실권을 찬탈하고
있었다. 그래서 모든 것을 어기지 말고 따르라고 한 것이다. 그러나

맹의자가 알아들을 리 없다. 뿐만 아니라, 「무슨 뜻입니까」하고 되물을 줄도 몰랐다. 그래서 공자는 그와 함께 글을 배웠던 번지(樊遲)에게 넌지시 「예를 다해서 부모를 모시는 것이 효」라고 일러주고 번지를 통해 그에게 전해지기를 기대했다.

(2) 당시 노나라는 맹손(孟孫), 숙손(叔孫) 및 계손(季孫)의 세 대부(大夫)들이 대를 이어가면서 참월무도(僭越無道)를 자행하고 있었다. 즉 군사권과 토지를 점유하고 노나라 임금보다 더 큰 세도를 부렸다. 한 예로 천자(天子)만이 할 수 있는 팔일(八佾)의 무악(舞樂)을 자기네 제사에서 연주하기도 했다. <제3. 팔일편-1> 또 태산(泰山)의 제사도 천자만이 지낼 수 있는 것을 무엄하게 그들이 지냈다. 이는 신분, 위계질서를 엄하게 따지는 예에 어긋나는 일이었다. 그래서 「예를 어기지 말라」고 따끔하게 말한 것이다. 맹의자의 아버지 맹희자(孟僖子)는 생전에 공자를 높이 평가했다. 임종 직전에 「예절은 사람의 근간이다. 예절이 없으면 바르게 행세할 수 없다.(禮人之幹也 無禮無以立)」라 하고, 아들 맹의자에게 「공자에게 예를 배우라」고 유촉(遺囑)한 바 있다. 공자의 「무위(無違)」속에는 아버지의 뜻을 계승하는 예를 따르라는 뜻도 포함되어 있다.

2-6 : 경문 한글 풀이

맹무백이 효를 묻자, 공자가 말했다. 「부모에게는 오직 질병만으로 걱정을 끼치게 해야 한다.」

孟武伯 問孝 子曰 父母唯其疾之憂.

[도(道)와 예(禮)를 지켜라]

(1) 이 책에서는 신주(新註)를 따라 「자식은 질병 이외에는 부모에게 걱정을 끼쳐드리면 안 된다」로 풀었다. 즉 자식은 도(道)와 예(禮)를 따르고 지켜야 한다. 몸가짐을 신중하게 하고 집안에서는 효제(孝弟)하고, 나라에 충군애민(忠君愛民)해야 한다.

(2) 맹무백(孟武伯)은 애공(哀公) 11년, 군대를 이끌고 제(齊)나라 군대와 싸웠고, 또 애공 14년에는 성읍(成邑)의 백성들을 무참하게 유린한 일이 있었다. 그의 시호가 무(武)인 것만 보아도 인간성이 모질고 과격하고 함부로 무력을 휘둘렀음을 알 수 있다.

(3) 그의 아버지 맹의자(孟懿子)는 공자에게 예를 배운 바 있었다. 고로 사려가 깊지 못하고 무용을 좋아하는 아들 맹무백에게 「질병을 앓을 때에는 별수 없이 부모에게 걱정을 끼쳐 드릴 수 있다. 그러나 다른 일, 특히 무모한 행동으로 부모의 마음을 상하게 하고, 또 걱정을 끼쳐서는 안 된다.」고 말한 것이다. 아들 된 사람은 몸가짐을 신중하게 하고 불의를 저지르지 말아야 한다.

(4) 효경(孝經)에 있다. 「몸과 사지와 머리와 피부를 부모로부터 물려받았다. 몸을 함부로 훼손하지 않는 것이 효의 시발이다. 사회에 나가 도를 행하고 후세에까지 이름을 높이 내고 부모님을 빛나게 해드리는 것이 효의 마지막이다.(身體髮膚 受之於父母 不敢毁損 孝之始也 立身行道 揚名於後世 以顯父母 孝之終也)」

(5) 하늘이 왜 귀중한 생명을 나에게 내려주었을까. 남을 죽이고 남의 재물을 탈취하는 악덕한 짓을 하라고 주었을까. 하늘의 도리를 따라 착한 일을 하라고 주었을까. 또 부모로부터 물려받은 귀중

한 몸을 가지고 악한 짓을 하고, 부모의 마음을 상하게 하고, 또 부모를 욕되게 해야 하나.

(6) 인심(仁心)을 바탕으로 남을 사랑하고, 또 착한 일을 해야 몸도 건강하고 병도 나지 않고, 또 부모에게 효도도 할 수 있다.

2-7 : 경문 한글 풀이

자유가 효에 대해서 묻자, 공자가 말했다. 「근자에는 효를 공양하는 것으로만 생각하지만, 개와 말도 사육한다. 부모를 존경하지 않으면 무엇이 다르겠는가.」

子游問孝 子曰 今之孝者 是謂能養 至於犬馬 皆能有養 不敬何以別乎.

[깊은 효심(孝心)]

(1) 평민이나 소인은 효도를 좁은 뜻으로만 안다. 그래서 늙은 부모에게 물질적 봉양을 하는 것만을 효라고 착각한다.

(2) 사람은 본성적으로 인심(仁心)이 있다. 그러므로 자기를 낳고 양육해준 부모에게 감사할 줄 안다. 또 당연히 부모를 받들어 모실 줄 안다.

(3) 단 외형적·물질적 공양에도 진정한 사랑과 존경심이 따라야 한다. 그렇지 않으면 가축에게 먹이를 주는 것과 다를 바 없게 된다.

(4) 자식은 부모를 통해 생명과 육신을 이어받았다. 그러므로 자식은 육친애(肉親愛)를 바탕으로 부모를 공경하고 집안을 흥성케 해

야 한다.

(5) 부모에게 효도를 못하면 사람이 아니다. 사람이나 군자는 인심 (仁心)과 효심(孝心)으로 남을 사랑하고 부모에게 효도해야 한다. <* 고주 : 「개나 말도 유익하므로 사람에게 사육된다」로 풀었다.>

2-8 : 경문 한글 풀이

자하가 효에 대해서 묻자 공자가 말했다. 「즐거운 낯으로 어른 섬기기가 어렵다. 일이 있으면 젊은 이가 수고를 하고, 술이나 음식이 있으면 어른께 올린다. 허나, 그것만으로 효라 할 수 있겠느냐.」

子夏問孝 子曰 色難 有事 弟子服其勞 有酒食 先生饌 曾是以爲孝乎.

[속에서 우러나오는 효]

(1) 부모를 모실 때에, 자식이 기색과 표정을 부드럽고 즐겁게 하기 가 어렵다. 힘든 일을 대신 떠맡고 음식 공양을 잘하는 것만으로는 충분한 효가 되지 못한다.

(2) 앞의 네 장에서 공자는 각기 다르게 대답했다. 맹의자(孟懿子) 에게는 「어기지 말라(無違)」고 대답했다. 맹무백(孟武伯)에게는 「자식은 질병이 아닌 다른 잘못으로 부모에게 걱정을 끼치면 안 된다」고 대답했다. 자유(子游)에게는 「물질적 공양만으로는 효라 고 할 수 없다. 부모를 깊이 경애해야 한다」고 가르쳤다. 자하(子夏) 에게는 「부드럽고 즐거운 낯으로 부모를 잘 모셔야 한다.」고 대답 했다.

(3) 같은 질문에 각기 다르게 대답한 이유를 정자(程子)는 다음과 같이 말했다. 「맹의자에게는 일반 모든 사람에게 하는 말을 한 것이다. 맹무자에게는 그가 걱정을 끼칠 일을 많이 하기 때문이다. 자유는 물질적 공양은 잘하나 혹 경애의 정을 잃을까 해서다. 자하는 성격이 강직하고 정의감이 넘치므로 혹 포근하고 부드러운 기색이 부족할까 해서 그렇게 말한 것이다. 사람마다 각기 재질의 높낮이를 따라 다르게 말해 준 것이다. 그래서 답이 같지 않다.」 주자는 말했다. 「부모의 안색을 살피고 효순하기 어렵다고 하는 옛날의 풀이도 통한다.」

2-9 : 경문 한글 풀이

공자가 말했다. 「내가 안회와 종일 말을 했으나, 어리석은 사람 같았다. 그러나 그가 물러나 사사롭게 처하는 품을 살피니, 모든 도리를 따라하더라. 안회는 어리석은 사람이 아니다.」

子曰 吾與回言終日 不違如愚 退而省其私 亦足以發
回也不愚.

[안회의 안빈낙도(安貧樂道)]

(1) 안회는 과묵(寡默)했으나 배우기를 좋아했고, 또 덕을 실천했다. 그래서 공자가 「회야 불우(回也不愚)」라고 다짐을 둔 것이다.

(2) 안회는 가장 아끼고 기대를 걸었던 수제자였다. 그런데 안회가 공자보다 먼저 나이 41세로 죽었다. 당시 공자는 71세였다. 공자는 절망하고 다음같이 통탄했다. 「아, 하늘이 나를 망치는구나, 하늘이

나를 망치는구나.(噫 天喪予 天喪予)」 <제11. 선진편-9> 「안연이 죽자, 선생이 심하게 통곡했다. 종자가 선생님이 통곡하셨다고 말하자, 공자가 말했다. 『통곡해야 한다. 그와 같은 사람을 위해 통곡을 안하면 누구를 위해 통곡을 하겠느냐.』(子曰 有慟乎 非夫人之爲慟 而誰爲慟)」 <제11. 선진편-10>

(3) 논어에는 약 15회 이상 안회에 대한 기술이 나온다. 중요한 것을 몇개 추려 보겠다. 「애공이 『제자 중에 누가 배우기를 좋아합니까.』라고 묻자 공자가 대답했다. 『안회가 호학합니다. 노여움을 옮기지 않고 잘못을 거듭하지 않습니다. 그런데 불행하게도 일찍 죽어 지금은 없습니다. 아직 그만한 사람이 없습니다.』(孔子對曰 有顔回者好學 不遷怒 不貳過 不幸短命死矣 今也則亡 未聞好學者 也)」 <제11. 선진편-3, 7>

(4) 「공자가 말했다. 『참으로 회는 어질다. 한 그릇 밥과 한 쪽박 물을 마시며 누추한 거리에 살고 있노라. 남들은 그 괴로움을 참지 못하거늘, 회는 그 즐거움을 변치 않으니 참으로 회는 어질다.』(子曰 賢哉 回也 一簞食 一瓢飮 在陋巷 人不堪其憂 回也 不改其樂 賢哉 回也)」 <제6. 옹야편-11>

<* 같은 수제자 자공(子貢)은 안회를 「문일이지십(聞一而知十)」 이라고 칭찬했다.>

2-10 : 경문 한글 풀이

공자가 말했다. 「행하는 바를 보고, 그렇게 한 연유를 살피고, 또 그가 안정되게 한 바를 관찰해

보면 〈그의 인품을 알 수 있다.〉 그러니 어찌 숨
길 수 있겠느냐. 어찌 숨길 수 있겠느냐.」

子曰 視其所以 觀其所由 察其所安 人焉廋哉 人焉廋
哉.

[인품 평가의 세 단계]

공자는 말했다. 상대방의 인품과 덕성을 바르게 알려면 세 단계에
걸쳐 잘 살펴보아야 한다. 첫 단계는 「시기소이(視其所以)」, 즉 「밖
으로 나타난 언행이나 작위(作爲)를 보는 것이다.」 다음 단계는
「관기소유(觀其所由)」, 즉 「그가 행동을 하게 된 동기나 경유 및
과정을 관찰해보는 것이다.」 세 번째 단계는 「찰기소안(察其所安)」,
즉 「그 사람이 결과나 처지에 안정되고, 또 즐기는가를 깊이 통찰하
는 것이다.」 이상 세 가지를 종합하면 사람의 평가를 바르게 할
수 있다. 그러므로 「사람은 자기의 본성·본심·본체를 숨기지 못
한다.」

2-11 : 경문 한글 풀이

공자가 말했다. 「옛글을 익히고 새롭게 해야 스승
이 될 수 있다.」

子曰 溫故而知新 可以爲師矣.

[온고지신(溫故知新)]

(1) 학문은 선인(先人)들의 유산을 습득 섭취하고, 더 나아가서 새
로운 문화를 창조하는 바탕이다. 역사와 전통을 잘 배우고 알아야

한다. 동시에 새로운 문화를 창조해야 한다. 우리들 모든 지식인과 학문에 종사하는 학자나 학생들은 「온고지신」의 깊은 뜻을 잘 알아야 한다.

(2) 공자는 겸손하게 「옛것을 서술했을 뿐 새로운 것을 서술하지 않았다.(述而不作)」라고 했다. 그러나 실은 주대(周代)의 문물을 바탕으로 새로운 세계를 창건하려고 했다. 그러므로 그를 「지성선사(至聖先師)」로 높인다.

(3) 인류가 지구상에 나타나고 산 지 백만 년 이상이 된다. 그러면서 역사적으로 문화적으로, 또 물질적으로나, 과학적으로나, 정신적으로나 계승 발전하고 있다.

(4) 공자의 역사발전사상(歷史發展思想)을 잘 알아야 한다.

2-12 : 경문 한글 풀이

공자가 말했다. 「군자는 기물이 아니다.」

子曰 君子不器.

[군자는 기물이 아니다]

(1) 군자는 절대선의 하늘의 도리를 바탕으로 지덕(地德)을 세우는 고차원의 지식인이다. 그러므로 말단의 기능공 같은 존재가 아니다. 특히 기물 같은 존재가 아니다.

(2) 군자는 세계관과 역사관이 확립된 인자(仁者)이다. 그래서 공자는 군자를 양성하고 새로운 하나의 세계를 창건하려고 했다.

(3) 오늘의 인류 세계가 왜 위기에 빠졌는가. 사람들이 「개인주의·이기주의·금전만능주의·육체적 쾌락주의」만을 따르기 때문

이다.

(4) 국가도 부국강병(富國强兵)만을 알고 재물이나 과학 기술을 무기화(武器化)하고, 약소국가를 침략하고 재물을 탈취하고 자기네만 잘살려고 하고 있다.

(5) 겉으로는 민주(民主)와 인권(人權)을 높이고 외친다. 그러나 그것도 정치세력이나 통치자를 중심으로 한 것이다. 인간이나 지식인의 정신적 존엄성이나 도덕 가치를 높이고 활용하는 것이 아니다. 그래서 사람이나 지식인들을 기물이나 도구로 삼고 악용하고 있다.

(6) 뿐만이 아니다. 오늘만을 알고, 전체와 미래를 내다볼 줄 모른다. 따라서 사람들도 순간적 삶만을 알고, 또 자기만의 안일과 쾌락을 추구하고 있다. 그래서 사람들이 타락하고 세계가 위기에 빠진 것이다. 유교에서 강조하는 윤리 도덕을 바탕으로 대동세계를 창건해야 한다. 모든 지식인은 군자가 되어야 한다.

(7) 공자는 이미 2천5백 년 전에, 「군자불기(君子不器)」「온고지신(溫故知新)」이라고 했다.

2-13 : 경문 한글 풀이

자공이 군자에 대해서 묻자, 공자가 말했다. 「군자는 먼저 행하고, 나중에 말하느니라.」

子貢問君子 子曰 先行其言 而後從之.

[군자의 언행]

(1) 자공은 언변에 뛰어났다. 그래서 공자가 먼저 행동하고 말은

뒤에 하라고 충고한 것이다. 군자는 말없이 행하고, 소인은 말하고
도 행하지 않는다.

(2) 특히 간악한 자는 거짓말을 하고, 물질적 이득을 얻는다. 법을
두려워하고 심하게 나쁜 짓을 하지 않는 자는 그래도 봐줄 수 있다.
그러나 교활한 자는 범죄를 저지르고도 거짓말을 하고 법망을 빠져
나간다.

(3) 그것을 지혜라고 착각한다. 법보다 도덕을 높여야 한다. 자신의
양심을 따라야 한다. 군자는 마음속으로 천도를 깨닫고 말없이 행
하는 인격자이다. 군자가 많아야 선 세계를 창건할 수 있다.

2-14 : 경문 한글 풀이

**공자가 말했다. 「군자는 두루 화합(和合)하고, 사
사로운 당파에 매이지 않는다. 소인은 사사로운
당파에 매이고 두루 통하거나 화합하지 않는다.」**

子曰 君子周而不比 小人比而不周.

[군자와 소인]

(1) 군자와 소인에 대해서, 공자는 다음같이 말했다. 「성인을 만나
기는 어렵다. 그러나 군자를 만나기는 가능하다.(聖人吾不得而見
之矣 得見君子者 斯可矣)」<제7. 술이편-25> 즉 요(堯)·순(舜)
같은 성인은 나타나지 않는다. 그러나 군자는 만나볼 수 있다.

(2) 신분이나 계층을 막론하고 누구나 잘 배우고 덕을 행하면 군자
가 될 수 있다. 그래서 공자는 평민 출신의 학생들을 모아 배양하고
군자로 육성하고, 또 그들을 중심으로 이상적인 덕치(德治)를 성취

하려고 했다.

(3) 군자는 인정(仁政)을 실현할 선비들이다. 일반적인 소시민과 다르다. 「논어」에는 군자와 소인을 대비한 구절이 많다.

「군자는 대의명분을 밝히고, 소인은 물질적 이득만을 밝힌다.(君子 喩於義 小人喩於利)」<제4. 이인편-16>

「군자는 태연하지만 남에게 교만하지 않는다. 소인은 남에게 교만 하지만 태연하지 못하다.(君子泰而不驕 小人驕而不泰)」<제13. 자 로편-26>

「군자는 조화 협동하되 부화뇌동하지 않는다. 소인은 부화뇌동하 되 협동하지 않는다.(君子和而不同 小人同而不和)」<제13. 자로편 -23>

「군자는 마음이나 태도가 평안하고 늠름하다. 소인은 항상 불안하 고 근심스럽다.(君子坦蕩蕩 小人長戚戚)」<제7. 술이편-36>

「군자는 도의를 가장 높이 친다. 군자가 만약에 용감하기만 하고 도의를 저버리면 난을 일으키게 될 것이다. 소인이 용감하기만 하 고 도의를 저버리면 도둑질을 하게 된다.(君子義以爲上 君子有勇 而無義 爲亂 小人有勇 而無義 爲盜亂)」<제17. 양화편-23>

기타 여러 구절이 있다. 오늘의 지식인도 군자가 되어야 한다.

2-15 : 경문 한글 풀이

공자가 말했다. 「배우되 사색하지 않으면 사리에 어둡고, 사색만 하고 배우지 않으면 위태롭게 된다.」

子曰 學而不思則罔 思而不學則殆.

[배움(學)과 사색(思)]

(1) 오늘의 지식인들도 동양의 고전을 배워야 한다. 그래야 인류의 정신문화와 윤리 도덕의 발전 과정을 알 수 있다.

(2) 저마다 사색해야 한다. 그래야 절대선의 천도(天道)와 현실적인 사물의 이치를 터득하고 활용할 수 있다.

(3) 천도를 알아야 우주적 차원에서 바른 삶을 살고, 동시에 인류의 역사 문화 발전에 창조적으로 이바지할 수 있다.

(4) 정자(程子)는 말했다. 「박학(博學), 심문(審問), 신사(愼思), 명변(明辨), 독행(篤行) 중 하나만 빠져도 진정한 배움이 아니다.」

(5) 이 말은 중용(中庸)에 있는 성(誠)을 풀이한 말이다. 「박학(博學)은 넓게 배움이다.」「심문(審問)은 세밀하게 묻는 것이다.」「신사(愼思)는 신중하게 깊이 생각함이다.」「명변(明辨)은 선악시비를 밝게 분별함이다.」「독행(篤行)은 바른 도리를 독실하게 실천함이다.」

(6) 「학(學)과 사(思)」가 하나가 되어야 「지행일치(知行一致)」「온고지신(溫故知新)」「군자불기(君子不器)」한다.

2-16 : 경문 한글 풀이

공자가 말했다. 「이단을 배우면 해로울 뿐이다.」

子曰 攻乎異端 斯害也已.

[유교(儒敎)와 이단(異端)]

(1) 공자는 이단(異端)이 무엇인지 말하지 않았다. 또 공자 시대에

는 양자(楊子)의 개인주의(個人主義)나 묵자(墨子)의 무차별적 겸애주의(兼愛主義)는 아직 나타나지 않았다.

(2) 그러나 후세에는 여러 가지 이단이 나타났다. 그래서 주자(朱子)는 말했다. 「이단은 성인의 도가 아니고 다른 한쪽으로 기울어진 설이다. 양자나 묵자 같은 것이다.」

(3) 공자 시대에는 「육예(六藝)」 등을 주로 학습했다. 당시에는 미처 육경(六經)이 확정되지 않았으며, 또 유교(儒敎)라는 이름도 아직 없었다.

(4) 그러나 공자의 가르침은 그 수준이 무척 높았다. 공자는 「오도일이관지(吾道 一以貫之)」라고 했다. 즉 「내가 따르는 기본 도리와 내가 가르치는 원리는 하나로 꿰뚫는 도리, 하늘의 도리다.」

(5) 공자나 유교의 가르침은 「유일무이(唯一無二)한 절대선인 하늘의 도리다.」

(6) 이것을 모르면 유교의 경전을 바르게 이해하지 못한다. 「하늘의 도리」는 곧 「공간과 시간을 통합한 우주(宇宙)의 도리다.」

(7) 인간을 포함해서, 천지 자연 만물은 공간과 시간을 통합한 우주의 도리, 즉 하늘의 도리를 따라 생존하고 변화하고, 또 번식하고 발전하고 있다. 자연과학에서 절대시하는 자연법칙도 곧 천도의 일부다.

(8) 「도덕정치는 개개인이 천도를 알고 실천해야 이루어진다.」 이를 줄여 「천인합일(天人合一)」 「수기치인(修己治人)」이라 했다.

(9) 대학(大學)에서는 「수신(修身)·제가(齊家)·치국(治國)·평천하(平天下)」라고 했다.

(10) 공자와 유교의 도리는 곧 세계대동(世界大同)과 역사발전(歷史發展)의 진리다. 그러므로 유교를 정통(正統)이라고 하는 것이다. 이에 비해 무(無)를 강조하는 도가(道家) 사상이나, 철저한 개인주의를 강조하는 양자(楊子)나, 무차별적 겸애(兼愛)를 주장하는 묵자(墨子)를 이단이라고 한다.

(11) 오늘의 개인주의・이기주의・물질주의・무력주의・쾌락주의가 바로 이단이다. 그래서 인류와 세계가 심각한 위기에 빠져 있는 것이다. 유교의 윤리 도덕사상으로 구제해야 한다.

2-17 : 경문 한글 풀이

공자가 말했다. 「유야, 그대에게 앎에 대해서 가르쳐 주마. 아는 것을 안다 하고, 모르는 것을 모른다고 하는 것이 바로 앎이다.」

子曰 由 誨女知之乎 知之爲知之 不知爲不知 是知也.

[지(知)와 부지(不知)]

(1) 「지(知)와 부지(不知)」는 철학적으로 말하는 인식(認識) 혹은 무지(無智)를 말하는 것이 아니다.

(2) 공자는 추상적인 철학을 논하거나 가르치지 않고 어디까지나 윤리 도덕적 차원에서 인간과 인간이 어울려 사는 공동체적 인애(仁愛)의 이상적 정치사상에 중점을 두었다.

(3) 자로는 자주 등장하는 공자가 사랑한 수제자다. 그래서 「유야!」하고 친근하게 이름을 불렀다. 그러나 성격이 호탕하고 성급한

것이 흠이었다.

(4) 그래서 공자가 자주 그를 탓하기도 했다. 대표적인 예를 두 가지만 들겠다. <제13. 자로편-3>에 있다. 「공자가 정치는 반드시 명분을 바르게 잡아야 한다.(必也正名乎)」고 하자, 자로가 「너무 우원(迂遠)합니다」고 했다. <제7. 술이편-10>에 있다. 「맨주먹으로 범을 잡고 맨발로 강물을 건너며, 죽어도 뉘우치지 않는 그런 자는 쓰지 않겠다.(暴虎馮河 死而無悔者 吾不與也)」 바로 자로다.

2-18 : 경문 한글 풀이

자장이 녹(祿)을 구하는 법을 배우려 하자 공자가 말했다. 「많이 듣고 배우되 의아스러운 것을 빼놓고 나머지를 신중히 하면, 허물이 적을 것이다. 또 많이 보고 알되 확실하지 못한 것을 빼놓고 나머지만을 행하면, 뉘우침이 적을 것이다. 말에 허물이 적고, 행동에 뉘우침이 적으면 녹은 스스로 얻게 마련이다.」

子張 學干祿 子曰 多聞闕疑 愼言其餘 則寡尤 多見闕殆 愼行其餘 則寡悔 言寡尤 行寡悔 祿在其中矣.

[수양(修養)과 봉록(俸祿)]

(1) 공자 밑에서 배우는 학생은 평민이 많았다. 고로 입신출세를 바란 젊은이가 많았다. 그래서 자장(子張)도 벼슬에 올라 녹봉을 받는 법을 배우고자 했다.

(2) 공자의 목적은 도덕정치를 실현하는 것이다. 그러므로 정치에 참여하는 선비들이 우선 자기수양하고 도덕을 실천하는 군자가 되어야 한다. 군자는 배우고 박학다식해야 한다. 그러나 스스로 깊이 생각해서 절대선의 천도를 기준으로 하고 선악시비(善惡是非)를 가려야 한다.

(3) 옳고 바른 것만을 말하고 실천해야 한다. 그래야 도덕정치에 참여할 수 있다. 「말에 허물이 적고 행함에 뉘우침이 적으면 자연히 벼슬에 올라 녹을 받게 된다.(言寡尤 行寡悔 祿在其中矣)」

(4) 공자의 낙관론(樂觀論)은 도덕정치를 전제로 한 것이다. 도가 행해지지 않는 난세에서는 도덕적인 사람이 배제되고, 반대로 간악하게 술책을 농하거나 무모하게 폭력을 휘두르는 자들이 득세하고 부를 탈취한다. 그러므로 역사적으로나 현실적으로나 많은 지식인들이 타락하고 벼슬과 재물을 얻기 위해 악덕을 행한다.

(5) 공자는 다음과 같이 말했다. 「군자는 도를 구할 뿐 밥을 구하지 않는다. 농사를 지어도 굶주릴 수 있으나, 배우면 저절로 녹을 얻을 수 있다. 군자는 도를 염려하되, 가난을 염려하지 않는다.(子曰 君子謀道 不謀食 耕也 餒在其中矣 學也 祿在其中矣 君子憂道 不憂貧)」
<제15. 위령공편-32>

2-19 : 경문 한글 풀이

애공이 물었다. 「어떻게 하면 백성들이 잘 따르겠습니까.」 공자가 대답했다. 「곧은 사람을 등용해서 굽은 사람 위에 쓰면 백성이 따릅니다. 반대로

굽은 사람을 높이고 곧은 사람 위에 쓰면, 백성이
따르지 않을 것입니다.」

哀公問曰 何爲則民服 孔子對曰 擧直錯諸枉 則民服
擧枉錯諸直 則民不服.

[노나라 애공(哀公)]

당시 노나라의 실권은 삼환씨(三桓氏)에게 찬탈 당했다. 특히 노나라 애공(哀公)은 기원전 495년에 정공(定公)의 뒤를 이었으나, 이름만의 임금이었다. 공자가 다른 나라를 방랑하다가 귀국한 때는 애공 11년 기원전 484년, 공자의 나이 68세 때였다. 그리고 3년 후 기린(麒麟)이 잡혔다. 기린은 성왕(聖王)을 상징한다. 이에 공자는 실망하고 춘추 편찬을 중단했다. 그리고 73세에 서거했다.

2-20 : 경문 한글 풀이

계강자가 물었다. 「백성들로 하여금 윗사람에게 공경과 충성을 바치게 하고, 동시에 일을 잘하도록 권하려면 어떻게 하면 되겠습니까.」 공자가 대답했다. 「윗사람이 백성에게 장중하고 엄숙한 태도로 임하면 백성들이 공경할 것이며, 윗사람 자신이 효도하고 자애를 베풀면 백성들이 충성할 것이며, 선량한 사람을 등용하고 재능 없는 사람을 잘 가르치면, 그것이 곧 사람들로 하여금 일을 잘하게 권면하는 길입니다.」

季康子問 使民敬忠以勸 如之何 子曰 臨之以莊則敬
孝慈則忠 擧善而教不能則勸.

[위가 먼저 해야 한다]

(1) 앞에서 공자는 애공(哀公)에게 「강직한 사람을, 굽고 사악한 사람 위에 등용하라.(擧直錯諸枉)」고 충고했다.

(2) 그러나 당시의 노나라 임금은 삼환씨(三桓氏)에게 눌려 제대로 임금 노릇을 하지 못했다.

(3) 한편 삼환씨 중에서도 가장 세도가 큰 계손씨(季孫氏)의 족장(族長)인 계강자(季康子)가 「백성들로 하여금 나에게 공경과 충성을 바치게 하고, 동시에 각자가 일을 잘하게 만들려면 어떻게 하면 되겠소.」하고 물었다.

(4) 공자 나이 68세 때의 일이다. 공자는 다음같이 대답했다. 「당신 자신이 먼저 윤리 도덕의 규범을 잘 지키고, 몸가짐을 장중하고 엄숙하게 하고, 또 부모에게 효도하고 백성에게 자애를 베푸시오. 그리고 선량한 사람을 등용하고 재능이 부족한 사람을 잘 가르쳐 그들도 일을 할 수 있게 하시오. 그러면 백성들의 존경과 충성을 받을 것이며, 또 백성들이 스스로 저마다의 생업에 힘쓸 것이오.」

(5) 이는 덕치(德治)의 근본 도리를 말한 것이다. 계강자의 조부는 계평자(季平子)다. 그는 기원전 517년, 공자 나이 35세 때에 노나라 임금 소공(昭公)을 몰아내고, 또 자기 집안 제사에서 팔일(八佾)을 추게 했다.

(6) 그의 아들이 계환자(季桓子)다. 계환자는 어느 정도 공자를 존중하고 아들 계강자에게 공자에게 예(禮)를 배우라고 했다.

(7) 이와 같이 대대로 참월(僭越) 무도한 계손씨가 다시 백성들을 맹목적으로 누르고자 했다. 그래서 공자는 계강자에게 예의범절과 효도를 지키고 백성을 사랑하며, 또 교화하라고 따끔하게 말했다.

(8) 공자의 말을 요약하면 다음과 같다. 「윗사람이 바르고 착하게 하면 백성들이 감화되어 스스로 착하게 된다. 임금 자신이 도를 따르지 않고, 억지로 백성들을 따르게 하면 안 된다.」 공자는 계강자에게 다음같이도 말했다. 「임금이 착하면 백성도 착하게 된다. (子欲善 而民善矣)」 <제12. 안연편-19>

2-21 : 경문 한글 풀이

어떤 사람이 공자에게 물었다. 「선생님은 왜 정치를 하지 않으십니까.」 공자가 말했다. 「서경에 『효도하고 효도하며, 형제에게 우애롭게 한다. 그 효도와 우애를 정치에 나타난다』고 했소. 그러니 효제도 정치이거늘, 어찌 따로 정치할 것이 있겠소.」

或謂孔子曰 子奚不爲政 子曰 書云 孝乎 惟孝 友于兄弟 施於有政 是亦爲政 奚其爲爲政.

[인정(仁政)의 바탕은 효제(孝弟)]

(1) 옛날이나 지금이나 생각한다. 「현명하고 능력 있는 사람이 자리에 올라 다스려야 한다.」 그것이 기본이고 원칙이다. 그래서 어떤 사람이 생각했다. 「공자같이 학식이 많고, 또 덕행이 높은 분은 당

연히 높은 자리에 올라서, 나라를 다스리고 백성을 잘살게 해주어야 한다.」 그리고 공자에게 물었던 것이다.

(2) 「선생님은 왜 벼슬자리에 오르지도 않으시고, 또 정치참여도 하지 않으십니까.」 당연한 생각이고, 또 당연한 물음이다. 당연하다는 뜻은 도리에 맞는다는 뜻이다. 그러나 옛날이나 지금이나 정치가 당연한 도리대로 이루어진 때가 있었는가.

(3) 공자가 살던 시대, 즉 춘추시대(春秋時代)는 난세였다. 악덕한 자들이 사리(私利)와 사욕(私欲)을 채우려고 음흉하고 사악한 권모술수(權謀術數)를 농하고, 무자비하게 무력을 행사하고 남의 영토나 재물을 강탈하고 있었다. 그러므로 공자 같은 성현(聖賢)은 악덕정치에 끼어들 수가 없었던 것이다.

(4) 공자는 모든 것을 포기했다. 그러나, 은퇴하지도 않았다. 고대 성군(聖君)의 덕치(德治)나 역사적으로 계승된 도통(道統) 사상을 바탕으로 군자(君子)를 배양하고 천하를 도덕적으로 개조하고, 또 대동세계(大同世界)를 실현하고자 애썼다.

(5) 공자 사상의 핵심은 인(仁)이다. 인의 바탕은 효제(孝弟)다. 효(孝)와 제(弟)의 깊은 뜻을 바르게 알아야 한다. 가정적 차원에서는 「부모는 자식을 사랑하고 자식은 부모에게 효도한다.(父慈子孝)」 「형은 동생을 우애하고 동생은 형을 공경한다.(兄友弟恭)」

(6) 효(孝)는 종적(縱的) 사랑이고 제(弟)는 횡적(橫的) 사랑이다. 이를 우주적으로 확대한 것이 인(仁)이다. 그래서 공자의 제자 유자(有子)가 「효와 제가 인을 이룩하는 근본이다.(孝弟也者 爲仁之本)」라고 말했다. <제1. 학이편-2>

(7) 인(仁)을 오늘의 말로 요약하면 「모든 사람이 서로 사랑하고 서로 협동하여 함께 잘사는 공동체를 만드는 덕행」이다. 인(仁)은 하늘이 사람에게 내려준 숭고한 인심(仁心)을 바탕으로 한다. 인심은 천성(天性)에서 우러나오는 사랑의 마음이다. 인심은 곧 천심(天心)이다. 「하늘은 천지 자연 만물을 사랑하고 양육하고 더욱 번식하고 있다. 하늘의 마음과 도리를 따라 사람과 만물을 사랑하고, 또 인류를 대동의 이상세계로 만들고 더 나아가, 역사와 문화를 창조적으로 발전하게 하는 것이 인정(仁政)이다.」

2-22 : 경문 한글 풀이

공자가 말했다. 「사람이 신의가 없으면, 그의 쓸 모를 알 수 없느니라. 소가 끄는 큰 수레에 멍에가 없거나, 말이 끄는 작은 수레에 멍에 갈고리가 없으면 어떻게 바르게 갈 수 있겠는가.」

子曰 人而無信 不知其可也 大車無輗 小車無軏 其何 以行之哉.

[무신 불가행(無信 不可行)]

도(道)와 이성(理性)을 바탕으로 하고 신의(信義)를 지켜야 개인이나 국가가 바르게 된다. 저마다 속이고 싸우면 혼란해지고 우왕좌왕한다. 특히 미래도 예측할 수 없게 된다.

2-23 : 경문 한글 풀이

자장이 「앞으로 10대 후의 세상일을 알 수 있겠

습니까.」하고 물었다. 공자가 대답했다. 「은나라
는 하나라의 예(禮)를 바탕으로 했으니, 비교해
보면 더하고 뺀 것을 알 수 있다. 주나라는 은나라
의 예를 바탕으로 했으니, 비교해 보면 더하고 뺀
것을 알 수 있다. 그러므로 혹 주나라의 예를 계승
한다면 앞으로 백 대 후의 세상일도 알 수 있다.」

子張問 十世可知也 子曰 殷因於夏禮 所損益可知也
周因於殷禮 所損益可知也 其或繼周者 雖百世 可知
也.

[예(禮)와 역사발전관(歷史發展觀)]

(1) 오늘의 정치는 악덕정치(惡德政治)다. 악덕한 욕심을 바탕으로
남을 속이거나 살상(殺傷)하고, 남의 재물이나 토지를 강탈(强奪)
하는 것을 악덕정치라 한다.

(2) 그러나 솔직하게 말하지 않고, 반대가 되는 소리를 한다. 「우리
는 절대로 그대를 무력으로 치려는 것이 아니다. 그대들을 잘살게
해주려고 한다.」 이와 같은 교언영색(巧言令色)으로 호도한다. 그
래서 사람들이 더욱 공자의 사상을 알기 어렵게 된 것이다.

(3) 「예(禮)는 이(理)다.」 「내면적으로는 천리를 따르고 실천한다
는 뜻이다.」 「외형적으로는 예치(禮治) 및 예의범절(禮儀凡節) 등
의 다양한 생활규범(生活規範)이다.」 이 같은 예의 뜻을 알아야
한다.

(4) 절대선의 도리를 따라 덕(德)을 세우는 것이 도덕정치다. 천도

천리는 「우주 천지 자연 만물을 낳고 양육하고 번성하고 발전케 하는 도리다.」 「덕을 세운다고 함은 곧 애민이물(愛民利物)이다.」

(5) 「만민을 사랑하고 만물을 이용하여 인류세계를 더욱 번성케 하고 발전케 하는 것이 곧 인정(仁政)이다.」

(6) 춘추시대(春秋時代)에도 악덕정치가 판을 치고 있었다. 그래서 공자가 분연히 일어나 도덕적으로 천하를 바로잡고자 한 것이다.

(7) 공자가 지적한 역사적 사실은 다음과 같다. 천도(天道)를 따르고 인덕(仁德)을 세운 하(夏)나라의 우왕(禹王), 상(商)나라의 탕왕(湯王), 주(周)나라의 문왕(文王)은 흥성했다.

(8) 반대로 천도를 어기고 자기 혼자 사치하고 향락하기 위하여 백성을 학대한 폭군, 즉 하나라의 걸(桀)과 상나라의 주(紂)는 처참하게 멸망했다.

(9) 공자는 천도를 바탕으로 한 역사적 발전을 믿고 낙관했다. 시간의 흐름에 따라 인류세계는 더욱 발전한다고 믿고 낙관했다. <* 자연과학의 발전도 곧 천도를 따른 것이다.>

(10) 고대의 「하(夏)·은(殷)·주(周)」 3대는 성왕(聖王)에 의해 건국되고, 초창기에는 천도를 따라 지덕(地德)을 세운 이상 정치를 폈다. 그러나 말기에는 포악무도한 악덕 군주에 의해 멸망했다.

(11) 이를 맹자(孟子)는 「순천자존 역천자망(順天者存 逆天者亡)」이라 했다. 하나라의 마지막 왕 걸(桀)은 은(殷)나라의 탕왕(湯王)에게 타도되었고, 은나라의 마지막 왕 주(紂)는 주(周)나라의 무왕에게 추방되었다. 즉 폭군이 쫓겨나고 덕 있는 성왕이 나타나 새 나라를 세우고 천자(天子)의 자리에 오르는 것을 역성혁명(易姓革

命)이라 한다.

(12) 하늘은 말이 없다. 그러나 실덕(失德)한 임금을 몰아내고 새로운 유덕자(有德者)에게 천명(天命)을 내려 천하를 다스리게 한다. 그러므로 하늘의 명을 받은 천자는 하늘을 잘 모시고 하늘의 뜻과 도리를 따라 천하 만민을 인애하는 덕치를 펴야 한다.

(13) 예치(禮治)는 곧 진선미(眞善美)를 통합한 정치의 예술이다. 예치를 완성한 나라가 주나라였다. 주나라는 악덕한 주(紂)를 추방하고 왕도 덕치를 폈다. 공자가 말했다. 「주를 계승하면, 백 대의 일도 알 수 있다.(其或繼周者 雖百世可知也)」

2-24 : 경문 한글 풀이

공자가 말했다. 「내가 모실 신령이 아닌데 남의 집 제사에 가서 절하는 것은 아첨이다. 정의를 보고 행하지 않는 것은 용기가 없음이다.」

子曰 非其鬼而祭之諂也. 見義不爲無勇也.

[아첨하지 말고 의를 행하라]

(1) 공자는 하늘의 도리가 행해지는 경우에만 벼슬하고 녹봉을 받으라고 말했다. 포악무도한 임금에게 아첨하고 녹봉을 받으면 안 된다. 그것이 도의(道義)다. 옳은 줄 알면서 행하지 않는 것은 무용(無勇)이다. 도의를 실천하는 것이 참다운 용기다.

(2) 한편 자기 선조가 아닌데, 남의 선조를 모시고 제사지내는 것은 예나 효에 어긋난다. 특히 권력이나 부귀를 누리는 집안의 제사에 참여하고 절하는 것은 아첨이다. 예기에 있다. 「모실 제사가 아닌데

모시는 것은 음사(淫祀)다. 음사는 복이 없다.」<곡례 하>

[유교의 무신론적 덕치사상]

(1) 가정이나 국가 같은 공동체(共同體)를 악하게 만드는 주체도 사람이다. 반대로 가정이나 국가 같은 공동체를 좋게 만드는 주체도 사람이다.

(2) 지상세계를 천도(天道)에 맞게 이상적 선세계(善世界)로 창건(創建)하는 주체도 역시 사람이다.

(3) 악덕한 사람은 세상을 악하게 만든다.

(4) 반대로 도를 알고 착하게 살고 남을 사랑하는 사람, 특히 글을 배워 천도를 알고, 또 실천적으로 지덕(地德)을 세우는 사람을 군자(君子)라 한다.

(5) 그러므로 학덕(學德)을 겸비한 군자를 배양해야 한다.

(6) 군자는 1차적으로는 자기를 수양해야 한다. 즉 호학(好學)하고 역사 전통과 도리를 깨닫고 「지행합일(知行合一)」해야 한다. 행동의 바탕은 윤리 도덕이다. 가정에서는 효제(孝弟), 국가적으로는 충신(忠信)을 독실하게 실천해야 한다.

(7) 그래야 극기복례(克己復禮)하고 절대선(絕對善)의 천도를 따라 인의예지(仁義禮智)의 인정덕치(仁政德治)를 할 수 있다.

(8) 공자사상은 무신론적(無神論的) 이성주의(理性主義), 현실적 실천주의(實踐主義)다.

(9) 인정덕치(仁政德治)는 곧 인류대동(人類大同) 및 세계평화(世界平和)에 직결된다.

3. 팔일편(八佾篇)

　　「팔일(八佾)」은 「천자(天子)가 종묘에서 제사지낼 때 연주하는 무악(舞樂)의 이름」이다. 형병(邢昺)은 소(疏)에서 다음과 같이 말했다. 「정치를 잘하기 위해서는 예악보다 더 좋은 것이 없다. 예는 임금을 안정되게 하고 백성을 다스린다. 악은 기풍이나 풍속을 화락(和樂)하게 한다. 그러므로 예악을 잘 활용하면 나라가 안정된다. 반대로 예악을 다스리지 못하면 나라가 위태롭게 된다. 그러므로 이 편에서는 예악의 득실을 논했다.(爲政之善 莫善於禮樂 禮以安上治民 樂以移風易俗 得之則安 失之則危 故此篇論禮樂得失也)」주자는 말했다. 「제3편은 모두 26장이다. 전편 끝의 두 장과 함께 다 예악에 관한 것들을 논했다.(凡二十六章 通前篇末二章 皆論禮樂之事)」

　　오늘의 정치는 주로 법치(法治)를 바탕으로 한다. 동시에 모든 나라들은 부국강병(富國强兵)에만 골몰하고 있다. 따라서 개인이나 국가가 도덕을 외면하고 금전과 무력만을 높이고, 이기적 탐욕을 채우기 위해 서로 아귀다툼을 한다. 따라서 법치주의 자체가 근본적으로 붕괴되고 있는 것이다. 사람들이 도(道)를 상실하고 도덕적으로 타락하면 법치도 붕괴되게 마련이다.

　　공자는 2천5백년 전에 법치와 예치를 비교해서 말했다. 「정령(政令)으로 이끌고, 형법(刑法)으로 다스리면, 백성들은 법망에서 벗어나려고 애쓰고, 수치를 모르게 된다. 그러나 덕으로 이끌고 예로써 다지면 염치를 알고, 또 바르게 된다.(道之以政 齊之以刑 民免而無恥 道之以德 齊之以禮 有恥且格)」<제2. 위정편-3> 국민을 법보다 예로 높여야 한다.

3-1 : 경문 한글 풀이

공자가 계씨를 비판하여 말했다. 「팔일을 뜰에서 추게 하다니, 이런 짓을 한다면 무슨 짓을 못하랴.」

孔子謂季氏 八佾舞於庭 是可忍也孰不可忍也.

[예(禮)의 깊은 뜻]

(1) 「좌전(左傳) 소공(昭公) 25년」에 다음과 같이 있다. 노나라 임금이 체제(禘祭)를 올리려고 했으나 무악을 출 무인(舞人)들이 계평자(季平子)의 집에 갔으므로 임금의 예를 갖추지 못했다. 계평자는 계손씨의 족장(族長)이다. 공자 나이 35세 때의 일이다. 그러므로 공자가 계씨를 혹독하게 비난했다. 예는 엄격한 위계질서의 법도다. 예를 어긴 자가 마침내 임금을 몰아냈던 것이다.

(2) 예(禮)는 「시(示)」와 「예(豊 : 禮의 古字)」를 합한 자다. 「시(示)」는 「하늘이 내려주는 계시(啓示)」의 뜻이다. 「예(豊)」는 「제물[曲]을 받침대[豆] 위에 놓고 절하고, 하늘로부터 계시와 복(福)을 내려받는다」는 뜻이다. 「예(礼)」라고도 쓴다. 즉 「사람이 절하고 계시를 받는다」는 뜻이다.

(3) 예는 성운학적(聲韻學的)으로 「이(理)와 이(履)」에 통한다. 「이(理)」는 「천리(天理), 즉 하늘의 도리이다.」 「이(履)」는 「밟고 가다, 즉 실천한다는 뜻이다.」 「설문해자(說文解字)」에는 「사신치복(事神致福)」이라고 풀이했다. 곧 신을 섬기고 복을 누린다는 뜻이다. 결국 「예는 하늘의 도리를 받들고 행해서 복을 누린다는 뜻이다.」 예는 인간을 이성적으로 바로잡고, 악(樂)은 인간을 감정적으

로 다스린다. 예에는 위계질서가 엄격하게 있다.

[예치(禮治)의 깊은 뜻]

(1) 인간은 이성과 감정을 겸하고 있다. 예는 사회적 질서나 규범을 외형적으로 정한 것이다. 예악(禮樂)은 모든 사람의 감정을 화락하게 한다. 그래서 예악으로 덕치에 활용한 것이다. 그것이 곧 예치(禮治)다. 예악의 예는 예의범절(禮儀凡節) 및 의식의례(儀式儀禮), 복식(服飾) 및 격식(格式) 등 외형적 문물을 다 포함한다. 악은 「풍(風)·아(雅)·송(頌)」의 모든 음악이다.

(2) 인간도 동물이다. 그러므로 동물적 생존욕구 및 감정을 바탕으로 행동하게 마련이다. 배가 고프면 음식을 찾고, 슬프면 통곡한다. 이때에 만약 이성이나 도덕으로 동물성을 억제하거나 조절하지 않으면 그 행동이 야만적이고 포악하게 된다. 따라서 이성으로써 감정을 억제하고 조절해야 한다.

(3) 동시에 음악으로써 감정을 순화해야 한다. 음악은 천지 자연만물의 생동(生動)하는 절주(節奏)를 표현한 예술이다. 따라서 음악은 인간의 원색적 감정을 순화하고 조화시켜 준다.

(4) 그러므로 고대 국가에서 우아한 정악(正樂)을 제정해서 정치에 활용했다. 즉 예로써 언행을 바르게 하고, 악으로써 감정을 순화했다. 이와 같은 예치와 예악의 깊은 뜻과 그 효용을 바르게 알아야 한다.

(5) 예치는 법치(法治)보다 월등 높은 단계의 덕치(德治)다. 천도(天道)를 따라 지덕(地德)을 세우기 위한 정치가 곧 예치이다. 예의나 예악이 문란하면 국가의 틀이 무너지고, 아울러 국민의 기풍이 타락하게 된다.

3-2 : 경문 한글 풀이

세 대부의 집에서 제사를 끝낼 때, 옹(雍)의 시를
읊었다. 공자가 말했다. 「시경 옹편에 제후들이
천자를 도우니 기뻐하시는 천자의 모습이 아름답
다고 있다. 이와 같은 시를 어찌하여 그들 세 대부
의 사당에서 취해 쓰느냐.」

三家者以雍徹 子曰 相維辟公 天子穆穆 奚取於三家
之堂.

[무지한 소치]

무식하기 때문에 예(禮)를 어기고 참월(僭越)한 것이다. 앞에서나
여기서나 세 집안, 즉 삼환씨(三桓氏)가 분에 넘치는 악덕한 짓을
한 이유는 결국은 무식하기 때문이다. 무식하면 욕심을 억제하고
도를 따를 줄 모르고, 선악시비도 가릴 줄 모른다.

3-3 : 경문 한글 풀이

공자가 말했다. 「사람이 어질지 못하면 예는 무엇
할 것이며, 사람이 어질지 못하면 악은 무엇할 것
인가.」

子曰 人而不仁 如禮何 人而不仁 如樂何.

[형식적인 예(禮)와 악(樂)]

(1) 오늘의 세계는 법치(法治)를 국가 통치의 바탕으로 삼고 있다.

그러나 사람이 악하면 아무리 법을 엄하게 정해도 악인들은 기기묘 묘한 범죄를 저지르고 공동체를 불안하게 만든다. 그러므로 법보다 먼저 사람들을 윤리 도덕적으로 바르게 교육해야 한다.

(2) 공자사상이 바로 법보다 도덕을 앞세우고 높인 것이다. 그 일환 이 예악(禮樂)에 의한 도덕정치다. 사람은 인심을 바탕으로 인덕을 세워야 한다. 속에 수심(獸心)을 품고 악덕을 자행하는 자가 겉으로 예악을 꾸미고 예치(禮治)를 가장해도 아무런 소용이 없다.

(3) 공자가 높이는 왕도덕치(王道德治)는 「인심(仁心)을 바탕으로 서로 사랑하고 협동하여 함께 잘살고, 또 행복을 누리는 평화세계 를 창건하는 정치, 즉 인정(仁政)이다.」 공자는 「무력 통치나 법치 (法治)보다 사랑으로 백성을 교화하는 예치」를 높이고 앞세웠다.

(4) 예치의 전범(典範)은 주(周)나라다. 그런데 춘추시대에는 사람 들이 수심(獸心)을 바탕으로 온갖 악덕을 자행했다. 그 대표가 삼환 씨(三桓氏)였다. 그래서 「인심(仁心)이 없으면 예악만으로는 별 도 리가 없다.」고 말한 것이다.

3-4 : 경문 한글 풀이

임방이 예의 근본을 묻자, 공자가 말했다. 「참 중 대한 질문이다. 예는 사치하게 꾸미는 것보다, 실 질적이고 검소하게 해야 한다. 장례는 여러 가지 절차를 갖추기보다 진심으로 애통해야 한다.」

林放問禮之本 子曰 大哉問 禮與其奢也寧儉 喪與其 易也寧戚.

[심(心), 성(性), 이(理), 중(中)]

(1) 「마음(心)」에는 도를 따르려는 마음과 이기적 욕심이 함께 공존한다. 여기서 말하는 「성(性)」은 곧 「본연지성(本然之性)」이다. 즉 「천리(天理)를 터득하고 실천하려는 이성(理性)이다.」

(2) 기질지성(氣質之性)도 있다. 성리학(性理學)에서는 「성(性)=이(理)」라고 한다. 그래서 「사람의 본성이 예의 뿌리다(性者 禮之本也)」라고 한 것이다. 「중(中)」은 「본성 속에 있는 천리에 맞게 한다는 뜻이다.」 그래서 「중자 천하지대본(中者 天下之大本)」이라 했다.

3-5 : 경문 한글 풀이

공자가 말했다. 「오랑캐 나라에도 두목이 있고 무리를 통솔한다. 중화의 나라에서 임금을 무시하고 난동하는 것 같지 않다.」

子曰 夷狄之有君 不如諸夏之亡也.

[덕치(德治)와 지성선사(至聖先師)]

(1) 중하(中夏) 혹은 중화(中華)라는 명칭은 천하의 중심을 차지하는 문화국가라는 뜻이다. 「여름 하(夏)」는 여름에 나무가 자라고 지엽(枝葉)이나 꽃이 무성하게 피어난다는 뜻으로 「꽃 화(華)」에 통한다. 공자가 말하는 중화(中華)는 진정한 문화국가다. 진정한 문화는 겉으로만 예악(禮樂)을 화려하게 내세우고 사치와 낭비를 일삼는 것이 아니다. 겉보다도 속이 중요하다. 공자가 말하는 진정한 문화 국가의 핵심은 도덕정치다. 나누어 말하겠다.

(2) 세계적인 차원에서는 천자(天子)를 중심으로 여러 나라의 임금, 즉 제후가 하나로 뭉쳐야 한다. 천자는 덕이 높아서, 천명(天命)을 받고 천하를 다스리는 최고의 중심적 존재다. 하나의 중심에 모든 사람이 뭉쳐야 하나의 세계가 이루어진다.

(3) 도덕정치(道德政治)는 바로 절대선의 천도(天道)를 따르고 실천하여 지덕(地德)을 세우는 정치다. 천도는 자연 만물을 낳고, 사랑으로 양육하고 더욱 발전케 하는 도리다. 덕(德)은 도(道)를 실천해서 얻는 좋은 성과다. 즉 천도를 따라 만물을 지상에서 실재로 생육화성(生育化成)하는 것이 곧 지덕이다. 천도를 따르고 지덕을 세우는 주체가 사람이다. 그러므로 천도를 따라 지덕을 세우는 것을 인행(人行)이라 한다.

(4) 도덕정치는 사람으로 하여금 천도를 따르고 실천하여 지덕을 세우게 하는 다스림이다. 그 중심이나 정점이 천자요 임금이다.

(5) 그러나 사람들이 절대선의 천도를 무시하고 수심(獸心)을 바탕으로 사리사욕(私利私慾)만을 채우려고 하면 도덕정치가 무너지고, 난세가 된다. 그래서 공자가 「하나로 뭉친 오랑캐만도 못하구나.」하고 한탄한 것이다. 공자는 어디까지나 효제(孝弟)와 인의예지(仁義禮智)를 바탕으로 도덕정치를 하려던 지성선사(至聖先師)다.

3-6 : 경문 한글 풀이

계씨가 태산에서 제사를 지내려 하자, 공자가 염유에게 물었다. 「자네는 막을 수 없는가.」 염유가 「제 힘으로는 막지 못하겠습니다.」 라고 대답하

자, 공자가 말했다. 「아, 태산의 신을 임방만큼도 중하게 여기지 않는구나.」

季氏旅於泰山 子謂冉有曰 女弗能救與 對曰 不能 子曰 嗚呼 曾謂泰山 不如林放乎.

[천리(天理)와 제사(祭祀)]

(1) 공자는 「괴(怪)·역(力)·난(亂)·신(神)」을 논하지 않았다. 즉 비현실적인 괴이(怪異)한 일, 포악무도한 무력행사, 사회질서를 문란케 하는 난동(亂動) 및 미신적인 믿음 등을 배제했다. 공자는 어디까지나 인본주의(人本主義), 현실주의(現實主義), 합리주의(合理主義), 실증적(實證的) 역사주의(歷史主義) 및 평화적(平和的) 문화주의(文化主義)를 바탕으로 윤리 도덕이 시행되는 「선세계 창건(善世界 創建)」을 주장했다.

(2) 동시에 공자는 「사람이 지키고 행할 도덕을 힘써 실천하고 귀신을 공경하되 멀리함이 슬기다.(民務之義 敬鬼神而遠之 可謂知矣)」 <제6. 옹야편-22>라고도 말했다. 즉 미신적·맹신적으로 귀신을 믿는 것보다 도덕 실천을 참다운 지(知)라고 말했다.

(3) 따라서 공자의 사상은 종교 사상이 아니다. 학문과 도덕적 실천을 강조한 덕치사상(德治思想)이다. 동시에 공자는 천(天)과 천명(天命)을 믿었다. 그러나 불가사의한 천이나 천명을 철학적으로 설명하지 않았다. 다만 도(道)를 따르고 행하라고 가르쳤다.

(4) 특히 공자는 천도를 따른 예치(禮治)의 전범(典範)을 주공단(周公旦)의 문물제도에 두었다. 그러므로 공자도 천신(天神)과 지기(地祇)에 대한 제사 및 선조 부모에 대한 제사를 중시했다.

(5) 제(祭)는 접(接)의 뜻이다. 즉 하늘과 땅과 선조의 귀신이나 신령과 접한다는 뜻이다. 결국 제사도 인행(人行)이며, 종국적으로는 천도(天道)를 따라 지덕(地德)을 세우는 실천적인 덕행이다. 특히 선조에 대한 제사는 효도의 연장이다.

3-7 : 경문 한글 풀이

공자가 말했다.「군자는 다투지 않는다. 불가피한 경쟁은 활쏘기뿐이다. 그때에도 서로 절하고 사양하며 당에 오르고, 또 내려와서 함께 술을 마시니, 그 다툼도 군자다운 다툼이다.」

子曰 君子無所爭 必也射乎 揖讓而升 下而飮 其爭也 君子.

[군자와 소인의 차이]

(1) 군자는 육예(六藝)를 교양으로 이수했다. 즉 「예(禮)·악(樂)·사(射)·어(御)·서(書)·수(數)」다. 사(射)와 어(御)는 무술 혹은 운동에 해당하며, 기술 연마를 위해서 경연대회를 개최하는 수가 있다. 이때에 군자는 서로 기량을 경쟁한다. 그러나 예절을 잘 지켰다. 옛날의 궁술대회에는 「대사(大射)·빈사(賓射)·연사(燕射)·향사(鄕射)」 등이 있었다. <* 예기(禮記)나 의례(儀禮)에 자세히 적혀 있다.>

(2) 대사(大射)는 덕행이 뛰어난 사람을 뽑는 행사였다. 예기 사의편(射義篇)에 대략 다음같이 있다.

(3) 공자가 사례(射禮)를 주관했다. 모든 사람이 호기심을 가지고

주시했다. 성인(聖人)이 어떻게 무술대회를 심판할까, 의아하게 여겼던 것이다. 공자는 활쏘기 시합에 앞서 출전할 궁사(弓士)의 자격을 엄하게 규제했다. 「국가를 수호하는 전투에서 패한 자, 망국의 대부(大夫), 절개를 버리고 남의 나라에 붙어먹는 선비나, 남의 재물을 가로챈 악인은 제외한다.」 「어려서 가정에서 효제하고, 또 성인이 되어도 학문수양에 힘쓰고, 늙어도 예를 지킨 사람만이 참가하라.」

(4) 즉 사람다운 사람만이 해야 한다. 오늘의 전쟁에서는 수단방법을 가리지 않고 이기기만 하면 된다. 그래서 강대국은 「재물, 과학기술을 무기화(武器化)」하고 세계를 제패하고, 자기 나라만 부강하고 사치와 향락을 누리고자 한다.

(5) 한마디로 오늘의 세계는 인도주의(人道主義)가 없다. 오직 무력강탈주의(武力强奪主義)만이 판을 치고 있다. 그래서 사람들도 타락하고 수심(獸心)을 바탕으로 서로 무력적 쟁탈(爭奪)만을 일삼고 있다. 공자는 2천5백 년 전에 그래서는 안 된다고 경고하고, 예와 도덕을 지키라고 했다.

3-8 : 경문 한글 풀이

자하가 물었다. 「시경에 『곱게 웃는 품이 아름답고, 아리따운 검은 눈동자가 흰 분으로 더욱 빛나네』라 했는데, 무슨 뜻입니까.」 그러자 공자가 대답했다. 「그림 그리는 일도 먼저 흰 바탕을 마련하고 다음에 한다는 뜻과 같다.」

자하가 말했다. 「예로써 뒷마무리를 한다는 뜻이 군요.」 공자가 기뻐하며 말했다. 「나의 말뜻을 밝혀내는 사람이 바로 자네 상(商)이로구나. 이제야 나와 함께 시(詩)를 말할 수 있게 되었노라.」

子夏問曰 巧笑倩兮 美目盼兮 素以爲絢兮 何謂也 子曰 繪事後素. 曰 禮後乎 子曰 起予者商也 始可與言 詩已矣.

[예(禮)의 바탕은 충신(忠信)]

(1) 먼저 문장 표현의 묘미(妙味)에 대한 설명을 하겠다. 스승인 공자와 제자 자하가 서로 짧게 토막말을 주고받았다. 처음에 자하가 시경(詩經)의 구절 「교소천혜(巧笑倩兮) 미목반혜(美目盼兮) 소이위현혜(素以爲絢兮)」의 뜻을 질문했다. 그러나 공자가 직접 그 뜻풀이를 하지 않고 「회사후소(繪事後素)」라고 차원 높은 대답을 했다. 그러자 총명한 제자가 알아차리고 「예후호(禮後乎)라는 뜻이군요.」하고 비약적으로 높은 차원의 깨달음을 밝혔다. 이에 공자가 기뻐서 칭찬하며 「바로 자네가 나의 깊은 뜻을 밝혀냈구나. 함께 시경을 논할 수 있게 되었구나.」하고 흡족하게 여겼다.

(2) 참으로 이심전심(以心傳心)하는 격조 높은 대화로, 핵심은 「수양과 완성의 마지막 단계는 예로써 마무리해야 한다」는 뜻이다.

(3) 진정한 예문화는 외형적 물질문화만으로 이루어지는 것이 아니다. 내면적 인심(仁心)과 도덕심(道德心)을 바탕으로 해야 한다. 고금동서를 막론하고 대부분의 많은 사람들은 동물적 본능과 이기

적 욕심을 바탕으로 남을 속이거나, 살상하고, 맹목적으로 돈만을 벌거나 혹은 남의 재물을 겁탈하고, 자기 혼자만 육체적 삶을 잘살려고 한다. 그 결과 서로 다투고 싸우고 뺏기 내기를 함으로써 인류 사회를 위기에 함몰하게 만들고 있는 것이다.

(4) 그래서 동양의 성현(聖賢)들은 예(禮)를 지키고 윤리 도덕을 실천하라고 가르친 것이다. 그런데 왜 잘 안 되는가. 생각해 보자. 사람도 동물이다. 그러나 동물과는 차원이 다른 존엄한 정신도 있다. 단 사람의 몸이나 마음은 하나다. 그러므로 한쪽으로 치우치게 마련이다. 그런데 육체적 삶은 본능적이며 배우지 않아도 된다. 한편 정신적·도덕적 생활은 각별히 노력하고 수양해야 한다. 그래서 많은 사람들이 동물적 삶만을 살게 마련이다.

(5) 그러나 바탕이 좋은 착한 사람은 정신적 삶을 살려고 한다. 즉 착한 사람은 비교적 쉽게 수심(獸心)을 극복하고 인심(仁心)을 바탕으로 윤리 도덕을 실천하고 예문화 생활을 할 수 있다. 타고난 바탕이 좋아야 수양하고 윤리 도덕을 실천하기도 쉽다.

3-9 : 경문 한글 풀이

공자가 말했다. 「하(夏)나라의 예(禮)와 제도(制度)를 나는 말할 수 있다. 그러나 후손의 나라인 기(杞)에 실증할만한 사물이 부족하다. 은(殷)나라의 예나 제도를 내가 말할 수 있다. 그러나 후손의 나라인 송(宋)나라에 실증할만한 사물이 부족하다. 문헌과 현인이 모자라는 탓이다. 문헌만 충

분하면 실증할 수 있다.」

子曰 夏禮吾能言之 杞不足徵也 殷禮吾能言之 宋不
足徵也 文獻不足故也 足則吾能徵之矣.

[단절된 예치(禮治)]

(1) 공자는 하(夏)·은(殷)·주(周) 3대의 전통을 계승하고, 특히
주나라 초기의 문물제도와 예악(禮樂) 및 인의(仁義)의 도덕정치
(道德政治)를 계승하고, 천하를 하나의 대동(大同)의 이상세계(理
想世界)로 만들기를 목표로 군자들을 배양했다.

(2) 아울러 공자는 천도를 바탕으로 인류의 역사와 문화가 시간의
흐름과 더불어 더욱 새롭게 창조적으로 발전한다고 믿었다. 그러기
위해서는 사람이 천도를 따라 인정과 덕치를 펴야 한다.

(3) 반대로 악덕한 욕심을 바탕으로 학정(虐政)을 펴고 백성을 못
살게 하면 하늘은 인덕(仁德)을 갖춘 성군(聖君)에게 천명(天命)을
내려 역성혁명(易姓革命)을 하게 한다. 「하우(夏禹), 은탕(殷湯),
주문왕(周文王)」이 성군(聖君)이다.

(4) 그러나 선(善)과 악(惡)은 교차한다. 그래서 그들 성왕의 후손
들이 세운 기(杞)나라나 송(宋)나라 같은 작은 나라에서조차 「성왕
의 인정과 덕치」를 역사적으로 찾아볼 수 없게 되었다. 그래서 춘추
난세가 된 것이다. 공자가 역사적 기록이 남아있지 않다고 한탄한
것은 곧 천도를 따른 성왕의 인정(仁政)이 계승되지 않음을 한탄한
것이다.

3-10 : 경문 한글 풀이

공자가 말했다. 「체(禘) 제사를 지낼 때, 울창주를 뿌린 다음, 나는 보고 싶지 않다.」

子曰 禘自旣灌而往者 吾不欲觀之矣.

[예문화(禮文化)의 현대적 의의]

(1) 공자가 말하는 예문화(禮文化)는 곧 천리(天理)를 바탕으로 한 선문화(善文化)다. 하늘의 도리는 절대선의 도리다. 하늘이 사랑으로 만물을 낳고 양육하고 발전시키는 도리가 천도천리다. 수십만 년에 걸쳐 발전한 인류문화가 바로 「유교에서 말하는 예문화」이다. 그 속에는 자연과학의 업적이나 발달도 포함된다.

(2) 예문화, 즉 인류의 문화와 발달은 절대로 하루아침에 이루어지는 것이 아니다. 수십만 년에 걸쳐 많은 성현(聖賢)들과 선인(善人)과 성실한 과학자의 노력으로 쌓이고 발달한 것이다.

(3) 고대 중국의 경우도 같다. 삼황(三皇)과 오제(五帝)를 거쳐, 특히 「하(夏)·은(殷)·주(周)」 3대로 내려오면서 점진적으로 발달한 것이다. 그 사이에는 우여곡절(迂餘曲折)과 선악교체(善惡交替)도 수없이 많았다. 그러나 주(周)나라 문왕(文王)이 인덕(仁德)으로 천명을 받고, 또 아들 무왕(武王)이 정의의 무력으로 포학무도한 주(紂)를 토벌하고, 또 무왕의 동생 주공단(周公旦)이 예치(禮治)와 도덕정치의 바탕인 문물제도를 창설했다.

(4) 그 주공이 봉해진 나라가 바로 노(魯)나라다. 그리고 노나라는 공자가 태어난 고국이다. 그래서 공자는 더욱 주공을 존중하고 추

모하고 주나라의 문화를 되살려 천하를 바로잡고자 했다.

(5) 현명하고 착한 사람은 하늘의 마음과 하늘의 도리를 바탕으로 인류 문화를 계승하고 더욱 발전시킨다. 반대로 우둔하고 악한 사람은 수심(獸心)을 바탕으로 재물이나 과학 기술이나, 무력을 악용하여 인류의 역사와 문화를 역행하게 한다.

(6) 그러므로 모든 사람이 각성하고 예문화를 바르게 알고 따라야 한다. 그러나 역사적 사실은 그렇지 못하다. 그래서 공자가 한탄한 것이다. 그 하나의 예가 노나라의 군신이 무모하게 지내는 체제(禘祭)이다. <* 다음에서 체제와 노나라의 관계를 말하겠다.>

3-11 : 경문 한글 풀이

한 사람이 체(禘)에 대해서 묻자, 공자가 말했다. 「저는 모르겠습니다. 뜻을 잘 알면, 천하 다스리기를 손바닥 들여다보듯 할 것입니다.」 그리고 손바닥을 가리켰다.

或問禘之說 子曰 不知也 知其說者之於天下也 其如
示諸斯乎 指其掌.

[체제(禘祭)의 깊은 뜻]

(1) 왕조를 물려받은 천자(天子)나 왕자(王者)는 종묘를 세우고 나라를 세운 시조(始祖)를 모시고 제사를 지낸다. 그때 시조의 근간이 되는 씨족(氏族)의 원조(元祖)를 함께 모시고 배향(配享)하는 제사를 체(禘)라고 한다.

(2) 공자가 태어난 노나라는 제후국(諸侯國)이다. 그러므로 체제를

지낼 수 없다. 그러나 무왕의 뒤를 이은 성왕(成王)이 주공(周公)에 게만 허락했다.

(3) 그런데 후세의 노나라 제후들이 부당하게 체제를 지냈다. 그래서 바로 앞장에서 공자가 보고 싶지 않다고 했다. 그런데 이번에는 노나라 임금이 아니고, 대부 신분인 삼환씨의 한 사람이 체제를 물었다. 그래서 공자는 한마디로 「모른다.」고 말했다. 대전주소에 있는 「서산진씨(西山眞氏)」의 말로 보충하겠다. 「하나인 하늘에서 만물이 나왔으며, 모든 사람은 먼 선조에서 갈라져 나왔다. 그러므로 인효성경(仁孝誠敬)의 극치를 다하고, 하늘과 선조에 제사를 드리고 보본추원(報本追遠)해야 한다. 그것이 예(禮)이다. 무도한 사람은 예를 지킬 수 없다.」<원문 생략>

3-12 : 경문 한글 풀이

선생님은 조상의 제사를 올릴 때는 앞에 조상이 계신 듯이 정중한 태도를 취하셨다. 산천의 신령을 모실 때에는 신령이 앞에 있는 듯 경건하게 하셨다. 공자가 말했다. 「제사에 참석하지 않으면 제사를 지내지 않은 것 같으니라.」

祭如在 祭神如神在 子曰 吾不與祭 如不祭.

[효도(孝道)와 역사적 발전관]

(1) 천(天)은 철학적으로 파악한 우주(宇宙)의 실체(實體)다. 우주는 공간과 시간을 통합한 형이상(形而上)의 실체다.

(2) 이를 한마디로 천(天)이라고 한다. 인간 및 자연 만물은 생생불이(生生不已)한다. 즉 현시적(現時的)으로 생존할 뿐만 아니라 역사적으로 대(代)를 이어가면서 번식하고 발전한다. 이와 같은 생존과 발전의 도리를 천도(天道)라고 한다.

(3) 공자는 천(天)과 천도를 실증적(實證的)으로 파악한 철학자이자 역사적 발전을 낙관한 사상가였다.

(4) 동시에 개인이나 국가가 다 같이 윤리 도덕을 실천해야 천인합일(天人合一)의 대동세계(大同世界)를 창건할 수 있음을 가르쳤다. 그래서 지성선사(至聖先師)라 한다. 뿐만 아니라 공자는 「실천적 정치가」이기도 했다.

(5) 착한 세상을 만드는 것도 사람이고, 악한 세상을 만드는 것도 사람이다. 그러므로 공자는 상하 모든 사람이 심성을 함양하고 자기를 수양하라고 가르쳤다. 그 바탕을 효(孝)에 두었다.

(6) 효를 일반적으로 「자식이 부모를 잘 섬기고 공양함이다.」라고 말한다. 이것은 효의 작은 뜻이다. 그러나 효에는 다음 같은 기본적인 큰 뜻이 있다. 「생생불이(生生不已)」다. 즉 대(代)를 이어가면서 1차적으로는 가문을 계승 발전하고, 더 나아가서는 국가 및 인류의 역사 문화발전에 기여하는 도리다.

[제사(祭祀)의 깊은 뜻]

「제(祭)는 접(接)이다.」 그래서 제사는 신령을 만나고, 또 보본반시(報本反始)하고, 또 사신치복(事神致福)하는 의식이다. 보본반시는 「근본에 보답하고 처음으로 돌아간다」는 뜻이다. 처음은 곧 하늘과 선조다. 사신치복은 「신령을 모시고 복을 받는다」는 뜻이다.

[천신(天神)과 선조(先祖)]

(1) 천신(天神)·지기(地祇)·산천(山川)·사직(社稷) : 사람은 물론 자연 만물도 다 천지의 조화에 의해서 살고, 또 번성한다. 즉 눈에 보이지 않는 하늘의 도리에 따라 만물이 지상에서 생육화성(生育化成)하면서 역사적으로 발전하고 있다. 그러므로 고대부터 천하 만민을 다스리는 제왕(帝王)은 천신과 지기를 모셨고, 지방을 다스리는 제후(諸侯)나 군주(君主)는 자기 나라의 산천과 사직에 제사를 드렸다.

(2) 부모·조상 : 사람은 자기를 낳고 양육해준 부모의 은혜에 감사하고 보답해야 한다. 부모 생존시에는 잘 모시고 봉양해야 한다. 돌아가시면 극진하게 상례(喪禮)를 지내야 한다. 그리고, 또 지극한 정성으로 제사(祭祀)를 올려야 한다. 부모나 조상은 나에게 몸과 생명을 물려주었을 뿐 아니라, 나의 전신(前身)으로 우리 가문과 국가를 위해서 공적을 세우고, 또 크게는 인류의 역사와 문화를 계승 발전하였다.

(3) 그러므로 부모나 선조에 대한 공경을 생사여일(生死如一)하게 해 올려야 한다. 그것이 효도(孝道)다. 사람은 숭고한 정신과 심령(心靈)을 바탕으로 신령(神靈)을 지각하고 교통할 수 있다.

(4) 육체는 음식을 바탕으로 성장하고 발달한다. 그러나 정신은 학문과 수양을 통해야 높아질 수 있다. 그래서 식색(食色)만의 삶만을 영위하는 사람은 고결한 정신세계와 도덕적 삶을 잘 모른다.

(5) 정신과 심령이 발달하면 천신(天神)을 알고, 또 신령이나 귀신과 교감할 수 있다고 한다. <* 이성과 감성으로 형이상의 도리를

깨닫고 높이고, 또 천리와 도덕에 맞게 하기를 강조한다.>

[신(神)과의 교감(交感)]

(1) 공자는 천(天)의 실재(實在)와 실체(實體)를 인식하고, 또 믿었을 것이다. 그러나 공자는 천을 철학적으로 설명하지 않았고, 또 종교적으로 믿고 의지하라고 주장하지도 않았다.

(2) 공자는 「신(神)은 살아 있다」 혹은 「신은 없다」고 종교적으로는 긍정도 부정도 하지 않았다. 그러나 공자는 말했다. 「하늘은 말이 없다. 그러나 시간의 흐름에 따라 만물을 낳고 번성하게 하고 있다.(天何言哉 四時行焉 百物生焉)」 즉 자연현상을 보고 절대선의 천도를 스스로 깨닫고 알라고 한 것이다.

(3) 특히 성리학(性理學)은 사람을 위시한 모든 생물을 이(理)와 기(氣)의 통합체로 보았다. 「한 개체에 이와 기가 통합하고 기능하는 것이 생(生)이다.」 「이와 기가 분산하고 기능하지 못하는 것이 사(死)다.」 그러므로 살아있는 사람은 원칙적으로 「이와 기」를 터득할 수 있다. 단 수심(獸心)과 사욕(私欲)에 넘쳐 하늘이 내려준 성리를 상실한 악덕한 사람은 「이와 기」를 알 수 없다. 그러므로 악덕한 사람이 설사 제사를 지내도 천신이나 조상의 신령(神靈)과 교감(交感)할 수 없다. 지성감천(至誠感天)이라고도 한다. 선조의 경우는 영(靈)이 작용한다. 정리(情理)와 지성을 바치면 선조의 신령이 감동하고 강림(降臨)한다고 가르쳤다.

3-13 : 경문 한글 풀이

왕손가가 「방안에 아첨하느니 차라리, 부엌에 아

첨하라고 한 말은 무슨 뜻입니까.」하고 묻자, 공
자가 말했다. 「그렇지 않소. 하늘에 죄를 지으면,
빌 곳이 없는 법이오.」

王孫賈問曰 與其媚於奧 寧媚於竈 何謂也 子曰 不然
獲罪於天 無所禱也.

[주유(周遊)와 위(衛)나라]

(1) 기원전 502년, 노(魯)나라는 정공(定公) 8년으로 혼란기였다.
삼환씨(三桓氏)가 무도했을 뿐 아니라 그들 집안에서도 하극상(下
剋上)이 심했다. 한 예가 가신(家臣)인 양화(陽貨)가 삼환씨에 반란
했다가 결국은 패하고 제(齊)나라로 추방되었다.

(2) 그러는 과정에서 공자 나이 49세 때에는 양화가 공자를 불렀고,
50세 때에는 계씨(季氏)의 총재(冢宰)로 있다가 반란한 공산불요
(公山弗擾)가 공자를 불렀다. 그러나 제자 자로(子路)가 막았다.

(3) 52세 때에는 노나라에 등용되었다. 한편 대부 신분으로 정공
(定公)을 따라서 협곡지회(夾谷之會)에서 제나라의 위협을 물리치
고 외교적 성과를 거두었다. 53세에는 사구(司寇)가 되어 섭정(攝
政)했다. 54세에는 삼환씨의 성(城)을 제거하려다가 실패했다.

(4) 그래서 55세부터 주유(周遊)했다. 먼저 위(衛)나라에 갔는데,
왕손가가 「자기편을 들라」고 하였다. 그러자 공자는 말했다. 「신하
가 임금에게 충성하지 않는 것은 하늘 앞에 죄를 짓는 것이다. 안방
이고 부엌이 없다. 하늘에 죄를 지으면, 빌 곳이 없다.」

3-14 : 경문 한글 풀이

공자가 말했다.「주는 하와 은, 두 나라를 거울로 삼고 조절했으므로, 그 문화가 빛난다. 나는 주를 따르겠다.」

子曰 周監於二代 郁郁乎文哉 吾從周.

[도통(道統)과 주(周)나라]

(1) 공자는 서주(西周)의 인정(仁政)과 예치(禮治)를 이상으로 삼았다. 그렇다고 공자의 사상을 복고적(復古的)이라고 오해하면 안된다. 역사 문화 및 윤리 도덕은 역사적으로 발달한다. 공자가 높이는 주나라의 문물제도는 하(夏)나라와 은(殷)나라의 장점과 전통을 바탕으로 이루어진 것이다.

(2) 공자는 절대로 고대를 묵수(墨守)하자는 것이 아니다.「온고지신(溫故知新)」하라고「역사적 창조와 발전」을 높였다. 특히 도덕의 근원을 절대선인 천도를 기준으로 했으므로 고대의 성왕(聖王)과 그들의 선양(禪讓)을 높였다.

3-15 : 경문 한글 풀이

공자께서 태묘에 들어가 제사를 지내실 때, 절차마다 일일이 물으셨다. 그러자 어떤 사람이 말했다.「누가 저 추인의 아들을 보고, 예를 안다고 했느냐. 태묘에 들어가 일일이 묻더라.」공자가 말했다.「그게 바로 예다.」

子入大廟 每事問 或曰 孰謂鄹人之子 知禮乎 入大廟
每事問 子聞之 曰 是禮也.

[경(敬)과 예(禮)다]

(1) 공자가 노(魯)나라에서 벼슬했을 때의 일이다. 공자는 예에 통
달했다고 이름이 높았다. 그런데 태묘(大廟)에서 주공(周公)의 제
사를 올릴 때에, 신중하고 엄숙하게 모든 격식이나 절차를 일일이
자세히 물었다. 그래서 어떤 사람이 「누가 저런 사람을 두고 예를
안다고 말했나.」하고 핀잔했다. 그러자 공자는 「그게 바로 예다.」라
고 했다.

(2) 집주에서 윤씨(尹氏)가 말했다. 「예는 경건하게 거행해야 한다.
알아도 묻는 것이 신중한 태도의 극치니라.(禮者敬而已矣 雖知亦
問 謹之至也)」

(3) 제례(祭禮)는 정성과 지성(至誠)을 다 바쳐야 한다. 특히 주공
은 공자가 가장 높이는 분이다. 주공의 신령과 교감하고 계시와
복을 받기 위해서는 내면적으로나 외형적으로나 일호의 잘못도 없
어야 한다. 그래서 공자가 공경과 신중을 다 바쳤던 것이다.

3-16 : 경문 한글 풀이

**공자가 말했다. 「사례(射禮)에서 가죽 과녁을 화
살이 관통하기를 주장하지 않은 것은 힘이 같지
않기 때문이다. 그것이 옛날 사례의 도(道)였다.」**
子曰 射不主皮 爲力不同科 古之道也.

[사례(射禮)와 산더(尙德)]

앞에서 공자는 말했다. 「군자는 남과 다투지 않는다. 향사례(鄕射禮)도 기량을 다투기 위한 경쟁이 아니다. 각자의 심신을 연마하고 기능과 아울러 덕(德)을 높이기 위한 수양이다. 그러므로 군자는 예를 잘 지켜야 한다. 서로 절하고 당에 올라 활을 쏘고, 끝나면 내려와 이긴 사람이 진 사람에게 술을 마시게 한다. 이와 같이 예를 지키므로 그들의 활쏘기도 군자다운 것이다.」〈제3. 팔일편-7〉
〈* 고주는 「힘의 등급으로 부역을 과한다」로 풀었으나, 취하지 않는다.〉

3-17 : 경문 한글 풀이

자공이 고삭례에 희생양 바치는 것을 그만두려고 하자 공자가 말했다. 「사야, 자네는 희생양을 아까워하지만, 나는 고삭례를 중하게 여기노라.」

子貢 欲去告朔之餼羊 子曰 賜也 爾愛其羊 我愛其禮.

[주례(周禮)를 복구하자]

(1) 당시는 주나라의 문화가 시들고 제후들이 서로 싸우고 신하들은 하극상(下剋上)을 자행했다. 고삭례(告朔禮)는 주나라가 성했을 때, 전국적으로 행한 예였다. 즉 주나라 천자가 섣달에 다음해의 달력을 제후에게 반포하면, 제후들은 사당에 보관하고 매달 초하루에 희생양을 바쳐 제사를 지내고, 자기 나라 백성들에게 일력(日曆)과 그에 맞는 행사를 알렸던 것이다.

(2) 그러나 노나라에서는 문공(文公) 이래로 제대로 거행하지 않고, 형식적으로 희생양만 바쳤다. 그래서 자공이 희생양 바치는 것도 폐하자고 했다. 그러나 공자는 「형식적인 예라도 지켜야 한다. 그러면 실질적인 예가 부흥된다」는 생각으로 「나는 예를 사랑하고 중하게 여긴다.」고 말한 것이다.

3-18 : 경문 한글 풀이

공자가 말했다. 「임금 섬김에 예를 다하는 것을 남들은 아첨이라고 생각한다.」

子曰 事君盡禮 人以爲諂也.

[진례(盡禮)와 아첨(阿諂)]

(1) 공자는 한때 노나라에서 벼슬하고 임금을 섬겼다. 공자는 천리 (天理)를 따라 「예를 다했다.(盡禮)」 정성과 충성을 다해서 임금을 섬기고 덕정(德政)을 펴려고 진력했다.

(2) 그러나 당시는 삼환씨(三桓氏)가 전횡했으며, 그 밑에 붙어있는 무도한 자들이 도리어 공자를 헐뜯고 아첨한다고 욕했다.

(3) 공자는 대도(大道)의 원칙을 지켰다. 원칙적으로 하늘은 덕 있는 사람에게 천명(天命)을 내려 나라를 세우게 한다. 그러므로 임금을 섬기고 충성하는 것은 당연한 일이다. 그러나 반대로 참월한 자에게 붙어먹는 악덕하고 무도한 소인배들은 도리어 공자 같은 성인(聖人), 대인(大人)을 욕했다.

(4) 오늘의 많은 지식인도 악덕에 붙어 명리를 취하는 데 급급하고 도를 지키는 군자나 착한 사람을 바보 취급하는 수가 많다.

3 19 : 경문 한글 풀이

정공이 물었다. 「임금이 신하를 등용하고, 신하가 임금을 섬기는 데는 어떻게 해야 합니까.」 공자가 대답했다. 「임금은 예의로써 신하를 쓰고, 신하는 충성으로써 임금을 섬겨야 합니다.」

定公問 君使臣 臣事君 如之何 孔子對曰 君使臣以禮臣事君以忠.

[예양(禮讓)과 충성(忠誠)]

(1) 임금은 예양(禮讓)하고 신하는 충성(忠誠)해야 예치(禮治)가 성취된다. 임금이 무도한데 신하가 충성하면, 결과적으로는 임금의 악덕을 조장해주는 꼴이 된다.

(2) 그러한 충성은 진정한 충성이 아니다. 범죄에 가담하는 꼴이 된다. 임금이 무도하면 충신이 충간(忠諫)해야 한다.

3-20 : 경문 한글 풀이

공자가 말했다. 「시경의 관저편은 즐거워도 넘치지 않고, 슬퍼도 마음을 상하게 하지 않는다.」

子曰 關雎 樂而不淫 哀而不傷.

[시(詩)와 성정(性情)]

(1) 옛날이나 지금이나 사람들은 애락(哀樂)의 감정을 노래에 실어 표현한다. 중국 고대에서는 개인의 감정을 노래로 표현했을 뿐 아

니라 「예악시무(禮樂詩舞)」를 「국가적 제사(祭祀)나 덕치교화(德治教化)」에 활용했다. 그 대표적인 예가 바로 시경(詩經)이다. 그래서 공자가 고대로부터 전해 내려오는 많은 노래나 시를 추려서 3백 편으로 정리하고 덕치에 활용했다.

(2) 슬플 때는 슬퍼하고, 즐거울 때는 즐거워하는 것이 자연스러운 감정표출이다. 그러나 감정을 원색적으로 과격하게 표현하지 말고 예술적·시적으로 표현해야 군자라 하겠다.

(3) 「낙이불음(樂而不淫) 애이불상(哀而不傷)」이란 말은 좌전(左傳) 양공(襄公) 29년에도 보인다. 즉 오(吳)나라의 현명한 공자(公子)인 계찰(季札)이 노나라에 와서 빈(豳)의 노래를 듣고 「낙이불음」이라 했다. 또 송시(頌詩)와 악무(樂舞)를 보고 「애이불수(哀而不愁) 낙이불황(樂而不荒)」이라고 했다. 그러므로 「낙이불음 애이불상」은 옛날에 시가를 총체적으로 평한 말이라고 해도 된다.

(4) 지금 전하는 「시경 관저편(關雎篇)」의 서문에는 다음 같은 말이 있다. 「관저편의 시는 후비의 덕을 읊은 것으로 시경 국풍의 첫 번째 시다. 관저편의 시로써 천하 만민들을 바람처럼 나부끼게 하고, 아울러 부부의 도리를 바로잡게 하려는 것이다. 그러므로 이 시를 지방 사람들에게 적용하고, 또 전국적으로 만민에게도 적용케 한다. 국풍(國風)의 풍(風)은 바람이 불어 나부끼게 한다는 뜻이다. 즉 덕풍(德風)으로 백성들을 감동케 하고, 교화한다는 뜻이다.(關雎后妃之德也 風之始也 所以風天下 而正夫婦也 故用之鄉人焉 用之邦國焉 風風也教也 風以動之 教以化之)」

(5) 허나 자세히 보면, 관저편의 시를 「낙이불음(樂而不淫)」이라고 평할 수는 있어도 「애이불상(哀而不傷)」이라고 말할 수는 없다. 그

래서 공자가 「관저」라고 말한 뜻을 「관저로 시작되는 시경 전체」의
뜻으로 확대 해석하는 설도 있다. 공자는 앞에서 말했다. 「시경에
있는 3백 편의 시를 한마디로 평하면 사악함이 없다.(詩三百 一言
以蔽之 思無邪)」<제2. 위정편-2> 그러므로 「시경」 전체를 「즐거
우나 슬퍼하거나 도를 넘치지 않는다」라고 풀이하는 것이 좋다.
(6) 즉 「중정(中正)·중화(中和)」의 경지를 칭찬한 말이라고 해석
함이 좋다. 또 공자의 말은 「시경의 가사만을 평한 것이 아니고,
음악을 포함해서 평한 것이다.」라는 설도 있다.

(7) 공자는 음악에 대한 이해가 깊었다. 예치(禮治)는 「예악시무
(禮樂詩舞)」를 중시한다. 시(詩)는 인간의 상념(想念)이나 정서(情
緒)를 예술적으로 승화한다. 따라서 시를 통해서 상하가 서로 교통
감응(交通感應)할 수 있다. 고로 공자가 산시(刪詩)하고 시를 정치
에 활용했다.

(8) 예(禮)는 사람의 본성 속에 있는 성리(性理)를 천리(天理)에
맞게 한다. 악(樂)은 사람의 감정을 중화(中和)한다. 오늘의 말로
하면, 예의범절을 바탕으로 이성과 행동을 천리에 맞게 하고, 음악
과 무용을 통해 감정을 조화하고, 또 신에 통한다는 뜻이다.

[시교(詩敎)의 깊은 뜻]

(1) 시경 모시(毛詩) 대서(大序)에 시교(詩敎)에 관한 기록이 있다.
옛날의 성왕은 채시관(采詩官)으로 하여금 민간의 시를 수집하게
했고, 시를 통해 민정(民情)과 정치적 득실(得失)을 살폈다.
(2) 공자 시대에는 약 3천 편의 시가 남아 있었다고 한다. 이를
공자가 추려서 305편으로 정리한 것이 오늘 전하는 시경이다.

(3) 특히 모씨(毛氏)가 전한 시경 서문에 다음 같은 말이 있다.
「시는 속뜻을 표현한다. 마음속에 있을 때는 뜻이고, 뜻을 말로 표출하면 시가 된다.(詩者志之所之也 在心爲志 發言爲詩)」

「인간의 감정은 속에서 동하고 말로 표현된다. 그러나 말이 부족하므로 한숨짓고 탄식한다. 한탄해도 부족하므로 길게 노래한다. 영가(永歌)를 해도 부족하므로 자기도 모르게 손과 발로 춤을 춘다.(情動於中 而形於言 言之不足 故嗟歎之 嗟歎之不足 故永歌之 永歌之不足 不知手之舞之 足之踏之也)」

「사람의 감정이 소리를 타고 표출되고, 그 소리가 아름답게 엮어진 것이 곧 음악이다. 그래서 잘 다스려지는 나라의 음악은 편안하고 즐겁다. 정치가 온화하기 때문이다. 혼란한 세상의 음악은 원망스럽고 노엽다. 정치가 어긋났기 때문이다. 패망한 나라의 음악은 애달프고 사무친다. 백성들이 곤혹하기 때문이다.(情發於聲 聲成文 謂之音 治世之音 安以樂 其政和 亂世之音 怨以怒 其政乖 亡國之音 哀以思 其民困)」

「그런 고로 정치의 득실을 바로잡고, 하늘과 땅을 움직이고, 귀신들을 감동케 하는 데는 시보다 더 효과적인 것이 없다. 그래서 선왕들은 시를 가지고 부부의 도리를 바르게 잡고, 백성들로 하여금 부모에 효도하고 윗사람을 공경하게 하고, 또 윤리 도덕을 독실하게 실천하도록 하고, 사회의 기풍을 미화하고, 아울러 백성들의 습속을 향상하게 했다.(故正得失 動天地 感鬼神 莫近於詩 先王以詩經 夫婦 成孝敬 厚人倫 美敎化 移風易俗)」

그래서 공자는 시경을 높이고, 교양의 필수과목으로 가르쳤던 것이다.

<* 오늘의 사람들은 감정표현을 원색적으로 한다. 또 애락(哀樂)을 과격하게 표출한다. 그래서 사회의 기풍도 문란하고 음탕하고 타락하게 마련이다.>

3-21 : 경문 한글 풀이

애공이 재아에게 사(社)에 대하여 묻자, 재아가 대답했다.「하나라 임금은 소나무를 심었고, 은나라 사람들은 잣나무를 심었고, 주나라 사람들은 밤나무를 심었습니다.」그리고 덧붙였다.「주나라가 밤나무를 심은 것은 백성들을 전율시키고자 한 것입니다.」공자가 <나중에 알고 다음같이> 말했다.「이미 저질러진 일이니 탓하지 않겠다. 그럴 수밖에 없는 일이니 간하지도 않겠다. 지난 일이니 허물하지도 않겠다.」

哀公問 社於宰我 宰我對曰 夏后氏以松 殷人以柏 周人以栗曰使民戰栗 子聞之曰 成事不說 遂事不諫 旣往不咎.

[자주 핀잔을 받은 재아(宰我)]
(1) 애공(哀公) 4년에 박(亳)의 사(社)가 불탔기 때문에, 애공이 재아(宰我)에게 사수(社樹)에 대한 질문을 했다. 박은 옛날 은(殷)나라의 도읍이었다. 은나라의 유물인 박사(亳社)는 노(魯)나라 도

읍 동쪽에 있었고, 서쪽에 노사(魯社)가 있었다.

(2) 옛날부터 토지신(土地神)을 모시는 사(社)에 심는 나무는 풍토에 맞는 나무를 심었다. 나무 자체의 뜻을 바탕으로 하지 않았다.

(3) 사(社)는 서쪽 음(陰)에 해당한다. 그래서 임금의 명을 거역한 죄인을 그곳에서 처형하기도 했다. 그러나 주(周)나라에서 밤나무를 심은 뜻은 사람을 떨게 하기 위해서 심은 것은 아니다. 그런데 말하기 좋아하고 경솔한 재아가 함부로 말했다. 즉 「주나라에서 밤나무를 심은 것은 백성들을 떨게 하기 위해서다.」라는 맞지도 않는 군소리를 덧붙였다. 그래서 나중에 공자가 꾸짖으며 「이미 지나간 일이니, 어쩔 수 없다.」라고 점잖게 말했다. 그러나 사실은 공자가 재아를 심하게 꾸짖은 것이다.

(4) 한편 애공은 평소에 삼환씨(三桓氏)의 횡포를 미워하여 분개하고 있었으며, 그 사정을 재아도 잘 알고 있었다. 그러므로 재아가 사수(社樹)를 내세워 은근히 애공에게 분기(奮起)하라고 충동한 것이기도 하다. 사실 그후에 애공은 삼환씨를 토벌하려다가 패하고 국외로 망명했다. 공자는 이미 그와 같은 노나라의 파국을 예상하고 있었으므로 재아의 경솔을 꾸짖은 것이다.

(5) 공자에게 꾸지람을 받는 재아의 기록은 여러 군데 나온다. 그 중 하나가 「낮잠 자는 재아를 보고 공자가 분토(糞土) 담에 비유했다.」<제5. 공야장편-10>

(6) 재아가 삼년상(三年喪)이 너무 길다고 단축하자고 하자, 공자가 재아의 불인(不仁)을 탓했다. <제17. 양화편-21>

3-22 : 경문 한글 풀이

공자가 「관중의 기량은 작았다.」라고 말하자, 어떤 사람이 「관중은 검소했습니까.」하고 되물었다. 그러자 공자가 말했다. 「관씨는 삼귀대를 세웠고, 가신에게 겸직을 안 시켰으니 어찌 검소했느냐.」 어떤 사람이 「그렇다면 관중은 예를 잘 알고, 또 지켰습니까.」하고 물었다. 이에 공자가 말했다. 「임금만이 대문 앞에 병장(屛障)을 세우거늘, 관중도 세웠다. 또 임금만이 화친(和親)을 위해 반점(反坫)을 만들어 놓거늘, 관중도 반점을 차려 놓았다. 그와 같이 한, 그를 가리켜 예를 안다고 하면 어느 누군들 예를 모른다고 하겠느냐.」

子曰 管仲之器小哉 或曰 管仲儉乎 曰 管氏有三歸 官事不攝 焉得儉 然則管仲知禮乎 曰 邦君樹塞門 管氏亦樹塞門 邦君爲兩君之好 有反坫 管氏亦有反坫 管氏而知禮孰不知禮.

[공자의 관중 비판]

(1) 관중(管仲)은 관포지교(管鮑之交)로 알려진 정치가다. 정치적 수완이 탁월하여 제나라의 환공(桓公)을 패자(霸者) 되게 한 명상(名相)이다. 논어에도 공자가 관중의 정치적 업적을 인정한 글이 보인다.

(2) 그러나 여기서는 「관중은 기량이 작은 사람이다.」라고 평했다. 즉 왕도덕치면에서 보면 관중의 도량이 작다는 뜻이다. 아울러 관중이 대부 신분으로 「삼귀대(三歸臺)」를 설치하고, 가신들에게 겸직을 하지 않게 했으며, 또 외람되게 병장(屛障)을 세우고 반점(反坫)을 설치했으니, 결국 관중은 예도 모르고 도리에도 어긋난다고 엄격하게 비판하였다.

(3) 그러나 군사면이나 국방면에서는 그가 오랑캐의 침략을 막은 데에 대한 공은 인정하고 칭찬했다. 「공자가 말했다. 환공이 제후들을 규합하는 데 무력을 사용하지 않은 것은 관중의 힘이었다.」 <제14. 헌문편-17> 「관중은 환공의 재상으로 그를 도와 패자로 만들고, 또 천하를 크게 바로잡았다. 그리하여 오늘에 이르도록 그의 혜택을 입고 있는 것이다. 만약 관중이 아니었더라면, 우리들도 머리를 풀고 오랑캐 옷을 입었을 것이 아니겠느냐.」 <제14. 헌문편-18>

3-23 : 경문 한글 풀이

공자가 노나라 태사에게 음악에 대해서 말했다. 「나도 음악을 알 만합니다. 처음 음악을 연주할 때에는 오음을 합해서 성대하게 시작하고, 이어 저마다의 소리를 힘껏 내게 하되 전체가 잘 조화되게 하고, 아울러 각각의 소리가 분명하면서도 부드럽게 이어짐으로써 연주를 완성합니다.」

子語 魯大師樂曰 樂其可知也 始作翕如也 從之純如也 皦如也 繹如也 以成.

[공자와 음악]

(1) 공자는 예(禮)와 악(樂)을 중시했다. 예는 의례나 범절을 바탕으로 개개인의 이성(理性)을 높이고, 아울러 사회적으로는 신분 질서를 바로잡아준다. 음악은 개인적 차원에서는 희로애락(喜怒哀樂)의 감정을 조화하고, 사회적으로는 모든 사람을 화락(和樂)하게 한다. 그래서 예악(禮樂)을 정치에 활용했다.

(2) 한편 공자는 예절과 음악에도 통달했다. 그러므로 노나라의 아악(雅樂)을 부활하고자 했다.

3-24 : 경문 한글 풀이

위(衛)나라 의(儀)라는 성읍의 봉인(封人)이 공자를 뵙고자 하며 말했다. 「군자가 이곳에 오시면 제가 모두 찾아뵈었습니다.」 이에 공자의 수행원이 안내해서 공자를 뵙게 했다. 면회를 마치고 나오면서 봉인이 공자의 제자들에게 말했다. 「여러분은 선생님께서 벼슬을 잃으셨다고 왜 걱정하십니까. 천하에 도가 없어진 지 오래되었으므로 하늘이 선생님으로 하여금 목탁을 삼고자 하신 것입니다.」

儀封人 請見曰 君子之至於斯也 吾未嘗不得見也 從者見之 出曰 二三子何患於喪乎 天下之無道也 久矣 天將以夫子爲木鐸.

[슬기로운 봉인(封人)]

(1) 노나라에서 삼환씨(三桓氏)를 제거하려다가 실패한 공자는 국경을 넘어, 위(衛)나라에 갔다. 그때가 노나라 정공(定公) 13년, 공자 나이 56세 때의 일이다.

(2) 그러자 위나라 국경지대의 의(儀)라는 이름의 성읍(城邑)을 경비하고, 또 다스리던 봉인(封人)이 공자를 만나보고자 했다. 그는 평소에도 국경을 오가는 군자(君子), 즉 학식이 많고 덕이 높은 선비들을 반드시 만났다. 그래서 공자에게 알현을 청한 것이다.

(3) 공자의 제자를 통해 공자를 만나본 다음, 봉인은 밖으로 나오면서 제자들에게 말했다. 「천하에 도가 없어진 지 오래되었으므로 하늘이 선생님으로 하여금 천하를 깨우치고 가르치는 목탁으로 삼고자 한 것입니다.」

(4) 의(儀)의 봉인은 공자가 세계적인 성인이 될 것을 알아차린 것이다. 공자는 관중(管仲) 같은 정략가가 아니다. 물론 무력으로 천하를 제압하는 패도(覇道)와는 정반대로 절대선의 천도를 따르는 왕도덕치(王道德治)와 인정(仁政)을 세계적인 차원에서 구현하려는 성인이었다. 이러한 공자의 위상을 봉인이 알고 예언했다.

3-25 : 경문 한글 풀이

공자는 순임금의 소(韶) 음악을 「가장 아름답고, 또 가장 좋다.」고 평했다. 그러나 무왕의 무(武) 음악에 대해서는 「가장 아름답기는 하지만 가장 좋지 않다.」고 말했다.

子謂韶 盡美矣 又盡善也 謂武 盡美矣 未盡善也.

[예악(禮樂)과 이풍역속(移風易俗)]

(1) 음악을 들으면 「희로애락(喜怒哀樂)」을 느낀다. 그러나 덕성(德性)이나 도리(道理)까지 예민하게 탐지해야 한다.

(2) 음악은 인간의 생각이나 감정을 반영한다. 그러므로 음악을 들으면 그 음악을 제정한 사람의 사상이나 심성 및 그 사회나 나라의 기풍까지 알 수 있다. 순(舜)은 요(堯)로부터 선양(禪讓)받은 나라를 다시 우(禹)에게 선양했다. 그러므로 덕치의 극치이며, 따라서 그가 제정한 음악도 진선진미(盡善盡美)했다.

(3) 한편 주무왕(周武王)은 하늘 편에 서서 민심(民心)을 업고 포악 무도한 「은주왕(殷紂王)」을 무력으로 토벌했다. 그러므로 그의 음악은 「아름답기는 해도 최고로 좋은 것은 아니다.」라고 평했다. 「좌전(左傳) 양공(襄公) 29년(기원전 544년)」에 오(吳)나라의 계찰(季札)이 노나라에 와서 소악(韶樂)과 무악(武樂)을 듣고 이와 비슷하게 평했다. 공자가 말했다. 「시로써 덕성을 일으키고, 예로써 사회에 나가 떳떳하게 행동하고, 음악으로써 인격을 완성한다.(興於詩 立於禮 成於樂)」<제8. 태백편-8>

(4) 순자(荀子)는 다음같이 말했다. 「음악은 성인이 즐기는 바다. 음악은 민심을 착하게 만들고, 사람을 깊이 감동케 하고 풍속을 바꿀 수 있다. 고로 선왕은 예악으로 백성을 화목하게 했다.(樂者聖人之所樂也 而可以善民心 其感人心 其移風易俗 故先王導之以禮樂而民和睦)」

3-26 : 경문 한글 풀이

공자가 말했다. 「위에 있으면서 관대하지 못하고, 예를 따르고 행하되 경건하지 못하고, 상례를 치르면서 애도하지 않으면, 내가 무엇으로 그의 인덕을 보겠는가.」

子曰 居上不寬 爲禮不敬 臨喪不哀 吾何以觀之哉.

[형식보다 근본을 주로 하라]

(1) 예(禮)라는 한자는 이(理)와 이(履)에 통한다. 크게는 절대선의 천리(天理)를 이행(履行)한다는 뜻이다. 따라서 사람은 경건하게 천리를 받들고 실천해야 한다.

(2) 그러므로 예기(禮記) 첫머리에서 「공경하지 않으면 안 된다. (毋不敬)」라고 했으며, 주(注)에서는 「예는 경을 주로 한다.(禮主於敬)」라고 했다. 아랫사람에게 관대하게 대하는 것은 인애(仁愛)에 통한다. 경건한 태도로 예의범절을 지키고 행해야 한다.

(3) 특히 부모님의 상례(喪禮)를 진정으로 애척(哀戚)하는 마음으로 치러야 한다. 속에 진정한 도리와 정성없이 형식만 차리는 것은 예가 아니다. 속에서 넘치는 인애, 공경, 애척을 바탕으로 예를 행해야 한다.

4. 이인편(里仁篇)

　　제4편은 총 26장이다. 형병(邢昺)은 다음같이 설명했다. 「이 편은 인(仁)을 밝힌 글이 많다. 인은 선행(善行)을 <총괄하는> 큰 이름이다. 군자가 인을 체득하면 필연적으로 예악을 행하게 된다. 그러므로 팔일편(八佾篇) 다음에 놓았다. (此篇明仁 仁者善行之大名也 君子體仁 必能行禮樂 故以次前也)」<十三經註疏>

　　「이인(里仁)」의 「이(里)」는 동사로 「살다, 처하다」의 뜻이다. 즉 「마음이나 몸을 인(仁)에 두고 인(仁)을 행한다」는 뜻이다. 인(仁)은 「사람만이 지니고 있는 착한 마음, 즉 인심(人心=仁心)」이자 동시에 그 인심을 바탕으로 서로 사랑하고 함께 잘사는 덕행(德行)이다.

4-1 : 경문 한글 풀이

공자가 말했다. 「인(仁)에 처하는 것이 아름답고 좋다. 스스로 택하여 인에 처하지 않으면 어찌 지혜롭다 하겠느냐.」

子曰 里仁爲美 擇不處仁 焉得知.

[이인(里仁)의 철학적 의미]
(1) 우주적 덕행 : 인은 공간적으로나 시간적으로나 모든 사람이

서로 사랑하고 서로 협동하여 하나가 되고, 또 함께 잘사는 하나의 세계를 창건하고, 아울러 역사와 문화를 계승하고 더욱 발전케 하는 핵심적 덕행이다. <* 우주는 공간과 시간을 통합한 개념이다.>

(2) 「나(吾)」는 행동의 주체다 : 「우주의 도리, 즉 하늘의 도리」를 「알고 깨닫고, 생각하고 판단하고, 행하는 주체」는 바로 「나」다. 남이 알고 행해도 내가 모르고 행하지 못하면 아무런 소용이 없게 된다. 「나 자신이 알고 행해야 한다.」

(3) 학습(學習) : 동물적 생존이나 육체적 삶은 별로 배우지 않아도 영위할 수 있다. 그러나 문화적 생활이나 과학 기술이나 특히 공동 생활을 원만하게 하기 위해서는 각별히 배우고 몸에 익혀야 한다. 그래야 나만 살겠다는 사사로운 욕심을 억제하고 함께 잘살겠다는 이성적(理性的) 윤리 도덕생활을 할 수 있다. 그래서 공자는 논어 첫 장에서 「학이시습지 불역열호(學而時習之 不亦說乎)」라고 했다.

(4) 가정에서는 효제(孝弟) : 사람은 누구나 다 부모의 양육을 받고 성장한다. 그러므로 「나」는 반드시 「나를 낳고 키워준 부모에게 효도(孝道)해야 한다.」 동시에 「나와 같은 부모에게서 출생한 형제를 서로 제공(弟恭)해야 한다.」

(5) 국가에 충신(忠信) : 국가는 가장 확실하고 견고한 공동체다. 국가에는 「하나의 중심」이 있어야 한다. 그 하나의 중심을 옛날에는 임금이라 했고, 오늘에는 대통령이라고 한다. 모든 국민이 하나인 중심에 뭉치고 자기의 최선(最善)을 다하는 것을 충(忠)이라 한다. 신하나 국민들이 서로 참되게 믿고 협동하는 것을 신(信)이라 한다.

(6) 효제(孝弟) 충신(忠信)을 합한 인(仁) : 「효(孝)와 충(忠)」은 「종적(縱的)·시간적(時間的)·역사적(歷史的) 사랑의 협동」이다. 「제(弟)와 신(信)」은 「횡적(橫的)·공간적(空間的)·사회적(社會的) 사랑의 협동」이다. 그래서 모든 것을 통합한 인(仁)을 「우주적 사랑의 협동」이라고 한다.

(7) 개인이나 국가가 저마다 사심(邪心)을 바탕으로 서로 싸우고 전쟁을 하기 때문에 오늘의 인류사회가 약육강식(弱肉强食)의 지옥으로 변한 것이다. 춘추시대(春秋時代)나 오늘의 세계는 다 같이 난세다. 그 원인은 사람들이 바르게 알지 못하기 때문이다. 그러므로 공자의 가르침을 바탕으로 극기복례(克己復禮)해야 한다. 그래야 「사랑이 넘치는 인의 세계」를 창건할 수 있다.

[이인(里仁)의 좁은 뜻]

(1) 군자(君子)에게 가르친 말이다. 군자는 인심(仁心)을 바탕으로 모든 사람을 인애하고 인덕(仁德)을 세워야 한다. 그런데 거처할 바를 택하면서 인(仁)에 처하지 않는다면 어찌 지혜롭다 하겠느냐.

(2) 「이인위미(里仁爲美)」를 고주(古注)는 다음같이 풀었다. 「인자(仁者)가 살고 있는 마을이 아름답고 좋다.(居仁者之里爲美)」<鄭玄> 「자기가 사는 마을도 어진 땅이라야 아름답고 좋다.(所居之里尙以仁地爲美)」<皇侃> 그러나 집주(集註)는 「마을에 어질고 후덕한 풍속이 넘쳐야 아름답다.(里有仁厚之俗爲美)」라고 풀었다.

(3) 「택불처인(擇不處仁) 언득지(焉得知)」도 뜻풀이가 다르다. 주자는 「자기가 거처할 마을을 택하면서, 자신이 인에 처하지 않는다면 곧 시비를 분별하는 본심을 잃은 것이 되며, 따라서 지혜를 얻었

다고 할 수 없다.」고 풀었다. 한편 황간(皇侃)은 「하물며 몸둘 곳을 선택하면서 인도(仁道)에 처하지 않으면 어찌 슬기롭다 하랴.」고 풀었다.

[맹자(孟子)의 풀이]

(1) 이들은 현대적이 못된다. 「맹자 공손추(公孫丑) 상」에 있는 맹자의 설이 좋다. 「공자가 말했다. 『인에 처신하는 것이 좋고 아름답다. 그러나 자신의 선택으로 인에 처하지 않으니, 어찌 슬기롭다 하겠느냐.』」

(2) 「무릇 인은 하늘이 사람에게 내려준 가장 존귀한 벼슬자리다. 인은 모든 사람이 안락하게 살 수 있는 보금자리다. 인에 처하고 사는 것을 아무도 막고 방해하지 않거늘, 자기 스스로 불인(不仁)하게 살고 있으니 참으로 슬기롭지 못하니라.」

(3) 맹자의 말을 깊이 음미해야 한다. 우선 「천지존작야(天之尊爵也)」에 대해서 생각해보자. 「하늘이 내려준 귀중한 작위」는 「하늘이 사람에게 내려준 가장 존귀한 선본성(善本性)」이다. 사람이 존귀한 까닭은 하늘이 내려준 인성(仁性)을 지니고 있기 때문이다. 만약에 인성이 없다면 동물과 다를 바 없을 것이다. 인성을 바탕으로 서로 사랑하고 협동해서 문화를 창조하고 발전시키고 있다. 그러므로 맹자는 「인은 모든 사람이 안락하게 살 수 있는 보금자리(人之安宅)」라고 했다.

(4) 하늘은 사람에게 인성과 아울러 역사와 문화를 창조적으로 발전시킬 수 있는 탁월한 지혜와 능력도 부여해 주었다. 그러므로 인(仁)을 바탕으로 지능(知能)을 활용해야 한다. 반대로 동물적·

이기적 탐욕을 바탕으로 지능을 악용하고 서로 싸우면 이 세계는 생지옥(生地獄)이 된다.

(5) 맹자는 「아무도 인을 말리거나 방해하는 것도 아닌데 왜 기를 쓰고 악덕한 짓을 하느냐. 그것은 무식하고 지혜롭지 못하기 때문이다.(莫之禦 而不仁 是不智也)」라고 말했다.

(6) 동서고금을 막론하고 일반 사람들은 성현(聖賢)의 가르침을 외면하고 있다. 즉 「공자의 인애(仁愛), 석가의 자비(慈悲) 및 예수의 사랑」의 가르침을 외면하고, 반대로 「동물적 본능과 이기적 탐욕」을 채우기 위해 「서로 싸우고 아귀다툼을 하고 이 세상을 약육강식(弱肉强食)의 생지옥으로 만들고 있다.」 그래서 공자는 「택불처인 언득지(擇不處仁 焉得知)」라고 말한 것이다.

(7) 사람은 넓게 배우고 많이 알고, 따라서 생각이 깊고 몸가짐이 신중하게 된다. 일시적으로 남을 속이거나 살상(殺傷)하고 남의 재물을 탈취하는 범죄를 자행하는 자는 결국 머리가 나쁜 자들이다. 특히 가장 무식하고 악덕한 자들이 곧 인정(仁政)이나 덕치(德治)를 외면하는 정치인들이다. 그들은 간악한 권모술수(權謀術數)와 무자비한 무력으로 자기만의 탐욕을 채우고 있다. 한마디로 대도(大道)를 모르고 소도(小道)만 알고 있다.

(8) 오늘의 세계를 보자. 2천5백 년 전에, 공자가 선양한 인정(仁政)을 실천하는 나라가 하나도 없다. 강대국을 위시하여 약소국가까지 악덕정치에 골몰하고 있다. 과학 기술, 지능 및 재물을 무기화(武器化)하고 남을 누르고 나만의 욕심을 채우는 데 골몰하고 있다. 그래서 위기라고 하는 것이다.

(9) 이대로는 안 된다. 본성(本性)으로 돌아가야 한다. 인간은 인심 (仁心)을 바탕으로 서로 인애(仁愛)하고, 또 인덕(仁德)을 세울 수 있다. 그렇게 하는 것이 인간 본래의 모습이다.

4-2 : 경문 한글 풀이

공자가 말했다. 「어질지 못한 사람은 어려움을 오 래 참지 못한다. 안락해도 오래 누리지 못한다. 인자는 인에 안주하고 지자는 인을 이용한다.」

子曰 不仁者 不可以久處約 不可以長處樂 仁者安仁 知者利仁.

[불인자(不仁者)]

(1) 먼저 경문(經文)에 대한 뜻과 주소(註疏)의 풀이를 음미해 보겠 다. 「불인자(不仁者) 불가이구처약(不可以久處約) 불가이장처락 (不可以長處樂)」을 「고주(古注)」는 「인덕(仁德)이 바로 서지 못한 사람은 오래 곤궁하게 되면 비행을 저지르고(久困則爲非), 또 오래 편안하고 부귀를 누리면 교만해지고 음란하게 된다.(必驕淫)」라고 했다. 한편 집주(集註)는 「어질지 않은 사람은 본성적인 인심(仁心) 을 상실했으므로 곤궁한 처지에 오래 있게 되면 반드시 문란하게 되고, 반대로 오래 안락과 부귀를 누리면 반드시 교만하고 음란하 게 된다.(不仁之人 失其本心 久約必濫 久樂必淫)」라고 풀었다.

(2) 「인자안인(仁者安仁)」을 고주는 다음같이 풀었다. 「오직 본성 이 어진 사람만이 인덕을 자연스럽게 체득한다. 고로 인에 안주한 다.(惟性仁者 自然體之 故安仁)」 <包咸> 한편 집주는 「참다운 인

자만이 인의 경지에 안주하고 <언행에 있어> 인덕에서 벗어나는 법이 없다.(惟仁者則安其仁 而無適不然)」라고 풀었다.

(3) 「지자리인(知者利仁)」에 대하여 고주는 「인덕이 좋은 줄 알기 때문에 <이득을 얻으려고> 행한다.(知仁爲美 故利而行之)」 <王肅>라고 했다. 한편 집주는 다음과 같이 풀었다. 「슬기로운 사람은 <인이 이롭다는 것을 알고> 인을 이용한다. 그리고 변함없이 인도(仁道)를 지킨다. 무릇 <양자가 인을 행함에 있어> 깊고 얕음이 같지 않아도 <인을 행했으니, 인덕을> 외형적 사물에 박탈되지 않게 된 것이다.」

[인(仁)의 세 가지 유형]

이 2장에서 공자는 인의 실천을 놓고 세 가지로 분류했다. 즉 「불인자(不仁者)」 「인자(仁者)」 및 「지자(知者)」이다.

(1) 불인자(不仁者) : 다시 둘로 나눌 수 있다. 「인심(仁心)이 없고, 따라서 인을 행하지 않는 사람」과 「극단적으로 잔인하고 악덕한 짓을 행하는 사람이다.」 이들은 다 인심을 바탕으로 살아야 한다는 것을 모른다. 다만 동물적 생존욕구나 이기적 욕심만을 바탕으로 동물적·이기적 삶만을 살고 있다. 이들은 숭고한 정신세계를 모르고 오직 물질적 이득(利得)이나 관능적 쾌락만을 추구한다. 특히 후자는 자기의 탐욕을 채우기 위해 남을 속이거나, 살상(殺傷)하기도 한다. 그러므로 곤궁하게 되면 범죄를 저지른다. 한편 부귀를 누리면 교만하고 음란하게 된다.

(2) 인자(仁者) : 본성적인 인심을 바탕으로 인을 행하는 사람이다. 마음과 몸이 하나가 되어 인(仁)을 행한다. 그러므로 그는 인에

안주한다. 나 자신의 몸가짐이나 언행을 성실하고 신중하게 한다. 동시에 가정에서는 효제(孝弟)하고, 국가에서는 충신(忠信)하고 애민이물(愛民利物)한다. 개인적 차원에서나, 전체적 차원에서는 천도천리(天道天理)를 지키고 주일무적(主一無適)한다.

(3) 지자(知者) : 여기서 말하는 지(知)는 정신적 윤리, 도덕적 지식이나 지혜를 말한다. 과학적 지식이나 기능(技能)도 물론 넓은 의미의 지(知)에 포함된다. 그러나 여기서 말하는 지혜는 「과학기술을 도덕적으로 활용하는 슬기와 지혜」의 뜻이다. 그런 사람이라야 이지적(理智的)으로 인(仁)을 행하는 것이 좋고 아름답다는 것을 안다. 즉 서로 사랑하고 협동하는 것이, 서로 싸우고 다투는 것보다 좋고 이득이 된다는 견지에서 인을 행한다. <* 유감스럽게도 오늘의 세계에는 「불인자」가 많다. 「인심(仁心=人心)」을 바탕으로 하지 않고, 반대로 「사심(邪心=私心)」을 바탕으로 서로 살상쟁탈(爭奪)하고 있다. 그래서 인류가 위기에 빠진 것이다.>

[인(仁)의 현대적 풀이]

(1) 대만 대학의 진입부(陳立夫) 교수는 「인리학개설(人理學槪說)」에서 다음같이 인(仁)의 뜻풀이를 현대적으로 했다.

「인은 동류의식(同類意識)의 핵심이다. 즉 공생(共生) 공존(共存) 공진화(共進化)하는 윤리 도덕의 핵심이다. 또 인류가 태고에서 오늘까지 역사와 문화를 계승 발전한 핵심이 바로 인(仁)이다. 앞으로도 인류는 인을 핵심으로 평화와 발전을 지속할 것이며, 종국에는 인류대동(人類大同)의 이상을 구현(具現)하는 핵심이다.」

(2) 진입부 교수는 사람의 총 가치를 다음같이 수학적 공식으로

표현했다.

$$人 = (食 + 色) + 仁$$

사람은 식색(食色)이 전부가 아니다. 식(食)과 색(色)을 합친 값보다 별도로 인(仁)을 합쳐야 한다. <* 참고 : 필자의 저서 「유교사상과 도덕정치」 명문당 간행. 필자는 50년 전에 대만의 국립정치대학의 한국어 교수로 재직했으며, 그때 진대제(陳大齊), 장기윤(張其昀), 진입부(陳立夫), 임윤(林尹), 굴만리(屈萬里), 왕몽구(王夢鷗) 교수 등을 가까이 모시고 배우면서 터득한 바가 많았다. 이들 선배 교수에게 엄숙히 엎드려 절하고 감사한다. 오늘의 필자의 학식과 사상도 다 그들의 가르침을 바탕으로 한 것이다.>

4-3 : 경문 한글 풀이

공자가 말했다. 「인자만이 능히 사람을 사랑할 줄도 알고, 미워할 줄도 안다.」

子曰 惟仁者 能好人 能惡人.

[인심(仁心)과 사심(私心)]

(1) 인자(仁者)는 절대선의 천도를 기준으로 선악(善惡)을 분별한다. 속인과 같이 감정적으로 미워하거나 좋아하지 않는다. 또 악인이라 해도 그 사람의 악행이나 악덕을 미워하지 사람 자체를 미워하지 않는다. 인자는 우매하고 악한 사람도 넓은 아량으로 품고 교화해서 바른 사람이 되게 한다.

(2) 인자는 선본성(善本性)인 인심(仁心)과 인도(仁道)를 바탕으로 인덕(仁德)을 세우는 인격자다. 그 반대가 불인자(不仁者)다. 곧

사사로운 탐욕이나 관능적 쾌락을 채우기 위해 남을 속이거나 살상(殺傷)하고 남의 재물을 탈취하는 사람이다. 그러므로 선과 악을 분별하지 못한다.

(3) 정도(正道)를 지키고 대의명분(大義名分)을 밝히는 인자만이 선악시비를 바르게 판단하고, 아울러 선량한 사람과 사악한 자를 구분할 수 있다. 뿐만 아니다. 위기에 처한 인류와 세계를 구제할 것이다.

(4) 고주(古注)는 다음같이 풀었다. 「오직 인덕이 있는 사람은 사물에 대한 사심이 없다. 그러므로 좋은 사람 나쁜 사람을 심판할 수 있다.(唯有仁德者 無私於物 故能審人之好惡也)」<正義>

집주(集註)는 다음같이 풀었다. 「무릇 사심이 없어야 비로소 호오(好惡)가 도리에 맞게 된다. 즉 정자가 말한 바 공정하게 된다.(蓋無私心 然後 好惡當於理 程子所謂得其公是也)」<朱子>

(5) 「선을 좋아하고 악을 미워함은 천하 모든 사람이 다 같다. 그러나 사람들이 항상 정도(正道)를 잃는 이유는 마음에 매어있는 사리사욕을 스스로 극복하지 못하기 때문이다. 오직 인자만이 사심이 없으며, 따라서 호오(好惡)를 바르게 가릴 수 있다.」<游氏>

[지(知)・인(仁)・용(勇)과 삼달덕(三達德)]

(1) 인자(仁者)나 군자(君子)와 반대되는 사람이 불인자(不仁者) 혹은 소인(小人)이다. 소인은 사리사욕에 빠져, 선악을 바르게 분별하지 못한다. 따라서 선인과 악인도 바르게 식별할 수 없다.

소인배들은 작당하여 무소불위(無所不爲)의 악덕(惡德)을 자행한다. 그리고 그것을 삶의 전부라고 착각한다. 한마디로 무식하기 때문이다. 그러므로 수심(獸心)을 극복하고 사람다운 사람의 마음, 즉 인심(人心=仁心)을 바탕으로 한 인자나 군자가 되기 위해서는 바르게 배우고 자기수양을 해야 한다.

(2) 논어에서 자하(子夏)가 말했다. 「넓게 배우고 뜻을 독실하게 세우고 <일상의 생활이나 주변 사물을 통해서> 절실하게 묻고 친근하게 생각하면 그 속에 인이 있다.(博學而篤志 切問而近思 仁 在其中矣)」<제19. 자장편-6> 사람은 바르게 배우고 독실하게 실천하면 인자(仁者)가 될 수 있다.

(3) 그래서 공자가 논어 첫 장에서 「학이시습지(學而時習之) 불역 열호(不亦說乎)」라고 학습을 강조한 것이다. 인(仁)의 실천이나 구현(具現)은 멀리 있는 것이 아니다. 모든 개개인이 자신의 본성 속에 있는 인성(仁性)을 계발하고 실천하면 인류세계에 「인의 꽃」이 만발하게 된다.

(4) 공자는 말했다. 「인이 멀리 있느냐. 아니다. 내가 인을 원하면 바로 인이 온다.(仁遠乎哉 我欲仁 斯仁至矣)」<제7. 술이편-29>

(5) 공자가 최고의 덕목으로 내세운 인(仁) 속에는 여러 가지 많은 덕(德)이 포함되어 있다. 특히 「큰 인」 속에는 「지(知)·인(仁)·용(勇)의 삼달덕(三達德)」이 포함되어 있다.

(6) 그러므로 인자(仁者)는 「지·인·용」을 다 갖추어야 한다. 「지 혜롭게 바른 도리를 알고 모든 사람과 자연 만물을 사랑하고, 또 도의를 선양하고 악을 막을 수 있게 용감해야 한다.」 그래야 인자라 할 수 있다.

「지(知)」는 참다운 인식이다. 절대선의 천도(天道)를 기준으로 인생관 및 세계관을 확립하고 실천하는 지혜다.

「작은 인(仁)」은 인간애와 인류애를 포함한 「사랑」이다.

(7) 「용(勇)」은 바른 도리와 정의를 행동으로 과감하게 실천한다는 뜻이다. 결국 인자는 「천도를 따라 실천적으로 만민 만물을 적극적으로 사랑하는 지식인, 휴머니스트(Humanist)」이다.

(8) 하늘은 우주천지 자연만물을 창조하고, 또 만물을 더욱 번식하고 발전케 하고 있다. 그러므로 하늘의 도리는 바로 「만물이 시간의 흐름에 따라 더욱 번성하고 발전하는 도리」이다.

(9) 천도는 「광명정대(光明正大)하고 공평무사(公平無私)하고 영구불변(永久不變)하는 절대선의 진리」이다. 그러므로 성현(聖賢)들이 천도를 높이고 따르라고 한 것이다.

(10) 위기에 처한 오늘의 세계는 소인배들이 권력이나 무력 및 재물을 독점하고 국가를 지배하고 있다. 따라서 인류사회가 날로 타락하고 악화되어 마침내 지구촌 전체가 약육강식(弱肉强食)의 처참한 사냥터로 전락했다.

(11) 그래서 모든 사람의 영적 정신이나 심성이 높아지지 않고, 또 도덕성이 결핍한 상태에서 과학이나 물질문명을 악용하고 있다. 그래서 세계가 혼란하고 위기에 빠진 것이다.

(12) 지·인·용을 바르게 알고 실천하면, 구제할 수 있다.

4-4 : 경문 한글 풀이

공자가 말했다. 「진실로 뜻을 인에 두어야, 악이 없게 된다.」

子曰 苟志於仁矣 無惡也.

[고주와 신주의 뜻풀이]

(1) 고주(古注)는 다음같이 풀이했다. 「구(苟)는 참으로의 뜻이다. 진실로 뜻을 인에 둘 수 있다면 다른 행동도 악함이 없을 것임을 말한 것이다.」

(2) 집주(集註)는 다음같이 풀었다. 「구(苟)는 참으로의 뜻이다. 지(志)는 마음이 가는 곳이다. 그 마음이 진실로 인에 있으면 그는 반드시 악을 안할 것이다.(苟誠也 志者心之所之也 其心誠在於仁 則必無爲惡之事矣)」<朱子>

「참으로 뜻을 인에 두어도 잘못된 거동이 없지 않을 것이다. 그러나 악을 행하는 일은 없을 것이다.(苟志於仁 未必無過擧也 然爲惡則 無矣)」<楊氏>

(3) 악덕은 인도(仁道)를 모르거나 외면하고, 반대로 사리사욕이나 관능적 쾌락만을 추구함으로써 야기된다. 바르게 배우고 인심(仁 心)을 계발하고 인덕(仁德)을 세우려는 뜻, 즉 고귀한 목적의식을 가진다면 악한 짓을 안하게 된다. 특히 정치인들이 대동(大同) 사상 인 인(仁)을 알고 인덕(仁德)을 세우려고 노력해야 한다. 사도(邪 道)를 따르지 말고 대도(大道)를 따라야 한다.

(4) 오늘의 지식인은 공자가 말하는 「지(知)・인(仁)・용(勇)」의 깊은 뜻을 바르게 배워서 알고, 또 실천하자. 그래야 인류가 위기에 서 해탈하고 인류대동(人類大同)의 평화세계(平和世界)를 건설할 수 있다.

4-5 : 경문 한글 풀이

공자가 말했다. 「부귀는 누구나 탐내는 바이다. 그러나 정도(正道)로써 얻은 것이 아니면 누리지 않아야 한다. 빈천은 누구나 싫어하는 바이다. 그러나 바른 도리로써 주어진 것이 아니라면 구태여 빈천을 마다하지 마라.」「군자가 인(仁)을 떠나면 어찌 군자라 하겠느냐. 군자는 식사하는 사이에도 인을 어기지 말고, 다급한 순간에도 반드시 인에 의지하고, 넘어져 뒤집히는 경우에도 반드시 인에 있어야 한다.」

子曰 富與貴是人之所欲也 不以其道得之 不處也 貧與賤是人之所惡也 不以其道得之 不去也. 君子去仁 惡乎成名 君子無終食之間違仁 造次必於是 顚沛必於是.

[불이기도(不以其道)]

(1) 바른 도리로써 주어진 것이 아닌 빈천은 곧 무도한 악정(惡政) 때문에 내가 빈천하게 산다는 뜻이다.

(2) 도가 행해지면 당연히 인자가 부귀를 누리고, 불인자(不仁者)가 빈천하게 마련이다.

(3) 그러나 도가 없는 악덕사회에서는 반대가 된다. 악인이 잘살고, 선한 사람이 못산다. 선량한 사람이나 인도(仁道)를 지키는 사람이

못살게 마련이다. 그렇지만 인자나 군자는 빈천을 마다하지 말고 참고 견뎌야 한다.

(4) 군자는 「수사선도(守死善道)」해야 한다. 생명을 걸고 절대선의 인도를 지키고, 또 항상 어디에서나 인덕(仁德)을 세우도록 애써야 한다. 비록 곤궁한 처지에 떨어져도 악덕에 굴복하거나 타협하지 말고 안빈낙도(安貧樂道)하며 인도를 지키고 인덕을 높이는 의연한 자세를 견지해야 한다.

4-6 : 경문 한글 풀이

공자가 말했다. 「나는 지금까지 참으로 인을 좋아하는 사람이나, 진실로 불인(不仁)을 미워하는 사람을 보지 못했다. 인을 좋아하는 사람은 더할 게 없고, 불인을 미워하는 사람도 그 나름대로 인을 행하며, 불인한 일이 자기 몸에 덮치지 못하게 할 것이다.」「하루만이라도 인을 행하려고 노력했는데, 힘이 모자라서 인을 이루지 못한 그런 예를 아직 보지 못했다. 그런 사람이 있을 법도 하나, 나는 아직 보지 못했다.」

子曰 我未見好仁者 惡不仁者 好仁者無以尙之 惡不仁者其爲仁矣 不使不仁者加乎其身. 有能一日 用其力於仁矣乎 我未見力不足者 蓋有之矣 我未之見也.

[사람의 세 가지 유형]

(1) 호인자(好仁者) : 인을 좋아하고 인을 행하는 사람이다. 「호인자는 더 바랄 게 없다.(無以尙之)」

(2) 오불인자(惡不仁者) : 불인을 미워하는 사람도 <소극적이나마> 인을 행한다. 즉 불인자로 하여금 자기에게 가하지 못하게 한다. <* 그러나 이런 부류의 사람들도 많지 않고, 또 보기 어렵다.>

(3) 그래서 공자는 말했다. 「하루만이라도 인을 행하려고 노력했는데, 힘이 모자라서 인을 이루지 못한 그런 예를 아직 보지 못했다. 그런 사람이 있을 법도 하나, 나는 아직 보지 못했다.」

4-7 : 경문 한글 풀이

공자가 말했다. 「사람의 과실에는 저마다의 유형이 있다. 그러므로 과실만 보고도 그의 인(仁)을 알 수 있다.」

子曰 人之過也 各於其黨 觀過 斯知仁矣.

[후한(後漢)의 오우(吳祐)]

오우(吳祐)는 교동후(膠東侯)의 재상(宰相)으로 청렴하고, 또 백성을 잘 다스렸다. 그 밑에 손성(孫性)이라는 아전이 있었다. 그가 백성으로부터 부당하게 돈을 거두어, 옷을 사서 아버지에게 드렸다. 그러자 아버지가 성을 내고, 「주군을 기만할 수 있느냐.」하고 아들로 하여금 자수하게 했다. 전후 사정을 자세히 들은 다음에 재상 오우가 말했다. 「아전이 아버지 때문에 오명을 받았노라. 이른

바 잘못을 보고 그 인을 안다고 했노라.」 그리고 그로 하여금 아버지에게 사죄하게 했으며, 옷은 아버지에게 주었다. <後漢書 列傳 吳祐傳>

[제7장의 다른 풀이]

(1) 사람은 누구나 실수하고 과실을 저지른다. 그리고 사람의 인품이나 인덕의 정도에 따라 그 실수나 과실의 유형도 다르게 마련이다. 집주(集註)는 다음과 같이 풀이했다. 「정자가 말했다. 사람의 과실도 저마다의 유형을 따른다. 군자는 항상 후덕함에서 실수하고, 소인은 항상 야박함에서 실수를 한다. 군자는 사랑에 지나치고, 소인은 잔인함에 지나친다. 윤씨가 말했다. 과실을 살피면, 즉 그 사람이 인덕이 있는 사람인지, 불인한 사람인지를 알 수 있다.(程子曰 人之過也 各於其類 君子常失於厚 小人常失於薄 君子過於愛 小人過於忍 尹氏曰 於此觀之 則人之仁不仁 可知矣)」

(2) 고주(古注)는 대략 다음같이 해석했다. 「당(黨)을 향당(鄕黨)의 뜻으로 보고, 사람의 과실은 그 사람이 속하고 있는 지역이나 환경에 따라 다르게 된다. 소인들이 군자같이 하지 못해도, 그것은 소인의 잘못이 아니므로 마땅히 용서하고 책망하지 말아야 한다.」

(3) 진대제(陳大齊) 선생은 다음같이 풀이했다. 「자기 잘못을 보고 반성하고 고치는 것이 지인(知仁)이다.」 <論語臆解>

4-8 : 경문 한글 풀이

공자가 말했다. 「아침에 도를 알고 터득하면, 저녁에 죽어도 좋으니라.」

子曰 朝聞道 夕死可矣.

[조문도 석사(朝聞道夕死)]

(1) 사람은 하늘의 대신자(代身者)다. 하늘과 땅 사이에서 하늘을 대신해서 자연만물을 사랑하고 더욱 번성하고 발전시켜야 한다. 그러므로 천리(天理)를 터득하고 모든 사람을 사랑하고 인류세계를 하나의 공동체, 즉 사랑이 넘치는 평화세계로 만들어야 한다. <* 동물같이 먹고 뛰다가 죽으면 안 된다.>

(2) 단 하루를 살아도 「사람의 도리」를 알고 사람답게 살아야 한다. 아침에 도를 터득하면 저녁에 죽어도 좋다는 말은 도의 중요성을 강조한 말이다.

(3) 공자는 도에 대한 정의를 내린 적이 없다. 그래서 자공(子貢)이 「인간의 본성이나 하늘의 도리에 대한 선생님의 깊은 말씀은 좀처럼 들을 수 없다.(夫子之言 性與天道 不可得而聞而已矣)」고 했다. <제5. 공야장편-13>

(4) 논어에서 말한 도는 효도(孝道) 인도(仁道=人道) 및 예치(禮治)의 도다. 예치의 도나 인정(仁政)과 덕치(德治)의 도는 결국은 천도를 따르는 것이다. 공자는 예치의 도를 활용하여 이상적인 인정(仁政)을 실현하려고 했다.

4-9 : 경문 한글 풀이

공자가 말했다. 「선비가 도에 뜻을 두고서도 나쁜 옷이나 나쁜 음식을 부끄럽게 여긴다면 함께 도를 논할 수 없노라.」

子曰 士志於道 而恥惡衣惡食者 未足與議也.

[고결한 정신적 삶]

(1) 선비나 군자는 학문과 덕행을 바탕으로 왕도덕치(王道德治)에 참여하는 인자(仁者), 즉 휴머니스트다.

그러므로 그들은 외형적인 물질생활보다 내면적인 도덕생활을 중시해야 한다. 특히 정치에 참여하는 선비가 재물을 탐내거나 사치하면 도덕적으로 타락하게 마련이다.

(2) 또 야(野)에 처하여 가난하게 사는 선비도 안빈낙도(安貧樂道)해야 한다. 그런 선비라야 함께 인도(仁道)를 논할 수 있다. 공자는 말했다. 「군자는 도를 구할 뿐, 밥을 구하지 않는다.(君子謀道 不謀食)」「군자는 도를 걱정하되 가난을 걱정하지 않는다.(君子憂道 不憂貧)」 <제15. 위령공편-32>

<* 오늘의 세계에서는 모든 사람이 이와 같은 말을 이해하지 못한다. 고결한 정신이나 도덕적 삶은 낡은 생각이라고 무시한다. 외형적·물질적 사치와 낭비가 바로 현대적이고 문화적이라고 착각하면 안 된다. 재물이 많고 화려한 옷을 입고 외국 여행을 한다고 정신문화와 윤리 도덕이 높아지는 것이 아니다.>

4-10 : 경문 한글 풀이

공자가 말했다. 「군자는 천하 만사를 처리함에 있어, 한 가지만을 옳다고 고집하지도 않고, 또 안 된다고 부정하지도 않는다. 만사를 의(義)를 따라 바르게 처리한다.」

子曰 君子之於天下也 無適也 無莫也 義之與比.

[의지여비(義之與比)]

(1) 사람이 편협하게 고집을 부리거나 남을 배척하는 이유는 다름이 아니다. 무식하고 고집스럽기 때문이다. 무한한 공간, 무궁한 시간을 통합한 우주, 하늘과 땅 사이에 사람과 자연 만물이 생육화성(生育化成)한다는 사실과 하늘의 도리를 모르기 때문이다.

(2) 생각하는 힘이 없으면서 자연의 섭리대로 살고자 하지 않고, 동물적·육체적 욕구를 바탕으로 나만 잘먹고 잘살겠다는 개인주의적 사리사욕에 넘쳐 간교한 수작을 부리기 때문이다.

(3) 사람은 혼자 살 수 없다. 천지 만물과 어울려 살게 마련이다. 그러므로 남이나 만물의 존재와 가치를 인정하고 조화를 이루어야 한다.

(4) 사람은 자연 만물을 활용하거나, 또 남들과 어울려 공동생활을 해야 한다. 그러므로 자연 만물 및 만사를 저마다의 의(義)에 맞게 따르고 바르게 처리해야 한다. 과학에서 높이는 자연법칙도 천도다.

(5) 「의(義)」는 「적합하고 옳고 바른 도리」라는 뜻이다. 나만을 고집하고 남을 부정하면 공동체가 성립되지 않는다.

4-11 : 경문 한글 풀이

공자가 말했다. 「군자는 덕을 생각하고, 소인은 땅을 생각한다. 군자는 형법을 생각하고, 소인은 혜택 받기를 생각한다.」

子曰 君子懷德 小人懷土 君子懷刑 小人懷惠.

[군자의 거룩한 사명]

(1) 공자가 제자를 가르친 목적은 군자를 양성해서 천하에 인정(仁政) 덕치(德治)를 펴기 위해서다.

(2) 그래서 정치지도자가 될 군자와 우매한 소인들의 차별을 말한 것이다. 군자는 덕을 베풀고, 백성을 묶는 법을 두려워하고 신중하게 해야 한다. 백성은 좋은 나라에서 혜택 받기를 갈망한다.

(3) 고주(古注)는 「임금이 덕으로써 교도하면 백성들이 안주하고, 임금이 형법으로 제어하고 바르게 잡아주면 백성들은 은혜 내려주기를 기다린다.」로 풀었다. 주자의 신주는 군자와 소인의 차별을 언급하고, 아울러 군자의 사명을 말했다.

4-12 : 경문 한글 풀이

공자가 말했다. 「이익만을 위해 행동하면 원망이 많게 된다.」

子曰 放於利 而行 多怨.

[이득보다 인덕(仁德)이 중하다]

(1) 모든 사람은 이(利)보다 덕(德)을 높여야 한다. 특히 나라의 정치를 담당한 위정자는 보다 더 덕을 높여야 한다. 춘추시대의 모든 임금이나 세력가들은 무력이나 권모술수를 바탕으로 남의 영토를 약탈하고 외형적 부귀를 누리려고 했다. 그래서 서로 다투고 심하게 싸웠다. 그래서 백성들이 도탄에 빠져 신음했다. 나라와 나

라 사이만이 아니다. 한 나라에서도 하극상이 심했다. 예를 들면 실지로 노나라의 실권자 계강자(季康子)가 개인의 이익만을 위하여 나라를 문란케 하고 있었다. 다투고 싸워서 얻으려는 이득은 외형적·물질적 권력이다. 그러므로 자연히 많은 사람들의 원한을 받았던 것이다. 결국에는 공동체가 망하게 마련이다.

(2) 자신의 이익만을 취하면 남들과 상충하고 필연적으로 싸우게 된다. 사리사욕(私利私慾)에 눈이 멀어서 잔인하게 남을 밀어내고 나만의 이득을 취하면 많은 사람의 원한을 산다. 공자는 다음같이 말하기도 했다. 「이득을 보면, 의를 생각하라.(見利思義)」<제14. 헌문편-13> 서로 잘살기 위해서 인(仁)을 행해야 한다. 서로 사랑하고 협동해야 한다.

(3) 정자(程子)는 다음과 같이 풀었다. 「자기만의 이득을 위하고 취하면, 반드시 남을 해치게 된다. 따라서 많은 사람의 원한을 산다. (欲利於己 必害人 故多怨)」

4-13 : 경문 한글 풀이

공자가 말했다. 「예의 본질인 사양심으로 다스리면 문제가 없다. 사양심을 가지고 다스리지 못하면 형식적인 예만으로는 어찌 다스리겠는가.」

子曰 能以禮讓 爲國乎 何有 不能以禮讓爲國 如禮何.

[겸양이 예(禮)의 알맹이]

(1) 모든 사람이 서로 사랑하고 협동하여 함께 잘사는 공동체를

성취하는 형식적 규범이 예의범절이다.

(2) 외형적 형식보다 내면적 정신이나 도리가 더 중하다. 맹자(孟子)는 「사양지심 예지단야(辭讓之心 禮之端也)」라고 했다.

(3) 나만을 내세우고 고집하면, 공동체가 원만하게 성취되지 않는다. 서로 양보하고 사랑하고 협동해야 공동체가 아름답게 성취된다.

(4) 양보하는 예(禮)도 인(仁)의 하나다. 예의 핵심은 곧 인심(仁心)이다. 공자는 말했다. 「위정자가 어질지 않으면 형식적인 예악은 쓸모가 없다.(人而不仁 如禮何 人而不仁 如樂何)」<제3. 팔일편-3>

4-14 : 경문 한글 풀이

공자가 말했다. 「자리 없음을 걱정하지 말고 나설 수 있는 바탕 만들기를 걱정하라. 나를 몰라준다고 걱정하지 말고 알려질 만한 일하기를 구하라.」

子曰 不患無位 患所以立 不患莫己知 求爲可知也.

[군자와 인정(仁政) 참여]

(1) 군자는 수기치인(修己治人)하고 인정(仁政)에 참여해야 한다. 악덕한 임금에 붙어 부귀영화를 누리면 안 된다.

(2) 극기복례(克己復禮)해야 한다. 사리사욕을 극복하고 천리에 맞는 선세계(善世界)를 창건해야 한다. 그러므로 군자가 할 일이 무한하게 많다. 우선 개인적으로나 국가적으로나 악인과 악덕을 누르고 모든 사람을 선화(善化)해야 한다. 돈이나 무력이 아닌 인덕(仁德)으로 영도해야 한다.

(3) 악(惡)을 누르고 선(善)을 높이는 것은 힘들고 어렵다. 그렇다고 포기하면 안 된다. 천 년, 2천 년, 3천 년이 걸려도 노력해야한다. 그것이 군자의 사명이다.

(4) 공자의 이상은 아직도 달성되지 않았다. 그렇다고 실망하고 포기하면 안 된다. 꾸준히 노력하고 정진해야 한다. 「남이 알아주지 않아도 노여워하지 않으니 군자가 아니겠느냐.(人不知而不慍 不亦君子乎)」<제1. 학이편-1> 소인들이 득세하고 부귀를 누리는 때에는 안빈낙도(安貧樂道)하면서 자기의 힘을 키워야 한다.

4-15 : 경문 한글 풀이

공자가 말했다. 「삼(參)아, 나의 도는 하나로 꿰뚫고 있다.」 증자가 「네.」하고 대답했다. 공자가 나간 다음, 다른 제자가 증자에게 「무슨 뜻입니까.」하고 물었다. 그러자 증자가 말했다. 「선생님의 도는 충(忠)과 서(恕)일 따름이다.」

子曰 參乎 吾道 一以貫之 曾子曰 唯 子出 門人 問曰 何謂也 曾子曰 夫子之道 忠恕而已矣.

[인류와 종교]

(1) 동서를 막론하고 인류는 태고 때부터 「하느님」을 높이고, 또 믿었다. 「우주 천지 자연 만물 및 인류」를 창조하고, 또 모든 변화 발전을 말없이 주재하는 유일무이(唯一無二)한 하나의 절대자(絕對者)를 하느님이라 하고, 또 잘 믿었던 것이다.

(2) 과학이 발달한 오늘에도 살아 있는 인격신(人格神)을 믿는 종교가 많다. 그 대표가 기독교다.

(3) 경전도 구약성서와 신약성서로 나눈다. 뿐만 아니라 기독교도 지역과 시대에 따라 교리해석이나 사상도 점진적으로 발달하고, 또 각 교파에 따라 다양하게 변하고 있다.

(4) 동양에서도 태고 때에는 살아 있는 신을 믿었다. 중국에서는 상제(上帝) 혹은 천신(天神)이라 했다. 고대 한국에서는 한민족의 뿌리를 단군(檀君)이라 했다. 종교는 정신 작용이다. 그러나 종교사상은 시대와 더불어 설명하는 내용이 다르게 변한다.

(5) 중국에서는 오래 전부터 인도의 불교를 잘 받아들이고 있다.

[참고 주소 선역]

(1) 자기가 최선을 다하는 것을 충(忠)이라 하고, 자기의 마음이나 입장을 미루어 남의 잘못을 용서하는 것을 서(恕)라고 한다.(盡己之謂忠 推己之謂恕)

(2) 지성무식(至誠無息)해야 한다.

(3) 「원래 지성무식은 도(道)의 본체(本體)이다. 만물은 저마다 다르지만 그 바탕은 하나의 뿌리에서 나온 것이다.(蓋至誠無息者 道之體也 萬殊之所以一本也)」

(4) 「『일이관지』한다는 공자의 말의 실상을 알 수 있다.(一以貫之實可見矣)」

(5) 「본심에 맞는 것이 충(忠)이고, 마음같이 하는 것이 서(恕)다.(中心爲忠 如心爲恕)」라고 풀어도 된다.

(6) 정자(程子)가 말했다. 「나의 모든 것을 사물에 미치게 하는 것이 인(仁)이고, 나의 처지로써 사물에 미치게 하는 것이 서(恕)이다. <둘 다> 도(道)에서 멀지 않은 것이다. 충과 서는 일이관지(一以貫之)한다. 충은 천도(天道)이고, 서는 인도(人道)이다. 충은 망발이 없고, 서는 충을 행하는 바탕이다. 충은 본체이고, 서는 활용이다. 가장 큰 뿌리이며 도를 달성하는 것이다. 이들은 도에서 멀지도 않고 다르지도 않다고 함은 곧 작동하면 하늘과 같다는 뜻이다. (程子曰 以己及物仁也 推己及物恕也 違道不遠是也 忠恕一以貫之 忠者天道 恕者人道 忠者無妄 恕者所以行乎忠也 忠者體 恕者用 大本達道也 此與違道不遠異者動以天爾)」

[하나의 천리(天理)]

(1) 철학도 종교와 같은 정신문화에 속한다. 공자는 생이지지(生而知之)한 철학자다. 그러나 공자는 하늘이나 하늘의 도리에 대한 철학적 정의나 설명을 하지 않았다. 다만 사람들로 하여금 어떻게 행동하라고만 가르쳤을 뿐이다.

(2) 남자와 여자가 결혼하여 아들딸을 낳는다. 자식은 부모에 의해서 출생하고 양육된다. 그러므로 모든 자식에게는 자기를 낳고 키워준 부모에게 효도하라고 가르친다. 생각하면 당연한 도리다. 그러나 생각이 모자라거나 무지(無知)하거나 사리사욕(私利私慾)에 빠지면 부모에 대한 효도를 알지 못하게 된다.

(3) 거듭 강조하겠다. 우주 천지 자연 만물을 낳고 시간의 흐름에 따라 더욱 발전하는 도리가 하나인 하늘에서 나온 도리, 즉 천리(天理)다.

(4) 가정에서는 부모에게 효도하고, 국가의 임금에게 충성을 해야한다. 그래야 나도 잘살고 국가도 번성하고 발전한다. 나의 탐욕만을 채우려고 하면 공동생활이 되지 않는다. 그러므로 동양에서 강조하는 윤리 도덕은 다 천리를 바탕으로 한 것이다.

(5) 하늘과 땅 사이에는 식물·동물·인간이 함께 어울려 살고 있다. 저마다의 형상(形象)이나 생태(生態)가 각양각색이다. 같은 사람이라도 저마다 다르다. 그러나 모든 것이 다「하나인 천리를 바탕으로 생육화성(生育化成)하고 있다.」이를 가리켜「이일만수(理一萬殊)」혹은「만수이일(萬殊理一)」이라고 한다.

(6) 공자가 말하는「하나(一)」는 크게는「우주적 하나의 도리」, 작게는 모든 사람이 따라야 할「인도(人道=仁道)」다.

4-16 : 경문 한글 풀이

공자가 말했다.「군자는 의를 밝히고, 소인은 이를 밝힌다.」

子曰 君子喩於義 小人喩於利.

[군자(君子)와 소인(小人)]

(1) 평범한 사람은 동물적·육체적·개별적 삶을 살고 있다. 따라서 음식도 먹고 마셔야 하고 남녀의 짝짓기도 해야 한다. 그러므로「식색본야(食色本也)」라고 한다.

(2) 그러나 인간은 동물적 육체만의 존재가 아니다. 만물의 영장이다. 그러므로 고귀한 정신을 바탕으로 고귀한 정신적 삶을 살아야한다. 인간은 절대로 혼자서는 태어날 수도 없고, 또 살 수도 없다.

반드시 남과 어울려 공동체를 구성하고 상부상조(相扶相助)해야 한다. 뿐만 아니라, 역사와 문화를 계승하고 발전시키는 삶을 살아야 한다.

(3) 삶은 우주적(宇宙的)이다. 우주적이란 곧 공간(空間)과 시간(時間)을 통합했다는 뜻이다. 개념상으로는 공간과 시간을 나눌 수 있으나 실제로는 하나다. 그러므로 인간의 존재와 삶을 우주적이라고 한다. 인간의 공동체도 공간적(空間的)·현시적(現時的)·사실적(事實的)으로 존재하고 기능하고 있다. 그러나, 동시에 시간적(時間的)·역사적(歷史的)·문화적(文化的)으로 발달하고 있다. 이러한 도리가 곧 우주의 도리, 천리(天理)다.

(4) 공자는 철학적·이론적으로 천도천리(天道天理)를 말하지 않았다. 다만 도리를 따르고 행하기를 강조했다. 그래야 「개인·가정·국가 및 인류 사회」가 하늘의 도리를 따라 「현시적으로도 바르게 존재하고, 또 기능한다.」 아울러 「역사적·문화적으로도 계승 발전한다.」

(5) 「의(義)」는 다른 뜻이 아니다. 모든 사물을 절대선(絕對善)인 천리를 바탕으로 저마다 옳고 바르게 처리하고 다스린다는 뜻이다. 의(義)를 따르면 개인·가정·국가 및 인류가 일관되게 잘살고 발전한다.

(6) 그래서 군자는 살신성인(殺身成仁) 혹은 사생취의(舍生取義)하는 것이다. 그러나 소인(小人)은 다르다. 이기주의와 탐욕으로 재물이나 관능적 쾌락만을 추구한다. 그래서 천박한 소인이라고 한다. 소인은 자기만을 아는 사람이다.

4-17 : 경문 한글 풀이

공자가 말했다. 「어진 이를 보면 그와 같이 되기를 생각하고, 어질지 못한 자를 보면 스스로 깊이 반성해야 한다.」

子曰 見賢思齊焉 見不賢而內自省也.

[사제내성(思齊內省)]

(1) 여기서 말하는 현명한 사람은 정신적·도덕적으로 현명한 사람이다. 자기에게 주어진 선본성(善本性)을 깨닫고 인심(仁心)을 바탕으로 「모든 사람이나 자연만물을 사랑하고 육성하는」 인자(仁者)란 뜻이다.

(2) 반대로 현명하지 못한 사람은 수심(獸心)을 바탕으로 동물적·육체적 삶만을 사는 사람이다.

(3) 불현자(不賢者) 속에는 물질과 향락만을 추구하고 남을 속이거나 살상하고 남의 재물을 탈취하는 악덕한 사람이 많다.

(4) 세상에는 나보다 잘난 사람, 혹은 나보다 못난 사람이 있게 마련이다. 그러므로 남을 거울로 삼아 자신을 반성하고 수양해야 한다. 과실을 저지르는 못난 사람을 보면 스스로 반성한다. 한편 나보다 잘난 사람을 보면, 나도 노력해서 그 사람과 같이 되려고 분발해야 한다.

(5) 요는 자신을 바르게 알아야 한다. 자신을 바르게 알기는 어렵다. 그러므로 정신교육과 인격도야가 필요하다. 배우지 않으면 동물적

존재에 머물게 된다.

4-18 : 경문 한글 풀이

**공자가 말했다.「부모를 섬김에 있어 부득이한 경
우에는 간언을 올린다. 설혹 나의 뜻이 받아들여
지지 않아도 여전히 공경하고 효도를 어기지 말아
야 한다. 설혹 간언을 올리기에 힘들어도 원망하
지 않아야 한다.」**

子曰 事父母 幾諫 見志不從 又敬不違 勞而不怨.

[효도(孝道)와 간언(諫言)]

(1) 자식은 자기를 낳고 키워준 부모에게 효도해야 한다. 그러나
효도는 맹종(盲從)이나 곡종(曲從)이 아니다.「효경(孝經) 간쟁장
(諫爭章)」에 있다. 증자(曾子)가「감히 묻겠습니다. 자식이 무조건
부모의 영을 듣고 따르는 것이 효도입니까.(敢問 子從父之令 可謂
孝乎)」라고 묻자, 공자는「그게 무슨 소리인가.(是何言與)」라고 반
문하고, 간언의 필요성을 역설했다.

(2)「아버지에게 간쟁(諫爭)하는 아들이 있어야 아버지 자신이 불
의에 빠지지 않는다.(父有爭子 則身不陷於不義)」라고 말했다. 또
「불의 앞에서 아들은 부모에게 불가불 충간(忠諫)을 올려야 하고,
신하는 불가불 임금에게 충간해야 한다.(當不義 子不可以不爭於父
臣不可以不爭於君)」라고 했다.

(3) 자식이 부모에게 간언을 올리되 무례한 태도를 취하면 안 된다.

즉 기간(幾諫)해야 한다. 그리고 부모가 즉시 자식의 간언을 받아들이지 않고 따르지 않더라도 자식은 전과 같이 부모를 공경하고 부모의 뜻을 어기지 말아야 한다.

(4) 고주(古注)는 다음과 같이 말했다. 「부모의 뜻이 나의 간언을 따르지 않는 기색을 살피고 알아도, 자식은 역시 공경하고 부모의 뜻을 어기지 말아야 한다. 그러면 끝내 나의 간언을 듣게 된다.(見父母志有不從己諫之色之 則又當恭敬不敢違父母意 而遂己之諫)」 <包咸>

(5) 예기(禮記)에 다음과 같이 있다. 「부모에게 허물이 있으면, 자식은 기색을 화하게 가라앉히고 부드러운 소리와 즐거운 표정으로 간언을 올린다. 만약 간언이 받아들여지지 않아도 자식은 더욱 부모를 공경하고 효도해야 한다. 그리고 부모님 기분이 좋을 때 다시 간언을 올린다.(父母有過 下氣柔聲怡色以諫 諫若不入 起敬起孝 說則復諫)」

「부모가 <간하는 자식에게> 노하고 역정을 내고, 매질하여 자식이 피를 흘리는 일이 있어도 자식은 감히 부모를 미워하거나 원망하면 안 된다. 더욱 공경하고 더욱 효도해야 한다.(父母怒不悅 而撻之流血 不敢疾怨 起敬起孝也)」

내칙편(內則篇)에 있는 이러한 기록이 다 논어의 공자의 말을 바탕으로 한 것이다. 주자의 집주도 이상과 같은 뜻으로 풀이했다.

(6) 과학이 발달하고 돈이 많다고 사람 자체가 변하는 것이 아니다. 태고에도 남녀가 합하여 아들딸을 낳았다. 지금도 마찬가지다. 사람은 부모에 의해서 태어났고, 또 양육된다. 장차는 나도 부모가 되어 자녀를 낳고 양육할 것이다. 효도는 하늘의 도리이다. 하늘의

도리를 모르거나 어기거나 자기 욕심만 부리면, 서로 싸우고 따라서 진정한 공동체가 성립되지 않는다. 오늘에도 효도를 가르쳐야 한다.

4-19 : 경문 한글 풀이

공자가 말했다. 「부모님이 생존해 계시면 아들은 멀리 가지 않는다. 부득이 가는 경우에는 반드시 행방을 알리고 가야 한다.」

子曰 父母在 不遠遊 遊必有方.

[부모의 자식 사랑]

(1) 부모의 자식에 대한 사랑은 지극하고, 또 끝이 없다. 동시에 자식의 부모님에 대한 사랑이나 걱정도 지극하고 끝이 없어야 한다.

(2) 효도는 물질적인 봉양도 중하지만, 그보다 정신적으로나 심정적으로 부모를 편하게 해드려야 한다. 그러므로 가능하면 부모 생존시에는 자식은 먼 곳으로 여행가지 않아야 한다. 불가피하게 가는 경우에는 연락 장소를 알려야 한다. 그래야 유고시(有故時)에 연락할 수 있고, 또 달려올 수도 있을 것이다. 그래도 부모는 항상 객지에 있는 자식을 걱정하게 마련이다.

(3) 집주(集註)는 「자식이 부모의 마음을 자기 마음으로 할 수 있는 것이 곧 효도다.(子能以父母之心爲心 則孝矣)」라고 했다. 고주(古註)에서 황간(皇侃)은 「필유방(必有方)」의 풀이를 다음같이 「예기(禮記) 곡례편(曲禮篇)」의 구절을 인용했다. 「자식 된 사람이 지킬

예절은 다음과 같다. 외출할 때는 반드시 알리고, 귀가하면 반드시 찾아뵙고 인사한다. 반드시 정해진 곳에 가서 놀며, 반드시 보람있는 일을 몸에 익혀야 한다.(爲人子之禮 出必告 反必面 所游必有常 所習必有業)」

[효도와 일체감(一體感)]

(1) 누구나 사람은 「태어나 자라고 성인이 되고 결혼하여 자식을 낳고 자식을 가르치고, 또 자식에게 가업을 물려주고 마침내 노쇠하고 모든 것을 물려주고 눈을 감는다.」

(2) 자식과 부모는 일심동체(一心同體)다. 정신적으로나 육체적으로나 부모와 자식은 하나이다. 이 같은 일체감(一體感)을 강조하는 것이 공자의 사상이고, 또 유교사상의 전통이다.

(3) 그러나 오늘의 많은 사람들은 「부모 자식간의 일체감」이 부족하다. 이유는 「동물적 생존욕구를 바탕으로 사리사욕을 채우고, 돈과 물질 및 감각적 쾌락이나 자극만을 좇기에 골몰하고 있기 때문이다.」

(4) 그래서 「자기 부모도 모르고 형제도 모르고 동포도 모른다.」 「먹고 놀고 뛰고 노는 쾌락만을 취한다.」 이러한 경향은 세계적이다. 한마디로 사고력과 일체감을 상실했기 때문이다.

4-20 : 경문 한글 풀이

공자가 말했다. 「3년을 두고 선친의 도를 고치지 않아야 효라 할 수 있다.」

子曰 三年 無改於父之道 可謂孝矣.

<* 앞에 이미 나왔다.>

4-21 : 경문 한글 풀이

공자가 말했다. 「부모님의 연세를 염두에 두어야 한다. 장수하시는 것을 기뻐하면서도 한편으로는 두렵게 여기고 걱정스럽기 때문이다.」

子曰 父母之年 不可不知也 一則以喜一則以懼.

[애일지성(愛日之誠)]

(1) 사람의 수명은 하늘에 매여 있다. 자식이 병들어 죽는 경우 부모라도 어쩔 수 없이 보내게 마련이다. 효자의 경우도 같다. 날로 노쇠해 가는 부모의 수명을 사람의 힘만으로는 연장할 수 없다.

(2) 단 주어진 날을 아껴서 정성으로 효도해야 한다. 이를 「애일지성(愛日之誠)」이라 한다. 하루하루를 정성껏 효도해야 한다. 부모님이 하루라도 더 사시기를 지성으로 기구해야 한다.

4-22 : 경문 한글 풀이

공자가 말했다. 「옛사람이 말을 함부로 하지 않은 것은 실천이 따르지 못할 것을 부끄러워했기 때문이다.」

子曰 古者言之不出 恥躬之不逮也.

[군자와 언행일치(言行一致)]

(1) 공자가 말하는 고인(古人)은 옛날의 군자(君子)다. 군자는 인심

(仁心)을 바탕으로 인민애물(仁民愛物)하고 인덕(仁德)을 세우고, 공평무사(公平無私)하고 광명정대(光明正大)한 평화세계(平和世界) 창건에 참여하는 지식인이다.

(2) 군자는 사리사욕을 극복하고 인류대동의 이상세계를 창건해야 한다. 그러기 위해서는 언행을 일치시켜야 한다.

(3) 그러나 오늘의 세계는 이와 반대의 길을 가고 있다. 강대국은 돈과 과학을 무기화하고 약소국가를 유린하고 있다. 그러므로 모든 지식인들이 개인적으로나 국가적으로나 악덕하게 된 것이다.

(4) 학식을 간악하게 악용하고 사리사욕을 채우는 데 골몰하므로 세상이 혼란하게 된 것이다. 수심(獸心)을 버리고 인심(仁心)을 바탕으로 언행(言行)을 일치시켜야 한다.

4-23 : 경문 한글 풀이

공자가 말했다. 「단속함으로써 잃는 법이 없다.」

子曰 以約失之者 鮮矣.

4-24 : 경문 한글 풀이

공자가 말했다. 「군자는 말은 어눌하되 행동은 민첩해야 한다.」

子曰 君子 欲訥於言 而敏於行.

4-25 : 경문 한글 풀이

공자가 말했다. 「인덕은 외롭지 않다. 반드시 이

웃이 있다.」

子曰 德不孤 必有鄰.

[인(仁)이 본성(本性)]

위의 말의 1차적인 뜻은, 인덕(仁德)을 세우면 남들도 알아준다는 뜻이다. 사람의 본성은 인이다. 그러므로, 인심(仁心)은 사람의 본성이다. 동물적 삶만 사느라고 인덕을 세우지 못하는 수가 많다. 그러나 제대로 지(知)·인(仁)·용(勇)을 갖추면 모든 사람이 다 인덕을 세우게 마련이다.

4-26 : 경문 한글 풀이

자유가 말했다.「임금을 섬김에 지나치게 자주 간 언하면 욕을 보게 되고, 붕우간에도 지나치게 자 주 충고하면 소원해진다.」

子游曰 事君數 斯辱矣 朋友數 斯疏矣.

[충간과 충고]

임금에게 충간(忠諫)하고, 붕우에게 충고(忠告)하는 것은 좋다. 그러나 상대방의 자존심이나 체면을 손상하지 않게 해야 한다. 임금에게 충간하거나, 벗에게 충고할 때는 신중하고 성실하게 해야 한다. 충간이나 충고는 인을 실천할 수 있게 하기 위해서 하는 것이다. 그러므로 겸손하고 성실하게 해야 한다.

5 공야장편(公冶長篇)

공야장(公冶長)은 제5편 제1장 첫머리에 나오는 사람 이름이다.

이 편에는 여러 사람에 대한 말들이 많다. 간결하면서도 요령 있는 말로 여러 사람에 대한 현명한 자질, 슬기와 지혜, 인덕과 강직 및 선악, 득실을 논평했다.

아울러 인간의 이상형(理想型)과 사람을 등용해 쓰는 법도 암시했다. 여기서는 28장으로 나누었다.

인물평에 오른 중요한 제자는 안회(顏回)와 자로(子路) 및 자공(子貢)이다. 다음이 공야장(公冶長)과 남용(南容)이고, 기타 자천(子賤), 염옹(冉雍), 칠조개(漆雕開), 재여(宰予) 및 신정(申棖)이다.

일반 사람으로는 정(鄭)나라의 명상(名相)인 자산(子産), 제(齊)나라의 명상 안영(晏嬰), 주(周)나라의 백이(伯夷)·숙제(叔齊) 및 기타 여러 사람이 있다.

집주(集註)는 다음같이 말했다. 「이 편은 모두 고금의 인물에 대한 현우(賢愚)와 성패(成敗)를 말한 글들이다. 대개 격물(格物), 궁리(窮理)의 일단이다. 총 27장이다. 호씨(胡氏)는 의아하게 생각했다. 자공(子貢)의 제자들이 기록한 것이 많은 듯하다.(此篇 皆論古今人物賢否得失 蓋格物窮理之一端也 凡二十七章 胡氏以爲疑多子貢之徒所記云)」

5-1 : 경문 한글 풀이

**공자가 공야장을 평해 말했다. 「그는 사위로 삼을
만하다. 비록 묶여서 감옥에 갇혔어도, 그의 죄는
아니다.」 그리고 자기 딸을 시집보내셨다.**

子謂公冶長 可妻也 雖在縲絏之中 非其罪也 以其子
妻之.

[공야장(公冶長)]

공자의 제자로 자세히는 알 수 없다. 논어에도 딱 한 번 나온다.
황간(皇侃)은 말했다. 「공야장은 새소리를 알아들었다. 새소리를
듣고, 그 새가 시체를 먹었다고 해석해 주자, 사람들이 도리어 그를
살인자로 몰고 감옥에 가두었던 것이다. 결국은 석방되었다.」

5-2 : 경문 한글 풀이

**공자가 남용을 평하여 말했다. 「나라에 도가 있을
때는 버림받지 않는다. 나라에 도가 없을 때에도
형벌이나 사형을 받지 않고 모면할 사람이다.」 그
리고 형의 딸을 그에게 시집보내셨다.**

子謂南容 邦有道 不廢 邦無道 免於刑戮 以其兄之子
妻之.

[공야장(公冶長)과 남용(南容)] (1)

(1) 공야장이나 남용은 다 학식이 많고 덕행이 높은 군자였다. 특히

그들은 언행을 신중히 했다. 그러므로 치세(治世)에서는 등용될 것이고, 난세(亂世)라 해도 형벌을 받지 않을 것이었다. 그래서 공자는 자기 딸과 형의 딸을 시집가게 했다.

(2) 고주(古注)에서 황간(皇侃)은 「둘은 다 같다. 시대에 따라 진퇴했다.(二人無勝負也 卷舒隨世)」라고 평했다. 집주(集註)는 「어떤 사람은 남용이 공야장보다 현명하다고 했다.」

(3) 정자(程子)는 말했다. 「공자는 성현이다. 고로 혜안(慧眼)이 있다. 동시에 의(義)를 용감하게 실천했다. 그래서 감옥에 갇혔던 공야장에게 자기 딸을 시집보냈던 것이다.」 군자나 인자는 신념과 결단력이 있게 마련이다.

5-3 : 경문 한글 풀이

공자가 자천을 평했다. 「이 같은 사람은 군자다. 허기는 노나라에 군자가 없다면 그가 어찌 학문과 덕행을 터득했겠느냐.」

子謂子賤 君子哉 若人 魯無君子者 斯焉取斯.

[자천은 노(魯)나라의 군자]

(1) 「제4. 이인편-1」에서 공자는 말했다. 「인이 넘치는 환경에서 살아야 좋고 아름답다. 스스로 인이 넘치는 곳을 택해 살지 않으면 어찌 슬기롭다고 하겠는가.(里仁爲美 擇不處仁 焉得知)」

(2) 노(魯)나라가 바로 인의 전통이 넘치는 나라였다. 그래서 자천(子賤) 같은 제자가 나타났을 것이다. 설원(說苑)이나 한시외전(韓詩外傳)에 대략 다음과 같은 기록이 있다. 「자천이 어버이같이 섬

기고 배운 사람이 3명, 형같이 섬긴 사람이 5명, 벗으로 사귄 사람이 12명, 스승으로 받든 사람이 1명이다. 효(孝)와 제(悌), 기타의 덕행을 배우고 익혔으며, 그들은 다 성덕군자(盛德君子)로 노나라 사람이었다.」

[공야장(公冶長)과 남용(南容)] (2)

(1) 공야장(公冶長) : 논어에 딱 한 번 나온다.「사기 중니제자열전(仲尼弟子列傳)」에는 제(齊)나라 사람이라 했으며,「공자가어(孔子家語)」에는 노나라 사람이라고 했다. 그는 누명으로 감옥에 투옥된 일도 있었다. 그래도 공자가 자기 딸을 시집보낼 만큼 그를 좋게 보았다.

(2) 남용(南容) : 속명(俗名)을 남궁괄(南宮适)이라 했다. 자가 자용(子容)이다. 이를 줄여서 남용(南容)이라고 약칭한 것이다. 그는 바로 맹희자(孟僖子)의 큰아들이다. 즉「제2. 위정편-5」에 나오는 맹의자(孟懿子)의 형이다. 맹의자의 아들은「제2. 위정편-6」에 나오는 맹무자(孟武子)다.

(3) 이들 집안은 노나라 임금을 괴롭힌「삼가(三家)」의 하나로,「맹손씨(孟孫氏)」다. 그러므로 공자는 그들을 좋아하지 않았다. 초기의 맹희자는 노나라 임금에 충성했다. 그는 공자 나이 34세 때 죽었으며, 그때 자식인「남용과 맹의자」에게「공자에게 예(禮)를 배우라.」고 유언했다. 그래서 공자가 그들을 알게 된 것이다. 같은 형제지만 형과 동생의 사람됨이 너무나 크게 달랐다.

5-4 : 경문 한글 풀이

자공이 공자에게 물었다.「저는 어떻습니까.」공

자가 대답했다. 「자네는 그릇에 해당하네.」 자공
이 다시 물었다. 「무슨 그릇에 해당합니까.」 공자
가 대답했다. 「제사에 쓰는 귀중한 호련 같은 그
릇일세.」

子貢問曰 賜也何如 子曰 女器也 曰何器也 曰瑚璉
也.

[재능이 많은 자공(子貢)]

(1) 공자는 지성선사(至聖先師)다. 「지극한 성인이며 동시에 뛰어
난 선생님」이란 뜻이다. 공자는 많은 제자를 배양했다. 사마천(司
馬遷)은 사기 공자세가(孔子世家)에서 다음같이 기술했다. 「공자
는 시서예악(詩書禮樂)을 가르쳤다. 제자가 3천 명, 육예(六藝)에
통달한 사람만도 72명이나 되었다.」 중니열전(仲尼列傳)에는 약
40명의 대표적인 제자를 들었다. 제자들이 있었기에 논어를 위시하
여 공자가 편찬한 경전들이 전해지고, 또 공자의 사상이 후세에
더욱 빛났다.

(2) 유교사상의 시조는 물론 공자다. 그러나 열성적인 많은 제자에
의해서 더욱 자라고 퍼지고 찬란하게 꽃을 피웠다. 공자의 뛰어난
제자 중의 한 사람이 자공(子貢)이다. 그는 언어(言語)에 뛰어났고
이재(理財)에도 밝았다. 그래서 공자는 말했다. 「사(賜)는 통달했
다. 정치에 종사해도 아무 걱정이 없다.」 <제6. 옹야편-6> 여기서
도 공자는 「자네는 종묘 제사에 쓰이는 호련 같은 좋은 그릇이다.」
라고 칭찬했다. 높은 벼슬에 올라 귀하게 쓰일 것이라는 뜻이다.

(3) 그러나 공자는 한편 「군자는 기물이 되지 않는다.(君子不器)」

라고 말한 바도 있다. 군자는 원리원칙을 운영하는 지도자가 되어야 한다. 기물같이 남에게 쓰이는 기능적인 존재가 되지 말라는 뜻이다.

(4) 공자의 인물평은 솔직하고 가혹하다. 그러나 기물치고는 최고의 기물이 된다고 섭섭하지 않게 칭찬해 주었다. 공자는 자공을 최고의 수제자인 안회(顔回)와 비교한 일이 있었다. 그러자 자공이 솔직하게 말했다. 「저는 안회와 비교가 되지 못합니다. 안회는 문일지십(聞一知十)이나 저는 문일지이(聞一知二)할 뿐입니다.」<제6. 옹야편-9>

(5) 자공은 공자 무덤 곁에서 6년 간 복상했다. 그리고 말년에는 부자가 되어 여러 나라를 돌며 공자사상을 전파했다. 오늘까지 공자의 가르침이나 사상은 주로 중국 및 동양에서 존중되고 전파되었다. 그러나 이제부터는 세계에 정신문화의 핵심인 공자의 「인애사상(仁愛思想)」을 전파해야 할 것이다.

5-5 : 경문 한글 풀이

어떤 사람이 말했다. 「옹은 인덕은 있으나, 구변이 없군요.」 공자가 말했다. 「어찌 말 잘할 필요가 있겠는가. 남을 대할 때 말재주만을 부리면 자주 남에게 미움을 받게 된다. 나는 옹의 인덕에 대해서는 모르겠다. 그러나 어찌 말 잘할 필요가 있겠는가.」

或曰 雍也 仁而不佞 子曰 焉用佞 禦人以口給 屢憎於

人 不知其仁. 焉用佞.

[인덕(仁德)과 구변(口辯)]

(1) 공자가 말했다. 「군자 욕눌어언 민어행(君子 欲訥於言 敏於行)」 <제2. 위정편-24> 여기에 나오는 어떤 사람은 아마 노나라의 실권자 삼환씨(三桓氏)에 속하는 사람일 것이다.

(2) 그가 공자의 제자 염옹(冉雍)을 쓰려 생각하고 공자에게 「선생님의 제자 옹은 인덕은 있으나 말재주가 없는 것 같군요.」라고 했다. 이에 공자가 「말 잘할 필요가 없다.(焉用佞)」고 반박한 것이다.

(3) 공자의 생각은 다음과 같다. 「인정(仁政)을 위해서는 인덕(仁德)있는 사람이면 족하다. 그런데 당신은 인정을 펼 생각이 없다. 그래서 말재주 없음을 걱정하고 있는 것이다.」

(4) 「그의 인덕에 대해서는 잘 모르겠다」고 한 말 속에는 「과연 당신 자신이 인덕이 무엇인지 알고 있는가」 혹은 「자기의 제자를 자기가 자랑할 수 없다」는 겸손한 마음이 담겨져 있다.

(5) 인정(仁政)은 본성 속에 있는 인심(仁心)을 바탕으로 해야 한다. 이와 같은 원칙을 공자는 2천5백 년 전에 말했다. 당시, 즉 춘추난세(春秋亂世)만이 아니다. <* 오늘의 세계정치도 여전히 악덕과 협잡이 판을 치고 있다. 윤리 도덕보다 부국강병(富國强兵)이 판을 치고 있다. 따라서 「말 잘하고 권모술수를 잘 쓰는 악인들이」 날뛰고 있는 것이다. 진정한 평화세계는 윤리 도덕 위에서만 성취된다. 그래서 공자는 학식과 인덕이 높은 군자, 즉 지식인을 양성해서 세계를 바로잡으려고 한 것이다. 이와 같은 공자의 사상은 바로 오늘의 세계에서도 절실하게 지켜져야 한다.>

(6) 옛날이나 오늘이나 같다. 말 잘하고 재주가 있으며, 덕이 부족한 사람은 간악하고 남을 속이고, 또 국가 사회를 좀먹기 일쑤다. 즉 난신적자(亂臣賊子)는 「재유여 이덕부족자(才有餘 而德不足者)」이다. 그런데도 오늘의 모든 나라에서는 윤리 도덕교육을 외면한다. 그 큰 이유는 다름이 아니다.

(7) 강대국이 돈과 무력으로 약소국가를 무자비하게 유린하고 침탈하기 때문이다. 만약에 약소국가가 무력을 강화하지 않으면 남에게 먹히고 멸망하게 된다. 그래서 약소국가는 필사적으로 무력을 강화해야 한다. 그래서 세계는 위기에서 벗어나지 못하는 것이다.

5-6 : 경문 한글 풀이

공자가 칠조개에게 벼슬을 시키려 하자 「저는 아직 벼슬을 감당할 자신이 없습니다.」하고 사양했다. 이에 공자가 기뻐했다.

子使漆雕開仕 對曰 吾斯之未能信 子說.

[벼슬을 사양한 칠조개(漆雕開)]

(1) 공자가 칠조개에게 「그만하면 나가서 벼슬을 해도 좋다.」고 말하자, 칠조개가 「아직 벼슬을 할 수 없습니다.」하고 사양했다. 공자가 그의 학문이나 능력을 인정한 것이다. 그러나 사양했다. 그래서 공자는 속으로 기뻐했다.

(2) 어려움은 크게 둘이다. 하나는 자기 자신의 학문과 덕성이 충분하지 못한 것이다. 다른 하나는 당시의 임금이나 사람들이 도(道)에서 멀리 떨어져 있었기 때문이다. 결국 칠조개는 「자신도 알고, 또

세상도 잘 알고 있었다.」 그래서 공자가 흡족하게 생각한 것이다.

5-7 : 경문 한글 풀이

공자가 말했다.「도가 이루어지지 않으니 뗏목을 타고 바다에 뜰까 한다. 이때에 나를 따를 자는 자유일 것이다.」 자로가 이 말을 듣고 기뻐했다. 그러자 공자가 말했다.「유는 용맹을 좋아함이 나보다 더하다. 그러므로 사리를 바르게 재량하지 못한다.」

子曰 道不行 乘桴 浮于海 從我者 其由與 子路聞之 喜 子曰 由也好勇過我 無所取材.

[자로(子路)를 사랑한 공자]

(1)「사과십철(四科十哲)」: 공자가 말했다.「덕행(德行)에는 안연(顔淵), 민자건(閔子騫), 염백우(冉伯牛), 중궁(仲弓)」「언어(言語)에는 재아(宰我), 자공(子貢)」「정사(政事)에는 염유(冉有), 계로(季路)」「문학(文學)에는 자유(子游), 자하(子夏)다.」<제11. 선진편-3>

(2) 자로(子路)는 곧 계로(季路)다. 성은 중(仲), 이름이 유(由), 자가 자로다. 공자보다 9세 아래로 제자들 중에서는 비교적 나이가 많았다. 공자 문중에 들어오기 전에는 주먹패의 한 사람이었다고 한다. 그래서 용기와 결단력이 뛰어났으며, 따라서 사려가 깊지 못하고 경솔한 일면이 있었다. 한편 강직하고 솔직했다. 그래서 자로는 항상 공자를 가까이 모시고 신변을 보호하기도 했다. 그만큼

사랑도 받았으나 반대로 공자로부터 야단도 많이 맞았다.

(3) 자로는 논어에 약 40번이나 나온다. 몇개를 추리겠다. 공자가 자로에게 말했다. 「아는 것을 안다 하고, 모르는 것은 모른다고 하라. 그것이 곧 지다.(知之爲知之 不知爲不知 是知也)」<제2. 위정편-17>

(4) 이 장에서, 공자는 농담반 진담반으로 칭찬 겸 핀잔을 주었다. 「용기는 넘치지만 재량이 깊지 못하다.(好勇過我 無所取材)」 그러나 공자는 자로를 참으로 아끼고 사랑했다.

(5) 그래서 다음 장에서 공자는 맹무백(孟武伯)에게 추천했다. 「인(仁)은 모르나 자로는 제후(諸侯)의 큰 나라의 군부(軍賦)를 잘 다스릴 수 있다.(由也 千乘之國 可使治其賦 不知其仁也)」<제5. 공야장편-8> 말년에 자로가 난(亂)에 휘말려 죽자 공자는 참으로 애통해했다.

5-8 : 경문 한글 풀이

맹무백이 물었다. 「자로는 인덕이 있습니까.」 공자가 대답했다. 「잘 모르겠습니다.」 거듭 묻자 공자가 대답했다. 「유(由 : 자로)는 제후가 다스리는 천 승의 나라에서 군사를 다스릴 수 있습니다. 허나 그의 인덕에 대해서는 알지 못합니다.」 「구(求)는 어떠합니까.」 공자가 대답했다. 「구는 천 호의 도읍이나, 백 승의 경이나 대부 집에서 읍장이나 가신 노릇을 할 수는 있습니다. 인덕에 대해

서는 알지 못합니다.」「적(赤)은 어떠합니까.」 공
자가 대답했다.「적은 예복을 입고 속대를 띠고
조정에 나가서 빈객들과 응대하게 할 수 있습니
다. 인덕에 대해서는 알지 못합니다.」

孟武伯問 子路仁乎 子曰 不知也. 又問 子曰 由也 千
乘之國 可使治其賦也 不知其仁也. 求也 何如 子曰
求也 千室之邑 百乘之家 可使爲之宰也 不知其仁也.
赤也 何如 子曰 赤也 束帶立於朝 可使與賓客言也 不
知其仁也.

[공자의 네 제자]

(1) 노나라 초기의 임금, 환공(桓公)의 후손으로「맹손씨(孟孫氏),
숙손씨(叔孫氏), 계손씨(季孫氏)」의 세 집안을「삼환씨(三桓氏)」
라고 했다. 그들의 신분은 대부(大夫)에 불과했다. 그러나 대대로
노나라의 권력을 전횡(專橫)하고, 노나라 임금을 무시하고 참월(僭
越)하기 짝이 없었다. 즉 노나라를 문란하게 하는 근원이었다. 그래
서 공자도 그들을 누르고 군권(君權)을 바로 세우려고 애썼으나,
결과적으로는 노나라 임금과 공자가 실패하고 국외로 방랑하기에
이르렀다. 그런 의미에서「삼환씨」는 부정적 존재라 하겠다. 그러
나 실세(實勢)였다.

(2) 여기서도 공자가 한계를 두고 대답했다. 즉 인(仁)에 대한 질문
에는「모르겠다.」고 한 것이다. 원래 그들 삼환씨는 임금을 무시하
고 예를 어기고 있었다. 그들은 인정(仁政)과 예치(禮治)와는 거리
가 멀었다. 그런 자가 공자의 제자들의 인덕(仁德)을 물었으므로

「모른다」고 대답했다.

(3) 그러나 공자는 제자들의 능력을 인정하고, 행정면에서는 각자에 맞게 벼슬에 오르기를 바랐던 것이다.

5-9 : 경문 한글 풀이

공자가 자공에게 물었다. 「너와 안회는 누가 더 낫다고 생각하느냐.」 자공이 대답했다. 「제가 어찌 감히 안회를 바라볼 수 있겠습니까. 안회는 하나를 듣고 열을 알지만, 저는 하나를 듣고 둘을 알 뿐입니다.」 그러자 공자가 말했다. 「안회만 못하리라. 나와 네가 다같이 그만 못하니라.」

子謂子貢曰 女與回也 孰愈 對曰 賜也 何敢望回 回也 聞一以知十 賜也 聞一以知二 子曰 弗如也 吾與女弗 如也.

[안회(顏回)는 아성(亞聖)]

(1) 「문일이지십(聞一而知十)」은 「하나를 보거나 듣고, 모든 도리, 즉 천리를 안다」는 뜻이기도 하다. 안회(顏回)는 난세에도 태연하게 안빈낙도(安貧樂道)했다. 그래서 후세에 안회를 공자 다음가는 아성(亞聖)으로 높였다.

(2) 한편 자공(子貢)은 구변이 좋고 돈벌이를 잘하는 현명한 실리주의자였다. 그래서 공자가 자공에게 물었다. 「너하고 안회 중에, 누가 낫다고 생각하느냐.」 그러자 총명한 자공이 재치있게 대답했다. 「제가 어찌 안회를 따르겠습니까. 안회는 하나를 들으면 열을

압니다. 그러나 저는 하나를 들으면 둘을 알 뿐입니다.」즉 자기는 훨씬 못하다는 것을 스스로 인정하였다.

(3) 그러자 공자가 「너만이 아니다. 나도 안연을 못 따라간다.」라고 말했다. 이는 솔직하게 대답한 자공을 칭찬할 겸 위로해주는 말이기도 하다.

(4) 집주(集註)에 있다. 「하나를 듣고 열을 아는 것은 상지(上知)의 자질이며, 생이지지(生而知之) 다음간다. 하나를 듣고 둘을 아는 것은 중인(中人) 이상의 자질이며, 배움으로써 아는 경지이다.(聞一知十 上知之資 生知之亞也 聞一知二 中人以上之資 學而知之之才也)」<胡氏>

(5) 안회나 자공은 다 공문(孔門) 십철(十哲)에 드는 수제자다. 두 사람 모두 뛰어났다. 안회에 대해서 공자는 다음과 같이 칭찬한 바 있다. 「내가 안회와 종일토록 말을 해도, 한마디의 반대도 없이 흡사 어리석은 사람 같았다. 그러나 그가 물러나 사사롭게 처하는 품을 살피니 가르침을 충분히 계발하고 실천하더라. 그러니 안회는 어리석은 사람이 아니다.(子曰 吾與回言終日 不違如愚 退而省其私 亦足以發 回也不愚)」<제2. 위정편-9>

(6) 한편 자공에 대해서도 다음같이 칭찬했다. 「사야, 비로소 너와 함께 시를 논할 수 있구나. 과거를 말해주면 미래를 아는구나.(子曰 賜也 始可與言詩已矣 告諸往而知來者)」<제1. 학이편-15>

(7) 그러나 자공은 「천명을 감수하지 않고 돈벌이에 힘을 썼다.(不受命而貨殖焉) 공자는 자공에게 반성할 기회를 주었던 것이다. 한수 높은 교육이라 하겠다.

5-10 : 경문 한글 풀이

재여가 낮잠을 자자 공자가 말했다. 「썩은 나무는 조각할 수 없고, 거름흙으로 쌓은 담장에는 흙손질을 할 수가 없다. 재여 같은 인간을 나무라서 무엇하겠는가.」

또 공자가 말했다. 「전에 나는 남을 대할 때 그의 말을 듣고 그의 행실을 믿었으나, 이제 나는 남을 대할 때 그의 말을 듣고서도 그의 행실을 살피게 되었다. 재여로 해서 내가 이렇게 사람 대하는 태도를 고치게 된 것이다.」

宰予晝寢 子曰 朽木不可雕也 糞土之牆 不可杇也 於予與何誅. 子曰 始吾於人也 聽其言 而信其行 今吾於人也 聽其言 而觀其行 於予與改是.

[재여(宰予)에 대한 꾸지람]

(1) 공자의 말치고는 가혹하리만큼 신랄(辛辣)하다. 그만큼 공자의 노여움과 꾸지람이 컸던 것이다. 즉 재여를 「썩은 나무, 거름흙의 담」에 비유하고, 또 「재여 때문에 말만을 믿지 않고 말과 행동을 함께 살피게 되었다」는 말까지 덧붙였다.

(2) 「언어에는 재여와 자공(言語 宰予 子貢)」<제11. 선진편-3>이라고 할만큼 재여는 말을 잘했다. 그러나 말이 신중하지 못하고 행동이나 덕이 따르지 못했다.

(3) 노나라 애공(哀公)이 토지신(土地神)을 모시는 사(社)에 심는 나무에 대해서 물었을 때, 재아는 「주나라에서 밤나무를 심은 것은 백성을 전율케 하기 위해서였다.(周人以栗 使民戰栗也)」<제3. 팔일편-21>라고 엉뚱한 소리를 해서 공자의 노여움을 사기도 했다. 특히 「부모의 상을 3년 간 모시는 것은 너무 기니까 한 1년 정도로 줄이면 어떠하냐.」<제17. 양화편-21>라고 말해서 공자를 노엽게 했다.

(4) 장차 인정(仁政)과 덕치(德治)에 참여할 군자는 자강불식(自强不息)해야 한다. 그런데 낮잠을 잤으니 공자가 혹독하게 책망한 것이다.

(5) 집주(集註)에서는 다음같이 풀었다. 「군자는 배움을 부지런히 쉬지 않고 배워야 하며 기력이 다 지쳤을 때만 쉬어야 한다. 그런데 재여가 낮잠을 잤으니 이보다 더한 자포자기(自暴自棄)가 있겠느냐.」 그래서 공자가 책망한 것이다. <* 주침(晝寢)을 다른 뜻, 즉 「낮에 난잡한 짓을 한다」로 풀이하는 설도 있다.>

5-11 : 경문 한글 풀이

공자가 「나는 아직 강직한 사람을 못 보았다.」고 말하자, 어떤 사람이 대응했다. 「신정이 강직합니다.」 공자가 말했다. 「신정은 욕심쟁이다. 어찌 강직할 수 있겠는가.」

子曰 吾未見剛者 或對曰 申棖 子曰 棖也慾 焉得剛.

[참으로 강직(剛直)한 사람]

(1) 모든 생물에는 「살고 자라려는 욕심(欲心=慾心)」이 있다. 사람의 경우에는 여러 가지 욕심이 있다. 크게 둘로 나누겠다. 혼자 잘먹고 잘살려는 사리사욕(私利私慾)과, 나와 남이 서로 사랑하고 함께 잘살려는 인심(仁心)을 바탕으로 한 도덕심(道德心)이다. <* 기타 여러 가지 욕구나 욕심이 많다.>

(2) 이 장에서 공자가 말한 강자(剛者)는 굳게 인도(仁道)를 지키고, 또 살신성인(殺身成仁)하는 사람의 뜻이다. 고집이 세고 주먹질 잘하는 사람이 아니다.

(3) 맹자(孟子)가 말하는 대장부(大丈夫)는 다음과 같다. 「부귀해도 타락하지 않고, 빈천해도 절조를 지키고, 위세나 무력에도 굴하지 않는 사람이 대장부다.(富貴不能淫 貧賤不能移 威武不能屈 此之謂大丈夫)」 <등문공(滕文公) 하>

(4) 대장부로서 「수사선도(守死善道)」하기 위해서는 이기적 탐욕을 극복해야 한다. 사리사욕에 빠지면 진정한 인덕(仁德)을 세울 수 없다. 인(仁)을 지향하는 휴머니스트는 물질에 대한 욕심, 권력이나 지위를 얻으려는 욕심, 관능적 쾌락을 추구하는 욕정 등을 초월해야 한다.

5-12 : 경문 한글 풀이

자공이 말했다. 「저는 남이 저에게 억지를 가하는 것도 원치 않고, 저 또한 남에게 억지를 가하고자 원치도 않습니다.」 공자가 말했다. 「사야, 그대가 미칠 수 있는 바가 아니다.」

子貢曰 我不欲人之加諸我也 吾亦欲無加諸人 子曰
賜也 非爾所及也.

[안회(顔回), 자공(子貢)]

(1) 두 사람 다 십철(十哲)에 드는 수제자(首弟子)다. 그러나 인(仁)을 말할 때는 안회(顔回)가 위다. 자공(子貢)은 못 미친다. 이 점은 자공도 스스로 인정했다. <제5. 공야장편-9>

(2) 공자는 다음같이 안회를 칭찬했다. 「회는 현명하다. 한 그릇의 밥과 한 바가지 물만 들고 구차하게 산다. 다른 사람은 견디지 못할 것이다. 그러나 안회는 <도를 지키는> 즐거움을 고치지 않고 있다.」 <제6. 옹야편-11> 즉 안빈낙도(安貧樂道)했다. 「안회는 배우기를 좋아하고, 노여움을 옮기지 않고 잘못을 거듭하지 않는다.(好學 不遷怒 不貳過)」 <제6. 옹야편-3> 「회는 3개월 간, 그의 마음이 인을 어기지 않는다.(回也 其心 三月不違仁)」 <제6. 옹야편-7> 이렇게 칭찬하고 사랑하던 「안회가 불행하게도 단명하여 죽자(不幸短命死矣)」 「공자가 한탄했다. 『하늘이 나를 버리셨다. 하늘이 나를 버리셨다』(子曰 噫 天喪予 天喪予)」 <제11. 선진편-8>

(3) 안연과 자공을 비교하고 말했다. 「회(回)는 도에 가깝다. 항상 <안빈낙도했으므로> 빈털터리였다. 그러나 사(賜), 즉 자공은 천명을 따르지 않고, 화식(貨殖)했으며 그는 인간적인 억측을 바탕으로 세상을 잘살았다.」 <제11. 선진편-19> 말 잘하고 현명한 자공은 「저는 안회를 못 따릅니다. 그는 문일지십(聞一知十)하지만 저는 문일지이(聞一知二)합니다.」라고 했다. 또 「절차탁마(切磋琢磨)」라고 하여 공자를 기쁘게 하기도 했다.

5-13 : 경문 한글 풀이

**자공이 말했다. 「선생님께서 가르치시는 고대
의 학문이나 예악 및 제도에 관한 말씀은 들을
수가 있다. 선생님의 말씀으로 『사람의 본성이나
천도에 대한 말씀』은 좀처럼 들을 수가 없다.」**

子貢曰 夫子之文章 可得而聞也 夫子之言 性與天道
不可得而聞也.

[문장(文章)]

(1) 공자가 군자를 교육하는 목적은 왕도덕치(王道德治)의 도리를
깨우치고 인애(仁愛)의 대동세계(大同世界)를 창건하기 위해서다.
「왕도」는 「천지인(天地人)」을 일관하는 「하늘의 도리」다. 「덕치」
는 「도를 따르고 실천해서 얻는 좋은 성과, 즉 선덕(善德)을 얻는
다스림이다.」 「왕도덕치」를 인간적·정치적 차원으로 말한 것이
곧 「인애(仁愛)의 대동세계(大同世界)를 구현(具現)하고 모든 사
람에게 덕을 베푸는 인정(仁政)이다.」

(2) 고대(古代)에는 이와 같은 「왕도덕치」가 행해졌으며, 그 「기록
(記錄), 전적(典籍), 예악(禮樂) 및 모든 문물제도」가 전해지고 있
다. 그 대표적인 전적이 「시(詩)·서(書)·예(禮)·악(樂)」이다. 한
편 모든 행동 규범을 통합한 것이 주(周)나라의 주공(周公)이 제정
한 문물제도다. 그래서 공자는 제자들에게 이것을 주로 가르치고,
그들로 하여금 숙달하게 했다.

(3) 여기서 말하는 「문장」은 바로 「고대의 전적이나 예악 및 문물제

도」를 포괄한 뜻이다. 「문장」은 「천도 천리」가 「찬란하게 문화적으로 아름답게 찬란하고 질서정연하게 피어났다는 뜻이 포함되었다.」

[사람의 본성]

(1) 하늘이 사람에게 준 본성을 크게 두 가지로 나눌 수 있다.

① 개별적 삶을 영위하는 동물적・육체적 성

② 공동생활을 영위하는 도덕적・정신적 성

(2) 사람도 동물이다. 그러므로 개별적・동물적 생존과 육체적 감각생활을 영위한다. 곧 식색(食色)을 본으로 하는 삶이다.

(3) 그러나 사람은 동물과는 차원이 다른 공동생활을 한다. 공간적으로는 「가정, 사회, 국가 및 세계적 공동생활을 한다.」 동시에 시간적으로는 「과거, 현재, 미래를 계승하는 역사적・문화적 삶」을 살고 있다. 그러나 고금동서(古今東西)를 막론하고 많은 사람들은 아직도 동물성만을 높이고 정신적 본성을 잘 모르는 경우가 많다. 그래서 개인적으로나 국가적으로나 혼란한 것이다. <* 세계의 모든 종교사상은 정신적 성을 높이고 그 도리를 가르치고 있다.>

[성즉리(性則理)]

(1) 주자(朱子)를 위시하여 모든 성리학자(性理學者)는 앞에서 말한 ①을 「혈기지성(血氣之性)」이라 하고, ②를 「본연지성(本然之性)」이라 한다. 오늘의 말로 하면 「혈기지성」은 「육체적 이기심을 바탕으로 나 혼자만 잘살겠다는 욕심이다.」 이것은 곧 「비인간적 수심(獸心)」이다.

(2) 한편 「본연지성」은 「정신적 도덕성을 바탕으로 모든 사람이

서로 사랑하고 함께 잘살겠다는 인심(仁心)이자 도심(道心)이다.」

(3) 하늘은 사람에게 두 가지 본성을 주었다. 만물의 영장을 자처하는 인간의 본성은 곧 ②이다. 그래서 「성즉리(性則理)」라고 한다. 즉 「사람의 본성 속에는 천리(天理)를 깨닫고 천리를 행하는 도리가 살아 있다」는 뜻이다. 「사람의 본성 속에 있는 도리를 따르고 행하는 마음」이 곧 「인심(仁心)」이다.

(4) 「인심」은 사람들이 서로 사랑하고 서로 협동하여 함께 잘살고 발전하는 공동의식이자 동시에 역사 문화의 발전의식이기도 하다. 「인심」은 하늘이 본성적으로 심어준 착한 마음이다. 「인심」은 곧 「천도 천리를 따라 사람과 만물이 조화를 이루고 더욱 번영하려는 애민이물(愛民利物)의 마음이다.」

(5) 본심은 천리를 따르는 착한 마음, 도심(道心)이다. 절대로 동물의 마음, 즉 수심(獸心)이 아니다. 「도심은 곧 천도를 따라 공존(共存), 공생(共生), 공진화(公進化)하려는 착한 마음이다.」

[생성화육(生成化育)]

(1) 논어 「제17. 양화편-19」에 있다. 「공자가 나는 말하지 않겠다.」 그러자 자공이 말했다. 「선생님께서 말씀을 안하시면 저희들이 어떻게 알고, 또 실천합니까.」 그러자 공자가 말했다. 「하늘이 무슨 말을 하느냐. 하늘은 말이 없다. 그러나 하늘은 춘하추동 사계절을 운행하고, 시간의 흐름에 따라 자연 만물을 낳고 자라고 변화하고, 또 번성하게 하고 있다. 하늘은 말이 없다.(子曰 予欲無言 子貢曰 子如不言 則小子何述焉 子曰 天何焉哉 四時行焉 百物生焉 天何焉哉)」

(2) 하늘은 말이 없다. 말없이 천지 자연 만물을 생육화성(生育化成)하고 있다. 즉 「낳고(生), 양육하고(育), 변화하고(化), 다시 새 생명체를 완성(成)한다.」 이것이 바로 「하늘의 도리다. 오늘의 말로 하면 천지 자연 만물을 창조하고 양육하고 번성하게 하는 도리, 사람의 경우는 역사와 문화를 더욱 발전케 하는 도리」가 곧 천도다.

(3) 공자는 이미 2천5백 년 전에 이와 같은 하늘의 도리를 터득했다. 그러나 형이상(形而上)의 천도를 추상적·이론적으로 설명하지 않고 다만 깨닫고 행하기만을 강조했다.

[참고 주소 선역]

(1) 왕씨(王氏) : 「이 도리가 하늘에 있고 미처 만물에 주어지지 않은 상태를 천도라 한다. 이 도리가 사람의 마음에 갖추어져 있으므로 성이라 한다. 즉 『원형리정』 및 『인의예지』이다. <이 도리는> 고대의 문물에 나타나 있으므로 용이하게 보고 알 수 있다. 그러나 은미(隱微)한 것이므로 말로는 하기 어렵다.(此理在天 未賦於物 故曰天道 此理具於人心 故曰性 卽元亨利貞 仁義禮智 是也 文章至顯而易見此理 至微而難言)」

(2) 서산 진씨(西山眞氏) : 「공자는 언제나 자신을 바탕으로 가르쳤으며, 그의 위의(威儀)나 문사(文辭)가 다 자연히 문화적이고 문채가 있다. 그것이 공자가 말하는 바, 『내가 숨기는 것이 없다(吾無隱乎爾)』다.」 <원문 생략> 「공자가 말한 『성여천도(性與天道)』는 근원이 심오하고 정미하다. 그래서 당장에 학자에게 말할 수 없다. 혹시나 배우는 사람이 억측하고 스스로 헤아려, 정도를 지나치게 현묘하게 생각하면 도리어 이롭지 못하기 때문이다. 그래서 말을

안한 것이다. 논어에는 다만 『사람의 성품은 서로 가깝다』는 말만
이 있다. 이렇게 말한 것은 역시 기질지성(氣質之性)을 겸해 말한
것으로 성의 본성을 말한 것이 아니다.」「공자는 <역경을 풀이할
때에 비로소 다음같이 본성을 말했다.> 즉 『건도변화 각정성명(乾
道變化 各正性命)』『일음일양지위도(一陰一陽之謂道) 계선성선
(繼善成善)』이라고 했으니, 비로소 본성과 천도를 말한 것이다.」
<원문 생략> <* 공자는 논어에서는 이론적·철학적 설명을 하지
않았다. 그러나 다른 곳에서는 약간 말을 했다.>

[본성(本性)과 인심(仁心)]

(1) 식물과 동물은 자연의 도리를 따라 무의식적으로 군생(群生)한
다. 그러나 인간의 집단생활(集團生活)은 자연적이면서 동시에 의
식적이다.

(2) 한편 사람은 「동물적·육체적 삶」을 살기도 하지만 동시에 「정
신적·도덕적 삶」을 살기도 한다.

(3) 유교에서 말하는 본성은 바로 「정신적·도덕적 본심」이다. 그
도덕심의 핵심이 인심(仁心)이다. 「적극적으로 남을 사랑하는 인심
을 충(忠)이라 하고, 소극적인 사랑의 마음으로 남의 잘못을 용서해
주는 인심을 서(恕)」라고 한다.

5-14 : 경문 한글 풀이

자로는 가르침을 듣고, 미처 실천하지 못하면 또 다른 가르침 듣기를 두려워했다.

子路有聞 未之能行 唯恐有聞.

[자로(子路)의 용(勇)]

(1) 자로의 좋은 점을 기술한 글이다. 「자로는 좋은 말을 들으면 반드시 과감하게 행동으로 옮겼다.(聞善勇行)」 그러므로 선생님의 가르침을 미처 행하지 않았는데, 또 새로운 가르침 듣기를 겁냈던 것이다. 고주(古注)에서 황간(皇侃)은 말했다. 「자로는 타고난 성품이 과감하고 결단성이 있었다. 말을 하면 반드시 그날로 실천했다.(子路稟性果決 言無宿諾)」

(2) 중용(中庸)에 있다. 「넓게 배우고, 자세히 묻고, 신중하게 생각하고, 밝게 분별하고, 독실하게 실천하라.(博學之 審問之 愼思之 明辯之 篤行之)」

5-15 : 경문 한글 풀이

자공이 물었다. 「공문자에게 어찌하여 문(文)이라는 시호를 붙였을까요.」 공자가 대답했다. 「재질이 명석하고 민첩하면서도 배우기를 좋아했고, 아랫사람에게 묻기를 부끄러워하지 않았다. 그래서 시호를 문이라 한 것이다.」

子貢問曰 孔文子 何以謂之文也 子曰 敏而好學 不恥
下問 是以謂之文也.

[공문자(孔文子)와 태숙질(太叔疾)]

(1) 공문자(孔文子)는 위(衛)나라의 대부. 성은 공(孔), 이름은 어(圉), 문(文)은 시호(諡號)다. 태숙질(太叔疾)도 위나라의 귀족이

다.

(2) 태숙질의 전처는 송조(宋朝)의 딸이다. 송조는 영공(靈公)의 왕비 남자(南子)와 불륜관계를 맺은 사람이다.

(3) 그래서 위나라의 중신(重臣)인 공문자가 태숙질의 전처를 축출하고, 자기 딸 공길(孔姞)을 처로 삼게 했다. 그러나 태숙질은 여전히 전처의 몸종을 사랑했다. 그래서 공문자가 노하고 태숙질을 치려고 했다. 이에 태숙질이 송(宋)나라로 피했다. 그러자 공문자는 태숙질의 동생 유(遺)를 세우고 자기 딸 공길을 다시 그의 처로 삼게 했다. 이렇게 복잡하게 얽힌 불미한 과거가 있었기 때문에 자공이 물었던 것이다. 그러나 공자는 그가 「민이호학(敏而好學) 불치하문(不恥下問)」하는 장점이 있으니, 시호를 문(文)이라 할 만하다고 긍정적으로 대답했다. <左傳 哀公 11년>

5-16 : 경문 한글 풀이

공자가 자산을 평해 말했다. 「그가 지닌 바 군자의 도에 네 가지가 있으니 몸가짐을 공손히 하고, 윗사람 섬김에 충성을 다하고, 백성을 보양함에 은혜롭게 하고, 백성을 부림에 의롭게 했노라.」

子謂子産 有君子之道四焉 其行己也恭 其事上也敬
其養民也惠 其使民也義.

[명상(名相) 자산(子産)]

(1) 자산은 공자의 출생 2년 전, 즉 기원전 554년에 정(鄭)나라의 경(卿)이 되었고 다시 10년 후에는 재상이 되었다. 그리고 당시의

무력적 강대국인 진(晉)나라와 초(楚)나라 사이에 있는 약소국 정나라를 안전하게 지키고, 또 잘 다스린 명상(名相)이다.

(2) 당시 제(齊)나라에는 안영(晏嬰), 진(晉)나라에는 숙향(叔向) 등, 현상(賢相)이 있었다. 공자는 이들 현상을 인덕(仁德)면에서는 높이지 않았다. 그러나 과도기적으로 현명한 정치가라고 긍정했다. 그 중에도 자산을 높이 평가했다. 그는 이웃나라와 평화를 잘 유지했고, 또 문화적·경제적인 면에서도 막대한 영향력을 행사했다.

(3) 특히 자산은 동기(銅器)에 명문(銘文)을 박아 중국 최초의 성문법을 제정했다. 기타 농업정책이나 조세제도를 혁신함으로써 은(殷)나라의 주술적(呪術的) 신권정치 및 주(周)나라의 제정일치(祭政一致)를 혁파하는 바탕을 다졌다. 자산은 현상시대(賢相時代)의 대표자로 합리주의·법치주의를 실천한 선구자라 하겠다.

(4) 공자의 인물평은 엄격하다. 그 기준이 최고선의 천도와 착한 본성을 바탕으로 한 인심(仁心)과 인덕(仁德)에 있기 때문이다. 그래서 공자는 자산을 평할 때, 인정(仁政)이나 인덕을 인정하지 않았다. 그러나 현실정치면에서는 그만하면 군자라고 평한 것이다.

(5) 공자가 칭찬한 네 가지 군자의 도리는 다음과 같다. 「자신의 몸가짐을 공손히 하고, 윗사람 섬김에 충성을 다하고, 백성을 보양함에 은혜롭게 하고, 백성을 부림에 의롭게 했다.」 그만하면 당시의 정치인으로서는 공자에게 가장 높이 평가를 받은 것이다.

(6) 「제14. 헌문편(憲問篇)-10」에서 자산을 「은혜를 베푸는 사람이다.」라고 말했다. 「좌전(左傳) 양공(襄公) 22년」에는 사람들이 향교(鄕校)에 모여 정치를 비판하자, 귀족들이 향교를 폐쇄하려고 했

다. 이를 자산이 「공론을 듣기 위해서 그대로 두라.」고 했다고 한다. 또 좌전 소공(昭公) 20년에 있다. 「자산이 죽었다는 말을 듣자 공자는 눈물을 흘리면서 말했다. 『자산의 인애는 옛사람의 유풍이다.』」

5-17 : 경문 한글 풀이

공자가 말했다. 「안평중은 남과 잘 사귀었다. 오래되어도 남을 잘 공경했다.」

子曰 晏平仲 善與人交 久而敬之.

[안영(晏嬰)에 대한 평]

(1) 공자는 두 번 안영(晏嬰)을 만났다. 첫 번째는 나이 30세, 즉 기원전 522년이었다. 당시 제(齊)나라의 경공(景公)은 안영과 함께 노나라를 방문했다. 두 번째는 노나라 소공(昭公)이 제나라로 망명하자 공자도 제나라에 갔었다. 나이 35세, 즉 기원전 517년 때였다.

(2) 제나라에 간 공자는 제나라 대부 고소자(高昭子)를 통해서 경공을 알현했다. 당시 제나라는 정치적으로 혼란했다. 그래서 제나라의 임금 경공이 정치에 대해서 묻자 공자는 다음같이 대답했다. 「군군(君君), 신신(臣臣), 부부(父父), 자자(子子)」<제12. 안연편-11>

(3) 이 말은 곧 다음 같은 뜻이다. 「임금은 임금답게 인정덕치(仁政德治)의 도리를 따르고 행해야 한다. 신하는 신하답게 충군애민(忠君愛民)해야 한다. 아버지는 아버지답게 가문을 계승하고 집안을 다스려야 한다. 아들은 아들답게 효도하고 근면해야 한다.」

(4) 또 임금 경공이 재물을 낭비하므로 공자가 「씀씀이를 절약해야

한다.」고도 말했다. 본래 경공은 우매한 임금이었다. 그래서 공자를
등용하려고 했다가, 신하들과 안영이 반대하자 중지했다. 그래서
공자가 서둘러 제나라를 떠났던 것이다. 안영이 반대한 큰 이유는
다름이 아니었다. 안영은 근검절약과 실용주의를 높였다. 그러므로
공자의 예치(禮治)는 지나치게 허례허식을 차리고 낭비를 조장한
다는 이유에서였다. 결국 안영은 세속적으로 잘 다스린 명상이기는
했어도, 공자가 높이는 인정(仁政)은 몰랐던 것이다.

5-18 : 경문 한글 풀이

**공자가 말했다.「장문중이 자기 집에, 큰 거북을
두고 그 거북을 위해 별도로 집을 짓고, 그 기둥
끝에 산을 새기고 대들보에는 무늬를 그렸으니
어찌 그를 지혜롭다 하겠는가.」**

子曰 臧文仲 居蔡 山節 藻梲 何如其知也.

[장문중(臧文仲)에 대한 비평]

(1) 임금만이 큰 거북을 종묘에 두고 거북점을 치는 법이다. 그러므
로 장문중이 법도를 어긴 것이다.

(2) 공자의 인물평은 인도(仁道) 및 예치(禮治)를 기준으로 했다.
그러므로 사람들이 옛날 노나라의 대부 장문중(臧文仲)을 지혜롭
다고 칭찬한 것을 공자는 부정적으로 비판한 것이다. 그는 노나라
의 삼환씨(三桓氏) 이전의 실권자다. 전횡(專橫)하거나 가렴주구
(苛斂誅求)하지는 않았다. 그러나 예법을 어기고 거북을 자기 집에
두고 점을 쳤다.

(3) 공자는 말했다. 「백성을 바르게 다스리는 데 힘쓰고, 귀신을 적당히 공경하되 멀리해야 비로소 지혜롭다고 할 수 있다.(務民之 義 敬鬼神而遠之 可謂知矣)」<제6. 옹야편-22> 또 「장문중은 자리를 훔친 자라 하겠다.」<제15. 위령공편-14>고 하였다. 「좌전 문공 2년」에도 그를 책하는 말이 있다.

5-19 : 경문 한글 풀이

자장이 물었다. 「영윤 자문은 세 차례나 출사하여 영윤이 되어도 기뻐하는 빛이 없었고, 세 차례나 그만두어도 노여워하는 빛이 없었으며, 또 자리를 물러날 때에는 전임 영윤의 정사를 반드시 신임 영윤에게 일러주었으니 그만하면 어떻습니까.」 공자가 말했다. 「그만하면 충실하다.」 「인이라 하겠습니까.」 <하고 묻자> 공자가 대답했다. 「알수 없다. 허나 어찌 인이라 하겠는가.」

자장이 또 물었다. 「최저가 제(齊)나라 임금 장공(莊公)을 시해하자, 진문자는 10승의 말을 버리고 제나라를 떠나 다른 나라에 갔으며, 거기서도 역시 『우리나라의 최저 같다』고 말하고 떠났으며, 다시 다른 나라에 가서도 역시 『우리나라의 최저 같다』고 말하고 떠났으니 그는 어떻습니까.」 공자가 말했다. 「청렴하다.」 자장이 다시 「인이라 하겠습니까.」하고 물었다. 공자가 대답했다.
「알 수 없다. 허나 어찌 인이라 하겠는가.」

子張問曰 令尹子文 三仕爲令尹 無喜色 三已之 無慍
色 舊令尹之政 必以告新令尹 何如 子曰 忠矣 曰仁矣
乎 曰未知 焉得仁.

崔子弑齊君 陳文子有馬十乘 棄而違之 至於他邦 則
曰 猶吾大夫崔子也 違之 之一邦 則又曰 猶吾大夫崔
子也 違之 何如 子曰 淸矣 曰仁矣乎 曰 未知 焉得仁.

[인(仁)과 지(知)]

(1) 인자(仁者)는 「지인용(智仁勇)」을 갖추어야 한다. 많이 배우고
바르게 알아야 한다. 「천도를 따라 역사관·세계관·가치관」이 확
립되어야 참다운 군자가 될 수 있다. 정자(程子)는 말했다. 「천리
(天理)에 합당하고 사심(私心)이 없어야 인(仁)이라 한다.」

(2) 공자는 영윤 자문의 충성과, 또 진문자의 청렴을 인정했다. 그
러나 「그들의 지(知)가 아직 모자란다. 그러므로 어찌 인덕을 얻었
다고 하랴.」하고 엄하게 비평했다. 인자는 부분적인 기능이나 덕행
만으로 될 수 없음을 밝힌 것이다. 이들 두 사람은 사회의 일반적
통념으로는 존경받을 만하다. 그런 점에서 공자도 「그만하면 충성
스럽다. 청렴하다.」고 인정했다.

(3) 국어(國語)에 「투자문(鬪子文)이 세 번 영윤이 되었으나 그는
하루 먹을 양식도 저축한 것이 없었다. 백성을 긍휼히 대했기 때문
이다.」라는 기록이 있다. 그러나 국가적으로는 인정(仁政)을 펴지
못했다. 진문자의 경우도 자기 혼자 망명하고 청렴하게 지낸 것은

좋으나, 자기 나라에서 최저 같은 역적의 세력과 싸우지 못한 것을 은근히 풍자했을 것이다. 즉 살신성인(殺身成仁)하지 못한 것을 불만스럽게 여겼을 것이다.

[최저(崔杼)와 장공(莊公)]

(1) 제(齊)나라의 혼란 : 제나라의 시조는 태공망(太公望) 여상(呂尙)이다. 15대 임금이 관중(管仲)의 도움으로 패자(覇者)가 된 환공(桓公)이다. 21대 임금 영공(靈公)은 우매한 임금으로 정실 왕비는 소생이 없었으며, 몸종의 소생 광(光)을 태자로 삼았다. 그러나 첩실(妾室)의 간계에 빠져, 태자 광을 국외로 추방하고, 첩의 소생을 태자로 삼았다. 얼마 후 영공이 죽자, 최저(崔杼)가 쫓겨났던 태자 광을 임금 자리에 앉혔다. 그가 제22대 장공(莊公)이다. 그러나 반대파의 세력도 컸다. 이에 나라는 내란에 휘말렸다.

(2) 장공을 죽인 최저 : 그로부터 4년 후(기원전 548년)에 최저가 장공을 죽였다. 원인은 당강(棠姜)이라는 미인 때문이었다. 당강의 남편이 죽자, 최저는 그녀를 첩실로 삼았다. 임금 장공도 그녀와 은밀히 정을 통했다. 그래서 최저가 자기 집에 온 장공을 밀폐하고 죽였다. 참으로 어처구니없는 일이었다. 나라를 다스려야 할 임금과 상경(上卿)이 서로 싸우고 살인을 저지른 것이다. 몇년 후에는 최저도 반대파에게 살해되고 파멸했다.

(3) 안영(晏嬰)과 태사(大史) : 최저가 임금을 죽이자 많은 신하들이 최저와 싸우고 순사(殉死)했다. 그러나 안영은 「임금은 사사로운 일 때문에 죽었다.」하고 중립을 지켰다. 물론 최저에게도 편들지 않았다. 한편 역사를 기록하는 태사(大史)는 「최저가 임금을 죽였

다,고 기록했다. 최저가 태사를 죽이자, 그의 동생이 다시 「최저가 임금을 죽였다」고 적었다. 최저가 또 죽이자, 또 다른 동생이 「최저가 임금을 죽였다」고 적었다. <좌전(左傳) 양공(襄公) 25년>

5-20 : 경문 한글 풀이

계문자는 세 번 생각한 후에 실천했다. 공자가 그 말을 듣고 말했다. 「두 번이면 된다.」

季文子 三思而後行 子聞之 曰 再斯可矣.

[계문자(季文子)의 삼사(三思)]

(1) 노나라를 혼란에 빠뜨린 삼환씨(三桓氏) 집안도 초기에는 그다지 심하지 않았다. 그러나 겉으로는 성실한 것 같으면서도 결국은 사사로운 욕심을 채웠다.

(2) 그 중 한 사람이 바로 계문자(季文子)였다. 이를 공자가 예민하게 지적한 것이다. 좌전(左傳)에는 계문자가 박학하고 재주와 슬기를 겸한 사람이며, 또한 심사숙고하고 충성스럽게 일을 처리했다고 적혀 있다. 그러나 공자는 그가 과단성없이 지나치게 생각을 많이 함으로써 일을 잘못했음을 탓한 것이다.

(3) 집주(集註)에서 정자(程子)는 다음과 같이 평했다. 「악을 행하는 사람은 생각하지 않는다. 생각을 잘해야 선을 행한다. 그러나 두 번 생각하면 족하다. 세 번이나 생각하면 사사로운 뜻이 끼어들고, 도리어 혼란하게 된다.」 이에 대해 주자는 덧붙여 말했다. 「계문자가 사의(私意)없이 생각했다면 잘못이 없어야 할 것이다. 그러나 선공(宣公)이 자리를 찬탈했을 때 반대하지 못하고 도리어 그를

위해 사신으로 제나라에 가서 뇌물을 바쳤다.」<그러니 계문자는 결국, 정의를 따르지 않고 자기를 위해 생각을 거듭했다.> 주자(朱子)는 또 다음과 같이 그를 평했다.「예를 들면, 그가 진(晉)나라에 사신으로 갈 때, 진나라 임금이 병을 앓는다는 말을 듣고, 상을 당할 경우, 자기가 행할 예를 미리 알아보았다는 일 같은 것이 곧 <지나치게 생각함이다> (若使晉 而求遭喪之禮 以行 亦其斯也)」

5-21 : 경문 한글 풀이

공자가 말했다.「영무자는 나라에 도가 있으면 아는 척했고, 나라에 도가 없으면 어리석은 척했다. 그의 아는 척하는 품은 누구나 따를 수 있으나, 그의 어리석은 척하는 품은 누구나 따를 수 없느니라.」

子曰 甯武子 邦有道則知 邦無道則愚 其知可及也 其愚不可及也.

[영무자(甯武子)의 지우(知愚)]

(1) 일반적으로는 위와 같이 풀이할 수 있다. 그러나 집주(集註)는 좌전(左傳)을 바탕으로 뜻을 깊이 해석했다. 영무자는 위나라 문공(文公)과 성공(成公) 때 출사했다. 문공 때에는 도가 행해졌으며, 영무자는 별로 나타날 만한 일을 하지 않았다. 즉 그는 슬기롭게 모든 공을 임금에게 돌렸다.

(2) 성공 때에는 도가 행해지지 않았다. 그래도 그는 어리석게도 위험을 무릅쓰고 진심갈력(盡心竭力)하고 임금을 도왔으며, 자신

도 잘 보전했다. 이와 같은 어리석음은 따르기 어렵다.

(3) 좌전 희공(僖公) 28년(기원전 632년), 30년, 31년, 문공 4년(기원전 623년)에 그에 대한 글이 보인다. 단 내용이 복잡하고 다양하여 도리어 알기 어렵다. 그래서 여기서는 생략한다.

요는 선비나 군자는 나라에 도가 있으나 없으나, 영무자같이 「자기를 내세우지 말고 충성하라는 뜻이다.」

5-22 : 경문 한글 풀이

공자가 진나라에서 말했다. 「돌아가자, 돌아가자. 우리 고장의 젊은이들은 뜻이 크고 진취적이기는 하지만 조잡하고 알차지 못하며, 또 문화적으로 찬연하게 빛나고 화려하지만 바르게 재량할 줄 모른다. 〈고로 돌아가서 가르쳐 주자〉」

子在陳曰 歸與歸與 吾黨之小子狂簡 斐然成章 不知所以裁之.

[아이들을 가르치자]

공자는 56세에 노나라를 떠나 여러 나라를 방랑했으며 68세에 돌아왔다. 이 말은 아마 60세경 진나라에 있을 때 한 말일 것이다. 공자는 여러 나라를 가서 임금들을 만나고 도가 행해지기를 바랐다. 그러나 뜻대로 되지 않자 한탄하고 이렇게 말한 것이다. 「차라리 문화전통이 빛나는 고국에 돌아가 고국의 청소년들을 교육하자.」 「고국의 젊은이들은 광간(狂簡), 즉 뜻이 높고 대범하고, 또 문화적이고 학문적으로 빛을 낼 수 있는 바탕이 있다.」 「그러나 바르게 배우고 익히지 못해서 스스로 중정(中正)의 도(道)를 행하지 못한다.」「그러므로 어서 고국으로 돌아가 그들을 바르게 가르치자.」 공자는 만년에는 차라리 고향의 청소년들을 양성하고자 생각했다.

5-23 : 경문 한글 풀이

공자가 말했다.「백이와 숙제는 지난날의 악을 생각하지 않았다. 그들은 남을 원망하는 일도 드물었다.」

子曰 伯夷叔齊 不念舊惡 怨是用希.

[백이(伯夷) · 숙제(叔齊)]

(1) 사마천(司馬遷)은 「백이와 숙제」를 「사기(史記) 열전(列傳)」 첫머리에 내세우고 그들의 기사(饑死)를 강조했다.

(2) 「형[伯] 이(夷)」와 「동생[叔] 제(齊)」는 고죽국(孤竹國) 왕의 아들이었다. 백이는 부왕(父王)이 평소에 동생 숙제에게 자리를 물려주려는 뜻을 잘 알고 있었다. 그래서 부왕 사망 후, 주(周)나라 문왕(文王)의 덕을 흠모하고 주나라로 갔다. 그러자 동생 숙제도 뒤따라 주나라로 갔으며, 결국 셋째가 왕위를 계승했다.

(3) 그러나 이들이 주나라에 갔을 때는 문왕이 이미 죽고, 그의 아들 무왕(武王)이 은(殷)나라 주왕(紂王)을 치려고 출동하고 있었다.

(4) 그들은 앞으로 나가서, 무왕의 말고삐를 잡고 말했다.「아버지의 상례도 마치지 않고 군대를 동원하는 것은 불효(不孝)입니다. 은나라의 신하로서 임금을 치려는 것은 불충(不忠)입니다.」

(5) 그러자 출동하던 주나라 군사들이 칼을 뽑아 당장에 백이와 숙제를 참(斬)하려고 했다. 그때 군사(軍師) 강태공(姜太公)이 병사들을 제지하고 큰 소리로 외쳤다. 「그들은 의인(義人)이다.」

(6) 그래서 백이와 숙제는 무사했다. 그러나 백이와 숙제는 주나라가 천하를 통일한 다음에도 불의(不義)를 저지른 주나라의 곡식을 먹을 수 없다 하고 수양산(首陽山)에 들어가 고사리를 따먹다가 결국은 아사(餓死)했다.

(7) 사마천은 다음 같은 의문을 제시했다. 「천도는 특별히 편들지 않는다. 언제나 착한 사람에게 편든다.(天道無親 常與善人)」「그러나 백이와 숙제같이 고결한 사람이나, 안연같이 호학(好學)하는 사람은 고생하고, 반대로 도척(盜蹠) 같은 악인은 잘살다가 편하게 죽었으니 어찌 된 일인가.」

(8) 그리고 공자의 말을 인용했다. 「도가 같지 않으면 함께 논할 수 없다.(道不同 不相謀)」 도덕을 이욕(利慾)의 척도로 논할 수 없다. <* 사리사욕을 바탕으로 한 자들은 현실적으로는 잘산다. 반대로 도덕적인 사람은 가난하게 못사는 경우가 많다.>

[불념구악(不念舊惡)]

(1) 백이와 숙제는 정의청백(正義淸白)의 대표적 인물이다. 원래 정의감이 강하고 청렴결백한 사람은 무도한 악인을 미워하게 마련이다. 그러나 백이와 숙제는 남의 악덕을 막으려고 했을 뿐, 사람 자체를 미워하거나 원망하지 않았다. 이 점을 공자가 높이 평한 것이다. 집주(集註)에서 주자(朱子)는 맹자의 말을 인용했다. 「그들은 악한 임금의 나라에서 벼슬하지 않고, 악한 사람과는 말도

하지 않고, 같은 시골 사람이라도 그의 관(冠)이 바르지 않으면, 모른 척하고 멀리 떠났으니, 흡사 자신들이 오염될까 두려워하는 듯했다.(其不立於惡人之朝 不與惡人言 與鄕人立 其冠不整 望望然 去之 若將浼焉)」

(2) 그리고 주자는 다시 말했다. 「그들의 지조가 이와 같이 높았으니, 당연히 포용하는 바가 없었다. 그러나 미워하던 사람이 능히 고치면 미워하지 않았다. 그러므로 사람들도 그들을 원망하지 않았다.(其介如此 宜若無所容矣 然其所惡之人 能改卽止 故人亦不甚怨之也)」

(3) 주자는 「원시용희(怨是用希)」를 「남이 그들을 원망하지 않았다」로 풀었다. 그러나 이 책은 「백이와 숙제가 지난 악을 생각하지 않고, 또 남을 원망하지 않았다」로 풀었다. 제7. 술이편(述而篇)-14에 있다. 「자공(子貢)이 『백이와 숙제는 원망했습니까』하고 묻자, 공자는 『인을 구하고 인을 얻었으니, 무엇을 원망하랴(求仁而得仁 又何怨乎)』라고 대답했다.」 공자만이 이와 같은 높은 경지를 이해할 수 있다.

5-24 : 경문 한글 풀이

공자가 말했다. 「누가 미생고를 정직하다고 하는가. 어떤 사람이 그에게 초를 얻고자 하자, 그가 초를 이웃집에서 얻어다 주었다.」

子曰 孰謂微生高直 或乞醯焉 乞諸其隣而與之.

[강직한 심덕(心德)]

(1) 미생고(微生高)는 노(魯)나라 사람이라고 했으나 자세히 알지 못한다. 따라서 「누가 미생고를 강직하다고 했느냐. 자기 집에 없는 것을 이웃에서 얻어다가 남에게 주었다」는 공자의 말을 크게 두 가지로 풀이할 수 있다.

(2) 하나는 집주(集註)의 풀이다. 「없으면 없다고 하는 것이 솔직한 마음의 덕이다. 그와 같은 마음의 덕을 꺾고 남의 집에서 빌려다 물질적 은혜를 베풀었으니, 그는 강직하지 않다.」

(3) 다른 하나는 「없는 것을 이웃에서 얻어다가 줄만큼 인정이 많은 사람이다.」라는 세속적 해석이다. 즉 「강직하지는 못해도 인정이 있다.」 이 책에서는 집주를 따랐다.

[미생고(微生高)와 미생고(尾生高)]

(1) 「미생고(微生高)」를 「미생고(尾生高)」라고 보는 설도 있다. 「미생고(尾生高)」는 장자(莊子), 전국책(戰國策) 및 열녀전(列女傳)에도 나온다. 대략 다음 같은 이야기다. 「그는 한 여인과 다리 밑에서 만나자고 약속했다. 그러나 여인은 오지 않았다. 한편 강물이 계속해서 불어났다. 그래도 그는 고지식하게 다리를 받치고 있는 기둥을 꽉 껴안고 기다리다가 죽었다.」

(2) 미생고는 고지식하고 강직한 사람이다. 동시에 「이웃에서 초를 꾸어다가 남을 도와주었다면」 인정도 넘치는 사람일 거라고 풀이할 수도 있다. <楊伯峻, 劉寶楠의 설>

5-25 : 경문 한글 풀이

공자가 말했다. 「겉으로 말을 꾸미고 낯빛을 부드럽게 하고 지나치게 공손한 척하는 태도를 좌구명이 창피하게 여겼거니와, 나도 창피하게 여긴다. 또 속의 원한을 숨기고 친한 척하는 것을 좌구명이 창피하게 여겼는데, 나도 창피하게 여긴다.」

子曰 巧言令色足恭 左丘明恥之 丘亦恥之 匿怨而友其人 左丘明恥之 丘亦恥之.

[교언(巧言) 영색(令色) 주공(足恭)]

교언(巧言)은 말을 꾸미는 것이고, 영색(令色)은 얼굴 표정을 부드럽게 꾸미는 것이다. 주공(足恭)은 공손한 척하는 것이다. 가장된 애교를 부리고 지나치게 아첨하는 것은 상대를 속이고 자기의 욕구를 채우려는 술책이다. 「교언령색 선의인(巧言令色 鮮矣仁)」 <제1. 학이편-2>이라 하였다.

[익원 이우기인(匿怨而友其人)]

(1) 「익원 이우기인(匿怨而友其人)」은 「속에 품은 원한이나 노여움을 숨기고, 반대로 친근하고 친애하는 척한다」는 뜻이다. 상대방의 허를 찌르려는 음모라 하겠다.

(2) 복검구밀(腹劍口蜜)이란 말이 있다. 속에 칼을 품고 입으로는 달콤한 소리를 한다는 뜻이다. 이중적 행동은 비도덕적이고 범죄에 직통한다.

[좌구명(左丘明)]

(1) 여기 나오는 「좌구명(左丘明)」은 잘 알 수 없다. 대체로 노(魯)나라 사람이라는 설에는 일치한다. 그러나 공자보다 앞사람인지, 혹은 뒷사람인지도 확실하지 않다. 공안국(孔安國)은 「노의 태사(魯大史)다」라 했으며, 황간(皇侃)은 「공자에게 춘추를 받은 사람(受春秋於仲尼者)」이라고 했다.

(2) 재래로 「좌구명은 춘추 좌전의 작자다, 혹은 국어(國語)의 저자다」라는 설이 엉켜 있다. 그러나 국어나 좌전의 저자는 한 사람이 아니고 여러 사람이다. 여기 나오는 좌구명은 물론 다른 사람일 것이다. 아마 공자보다 옛날 사람으로 노나라의 태사(大史)일 것이다.

5-26 : 경문 한글 풀이

안연과 자로가 공자를 모시고 곁에 앉아 있었다. 공자가 말했다. 「그대들이 소망하는 바를 각기 말해보지 않겠느냐.」 자로가 말했다. 「좋은 말과 수레와 가벼운 가죽옷을 얻어서, 벗들과 같이 나눠쓰다가, 끝내 헐어 못쓰게 되어도 유감스럽게 여기지 않겠습니다.」 안연이 말했다. 「착한 일을 남에게 자랑하지 않고, 남에게 힘든 일을 강요하지 않겠습니다.」 자로가 말했다. 「선생님께서 원하시는 바를 듣고 싶습니다.」 공자가 말했다. 「노인

을 편하게 해주고, 벗에게는 신의를 지키며, 연소
자를 사랑으로 품고자 한다.」

顔淵 季路侍 子曰 盍各言爾志. 子路曰 願車馬 衣輕
裘 與朋友共 敝之而無憾. 顔淵曰 願無伐善 無施勞.
子路曰 願聞子之志 子曰 老者安之 朋友信之 少者
懷之.

[소망(所望)을 말하다]

각자의 인품에 따라 각자의 소망도 다르다. 자로는 활동적이고, 동
지애(同志愛)에 넘친다. 한편 안회는 자기 수양을 중시하고 남을
괴롭히지 않겠다는 뜻을 밝혔다. 이는 소극적인 인(仁), 즉 서(恕)
를 비친 것이다. 그러나 공자의 소망은 적극적으로 모든 사람에게
인애(仁愛)를 베풀고자 했다.

① 노자안지(老者安之) : 노인은 비록 현재는 노쇠했으나, 과거
에는 젊었고, 또 사회와 역사 및 문화 발전에 기여했던 선배들이
다. 그러므로 그들의 뒤를 이은 군자는 그들을 안락하게 받들고
모셔야 한다.

② 붕우신지(朋友信之) : 오늘의 사회, 국가, 역사 및 문화 발전을
담당한 군자와 지식인들은 동지애로 결합하고, 서로 신의(信義)
를 돈독히 지키고, 종국적으로 인정(仁政)과 덕치(德治)를 달성
해야 한다.

③ 소자회지(少者懷之) : 사회, 국가, 역사 및 문화를 물려받고
더욱 발전시킬 청소년 후진들을 참다운 사랑으로 품고 바르게
교육해야 한다. 청소년에 대한 참다운 사랑은 그들을 동물적 존

재에서 정신적 존재, 관능적 쾌락보다도 인덕(仁德)을 높이는 군자가 되게 교육하고 훈련하는 것이다.

이상 세 가지는 결국 세대간의 모든 사람이 서로 사랑하고, 역사 문화를 계승 발전케 하는 인(仁)의 실천이다. 공자의 인(仁)에는 역사적 발전관이 깊이 살아있다.

5-27 : 경문 한글 풀이

공자가 말했다. 「다 되었구나. 나는 아직까지 자기의 잘못을 보고 스스로 마음속으로 자책할 수 있는 사람을 보지 못했다.」

子曰 已矣乎 吾未見能見其過 而內自訟者也.

[자책하는 사람]

(1) 이 말은 안연(顔淵)이 죽은 다음에 한 말일 것이다.

(2) 공자는 안연을 「배우기를 좋아했고, 노여움을 남에게 옮기지 않았고, 과실을 두 번 거듭하지 않았다. 그러나 불행하게도 단명으로 죽었다.(好學 不遷怒 不貳過 不幸短命死矣)」<제6. 옹야편-3> 고 말한 바 있다. 안연같이 자책하는 사람이 없음을 탄식한 말이다.

5-28 : 경문 한글 풀이

공자가 말했다. 「집 열 채의 작은 마을에도 충성과 신의에 있어, 나 같은 사람이 있을 것이다. 그러나 나만큼 배우기를 좋아하지는 않을 것이다.」

子曰 十室之邑 必有忠信如丘者焉 不如丘之好學也.

[배워야 덕(德)을 세운다]

(1) 공자의 사상을 깊이 이해하지 못하면 자기과시(自己誇示)의 말로 오해하기 쉽다. 공자는 제1. 학이편-1에서 「학이시습지(學而時習之)」를 강조했다. 군자는 교양과목이나 사회 규범으로서의 예의범절을 잘 배워야 한다. 그러나 군자는 어디까지나 포악무도한 난세를 개혁하고 인정(仁政) 덕치(德治)를 창건하는 혁신적인 지도자다.

(2) 따라서 그들은 세속적인 명리(名利)나 부귀영화(富貴榮華)에 미혹되지 않고 철저하게 수사선도(守死善道)해야 한다.

(3) 공자가 말하는 호학(好學)의 뜻을 다시 복습해 보자.

① 학(學)은 각(覺) : 배우지 않으면 절대선(絕對善)의 천도(天道)를 깨닫지 못한다.

② 지행일치(知行一致) : 아는 것은 반드시 실천해야 한다. 천도를 알았으면 천도를 따르고 행해야 한다.

③ 식색(食色)의 본능과 욕구 : 잘먹어야 개체(個體)를 보전하고 건강하게 활동하고, 또 일할 수 있다. 한편 남녀가 짝짓기를 해야 자녀를 낳고 종족(種族) 민족(民族)이 번식한다. 그러므로 식(食)도 색(色)도 다 절대로 중요하다.

④ 개인생활과 공동생활 : 모든 사람은 개인적으로 존엄한 삶을 살고 있다. 그러나 동시에 모든 사람이 하나가 된 공동체적 삶을 영위한다. 개인도 잘살고 공동체도 잘살고 다 함께 발전해야 한다.

⑤ 역사와 문화의 계승 발전 : 인간과 인류는 세세대대(世世代代)로 이어지면서 역사와 문화를 계승하고, 또 발전케 하고 있다.

(4) 우주의 도리가 천도(天道) : 우(宇)는 공간(空間), 주(宙)는 시간(時間)을 말한다. 끝없는 공간과 무궁한 시간 속에서 자연 만물이 생성하고 있다. 그 도리가 천도다.

(5) 우주의 주체는 바로 나 : 정신적으로 천도를 지각하고 활용하고 역사와 문화를 발전케 하는 주체가 바로 나다.

(6) 극기복례(克己復禮) : 욕구를 극복하고 우주적으로 역사와 문화를 발전시키기 위해 배우고 익힌다. 「호학」은 곧 「극기복례」다.

※ 제5편 사상 복습 ※

공자는 예치(禮治)와 인정(仁政)을 재건하려고 하였다. 그 전범(典範)을 주(周)나라의 문물제도에 두었다. 그러므로 공자는 형이상(形而上)의 철학적 개념이나 명제(命題)를 논리적으로 풀이하는 것보다, 「시(詩)·서(書)」를 위시한 고대의 전적(典籍)이나 문물제도 및 육예(六藝) 등을 바르게 알고 실천하고 몸에 익히게 하는 것을 중시했다. 고로 공자는 「배우고 익힘」을 강조했으며, 자공도 「부자지문장(夫子之文章) 가득이문야(可得而聞也)」라고 했다.

공자는 「인간의 본성이나 절대인 하늘, 하늘의 도리」에 대한 철학적인 천착이나 설명을 별로 하지 않았다. 이에 자공이 「부자지언성여천도(夫子之言性與天道) 불가득이문야(不可得而聞也)」라고 하였다.

고주(古注)의 「천도자(天道者) 원형일신지도(元亨日新之道) 심미(深微)」를 형병(邢昺)은 대략 다음같이 풀이했다.

「역경(易經) 건괘(乾卦)에 있다. 건도(乾道)는 원형리정(易乾卦云乾元亨利貞)」「문언전은 말했다. 원(元)은 만물을 생육하는 선(善)의 근원이다. 형(亨)은 만물을 성취한다는 뜻으로 만물의 미(美)를 합한 것이다. 이(利)는 음양이 화합하고 바르다는 뜻으로 만물을 아름답고 이롭게 한다. 정(貞)은 곧게 지킨다는 뜻으로 사물의 근간이다.(文言曰 元者善之長也 亨者嘉之會也 利者義之和也 貞者事之幹也)」

「천도는 하늘의 본체와 본성이며, 만물을 낳고 양육하는 실체적 도리를 말한다.(謂天之體性 生養萬物)」

「하늘의 도리는 계속해서 만물을 낳고 양육하고, 멈추지 않고 새롭게 한다. 그러므로 날로 새롭다고 한 것이다.(天之爲道 生生相續 新新不停 故曰日新也)」<正義>

천(天)에 대한 생각 : 공자는 말했다. 「하늘은 말이 없다. 하늘은 사계절을 운행하고 만물을 생육(生育)한다. 하늘은 말이 없다.(天何言哉 四時行焉 百物生焉 天何言哉)」<제17. 양화편-19>

천(天)에 대한 믿음과 신념 : 공자의 말을 원문대로 추리겠다.

「天之未喪斯文也 匡人其如予何.」「獲罪於天 無所禱也.」

「死生有命 富貴在天.」

6. 옹야편(雍也篇)

이 책에서는 「옹야편」을 총 30장으로 나누어 추렸다. 이 편도 공야장(公冶長)과 같이 인물을 평한 글이 많다. 그러나 전반부는 대체로 폄책(貶責)하는 말이 많고, 후반부는 대체로 칭찬하는 말이 많다. 특히 후반부에서는 「인(仁), 지(知) 및 군자(君子)」 등에 대한 구절이 많으므로 공자의 사상을 연구하는 데 크게 도움이 될 것이다.

주자(朱子)의 「사서집주(四書集註)」는 이 편을 총 28장으로 나누었다. 내용과 중점은 다음과 같다.

염옹(冉雍). 자상백자(子桑伯子). 안회(顔回). 염구(冉求). 원사(原思=子思). 중궁(仲弓).

안회의 「삼월 불위인(三月不違仁)」. 자로(子路), 자공(子貢) 염구(冉求)를 추천. 민자건(閔子騫) 벼슬을 사양함. 백우(伯牛)의 병. 안회의 안빈낙도(安貧樂道). 염구. 자하(子夏)에게 「군자유(君子儒)」가 되라고 말하다. 담대멸명(澹臺滅明). 공을 내세우지 않는 맹지반(孟之反).

대략 특색을 다음같이 말할 수 있다.

화(禍)를 예언하고 도(道)를 따르라. 문질빈빈(文質彬彬). 도를 지켜라. 지(知), 호(好), 낙(樂). 중(中). 무민지의(務民之義), 경귀신이원지(敬鬼神而遠之), 선난이후획(先難而後獲). 지자요수(知者樂水) 인자요산(仁者樂山). 군자 불가함(君子 不可陷). 박학이문(博學以文), 약지이례(約之以禮). 천염지(天厭之). 중용지덕(中庸之德). 박시제중(博施濟衆) 등.

6-1 : 경문 한글 풀이

공자가 말했다. 「옹은 가히 남면할 만하다.」

子曰 雍也 可使南面.

[염옹(冉雍) 남면(南面)]

(1) 공자는 제자인 염옹(冉雍), 즉 중궁(仲弓)의 인품을 높이 평가했다. 공자가 중궁을 평한 말을 종합하면 대략 다음과 같다. 「그는 중후(重厚)하고 간묵(簡默)했으며 덕이 있다. 인품이 너그럽고 도량이 크며 하는 일이 대범하고 간결하면서도 무게가 있다. 임금다운 도량이 있으므로 남면하고 남을 다스릴 만하다.」

(2) 「제11. 선진편-3」에서 공자는 말했다. 「덕행에는 안연, 민자건, 염백우 및 중궁이다.(德行 顔淵 閔子騫 冉伯牛 仲弓)」

「제5. 공야장편-1」에서는 다음같이 말했다. 「어떤 사람이 『옹은 인덕은 있으나 구변이 없군요』하자 공자가 말했다. 『어찌 말 잘할 필요가 있겠는가. 남을 대할 때 말재주만을 부리면 자주 남에게 미움을 받게 된다. 나는 옹의 인덕에 대해서는 모르겠다. 그러나 어찌 말 잘할 필요가 있겠는가.』」

(3) 이번에는 중궁은 「가사남면(可使南面)」이라 했으니, 참으로 파격적인 칭찬이다. 현실적으로 중궁이 임금이 되어 나라를 다스릴 거라는 뜻으로 말한 것이 아닐 것이다. 다만 중궁의 도량이나 식견 및 덕행이 「가히 남면할 만하다」고 인정한 것이리라.

<* 집주(集註)는 「이 장과 다음 2장」을 합해서 한 장으로 만들었다. 그러나 이 책에서는 별도로 나누었다. 고로 「제6. 옹야편」을

집주에서는 총 28장이라고 했다. 그러나 이 책에서는 총 30장으로 나누었다.>

6-2 : 경문 한글 풀이

중궁이 「자상백자는 어떠합니까.」하고 묻자, 공자가 말했다. 「가하다. 그는 소탈하고 대범하다.」 중궁이 반문했다. 「몸가짐을 경건하게 하면서 소탈하고 대범한 태도로 백성을 대하면 더욱 좋지 않습니까. 몸가짐도 소탈하고, 또 대범하고 남에게 대하는 태도도 소탈하고 대범하면, 지나치게 소탈하고 대범하지 않겠습니까.」 그러자 공자가 말했다. 「그대의 말이 옳다.」

仲弓問 子桑伯子 子曰 可也簡 仲弓曰 居敬而行簡 以臨其民 不亦可乎 居簡而行簡 無乃大簡乎 子曰 雍之言然.

[자상백자(子桑伯子)]

(1) 설원(說苑)에 「자상백자(子桑伯子)가 의관을 갖추지 않고 있는 것을(不衣冠而處)」 공자는 『바탕이 좋고 가식이 없다.(質美而無文)』라고 말했다는 기록이 보인다.

(2) 위에서 공자가 「가야간(可也簡)」이라고 한 것은 좋은 의미에서 「그는 소탈하고 대범하니, 그만하면 쓸만하다」고 긍정한 것이다.

(3) 그러나 중궁이 「자신의 몸가짐을 경건히 하고 남에게는 소탈하

고 대범하게 대하면 더욱 좋지 않습니까.」하고 반문하자 공자가 「옳다, 자네 말이 옳다.」고 동의했다.

(4) 「거경(居敬)」의 뜻은 깊다. 「마음을 하늘과 하나 되게 하고 몸 가짐이나 언행을 경건하게 함이다.」 경은 주일무적(主一無適)이다.

6-3 : 경문 한글 풀이

애공이 물었다. 「제자 중에서 누가 가장 배우기를 좋아합니까.」 공자가 대답했다. 「안회(顔回)가 배우기를 좋아했습니다. 그는 노여움을 옮기지 않고, 과실을 두 번 거듭하지 않았습니다. 불행하게도 죽어, 지금은 없습니다. 그후로는 배우기 좋아하는 자를 알지 못합니다.」

哀公問 弟子孰爲好學 孔子對曰 有顔回者好學 不遷怒 不貳過 不幸短命死矣 今也則亡 未聞好學者也.

[안회의 사망]

(1) 공자의 제자는 약 3천 명, 육예(六藝)에 통한 자만도 72명이었다. 그 중에서도 안회(顔回)가 가장 많이 공자의 신임과 사랑을 받았다. 따라서 그의 죽음은 공자에게 큰 타격을 주었다.

(2) 「제11. 선진편-6」에도 같은 말이 있다. 「계강자(季康子)가 『제자 중에 누가 배우기를 좋아하느냐』고 묻자 공자는 『유안회자호학(有顔回者 好學) 불행단명사의(不幸短命死矣) 금야즉무(今也則亡)』라고 대답했다.」

(3) 배움은 덕행에 직결된다. 그러므로 공자는 여기서 「불천노(不遷怒) 불이과(不貳過)」라 했고, 또 「제6. 옹야편-11」에서는 「참으로 안회는 현명하고 어질다. 한 그릇 밥과 한 쪽박 물을 마시고, 누추한 마을에 살고 있으면 남들은 참지 못하겠거늘, 안회는 가난해도 도를 지키는 즐거움을 잘 간직하고 있다. 참으로 안회는 어질다.」고 칭찬했다.

(4) 공자가 14년간의 방랑을 마치고 고국인 노나라로 돌아온 때는 그의 나이 68세로 이미 노쇠했다. 남은 희망을 후진에게 걸어야 했다. 그런데 장남 백어(伯魚)가 나이 51세로 죽고, 이어 가장 사랑하던 제자 안회가 나이 41세로 죽었으니, 얼마나 애석하고 애통했으랴.

(5) 특히 안회의 죽음은 공자에게 절망감을 안겨주었다. 「제11. 선진편-9, 10」에 있다. 「안연이 죽자, 공자가 통탄하며 말했다. 아, 하늘이 나를 버리고 망치게 하는구나.(顔淵死 子曰 噫 天喪予 天喪予)」「안연이 죽자 공자가 통곡했다.(顔淵死 子哭之慟)」

6-4 : 경문 한글 풀이

자화가 사신이 되어 제나라로 떠나게 되자, 염구가 자화의 어머니를 위해서 곡식 주기를 청했다. 그러자 공자가 「여섯 말 네 되를 주라.」고 말했다. 염구가 「좀더 많이 주자.」고 청하자 공자가 「열여섯 말을 주라.」고 말했다. 그러나 염구는 여든 섬을 주었다. 이에 공자가 말했다. 「자화는 제나라

로 갈 때에, 살이 찐 말을 타고, 가볍고 값진 가죽
옷을 입었다. 내가 들은 바『군자는 남이 궁핍하
고 몰릴 때에는 돕고 보태주되, 부유하게 잘사는
사람에게는 더 보태고 재물을 늘려주지 않는다』
고 하더라.」

子華使於齊 冉子爲其母請粟 子曰 與之釜 請益 曰與
之庾 冉子與之粟五秉 子曰 赤之適齊也 乘肥馬 衣輕
裘 吾聞之也 君子周急 不繼富.

[군자주급(君子周急)]

자화가 사신으로 외국에 가자, 염구가 자화의 집에 엄청나게 많은
재물을 보내주었다. 말하자면 핑계를 대고 나라의 재물을 보내준
것이다. 이에 공자는 꾸짖듯이 말했다. 「군자는 궁핍한 사람을 도와
주되, 부자에게 재물을 늘려주지 않는다.」 즉 「부익부(富益富) 빈익
빈(貧益貧)은 안 된다.」

[공자와 염자(冉子)]

(1) 자화(子華)는 가난하지 않았다. 그의 어머니에 대한 인사로 부
(釜 : 여섯 말 넉 되) 정도쯤 보내주는 것은 좋다. 많아야 유(庾 : 열
여섯 말)면 족하다. 그런데 염구는 부(釜)의 백배가 되는 5병(秉 :
여든 섬)을 보내주었다.

(2) 이는 분명히 국가 재물을 도둑질하는 행위다. 군자는 의를 지켜
야 한다. 특히 재물에 대해서 청렴결백해야 한다. 공자는 말했다.
「구해 가져도 무관한 재물이라면 그것을 얻기 위해서 말채찍을 드

는 마부라도 되겠다. 그러나 구하면 안 되는 부당한 재물이라면 <탐내지 않고> 내가 즐기는 도를 따르겠다.(子曰 富而可求也 雖執鞭之士 吾亦爲之 如不可求 從吾所好)」<제7. 술이편-11>

(3) 공자는 말했다. 「부족한 것을 걱정하지 않고, 고르지 못함을 걱정한다. 가난을 걱정하지 않고, 편안하지 않음을 걱정한다.(不患寡 而患不均 不患貧 而患不安)」<제16. 계씨편-1>

(4) 염구는 도(道)나 예(禮)보다 재물에 집착했다. 「계씨(季氏)가 태산(泰山)에 제사를 드리려 하는데도 <그의 신하로 있으면서> 말리지 않았다」고 염자(冉子 : 염구)를 심하게 꾸짖은 일이 있었다. <제3. 팔일편-6>

(5) 또한 「힘이 모자라서 도를 행하지 못한다.(非不說子之道 力不足也)」라고 말했다가 공자에게 꾸지람을 듣기도 했다. <제6. 옹야편-12> 특히 제11. 선진편(先進篇)-17에서 공자는 크게 화를 냈다. 즉 염구가 계씨를 위해서 세금을 거두자 공자가 말했다. 「우리의 문도가 아니다. 너희들이 그를 쳐라.(非吾徒也 小子鳴鼓而攻之可也)」

6-5 : 경문 한글 풀이

원사(原思)가 영읍(領邑)의 책임자로 있을 때, 공자가 그에게 곡식 9백 석을 주자, 그가 너무 많다고 사양했다. 이에 공자가 말했다. 「사양하지 마라. 이웃 마을 사람들이나 마을 사람들에게 나누어 주면 되지 않느냐.」

原思爲之宰 與之粟九百 辭 子曰 毋 以與爾鄰里鄕黨
乎.

[이웃을 도와주라]

(1) 바로 앞에서 염구(冉求)가 잘사는 자화(子華)에게 많은 곡식을
주자 공자는 「군자는 궁핍한 사람을 도와주되, 부자에게 재물을
더 불려주지 않는다.」라고 말했다. 그러나 여기서는 영읍(領邑)을
다스리는 원사(原思)에게 곡식을 많이 주면서 말했다. 「사양하지
말고 받아라. 그리고 이웃 사람들이나 마을 사람들에게 나누어 주
거라.」

공자는 경제에 대해서 모른다고 생각하기 쉽다. 그러나 인도(仁道)
의 핵심은 백성을 잘살게 해주는 것이다. 생산을 진작해서 백성들
의 부를 늘여주는 것이 바탕이다. 그러기 위해서는 위정자가 씀씀
이를 절약해야 한다.

(2) 덕(德)을 베푼다고 하는 것은 윤리 도덕적 면만이 아니다. 예를
지킨다고 하는 것은 신분 계급 질서를 바로잡자는 것이지, 인권을
무시하고 남을 예속시키자는 것이 아니다. <* 그러나 후세의 임금
이나 통치자들은 유교사상을 정반대로 악용했다.>

6-6 : 경문 한글 풀이

**공자가 중궁에게 말했다. 「밭을 가는 소의 새끼라
도, 털색이 붉고 뿔이 바르면, 설사 희생으로 쓰
지 않아도, 산천의 신들이 내버려두겠는가.」**

子謂仲弓曰 犂牛之子 騂且角 雖欲勿用 山川其舍

諸.

[평민 출신의 중궁(仲弓)]

(1) 중궁(仲弓)은 염옹(冉雍)이다. 공자가 다음같이 칭찬한 바 있다. 「옹은 남쪽을 바라보고 남들을 다스릴 만하다.(雍也 可使南面)」 <제6. 옹야편-1> 중궁이 출신이 미천함을 한탄하자, 공자가 이상과 같은 비유로써 그를 달래준 것이다.

(2) 당시의 무식하고 부도덕한 위정자나 귀족들은 자기네들의 가문이나 동족만을 등용해 쓰고 참다운 인재를 알지 못하고, 또 등용해 쓸 줄 몰랐다. 그래서 공자가 은근히 화를 내고 이와 같은 비유로써 비판한 것이다.

(3) 「그대들은 도덕군자(道德君子)를 몰라도 산천의 신, 즉 하늘이나 신령은 잘 안다.」 반드시 때가 되면 쓰일 것이다. 공자의 제자들은 대부분 평민(平民) 출신이다. 권력세습(權力世襲)을 혁파하려는 공자의 혁명사상을 읽어야 한다.

6-7 : 경문 한글 풀이

공자가 말했다. 「안회는 마음이 한결같고, 석 달이 되어도 인(仁)을 어기지 않는다. 그러나 다른 사람은 하루나, 한 달에 한 번 정도 인에 이를 뿐이다.」

子曰 回也 其心 三月 不違仁 其餘 則日月至焉而已矣.

[삼월 불위인(三月不違仁)]

(1) 공자가 안회(顔回)를 칭찬하는 말이다. 「집주(集註)」에서 주자 (朱子)는 다음같이 풀이했다. 「3개월이라고 한 것은 오랜 세월이라 는 뜻이다. 여기서 말한 인(仁)은 마음속에 인심(仁心)을 온전하게 간직하고 행해서 인덕(仁德)을 세운다는 뜻이다. 마음이 인에서 멀 어지지 않는다 함은 곧 사사로운 욕심이 없고 인덕을 품고 있다는 뜻이다.」

(2) 「일월지언자(日月至焉者)라고 말한 뜻은 혹 하루에 한 번, 혹은 한 달에 한 번 어쩌다가 인(仁)에 이른다. 즉 사리사욕(私利私慾)을 극복해야 인심을 지니고 인덕을 세울 수 있다.」

6-8 : 경문 한글 풀이

계강자가「중유는 정치에 참여할 만합니까.」하고 묻자, 공자가 대답했다.「유는 과단성이 있으니, 정치에 참여해도 아무 문제가 없습니다.」계강자 가「자공은 정치에 참여할 만합니까.」하고 묻자, 공자가 대답했다.「사는 통달했으니, 정치에 참 여해도 아무 문제가 없습니다.」계강자가「염구 는 정치에 참여할 만합니까.」하고 묻자, 공자가 대답했다.「구는 재주가 있으니, 정치에 참여해 도 아무 문제가 없습니다.」

季康子問 仲由 可使從政也與 子曰 由也 果 於從政乎

何有 曰 賜也 可使從政也與 曰 賜也 達 於從政乎 何
有 曰 求也 可使從政也與 曰 求也 藝 於從政乎 何有.

[공자의 제자 추천]

(1) 공자는 평소에는 제자에게 엄격하게 가르치고 때로는 질책했
다. 그러나 여기서는 저마다의 특성을 들고 정치에 참여해도 아무
문제가 없다고 했다. 즉 무도하고 참월(僭越)한 계강자(季康子)에
게 자기의 제자를 등용케 하고, 더 나아가서는 정치를 바로잡겠다
는 뜻이 숨어있는 것이다.

(2) 「제5. 공야장편-8」에 있다. 노나라의 대부인 맹무백(孟武伯)이
공자에게 「자로(子路), 염구(冉求), 공서적(公西赤)」 등의 인덕(仁
德)을 물었다. 이에 대해 공자는 각자가 다 정치적으로 다른 특성을
가지고 있다고 자랑스럽게 대답했다.

(3) 이번에는 무도한 세도가인 계강자가 「자로(子路), 자공(子貢),
염구(冉求)」 등을 「정치에 참여시킬 수 있겠는가.」하고 묻자 공자
는 각자의 특성을 들고 그들 모두를 정치에 참여시켜도 아무 문제
가 없다며 자기의 제자들을 두둔했다.

(4) 여기서 우리는 공자의 제자에 대한 지극한 사랑을 읽어야 한다.
아울러 자기가 배양한 제자에 대한 자신과 신임을 읽어야 한다.
그러나 공자의 대답 속에는 다음과 같이 계강자를 깨우치고 타이르
는 속셈이 포함되어 있다. 「그대는 바른 정치가 무엇인지를 모른다.
따라서 그대 밑에는 진짜로 쓸 만한 인재가 없다. 그러니 물을 것도
없이, 나의 제자를 등용해 쓰라.」

(5) 집주(集註)에서 주자(朱子)는 다음과 같이 제자들을 자랑했다.

「정치에 종사함(從政)은 곧 대부가 된다는 뜻이다.」「과(果)는 곧 과감하고 결단성이 있다는 뜻이다. 달(達)은 곧 모든 사리에 잘 통한다는 뜻이다. 예(藝)는 곧 다재(多才) 다능(多能)하다는 뜻이다.(從政謂爲大夫 果有決斷 達通事理 藝多才能)」

(6) 정자(程子)는 다음같이 뜻을 보충했다. 「비단 세 사람만이 아니라, 다른 사람도 각자의 특성을 잘 취하면 다 쓸 수 있다고 말한 것이다.(非惟三子 人各有所長 能取其長 皆可用也)」

(7) 비단 계강자(季康子)만이 아니다. 당시의 모든 나라 임금이나 통치자들은 음흉하고 간악한 책사(策士)만을 골라 썼던 것이다.

6-9 : 경문 한글 풀이

계씨가 민자건을 비(費)의 읍장으로 삼으려 하자, 민자건이 사자(使者)에게 말했다. 「나를 위해 그대가 잘 거절해 주시오. 만약에 다시 나를 부른다면, 나는 반드시 문수 강에 가있을 것이오.」

季氏 使閔子騫爲費宰 閔子騫曰 善爲我辭焉 如有復我者 則吾必在汶上矣.

[난방불거(亂邦不居)]

(1) 공자는 「위방불입(危邦不入) 난방불거(亂邦不居)」하라고 말했다. <제8. 태백편-13> 그래서 민자건(閔子騫)이 계씨(季氏)의 가신(家臣) 되기를 거절한 것은 당연했다.

(2) 고주(古注)에서 형병(邢昺)은 말했다. 「계씨는 천자의 예악(禮樂)을 참월(僭越)하게 연주했고, 또 노(魯)나라 소공(昭公)을 내쫓

았다. 한편 그의 가신인 남괴(南蒯)나 공산불요(公山弗擾)도 반란
했다.」

(3) 한편 신주(新註)는 다음같이 말했다. 「성인은 어지러운 나라에
서도 탈 없게 한다. 그러나 성인이 아닌 사람은 화나 욕을 본다.」
그리고 그 예를 「자로(子路)가 분란에 휘말려 죽고, 염구(冉求)가
계씨에게 재물을 늘려주었다.」고 했다. 후자는 「제11. 선진편-17」
에 보이고 앞에서도 말한 바 있다.

(4) 여기서는 자로의 죽음에 대해 간략히 적겠다. 공자가 14년의
방랑을 마치고 노나라에 돌아온 것은 나이 68세 때였으며 자로도
함께 왔다. 그러나 성격이 급한 자로는 위(衛)나라 공회(孔悝)의
가신이 되었다. 그리고 위나라 정변(政變)에 휘말려 목숨을 잃었다.

(5) 당시 공회는 위나라의 집정대부(執政大夫)로, 임금은 출공(出
公)이었다. 출공의 아버지 괴외(蒯聵)가 자리를 되차지하려고 공회
를 공격했다. 그래서 자로가 반항하다가 피살되었던 것이다. 괴외
는 곧 20대 장공이다.

6-10 : 경문 한글 풀이

염백우가 질병에 걸리자, 공자가 문병가서, 창문
으로 그의 손을 잡고 말했다. 「이럴 리가 없노라.
운명이로구나. 이런 사람이 이런 병에 걸리다니.
이런 사람이 이런 병에 걸리다니.」

伯牛有疾 子問之 自牖執其手 曰 亡之 命矣夫 斯人也
而有斯疾也 斯人也 而有斯疾也.

[사인유질(斯人有疾)]

황간(皇侃)은 다음같이 주를 달았다. 「군자는 병에 걸리면 북벽(北壁) 아래에 동수(東首)한다. 그러나 스승이 오기 때문에 남창(南窓)가로 옮긴 것이다. 그래야 스승이 방안에 들어와 남면(南面)할 수 있다.」 공자는 하늘이 절대선(絶對善)임을 믿고, 또 낙관했다. 그러나 덕 있는 제자가 악질에 걸리자 매우 낙담하고 「그럴 리가 없는데.」하고 한탄한 것이다.

6-11 : 경문 한글 풀이

공자가 말했다. 「참으로 안회는 현명하다. 대나무에 담은 한 그릇 밥을 먹고, 한 쪽박 물을 마시며, 누추한 집에 살고 있다. 남 같으면 그 괴로움을 참지 못하겠거늘, 안회는 그 즐거움을 변치 않으니, 참으로 안회는 현명하고 어질구나.」

子曰 賢哉 回也 一簞食 一瓢飮 在陋巷 人不堪其憂 回也 不改其樂 賢哉 回也.

[안회(顔回)와 불개기락(不改其樂)]

(1) 무도하고 폭력이 난무하는 난세에는 악덕한 사람들이 득세하고 잘산다. 반대로 양심적인 군자나 인자는 못살게 마련이다. 그래도 군자는 악덕한 권력이나 재물에 굴하지 않고, 안빈낙도(安貧樂道)한다. 즉 신념을 가지고 가난하게 살면서 정도(正道)를 지키면서, 진정한 즐거움을 느끼는 것이다.

(2) 「부귀는 누구나 탐내는 바이다. 그러나 정도(正道)로써 얻은 것이 아니면 부귀를 누리지 않아야 한다.(富與貴 是人之所欲也 不以其道得之 不處也)」「빈천은 누구나 싫어하는 바이다. 그러나 바른 도리로써 주어진 것이 아니라면 구태여 빈천을 마다하지 마라.(貧與賤 是人之所惡也 不以其道得之 不去也)」<제4. 이인편-5>

(3) 「선비가 도에 뜻을 두고서도 나쁜 옷이나 나쁜 음식을 부끄럽게 여긴다면 함께 도를 논할 수 없다.(士志於道 而恥惡衣惡食者 未足與議也)」<제4. 이인편-9>「거칠고 조잡한 음식을 먹고 냉수를 마시고 팔뚝을 구부려 베개로 베고 살아도, 그 속에 즐거움이 있다. 의롭지 못하게 해서, 부하고 귀하게 사는 것은 나에게는 뜬구름과 같다.(飯疏食 飮水 曲肱而枕之 樂亦在其中矣 不義而富且貴 於我如浮雲)」<제7. 술이편-15>「아침에 도를 터득하면 저녁에 죽어도 좋다.(朝聞道 夕死 可矣)」<제4. 이인편-8>

6-12 : 경문 한글 풀이

염구가 변명했다. 「선생님의 도를 좋아하지 않는 것이 아닙니다. 힘이 부족하여 못하는 것입니다.」 공자가 말했다. 「힘이 모자라는 사람은 중도에서 그만두지만, 지금 자네는 선을 긋고 안하는 것이다.」

冉求曰 非不說子之道 力不足也 子曰 力不足者 中道而廢 今女畵.

[덕(德)이 부족한 염구(冉求)]

(1) 「제5. 공야장편-8」에 있다. 제자를 사랑하는 공자는 노(魯)나라 대부 맹무백(孟武伯)에게 다음같이 말했다. 「염구(冉求)는 천호의 도읍이나, 백 승의 경이나 대부 집에서 읍장이나 가신 노릇을 할 수 있다. 허나 인덕에 대해서는 알지 못한다.(求也 千室之邑 百乘之家 可使爲之宰也 不知其仁也)」

(2) 사마천은 사기(史記)에서 공자의 제자를 다음같이 사과(四科)로 분류했다.

　덕행(德行) : 안연(顔淵), 민자건(閔子騫), 염백우(冉伯牛), 중궁
　　　　　　　(仲弓)

　언어(言語) : 재아(宰我), 자공(子貢)

　정사(政事) : 염유(冉有), 자로(子路)

　문학(文學) : 자유(子游), 자하(子夏)

(3) 여기 나오는 염구(冉求)는 곧 염유(冉有)다. 그는 정치적 수완이 있었다. 그러나 덕(德)이 부족했다. 공자에게 자주 꾸지람을 듣고 야단을 맞았다.

(4) 「제3. 팔일편-6」에서 공자는 염구를 탓했다. 즉 계씨(季氏)가 태산(泰山)에 제사를 올리려 한 것을 가신(家臣)인 염구가 말리지 않았다. 이에 공자는 「자네가 막을 수 없었나.(女弗能救與)」하고 질책했다. 「제11. 선진편-17」에 있다. 「염구가 가렴주구(苛斂誅求)해서 계씨의 재물을 불려주자, 공자가 다른 제자에게 말했다. 그는 우리의 문도가 아니다. 너희들이 북을 치고 나가서 그를 토벌해야 한다.(非吾徒也 小子鳴鼓 而攻之 可也)」

6-13 : 경문 힌글 풀이

**공자가 자하에게 말했다. 「그대는 군자다운 유학
자가 되어라. 소인과 같은 유학자가 되지 마라.」**

子謂子夏曰 女爲君子儒 無爲小人儒.

[군자(君子)와 소인(小人)]

(1) 군자와 소인은 다음같이 대비(對比)할 수 있다. 「군자는 대의명
분을 밝히고, 소인은 물질적 이득만을 밝힌다.(君子喩於義 小人喩
於利)」 <제4. 이인편-16>

(2) 「군자는 태연자약하면서도 남에게 교만하지 않는다. 소인은
남에게 교만하지만 태연자약하지 못하다.(君子泰而不驕 小人驕而
不泰)」 <제4. 이인편-26>

(3) 「군자는 조화 협동하되 부화뇌동하지 않는다. 소인은 부화뇌동
하되 조화 협동하지 않는다.(君子和而不同 小人同而不和)」 <제13.
자로편-23> 「군자는 득실 성패를 자신에서 구한다. 소인은 요행이
나 이득을 남으로부터 얻으려고 한다.(君子求諸己 小人求諸人)」
<제15. 위령공편-21>

(4) 「군자는 다른 사람의 장점을 취하고 키워서 완성되게 하고,
다른 사람의 단점을 덮어 누르고 나타나지 않게 한다. 소인은 이와
반대다.(君子成人之美 不成人之惡 小人反是)」 <제12. 안연편-
16>

6-14 : 경문 한글 풀이

자유가 무성의 읍재가 된 다음, 공자가 물었다.
「자네는 좋은 사람을 구했느냐.」자유가 대답했
다.「담대멸명이라는 자가 있습니다. 그는 좁은
지름길을 가지 않고, 공무가 아니면 제 방에 오지
않습니다.」

子游爲武城宰 子曰 女得人焉爾乎 曰 有澹臺滅明者
行不由徑 非公事 未嘗至於偃之室也.

<＊ 자유가 담대멸명을 등용해 쓴 것은 잘한 일이다. 그는 공명정대
하고, 또 사사롭게 찾아와서 부탁하는 일이 없었다.>

6-15 : 경문 한글 풀이

공자가 말했다.「맹지반은 공을 자랑하지 않고,
후퇴할 때 후미에서 적을 막으며, 성문에 들어올
때는 말에 채찍질을 하면서, 일부러 뒤처진 것이
아니고, 말이 늦어서 뒤에 처졌』고 말했다.」

子曰 孟之反不伐 奔而殿 將入門 策其馬曰 非敢後也
馬不進也.

[불벌공(不伐攻)]
(1) 후퇴하는 아군의 뒤에 처져서 추격하는 적을 막고, 아군을 무사
히 성안으로 돌아오게 한 맹지반은 용감한 무사이다. 동시에 위험

을 무릅쓰고 홀로 「살신성인(殺身成仁)」했으니, 그는 바로 참다운 인자(仁者)이다.

(2) 공을 자랑하지 않고 도리어 어색하게 「말이 잘 뛰지 않아서 뒤에 처졌다.」고 말하고 겸손했으니, 참으로 군자라 하겠다.

(3) 충군애국(忠君愛國)은 순수해야 한다. 공을 세워 보답을 받고, 높은 자리나 이득을 얻겠다는 공리적 타산이 끼어들면 안 된다.

(4) 하늘은 보답을 바라고 자연 만물을 낳고 양육하는 것이 아니다. 그와 마찬가지로 인자는 오직 천리(天理)를 따라 애민이물(愛民利物)해야 한다.

6-16 : 경문 한글 풀이

공자가 말했다. 「축타는 말재주가 없으나, 송조 같이 용모만 아름다우면, 화를 면하기 어렵다.」

子曰 不有祝鮀之佞 而有宋朝之美 難乎免於今之 世矣.

[송조(宋朝)를 비방한 말]

(1) 축타(祝鮀)는 「제14. 헌문편(憲問篇)-20」에도 나온다. 이 장은 위나라의 영공(靈公)이 무도했고 남자(南子)가 음탕했으나, 망하지 않은 이유를 공자가 말한 것이다. 「중숙어(仲叔圉)가 외국에서 오는 빈객을 잘 대하고, 축타(祝鮀)가 종묘를 잘 다스리고, 왕손가(王孫賈)가 군대를 잘 지휘했기 때문이다.」

(2) 「좌전(左傳)」에는 「축타가 영공을 따라 국제회의에 가서 뛰어난 언변으로 유리한 자리를 차지했다」는 기록이 있다.

(3) 공자가 「말재주 없이, 다만 아름다운 용모만으로는 재난을 모면하기 어렵다.」고 말한 것은 결국 위나라의 영공과 음란한 첩실 남자를 평한 말이다.

(4) 그러나 「집주(集註)」는 「덕이 없는 세상에서 남에게 용모를 꾸미고 아첨한다. 안 그러면 화를 면할 수 없다.」고 풀었다.

6-17 : 경문 한글 풀이

공자가 말했다. 「누가 문을 통하지 않고 나갈 수 있나. 왜 선왕의 도를 따르지 않는가.」

子曰 誰能出不由戶 何莫由斯道也.

[도를 따라야 한다]

(1) 출입할 때 대문을 거치듯이, 도를 따라야 한다는 말이다. 비유 치고는 딱 맞지 않는다. 그러나 중점은 도를 따르라는 데 있다.

(2) 도를 크게 분류하면, 천도(天道)·지도(地道)·인도(人道=仁道)가 있다. 천도는 우주 천지 자연 만물의 모든 도리를 총괄하는 절대선(絶對善)의 도리다. 자연과학에서 절대시(絶對視)하는 자연 법칙도 천도에 속한다. 지도는 지구를 중심으로 한 모든 도리다. 크게는 천도와 합친다. 작게는 지상의 현상(現象) 변화(變化) 및 인간·동물·식물의 생육화성(生育化成)의 도리다. 인도는 주로 만물의 영장, 존엄한 인간, 정신적 삶을 사는 인간, 윤리 도덕적 삶을 살고, 또 인심(仁心)을 바탕으로 서로 사랑하고 함께 잘사는 공동생활을 하고, 아울러 역사와 문화를 계승 발전케 하는 수없이 많은 도리를 다 말한다. 사람이 따를 도(道)는 수없이 많다. 그러므

로 배우고 알고, 또 실천해야 한다.

6-18 : 경문 한글 풀이

공자가 말했다. 「실질적 내용이나 도리만을 강조하고 문화적 꾸밈이나 수식을 소홀히 하면 촌스럽다. 문화적 꾸밈이나 수식만을 강조하고 실질적 내용이나 도리를 소홀히 하면 사관(史官)의 글같이 공허하게 된다. 문화적 꾸밈과 실질적 내용이 잘 어울리고 빛이 나야 비로소 군자적이라 하겠다.」

子曰 質勝文則野 文勝質則史 文質彬彬 然後君子.

[문질빈빈(文質彬彬)]

(1) 동물같이 수심(獸心)을 바탕으로 오직 먹고 마시고 놀고 쾌락을 취하는 악덕한 인간에게는 「문(文)도 없고 질(質)도 없다.」

(2) 속이거나 살상(殺傷)하고 남의 재물을 탈취하고 혼자만 잘사는 악인은 도깨비나 귀신이다.

(3) 동물적 차원에서 문(文)과 질(質)을 논할 수 없다. <* 우매한 자는 무력으로 남의 재물을 탈취하는 것도 문화라고 착각한다.>

(4) 여기서 말하는 야(野)는 논밭을 갈고 곡식을 재배하는 농민들을 말한다. 배워서 도를 알고 애민이물(愛民利物)하는 지식인을 문(文)이라 한다. 「문질빈빈(文質彬彬)」해야 한다.

6-19 : 경문 한글 풀이

**공자가 말했다. 「사람이 삶을 누리는 것은 〈도
를〉 곧게 따르기 때문이다. 그렇지 않으면서 사
는 것은 요행히 죽음을 면하고 있는 것이다.」**

子曰 人之生也直 罔之生也 幸而免.

[삶의 도리]

(1) 자연현상(自然現象)과 천도(天道) : 우주 천지 자연 만물의 현
상을 깊이 관찰하고 터득하는 것이 곧 천도(天道)다. 즉 인간을
위시해서 자연 만물은 개별적 존재로 살고 활동한다. 그러나 동시
에 동류(同類)가 모여서 집단생활을 한다. 뿐만 아니라, 음(陰)과
양(陽)이 어울려 새 생명을 낳고, 대(代)를 이어가면서, 역사와 문
화를 더욱 새롭게 계승 발전케 하고 있다.

(2) 천도를 정직(正直)하게 따라야 산다 : 공자는 역경(易經) 계사
전(繫辭傳)에서 「일음일양위지도(一陰一陽謂之道) 계지자선(繼之
者善) 성지자성(成之者性)」이라고 했다. 이러한 도리가 곧 천도다.
맹자는 말했다. 「하늘의 도리를 따르는 자는 살고, 거역하는 자는
망한다.(順天者存 逆天者亡)」

(3) 공자는 「사람이 삶을 누리는 것은 천도를 바르고 곧게 따르고
지키기 때문이다.(人之生也直)」라고 했다. 만물을 낳고 살게 하고
더욱 번식하고, 인간의 경우는 역사와 문화를 발전케 하는 도리가
바로 천도천리(天道天理)다. 정직하게 따르고 실천해야 한다.

6-20 : 경문 한글 풀이

공자가 말했다. 「도를 아는 것은 좋아하는 것만 못하고, 좋아하는 것은 즐기는 것만 못하다.」

子曰 知之者 不如好之者 好之者 不如樂之者.

[지(知)·호(好)·낙(樂)]

(1) 공자가 말하는 「알다(知)·좋아하다(好)·즐긴다(樂)」는 도(道)를 기준으로 한 말이다.

(2) 먹고 놀기 위해 남을 속이고 폭력을 휘두르는 동물만도 못한 자는 참다운 「지(知)·호(好)·낙(樂)」을 알 수 없다.

(3) 도(道)는 곧 「천도(天道)·지도(地道) 및 인도(人道=仁道)」를 다 포괄한다. 도는 배워야 깨닫고 안다.

(4) 「호(好)」는 「깨닫고 아는 도리를 좋아서 실천한다는 뜻이다.」 그래야 「도가 몸에 익으면 마음이 기쁘다.(學而時習之 不亦說乎)」

(5) 도가 몸에 익고 마음에 넘치면 밖으로 넘쳐 퍼진다. 그래서 남에게도 도를 알고 실천하게 한다. 특히 성왕(聖王)은 「명명덕(明明德)」하게 되고, 천하 만민이 서로 낙(樂)하게 된다.

6-21 : 경문 한글 풀이

공자가 말했다. 「중 이상 사람에게는 심오한 도리를 말해도 되지만, 중 이하 사람에게는 심오한 도리를 말하지 않는 게 좋다.」

子曰 中人以上 可以語上也 中人以下 不可以語上
也.

[사람의 등급]

(1) 「사람의 본성은 서로 비슷하다. 습관이나 길들이기에 따라 서
로 멀게 차이가 난다.(性相近也 習相遠也)」<제17. 양화편-2>

(2) 「사람은 교육에 따라 차등이 난다. 원래부터 부류가 다르고
차등이 있는 것이 아니다.(有敎無類)」<제15. 위령공편-39>

(3) 공자의 사상을 바탕으로 한 유교(儒敎)는 「사람은 영장(靈長)」
이라고 한다.

(4) 사람은 영특한 본성과 독실한 인심(仁心)을 내려받고 있다. 그
러므로 누구나 다 바르게 교육을 받고 수양하고, 또 실천하면 하늘
의 도리를 따라 바르고 착하게 살고, 또 자연만물을 사랑한다. 아울
러 서로 사랑하고 협동하여 함께 잘사는 하나의 평화세계를 창건
할 수 있다.

(5) 그러나 배우지 않으면, 「동물적·육체적 삶」만을 살게 된다.
수심(獸心)을 바탕으로 나 혼자만 잘살려고 한다. 그래서 서로 싸우
게 마련이다. <* 오늘의 세계와 인류를 보자. 아프리카 오지에서
태어난 흑인도 교육을 잘 받으면 위대한 외교관이 될 수 있다. 반대
로 돈 많은 백인의 아들도 정신적·도덕적 교육을 받지 못하고 자
기 욕심만을 채우려고 하면 강도로 전락한다.>

(6) 육신적 삶은 먹고 산다. 남녀가 어울려 자녀를 낳고 대(代)를
계승한다. 그러므로 「식색(食色)은 삶의 기본이며 동등하게 누려야
한다.」

(7) 형이상(形而上)의 천리(天理)를 따라 모든 사람을 사랑하고 덕을 베푸는 생활을 정신적·도덕적 삶이라고 한다. 배우고 수양하고 사사로운 욕심을 극복해야 정신적 삶을 살 수 있다.

6-22 : 경문 한글 풀이

번지가 지(知)에 대해서 묻자, 공자가 대답했다. 「백성들을 잘살게 하는 데, 온갖 힘을 쏟아야 한다. 한편 선조의 신령이나 산천의 신을 공경하되 적당히 거리를 두어야 비로소 『지』라 할 수 있다.」 번지가 다시 인(仁)에 대해서 묻자, 공자가 대답했다. 「인은 어려운 일을 남보다 앞서서 감당하고, 보답은 남보다 뒤에 얻어야 한다. 그래야 인이라 말할 수 있다.」

樊遲問知 子曰 務民之義 敬鬼神而遠之 可謂知矣 問仁 曰 仁者先難而後獲 可謂仁矣.

[합리적 도덕정치]

(1) 군자는 천도(天道)를 따라 지덕(地德)을 세우고 인정(仁政)을 실천하여 인덕(仁德)을 세우는 「지성적(知性的) 인격자」다. 그러므로 「도(道)와 인(仁)을 바르게 알고 실천해야 한다.」

(2) 공자 사상의 핵심은 바로 「합리적·인본주의적 도덕정치의 구현(具現)」이다. 당시의 모든 나라들은 종족(宗族) 중심의 도시국가(都市國家)로, 제정일치(祭政一致)의 신권통치(神權統治) 혹은 귀

갑점복(龜甲占卜)의 틀을 벗어나지 못했다.

(3) 한편 왕족이나 귀족들은 도덕적으로 극심하게 타락했으며 아울러 하극상(下剋上)의 풍조가 만연하고 있었다. 그러므로 공자는 학문과 덕행을 겸비한 군자들을 배양하여 현실 정치에 참여시킴으로써 「합리적·인본주의적 인정과 덕치」를 구현하려고 했다.

[무민지의(務民之義)]

(1) 번지(樊遲)는 벼슬을 하고 있었다. 그러므로 공자는 「도를 따라 백성을 교화하고, 또 잘살게 해주는 것이 지(知)라고 했다.」 「지(知)」는 「도를 바르게 알고 다스린다」는 뜻이다.

(2) 「민지의(民之義)」의 뜻은 깊고, 또 다양하다.

「도를 따라 백성을 바르게 다스리고 잘살게 해준다.」

「백성을 잘살게 해주기 위해서는 위정자가 인도(仁道)를 따라 인정(仁政)을 베풀고 가렴주구(苛斂誅求)하지 않아야 한다.」

「백성을 교화(教化)해서 스스로 근면(勤勉), 절약하고 경제적으로 잘살아야 한다. 동시에 어려서부터 효제(孝弟)를 실천하여 사회적으로도 윤리 도덕을 실천해야 한다. 덕치(德治)는 백성을 교화하고 높은 경지에 이르게 하는 것이다.」

[경귀신이원지(敬鬼神而遠之)]

(1) 공자는 맹목적으로 신령에게 복을 비는 기복신앙이나, 미신적인 신권정치를 반대했다. 그렇다고 선조에 대한 제사, 또는 천지 산천의 신령을 모시는 제사마저 부정하지는 않았다.

(2) 잘 생각해보자. 오늘 내가 태어나 살고 역사나 문화의 혜택을

누리고 있는 것은 돌아가신 선조나 선인들의 혜택이 아닌가.

(3) 또 모든 사람은 천지 자연 만물의 혜택으로 풍요로운 삶을 살수 있지 않은가. 그러므로 천지 산천의 신령에게 때맞추어 제사를 지내고 복을 비는 것은 당연한 일이다. 다만 사람이 할 일을 안하고 미신적으로 빌기만 하면 안 된다. 마음으로 천도 천리를 터득하고, 또 선조의 유지(遺志) 유적(遺跡)을 잘 받들고 따라 내 힘으로 더욱 창조와 발전을 기해야 한다.

[선난이후획(先難而後獲)]

(1) 공자는 「극기복례위인(克己復禮爲仁)」이라 했다. <제12. 안연편-1> 주자는 「나의 욕심을 극복하고 천리(天理)에 돌아가는 것이 인이다」로 풀었다. 공자는 또 말했다. 「기욕립이립인(己欲立而立人) 기욕달이달인(己欲達而達人)」 <제6. 옹야편-30>

(2) 군자(君子)나 인자(仁者)는 수기치인(修己治人)한다. 자기 수양은 「온량공검양(溫良恭儉讓)」을 갖추는 것이다.

(3) 적극적인 인(仁)은 충(忠)이고, 소극적인 인은 서(恕)다. 충(忠)은 「내가 최선을 다해서 남을 잘되게 하는 것이다.」 서(恕)는 「남의 잘못을 너그럽게 용서해준다.」 「내가 하고 싶은 마음을 남에게 미루어 남으로 하여금 달성하게 한다.」 인도(仁道)를 따라 남을 잘살게 하고, 나의 공리(功利)를 취하지 않는 것이 인자(仁者)다.

6-23 : 경문 한글 풀이

공자가 말했다. 「슬기로운 사람은 물을 좋아하고, 어진 사람은 산을 좋아한다. 슬기로운 사람은 활

동적이고, 어진 사람은 고요하다. 슬기로운 사람
은 즐겁게 사나, 어진 사람은 수를 누린다.」

子曰 知者樂水 仁者樂山 知者動 仁者靜 知者樂 仁
者壽.

[지자요수(知者樂水) 인자요산(仁者樂山)]

(1) 지자(知者)와 인자(仁者) : 일반적으로 다음같이 풀이한다. 「지
적인 사람은 자기의 지식이나 재주를 활용해서, 이곳저곳으로 옮겨
다니며, 현실적·즉물적(卽物的)으로 인생을 즐겁게 산다. 이에 비
해 인덕을 갖춘 사람은 확고부동한 자세로 천도를 지키면서 만물을
품고 생육화성(生育化成)한다. 그러므로 하늘을 따라 장수한다.」
그러나 주자는 「지자와 인자」를 질적인 차이로 보지 않고, 과정상
의 단계적 차이로 본다. 즉 자공(子貢) 같은 지적(知的) 단계를
거쳐 안연(顔淵) 같은 인자가 될 수 있다고 본다. <대전주소(大全
註疏)>

(2) 지자요수(知者樂水) : 고주(古注)에서 포함(包咸)은 「지자요수
(知者樂水)」를 다음같이 풀었다. 「슬기로운 사람은 흡사 물이 끝없
이 흐르듯이 자기의 재주와 지식을 활용해서 세상 다스리는 것을
즐긴다.」 집주(集註)도 대략 같다. 「지자는 사물 사이를 두루 돌고
다니면서 함께 즐긴다.」

(3) 인자요산(仁者樂山) : 하안(何晏)은 다음과 같이 풀었다. 「어진
사람이 즐겁게 산다. 흡사 산이 안정되고 확고하여, 그 속에 자연
만물이 동요하지 않고 생육하는 것과 같다.」 신주(新註)는 한 단계
높게 해석했다. 「인자(仁者)는 사사로운 인욕(人欲)이 없고 천리

(天理)와 혼연일체(渾然一體)를 이루었다. 그래서 허심탄회(虛心坦懷)하게 애민이물(愛民利物)한다. 사람의 경우는 대(代)를 이어가면서 역사와 문화를 계승 발전케 한다. 인자의 마음은 하늘의 마음과 같다. 그러므로 성(性)과 정(情)을 하늘과 같이 도(道)에 맞게 통일한다. 고로 인자의 희로애락(喜怒哀樂)의 감정표현도 중정(中正)의 도리에 맞는다. 그러므로 천도와 더불어 수(壽)를 누린다.」

6-24 : 경문 한글 풀이

공자가 말했다.「제나라를 한 번 변하게 하면, 노나라같이 된다. 노나라를 한 번 변하게 하면, 도에 맞는 나라가 된다.」

子曰 齊一變 至於魯 魯一變 至於道.

[단계적 변화 혁신]

제(齊)나라나 노(魯)나라는 다 주(周)나라를 바탕으로 태어난 나라다. 그러나 공자시대의 제나라는 부국강병을 자랑하고, 노나라는 쇠퇴하고 있었다. 그래서 공자가 말한 것이다. 제나라를 혁신하면 노나라같이 되고, 노나라를 혁신하면 이상적 나라인 주나라같이 될 수 있다. 사람이나 국가나 악에서 선으로 향상 발전하는 데에는 단계가 있다. 그 기준은 주나라다.

6-25 : 경문 한글 풀이

공자가 말했다.「고라는 술잔에 모가 없다면, 어

찌 고라고 하겠느냐, 어찌 고라고 하겠느냐.」

子曰 觚不觚 觚哉 觚哉.

[고(觚)에 대한 여러 설]

고대의 술잔에는 「작(爵), 고(觚), 치(觶), 각(角), 산(散)」 등 여러
가지 크기와 규격이 있었다. 향음례(鄕飮禮)에서 술을 작(爵)으로
주면, 고(觚)로 응수하는 것이 예법이다. 그런데 고의 각이 없다는
것은 그 술잔의 크기나 규격에 맞지 않는다는 뜻이다. 옛날의 술은
막걸리다. 그러므로 술의 도수가 약했다. 「고」는 「두 되들이 술잔」
이다. <* 고는 글을 적는 목간(木簡)이라는 설도 있다.>

6-26 : 경문 한글 풀이

재아가 물었다. 「인자는 우물에 사람이 빠졌다고
속이면 당장 달려가 우물에 들어갑니까.」 공자가
말했다. 「어찌 그렇게 하겠느냐. 군자는 우물에
가겠지만, 남의 속임수에 당하지는 않는다. 일시
적으로 속는다 해도 끝내 사리에 어둡지는 않을
것이다.」

宰我問曰 仁者 雖告之曰 井有仁焉 其從之也 子曰 何
爲其然也 君子 可逝也 不可陷也 可欺也 不可罔也.

[불가망(不可罔)]

인자(仁者)나 군자는 학식이 있고 사리를 명석하게 판단한다. 그러
므로 남들이 쉽사리 그를 속일 수 없다.

인자가 남을 사랑하는 것도 인심(仁心)을 바탕으로 한 것이다. 곧
천도(天道)를 따르고 행하는 인덕(仁德)이다. 세속적으로 칭찬을
받거나 이득을 얻으려는 계산에서 하는 것이 아니다.

6-27 : 경문 한글 풀이

**공자가 말했다.「군자는 글을 널리 배우되, 예로
단속해야 역시 도에 어긋나지 않게 된다.」**

子曰 君子博學於文 約之以禮 亦可以弗畔矣夫.

[박문약례(博文約禮)]

(1) 학문과 지식을 넓게 습득하되, 일관된 도리로 통괄하고, 동시에
예의범절에 맞게 행동해야 한다. 그래야 유익하게 쓰인다.

(2) 군자(君子)나 인자(仁者)는 학문과 덕행으로 백성들을 교화 선
도하고, 동시에 인정(仁政)과 덕치(德治)에 참여하는 지도층이다.
그러므로 학식이나 인격 및 언행이 절대선인 천도천리에 부합되게
일이관지(一以貫之)해야 한다.

(3) 예의(禮儀)나 예절(禮節)도 근본적으로는 절대선인 하늘의 도
리를 기준으로 한 사회적 행동규범이다. 즉 모든 사람이 어울려
사는 공동체의 질서를 잡고 안정되게 하는 문화적·예술적 생활규
범이 곧 예이다.

6-28 : 경문 한글 풀이

**공자가 남자를 만나자, 자로가 좋아하지 않았다.
공자가 굳게 다져 말했다.「나에게 잘못이 있**

다면, 하늘이 미워할 것이다, 하늘이 미워할 것이다.」

子見南子 子路不說 夫子矢之曰 予所否者 天厭之 天厭之.

[남자(南子)를 만나다]

남자(南子)는 위(衛)나라 영공(靈公)의 첩실이다. 그런데 영공은 우매한 임금이었다. 그래서 남자는 전부터 사귀던 미남(美男) 송조(宋朝)와 내통을 계속했다. 이에 음란한 여자라고 소문이 자자했다. 그러나 그녀는 위나라의 정치에 간섭하고 있었다. 그러므로 공자가 위나라에 갔을 때, 남자가 먼저 공자와 만나자고 자청했다.

공자는 처음에는 거절했다. 그러나 영공을 만나려면, 자기를 먼저 만나야 한다고 해서 부득이 가서, 예에 어긋나지 않게 휘장 너머로 그녀를 만났다. 그러자 저돌적인 자로가 불쾌한 태도를 내보였다.

6-29 : 경문 한글 풀이

공자가 말했다. 「중용의 덕은 지극하다. 그런데 사람들이 이를 소홀히 한 지가, 오래되었구나.」

子曰 中庸之爲德也 其至矣乎 民鮮久矣.

[중용의 덕(中庸之德)]

(1) 중용(中庸)은 최고의 도리다. 모든 사람이 성실하게 따르는 도(道)이자 덕(德)이다. 「중(中)은 지나침도 미치지 못함도 없다는 뜻이다. 용(庸)은 항상 언제나 따르고 행한다는 뜻이다.」

(2) 정자(程子)는 다음같이 풀었다.「한쪽으로 치우치지 않음을 중이라 하고, 변하지 않는 것을 용이라 한다.」「중은 만물에 다 통하는 큰 도리이고, 용은 천하의 불변하는 도리이다.」

(3) 결국 중용은 우주 천지만물을 생성화육(生成化育)하는 하늘의 도리, 즉 천도(天道)다.

(4) 사람은 하늘에 의해서 태어나 살고 있다. 따라서 하늘의 도리를 따라 살아야 한다. 이때에 자기의 처지에 가장 잘 맞는 도리를 곧 중용이라고 한다. 그런데 사람들은 천도를 따르지 않고 동물적 욕심만을 따르고 있다.

6-30 : 경문 한글 풀이

자공이 물었다.「만약에 백성에게 널리 베풀고, 많은 사람을 구제해 줄 수 있다면 어떻습니까. 인이라 할 수 있겠습니까.」공자가 대답했다.「어찌 인이라고만 하겠느냐. 반드시 성인의 경지라고 말하겠다. 요임금·순임금도 그렇게 하지 못함을 걱정했다. 원래 인이란 내가 서고자 할 때 남을 서게 하고, 내가 도달하고자 할 때 남을 도달하게 하는 것이다. 가까운 자기를 가지고 남의 입장을 알아차리는 것이 인을 행하는 방도이다.」

子貢曰 如有博施於民 而能濟衆 何如 可謂仁乎 子曰
何事於仁 必也聖乎 堯舜 其猶病諸 夫仁者 己欲立而

立人 己欲達而達人 能近取譬 可謂仁之方也已.

[악정(惡政)과 선정(善政)]

(1) 고금동서를 막론하고 나쁜 정치와 좋은 정치가 엉켜 있게 마련이다. 간교한 술책과 포악한 무력으로 백성을 억압하고 가렴주구(苛斂誅求)하고 통치자의 탐욕이나 야욕을 채우는 정치는 국가적 차원의 악덕정치다.

(2) 국제적으로도 간교한 정치가 많다. 무력과 재물로 남을 예속시킨다. 강대국의 술책이 바로 국제적 차원의 악덕정치다. 국내정치나 국제정치나, 재물과 과학 기술 및 힘과 조직을 약자를 유린하는데 쓰면 안 된다. 빈익빈(貧益貧), 부익부(富益富)하면 안 된다.

[인식과 행동의 주체]

(1) 인(仁)의 뜻을 오늘의 말로 다음같이 풀이할 수 있다. 「사람들이 서로 사랑하고 협동하여 함께 잘사는 공동체를 꾸미는 인심(仁心)과 인덕(仁德)이다.」

(2) 선악(善惡)을 인식하고 분별하고 실천하는 주체는 바로 「나」다. 「내」가 인식과 행동의 주체다. 그러므로 공자는 수기치인(修己治人)을 강조했다.

(3) 수기(修己)와 호학(好學) : 자기를 수양하고 인격을 높이기 위해서는 호학(好學)해야 한다. 호학은 우주 천지 자연 만물의 도리를 배우고, 아울러 인류의 역사 문화의 발전과정과 선가치(善價値)를 깨닫고 알고, 또 실천한다는 뜻을 다 포함하고 있다.

(4) 치인(治人)과 인애(仁愛) : 모든 사람을 다스린다고 하는 것은

남을 억압하고 남의 재물이나 토지를 겁탈하는 것이 아니다. 모든
사람을 사랑하고 잘살게 해주는 것이다. 이를 한마디로 묶어 「인
(仁)」을 베푼다고 한다.

[인정(仁政)의 깊은 뜻]

(1) 맹자(孟子)는 말했다. 「백성이 가장 귀하다. 다음이 국가이다.
임금은 가볍다.(民爲貴 社稷次之 君爲輕)」<진심장구(盡心章句)
하>

옛날이나 지금이나 정치는 백성을 잘살게 해주어야 한다. 「잘산다
는 뜻」을 바르게 깊이 알아야 한다. 나누어 풀이하겠다.

(2) 사람은 동물과 차원이 다른 정신적 삶을 산다. 그러므로 잘먹
고, 사치하고, 남녀가 어울려 쾌락을 취하는 것만을 기준으로 잘산
다고 하면 안 된다. 절대선인 천도천리를 알고, 따라서 살아야 한다.

(3) 그러기 위해서는 배워 깨닫고 자기를 수양하고, 사리사욕(私利
私慾)을 극복해야 한다.

(4) 백성을 교화해서 착한 사람이 되게 해야 한다. 사람은 본래
하늘로부터 착한 본성과 도덕성을 부여받고 있다. 그러므로 대학
(大學)에서 말했다. 「대학지도(大學之道)는 모든 사람의 명덕(明
德)을 밝혀주는 것이다.」「그것은 곧 처음으로 돌아가게 함이다.(復
其初)」<集註>

(5) 모든 사람이 수심(獸心)을 극복하고 하늘이 내려준 본래의 착
한 마음, 즉 인심(仁心)을 바탕으로 서로 사랑하고 서로 협동하여
함께 잘사는 공동체, 즉 가정, 국가 및 세계를 만들게 하는 것이
인정(仁政)이다. <* 공자와 유교에서 주장하는 인정(仁政)의 뜻을

바르게 알고 따르고 실천하자. 그래야 진정한 평화세계를 창건할 수 있다.>

[박시제중(博施濟衆)의 넓은 뜻]

(1) 인정(仁政)을 실현하는 한 가지 방법이 박시제중(博施濟衆)이다. 일반적으로 박시제중은 「임금이 백성에게 은혜를 넓게 베풀고, 또 많은 사람들을 구제해준다」는 뜻이다.

(2) 이 장에서도 자공(子貢)이 그와 같이 좁은 뜻으로 보았다. 그래서 「그것도 인이라 할 수 있습니까.(可謂仁乎)」하고 물은 것이다. 그러나 공자는 「박시제중」을 근본적이면서 넓은 뜻으로 파악하고 있었다. 그래서 「어찌 인이라고만 하겠느냐. 반드시 성인의 경지라고 말하겠다. 요임금·순임금도 그렇게 하지 못함을 걱정했다.(子曰 何事於仁 必也聖乎 堯舜其猶病諸)」라고 했다. 그리고 다시 인자(仁者)의 지극한 경지를 설명했다. 「원래 인이란 내가 서고자 할 때 남을 서게 하고, 내가 도달하고자 할 때 남을 도달하게 하는 것이다. 가까운 자기를 가지고 남의 입장을 알아차리는 것이 인을 행하는 방도이다.(夫仁者 己欲立而立人 己欲達而達人 能近取譬 可謂仁之方也已)」

공자의 말은 인간적·정치적 차원으로 말하는 인이 아니다. 하늘의 경지에서 말하는 인이다. 그래서 요임금·순임금도 그렇게 하지 못함을 걱정했다고 말한 것이다.

(3) 「대전주소(大全註疏)」의 말을 참고로 들겠다.

주자 : 「박시제중은 인으로만 끝나지 않는다. 인의 극치를 행하는 사람도 다하지 못한다. 요순(堯舜)도 다할 수 없다.」「인자의 마음

은 무궁하지만 하는 일은 한이 있다.(仁者之心 雖無窮 而仁者之事
則有限)」「반드시 성인의 덕이 있고, 또 천자의 자리가 있어야
다 감당할 수 있다.(必有聖人之德 又有天子之位 而後可以當此)」
「원래 운세에 따라 못하는 수도 있다.(蓋勢有所不能耳)」

[이기급인(以己及仁)]

인(仁)은 모든 사람이 지니고 있는 본성적 덕이다. 그러므로 성인이
깨우치면 누구나 다 행할 수 있다는 뜻이다. 거듭 말하겠다. 인(仁)
의 바탕은 효(孝)다. 자기를 낳고 양육해준 부모에게 효도해야 한
다. 또 형제, 일가, 친척, 이웃, 동포 및 인류에게 확대해야 한다.
남을 진정으로 사랑하려면, 나의 욕구나 처지를 곧 남의 욕구나
처지로 생각하고 만족시켜야 한다. 그것이 「이기급인(以己及仁)」
이다. 「만민을 나같이 사랑하고 잘살게 해주는 것이 인정(仁政)」
이다.

7. 술이편(述而篇)

　　술이편(述而篇)은 총 37장이다. 주로 공자의 지행(志行)을 적은 글이 많다. 전편에는 현인(賢人), 군자(君子) 및 인자(仁者)들의 덕행을 기술했고, 이 편에서는 성인(聖人)의 덕을 기술했다.

　　주자(朱子)는 「이 편에는 성인의 겸손한 태도, 남을 가르치는 말과 아울러 용모 및 행적 등이 많이 적혀 있다」고 했다. 논어 중에서도 빛나는 글이 많다.

7-1 : 경문 한글 풀이

공자가 말했다. 「전하고 기술했을 뿐, 새로 만들지 않았다. 옛것을 믿고 좋아한 나를, 외람되게 노팽에 비유하노라.」

子曰 述而不作 信而好古 竊比於我老彭.

[부작(不作) 호고(好古)]

(1) 공자의 「인정덕치사상(仁政德治思想)」 속에는 「역사발전관(歷史發展觀)」이 포함되어 있다. 개인이나 가정이나 국가 및 인류는 시간의 흐름에 따라 역사적으로나 문화적으로나 발전한다. 그것도 하늘의 도리다.

(2) 비근한 예를 들자. 인간은 살다가 죽는다. 그렇다고 모든 것이

끝나고 없어지는 것이 아니다. 그 사람은 죽어도 자손(子孫)이 대를 이어가면서 역사와 문화를 발전시키고 있다. 특히 그 사람의 육체는 사멸해도 그의 정신과 업적은 후세에 빛을 낼 수 있다. 이것도 천도다. 오늘의 우리가 누리는 과학 문명도 수십만년에 걸친 모든 사람의 노력과 정성의 결정(結晶)이다.

(3) 오늘의 세계에 있는 모든 나라들의 「역사나 문화 및 정치적 현황(現況)」도 「오랜 세월에 걸친 선인(先人)들의 역사적 업적(業績)과 오늘의 국민들의 행적(行績)을 합친 것이다.」

(4) 공자가 이상으로 삼고, 또 높이 주장하는 인정덕치(仁政德治)는 과거에 없는 것을 공자가 새로 꾸미고 만들어서 내세운 것이 아니다. 그것이 곧 「술이부작(述而不作)」이다. 한편 덕치의 전통은 삼황오제(三皇五帝) 때부터 계승해온 것이다. 더욱이 그와 같은 덕치의 역사적 사실과 전통이 절대선인 천도에 맞는다는 것을 굳게 믿고, 또 옛날의 학문과 도통(道統)을 따라 행하는 것이 「신이호고(信而好古)」이다. 공자가 가장 높이는 주(周)나라의 예치(禮治)와 문물제도도 하루아침에 주공(周公)이 새로 창작한 것이 아니다. 오랜 세월에 걸친 「덕치의 전통」을 집대성한 것이다.

7-2 : 경문 한글 풀이

공자가 말했다. 「묵묵히 속으로 깊이 깨닫고, 배우기에 물리지 않고, 남을 깨우치기에 게으르지 않다. 이런 일만을 내가 하고 있는 것이다.」

子曰 默而識之 學而不厭 誨人不倦 何有於我哉.

[묵이식지 · 학이불염 · 회인불권]

(1) 「묵이식지(默而識之)」: 군자는 절대선의 천도를 바탕으로 「수기치인(修己治人)하고 경국제민(經國濟民)」해야 한다. 천도를 깨닫고 체득하기 위해서는 성현의 글을 잘 배우고 그 속에 있는 도리를 터득하고, 또 마음속 깊이 간직해야 한다. 그래야 덕으로 나타난다. 이러한 경지를 「묵이식지」라고 한다.

(2) 「학이불염(學而不厭)」: 천도는 우주, 천지, 자연, 만물을 생성화육(生成化育)하는 도리다. 특히 인류의 역사 문화를 계승 발전하는 도리이기도 하다. 그러므로 배움과 실천에는 끝이 없다. 평생을 두고 배우고, 또 배우고 실천해야 한다. 실천은 생전에 하는 인류의 역사 문화에 대한 선가치적(善價値的) 공헌만이 아니다. 사후(死後)에도 정신적으로 선가치적으로 공헌해야 한다. 그와 같은 도리를 물리지 않고 배우는 것을 「학이불염」이라 한다.

(3) 「회인불권(誨人不倦)」: 나 혼자 배워서 알고, 덕을 세웠다고 만족하면 안 된다. 남들도 알고 덕을 세우게 가르치고 깨우쳐야 한다. 대학(大學)에서 말하는 「명덕(明德)」을 「나는 물론, 남들도 다 밝히도록 가르치고 깨우쳐야 한다.」 그렇게 하는 것이 바로 친민(親民)이고 신민(新民)이다.

[교학상장(敎學相長)]

(1) 「좋은 반찬이 있어도 먹지 않으면 좋은 맛을 모른다. 지극한 도리가 있어도 배우지 않으면 좋은 바를 모른다. 고로 배운 다음에 자기의 앎에 부족함이 있다는 것을 알게 되고, 가르쳐 본 다음에 자기의 학식에 막힌 것이 있음을 알게 된다.(雖有嘉肴不食 不知其

旨也 雖有至道 不學不知其善也 是故 學然後知不足 敎然後知困)」

(2)「자기의 앎에 부족함이 있다는 것을 알게 되면 능히 스스로 반성하게 되고, 자기의 학식에 막힘이 있음을 알게 된 다음에 능히 스스로 노력하고 분발하게 된다. 고로 말한다. 교학이 서로 자라게 마련이다.(知不足然後能自反 困然後能自强也 故曰 敎學相長也)」

(3)「임금이나 군자가 백성을 교화하고 풍속을 좋게 하려면 반드시 학문을 바탕으로 해야 한다.(君子如欲化民成俗 其必由學乎)」

(4)「옥돌도 갈고 닦지 않으면 좋은 옥 그릇이 안 된다. 사람은 배우지 않으면 도리를 모른다. 그러므로 옛날에 나라를 세우고 백성을 다스리는 임금은 무엇보다도 교학(敎學)을 앞세웠다.(玉不琢 不成器 人不學不知道 是故 古之王者 建國君民 敎學爲先)」 <예기 (禮記) 18권, 학기(學記) 제18>

7-3 : 경문 한글 풀이

공자가 말했다.「덕을 닦지 못함과, 학문을 익히지 못함과, 의로움을 듣고도 옮아가지 못함과, 옳지 않음을 고치지 못하는 넷을 나는 근심한다.」

子曰 德之不脩 學之不講 聞義不能徙 不善不能改 是吾憂也.

[참고 주소 선역]

(1) 주자 :「예를 들면, 치지 격물은 강학이고, 성의 정심 수신은 수덕이다. 박학 심문 근사 명변은 강학이고, 독행은 수덕이다.(如致知 格物 是講學 誠意 正心 修身 是修德 博學 審問 近思 明辯

是講學 篤行 是修德)」

(2) 면재 황씨 : 「덕은 수양으로 날로 새로워진다. 학문은 강구하고 행함으로써 날로 명백하게 된다. 의로 옮아가면 선이 날로 쌓이고, 잘못을 고치면 불선이 날로 줄어든다. 네 가지가 수신의 큰 요체다. (德以修而日新 學以講而日明 徙義則善日益 改不善則過日損 四者 修身之大要也)」

[네 가지에 힘을 쓴다]

(1) 공자가 걱정한 이 네 가지는 군자들이 애쓰고, 또 실천해야 한다. 걱정하지 않게 행하라고 독려한 말이다.

① 덕지불수(德之不脩) : 도를 따라 덕을 세워야 한다.

② 학지불강(學之不講) : 배운 것을 깊이 새기고 마음속으로 터득하고, 또 실천해야 한다.

③ 문의불능사(聞義不能徙) : 정의나 도의를 따르고 의로운 일을 적극적으로 행해야 한다.

④ 불선불능개(不善不能改) : 착하지 못한 일이나 잘못을 즉시 고치고, 옳고 바른 일을 적극적으로 행해야 한다.

(2) 절대선의 천도는 배우고 알기도 어렵다. 그러나 더 어려운 것은 도를 행해서 덕을 세우는 일이다. 그러기 위해서는 학문과 지식이 참되고 마음속에 깊이 터득되어야 하고, 또 다른 악덕한 유혹이 없어야 한다. 한 예를 들고 생각해보자. 「부모에게 효도해야 한다.」 좋은 말이다.

(3) 오늘의 지식인들은 공자의 말을 듣지도 않으려고 한다. 뿐만 아니라 설사 들어도 모른 척한다.

(4) 이유는 다름이 아니다. 욕심을 채우기 위해 돈만 알고, 또 육체

적·관능적 쾌락에만 골몰하고 있기 때문이다.

(5) 공자의 가르침을 깊이 배우고 깨달아야 한다. 그래야 선악시비
(善惡是非)를 바르게 알게 된다.

7-4 : 경문 한글 풀이

**선생님이 쉬고 계실 때의 모습은 느긋하고, 또
품이 온화하시다.**

子之燕居 申申如也 夭夭如也.

[덕인(德人)의 온화(溫和)]

사람은 속마음이 착하면 겉으로 나타난다. 용모와 태도도 선량하게
보인다. 그와 마찬가지로 정신적·도덕적으로 높고, 또 수양과 덕
(德)이 넘치면 밖으로 나타난다. 즉 언어, 행동 및 태도가 천도(天
道)에 맞고, 또 중화(中和)를 이룬다. 이런 경지에 이른 사람이 곧
성인(聖人)이다. 한가하게 쉴 때에도 느긋하고 화락(和樂)하게 보
인다.

7-5 : 경문 한글 풀이

**공자가 말했다. 「심히 노쇠했구나. 오랫동안 꿈
에서 주공을 보지 못했노라.」**

子曰 甚矣 吾衰也 久矣 吾不復夢見周公.

[행도지성(行道至誠)]

다음같이 요약할 수 있다. 도(道)는 사람에 의해서 현실적으로 실현

되어야 한다. 노쇠하거나 사망하면 도를 행할 수 없다. 지성감천(至誠感天)이라 했다. 도에 대한 열성이 넘치면 몽매간(夢寐間)에도 나타난다. 즉 꿈에도 나타나고 현실로도 노력하게 된다. 진리(眞理), 이상(理想), 열성(熱誠)도 사람이 살아서 구현(具現)되게 마련이다. 공자는 맹목적으로 옛날의 주공(周公)을 꿈꾸고 도를 따르려고 한 것이 아니다. 주공이 도를 따라 주(周)나라의 예악(禮樂)과 문물제도를 창건(創建)했기 때문이다.

[은주혁명(殷周革命)]

(1) 주공에 의해서 이루어진 「은주혁명(殷周革命)」의 뜻을 알아야 한다.

(2) 은(殷 : B.C. 1766~1122)나라 말기와 주(周)나라 초기는 다 같은 노예제도였다. 은나라나 주나라는 다 같이 군주(君主)와 천명(天命)을 따르는 통치(統治)를 했다. 그러나 통치의 내용면에서는 크게 차이가 난다.

(3) 은나라는 주술적(呪術的) 점복(占卜) 및 미신적(迷信的) 통치를 하고, 안하무인격으로 무도한 폭정을 펴고 백성을 학대하고, 또 순사(殉死)를 강요했다. 고로 임금과 백성은 분리되어 있었다.

(4) 특히 주공 이후의 주나라에서는 도와 천명을 따랐다. 즉 하늘은 「덕 있는 사람에게 천명을 내려 백성을 다스리게 한다」 「임금이 덕을 잃으면 하늘은 천명을 거두고 덕 있는 다른 사람에게 내린다」고 해석했다.

(5) 은나라의 맹목적 신권통치가 「주나라의 합리적·도덕적·문화적 덕치」로 개혁되었던 것이다.

(6) 한편 사회 질서와 신분의 위계를 유지하기 위해서 하늘의 도리를 바탕으로 여러 가지 문물제도를 제정했다. 그러므로 공자가 주공의 발전적 의식과 업적을 높이 평가한 것이다.

7-6 : 경문 한글 풀이

공자가 말했다. 「도에 뜻을 두고, 덕에 의지하고, 인에 의지하고, 육예를 익힌다.」

子曰 志於道 據於德 依於仁 游於藝.

[생사(生死)와 천명(天命)]

사람은 제멋대로 태어나거나 또는 죽지 못한다. 깊이 생각하면 천지 만물을 주재하는 하늘에 의해서 주어진다는 것을 알 수 있다. 공자의 제자 자하(子夏)가 말했다. 「저는 들은 바 있습니다. 『생사는 천명으로 주어지고, 부귀는 하늘에 매여 있다. 군자가 몸가짐을 경건히 하고 도를 따라 일을 실수없이 처리하고, 또 남에게 공손하고 예절바르게 대하면 사해 안의 모든 사람이 형제가 된다.』(子夏曰 商聞之矣 死生有命 富貴在天 君子敬而無失 與人恭而有禮 四海之內 皆兄弟也)」＜제12. 안연편-5＞

[공자의 천도관(天道觀)]

(1) 모든 사람은 하늘에 의해서 태어나 산다. 그러므로 절대선인 하늘의 도리를 따라야 한다. 단 오해하면 안 된다. 공자나 유교의 천도관(天道觀)은 숙명론(宿命論)이 아니다. 공자가 말하는 「천(天)과 천도(天道)」는 「다른 종교에서 내세우는 살아있는 하나님

의 말씀이나 절대 진리 같은 것」보다 한층 이성적이고 철학적이다.

(2) 공자가 강조하는 천도는 곧 우주 천지의 운행을 살피고, 또 인류역사를 통해서 터득한 이성적(理性的) 도리 및 자연법칙과 같은 것이다. 이와 같은 공자의 천도의 뜻을 바르게 알아야 논어를 바르게 이해할 수 있다.

[도(道) · 덕(德) · 인(仁) · 예(藝)]

「지도(志道), 거덕(據德), 의인(依仁), 유예(游藝)」의 뜻을 나누어 설명하겠다.

(1) 지도(志道) : 개인이나 국가나 절대선의 도를 따르겠다는 뜻을 세워야 한다.

(2) 거덕(據德) : 그래야 마음속에 덕성(德性)을 바탕으로 입덕(立德)하고 덕치(德治)를 하게 된다. <＊ 반대가 동물적 수심(獸心)이나 이기심(利己心)을 바탕으로 한 악(惡)을 저지르게 된다.>

(3) 의인(依仁) : 사람은 서로 어울려 공동생활을 하게 마련이다. 가정, 국가 및 인류 세계가 다 공동체다. 공동체를 구성하는 모든 사람이 서로 사랑하고 협동해서, 함께 잘사는 공동체를 만들어야 한다. 그 바탕이 인(仁)이다. 인(仁)을 바탕으로 실천하는 것을 「의인(依仁)」이라 한 것이다.

(4) 유예(游藝) : 천도(天道)에 뜻을 두고, 덕성(德性)을 근거로 하면, 자연히 서로 사랑하는 인(仁)의 삶을 살게 마련이다. 그러나 실제 생활에 있어서는 육예(六藝)를 잘 활용해야 아름답고 능률적 삶을 살게 된다. <＊육예 : 「예(禮), 악(樂), 사(射), 서(書), 어(御), 수(數)」. 군자(君子)의 필수 교양>

[개인과 국가]

(1) 개인적 차원에서나 국가적 차원에서나 네 가지를 단계적으로 높이고 실천해야 한다. 도는 크게는 절대선의 하늘의 도리, 선왕(先王)의 덕치(德治)의 도리, 가까이는 주공(周公)의 예치(禮治)의 원리와 문물제도이다. 이상은 인정(仁政)과 덕치(德治)에 참여할 군자(君子)나 선비가 지녀야 할 기본이다.

(2) 「도(道)·덕(德)·인(仁)·예(藝)」의 넷은 「핵심목표와 실천과정」을 포괄한다. 즉 먼저 도의 달성을 목적으로 삼고, 도를 따라 덕을 세워야 한다. 덕을 세우기 위해서는 인(仁)에 의지하고, 문화적인 행동인 육예(六藝)를 통해서 실현해야 한다. <* 무력이나 권모술수를 가지고 남을 위협하거나 속이는 정치는 악덕이다.>

7-7 : 경문 한글 풀이

공자가 말했다. 「속수 이상을 바친 사람에게, 나는 가르치지 않은 일이 없다.」

子曰 自行束脩以上 吾未嘗無誨焉.

[참고 주소 선역]

수(脩)는 마른 육포(肉脯)다. 육포 열 줄을 묶은 것을 속(束)이라 한다. 옛날에는 스승을 뵈올 때, 반드시 폐백을 바치고 예를 표했다. 속수는 적은 예물이다.(脩脯也 十脡爲束 古者相見 必執贄以爲禮 束脩其至薄者)

[지성선사(至聖先師)]

「물리지 않고 더욱 노력하고 배운다. 남을 가르치고 깨우치는 데 게으르지 않는다.(學而不厭 誨人不倦)」<제7. 술이편-2> 맹자(孟子)에 있다. 「학불염(學不厭)은 지(智)다. 교불권(敎不倦)은 인(仁)이다. 인(仁)과 지(智)를 겸했으니, 공자는 이미 성인(聖人)이시다.」<공손추 상> 배워야 선악(善惡)을 분별하고, 또 악(惡)을 멀리하고 선(善)을 따르고 행할 수 있다.

7-8 : 경문 한글 풀이

공자가 말했다. 「배워서 알고자 분발하지 않으면 계발해주지 않고, 표현하지 못해 더듬거리거나 답답해하지 않으면 말을 일러주지 않고, 또 하나를 가르치면 나머지 셋을 들어낼 만큼 반응하지 않으면, 더는 가르치지 않는다.」

子曰 不憤不啓 不悱不發 擧一隅 不以三隅反 則不復也.

[참고 주소 선역]

정자(程子)가 말했다. 「분비(憤悱)」는 「<배워 알고, 또 표현하려는> 성의가 안색과 언사에 나타난 품이다.」「<그와 같이> 성의가 지극한 다음에 알려주어야 한다. 또 알려준 다음에는 반드시 스스로 터득하기를 기다린 다음에 다시 가르쳐 주어야 한다.」또 말했다. 「<배우는 사람이> 분비하지 않는데 <선생이 미리> 말해주면, <배우는 사람의 지식과 능력이> 견고할 수 없다. 분비한 다음에 밝히고 알려주어야 지능(知能)이 세차게 넘쳐날 것이다.」

[분비 선의(憤悱誠意)]

(1) 동물적 삶은 배우지 않아도 저절로 할 수 있으며, 또 발달한다. 그러다가 점차로 노쇠하고 시들게 마련이다.

(2) 그러나 천도를 깨닫고 실천하고, 또 거룩한 삶을 살기 위해서는 정성과 노력을 기울여 열심히 배우고 수양해야 한다.

(3) 그와 같은 노력과 정성의 시발이 분비(憤悱)다. 분비는 곧 「나도 배우고 훌륭한 사람이 되겠다고 분발하고, 또 학문이나 실천이 뜻대로 이루어지지 않는다고 안타까워하는 품이다.」

(4) 공자는 아무나 군자가 되게 가르치지 않았다. 스스로 배우고 분비하는 사람, 그리고 최소한의 예를 갖춘 학생을 모아서 가르쳤다. 공자는 신분이나 재물을 보지 않았다. 평민이나 빈천해도 분비하고 지성으로 배우고자 하는 사람을 제자로 삼았다.

7-9 : 경문 한글 풀이

공자께서는 상을 당한 사람 곁에서는 포식하지 않으셨다. 또 공자께서는 곡을 하신 날에는 노래하지 않으셨다.

子食於有喪者之側 未嘗飽也 子於是日 哭則不歌.

[성정지정(性情之正)]

(1) 공자는 남의 상사(喪事)에 조문(弔問) 가시면, 진심으로 애도하고 곡을 하셨다. 그리고 곁에서는 음식을 배부르게 먹지 않으셨으

며, 또 그날은 노래도 안 부르셨다.

(2) 사씨(謝氏)는 주에서 「성정(性情)이 바르다.(正)」라고 말했다. 성(性)은 본성(本性)이고, 정(情)은 감성(感性)이다. 성리학(性理學)에서는 「이성(理性)을 본연지성(本然之性), 감성(感性)을 기질지성(氣質之性)이라고 한다.」「본연지성은 하늘의 도리를 깨닫고 실천할 수 있는 인간의 숭고한 본성이다.」「기질지성은 육체적 생존의 본능성과 감각적 감정을 다 포함한 말이다.」

(3) 「성정지정(性情之正)」은 곧 「정신과 육체를 조화해야 한다. 고로 이성과 감성을 조화해야 한다.」

7-10 : 경문 한글 풀이

공자가 안연에게 말했다. 「알아서 써주면 나가서 도를 행하고, 버리면 물러나 은퇴한다. 아마 나하고 자네만이 그렇게 할 수 있으리라.」 자로가 나서서 「선생님께서 삼군을 부리시는 경우에는 누구와 함께하시겠습니까.」 하고 물었다. 공자가 대답했다. 「맨주먹으로 범을 잡으려 하고, 맨발로 강물을 건너가려 하다가, 죽어도 뉘우치지 않는 그런 무모한 자와는 함께하지 않겠다. 일처리에 앞서 겁낼 줄 알고, 또 잘 도모해서 반드시 성사시키는 그런 사람과 함께하겠다.」

子謂顔淵曰 用之則行 舍之則藏 惟我與爾有是夫.

子路曰 子行三軍 則誰與 子曰 暴虎馮河 死而無悔者
吾不與也 必也臨事而懼 好謀而成者也.

[용행사장(用行舍藏)과 만용(蠻勇)]

(1) 한 토막의 막간극과 같다. 공자가 사랑하는 안연(顔淵)과 자로
(子路)와 자리를 같이하고 있었다. 그리고 묵묵히 덕을 실천하는
안연에게는 더없을 정도로 칭찬했다.

(2) 그리고 과감한 행동파인 자로에게는 무안할 정도로 핀잔을 주
면서 깨우치고자 한 것이다.

(3) 안연에게 말한 「용행사장(用行舍藏)」은 성인의 경지다. 공자가
안연에게 「너는 성인의 경지에 도달했다」고 칭찬한 것이다. 그러자
성미가 급하고 용맹을 자랑하는 자로가 나서서 엉뚱한 가설을 내걸
고 자기 자랑을 유도하려고 했다. 즉 「대군을 동원하는 경우에는
저를 앞세우실 것이 아닙니까.」하고 자신만만하게 나선 것이다. 그
러나 공자는 핀잔을 주면서 그를 깨우치려고 했다. 「맨주먹으로
범을 잡으려 하고, 맨발로 강물을 건너가려 하다가 죽어도 뉘우치
지 않는 그런 무모한 자(暴虎馮河 死而無悔者)」는 안 된다. 설사
전쟁을 해도, 「큰 일을 앞에 두고 겁낼 줄 알고, 신중하게 계획을
세워서 반드시 성공하게 하는 그런 사람과 함께하겠다.(必也 臨事
而懼 好謀而成者)」고 따끔하게 핀잔을 줌으로써 자로에게 신중하
고 자중할 것을 깨우쳐준 것이다.

(4) 논어에 또 있다. 「공자가 말했다. 『도가 이루어지지 않으니,
뗏목을 타고 바다에 뜰까 한다. 이때 나를 따를 자는 자유일 것이다.』
자로가 이 말을 듣고 기뻐했다. 그러자 공자가 말했다. 『유는 용맹

을 좋아함이 나보다 더하다. 그러므로 사리를 바르게 재량하지 못
한다.』(子曰 道不行 乘桴 浮于海 從我者 其由與 子路聞之 喜 子曰
由也 好勇過我 無所取材)」<제5. 공야장편-7>

(5) 도가 행해지지 않는 현실에 실망한 공자가 가설적인 농담을
자로와 주고받았다. 그러면서 지나치게 용맹하고 사려가 깊지 못한
자로를 은근히 훈계했다. 서로 믿는 사이이기에 극단적인 가설을
내걸고 농담조로 가르칠 수 있었던 것이다.

<* 반전(反戰) : 자위(自衛), 정의(正義)의 성전(聖戰)이다.>

7-11 : 경문 한글 풀이

**공자가 말했다. 「<도에 맞게> 부를 얻는다면 나
도 역시 말채찍을 드는 일도 하겠다. 얻으면 안
된다면, 나는 좋아하는 바를 따르겠다. <즉 안빈
낙도하겠다>」**

子曰 富而可求也 雖執鞭之士 吾亦爲之 如不可求 從
吾所好.

[난세(亂世)와 안빈낙도(安貧樂道)]

(1) 군자(君子)는 도(道)를 따르고 행해야 한다. 그리고 인간의 착
한 본성인 인심(仁心)을 바탕으로 모든 사람에게 인덕(仁德)을 베
풀어야 한다.

(2) 개인적 차원에서는 수기(修己), 가정적 차원에서는 효제(孝弟)
를 바탕으로 제가(齊家)해야 한다. 국가적 차원에서는 경세제민(經
世濟民)하고 세계적 차원에서는 인류대동(人類大同)해야 한다.

(3) 공자는 「<가난해도 즐거움이 있다.> 의롭지 못하게 부귀를 누리는 것을, 나는 뜬구름처럼 여긴다.(不義而富且貴 於我如浮雲)」 <제7. 술이편-15>라고 말했다. 즉 도를 어기고 악덕하게 권력을 잡고 부귀영화를 누리는 것을 반대한 것이다.

(4) 「나라에 도가 없는데, 부귀를 누리는 것은 창피한 노릇이다.(邦無道 富且貴焉 恥也)」 <제8. 태백편-13>라고도 했다.

(5) 도가 행해지는 바른 세상에서는 사회참여를 하고 공을 세워서 돈도 벌고, 또 이름도 내야 한다. 학덕(學德)을 겸비(兼備)한 군자의 사명과 가치는 「수제치평(修齊治平)」에 있다.

7-12 : 경문 한글 풀이

공자께서 신중하게 여기신 일은 재계와 전쟁과 질병이었다.

子之所愼 齊戰疾.

[재(齊)＝재(齋), 전(戰), 질(疾)]

(1) 재(齊) : 「같게 한다는 뜻」이다. 제사를 지내기에 앞서 신명(神明)과 같지 않은 마음이나 생각을 신명과 같게 해야 한다. 그래야 신명과 교감한다.

(2) 사람은 육체적 삶을 살게 마련이다. 단 천지(天地)나 선조(先祖)의 신령(神靈)은 영적(靈的)인 존재다. 그러므로 제사를 지내고 교감(交感)하려면, 나도 정신적·영적으로 정결해야 한다. 고로 제사에 앞서 목욕재계(沐浴齋戒)하고 정성을 들여야 한다. 「재(齊)와

재(齋)」는 통한다.

(3) 전(戰) : 무도한 임금이 벌이는 침략전쟁(侵略戰爭)은 죄악이다. 불가피하게 벌이는 방어전쟁(防禦戰爭)도 많은 사람의 생사와 국가의 존망이 걸렸다. 신중하게 해야 한다.

(4) 질(疾) : 질병(疾病)은 인간의 생사와 존망이 걸려 있다. 그러므로 조심하고 병에 걸리지 않도록 조심해야 한다. 그 바탕은 정신적으로 도(道)를 따라 사는 것이다.

7-13 : 경문 한글 풀이

공자께서 제나라에 계실 때, 〈순임금의 덕을 칭송한〉 소(韶) 음악을 듣고, 석 달 간 고기맛을 잊으셨다. 그리고 말했다. 「음악이 이렇게 훌륭한 경지에 이르리라고는 생각도 못했다.」

子在齊聞韶 三月不知肉味 曰 不圖爲樂之至於斯也.

[진미진선(盡美盡善)]

「제3. 팔일편-25」에서 「공자는 소(韶) 음악을 말했다. 진선진미하다.(子謂韶 盡美矣 又盡善矣)」라고 하였다.

7-14 : 경문 한글 풀이

염유가 「선생님은 위나라 임금을 도우실까요.」 하고 묻자, 자공이 「글쎄, 내가 물어보지.」하고

들어가 공자에게 「백이와 숙제는 어떠한 사람입니까.」하고 물었다. 이에 공자가 「옛날의 현인이다.」라고 대답하자, 자공이 다시 「그들은 원망했습니까.」하고 물었다. 공자가 말했다. 「인을 얻으려 했다가 인을 얻었거늘, 어찌 원망했으랴.」 자공이 나와서 염유에게 말했다. 「선생님은 위나라 임금을 돕지 않으실 거다.」

冉有曰 夫子爲衛君乎 子貢曰 諾 吾將問之 入曰 伯夷叔齊何人也 曰 古之賢人也 曰 怨乎 曰 求仁而得仁 又何怨 出曰 夫子不爲也.

[괴외(蒯聵)와 그의 아들 첩(輒)]

(1) 공자가 나이들어 여러 나라를 주유(周遊)했을 때, 자주 들른 나라가 위(衛)나라였다. 위나라의 임금 영공(靈公)은 늙고 어리석고, 또 확고한 신념이 없었다. 그래서 겉으로는 공자를 존경하고 잘 대접했으면서도, 실제로는 남의 말에 미혹되어 공자를 등용하고 덕치를 펴지 못했다.

(2) 특히 영공은 미인이면서 난잡하다고 소문이 자자한 왕비 남자(南子)에게 미혹되어 국사를 망쳤다.

(3) 괴외(蒯聵)는 영공(靈公)의 적자(嫡子)로 일찍이 태자(太子)가 되었다. 그러므로 그는 평판이 나쁜 남자를 살해하려고 했다. 그때가 대략 기원전 496년이다. 그러나 실패하고 괴외는 송(宋)나라와 진(晉)나라로 도망갔다.

(4) 영공이 죽자, 위나라 사람들은 영공의 손자 첩(輒)을 임금 자리에 앉혔다. 그때가 기원전 493년이다. 그가 곧 출공(出公)이다. 그러자 아버지인 괴외가 돌아와서 자기 아들에게 임금 자리를 내놓으라고 강요했다. 그러나 아들 첩, 즉 출공은 거절하고 무력으로 아버지를 막았다.

(5) 당시 공자와 제자들은 위나라에 있었다. 그래서 제자 염유(冉有)가 자공(子貢)에게 물었던 것이다. 이에 자공이 선생에게 직접 물을 수가 없어서 백이(伯夷)와 숙제(叔齊)를 예로 들고 물은 것이다. 이에 공자는 백이와 숙제는 원망도, 후회도 하지 않았다고 말했다. 그것은 인도(仁道)를 따라 인(仁)을 했다는 뜻이다. 이에 자공은 「아버지를 제쳐놓고 임금노릇을 하는 아들을 인정하거나 돕지 않는다」고 결론을 내린 것이다.

(6) 그후, 부자간에 싸움이 벌어졌고 결국은 괴외가 위나라의 임금이 되었다. 그가 곧 장공(莊公)이다. 한편 아들 첩은 노(魯)나라로 망명했으며, 기원전 478년에 아버지 장공을 쫓아내고 다시 위나라 임금이 되었다. 부자간의 싸움을 공자는 좋게 보지 않았다.

[백이(伯夷)와 숙제(叔齊)]

(1) 백이(伯夷)와 숙제(叔齊)는 서로 왕의 자리를 양보하고 저마다 자기 나라를 뒤로하고 주(周)나라로 갔다. 문왕(文王)이 어질고 늙은이를 잘 돌본다는 말을 듣고, 간 것이다.

(2) 그러나 이미 문왕은 죽고 아들 무왕(武王)이 무력으로 은(殷)나라를 토벌하려고 출동하고 있었다.

(3) 이에 백이와 숙제는 무왕의 말고삐를 잡고 말리려 했다. 그러자

무왕의 무사가 그들을 베려 하였다. 여상(呂尙) 태공망(太公望)이
「그들은 의인(義人)이다.」라고 하여 구해주었다. 그러나 그들은 결
국 수양산(首陽山)에 들어가 굶어 죽었다.

7-15 : 경문 한글 풀이

**공자가 말했다.「잡곡밥을 먹고 물을 마시고, 팔
을 굽혀 베개삼고 〈살아도〉, 그 속에 즐거움이
있다. 의롭지 않게 부를 누리고 귀한 자리를 차지
하는 것은, 나에게는 뜬구름과 같다.」**

子曰 飯疏食 飮水 曲肱而枕之 樂亦在其中矣 不義 而
富且貴 於我如浮雲.

[수심(獸心)과 도심(道心)]

(1) 천도(天道)를 따르고 행하는 마음을 도심(道心)이라 한다. 사람
은 천생(天生)으로 「도를 따르고 행하는 착한 마음이 있다.」

(2) 도(道)가 행해지는 좋은 세상에서는 도덕적이고 선량한 사람이
부귀(富貴)를 누리게 마련이다. 반대로 무도(無道)하고 타락한 난
세(亂世)에서는 악덕한 사람들이 부귀를 가로채게 마련이다.

(3) 천도의 뜻을 다시 깊이 생각해보자. 하늘(天)은 시간과 공간을
초월한 절대(絶對)다. 우주 천지 자연 만물은 하늘에 의해서 창조되
고, 또 생명을 내려받음으로써 살고 번식한다.

(4) 사람의 경우 남성과 여성이 어울려 짝짓기를 함으로써 아들딸
을 낳고 대(代)를 이어가면서 더욱 발전한다. 즉 역사와 문화를
계승 발전하고 있는 것이다.

(5) 이와 같은 도리가 바로 천도다. 그러나 무식하고 우매한 사람은 천도를 모른다. 다만 동물적 본능과 이기적 욕심 및 관능적 쾌락만을 채우려고 온갖 악덕을 자행한다. 그러므로 개인이나 국가나 싸우고 쟁탈하는 것이다. 이러한 악덕한 마음을 수심(獸心)이라고 한다. 오늘의 세계가 바로 악덕세계다.

(6) 참으로 인류대동(人類大同)의 평화세계(平和世界)를 창건하기 위해서는 세계의 모든 지식인이 절대선의 천도를 실천해야 한다. 그 전제가 수심을 버리고 도심 및 인심을 되찾아야 한다.

7-16 : 경문 한글 풀이

공자가 말했다. 「내가 몇 년만 더 있다가, 쉰 살에 역경을 배운다면 크게 잘못이 없을 것이다.」

子曰 加我數年 五十以學易 可以無大過矣.

[참고 주소 선역]

주자의 말 : 나는 다음같이 생각한다. 이 장의 말을 사기(史記) 공자 세가(孔子世家)에는 「가아수년 약시 아어역 즉빈빈의(假我數年 若是 我於易 則彬彬矣)」라고 적었다.

즉 가(加)를 가(假)로 썼고, 또 오십(五十) 두 글자가 없다. 아마 그때의 공자는 나이가 70세였을 것이다. 그러므로 <경문에서> 오십이라고 쓴 것은 잘못임이 틀림없다.

「역(易)을 배우면 길흉소장(吉凶消長)의 이치나 진퇴존망(進退存亡)의 도리를 밝힐 수 있을 것이다. 고로 큰 허물이 없게 될 것이다.」라고 말한 것이다.

[공자와 역(易) 연구]

(1) 당시 많은 사람들이 역(易)으로 서점(筮占)을 쳤다. 공자는 점치는 것을 인정하지 않았다. 그러나 역 속에 담겨진 우주의 심오한 도리를 학문적으로 연구하고자 했다.

(2) 이와 같은 뜻을 반영한 것이 집주(集註)와 대전비지(大全備旨)의 풀이다. 그래서 「가(加)를 가(假)」「오십(五十)을 졸(卒)」로 보았다. 한편 사기(史記) 공자세가(孔子世家)에도 「가아수년(假我數年) 약시(若是) 아어역(我於易) 즉빈빈의(則彬彬矣)」라고 있다. 이는 즉 「나에게 몇년만 더 나이를 빌려준다면, 나는 끝내 역을 깊이 연구할 것이다. 그래서 결국 큰 허물없이 역에 담겨진 하늘의 깊은 도리를 밝혀낼 것이다」라는 뜻이다.

(3) 이 말은 공자 만년(晩年)에 한 말일 것이다. 공자는 원래 다른 사람들이 역으로 점치는 것을 찬성하지 않았다. 그러나 공자도 역 속에 우주적 법칙이 담겨 있는 것을 잘 알았다. 그래서 「역을 배우면 우주의 진리를 알 수 있다」라고 말한 것이다. 사실 공자는 만년에 「역경(易經) 계사전(繫辭傳)」을 저술했다.

7-17 : 경문 한글 풀이

공자가 말했다. 「시(詩)와 서(書)를 잘 배우고, 또 예(禮)를 잘 지키고 행하라.」 배우고 행하라고 말했다.

子所雅言 詩書執禮 皆雅言也.

[참고 주소 선역]

정현(鄭玄)은 다음같이 말했다. 「선왕의 전법을 읽을 때는 반드시 바른 음으로 읽어야 비로소 뜻이 온전하게 된다. 그러므로 기피하면 안 된다. 예는 읽지 않는다. 그래서 집이라 했다.(讀先王典法 必正言其音 然後義全 故不可有所諱 禮不誦 故言執)」

7-18 : 경문 한글 풀이

섭공이 자로에게 공자의 사람됨을 물었으나, 자로가 대답하지 않았다. 그러자 공자가 자로에게 말했다. 「자네 왜, 말하지 않았나. 이렇게 말할 것이지. 『그분은 분발하면 먹는 것도 잊고, 도를 즐김으로써 모든 근심을 잊으며, 늙는 것조차 알지 못한다.』」

葉公問孔子於子路 子路不對 子曰 女奚不曰 其爲人也 發憤忘食 樂以忘憂 不知老之將至云爾.

[발분(發憤) 망식(忘食) 망우(忘憂)]

공자의 학문과 구도(求道) 정신을 표현한 구절이다. 「발분망식(發憤忘食)」은 「도를 터득하고자 학문에 분발한다는 뜻」이다. 「낙이망우(樂以忘憂)」는 「안빈낙도(安貧樂道)」이다. 학문을 통해 도를 터득하고 도를 따르면, 「낙이망우」한다. 이는 곧 「조문도 석사가의(朝聞道 夕死可矣)」와 같은 것이다.

7-19 : 경문 한글 풀이

공자가 말했다. 「나는 나면서부터 모든 것을 알지 못했다. 옛것을 좋아하고 부지런히 공부해서 모든 것을 알게 된 것이다.」

子曰 我非生而知之者 好古敏以求之者也.

[민이구지(敏以求之)]

(1) 공자는 말했다. 「사람의 본성은 다 비슷하다. 학습에 따라 서로 다르게 된다.(性相近也 習相遠也)」 <제17. 양화편-3>

(2) 「나는 나면서부터 모든 것을 안 사람이 아니다.」 그러므로 「옛것을 부지런히 배워야 한다.」

(3) 공자는 또 말했다. 「나는 옛것을 기술하고, 새로 만들지 않았다. 옛것을 믿고 배우기를 좋아했다.(述而不作 信而好古)」 <제7. 술이편-1> 「묵묵히 깨닫고, 물리지 않고 배우고, 열심히 가르친다.(默而識之 學而不厭 誨人不倦)」 <제7. 술이편-2>

7-20 : 경문 한글 풀이

공자는 『괴이(怪異), 무력(武力), 난동(亂動), 귀신(鬼神)』에 관한 말씀을 하지 않으셨다.

子不語 怪力亂神.

[괴력난신(怪力亂神)]

(1) 공자 사상의 핵심은 「합리적 인본주의 및 역사적 사실주의」다.

공자의 이상은 학문으로 천도를 깨닫고 만민을 잘살게 하는 인정(仁政)과 덕치(德治)다. 더 나아가서는 인류의 대동세계를 창건하는 것이다. 그 핵심은 「인(仁)」이다. 「인(仁)」의 뜻은 오늘의 말로 「사람과 사람이 서로 사랑하고 협조하여 함께 잘사는 공동체를 만드는 덕행(德行)이다.」

(2) 이는 곧 「현실적·합리적·이성적·실용적 인본주의(人本主義: 휴머니즘)」라 하겠다. 동시에 공자는 덕치(德治)의 전통(傳統)과 역사발전을 높였다. 그러므로 고대의 주술적(呪術的) 신권통치(神權統治)를 혁파하고 인본주의적 도덕정치를 실천한 주공(周公)의 예치(禮治)를 높였다. 공자는 「괴력난신(怪力亂神)」을 철학에서 배제했다.

7-21 : 경문 한글 풀이

공자가 말했다. 「세 사람이 가면, 그 중에 반드시 나의 스승 될 사람이 있게 마련이다. 그 사람의 좋은 점을 골라 따르고, 좋지 않은 점은 거울삼아 고치도록 하노라.」

子曰 三人行 必有我師焉 擇其善者而從之 其不善者而改之.

[종선(從善)과 개악(改惡)]

남의 선(善)을 따라 배우고, 남의 악(惡)을 보면 스스로 반성하고 고친다. 그러므로 누구에게나 배울 수 있다. 자공(子貢)이 다음 같은 말을 했다. 「공자님은 <그 누구에게나> 안 배우신 일이 없습니다. 또 일정한 선생도 없습니다.(夫子焉不學 而亦何常師之有)」
<제19. 자장편-22> <* 속인(俗人)들은 악행(惡行)만을 따라한
다.>

7-22 : 경문 한글 풀이

공자가 말했다. 「하늘이 덕을 살리라는 〈명을〉
나에게 내렸거늘, 환퇴가 어찌 나를 해치겠는가.」

子曰 天生德於予 桓魋其如予何.

[환퇴(桓魋)의 위협]

사마천(司馬遷)은 사기(史記) 공자세가(孔子世家)에서 다음같이
기술했다. 「공자가 조(曹)나라를 지나 송(宋)나라로 가는 도중 제
자들과 함께 큰 나무 밑에서 예를 실습하고 있었다. 그때 송나라
사마(司馬) 환퇴(桓魋)가 나타나 나무를 뿌리째 뽑고, 공자를 살해
하려고 했다. 제자들이 피하라고 하자, 공자가 이와 같이 말했다.」
<* 공자 나이 58세, 노애공(魯哀公) 1년(B.C. 494) 때의 일이다.>

[천(天)의 깊은 뜻]

여기서 공자가 말한 「천(天)」의 뜻을 바르게, 또 깊이 알아야 한다.
「천생덕어여(天生德於予)」를 직역하면 「하늘이 덕을 나에게 살게
했다」라는 뜻이 된다. 이를 재래에는 「나는 천생(天生)으로 덕을
지니고 태어났다」로 풀이했다.

그러나 이러한 「유신론적(有神論的) 해석」은 공자사상에 맞지 않
는다.

여기서는 「천생덕어여」를 「하늘이 나로 하여금 세상에 덕을 살아
나게 하라고, 나에게 천명(天命)을 내리고, 또 사명(使命)을 주었다」
는 뜻으로 풀어야 한다.

7-23 : 경문 한글 풀이

**공자가 말했다. 「자네들은 내가 무엇을 숨기고 있
다고 생각하는가. 나는 숨기는 것이 없네. 내가
하는 일로써 자네들과 같이 하지 않는 것이 없네.
나는 바로 그런 사람일세.」**

子曰 二三子 以我爲隱乎 吾無隱乎爾 吾無行而不與
二三子者 是丘也.

[오무은(吾無隱)]

(1) 공자의 가르침은 다름이 아니다. 제자들로 하여금 도를 깨닫고
스스로 행하게 하는 것이다. 그러므로 공자는 철학적인 말을 하지
않고, 말없이 언행(言行)을 보여주었다.

(2) 그러나 성인 공자의 언행은 너무나 높고 원대했다. 그래서 제자
들이 혹 「신비로운 비법(秘法)을 알고 싶어할까」 해서 이렇게 말한
것이다.

(3) 대전주소(大全註疏)에서 범양 장씨(范陽 張氏)는 다음같이 풀
이했다. 「하늘은 말이 없으나 춘하추동(春夏秋冬) 사계절을 운행하
고 그에 따라 만물을 살고 번식하게 한다. 고로 자연 만물이 봄에
살아나고, 여름에 성장하고, 뿌리를 내리고 나뭇가지나 잎이 무성

한 것 모두가 천리(天理)에 바탕을 둔 것이다.」

(4) 그와 같이 공자는 제자에게 말없이 행동함으로써 천도 천리를 스스로 깨닫고 따르게 하려고 한 것이다.

7-24 : 경문 한글 풀이

공자는 네 가지를 가르치셨다. 「학문, 덕행, 충성 과 신의」다.

子以四敎 文行忠信.

[사교(四敎)]

(1) 공자는 군자(君子)를 교육함에 있어 네 가지를 중시했다. 즉 「문행충신(文行忠信)」의 사교(四敎)다.

(2) 문(文)은 학문이나 책이다. 헹(行)은 실천이다. 충(忠)은 충성 성실(忠誠誠實), 신(信)은 신용성실(信用誠實)이다.

(3) 종합적으로 말하면 수기(修己)와 인덕(仁德) 실천이다.

7-25 : 경문 한글 풀이

공자가 말했다. 「성인(聖人)을 만나볼 수 없으면 군자라도 만나볼 수 있으면 좋겠다.」 「선인(善 人)을 만나볼 수 없으면, 항심(恒心) 있는 사람이 라도 만나볼 수 있으면 좋겠다.」 「그들은 없으면 서도 있는 체하고, 비었는데도 가득 차있는 것같 이 하고, 백성을 조이면서 태연한 척하고 있다.

항심 있는 사람 만나기가 참으로 어렵구나.」

子曰 聖人吾不得而見之矣 得見君子者斯可矣 〈子
曰〉善人吾不得而見之矣 得見有恒者斯可矣 亡而爲
有 虛而爲盈 約而爲泰 難乎有恒矣.

[성인 · 군자 · 선인 · 유항자(有恒者)]

(1) 공자는 「성인(聖人) · 군자(君子) · 선인(善人) · 유항자(有恒者)」 등 네 단계를 말했다.

(2) 춘추시대에는 악한 자만이 권세를 누렸다. 그래서 공자는 선인(善人)이나 항심(恒心)을 지닌 사람이라도 만나고자 했다.

(3) 공자는 「선인이 나라를 백년 간 다스리면 잔학한 자들을 억제하고, 따라서 잔인한 살상을 제거할 수 있을 것이다. 그것만으로도 좋겠다.」〈제13. 자로편-11〉라고 말했다. 그렇지 못하면 최소한 「유항자(有恒者)」라도 있어야 하겠다.

(4) 「유항자」는 「한결같은 마음, 즉 항심(恒心)을 지닌 사람」이다. 「항심을 지닌 사람」은 곧 「항상 변하지 않는 절대선의 하늘의 도리를 따르고 지키려는 마음을 품은 사람이다. 최소한 현실의 악덕과 타협하지 않는다. 또 세속적인 명리(名利)에 미혹되는 일도 없다.」
〈* 「무이위유(亡而爲有) 허이위영(虛而爲盈) 약이위태(約而爲泰)」를 「없어도 있는 척하고, 비어도 가득 찬 것같이 하고, 가난에 쪼들려도 태연자약하다」로 풀이할 수도 있다.〉

7-26 : 경문 한글 풀이

공자는 낚시는 했으나 그물질은 하지 않았다. 주

살로 잠자는 새를 쏘지 않았다.

子釣而不綱 弋不射宿.

[불강 불사숙(不綱 不射宿)]

공자는 낚시는 했으나 그물질은 하지 않았다. 주살로 잠자는 새를 잡지 않았다. 즉 불가피하게 물고기나 새를 잡아도 무참하게 하지 않았다. 하물며 사람에게는 어떻게 대해야 하는가.

7-27 : 경문 한글 풀이

공자가 말했다. 「잘 알지도 못하면서 함부로 말하고 행동하는 사람이 있다. 〈그러나〉 나는 그렇게 하지 않았다. 많이 듣고 배운 중에서도 좋은 것을 택해서 따르고 행했다. 많은 것을 보고 〈도리를〉 알고 기억하는 것이 다음가는 앎이니라.」

子曰 蓋有不知而作之者 我無是也 多聞擇其善者而 從之 多見而識之 知之次也.

[다문택선(多聞擇善)]

(1) 부지작자(不知作者) : 바르고 깊은 하늘의 도리를 알지 못하고 함부로 말하고 행동하는 사람이다. 즉 악덕한 임금이나 이단(異端)을 주장하는 사람들이다.

(2) 다문택선(多聞擇善) : 모든 학문과 역사적 전통을 다 배우고, 또 깊이 생각해서 절대선(絶對善)인 천도(天道)를 알고, 또 깊이 마음속에 간직해야 한다. 그리고 나서 따르고 행해야 한다. 그러면

인정덕치(仁政德治)를 펼 수 있다. 공자가 주장하는 바다.

(3) 다문지지(多聞識之) : 천도를 마음속에 깊이 간직하고 「입덕(立德)」하는 것이 군자의 사명이다. 그러나 그렇게는 못해도 많은 것을 보고 듣고 최소한 선악(善惡)은 분별해야 한다. 그것이 차지(次知)다. 선악도 분별하지 못하면 동물적 존재다.

<* 오늘의 세상을 보자. 한 예를 들겠다. 강대국은 무력으로 약소국을 침략하거나 지배하려고 한다. 그때 강대국에 예속하는 것을 평화 공존이라 하고, 침략자에게 반항하는 것을 테러라고 한다. 견강부회(牽强附會), 망언망동(妄言妄動)이다.>

7-28 : 경문 한글 풀이

호향 사람들은 무엇이든지 반대했으므로 함께 말하기 어려웠다. 그런데 공자가 그곳 아이를 만나자 제자들이 당황해했다. 이에 공자가 말했다. 「그 아이가 앞으로 나아가려는 것을 내가 거들어 준 것이다. 뒤로 물러나고자 하는데, 내가 거들어 준 것이 아니다. 왜 심하게 대하려고 하느냐. 사람이 자신을 청결하게 가다듬고 나오면 그 청결함을 받아주어야 한다. 잘못된 과거에 구애될 것이 없다.」

互鄕難與言 童子見 門人惑 子曰 與其進也 不與其退也 唯何甚 人潔己以進 與其潔也 不保其往也.

[성인(聖人)의 교학(敎學)]

(1) 공자는 「본인이 자진해서 배우려는 사람은 다 받아서 가르쳤다.」 「제15. 위령공편-39」에 있다. 「유교무류(有敎無類)」, 즉 「누구나 다 가르치면 도를 터득하고 군자가 될 수 있다」는 뜻이다.

(2) 「배우지 못하면 누구나 동물적 존재가 된다.」 그래서 공자는 「학이불염(學而不厭) 회이불권(誨而不倦)」이라 했다. <제7. 술이 편-2>

7-29 : 경문 한글 풀이

공자가 말했다. 「인이 멀리 있는가. 아니다. 내가 인을 바라면 당장에 인이 앞에 나타난다.」

子曰 仁遠乎哉 我欲仁 斯仁至矣.

[인(仁)은 마음에 있다]

(1) 인(仁)은 최고의 덕(德)이다. 사람들은 너무 높고 원대하여 행할 수 없다고 생각한다. 그래서 공자가 말한 것이다. 「인은 바로 내가 원하면, 당장 앞에 나타난다.」 이 말은 곧 오늘의 우리에게도 한 말이라 하겠다.

(2) 사람은 천성으로 「인심(仁心)」을 가지고 있다. 그러므로 누구나 다 인덕(仁德)을 세울 수 있다.

(3) 그런데 왜 인덕을 세우기 어렵다고 생각하는가. 그 이유는 바로 이기주의만 알고 인심이 있다는 것을 모르기 때문이다. 즉 마음속에 있는 숭고한 인을 잊고 되찾지 않기 때문이다.

7-30 : 경문 한글 풀이

진(陳)나라의 사패(司敗)가 공자에게 「노(魯)나라의 임금 소공(昭公)은 예를 아셨습니까.」하고 물었다. 이에 공자는 「아셨지요.」하고 대답했다. 공자가 물러난 다음 〈사패가〉 공자의 제자 무마기(巫馬期)에게 읍하고 앞에 오게 하고 말했다. 「내가 듣고 알기에는 군자는 편을 들지 않는다고 하였소. 그런데 군자 역시 편을 드시는구려. 소공이 오(吳)나라에서 부인을 취했으며, 성이 같으므로 오맹자(吳孟子)라고 불렀으니, 그런 소공이 예를 안다면 그 누가 예를 모르겠소.」무마기가 공자에게 말하자, 공자가 말했다. 「나는 행복하다. 잘못이 있어도 남이 반드시 알아차리는구나.」

陳司敗問 昭公知禮乎 孔子曰 知禮. 孔子退 揖巫馬期而進之 曰 吾聞君子不黨 君子亦黨乎 君取於吳 爲同姓 謂之吳孟子 君而知禮 孰不知禮. 巫馬期以告 子曰 丘也幸 苟有過 人必知之.

[자기 군주를 탓할 수 없다]

(1) 노(魯)나라 소공(昭公)은 삼환씨(三桓氏)의 세력을 제거하려다가 실패하고 제(齊)나라로 망명하여 객사한 비운의 임금이었다. 그때가 소공 25년(B.C. 517), 공자 나이 35세 때의 일이다.

(2) 오(吳)나라는 강대국이다. 소공은 오나라의 여자를 취해야 했다. 노나라와 오나라는 동성으로 같은 희(姬)성이다. 그래서 오희(吳姬)라고 할 것을 <기피하기 위하여> 오맹자(吳孟子)라고 이름을 고친 것이다. 그러나 예법에는 어긋난다.

(3) 진(陳)나라의 사패(司敗)가 <동성(同姓)을 취했다는 말을 하지 않고> 불쑥 공자에게 「소공은 예를 압니까.」하고 물었으므로 「아신다.」고 대답했다. 즉 공자는 자기 나라 임금을 두둔했다.

(4) 그러나 소공이 동성을 취했다는 점에서는 예를 안 것이 아니다. 이를 공자가 「안다」고 한 것은 편든 허물이 된다고 <공자의 제자 무마기를 통해> 지적했다.

(5) 그렇다고 공자는 「자기 임금이 예를 모른다.」고 말할 수 없었다. 그래서 「편들었다」는 허물을 수락하고 더 말하지 않은 것이다. <* 신하는 임금의 허물을 남에게 말하면 안 된다.>

7-31 : 경문 한글 풀이

공자는 남과 같이 노래를 부를 때 남이 잘 부르면 반드시 그로 하여금 다시 부르게 하고, 그 다음에 함께 맞추어 노래를 불렀다.

子與人歌而善 必使反之而後和之.

[취기선(取其善)]

남의 장점을 취해서 내 것으로 만들어야 한다. 작은 것이나 큰 것이나 좋은 것을 다 취해서 내 것으로 만들어야 한다. 남의 장점을 내가 배워야 나도 발전한다. 또 작은 것이라도 좋은 것은 내가 거둬

들이고 쌓아야 한다. 흙이 모이고 쌓이면 태산(泰山)이 된다. 적토
성산(積土成山), 세류위해(細流爲海)라고 했다.

<* 오늘에 사는 사람을 예로 들면 알기 쉽다. 사람이 하는 일은
다양하고 많다. 학문 사상, 과학 지식, 공업 생산, 금융 산업, 노동
근로, 운동 오락 및 의료 건강 등 끝없이 많다. 그 모든 것을 개인적
으로나 국가적으로나 나보다 더 잘하는 사람이나 선진국의 방법이
나 기술을 배우고 있다.>

7-32 : 경문 한글 풀이

**공자가 말했다. 「학문에 있어서는 나도 남만 못하
지 않다. 그러나 군자답게 실천하는 데는 아직 충
분한 경지에 이르지 못했다.」**

子曰 文莫吾猶人也 躬行君子 則吾未之有得.

[문(文)과 궁행(躬行)]

(1) 학문에 있어서는 남에게 뒤지지 않는다. 그러나 군자의 도를
실천함에 있어서는 아직 모자란다. 학문에 정진하는 것은 인정했
다. 그러나 성인(聖人)의 경지에는 아직 미치지 못한다고 스스로
겸손하게 말했다.

(2) 성인의 경지에는 크게 두 가지가 있다. 첫 단계는 극기복례(克
己復禮)다. 그리고 최종적으로는 인정덕치(仁政德治)를 구현(具
現)하는 것이다. 공자의 말은 「수양(修養)과 제민(濟民)」의 뜻을
겸했다고 풀이할 수 있다.

7-33 : 경문 한글 풀이

공자가 말했다. 「성인과 인자의 경지를 내가 어찌 감히 바라겠느냐. 고작해야 배우고 행하는 것을 싫어하지 않고, 또 남을 가르치는 일에 게으르지 않을 뿐이라고 말할 수 있다.」 공서화가 말했다. 「바로 그것을 제자들이 본받고 행하지 못하는 것입니다.」

子曰 若聖與仁 則吾豈敢 抑爲之不厭 誨人不倦 則可謂云爾已矣 公西華曰 正唯弟子不能學也.

[지차인 즉성(知且仁 則聖)]

(1) 앞에서도 말했다. 「자왈 묵이식지 학이불염 회인불권 하유어아재(子曰 默而識之 學而不厭 誨人不倦 何有於我哉)」 <제7. 술이편-2>

(2) 겸손하게 한 말이다. 그러나 「평생 물리지 않고 배우는 것이 지(知)이고, 게으름 피우지 않고 가르치는 것이 인(仁)이다. 지(知)와 인(仁)을 겸하니 곧 성(聖)이다.」

7-34 : 경문 한글 풀이

공자가 심하게 병을 앓자 자로가 빌자고 했다. 공자가, 「그런 도리가 있느냐.」하고 묻자 자로가, 「있습니다. 뇌문(誄文)에 위로는 천신(天神)에

게 빌고, 아래로는 지기(地祇)에게 빈다고 있습
니다.」라고 말했다. 그러자 공자가 말했다. 「그렇
다면 나는 이미 하늘에 빈 지 오래니라.」

子疾病 子路請禱 子曰 有諸 子路對曰 有之 誄曰 禱
爾于上下神祇 子曰 丘之禱久矣.

[참고 주소 선역]

(1) 「도(禱)」는 「귀신에게 빈다는 뜻이다.」 「유저(有諸)」는 「그런
도리가 있는가.」라고 물은 것이다. 「뇌(誄)」는 「죽은 사람을 애도하
고 그의 행적을 적어서 알리는 글」이다. 「상하(上下)는 천지(天地)
를 말한다. 하늘(天)을 신(神)이라 하고, 땅(地)을 기(祇)라 한다.」
「도(禱)」는 「잘못을 뉘우치고 착하게 하겠다고 맹세하면서 신의
도움을 비는 것이다.」 「그와 같이 도리에 맞게 하지 않는다면 기도
할 필요가 없다.」

(2) 「원래 그와 같이 도리에 맞게 했으니 곧 성인은 일찍이 잘못이
없으며, 또 <새삼스럽게> 착하게 할 일도 없다. 성인의 평소의
행동은 당연히 신명에 맞는다. 그래서 『나는 기도한 지 오래다』라
고 말한 것이다.」

(3) 「또 예기(禮記) 사상례(士喪禮)에 있다. 병이 급하면 오사(五
祀)에 빈다.」 「이는 곧 신하나 자식이 <임금이나 아버지가 병들었
을 때> 절박하고 간절한 정의 표현이며 어쩔 수 없이 하는 것이다.」
「먼저 앓는 사람에게 기도하라고 청하고, 나중에 자기가 기도하는
것은 아니다.」 「그러므로 공자는 자로에게 직접 거절하지 않고 다
만 기도하고 빌 일이 없다고 말한 것이다.」

[도(道)의 실천과 기도(祈禱)]

(1) 공자는 「괴력난신(怪力亂神)」을 말하지 않았다. 또 「귀신을 모시되 멀리해야(敬鬼神而遠之) 지혜롭다.」

(2) 자로가 빌자고 하자 공자가 말했다. 「나는 하늘에 기도를 드린 지 오래다.」 즉 「천지의 도리를 성실하게 행했다」는 뜻이다. 「하늘에 죄를 지으면 빌 데가 없다.(獲罪於天 無所禱)」

7-35 : 경문 한글 풀이

공자가 말했다. 「사치하면 불손해지고, 검약하면 고루하게 된다. 불손보다는 고루한 편이 낫다.」

子曰 奢則不孫 儉則固 與其不孫也 寧固.

[사(奢)와 검(儉)]

(1) 사(奢) : 경제적으로는 재물을 마냥 낭비하고 사치한다. 행동면에서는 참월(僭越)하고 남에게 거만을 떤다.

(2) 검(儉) : 경제적으로는 재물을 지나치게 절약한다. 행동면에서는 지나치게 자신을 검속(檢束)하고 고루하게 한다.

(3) 「중정(中正)의 도(道=度)」를 잃을 바에는 차라리 「사이불손(奢而不孫)」보다 「검즉고(儉則固)」가 낫다.

7-36 : 경문 한글 풀이

공자가 말했다. 「군자는 평탄하고 너그러우며, 소인은 항상 겁내고 두려워한다.」

子曰 君子 坦蕩蕩 小人 長戚戚.

[군자 탄탕탕(坦蕩蕩)]

정자(程子)가 말했다.「군자는 천리를 따라 밝고 평탄하다. 그래서 마음가짐도 넓고 몸가짐도 후덕(厚德)하다.(君子 坦蕩蕩 心廣體胖)」
<* 심광체반(心廣體胖)을 「마음가짐도 넓고 몸가짐도 후덕하다」로 의역했다.>

[군자(君子)와 소인(小人)]

(1) 군자는 천도(天道)를 따라 인정덕치를 구현하고, 또 인류의 역사 문화 발전에 선가치적(善價値的)으로 기여하는 휴머니스트(Humanist)다. 그러므로 태연자약하게 살 수 있다.

(2) 소인은 동물적·이기적 탐욕을 채우려고 안달한다. 그러므로 서로 쟁탈(爭奪)하며 때로는 악덕도 자행한다. 따라서 항상 겁을 내게 마련이다.

7-37 : 경문 한글 풀이

공자는 온순하시되 엄숙하고, 위엄이 있으시되 무섭지 않고, 공손하시되 안도감을 주신다.

子 溫而厲 威而不猛 恭而安.

[온이려(溫而厲) 위이불맹(威而不猛)]

정자(程子)는 증자(曾子)의 말이라고 했다. 증자는 공자의 수제자로 공자를 잘 알고 있었다. 그래서 공자의 위대한 성품을 이와 같이 기술했다. 공자의 인품은 중화(中和)를 얻고 성인의 경지에 도달했다.

8. 태백편(泰伯篇)

형병(邢昺)은 「태백편」의 특성을 다음같이 말했다.

예양(禮讓)하고, 인효(仁孝)의 덕행을 실천한 요(堯)·순(舜)·우(禹) 등 성왕(聖王)이나 현인(賢人) 및 군자(君子)에 관한 글이 많다. 아울러 배움을 권장하고 몸가짐을 바르게 하며 도(道)를 지키고 바르게 다스리는 도리를 논한 글도 많다. 또 정악(正樂)을 찬미하고 소인(小人)을 비하하는 구절도 많다.

8-1 : 경문 한글 풀이

공자가 말했다. 「태백은 지극히 덕이 높은 분이시다. 세 차례나 천하의 임금자리를 사양하시되, 은밀하게 하셨으므로, 백성들은 그의 미덕을 칭송조차 못했다.」

子曰 泰伯 其可謂至德也已矣 三以天下讓 民無得而稱焉.

[태백(泰伯)의 양보]

(1) 공자가 「지덕(至德)」이라고 높인 것은 「이 장」과 「제20. 요왈편」에서 문왕(文王)을 칭찬한 것뿐이다. 태백과 중옹(仲雍)이 아버지 태왕(大王)의 의중을 살피고 말없이 형만(荊蠻)으로 가서 단발문

신(斷髮文身)하고 숨었다. 그래서 계력(季歷)이 임금 자리에 올랐고, 다시 그의 아들 문왕이 뒤를 이었고, 다시 문왕의 아들 무왕과 주공이 주나라를 창건할 수 있었다.

(2) 태백은 자기의 지극한 미덕을 남이 알지 못하게 실천했다. 그래서 덕이 크다. 태백의 아버지 태왕 때의 주나라는 은(殷)나라에 예속된 서방의 작은 제후국(諸侯國)에 불과했다. 만약 그때 태왕의 아들들이 임금 자리를 서로 다투었다면 셋째 아들 계력과 그의 아들 문왕이 뒤를 이을 수 없었을 것이다. 또 주왕조의 창건에도 지장이 있었을 것이다.

(3) 그러므로 공자는 태백의 공덕을 지극히 높이 평가한 것이다. 「삼이천하양(三以天下讓)」을 정현(鄭玄)은 다음같이 풀이했다. 「태백이 남쪽으로 가서 계력을 상주(喪主)가 되게 한 것이 일양(一讓), 계력이 왕이 되었어도 돌아오지 않은 것이 이양(二讓), 형만의 땅에 숨은 것이 삼양(三讓)이다.」 계보를 보면 고공단보(古公亶父)가 태왕(大王)이고, 그의 세 아들이 「태백, 중옹, 계력」이다. 계력의 아들이 문왕이고, 문왕의 아들이 무왕과 주공이다.

8-2 : 경문 한글 풀이

공자가 말했다. 「공손하되 예가 따르지 않으면 헛수고하게 되고, 신중하되 예가 따르지 않으면 두려워하게 되고, 용감하되 예가 따르지 않으면 난폭하게 되고, 강직하되 예가 따르지 않으면 강박(强迫)하게 된다.」 「군자가 부모를 독실하게 사

랑하면, 백성들의 인풍(仁風)이 흥성하게 되고, 군자가 옛 친구를 버리지 않으면, 백성들의 덕풍 (德風)이 후하게 된다.」

子曰 恭而無禮則勞 愼而無禮則葸 勇而無禮則亂 直
而無禮則絞. 君子 篤於親 則民興於仁 故舊不遺 則
民不偸.

[예(禮)는 문화적 생활 규범]

(1) 예(禮)의 바탕은 천리(天理)와 자연의 질서다. 예는 개인적으로는 행동을 미화하고 사회적으로는 질서와 조화를 바로잡아주는 생활 규범(規範)이다. 예가 없으면 인간이나 사회는 동물적 존재로 전락한다.

(2) 재물과 무력이 판치는, 약육강식(弱肉强食)의 원시상태로 돌아갈 것이다. 악덕하고 욕심이 많은 자는 예를 악용한다. 폭군(暴君)은 신하에게 맹종(盲從)을 강요한다.

(3) 예는 중정(中正)의 도리를 바탕으로 해야 한다. 지나쳐도 안 되고 모자라도 안 된다. 유자(有子)가 말했다. 「예의 효용은 조화를 귀하게 여긴다.(禮之用和爲貴)」 <제1. 학이편-12>

(4) 예가 따르지 않으면 「공(恭)·신(愼)·용(勇)·직(直)」 같은 장점이 도리어 「노(勞)·사(葸)·난(亂)·교(絞)」 같은 단점이 된다. 모든 덕행은 예로써 중화(中和)해야 한다.

8-3 : 경문 한글 풀이

증자가 병이 심하게 되자 제자들을 불러 말했다.

「이불을 걷고, 나의 발을 보아라. 내 손을 보아라.
시경에 『전전긍긍하고 깊은 못가에 서 있는 듯,
얇은 얼음을 밟듯하라』고 했다. 고로 나는 그간
몸을 조심하였는데 이제부터는 내가 걱정을 면하
게 되었구나. 그대들아, 잘 알아라.」

曾子有疾 召門弟子曰 啓予足 啓予手 詩云 戰戰兢兢
如臨深淵 如履薄氷 而今而後 吾知免夫 小子.

[증자(曾子)와 효경(孝經)]

(1) 증자(曾子)는 효도(孝道)에 달통했다. 공자가 증자에게 구술한
것이 효경(孝經)이다. 효경에 다음 같은 구절이 있다.

(2) 「신체발부, 즉 나의 몸 전체는 부모로부터 받은 것이다. 훼손하
지 않음이 효도 효행의 첫 단계이다. 사회에 나가 도를 따라 행동하
여 공을 세워서 이름을 높이고 부모님을 빛나게 해드리는 것이 효
도 효행의 마지막 단계이다.(身體髮膚 受之父母 不敢毀傷 孝之始
也 立身行道 揚名於後世 以顯父母 孝之終也)」

(3) 「효는 먼저 부모님을 잘 섬기고, 다음은 임금을 잘 섬기고, 마지
막은 도를 따라 사회나 국가에 공을 세우는 것이다.(夫孝 始於事親
中於事君 終於立身)」 이 장은 바로 효도의 기본을 말한 것이다.

8-4 : 경문 한글 풀이

증자가 병에 걸리자 맹경자가 문병을 왔다. 증자
가 그에게 말했다. 「새가 죽으려 할 때는 울음소

리가 애처롭고, 사람이 죽으려 할 때는 말이 착합니다. 군자로서 소중히 여길 바, 세 가지 예가 있습니다. 몸놀림을 예에 맞게 하면 난폭을 멀리할 것이며, 안색을 예에 맞게 하면 신의를 가까이할 것이며, 말을 예에 맞게 하면 비천한 억지를 멀리할 것입니다. 제사 때 제기 다루는 일은 전담자에게 맡기십시오.」

曾子有疾 孟敬子問之. 曾子言曰 鳥之將死 其鳴也哀 人之將死 其言也善 君子所貴乎道者三 動容貌 斯遠暴慢矣 正顏色 斯近信矣 出辭氣 斯遠鄙倍矣 籩豆之事 則有司存.

[군자의 세 가지 도(道)]

(1) 증자(曾子)의 병이 심하게 되자, 맹경자(孟敬子)가 병문안을 왔다. 맹경자는 노나라 임금을 제쳐놓고 참월(僭越)하게 했던 삼환씨(三桓氏)의 한 집안의 대부(大夫)다. 증자에 앞서 공자도 그들을 바르게 잡아주려고 애썼으나, 실패하고 말았다. 아마 맹경자는 증자에게 글을 배웠을 것이다. 그래서 그에게 군자가 지켜야 할 세 가지 예도(禮道)를 깨우쳐 주려고 했다.

(2) 증자가 「새가 죽으려 할 때는 울음소리가 애처롭고, 사람이 죽으려 할 때는 그의 말이 착합니다.(鳥之將死 其鳴也哀 人之將死 其言也善)」라고 한 것은 비장한 말이다. 즉 「죽기 전에 마지막으로 좋은 말을 하니 잘 듣고 명심하라」는 뜻이다.

(3) 사람과 사람이 접촉하고 서로 영향을 줄 때에는 크게 세 가지

예도가 있다. 첫 번째는 총체적인 의용(儀容)으로 나타나는 행동거지다. 두 번째는 얼굴 표정과 기색이다. 세 번째는 말씨와 말투다. 이 셋을 예절에 맞게 바르고 단정하고 신중하고, 또 무게 있게 하면 남들이 나에게 무례하게 대하지 않을 것이다.

⑷ 군자는 지도자다. 그러므로 몸가짐과 얼굴 표정과 언사를 예도에 맞게 해야 한다. 그래야 군자를 존경하고 따른다.

⑸ 특히 다음 같은 이유가 있었다. 노나라 도공(悼公)이 서거하자 맹경자가 신하의 예를 어기고 격식에 따라 죽을 먹지 않고 밥을 먹었다. 그래서 정해진 격식을 따르는 것도 중요하지만, 그보다 더 기본적인 군자의 예도를 지켜야 함을 강조한 것이다.

8-5 : 경문 한글 풀이

증자가 말했다. 「유능하면서도 무능한 사람에게도 묻고, 학식이 많은데도 적은 사람에게도 묻고, 있으면서도 없는 척하고, 차있는데도 빈 것처럼 하며, 남에게 욕을 보아도 마주 대들고 다투지 않는다. 옛날 나의 벗으로 이런 태도를 취한 사람이 있었다.」

曾子曰 以能問於不能 以多問於寡 有若無 實若虛 犯
而不校 昔者吾友嘗從事於斯矣.

[겸손해야 한다]

참으로 깊이 아는 사람은 모르는 사람처럼 겸손하게 행동한다. 그러므로 군자는 겸손한 태도로 남에게 묻고, 또 남에게 문제를 제기하여 남으로 하여금 생각하게 하고, 아울러 분발하게 한다.

8-6 : 경문 한글 풀이

증자가 말했다. 「어린 임금의 보필을 부탁할 수 있고, 백 리 사방의 나라의 운명을 맡길 수 있고, 존망이 달린 위급한 때에도 절개를 굽히지 않는다. 그런 사람이 군자다. 그런 사람이 군자다.」

曾子曰 可以託六尺之孤 可以寄百里之命 臨大節而不可奪也 君子人與 君子人也.

[증자의 재덕(才德)]

(1) 태백편 제5장은 증자의 말이다. 증자는 인품이 온유돈후(溫柔敦厚)하고 특히 효성스러웠다. 그래서 제3장에는 「부모에게 물려받은 몸을 온전하게 간직했다.」고 말했으며 제4장 및 제5장에서는 「군자의 예도」를 강조했다.

(2) 그러나 제6장과 제7장에서는 의연한 군자의 기개를 말했다. 즉 군자는 자기 혼자서 나라를 책임질 수 있어야 한다. 아울러 생사를 걸고 대의명분과 절개를 지켜야 한다고 말했다. 군자는 인정(仁政)을 펴는 데 임금을 돕는다.

8-7 : 경문 한글 풀이

증자가 말했다. 「선비는 뜻이 넓고 굳세야 한다. 임무가 무겁고 갈 길이 멀기 때문이다. 인을 임무

로 삼고 있으니 또한 무겁지 않겠는가. 죽은 다음
에야 멈출 것이니, 그 길 또한 멀지 않겠는가.」

曾子曰 士不可以不弘毅 任重而道遠 仁以爲己任 不
亦重乎 死而後已 不亦遠乎.

[증자의 말 : 선비의 임무]

인(仁)을 구현할 선비(士)의 짐은 무겁고, 또 갈 길이 멀다. 그러므
로 반드시 관대(寬大)하고 의연(毅然)해야 한다. 군자는 죽을 때까
지 인심(仁心)을 바탕으로 인덕(仁德)을 세워야 한다. 잠시라도 수
심(獸心)이나 물욕(物欲)에 미혹되면 안 된다.

8-8 : 경문 한글 풀이

공자가 말했다. 「시로써 감흥을 돋고, 예로써 행
동을 바르게 세우고, 음악으로써 완성한다.」

子曰 興於詩 立於禮 成於樂.

[시경(詩經)과 시교(詩敎)]

(1) 공자는 시경과 시경 교육을 중시했다. 이 장의 말 외에 또 다음
같이 말했다. 「시경 3백 편은 한마디로 사악함이 없다고 말하리라.
(子曰 詩三百 一言以蔽之 曰思無邪)」 <제2. 위정편-2>

(2) 「그대는 왜 시를 공부하지 않나. 시는 감흥을 돋우고, 사물을
보게 하고, 함께 잘 어울려 살게 하고, 또 나쁜 정치를 원망하게도
한다. 가깝게는 부모를 섬기고, 멀게는 임금을 섬기는 도리를 배울
수 있다. 또 새나 동물 및 초목의 이름도 많이 배우게 된다.(小子

何莫學夫詩 詩可以興 可以觀 可以羣 可以怨 邇之事父 遠之事君 多
識於鳥獸草木之名)」<제17. 양화편-9>

(3) 시경 대서(詩經大序)에 있다. 「시는 뜻을 표현한 글이다.(詩者
志之所之也)」 시경의 시를 크게 「풍(風), 아(雅), 송(頌)」으로 나눈
다. 풍(風)으로 민풍(民風)을 알 수 있다. 아(雅)로 귀족사회 및
국가정치의 선악시비를 알 수 있다. 송(頌)으로 하늘과 선조에 대한
종교적 신앙을 살필 수 있다.

(4) 시는 순화된 말로 표현된 문학과 예술의 결정(結晶)이다. 그러
므로 시를 배우면 고대인의 생활과 풍습, 정서와 사상, 정치의 득실
(得失) 및 종교 신앙 등을 다 알 수 있다. 아울러 자연 만물의 명칭
도 배울 수 있다. 그래서 공자는 말했다.

(5) 「시를 공부하고 인정(仁政)과 도덕정치(道德政治)에 대한 나의
마음과 뜻을 돌아 일으켜라.(興於詩)」 「천리(天理)와 예(禮)를 바
탕으로 인격자가 되어라.(立於禮)」 「함께 음악에 맞춰 노래하고 즐
기고 화합하라.(成於樂)」

[참고 주소 선역]

(1) 「내칙(內則)을 보면 10세에 유의(幼儀)를 배우고, 13세에 음을
배우고 시를 송하며, 20세가 된 다음에 예를 배운다고 했다.」 「이
장의 세 가지는 소학에서 전수하는 <낮은 차원의 공부가> 아니고
대학에서 종신을 두고 공부하고 터득해야 할 것들이다. <대학에서
그것들을 공부하고 익힘에 있어> 쉽게 배우느냐 어렵게 배우느냐,
먼저 배우느냐 나중에 배우느냐, 깊이 배우느냐 얕게 배우느냐의
차이는 있다.」(按內則 十歲學幼儀 十三學樂誦詩 二十而後學禮 則
此三者 非小學傳授之次 乃大學終身所得之難易先後淺深也)

(2) 정자(程子)가 말했다. 「천하의 영재가 적지 않다. 다만 도학에 밝지 못하기 때문에 성취하지 못하는 것이다.」 「허기는 옛사람의 시도 지금의 가곡처럼 비록 마을의 어린이들도 익히 듣고 그 말을 알고 있다. 그러므로 시를 통해서 도덕을 흥기(興起)할 수 있다.」

(3) 「지금은 선생이나 오래된 학자들도 아직도 시의 뜻을 알지 못한다. 그래서 시를 가지고 흥기하지 못하는 것이다.」

(4) 「옛사람은 쇄소응대(灑掃應對)부터 관혼상제에 이르기까지 예(禮)를 따랐다. 그러나 지금은 모든 예를 폐하고 망쳤다. 그래서 인륜을 분명하게 가리지 못하고, 또 치가(治家)에도 법이 없게 되었다. 그래서 전반적으로 바르게 예를 세우지 못하는 것이다.」

(5) 옛사람은 음악 소리로 청각을 배양(培養)했고, 채색 미술로 시각을 배양했고, 시가(詩歌) 낭송으로 성정(性情)을 배양했고, 무도 예술로 혈맥(血脈)을 배양했다.

8-9 : 경문 한글 풀이

공자가 말했다. 「백성들은 바른 도리를 따라 잘살게 하면 된다. 그들로 하여금 깊은 도리를 알게 하지 않아도 된다.」

子曰 民可使由之 不可使知之.

[가사유지(可使由之)]

(1) 공자의 정치사상을 우민정책이라고 곡해하면 안 된다. 공자의 덕치(德治) 목표는 백성들을 교화해서 저마다 도(道)를 깨닫고, 또 윤리 도덕을 따라 바르게 살게 함이다.

(2) 덕(德)을 베풀어야 한다. 하늘은 말없이 만물을 생육화성(生育化成)한다. 덕치도 무위자연(無爲自然)의 경지에 도달해야 한다.

(3) 「공자가 말했다. 하늘이 무슨 말을 하더냐. 하늘은 말이 없다. 사계절이 돌고 만물이 살아서 자란다. 하늘은 말이 없다.(子曰 天何言哉 四時行焉 百物生焉 天何言哉)」 <제17. 양화편-17>

(4) 「믿음(信)이 두터우면 백성들은 말없이 따른다.」 <제12. 안연편-7>

8-10 : 경문 한글 풀이

공자가 말했다. 「용맹을 좋아하면서 가난을 심하게 싫어하면 난동하게 된다. 어질지 못한 사람을 심하게 미워해도 난동하게 된다.」

子曰 好勇疾貧 亂也 人而不仁 疾之已甚 亂也.

[용맹과 증오심]

(1) 오늘의 말로 풀이하면 다음 같다. 「성미가 급하고 주먹질 하기를 좋아하면서 가난을 참고 견디지 못하면 난동하고 죄를 짓게 된다.」 「남에 대한 동정심이 없고 이기적이거나 냉혹한 자를 내가 미워할 수 있다. 그러나 심하게 증오하거나, 또는 절대로 용서하지 않겠다는 식으로 각박하게 몰아붙이면 도리어 분란을 일으키게 된다.」

(2) 「용감한 것은 좋다. 그러나 빈천(貧賤)하다고 화를 내고 주먹질 하면 안 된다. 잘못을 미워할 때에도 관대해야 한다.」

(3) 정신적·도덕적 인애심(仁愛心)를 배양하고 실천해야 한다.

8-11 : 경문 한글 풀이

공자가 말했다. 「설령 주공과 같은 재주의 아름다움을 지니고 있어도, 남에게 교만하거나 혹은 인색하면, 더 볼 것이 없다.」

子曰 如有周公之才之美 使驕且吝其餘不足觀也已.

[재능(才能)과 덕(德)]

(1) 주(周)나라 초기의 주공단(周公旦)과 같이 탁월한 「학식과 재능」을 바탕으로 덕치(德治)를 해야 한다.

(2) 하늘이 준 본성(本性)을 바탕으로 도(道)를 따라, 경국제민(經國濟民)해야 한다. 바르게 배우고, 욕심을 누르고, 정신과 도덕심을 높여야 한다. 그러나 절대로 교만하거나 인색하면 안 된다. 다음의 학문정신을 바르게 이해하자.

8-12 : 경문 한글 풀이

공자가 말했다. 「3년을 배우고, 녹봉에 뜻을 두지 않는 사람을 쉽게 볼 수 없다.」

子曰 三年學 不至於穀 不易得也.

[참고 설명] 이 책의 풀이는 정현(鄭玄)의 설을 따랐다. 그러나 손작(孫綽)은 「3년 간 공부를 했으면 벼슬이나 녹봉을 얻지 못해도 얻은 것과 다르지 않다」로 풀이했다.

[학(學)과 수기치인(修己治人)]

학문의 목적은 수기치인(修己治人)이다. 「학식과 덕행을 높이고 남을 잘살게 해주어야 한다.」 「나라와 세계를 절대선의 도를 따라 다스리고, 진정한 평화세계를 창건하고 인류행복(人類幸福)을 구현해야 한다.」

8-13 : 경문 한글 풀이

공자가 말했다. 「독실하게 믿고 배우기를 좋아한다. 죽음으로써 도를 지킨다.」 「위태로운 나라에 들어가지 말고, 문란한 나라에 살지 마라. 천하에 도가 있으면 나타나고, 도가 없으면 숨어라.」 「나라에 도가 있는데 빈천하면 부끄럽다. 나라에 도가 없는데 부하고 귀해도 부끄럽다.」

子曰 篤信好學 守死善道. 危邦不入 亂邦不居 天下有道則見 無道則隱. 邦有道 貧且賤焉 恥也 邦無道 富且貴焉 恥也.

[참고 주소 선역]

(1) 「독신하지 않으면 호학할 수 없다. 독신해도 호학하지 않으면 믿는 바가 바르지 못하게 된다.(不篤信 則不能好學 然篤信而不好學 則所信 或非其正)」

(2) 「목숨을 걸고 지키지 않으면 도를 착하게 행하고 나타낼 수 없다.(不守死 則不能以善其道)」

(3) 「목숨을 걸기만 한다고 도를 착하게 행하고 나타낼 수 있는 것이 아니다. 헛되게 죽게 된다.(然守死 而不足以善其道 則亦徒死而已)」

(4) 「수사는 독신의 효험이고, 선도는 호학의 공이다.(蓋守死者篤信之效 善道者好學之功)」

[독신호학(篤信好學) 수사선도(守死善道)]

(1) 생명은 하늘이 내려준다. 그러므로 사람은 하늘의 도(道)를 따라 살아야 한다. 도는 절대선(絶對善)이다. 독실하게 믿고 실천해야 한다. 이를 「수사선도(守死善道)」라고 한다.

(2) 천도(天道)는 자연적 차원에서는 자연만물을 생육(生育)하고 번식(繁殖)하는 도리다. 정치적 차원에서는 나라를 바르게 다스리고 백성을 모두 잘살게 해주는 덕치(德治)다. 가정 및 사회적 차원에서는 효제(孝悌)다. 종합해서 「인의예지신(仁義禮智信)」이라 한다.

(3) 상하좌우 모든 사람이 도를 알고 행해야 한다. 고금 역사적으로는 성제(聖帝)의 도덕정치를 알아야 한다. 그리고 모든 사람이 저마다 인격을 수양하고 바르게 살아야 한다. 죽을 때까지 바르게 사는 것이 곧 수사선도(守死善道)다.

(4) 도심(道心)을 바탕으로 하면 수사선도한다. 수심(獸心)을 따르면 온갖 악덕을 저지르게 마련이다.

(5) 이 장의 뜻을 정치적 차원에서 설명하겠다.

방(邦)은 제후(諸侯)가 다스리는 나라다. 도가 없는 위태로운 나라에는 들어가 살거나, 벼슬하면 안 된다. 천하는 천자(天子)가 다스리는 세계를 말한다. 천하에 도가 행해진다면 나가서 현실참여를

하고 평화세계 창건에 기여해야 한다. 그러나 도가 행해지지 않는
다면 물러나 은퇴해야 한다. 무도(無道)한 나라나 천하에서 벼슬하
고 녹봉을 받는 것은 범죄에 가담하는 것이다. 그러므로 「도가 없으
면 물러나 숨어라.(無道則隱)」 또 「도가 없는 나라에서 부귀를 누리
면 창피하다.(邦無道 富且貴焉 恥也)」고 말한 것이다.

(6) 한편 「나라에 도가 행해지는데 빈천한 것도 창피하다.(邦有道
貧且賤焉 恥也)」라고 했다. 학덕(學德)과 능력이 없으므로 현실참
여를 못하고 가난하고 천하게 사는 것이다. 공자는 무조건 빈천하
게 살라고 한 것이 아니다. 도가 행해지는 선세계(善世界)에서는
군자들이 부귀를 누려야 한다.

8-14 : 경문 한글 풀이

**공자가 말했다. 「자리에 있지 않으면, 정사를 논
하지 않는다.」**

子曰 不在其位 不謀其政.

[불모기정(不謀其政)]

좋은 다스림은 덕 있는 임금이나 군자가 한다. 학문도 덕행도 없는
자가 무력으로 통치하는 것은 범죄적 행위다. 한편 학문도 식견도
없는 우민들이 함부로 정치 비판을 하는 것도 삼가야 한다.

8-15 : 경문 한글 풀이

**공자가 말했다. 「노나라 음악의 태사인 지(摯)가
연주를 시작한 관저편 종장의 아름다움이 귀에**

넘치노라.」

子曰 師摯之始 關雎之亂 洋洋乎 盈耳哉.

[어구 설명] ○師摯(사지) : 노(魯)나라 악관(樂官)으로 태사(大師)
다. 「지(摯)」는 이름. ○關雎之亂(관저지란) : 시경 관저편의 종장
(終章). 「난(亂)」은 악곡(樂曲)의 종장이란 뜻이다. 그가 연주하는
관저편의 음악 소리를 칭찬한 말이다.

8-16 : 경문 한글 풀이

공자가 말했다. 「방자하면서 강직하지 않고, 무
식하면서 성실하지 않고, 무능하면서 신의마저
없다. 그런 자를 어찌해야 좋을지 모르겠다.」

子曰 狂而不直 侗而不愿 悾悾而不信 吾不知之矣.

[중(中) 이하의 사람]

(1) 성인(聖人) 군자(君子)는 중(中) 이상이다.

(2) 배우고 수양하면 군자가 될 수 있는 사람은 중(中)이다.

(3) 육체적 삶만을 알고, 정신적 도덕생활을 모르거나 무시하는
자는 중(中) 이하다.

8-17 : 경문 한글 풀이

공자가 말했다. 「학문은 미치지 못할 듯이 서둘러
배우고, 또 배운 것을 잃을까 겁을 내야 한다.」

子曰 學如不及 猶恐失之.

[실지(失之)의 뜻]

실지(失之)에는 여러 가지 뜻이 포함되어 있다. 배운 것을 망각한다. 도(道)를 배우고도 인정덕치(仁政德治)를 실천하지 못한다. 혹은 세월을 허송하고 때를 잃는다. 촌음(寸陰)을 아끼고 부지런히 배우고 복습하고 실천해야 한다.

8-18 : 경문 한글 풀이

공자가 말했다. 「참으로 높고 위대하다. 순과 우 임금은 천하를 소유하고도 관여하지 않았다.」

子曰 巍巍乎 舜禹之有天下也 而不與焉.

[불여언(不與焉)의 뜻]

(1) 여러 가지 뜻이 있다. 현신(賢臣)에게 맡기다. 직접 다스리지 않았다. 무위자연의 도에 따라 다스렸다. 또 천하를 선양(禪讓)했다.

(2) 다음의 3장은 「요(堯)·순(舜)·우(禹)」의 위대함을 칭송한 말이다. 요는 순에게, 순은 우에게 천하를 선양했다. 또 이들은 다 현명한 사람에게 천하를 다스리게 했다.

(3) 즉 「대도지행야(大道之行也) 천하위공(天下爲公)의 대동이상(大同理想)」을 실천한 것이다.

8-19 : 경문 한글 풀이

공자가 말했다. 「위대하다, 요임금은 높고 위대 하다. 오직 하늘만이 그토록 높고 클 수 있다. 요

는 하늘을 본받았노라. 덕이 너무나 넓어, 백성들이 말로 칭송할 수도 없노라. 높고 높은 그의 공적이여. 그의 문물이 찬연히 빛을 발하니라.」

子曰 大哉 堯之爲君也 巍巍乎唯天爲大 唯堯則之 蕩蕩乎民無能名焉 巍巍乎其有成功也 煥乎其有文章.

[무위이치(無爲而治)]

하늘은 스스로 만물을 창조하고, 또 저마다 스스로 살고 번식하게 한다. 이와 같은 무위자연(無爲自然)의 천도(天道)를 따라 천하를 다스린 임금이 바로 요임금이었다.

8-20 : 경문 한글 풀이

순임금은 신하 다섯 명을 거느리고 천하를 잘 다스렸다. 무왕은 말했다. 「나에게는 잘 다스리는 신하가 열 명 있었다.」 공자가 말했다. 「인재를 얻기가 어렵다. 그렇지 않으냐. 당(唐)나라, 우(虞)나라 이래로 주(周)나라 때가 인재가 가장 흥성했다. 〈10명 중〉 부인이 있었으니 아홉 명뿐이었다.」 〈주나라 무왕은〉 「천하의 3분의 2를 가졌으면서도 여전히 은나라에 복종하고 섬겼으니, 주나라의 덕은 참으로 지극하다고 말할 수 있다.」

舜有臣五人 而天下治. 武王曰 予有亂臣十人. 孔子曰 才難 不其然乎 唐虞之際 於斯爲盛 有婦人焉 九人

而已. 三分天下 有其二 以服事殷 周之德 其可謂至
德也已矣.

[어구 설명] ○舜有臣五人(순유신오인) : 순임금은 다섯 명의 충신
이 있었다. 사공(司空) 우(禹)는 토목 치수를 담당했고, 후직(后稷)
기(棄)는 농업을 담당했고, 사도(司徒) 설(契)은 교육 교화를 담당
했고, 사구(司寇) 고요(皐陶)는 사법을 담당했고, 백익(伯益)은 산
택(山澤) 수렵(狩獵)을 담당했다. ○武王(무왕) : 주나라 문왕(文
王)의 아들, 주공(周公)의 형. 은(殷)나라의 폭군 주(紂)를 토벌하
고 주나라를 창건했다. ○予有亂臣十人(여유란신십인) : 나에게는
나라를 다스리는 데 기여한 신하가 열 명 있었다. 난(亂)은 치(治)
의 뜻으로 푼다. 열 명은 다음과 같다. 아버지 문왕의 왕비 태사(太
似), 동생 주공단(周公旦), 소공석(召公奭), 군사 태공망(太公望 :
呂尙), 필공(畢公), 영공(榮公), 태전(太顚), 굉요(閎夭), 산의생(散
宜生), 남궁괄(南宮适).

[재지난득(才之難得)]

(1) 임금이 훌륭해야 하지만, 그 밑에 좋은 신하가 있어, 잘 보필해
야 덕치(德治)를 펼 수 있다. 순임금 때에는 충신 다섯 명이 도와서
이상적인 덕치를 폈다. 주무왕은 열 명의 뛰어난 인재들의 힘을
얻어 천하를 바로잡을 수 있었다. 이에 대해서 공자는 말했다. 「요
임금의 당(唐), 순임금의 우(虞), 우(禹)임금의 하(夏)나라, 탕왕(湯
王)의 은(殷)나라 이래로 주(周)나라 때에 가장 인재가 많았다. 많
다고 해도 고작 10명이고, 그 중의 한 사람은 부인이다. 그러니
재덕(才德)을 겸비한 신하 얻기가 얼마나 어려운가.」
(2) 공자는 문왕을 다음같이 칭찬했다. 「주문왕(周文王)은 인덕(仁

德)으로써 천하 만민의 존경을 받고, 또 천명(天命)을 내려받고 있었다. 실질적으로는 천하의 3분의 2를 지배하고 있었다. 그래도 은나라를 섬겼다. 고로 지덕(至德)이라고 칭찬했다.」

8-21 : 경문 한글 풀이

공자가 말했다.「우에 대해서 나는 비난할 수 없다. 그는 먹는 음식을 절약하고, 제사 지낼 때 선조의 귀신을 지성껏 모셨다. 자기는 옷을 검소하게 입으면서 예복인 불면은 아름답게 꾸몄다. 자기가 사는 궁전은 조촐하게 꾸몄으나 전답의 도랑에는 전력을 쏟았다. 우에 대해서 나는 흠잡을 수 없다.」

子曰 禹吾無間然矣 菲飲食 而致孝乎鬼神 惡衣服 而致美乎黻冕 卑宮室 而盡力乎溝洫 禹吾無間然矣.

[우(禹)임금을 찬양]

이상은 고대 성왕들의 위대함과 높은 공덕을 기술했다. 요(堯)·순(舜)에 대해서는 그들의 선양(禪讓)을 높였고, 우(禹)에 대해서는 그의 치수(治水)의 공과 특히 근검절약한 미덕을 높였다.

<* 고대의 성왕(聖王) 성제(聖帝) 및 고대의 덕치(德治)의 전통을 깊이 알기 위해서는 다음과 같은 책을 읽어야 한다.「신완역(新完譯) 십팔사략(十八史略) 상(上) ; 고대 중국의 제왕학(帝王學)」張基槿 저, 明文堂 간행>

9. 자한편(子罕篇)

형병(邢昺)이 말했다. 자한편(子罕篇)은 주로 공자의 덕행을 기술한 글이 많다. 그래서 고대 성현(聖賢)들의 덕을 기술한 태백편(泰伯篇) 다음에 엮어 놓았다.

9-1 : 경문 한글 풀이

공자는 이득과 천명 및 인도를 적게 말했다.

子罕言利 與命 與仁.

[한언(罕言)]

위의 해석은 집주(集註)를 따랐다. 초순(焦循)은 다음같이 풀었다. 「공자는 세속적 이득을 말하지 않았다. <말할 때는> 천명과 인도를 곁들여서 말했다.」

9-2 : 경문 한글 풀이

달항 마을 사람이 말했다. 「참으로 공자님은 위대하시다. 박학다식하시면서, 한 가지 특출한 기능으로 이름을 내게 한 바가 없음이 애석하구나.」 공자가 듣고 제자에게 말했다. 「내가 무엇을 가지고 이름을 내야 할까. 수레 모는 일로 이름을 낼

까. 활 쏘는 일로 이름을 낼까. 차라리 수레 모는
일로 이름을 내리라.」

達巷黨人曰 大哉孔子 博學而無所成名 子聞之 謂門
弟子曰 吾何執 執御乎 執射乎 吾執御矣.

[어구 설명] ○達巷黨(달항당) : 달(達)은 마을 이름. 항당(巷黨)은
마을이라는 뜻. <楊伯峻의 설> 당(黨)은 5백 호(戶)의 마을.

[군자의 전덕(全德)]

공자는 우주의 심오한 도를 만인에게 깨우치고자 한 「지성선사(至
聖先師)」였다. 그러므로 평범한 마을 사람들은 그의 높은 경지를
알지 못하고 「특출한 기능이 없다.(無所成名)」고 말한 것이다. 이를
공자가 유머러스하게 받아서 대답한 것이다.

9-3 : 경문 한글 풀이

공자가 말했다.「삼실의 관을 쓰는 것이 예법에
맞는다. 지금 사람들이 명주실의 관을 쓰는 것은
간편하기 때문이다. 나도 여러 사람들을 따르겠
다.」「당 아래에서 절하는 것이 예법인데 지금 사
람들이 당 위에서 절하는 것은 교만한 짓이다. 비
록 여러 사람들과 어긋나지만, 나는 아래에서 절
을 하겠다.」

子曰 麻冕禮也 今也純 儉 吾從衆 拜下禮也 今拜乎上
泰也 雖違衆 吾從下.

[어구 설명] ㅇ麻冕(마면) : 삼실로 만든 검은 면관(冕冠). ㅇ今也純 (금야순) : 지금 여러 사람들이 명주실로 만든 관을 쓴다.

[예법(禮法)과 세속(世俗)]

(1) 예법(禮法)을 존중하고 실천하되, 예법의 근본원리와 기본정신 을 이해하고 따라야 한다. 근검하고 절약하는 것도 예의 기본이다. 그러므로 간편하게 만드는 명주실로 만드는 제관을 쓸 수도 있다. 한편 교만은 예에 어긋난다. 그러므로 당 아래에서 절해야 한다.

(2) 예(禮)는 좁게는 예의범절이다. 그러나 후세, 즉 송대(宋代)의 성리학(性理學)에서는 예를 이(理)로 풀었다.

9-4 : 경문 한글 풀이

공자는 다음의 넷을 하지 않았다. 자기 뜻만을 세 우지 않았다. 꼭 그렇다고 단정하지 않았다. 고집 하지 않았다. 자기 이득을 취하지 않았다.

子絶四 毋意 毋必 毋固 毋我.

[하늘은 말이 없다]

(1) 논어에 있다. 공자가 「나는 말하지 않겠다.」하자, 자공이 아뢰 었다. 「선생님께서 말씀을 하지 않으시면 저희들은 어떻게 도를 알고, 또 전하겠습니까.」

(2) 그러자 공자가 말했다. 「하늘이 무슨 말을 하더냐. 사계절이 바뀌어 돌고 만물이 살아서 자라지만 하늘이 무슨 말을 하더냐. (子曰 天何言哉 四時行焉 百物生焉 天何言哉)」<제17. 양화편-19>

(3) 하늘은 말없이 생육화성(生育化成)한다. 성인이나 군자는 말없이 도를 따를 뿐, 자기를 내세우지 않는다.

9-5 : 경문 한글 풀이

공자가 광(匡)에서 위태로운 지경에 빠졌을 때 말했다. 「문왕은 이미 돌아가셨지만, 그분이 남긴 문화는 나에게 전해져 있지 않으냐. 하늘이 그의 문화를 없애려고 했다면, 후세 사람들이 문화에 관여하지 못했을 것이다. 하늘이 문화를 없애려고 하지 않으니 광 사람들이 나를 어찌 해치겠느냐.」

子畏於匡 曰 文王旣沒 文不在玆乎 天之將喪斯文也
後死者 不得與於斯文也 天之未喪斯文也 匡人 其如
予何.

[사문(斯文)]

(1) 공자가 위(衛)나라에서 진(陳)나라로 가는 길에 광읍(匡邑)을 지나다가, 그곳 사람들에게 포위되고 5일 간이나 고생했다.

(2) 이유는 양호(陽虎)가 전에 그곳에서 난동을 부렸으며, 또 그곳 사람들이 공자를 양호라고 착각했기 때문이다. 공자 나이 57세 때의 일이다.

(3) 이와 같이 생명의 위협을 받는 긴박한 상황에서도 공자는 하늘의 뜻을 굳게 믿었다. 즉 천도를 바탕으로 한 사문(斯文)을 계승하고 실현할 자신을 하늘이 지켜줄 것을 굳게 믿었던 것이다.

(4) 「사문(斯文)」은 「천도를 바탕으로 한 찬란하게 빛나는 학문 및 인정덕치라는 뜻이다.」 구체적으로 말하면 「인덕(仁德)이 높은 문왕(文王)을 정점으로 한 주(周)나라의 예악(禮樂)과 문물제도다.」

(5) 공자는 말했다. 「하늘이 나에게 덕을 심어주었거늘, 환퇴가 나를 어찌하랴.(天生德於予 桓魋其如予何)」 <제7. 술이편-22>

(6) 공자는 절대선의 천도를 따른 문화의 전통과 발전을 굳게 믿고 있었다. 역사적으로 문화를 계승 발전케 하는 것도 천도이다.

9-6 : 경문 한글 풀이

오나라의 태재가 자공에게 물었다. 「공자님은 성인이신가요. 어째서 그렇게 다능하신가요.」 자공이 대답했다. 「물론 하늘이 선생님을 마냥 성인이 되게 학덕을 내려주셨지만, 선생님 자신도 본래 다능하셨습니다.」 나중에 공자가 말했다. 「태재는 나를 잘 안다고 하리라. 나는 어려서 미천했다. 고로 모든 천박한 일들을 잘할 수 있는 것이다. 원래 군자가 다능하겠느냐. 아니다. 다능하지 않다.」 이에 자장이 덧붙여 말했다. 「선생님께서 전에 『등용되지 않아서 재능이 있다』고 말씀하셨습니다.」

大宰問於子貢曰 夫子聖者與 何其多能也 子貢曰 固天縱之將聖 又多能也. 子聞之曰 大宰知我乎 吾少也

賤 故多能鄙事 君子多乎哉 不多也. 牢曰 子云 吾不
試 故藝.

[어구 설명] ㅇ大宰(태재) : 태재는 재상(宰相). 여기서는 오(吳)나
라의 재상 비(嚭)이다. 좌전(左傳)에 보면 애공(哀公) 12년에 태재
비와 자공(子貢)이 만났다는 기록이 있다. 그때 이 문답이 있었을
것이다. 애공 12년이면 기원전 483년으로 공자 나이 69세 때이다.

[군자(君子)와 다능(多能)]

(1) 오나라의 태재 비(嚭)가 「부자성자여(夫子聖者與), 하기다능야
(何其多能也)」라고 물은 말 속에는 부정적으로 비꼬는 뜻이 있다.
즉 「당신의 스승 공자는 참으로 성인일까. 성인이라면서 어찌 그렇
게 이것저것 잡스런 일들을 잘할 수 있겠느냐.」하는 식으로 폄하하
려는 뜻이 숨어 있다. 공자도 논어에서 「군자불기(君子不器)」라고
말했다.

(2) 군자는 원리적으로 천도를 따라 인정덕치(仁政德治)를 영도하
는 지도자이다. 이것저것 잡사를 처리하는 기능공이 아니다. 오나
라 태재가 공자의 제자 자공(子貢)을 만나자 「자타가 성인이라고
인정하는 공자가 왜 그렇게 속된 잡일들을 잘할 수 있나.」하고 의아
하게 여긴 것이다.

(3) 충실한 제자 자공은 아무런 의심도 없이 「고천종지장성(固天縱
之將聖) 우다능야(又多能也)」라고 마냥 선생을 칭찬했다.

(4) 그러나 공자의 말은 달랐다. 「그야말로 나를 바르게 아는 사람
이다.」라고 말한 다음 다시, 「내가 어려서 미천했으므로 다능다재
하다.」고 솔직하게 말했다.

(5) 또 말했다. 「성인은 고사하고 군자도 다능하거나 다예(多藝)할 필요가 없다.」 즉 미천해도 학문과 덕행을 높이면 다 군자가 될 수 있다는 뜻이다. 공자는 스스로는 겸손해하면서 모든 사람들, 특히 빈천한 사람들에게 「분발하고 공부하면 군자나 성인이 될 수 있다」고 자극을 준 것이다.

9-7 : 경문 한글 풀이

공자가 말했다. 「내가 아는 것이 있겠는가. 아는 게 별로 없다. 그러나 비천하고 무식한 사람이라도 나에게 성실하게 물어오면, 나는 아는 것을 모두 털어서 알려주고자 한다.」

子曰 吾有知乎哉 無知也 有鄙夫問於我 空空如也 我 叩其兩端而竭焉.

[상대에 맞게 가르친다]

(1) 공자는 자기는 별로 아는 것이 없다고 겸손했다. 또 열심히 배우고자 하는 사람에게는 상대에 맞게 가르쳤다. 그래야 친근감을 갖고 배울 것이다.

(2) 또 말했다. 「나는 천생으로 아는 사람이 아니다. 옛날 학문을 좋아하고 부지런히 배웠다.(我非生而知之者 好古敏以求之者)」 <제7. 술이편-19> 누구나 분발하고 배우면 공자같이 될 수 있음을 알게 하기 위해서다.

(3) 인간의 본성은 다 착하다. 그러므로 누구나 바르게 잘 배우면 심성(心性)을 함양하고 인격을 높일 수 있다. 그러므로 나보다 많이

아는 사람에게는 내가 배우고, 나보다 못한 사람에게는 내가 가르쳐 주어야 한다.

9-8 : 경문 한글 풀이

공자가 〈한탄하며〉 말했다. 「하늘에서 봉황새가 내려오지 않고, 또 황하에서도 도문(圖紋)이 나오지 않는구나. 나로서는 성천자(聖天子)의 성세(盛世)를 기대할 수 없겠구나.」

子曰 鳳鳥不至 河不出圖 吾已矣夫.

[봉조(鳳鳥) 하도(河圖)]

(1) 주자(朱子)는 다음과 같이 주를 달았다. 「봉황새는 영조(靈鳥)로 순(舜)임금 때에 나타나서 춤을 추었고, 문왕(文王) 때에는 기산(岐山)에서 울었다. 하도(河圖)는 황하(黃河)에서 나온 용마(龍馬)의 등에 그려진 그림인데, 복희(伏羲) 때에 나타났다. 이들은 다 성왕(聖王)의 출현을 알리는 상서로운 징조다.」 봉황새와 하도가 나오지 않는 것은 성왕이 나오지 않는 징조다. 그러므로 공자가 「이미 다 끝났다.」고 한탄한 것이다.

(2) 성왕이 나와야 절대선(絶對善)인 천도(天道)를 따르는 「예악(禮樂)과 문물(文物) 및 인정덕치(仁政德治)」가 빛이 난다. 그런데 성왕이 나타날 징조가 보이지 않으므로 공자가 크게 한탄한 것이다.

9-9 : 경문 한글 풀이

공자는 상복을 입은 사람을 보거나, 혹은 관복 차

림을 한 사람이나 장님이 나타나면, 상대가 연소
자라도 반드시 일어나 예를 차리고, 또 그 앞을
지나갈 때에는 총총걸음으로 걸으셨다.

子見齊衰者 冕衣裳者 與瞽者 見之 雖少必作 過之必
趨.

[성심(誠心)의 나타남]

중용(中庸)에 있다. 만물을 성실하게 낳고 살고, 또 발전하게 하
는 것이 하늘의 도리다. 그러므로 성심(誠心)은 하늘의 도리를
성실하게 따르고 만물을 생육화성(生育化成)하려는 성실한 마음
이다. 예(禮)는 바로 성심에서 나온다. 불행한 사람, 특히 부모상
을 당한 사람, 혹은 장애인(障礙人)에게도 성심으로 예를 차려야
한다.

9-10 : 경문 한글 풀이

안연이 한탄하고, 또 감탄하며 말했다. 「선생님
은 우러러볼수록 더욱 높으시며, 속으로 깊이 들
어갈수록 더욱 굳으시다. 앞에 계신 듯하다가 홀
연히 뒤에 계신 듯하기도 하노라.」 「선생님은 차
근차근 사람을 유도하고 계발하신다. 학문으로써
나의 식견을 넓게 해주시고, 예로써 나의 언행을
단속해 주신다.」 「그만두려 해도 그만둘 수가 없
다. 나의 재능을 다 기울여도 선생님은 더욱 우뚝

높이 계시다. 그래서 내가 다시 가려고 해도 이를
수가 없다.」

顏淵 喟然歎曰 仰之彌高 鑽之彌堅 瞻之在前 忽焉在
後. 夫子 循循然 善誘人 博我以文 約我以禮. 欲罷不
能 旣竭吾才 如有所立 卓爾 雖欲從之 末由也已.

[수제자 안연(顏淵)]

(1) 안연은 공자가 최고로 아끼고 사랑하던 수제자다. 논어에는
안연에 관한 글이 약 18장이나 있다. 그러나 애석하게도 공자보다
일찍 죽었다. 「안회(顏回)는 불행하게도 일찍 죽었다.」 「안연이 죽
자 공자가 한탄하고 말했다. 『아아, 하늘이 나를 버리시는구나.』」
<제11. 선진편-7, 11>

(2) 그는 평소에는 과묵(寡默)했다. 그러나 이 장에서 그는 공자의
인품과 학덕(學德)을 더없이 칭송했다. 참으로 공자에 대한 최고의
칭송이라 하겠다.

9-11 : 경문 한글 풀이

공자가 심하게 병을 앓자, 자로가 문인을 공자의
가신인 것같이 꾸몄다. 병이 좀 회복되자 공자가
말했다. 「오래도록 자로가 속였구나. 가신이 없
는 나에게 가신이 있는 것처럼 꾸몄으니 누구를
속이려느냐. 하늘을 속이려느냐.」 「또 나는 가신
들 앞에서 죽느니보다는 차라리 그대들 앞에서

죽는 것이 좋을 것이다. 또 내가 비록 성대하게
장례를 치르지 못해도 길에서 죽도록 그대들이
내버려두겠는가.」

子疾病 子路使門人爲臣. 病間 曰 久矣哉 由之行詐
也 無臣而爲有臣 吾誰欺 欺天乎. 且予 與其死於臣
之手也 無寧死於二三子之手乎 且予 縱不得大葬 予
死於道路乎.

[협기(俠氣)와 허세(虛勢)]

공자는 전에 노(魯)나라의 대부를 지냈다. 그러나 벼슬에서 물러났
으므로 가신을 둘 수 없었다. 그런데도 의협(義俠)한 자로(子路)가
공자를 위해 가신을 꾸몄던 것이다. 의협한 자로는 스승의 권위와
체면을 세우고자 했다. 그러나 스승 공자는 그를 심하게 책망했다.
즉 예(禮)를 어기면 하늘을 속이는 꼴이 된다고 깨우친 것이다.
난세에 처한 그들의 애달픈 일면이다.

9-12 : 경문 한글 풀이

자공이 물었다.「아름다운 옥이 있다면 궤 안에
감춰 두시겠습니까. 혹은 좋은 값을 놓는 사람을
찾아 파시겠습니까.」공자가 말했다.「팔고 말고,
팔고 말고. 값을 놓을 사람을 기다리고 있다.」

子貢曰 有美玉於斯 韞匵而藏諸 求善賈 而沽諸. 子
曰 沽之哉 沽之哉 我待賈者也.

[도(道)와 출사(出仕)]

공자는 정치참여를 강조했다. 단 난세(亂世)에는 가담하지 말아야 한다. 학문과 덕행을 겸한 군자는 난세를 바로잡고, 인정(仁政)과 덕치(德治)를 펴서, 만민을 잘살게 하고, 아울러 천하를 평화롭게 할 책임이 있다. 그러나 통치자들이 우매하거나 혹은 포악무도하기 때문에 현인(賢人)을 등용하지 않고 악인만을 쓰고 있는 것이다. 공자는 현명한 임금이 나오기를 바라고 있었다.

9-13 : 경문 한글 풀이

공자가 구이(九夷) 땅에 가서 살고자 했다. 어떤 사람이 「누추한 곳이라 어떻게 사시겠습니까.」하고 말했다. 공자가 말했다. 「군자가 자리잡고 살면 어찌 누추하겠소.」

子欲居九夷 或曰 陋 如之何 子曰 君子居之 何陋之有.

[군자의 교화(敎化)]

⑴ 공자는 말한 바 있다. 「도가 행해지지 않으니 뗏목을 타고 바다로 갈까 한다.(道不行 乘桴 浮于海)」 <제5. 공야장편-6>

⑵ 이번에는 동방의 오랑캐 땅으로 가겠다고 말했다. 문화의 꽃이 피어나야 할 중화(中華), 즉 중하(中夏)가 타락하고 악덕이 횡행하는 데 크게 실망하고 떠나고 싶다고 말한 것이다.

⑶ 이에 어떤 사람이 「미개의 야만인들이 사는 땅에서 어떻게 살겠습니까.」하고 걱정하자, 공자가 말했다. 「군자가 가서 살면 교화

되고 문화도 발전한다.」 즉 군자의 감화력(感化力)을 굳게 믿는 동시에 정도(正道)를 찾지 못하는 중하에 대한 불만을 토로한 것이다.

9-14 : 경문 한글 풀이

공자가 말했다.「내가 위나라에서 노나라로 돌아 온 후에 음악이 바로잡혔고, 아(雅)와 송(頌)도 바르게 되었다.」

子曰 吾自衛反魯 然後樂正 雅頌 各得其所.

[공자의 산시(刪詩)]

노(魯)나라에는 주(周)나라의 예악(禮樂)이나 문물제도가 잘 보전되어 있었다. 그러나 공자는 말년에 예악 및 고전(古典) 등을 재정리했다. 오늘의 시경(詩經)에 있는 305편의 시는 바로 공자가 정리한 것이다. 이를 공자의 산시(刪詩)라고 한다.

9-15 : 경문 한글 풀이

공자가 말했다.「밖에 나가서는 공경을 섬기고, 집안에서는 부형을 섬기고, 상례를 정성으로 치르며, 술로 인해 문란하지 않는다. 이런 것들을 나는 쉽게 행할 수 있다.」

子曰 出則事公卿 入則事父兄 喪事 不敢不勉 不爲酒困 何有於我哉.

[충효(忠孝) · 신종(愼終) · 약신(約身)]

(1) 여기서는 제후국의 사(士)를 말한다. 그들은 바로 위의 공경(公卿)을 잘 섬겨야 한다. 그래야 충성(忠誠)이다.

(2) 가정에서는 부형을 잘 모셔야 한다. 그것이 효제(孝弟)다.

(3) 부모님의 상례를 정성으로 치르는 것이 신종(愼終)이다.

(4) 술로 인해 문란해지지 않는 것이 약신(約身)이다.

9-16 : 경문 한글 풀이

공자가 강 위에서 말했다. 「가는 것은 이와 같다. 밤낮없이 쉬지 않고 가노라.」

子在川上曰 逝者如斯夫 不舍晝夜.

[참고 주소 선역]

(1) 「하늘과 땅은 변하고 발전한다. 옛것은 지나가고 새것은 뒤따라 이어지며 잠시도 쉬거나 멈추지 않는다. 그것이 곧 도체(道體)의 본연(本然)이다.」 「학자는 항상 성찰하고 털끝만한 틈도 나지 않게 해야 한다.」

(2) 정자(程子)가 말했다. 「이것이 도(道)의 본체(本體)다. 또 하늘의 운행은 멈춤이 없다. 해가 지면 달이 뜨고, 겨울이 가면 여름이 온다. 물은 쉬지 않고 흐른다. 만물은 무궁하게 살고 자란다. 이 모두가 도를 본체로 한 것이며, 또 그 운행은 밤낮으로 이어지며 절대로 멈추지 않는다. 군자는 <그와 같은 도의 본체와 운행을> 본을 삼고 자강불식(自强不息)해야 한다. 지극한 경지에 이르면 마

음이 순수해지고 멈추지 않게 된다.」

[흘러가는 강물]

(1)「사람은 태어나 살다가 허무하게 스러진다.」고주(古注)는 이렇게 풀었다. 그러나 신주(新註)는 다음같이 풀었다.

(2) 하늘의 도리는 시간적으로 이어지면서 자연 만물을 끝없이 낳고 살고, 또 번성하게 한다. 사람도 같다. 세세대대(世世代代)로 이어지면서 역사와 문화를 계승 발전케 하고 있다. 성인 공자는 이와 같은 역사적 발전관을 터득하고 있었다.

9-17 : 경문 한글 풀이

공자가 말했다.「덕 좋아하기를 여자 좋아하듯이 하는 사람을 나는 아직 보지 못했다.」

子曰 吾未見好德 如好色者也.

[위령공(衛靈公)과 남자(南子)]

덕(德)은 마음(心)을 바탕으로 하고 색(色)은 육체적 쾌락이다. 당시의 위(衛)나라 영공(靈公)이 우둔하여 음탕한 남자(南子)에게 미혹되었다. 그래서 공자가 욕을 본 것이다. <제6. 옹야편-28, 제15. 위령공편-12> 당시는 모든 경대부(卿大夫)들도 타락했었다.

9-18 : 경문 한글 풀이

공자가 말했다.「비유하면 산을 만들 때, 흙 한 삼태기가 모자라는데, 그만두는 것도 내가 그만

두는 것이다. 땅을 평탄하게 할 때, 흙 한 삼태기
를 덮는 것도 내가 나서서 하는 것이다.」

子曰 譬如爲山 未成一簣 止吾止也 譬如平地 雖覆一
簣 進吾往也.

[내가 한다]

학문과 인덕(仁德)은 내가 주체다. 더 나아가는 것이나, 그만두는
것이나, 다 나 자신에게 달렸다. 이를 공자가 축산(築山)이나 평지
(平地)에 비유한 것이다. 즉 한 삼태기의 흙을 더하는 것이나, 제거
하는 것이나, 학문과 덕행을 더하느냐, 중도에서 포기하는가도, 나
에게 달렸다. 즉 「지왕재아(止往在我)」이다.

9-19 : 경문 한글 풀이

공자가 말했다. 「말한 바를 게으르지 않고 행한
사람은 회(回)이니라.」

子曰 語之而不惰者 其回也與.

[수제자 안연(顏淵)]

참고 : 제2. 위정편-9 ; 제6. 옹야편-3, 7, 11 ; 제7. 술이편-10 ;
제9. 자한편-10, 20 ; 제11. 선진편-7, 9, 10, 19 등.

9-20 : 경문 한글 풀이

공자가 안회를 평하여 말했다. 「애석하다. 그가
죽다니. 나는 그가 나아가는 것만 보았지, 그대로

머물러 있는 것을 보지 못했노라.」

子謂顔淵曰 惜乎 吾見其進也 未見其止也.

[참고 주소 선역]

「진(進)과 지(止) 두 글자에 대한 설명은 앞장에 있다. 안자가 죽자 공자가 애석히 여기고, 그는 나아가기만 하고 멈추지 않았음을 말한 것이다.(顔子旣死 而孔子惜之 言其方進而未已也)」

9-21 : 경문 한글 풀이

공자가 말했다. 「싹만 나고 꽃을 피우지 못하는 것도 있다. 꽃은 피었지만 열매를 맺지 못하는 것도 있다.」

子曰 苗而不秀者有矣夫 秀而不實者有矣夫.

[묘(苗), 수(秀), 실(實)]

(1) 글을 배우고 사물의 도리를 아는 것이 곧 묘(苗)의 경지다. 박학다식한 것이 곧 꽃이 피는 수(秀)의 경지다. 학문이 덕으로 화하고 남에게 인덕(仁德)을 베푸는 것이 곧 열매를 맺는 실(實)의 경지다.

(2) 학문 지식은 남에게 보이고 자랑하거나, 벼슬이나 녹을 받기 위한 것이 아니다. 군자가 학덕(學德)을 쌓는 것은 인정덕치(仁政德治)에 참여하고 경국제민(經國濟民)하기 위해서다.

(3) 특히 인류역사나 문화적 발전에 공적을 남기기 위해서다.

9-22 : 경문 한글 풀이

공자가 말했다. 「후생들을 두려워해야 한다. 미래를 사는 그들이 우리만 못할 거라고 어찌 말하겠는가. 그러나 후생으로 40, 50세가 되어도 학문과 인덕으로 알려지지 않으면 두려운 존재가 못된다.」

子曰 後生可畏 焉知 來者之不如今也 四十五十 而無聞焉 斯亦不足畏也已.

[후생가외(後生可畏)]

(1) 사상의 저변에는 인류의 역사와 문화가 시대와 더불어 더욱 발전한다는 「역사적 발전관(歷史的發展觀)」이 흐르고 있다. 따라서 공자는 역사와 문화 발전을 담당할 후배 학자들의 학문과 덕행도 더욱 향상되고 발전한다고 믿었다.

(2) 그러므로 「후생가외(後生可畏)」라고 말한 것이다. 그러나 후생(後生)들이 공부를 안하면 아무 소용이 없다.

(3) 후배 학자들이 열심히 공부하고 새로운 창조(創造)를 해야 한다. 이를 공자는 「온고지신(溫故知新)」이라고도 말했다.

(4) 군자(君子)는 학문과 덕행을 겸비하고, 절대선의 도(道)를 따라 사회를 개혁하고, 인정(仁政)과 덕치(德治)의 구현(具現)을 위해 사회적으로 활동하고 공헌해야 한다.

(5) 「덕 있는 사람은 반드시 말이 있다.(有德者必有言)」<제14.

헌문편-5〉 군자나 인자(仁者) 같은 휴머니스트는 적극적으로 사회악(社會惡)을 고발하고, 아울러 정도(正道)를 만인에게 알려주어야 한다.

(6) 유교의 학문정신은 적극적인 현실참여이다. 단 악덕에 붙어먹는 것을 절대로 배척한다. 그러므로 군자나 지식인은 철저하게 악덕을 배척하고 적극적으로 정도를 높여야 한다.

9-23 : 경문 한글 풀이

공자가 말했다. 「바르게 훈계하는 말을 따르지 않을 수 있겠느냐. 그러나 말을 따라 잘못을 고치는 것이 더욱 중하다. 부드럽게 타이르는 말이 듣기에 즐겁지 않겠느냐. 그러나 말의 참뜻을 찾아내는 것이 더욱 중하다. 즐거워만 하고 참뜻을 알지 못하거나, 따르기만 하고 고치지 않는다면, 그런 사람을 나로서는 어찌할 도리가 없느니라.」

子曰 法語之言 能無從乎 改之爲貴 巽與之言 能無說乎 繹之爲貴 說而不繹 從而不改 吾末如之何也已矣.

[훈계(訓戒)와 개선(改善)]

(1) 직설적인 훈계나 충고를 들으면 겁을 먹고 자기의 잘못을 고치려고 할 것이다.

(2) 그러나 부드럽게 간접적으로 훈계하는 말을 듣고도 진의를 파악하고 개과천선(改過遷善)해야 한다.

(3) 여기 나오는 「법어지어(法語之語)」와 「손여지언(巽與之言)」에
대해서는 해석상의 설이 많다. 집주(集註)의 설을 따랐다.

9-24 : 경문 한글 풀이

공자가 말했다. 「충성하고 신의를 지켜라. 나보
다 못한 사람을 벗으로 삼지 마라. 잘못이 있으면
꺼리지 말고 고쳐라.」

子曰 主忠信 毋友不如己者 過則勿憚改.

<* 전에 여러 차례 나온 말이다.>

9-25 : 경문 한글 풀이

공자가 말했다. 「삼군의 총사령관도 빼앗을 수 있
다. 그러나 필부의 뜻은 빼앗을 수 없다.」

子曰 三軍 可奪帥也 匹夫 不可奪志也.

<* 정신적 자주성(自主性)과 지조(志操)를 필부라도 굳게 지니고
있어야 한다. 단 이기적 욕심을 말하는 것이 아니다.>

9-26 : 경문 한글 풀이

공자가 말했다. 「다 떨어진 솜옷을 입고, 여우나
담비 털옷을 입은 사람과 함께 서 있어도 부끄러
워하지 않는 사람은 자로(子路)일 것이다.」 시경
(詩經)에 있는 『해치지도 않고 탐내지도 않으니,

어찌 좋지 않겠는가』라는 구절을 자로가 종신을
두고 외우고자 했다. 〈그러자〉 공자가 말했다.
「그러한 도리만으로 어찌 선하게 되겠는가.」

子曰 衣敝縕袍 與衣狐貉者 立而不恥者 其由也與.
不忮不求 何用不臧 子路終身誦之. 子曰 是道也 何
足以臧.

<＊ 여기 나오는 시는 시경(詩經) 위풍(衛風) 웅치편(雄雉篇)의 시
구절이다. 공자가 인용하고 자로를 칭찬한 것이다.＞

[참고 주소 선역]

(1)「죽을 때까지 시 구절을 외우고 그렇게 할 수 있음을 기뻐하기
만 하며, 더 도리를 따르고 나아가기를 구하지 않을 것이다. 고로
공자가 다시 이렇게 말하고 경계하게 한 것이다.」

(2) 사씨(謝氏)가 말했다.「나쁜 옷과 나쁜 음식을 부끄럽게 여기는
것은 학자의 큰 병이다. 본연의 착한 마음이 없으므로 가난을 창피
하게 여기게 되는 것이다.」

(3)「자로(子路)의 뜻은 이와 같으니 곧 보통사람의 경지를 넘어선
것이다.」「그러나 보통사람도 그렇게는 할 수 있고 곧 선이라 할
수 있다. 그러니 자로가 현명하면 마땅히 그 경지에서 멈추면 아니
된다.」「그런데 종신 외우려고만 했으니 곧 도를 따라 정진(精進)하
고 일신(日新)하는 것이 아니다. 고로 공자가 격려하고 정진하게
한 것이다.」

[군자고궁(君子固窮)]

자로(子路)는 공자가 사랑하고 아끼던 제자였다. 그러나 학문이나 덕성이 깊지 못하고 성급한 흠이 있었다. 한 예를 들겠다. 진나라에서 양식이 떨어지고 따라갔던 제자들이 병들어 일어나지 못하게 되었다. 이에 자로가 화를 내고 공자를 뵙고 말했다.「군자가 이렇듯 궁핍해야 합니까.」공자가 말했다.「군자는 원래 궁핍하게 마련이다. 소인은 궁핍하면 문란하게 된다.(君子固窮 小人窮斯濫矣)」〈제15. 위령공편-2〉

9-27 : 경문 한글 풀이

공자가 말했다.「겨울의 날씨가 추운 다음, 비로소 소나무나 잣나무가 늦게 시드는 것을 알 수 있다.」

子曰 歲寒然後 知松柏之後彫也.

[참고 주소 선역]

(1) 범씨(范氏)가 말했다.「소인도 치세(治世)에서는 혹 군자와 다르지 않을 수 있다. 허나 이해 앞에서는 하는 일이 다르게 된다. 그런 다음에 군자가 지키는 바 〈도리를〉 볼 수 있다.」

(2) 사씨(謝氏)가 말했다.「선비는 궁해도 절개와 의리를 내보인다. 〈그러므로〉 세상이 어지러울 때 충신을 식별할 수 있으므로 학자는 반드시 덕을 두루 갖추고자 원해야 한다.」

9-28 : 경문 한글 풀이

공자가 말했다. 「지혜로운 사람은 미혹되지 않고, 인애로운 사람은 걱정하지 않고, 용감한 사람은 두려워하지 않는다.」

子曰 知者不惑 仁者不憂 勇者不懼.

[참고 주소 선역]

「명지(明知)는 족히 천리를 밝히므로 미혹하지 않는다.」「천리를 바탕으로 사욕을 극복하고 <인애(仁愛)하므로> 근심하지 않는다.」「용기(勇氣)가 족히 도의(道義)에 맞으므로 두려움이 없다.」「이렇게 하는 것이 배움의 순서이다.」

[지(知)·인(仁)·용(勇)]

「지(知)·인(仁)·용(勇)을 삼달덕(三達德)」이라 한다. 절대선의 천도(天道) 이법(理法)을 깨닫고 실천하는 사람이 지자(知者)다. 만민 만물을 사랑하고 덕을 베푸는 사람이 인자(仁者)다. 정의를 위해 용감하게 실천하는 사람이 용자(勇者)다. 이 셋을 합한 사람이 군자다. 그러므로 군자는 「불혹(不惑), 불우(不憂), 불구(不懼)」한다.

9-29 : 경문 한글 풀이

공자가 말했다. 「함께 배울 수는 있어도 똑같이 도를 따라갈 수는 없다. 함께 도를 따라갈 수는

있어도 똑같이 도를 내세울 수는 없다. 함께 도를
내세울 수는 있어도 똑같이 권형에 맞게 운영할
수는 없다.」

子曰 可與共學 未可與適道 可與適道 未可與立 可與
立 未可與權.

[참고 주소 선역]

(1) 정자(程子)가 말했다. 「함께 배울 수 있으니, 구하는 바 도를
같이 알 것이다.」「함께 도를 따라갈 수 있으니, 나갈 바를 같이
알 것이다.」「함께 선다고 함은 즉 뜻을 돈독히 하고, 또 도를 굳게
지키고 변하지 않게 한다는 뜻이다.」「권(權)은 저울의 추를 말한
다. 사물을 달고 경중을 알게 하는 도구다.」「저울질할 수 있다고
함은 곧 경중에 따라 권형을 도의에 맞게 할 수 있다는 뜻이다.」

(2) 양씨(楊氏)가 말했다. 「지(知)는 자기를 위해 자기가 하는 것이
다. 그래서 <남들과> 같이 배워야 한다.」「배움이 족해야 선(善)을
밝힌다.」「그런 다음에 비로소 같이 도를 따라 나갈 수 있다.」「도에
대한 믿음이 돈독한 다음에 비로소 가히 같이 세상에 나가 서고,
또 도를 높이 세울 수 있다.」「때나 일에 맞게 도를 적응할 줄 알아
야 비로소 저울질 할 수 있다.」

[경도(經道)와 권형(權衡)]

(1) 글을 배우는 단계는 크게 3단계로 나눌 수 있다. 우선 절대선
(絶對善)의 도(道)를 깨닫고 실천하여 인격을 완성해야 한다. 그
다음에는 사회나 국가에 나가 좋은 일꾼이 되어야 한다. 그리고

자기가 맡은 직책이나 일을 잘 처리해야 한다. 즉 인정덕치(仁政德治)로 경국제민(經國濟民)해야 한다.

(2) 그러므로 비록 함께 글을 배웠다 해도 사람마다 입장이나 처지가 다르고, 또 일처리에 있어서도 다르게 마련이다. 그러므로 권형(權衡)을 맞추어 적절하게 성취해야 한다. 특히 국가를 다스리고 백성을 잘살게 해주는 정치에는 여러 가지 변수가 따르게 마련이다. 고지식하게 원리원칙만을 고집하면 안 된다.

9-30 : 경문 한글 풀이

『당체꽃이 펄럭이는데 어찌 임 생각을 안하겠는가. 허나, 너무 멀구나.』공자가 말했다. 「진정으로 생각함이 아니로다. 진정으로 생각한다면 어찌 멀다고 하겠느냐.」

唐棣之華 偏其反而 豈不爾思 室是遠而. 子曰 未之思也 夫何遠之有.

[참고 주소 선역]

(1) 「당체(唐棣)」는 「아름답게 피어난 오얏나무[郁李]다.」「이는 일시(逸詩), 즉 없어진 시의 구절이다.」「시경 대서(詩經大序) 육의(六義) 중, 흥(興)에 속한다. 단 위의 두 구절은 뜻이 없고, 오직 다음 두 구절의 발단일 뿐이다.」「이른바 이(爾)도 누구를 지적하는지 알 수 없다.」

(2) 정자(程子)가 말했다. 「공자는 언제나 용이하게 사람의 뜻을 돌아 일으키는 말을 하지 않았다. 어려운 말로써 사람의 나감을

가로막지도 않았다.」

[인(仁)은 멀지 않다]

(1) 공자의 파격적인 말이다. 상대를 사랑하고 그리워하는 남녀의 사랑 노래의 아름다운 시구를 가지고 정성과 행동의 일관성을 깨우치고자 했다. 참다운 정성이 있으면 멀다는 핑계를 대지 않을 것이다. 오늘 전하는 시경(詩經)에는 「당체지화(唐棣之華), 편기반이(偏其反而), 기불이사(豈不爾思), 실시원이(室是遠而)」라는 구절이 없다. 그래서 일시(逸詩)라 한 것이다.

(2) 공자는 「제7. 술이편-29」에서 말했다. 「인을 멀다고 하겠느냐. 내가 인을 원하면, 인은 바로 이른다.(仁遠乎哉 我欲仁 斯仁至矣)」 인은 모든 사람의 덕행(德行)이다.

10. 향당편(鄕黨篇)

향당편(鄕黨篇)은 논어 중에서도 특수한 편이다. 주로 공자의 문인들의 기술을 추린 글이다. 문인들이 공자의 일상생활을 여러 각도에서 자세히 기술한 글이다.

공자는 공(公)과 사(私)에 걸쳐 예(禮)와 악(樂)을 깃들인 생활을 했다. 또 공자는 누구에게나 성실하고 근엄한 태도로 임했다.

이와 같은 공자의 여러 면모를 생생하게 볼 수 있다. 고주(古注)는 25장, 신주(新注)는 17장으로 분류했다. 그러나 이 책은 신주를 따라 총 17장으로 나누어 풀이했다.

제10편 이후에는 어구 설명과 주소 선역을 붙인다

[참고 주소 선역]

(1) 양씨(楊氏)가 말했다. 「성인 공자는 도를 따르고 실천했다. 고로 공자의 일동일정(一動一靜)을 문인들이 자세히 살피고, 또 기술했다.」

윤씨(尹氏)의 말 : 「공자의 제자들이 배우고 따르려는 기호(嗜好)가 대단했다. 그래서 성인 공자의 용모(容貌), 기색(氣色), 언동(言動)을 삼가 기술하고 후세에 남겼던 것이다.」

(2) 「덕이 높고 지극한 분이시므로 용모나 언행 동작 모든 것이 스스로 예(禮)에 맞았던 것이다.」 「학자는 마음을 성인 공자의 그와

같은 경지에 깊이 두고 그와 같이 하기를 구해야 한다.」「옛날은
한 장으로 추렸다. 그러나 지금은 17장으로 나눈다.」＜* 이 편에
대한 사상적 해설은 간략하게 적었다. 경문은 다 풀이했다.＞

10-1 : 경문 한글 풀이

**[1] 공자는 향당에서 ＜사람을 대할 때는＞ 누구에
게나 공손하고 성실하게 했다. 말도 잘하지 못하
는 듯했다. ＜즉 과묵했다.＞**

**[2] 그러나 종묘나 조정에서는 명석하게 말하고,
또 지극히 신중했다.**

[1] 孔子於鄕黨 恂恂如也 似不能言者. [2] 其在宗廟
朝廷 便便言 唯謹爾.

[어구 설명] ○孔子於鄕黨(공자어향당) : 공자가 향당(鄕黨)에 있
을 때는. 향당은 향리나 마을. 주대(周代)의 제도로는 5백 호를 당
(黨), 25당, 즉 12,500호를 향(鄕)이라 했다. ○其在宗廟朝廷(기재
종묘조정) : 그가 종묘나 조정에 있을 때에는. ○便便言(편편언) :
똑똑히 분명하게 말했다.

10-2 : 경문 한글 풀이

**[1] 조정에서 하대부와 말할 때에는 강직한 태도
로 했고, 상대부에게 간할 때에는 화락(和樂)한
태도로 했다.**

[2] 임금 앞에서는 지극히 공경하는 태도와 아울러 엄하게 위의(威儀)를 차렸다.

[1] 朝 與下大夫言 侃侃如也 與上大夫言 誾誾如也.
[2] 君在 踧踖如也 與與如也.

[어구 설명] ○與下大夫言(여하대부언) : 하대부와 말할 때. 고대의 신분 계층은 「제후(諸侯), 경(卿), 대부(大夫), 사(士)」로 나누었다. 그리고 「경을 상대부」 「대부를 하대부」라고도 했다. ○與上大夫言(여상대부언) : 상급자인 경에게 말하다. 즉 간쟁(諫諍)한다는 뜻.

[참고 주소 선역]

(1) 「이 글은 임금이 조회를 하지 않을 때다. 예기(禮記) 왕제편(王制篇)에 있다. 제후나 상대부는 경이다. 하대부는 5인이다.」 허씨의 설문에 있다. 「간간(侃侃)은 강직(剛直)이다. 은은(誾誾)은 화하고 즐겁게 간한다는 뜻이다.」

(2) 「군재(君在)는 임금이 조회를 볼 때다.」 「축적(踧踖)은 <임금 앞에서> 공경하느라 편치 않은 태도다.」 「여여(與與)는 위의(威儀)를 알맞게 차리는 모양이다.」 장자(張子)가 말했다. 「여여(與與)는 임금에 대한 <공경을> 잊지 않는다는 뜻이다.」 역시 통한다. 「이 1절은 공자가 조정에 있을 때 주상을 섬기고 아랫사람을 대함에 같지 않았음을 기술한 것이다.」

[공자의 벼슬 생활]

한때 공자도 대부가 되어 조회에 참석했으며, 조회 전에 다른 대부 및 경들과 정사에 관한 말을 나누었을 것이다. 그리고 임금 면전에서는 지극히 신중하고 엄숙하게 위의를 차렸을 것이다.

10-3 : 경문 한글 풀이

[1] 임금이 불러 내빈을 접대하라고 하면, 엄숙한 낯빛으로 발걸음을 빨리 하였다.

[2] 함께 서있는 여러 내빈에게 읍할 때에는 손을 좌우로 돌려 읍했다. 그때에도 옷의 앞뒷자락이 가지런히 출렁일 뿐이었다.

[3] 빨리 종종걸음으로 나아갈 때의 자세가 단정했다.

[4] 내빈이 물러가면 반드시 〈임금에게〉『손님이 뒤돌아보지 않고 잘 갔습니다』하고 복명해 올렸다.

[1] 君召使擯 色勃如也 足躩如也. [2] 揖所與立 左右手 衣前後 襜如也. [3] 趨進 翼如也. [4] 賓退 必復命曰 賓不顧矣.

[어구 설명] ㅇ君召使擯(군소사빈) : 임금이 불러, 외국에서 온 손님을 접대하게 한다. ㅇ色勃如也(색발여야) : 색(色)은 표정과 안색. 발여(勃如)는 긴장하고 엄숙하게 변한다. ㅇ足躩如也(족곽여야) : 발걸음을 총총히 빨리 한다. ㅇ揖所與立(읍소여립) : 서있는 다른 손들에게 읍(揖)할 때. 읍은 가슴 앞에 두 손을 마주 잡고 절한다. ㅇ左右手(좌우수) : 마주 잡은 손의 방향을 좌우로 돌리다.

○衣前後(의전후) : 옷자락이 가볍게 앞뒤로 출렁인다. ○襜如也(첨여야) : 「첨(襜)은 앞치마」. 그 옷자락이 가지런하다. ○趨進(추진) : 종종걸음으로 빨리 앞으로 나가다. ○翼如也(익여야) : 단정(端正)하다. ○賓退(빈퇴) : 사신들이 물러가다. ○必復命曰(필복명왈) : 반드시 복명했다. ○賓不顧矣(빈불고의) : 손님이 흡족해서 뒤돌아보지 않고 갔습니다.

10-4 : 경문 한글 풀이

[1] 대궐문에 들어갈 때에는 몸을 굽혀 절하는 듯, 송구스러워하는 모양이 흡사 문이 좁아서 들어가지 못하는 듯하였다.

[2] 서는 경우에는 문 가운데에 서지 않으시고, 들어갈 때에는 문지방을 밟지 않으셨다.

[3] 임금님의 자리를 지나갈 때에는 표정과 안색을 엄숙하게 하고, 총총걸음으로 지나갔으며, 말이 모자라는 듯이 과묵하였다.

[4] 옷자락을 잡고 층계를 밟고 당에 오를 때도 절하는 듯이 송구스러운 품으로 숨을 죽여 호흡을 하지 않는 듯하셨다.

[5] 당에서 나와, 층계를 하나만 내려와도 안색을 펴 화락한 낯을 지으셨고, 층계를 다 내려와 총총

걸음으로 나가실 때의 품은 단정하고 아름다우셨으며, 제자리로 돌아가시는 태도는 신중하고 경건하셨다.

[1] 入公門 鞠躬如也 如不容. [2] 立不中門 行不履閾. [3] 過位 色勃如也 足躩如也 其言 似不足者. [4] 攝齊升堂 鞠躬如也 屏氣 似不息者. [5] 出降一等 逞顏色 怡怡如也 沒階 趨進翼如也 復其位 踧踖如也.

[어구 설명] ○入公門(입공문) : 제후(諸侯)의 궁성(宮城)의 문, 즉 노나라 임금의 대궐 문을 들어가다. ○鞠躬如也(국궁여야) : 국궁(鞠躬)하는 듯이 한다. 즉 상반신을 숙이고 정중하게 하는 절. ○如不容(여불용) : 흡사 문이 좁아서 몸이 들어가지 않는 듯하다. ○立不中門(입부중문) : 대문 한가운데 서지 않는다. ○行不履閾(행불리역) : 대문을 지나갈 때에 문지방을 밟지 않는다. ○過位(과위) : <정해진> 임금의 자리. 임금이 없어도, 그 자리를 지나갈 때에는. ○色勃如也(색발여야) : 표정과 안색을 긴장하고 엄숙하게 한다. ○足躩如也(족곽여야) : 발걸음을 총총히 빨리 한다. ○其言似不足者(기언사부족자) : 말이 모자라는 듯이, 입을 다물고 침묵하다. ○攝齊升堂(섭자승당) : 옷자락을 잡고 당에 오르다. 「가지런할 자(齊)」, 제후의 공당(公堂)은 높이가 7척(尺)이며, 매 척마다 계단이 있다. 당에 오르기 위해서는 옷자락을 손으로 잡고 치켜들어야 한다. ○屛氣(병기) : 숨을 죽이다. ○似不息者(사불식자) : 흡사 숨을 안 쉬는 듯하다. ○出降一等(출강일등) : 임금 앞에서 나와 당의 층계를 한 단계 내려오다. ○逞顏色(영안색) : 긴장을 풀고 얼굴을 펴다. ○怡怡如也(이이여야) : 즐겁고 기쁜 듯하다.

○沒階(몰계) : 층계를 다 내려오다. ○趨進(추진) : 잰걸음으로 나가다. ○翼如也(익여야) : 단정하고 아름답다. ○復其位(복기위) : 원 위치로 돌아가다. ○踧踖如也(축적여야) : 신중하고 공손한 태도.「삼갈 축(踧)」「공손할 적(踖)」

10-5 : 경문 한글 풀이

[1] 공자가 사신으로 가서 규(圭)를 손에 들고 다른 나라 임금에게 바칠 때에는, 몸을 굽히고 송구스러운 태도로 마치 그 무게를 감당하기 어려운 듯했다. 규를 위로 들어올릴 때에는 읍하는 듯, 아래로 내릴 때에는 물건을 넘겨주는 듯했으며, 얼굴 표정과 안색을 신중하고 두려워하는 듯하고, 발걸음을 땅에 대고 끄는 듯이 총총히 옮겼다.

[2] 그후 예물을 진상할 때에는 부드럽고 화평한 낯을 지었다.

[3] 다시 개인적으로 회견할 때에는 몹시 즐거운 표정을 지었다.

[1] 執圭 鞠躬如也 如不勝 上如揖 下如授 勃如戰色 足蹜蹜如有循. [2] 享禮 有容色. [3] 私覿 愉愉如也.

[어구 설명] ○執圭(집규) : 규(圭)를 손에 들고 임금에게 바치다.「규」는 옥(玉)으로 만든 패. 임금은 규를 다른 나라에 가는 사신에게 내려준다. 사신은 이를 다른 나라 임금에게 바쳐 올린다. ○鞠躬

如也(국궁여야) : 국궁하고 정중한 자세로 바쳐 올린다. ○如不勝 (여불승) : 마치 무거워서 들기 어려운 듯한다. ○上如揖(상여읍) : 규를 위로 들어올릴 때는 읍하는 듯한다. ○下如授(하여수) : 규를 아래로 내려, 넘겨줄 때는 물건을 넘겨주는 높이로 한다. ○勃如戰 色(발여전색) : 발여(勃如)는 엄숙하다, 전색(戰色)은 두려워하는 기색. ○足蹜蹜(족축축) : 발걸음을 좁게 딛는다. 「축(蹜)을 숙으로 도 읽는다.」 ○如有循(여유순) : 발을 땅에 대고 밀듯이 걷는다. ○享禮(향례) : 규를 바치고 난 다음, 여러 가지 예물을 상대방 임금 에게 올리는 의식. ○私覿(사적) : 사사롭게 대면하다.

10-6 : 경문 한글 풀이

[1] 군자는 보라색과 붉은색으로 옷깃을 장식하 지 않는다. 다홍색과 자주색으로 속옷을 만들지 않는다.

[2] 여름에 더울 때에는 고운 베나 거친 베옷을 겉에 입고 밖에 나간다.

[3] 검은 옷을 입을 때는 검은 양 가죽옷을 받쳐 입고, 흰 옷을 입을 때는 어린 사슴 가죽옷을 받쳐 입고, 누런 옷을 입을 때는 여우 가죽옷을 받쳐입 는다.

[4] 평소 입는 가죽옷은 길게 하되 오른쪽 소매는 짧게 한다. 반드시 잠옷을 마련하며 그 길이가 키

의 한 배 반이나 되게 한다. 사사로이 집안에 편히 있을 때에는 여우나 담비의 두꺼운 털을 바닥에 깔고 앉는다.

[5] 탈상한 다음에는 다시 패옥(佩玉)을 찬다. 유상(帷裳)이 아니면 천을 좁게 대어 입는다. 염소 가죽으로 만든 옷과 검은 관을 쓰고 조문하지 않는다.

[6] 매월 초하루에는 관복 차림으로 조정에 간다.

[1] 君子 不以紺緅飾 紅紫 不以爲褻服. [2] 當暑 袗絺綌 必表而出之. [3] 緇衣羔裘 素衣麑裘 黃衣狐裘. [4] 褻裘長 短右袂 必有寢衣 長一身有半 狐貉之厚 以居. [5] 去喪 無所不佩 非帷裳 必殺之 羔裘玄冠 不以弔. [6] 吉月 必朝服而朝.

<* 원본은 11구절로 세분했다. 여기에서는 6구절로 추렸다.>

[어구 설명] ○君子不以紺緅飾(군자불이감추식) : 군자는 보라색과 붉은색으로 옷깃이나 소매 끝을 장식하지 않는다. 「감색 감(紺)」 「검붉을 추(緅)」 ○紅紫不以爲褻服(홍자불이위설복) : 다홍색과 자주색으로 속옷을 만들지 않는다. 「속옷 설(褻)」 ○當暑(당서) : 더울 때에는. ○袗絺綌(진치격) : 홑으로 된 고운 베나 거친 베옷. 「홑옷 진(袗)」 「고운 갈포 치(絺)」 「거친 갈포 격(綌)」 ○必表而(필표이) : 반드시 겉에 입고. ○出之(출지) : 외출하다. ○緇衣(치의) : 검은 옷. 「검은 비단 치(緇)」 ○羔裘(고구) : 어린 양의 가죽옷.

「새끼양 고(羔)」「가죽옷 구(裘)」 ○素衣(소의) : 흰 옷. ○麑裘(예
구) : 어린 사슴의 가죽옷.「사슴 새끼 예(麑)」○黃衣(황의) : 누런
옷. ○狐裘(호구) : 여우 가죽옷. ○褻裘長(설구장) : 집안에서 입는
가죽의 평상복. ○短右袂(단우메) : 오른쪽 소매를 짧게 한다. 일하
기 편하게. ○必有寢衣(필유침의) : 반드시 자리옷은. <유(有)는
뒤에 걸린다.> 침의(寢衣)를 이불이라고 풀이하기도 한다. ○長一
身有半(장일신유반) : 길이가 키의 한 배 반이 된다. ○狐貉之厚(호
학지후) : 두꺼운 여우나 담비의 털가죽.「담비 학(貉)」○以居(이
거) : 집안에서는 <바닥에 깔고> 앉았다. ○去喪(거상) : 상을 마치
다. 탈상(脫喪)한 다음에는. ○無所不佩(무소불패) : 모든 패물을
차다. 군자는 옥(玉)을 찬다. 옥은 덕을 상징한다.「찰 패(佩)」○非
帷裳(비유상) : 예복(禮服)이 아니고, 집에서 입는 평상복에는. 유
상은 곧 예복. 상(裳)은 아래에 걸치는 치마로, 주름을 잡았다.「휘
장 유(帷)」「치마 상(裳)」○必殺之(필쇄지) : <예복이 아닌 평상
복에는 주름을 잡는 대신> 천 조각을 꿰맸다. ○玄冠(현관) : 검은
관모(官帽). ○不以弔(불이조) : 조문하지 않는다. ○吉月(길월) :
매달 초하루, 월삭(月朔). ○必朝服而朝(필조복이조) : 반드시 정식
으로 조복(朝服), 즉 관복을 입고 조정에 간다.

[유가의 예절]

제10편에 있는 모든 글은 대체로 공자의 생활태도와 그가 지킨
예절을 기술한 것이라고 한다. 그러나 엄밀히 말하면, 전체는 후세
의 여러 학자가 추리고 모은 글들이다. 그러므로 반드시 공자 한
사람에 대한 기록이라고 보기 어렵다. 역시 유교에서 주장하는 생
활예도(生活禮道)를 적은 것이라고 할 수 있다. 특히 이 6장에는

「공자(孔子)라고 하지 않고 군자(君子)라고 했다.」 따라서 더욱 일반적 기술이라고 해석할 수 있다. 공자도 이와 같은 생활 규범을 지켰을 것이다.

10-7 : 경문 한글 풀이

[1] 재계(齋戒)할 때에 입는 명의는 반드시 삼베로 만든 것이었다.

[2] 재계할 때에는 반드시 음식을 평소와 다르게 했으며, 거처하는 자리도 반드시 평소와 다르게 했다.

[1] 齊必有明衣 布. [2] 齊必變食 居必遷坐.

[어구 설명] ○齊(재) : 재(齋)와 같다. 재계할 때에는. ○必有明衣布(필유명의포) : 반드시 명의(明衣)를 삼베로 만들었다. 유(有)는 현상을 표시하는 동사로 「명의포(明衣布)」 전체에 걸린다. 명의는 목욕한 다음에 입는 깨끗한 옷. 포(布)는 마포(麻布), 삼베. ○齊必變食(재필변식) : 재계할 때에는 반드시 음식도 평소와 다르게 했다. ○居必遷坐(거필천좌) : 자리도 반드시 평소와 다르게 했다.

[참고 주소 선역]

(1) 「재계(齋戒)할 때는 반드시 목욕하고, 목욕을 마치면 즉시 명의(明衣)를 입었다. 몸을 밝고 깨끗하게 하기 위해서다. <명의는> 베로 만들었다.」 「이 구절 다음에 앞장의 침의(寢衣) 한 구절이 빠졌을 것이다.」

(2) 「변식(變食)은 술을 마시지 않고, 마늘을 먹지 않는다는 뜻이다.」 「천좌(遷坐)는 평상시 거하던 곳과 다른 곳에 거한다는 뜻이다.」 「이 구절은 공자가 근엄하게 재계했음을 기술한 것이다.」 양씨(楊氏)가 말했다. 「재계는 신령과 교감하기 위함이다. 고로 평상시와 달리 정결하게 하고, 또 공경을 다한다.」

[목욕재계(沐浴齋戒)의 뜻]

(1) 유교(儒敎)는 엄격한 의미로는 「살아있는 유일무이한 인격신을 믿는 종교라 할 수 없다.」 유교는 형이상(形而上)의 본체, 혹은 제일원리(第一原理)를 철학적으로 「태극(太極), 천(天), 혹은 천도(天道)」라고 말한다.

(2) 그러나 선조에 대한 제사는 정성으로 모시고 신령(神靈)과 교감(交感) 교통(交通)한다. 그러기 위해서는 제사에 앞서 10일 간 목욕재계한다. 그래야 선조의 신령이 강림한다. 불결하면 신령이 강림할 수 없다.

10-8 : 경문 한글 풀이

[1] 밥은 정미한 쌀밥을 싫어하지 않으시고, 회는 가늘게 썬 것을 싫어하지 않으셨다.

[2] 밥이 상하여 쉰 것과, 생선이 상하고 고기가 부패한 것을 먹지 않으셨다. 빛깔이 나쁜 것을 먹지 않았으며, 냄새가 나쁜 것을 먹지 않았으며, 익히지 않은 것을 먹지 않았으며, 제철이 아닌 것

을 먹지 않으셨다.

[3] 바르게 자른 것이 아니면 먹지 않으시고, 간이 맞지 않는 것을 먹지 않으셨다.

[4] 고기가 많아도 밥보다 더 많이 먹지 않으셨으며, 술은 정한 양은 없으나, (술 마시고) 흐트러지는 일이 없으셨다.

[5] 저잣거리에서 산 술과 육포는 먹지 않으셨다. 생강은 물리지 않고 들었으나, 많이 들지는 않으셨다.

[6] 관가에서 제사 지내고 물린 고기는 하루 밤을 넘기지 않았으며, 집에서 제사 지내고 물린 고기는 사흘을 넘기지 않았다. 사흘이 지난 것은 먹지 않으셨다.

[7] 음식을 들 때에는 말을 하지 않았으며, 잠자리에서는 말을 하지 않으셨다.

[8] 비록 잡곡밥이나 나물국이라도 반드시 엄숙하게 고수레를 하셨다.

[1] 食不厭精 膾不厭細.

[2] 食饐而餲 魚餒而肉敗 不食 色惡不食 臭惡不食 失飪不食 不時不食.

[3] 割不正不食 不得其醬不食.

[4] 肉雖多不使勝食氣 唯酒無量不及亂.

[5] 沽酒市脯不食 不撤薑食 不多食.

[6] 祭於公不宿肉 祭肉不出三日 出三日不食之矣.

[7] 食不語 寢不言. [8] 雖疏食菜羹 瓜祭 必齊如也.

<＊ 원본은 10구절로 나누었다.＞

[어구 설명] ㅇ食不厭精(사불염정) : 사(食)는 밥. 불염(不厭)은 싫어하지 않는다. 정(精)은 정백미(精白米)로 지은 흰쌀밥. ㅇ膾不厭細(회불염세) : 회는 잘게 썬 것을 싫어하지 않는다. ㅇ食饐而餲(사의이애) : 음식이 썩거나, 맛이 변하다.「쉴 의(饐)」「쉴 애(餲)」 ㅇ魚餒而肉敗(어뇌이육패) : 생선이 썩어 냄새가 나고 고기가 썩어 살이 뭉그러진다.「주릴 뇌(餒)」 ㅇ色惡(색악) : 음식의 빛이 변한 것. ㅇ臭惡(취악) : 냄새가 악하게 나다.「냄새 취(臭)」ㅇ失飪(실임) : 잘 익지 않은 것.「익힐 임(飪)」ㅇ不時不食(불시불식) : 제철이 아닌 음식은 먹지 않는다. ㅇ割不正(할부정) : 바르게 자르지 않은 것. ㅇ不得其醬(부득기장) : 간이 맞지 않는 것. ㅇ肉雖多(육수다) : 비록 고기반찬이나 음식이 많이 있어도. ㅇ不使勝食氣(불사승식기) : 주식보다 더 많이 먹지 않는다. 식기(食氣)는 주식의 분량. ㅇ唯酒無量(유주무량) : 다만 술은 한량이 없다, 분량을 한정하지 않는다. ㅇ不及亂(불급란) : <술을 마시고> 흐트러지는 일이 없다. ㅇ沽酒市脯不食(고주시포불식) : 시장이나 가게에서 사온 술이나 육포(肉脯)는 먹지 않는다.「팔 고, 살 고(沽)」ㅇ不撤薑食(불철강식) : <식사가 끝나도> 생강은 물리지 않고 먹는다. <소화에 도움이 된다.>「생강 강(薑)」ㅇ不多食(부다식) :

<생강을> 많이 먹지 않는다. 「음식을 많이 먹지 않는다」로 풀기
도 한다. ○祭於公(제어공) : 나라 혹은 관에서 공적인 제사를 지내
다. ○不宿肉(불숙육) : 제사에 썼던 고기를 묵히지 않는다. ○祭肉
(제육) : 집에서 사사로이 제사를 지내다. ○不出三日(불출삼일) :
제사에 쓴 음식은 사흘을 넘기지 않는다. ○出三日(출삼일) : 사흘
을 넘긴 것은. ○不食之矣(불식지의) : 먹지 않는다. ○食不語(식
불어) : 식사할 때는 말을 하지 않는다. ○寢不言(침불언) : 취침시
에는 말을 하지 않는다. ○雖疏食(수소사) : 비록 거친 잡곡밥이
라도. ○菜羹(채갱) : 채소로 끓인 국이라도. ○瓜祭(과제) : 과(瓜)
는 필(必)로 고친다. 제(祭)는 고수레의 뜻. 음식을 조금 떼어 귀신
에게 바친다. ○必齊如也(필제여야) : 반드시 제사 지낼 때처럼
경건하게 한다.

[예(禮)에 맞는 생활태도]

공자가 높이는 예(禮)는 곧 생활의 예술미(藝術美)이기도 하다. 예
는 사치나 낭비와는 다르다. 예는 도(道)를 기반으로 한다. 그러므
로 식생활에 있어서도 건강과 생명의 보양(保養)의 도리에 맞는다.
동시에 의식주(衣食住)의 근본원리와 실용성에도 맞는다.

10-9 : 경문 한글 풀이

자리가 바르지 않으면, 처하지 않으셨다.

席不正 不坐.

[어구 설명] ○席不正(석부정) : 자리가 바르지 않다. 예(禮)에 어긋
난다는 뜻. ○不坐(부좌) : 앉지 않았다.

[석부정(席不正)]

예법(禮法)은 사회질서를 바로잡는 기본 법도이다. 법률보다 한 단계 높은 도덕윤리의 기강이다. 「석부정(席不正)」을 확대 해석하면, 도(道)에 어긋나는 벼슬자리라고 풀이할 수 있다. 좁게 해석하면 「질서에 어긋나는 자리」라고 해석할 수 있다.

10-10 : 경문 한글 풀이

[1] 마을 사람들과 함께 술을 마실 때에는 지팡이를 짚은 노인들이 나간 다음에 따라 나갔다.

[2] 마을 사람들이 역귀를 쫓는 굿을 할 때에는 조복을 입고 동쪽 섬돌에 서있었다.

[1] 鄕人飮酒 杖者出 斯出矣. [2] 鄕人儺 朝服 而立於阼階.

[어구 설명] ○鄕人飮酒(향인음주) : 마을 사람들이 모여서 술을 마시는 의식이 「향음례(鄕飮禮)」다. 경로(敬老)를 위한 술잔치. 향인(鄕人)은 공동체의 사람들. ○杖者出(장자출) : 지팡이를 짚은 노인. 「예기 왕제편(王制篇)」에 「50세는 집에서 지팡이를 짚고, 60세는 향리에서 지팡이를 짚는다」고 있다. ○斯(사)＝즉(則). ○儺(나) : 나례(儺禮), 연말에 역귀(疫鬼)를 쫓아내는 굿 같은 의식. 「역귀 쫓을 나(儺)」 ○朝服(조복) : 조정에 갈 때 입는 예복. ○阼階(조계) : 동쪽의 섬돌. 「동편 층계 조(阼)」 「섬돌 계(階)」

[향당(鄕黨)에 있을 때]

오늘에는 효도(孝道)나 경로(敬老)를 소홀히 하기 쉽다. 그러나 깊이 생각해야 한다. 「나」를 생육(生育)하신 부모, 「나」보다 앞서서 역사와 문화를 계승하고 발전케 한 노인들 덕택으로 「오늘의 내」가 있고, 또 문화생활을 누리고 있는 것이다. 그러므로 부모나 선인(先人)들에게 감사하고 잘 받들고 섬겨야 한다. 「오늘의 나」도 얼마 후에는 노인이 된다.

[향당(鄕黨)의 습관과 전통]

인류의 특성의 하나가 바로 심령(心靈)을 바탕으로 한 신앙(信仰)이다. 그러나 인류의 종교와 신앙도 시대와 더불어 변했다. 태고에는 자연 및 여러 사물을 경외(敬畏)했다. 그래서 무당(巫堂)과 굿 및 점복(占卜)이 성했다. 공자는 그것이 미신(迷信)임을 잘 알았다. 그러나 관습을 따랐던 것이다.

10-11 : 경문 한글 풀이

[1] 남을 다른 나라에 보내, 안부를 묻게 할 때에는, 〈가는 그의 등을 보고〉 두 번 절했다.

[2] 계강자가 약을 보내주자, 공자는 절을 하며 받고 말했다. 「나는 약을 잘 알지 못하므로, 감히 먹을 수 없습니다.」

[1] 問人於他邦 再拜而送之. [2] 康子饋藥 拜而受之曰 丘未達 不敢嘗.

[어구 설명] ○問人於他邦(문인어타방) : 남으로 하여금 다른 나라에 가서 안부를 묻게 한다. ○再拜而送之(재배이송지) : 공자는 자

기 대신 가는 사람, 즉 사자(使者)에게 절을 두 번 하고 전송했다. ○康子(강자) : 계강자(季康子), 노나라의 참월(僭越)한 세도가. <제2. 위정편-20> ○饋藥(궤약) : 약을 보내주다. 「먹일 궤(饋)」 ○丘(구) : 공자의 이름. ○未達(미달) : 잘 알지 못한다. ○不敢嘗 (불감상) : 감히 약을 먹지 못하겠다. 「맛볼 상(嘗)」

10-12 : 경문 한글 풀이

마구간이 불탔다. 공자가 퇴청하여 「사람이 다쳤느냐.」고 물으실 뿐, 말에 대해서는 묻지 않으셨다.

廐焚 子退朝曰 傷人乎 不問馬.

[참고 주소 선역]

「말을 사랑하지 않는 것이 아니다. 사람이 상했을까 두려워하는 뜻이 많았으므로, <동물에 대해서는> 미처 물을 여지가 없었던 것이다.」「무릇 사람은 귀중하고 가축은 천하다. <그러므로> 당연히 도리상 이와 같이 해야 한다.」

10-13 : 경문 한글 풀이

[1] 임금이 음식을 하사하면 반드시 자리를 바르게 고쳐 앉고 먼저 맛을 보았다. 임금이 생고기를 하사하면 반드시 익혀서 선조 제사상에 올렸다. 임금이 산 짐승을 하사하면 반드시 사육했다.

[2] 임금을 모시고 음식을 들 때는 임금이 고수레를 하면, 〈임금을 위하여〉 먼저 맛을 보았다.

[3] 병들어 누웠을 때 임금이 와서 보면 머리를 동쪽으로 두고, 몸에 조복을 입고 위에 큰 띠를 걸쳤다.

[4] 임금이 오라고 명하면, 수레가 준비되기를 기다리지 않고 먼저 떠났다.

[1] 君賜食 必正席先嘗之 君賜腥 必熟而薦之 君賜生 必畜之. [2] 侍食於君 君祭 先飯. [3] 疾 君視之 東首 加朝服拕紳. [4] 君命召 不俟駕行矣.

[어구 설명] ○君賜食(군사식) : 임금이 음식을 하사하다. ○必正席(필정석) : 반드시 자리를 바르게 고쳐 앉고. ○先嘗之(선상지) : 먼저 맛을 본다. ○賜腥(사성) : 생고기를 하사하다. 「비릴 성(腥)」 ○必熟而薦之(필숙이천지) : 반드시 익혀서 제사상에 올린다. 「천거할 천(薦)」 ○賜生(사생) : 살아 있는 짐승을 하사하다. ○畜(휵) : 사육한다. ○侍食於君(시식어군) : 임금을 모시고 식사를 한다. ○君祭(군제) : 임금이 제식(祭食)한다. 제식은 고수레. ○先飯(선반) : 임금이 제식하면, 배석하는 신하는 다른 격식을 차리지 않고 먹으면 된다. 「선(先)」은 임금보다 먼저 먹는다는 뜻이 아니다. 아울러 임금 앞에서 감히 손님 행세를 하지 않고 자진해서 든다는 뜻이다. ○疾(질) : 질병이 나다. 병을 앓다. ○君視之(군시지) : 임금이 와서 볼 때에는. ○東首(동수) : 머리를 동쪽으로 두고 눕는

다. ○加朝服(가조복) : 조복을 위에 걸치다. ○拖紳(타신) : 큰 띠를 걸치다. 「끌 타(拖)」「큰 띠 신(紳)」○君命召(군명소) : 임금이 부르면. ○不俟駕(불사가) : 수레 준비하는 동안을 기다리지 않고. 「멍에 가(駕)」

<* 자세한 것은 당시의 예의(禮儀)나 의식(儀式) 절차를 적은 주례(周禮)를 참고해야 한다.> <* [입태묘(入太廟) 매사문(每事問)]이 중복되었다. 제3. 팔일편-15 참고>

10-14 : 경문 한글 풀이

[1] 벗이 죽어 돌아갈 곳이 없으면 「내 집에 빈소를 차리라.」고 말했다.

[2] 벗이 준 것은 비록 수레나 말같이 귀중한 것이라도 제사 지낸 고기가 아니면 절하지 않으셨다.

[1] 朋友死 無所歸 曰於我殯. [2] 朋友之饋 雖車馬 非祭肉 不拜.

[어구 설명] ○朋友死(붕우사) : 붕우가 죽고. ○無所歸(무소귀) : 뒤를 봐줄 상주(喪主)가 없거나, 빈소가 없으면. ○於我殯(어아빈) : 우리 집을 빈소로 쓰라고 <말했다> 「염할 빈(殯)」○朋友之饋(붕우지궤) : 친구가 물건을 보내주다. 「보내줄 궤(饋)」○雖車馬(수거마) : 비록 수레나 말같이 귀중한 물건이라도. ○非祭肉(비제육) : 제육이 아니면. ○不拜(불배) : 절하지 않았다.

10-15 : 경문 한글 풀이

[1] 잘 때는 죽은 사람처럼 뻗은 자세로 자지 않았으며, 집에 한가롭게 있을 때는 위용을 차리지 않으셨다.

[2] 부모의 상복을 입은 사람을 보면, 아무리 친한 사이라도 엄숙하게 얼굴빛을 고쳤고, 면관을 쓴 사람이나 장님을 보면, 아무리 친한 사이라도 반드시 예모를 갖추셨다.

[3] 상복을 입은 사람에게는 모르는 사이라도 식(式)의 예를 하셨으며, 부판자에게도 식의 예를 하셨다.

[4] 성찬이 나오면 반드시 정색하고 주인에게 경의를 표하셨다.

[5] 우레가 치고 바람이 심하게 불 때에는 반드시 얼굴빛이 변하셨다.

[1] 寢不尸 居不容. [2] 見齊衰者 雖狎 必變 見冕者 與瞽者 雖褻 必以貌. [3] 凶服者 式之 式負版者. [4] 有盛饌 必變色而作. [5] 迅雷風烈 必變.

[어구 설명] ○寢不尸(침불시) : 잘 때에는 시체 같은 모양으로 눕지 않는다. 「주검 시(尸)」 ○居不容(거불용) : 집안에 한가하게 있

을 때에는 의용(儀容)을 갖추지 않는다. ㅇ見齊衰者(견재최자) : 부모의 상복을 입은 사람을 보면. 재최(齊衰)는 「자최(齊衰)」로도 읽는다. 원래는 어머니의 상복. 여기서는 부모의 상복으로 해석한다. 아버지의 상복은 참최(斬衰). ㅇ狎(압) : 친근하고 허물없는 사이. ㅇ變(변) : 얼굴빛이 변한다, 정색한다. ㅇ冕者(면자) : 면관(冕冠)을 쓰고 예복 차림을 한 사람. ㅇ瞽者(고자) : 장님, 앞 못보는 사람. ㅇ藝(설) : 친한 사이, 항상 보는 사이. 「친할 설(藝)」. ㅇ貌(모) : 용모를 엄숙하게 하다. ㅇ凶服者(흉복자) : 흉례(凶禮)는 장례(葬禮), 즉 장례를 치르기 위한 상복을 입은 사람. ㅇ式之(식지) : 식(式)의 예를 한다. 수레 앞의 가로지른 나무를 잡고 절하는 것을 식(式)이라 한다. ㅇ式負版者(식부판자) : 「부판자」에게 식례를 한다. 「부판(負版)」은 상복의 일종으로 풀기도 한다. 고주(古注)는 호적(戶籍)이나 도적(圖籍)을 짊어진 사람이라고 했다. ㅇ有盛饌(유성찬) : 남이 성찬을 차려 바친다. ㅇ必變色(필변색) : 반드시 정색을 하고. ㅇ作(작) : 일어나서 경의를 표한다. ㅇ迅雷(신뢰) : 어수선하게 우레가 치다. ㅇ風烈(풍렬) : 심하게 바람이 불다.

[상례(喪禮)와 천변(天變)]

생명은 하늘이 주고, 또 거두어간다. 그래서 천명(天命)이라 했다. 천기 변화는 바로 천심(天心)의 표현이다. 그래서 「신뢰풍렬(迅雷風烈)하면 공자가 심각하게 표정을 고쳤던 것이다.」

10-16 : 경문 한글 풀이

[1] 수레에 탔을 때는 반드시 똑바로 서서 손잡이를 잡으셨다.

[2] 수레 안에서는 돌아보지 않고, 말을 빨리 하지 않고, 손가락질을 하지 않으셨다.

[1] 升車 必正立 執綏. [2] 車中 不內顧 不疾言 不親指.

[어구 설명] ○升車(승거) : 수레를 타다. ○必正立(필정립) : 반드시 바른 자세로 서다. ○執綏(집수) : 손잡이를 잡다. 「수레 손잡이 수(綏)」 ○車中(거중) : 수레 안에서는. ○不內顧(불내고) : 이곳저곳 돌아보지 않는다. ○不疾言(부질언) : 말을 빨리 하지 않는다. ○不親指(불친지) : 이리저리 손가락질하지 않는다.

10-17 : 경문 한글 풀이

[1] 꿩이 사람의 기색을 살피고, 날아올라가 빙빙 돌다가 다시 내려와 앉았다.

[2] 공자가 「산 계곡 다리에 있는 암꿩이 때를 만났구나, 때를 만났구나.」 하셨다. 〈그러자〉 자로가 그 꿩을 잡아 올렸다. 〈이에〉 공자는 세 번 냄새를 맡고, 일어나셨다.

[1] 色斯擧矣 翔而後集. [2] 曰 山梁雌雉 時哉時哉 子路共之 三嗅而作.

[공자의 말]

공자의 말 속에는 자기의 불우(不遇)를 비유한 뜻이 담겨져 있을 것이다. 그러나 생각이 깊지 못하고 과감하기만 한 자로가 꿩을 잡아서 식탁에 올려놓았다. 이에 공자는 세 번 냄새만 맡아보았을 뿐 먹지 않고 일어났다.

11. 선진편(先進篇)

공자가 제자들을 평한 글이 많다. 형병(邢昺)은 대략 다음과 같이 말했다.

「앞에 있는 제10편은 공자가 향당(鄕黨)에서 생활한 여러 가지 태도를 기술한 글들이다. 그러나 이 편은 제자들의 슬기로운 태도나 행실을 기술했다. 이 두 편에는 성인과 현인을 기술한 좋은 글이 많다.」

집주는 다음같이 말했다. 「이 편에는 대개 제자들의 현부(賢否)를 평한 글이 많다. 총 25장이다.」

호씨(胡氏)가 말했다. 「이 편에는 민자건(閔子騫)의 언행(言行)을 기술한 것이 4장이나 있으며, 그 중의 하나는 곧바로 민자(閔子)라고 존칭했다. 아마 민자의 문인이 기술한 글일 것이다.」<* 호씨(胡氏)는 호인(胡寅).>

11-1 : 경문 한글 풀이

공자가 말했다. 「전하는 말로 사람들은 주(周)나라 초기의 선비들은 예악을 촌사람같이 소박하게 지켰고, 주나라 후기의 선비들은 예악을 세련된 군자처럼 화려하게 지켰다고 말한다. 만약에 내가 예악을 쓴다면, 곧 초기의 소박한 선비들처럼 쓰겠다.」

子曰 先進 於禮樂 野人也 後進 於禮樂 君子也 如用
之 則吾從先進.

[참고 주소 선역]

(1) 「선진(先進) 후진(後進)은 전배(前輩) 후배(後輩)와 같은 뜻이
다.」 「야인(野人)은 교외(郊外)에 사는 시골사람이란 뜻이다.」 「군
자(君子)는 사(士)나 대부(大夫)를 말한다.」

(2) 정자(程子)가 말했다. 「선진 사람들은 예악(禮樂)을 따르고 행
함에 있어, 형식과 본질을 잘 맞게 했다. 그러나 오늘에는 도리어
그들을 질박하다고 생각하고 촌사람 같다고 한다.」 「한편 후진 사람
들은 예악을 따르고 행함에 있어, 형식이 본질보다 지나쳤다. 그러
나 오늘에는 도리어 문질빈빈(文質彬彬)이라 하고 군자라고 생각
한다.」

(3) 「허기는 주나라 말기에는 외형적 허식이 본질보다 넘친 것을
당시의 사람들이 문질빈빈이라 말한 것이다. 그들 스스로 형식이
본질을 넘친 것을 알지 못했다.」

[선진과 후진]

(1) 「선진(先進)과 후진(後進)」에 대한 다른 설이 있다. 즉 「정치에
참여한 선배(先輩), 후배(後輩)」로 보는 설도 있다.

(2) 한편 황간(皇侃)은 「오제(五帝)까지의 선비들을 선진, 삼왕(三
王) 이후의 선비들을 후진」으로 보았다.

(3) 그러나 이 책같이 주(周)나라 초기의 선비들을 선진, 주나라
후기의 선비들을 후진으로 보는 설이 온당하다. 주나라 초기에는

예악을 소박하게 꾸미고 지켰으므로 야인(野人)과 같다고 했다. 그러나 뒤로 올수록 주나라가 쇠퇴했으며 예악도 본질을 잃고 겉으로만 화려하게 꾸몄다. 그러면서 사람들이 알지 못하고 「문질빈빈(文質彬彬)」이라고 한 것이다. 그러나 공자는 화려한 것보다 차라리 소박한 것을 추켜세우고자 했다.

(4) 다른 설도 있다. 선진을 초기의 공자의 제자들, 즉 「자로(子路), 민자건(閔子騫), 칠조개(漆雕開)」 등으로, 후진을 후기의 문하생, 즉 「자하(子夏), 자유(子游), 자장(子張)」 등으로 보기도 한다.

11-2 : 경문 한글 풀이

[1] 공자가 말했다. 「나를 따라 전에 진과 채에서 고생을 한 제자로 문중에 있는 자가 없구나.」

[2] 「덕행은 안연, 민자건, 염백우, 중궁이 뛰어났다. 언어는 재아, 자공이 뛰어났다. 정사에는 염유와 계로가 뛰어났고, 문학에는 자유와 자하가 뛰어났다.」

[1] 子曰 從我於陳蔡者 皆不及門也. [2] 德行 顔淵 閔子騫 冉伯牛 仲弓. 言語 宰我 子貢. 政事 冉有 季路. 文學 子游 子夏.

[회상(回想)과 십철(十哲)]

(1) 공자가 진(陳)나라와 채(蔡)나라에서 고생한 때는 그의 제국편력(諸國遍歷) 후반기에 속한다. 공자는 56세 때에 노(魯)나라를

떠나 13년 간, 여러 나라를 유력(遊歷)하고 69세에 되돌아왔다.

(2) 특히 진과 채 두 나라에서는 먹을 양식까지도 떨어질 정도로 고생했다. 그래서 수행하고 함께 고생했던 제자들을 회상했다. <* 주자(朱子)는 「불급문야(不及門也)」를 「지금은 우리 문하에 있지 않다」는 뜻으로 풀었다.>

(3) 하단(下段)은 「사과십철(四科十哲)」을 말한 것이다. 이에 대해, 정자(程子)는 함께 고생한 사람들만을 들었다고 했다. 그러나 「사과십철」과 고생한 제자와는 일치하지 않는다. 그래서 이 구절을 별도로 다른 장(章)으로 나눈 책도 있다.

(4) 「십철(十哲)」 중에 증자와 유자가 없다. 십철 속에 있는 자유나 자하는 공자가 고생할 때에 따라가지 않았다. 그래서 정자는 사과 십철을 공자가 지명한 것이 아니라고 했다. 십철이란 칭호는 당 현종(唐玄宗)대에 붙인 것이다.

11-3 : 경문 한글 풀이

공자가 말했다. 「안회는 나를 도와주지 않는다. 그는 내 말에 대해서 기쁘게 여기지 않는 바가 없다.」 〈잘 이해하고 즐겁게 따르고 행한다.〉

子曰 回也 非助我者也 於吾言 無所不說.

[참고 주소 선역]

(1) 「조아(助我)는 자하(子夏)가 공자를 돋아 일으키게 함과 같은 뜻이다.」 <제3. 팔일편-8 : 기여자상야(起予者商也)>

(2) 「질문을 해야 교학상장(敎學相長)이다.」 그러나 「안자(顏子)는 공자의 가르침을 묵묵히 듣고 잘 알고, 또 마음으로 통하고 아무런 질문도 하지 않았다.」 「그래서 공자가 이렇게 말한 것이다.」 「공자의 말은 유감으로 생각하는 것 같으나, 실은 깊이 기뻐하는 것이다.」

(3) 호씨(胡氏)가 말했다. 「공자가 어찌 안회가 참으로 자기를 도와주기를 바랐겠는가. 대략 성인의 겸양지덕일 것이며, 또 안자의 태도를 깊이 칭찬하기 위한 말이다.」

<* 이 장에서 공자는 풍자적으로 「나를 도와주는 사람이 아니다.」 라고 말했다. 그러나 「무슨 말을 해도 알아듣고 기쁘게 따르고 실천한다.」고 안회(顏回)를 칭찬한 것이다.>

11-4 : 경문 한글 풀이

**공자가 말했다. 「민자건은 참으로 효성스럽다.
아무도 부모형제가 효제(孝弟)라고 한 말에 대해
다른 소리를 하지 않을 것이다.」**

子曰 孝哉 閔子騫 人不間於其父母昆弟之言.

[민자건의 효도]

이십사효도설(二十四孝圖說)에 민자건(閔子騫)의 고사가 있다. 어려서 친어머니를 여읜 민자건 형제는 계모 밑에서 자랐다. 계모는 자기의 소생 두 아들만을 사랑하고, 민자건 형제를 박대했다. 하루는 아버지가 민자건에게 마차를 몰게 했다. 그런데 민자건이 몹시 추워하고 손이 얼어 고삐를 잘 잡지 못하고 오들오들 떨었다. 이를 괴이하게 여긴 아버지가 나중에 자세히 조사해 보았다. 계모가 친

자식의 옷에는 솜을 넣고, 전처의 두 아들 옷에는 갈대꽃을 넣어 입힌 것을 알았다. 이에 노발대발한 아버지가 계모를 당장에 내쫓으려고 했다. 그러자 민자건이 말했다. 「어머님이 계시면 저 혼자 춥지만, 안 계시면 우리 형제 넷이 다 추워야 합니다. 그러니 노여움을 거두십시오.」 이에 계모가 회개하여 일가가 단란했으며, 민자건 형제들이 우애롭게 지냈다고 한다. 결국 민자건의 효성이 일가를 감동시켰던 것이다.

<＊「민자건은 참으로 효성스럽다.(孝哉 閔子騫)」라는 말을 누가 했는지에 대한 설이 많다. 이 책은 집주(集註)의 설에 따라 「민자건의 부모형제의 말」로 풀었다. 그러나 「세상사람, 혹은 역사적으로 전하는 말」로 풀 수도 있다. 단 공자의 말로 보기에는 자건이란 자(字)가 걸린다.＞

11-5 : 경문 한글 풀이

남용이 백규의 시를 세 번이나 되풀이하고 외웠다. 공자가 형의 딸을 그에게 시집보냈다.

南容 三復白圭 孔子以其兄之子 妻之.

[어구 설명] ㅇ南容(남용) : 남궁괄(南宮括), 자가 자용(子容). <제5. 공야장편-2> ㅇ三復(삼복) : 세 번이나 반복해서 읊다. ㅇ白圭(백규) : 「시경(詩經) 대아(大雅) 억편(抑篇)」의 시.

[말과 행동]
(1) 「백규(白圭)의 시」는 다음과 같다.

「백규의 흠은 오히려 고칠 수 있어도, 잘못한 말은 어찌할 수 없다.

(白圭之玷 尙可磨也 斯言之玷 不可爲也)」

(2) 백규는 백옥으로 만든 규로 사신이 지니고 가서 다른 나라 임금에게 바치는 장방형(長方形)의 옥패(玉牌)다.

(3) 남용은 신중한 사람이다. 그래서 공자가 형의 딸을 그에게 시집보냈다.

11-6 : 경문 한글 풀이

계강자가 제자에 대해서 물었다.「누가 배우기를 좋아합니까.」공자가 대답했다.「안회가 배우기를 좋아했습니다. 불행히도 단명으로 죽었으며, 지금은 없습니다.」

季康子 問弟子 孰爲好學. 孔子對曰 有顔回者好學
不幸短命死矣 今也則亡.

[어구 설명] ㅇ季康子(계강자) : 노(魯)나라의 전횡(專橫)한 세도가. <제2. 위정편- 20, 제6. 옹야편-8> <* 호학은 「행동으로 실천한다」는 뜻이 포함되었다.>

[참고 주소 선역]

범씨(范氏)가 말했다.「애공(哀公)과 계강자(季康子)가 같은 질문을 했다. 그러나 공자는 상대에 따라 대답을 상세하게 혹은 간략하게 한 것이다. 애공은 임금이므로 잘 대답했다. 계강자의 경우는 묻기를 기다렸다. 그래서 상대에 따라 대답이 다르다.」<* 안회(顔回)는 공자가 가장 아끼던 수제자다. 앞에서도 여러번 나왔으며 뒤에도 여러번 나온다. 제6. 옹야편-7>

11·7 : 경문 한글 풀이

[1] 안연이 죽자 그의 아버지 안로가 공자에게 수레를 주시면, 덧관을 만들겠다고 청했다.

[2] 이에 공자가 말했다. 「재주가 있거나 없거나 부모는 다 같이 자식에 대한 말을 한다. 허나 내 자식 이(鯉)가 죽었을 때도 관만 있었지, 덧관은 없었다. 나는 걸어다니면서까지 아들의 덧관을 마련해 줄 수가 없었다. 그것은 내가 대부의 말석에 참여했으므로, 수레를 타지 않고, 걸어다닐 수 없기 때문이었다.」

[1] 顔淵死 顔路請 子之車以爲之槨. [2] 子曰 才不才 亦各言其子也 鯉也死 有棺而無槨 吾不徒行 以爲之槨 以吾從大夫之後 不可徒行也.

[참고 주소 선역]

(1) 「안로(顔路)는 안연(顔淵)의 아버지다. 이름은 무요(無繇), 공자보다 6세 아래다. 공자가 처음 가르칠 때 수학했다.」「곽(槨)은 외관(外棺)이다.」「청위곽(請爲槨)」은 「수레를 팔아서 곽(槨)을 사고자 한 것이다.」

(2) 「이(鯉)는 공자의 아들, 백어(伯魚)다. 공자보다 일찍 죽었다.」

(3) 「<재능면에서는 백어가 안연에 못 미칠 것이다.> 그러나 공자도 안로도 아버지다. 또 백어나 안연은 자식이다.」

(4) 「당시 공자는 벼슬을 사임했으나, 여전히 대부 신분으로 발언을 하고 있었다.」

[안로(顔路)의 심정]

(1) 안회의 아버지 안로가 「자기 아들의 곽(槨)을 만들기 위하여 공자에게 수레를 내려 달라.」고 청했다. 이에 공자가 말했다. 「아버지의 심정은 이해한다. 그러나 대부는 수레를 타야 한다. 그래서 나의 아들 이(鯉 : 伯魚)가 죽었을 때도, 곽 없이 장례를 했다.」

(2) 부자의 인정보다, 신분이나 예절을 높여야 한다.

11-8 : 경문 한글 풀이

안연이 죽자 공자가 말했다. 「아아, 하늘이 나를 버리시노라. 하늘이 나를 버리시노라.」

顔淵死 子曰 噫 天喪予 天喪予.

[참고 주소 선역]

「희(噫)는 매우 상심하고 애통해하는 소리다.」「도(道)를 전(傳)할 <안연이 사망한 것을> 마치 하늘이 자기를 망하게 한 것과 같이 애도(哀悼)했다.」 공자의 인정이 높았다.

<* 안연(顔淵)은 공자가 최고로 높인 제자다. 여러 이름이 있다. 안자(顔子), 안회(顔回)>

11-9 : 경문 한글 풀이

안연이 죽자, 공자가 통곡하며 소리를 내고 울었

다. 따라간 제자가 「선생님께서 통곡하셨다.」고 말했다. 이에 공자가 말했다. 「내가 통곡을 했구나. 허기는 그를 위해 통곡하지 않으면, 누구를 위해 통곡하겠느냐.」

顔淵死 子哭之慟 從者曰 子慟矣. 曰 有慟乎 非夫人之爲慟 而誰爲.

[통곡하는 공자]

(1) 앞의 7장에서 냉철하게 예를 지키던 공자도 이렇게 눈물을 흘렸다. 「그를 위해 통곡하지 않으면, 누구를 위해 통곡을 하겠느냐.」 이때 공자 나이 71세였다. 죽음을 심각하게 여기고 엄숙하게 대하면서 마냥 통곡하는 공자는 참으로 눈물 흘릴 줄 아는 사람이다.

(2) 그러므로 우리는 더욱 공자에 끌리는 것이리라. 특히 죽음을 엄숙한 예도(禮道)로 다스리는 공자는 상례와 제사를 중시했다. 상례와 제사를 높이는 유교사상의 깊은 뜻을 바르게 알아야 한다.

11-10 : 경문 한글 풀이

안연이 죽자, 문인들이 성대하게 장사를 지내려고 했다. 그러자, 공자가 말했다. 「안 된다.」 그러나 문인들이 성대하게 장사를 지냈다. 이에 공자가 말했다. 「안회는 나를 친아버지처럼 생각했으나, 나는 그를 친자식처럼 대해 주지 못했구나. 그것은 나 때문이 아니고, 너희들 몇 사람 때문이다.」

顏淵死 門人欲厚葬之 子曰 不可. 門人厚葬之 子曰
回也 視予猶父也 予不得視猶子也 非我也 夫二三子
也.

[참고 주소 선역]

(1) 「초상의 도구는 가세의 유무에 맞게 해야 한다. <그런데 안회의 경우는> 가난하면서 부유하게 장례를 치르고자 했으므로 도리를 따르지 않은 것이다. 그러므로 공자가 제지했다.」

(2) 「허기는 아버지 안로는 공자의 말을 따랐다.」

(3) 「공자의 아들, 이(鯉)같이 형편에 맞게 장례를 지내지 못하고 화려하게 치른 것을, 공자가 한탄하고 문인들을 책한 것이다.」

[장사(葬事)와 예도(禮道)]

(1) 예(禮)를 어기면 군자가 아니다. 공자는 안회를 친자식처럼 사랑했다.

(2) 그래서 장례도 도에 맞기를 바랐다. 그러나 제자들이 성대하게 치렀다. 이는 도리어 안회를 욕되게 한 것이다. 군자는 죽어도 도를 따라야 한다.

11-11 : 경문 한글 풀이

자로가 귀신 섬기는 일에 대해 묻자, 공자가 말했다.「사람도 제대로 섬기지 못하는데 어찌 귀신을 섬길 수 있겠느냐.」<자로가 다시 말했다.>「죽음

에 대해서 묻겠습니다.」 공자가 말했다. 「삶도 잘
모르는데 어찌 죽음에 대해 알겠느냐.」

季路 問事鬼神 子曰 未能事人 焉能事鬼 敢問死 曰
未知生 焉知死.

[참고 주소 선역]

(1) 「문사귀신(問事鬼神)」은 「제사를 모시는 뜻의 근본이유를 알
고자 한 것이다.」 「또 사람에게는 죽음이 반드시 따른다.」 「그래서
알고자 한 것이다. 이 둘은 다 절실한 물음이다.」 「그러나 정성과
공경으로 살아있는 삶이나 사람을 도를 따라 잘 섬기지 못하면 반
드시 귀신도 섬길 수 없다.」

(2) 「아마 유명(幽明)과 시종(始終)은 처음에는 두 가지 도리가
없었을 것이며, 배우는 데 순서가 있을 뿐이고, 그 순서를 뛰어넘을
수 없다. 고로 공자가 이와 같이 말한 것이다.」

(3) 정자(程子)가 말했다. 「낮과 밤이 바뀌는 도리가 곧 생사(生死)
의 도리다. <그러므로> 생의 도리를 알면 죽음의 도리도 안다.
사람을 섬기는 도리를 다하면 곧 귀신을 섬기는 도리를 다하게 된
다.」 「죽음과 삶, 사람과 귀신은 하나이면서 둘이고, 둘이면서 하나
이다.」

(4) 「혹자는 공자가 자로에게 말해 주지 않았다고 하나, <실은 공
자가> 깊이 가르쳐 준 바탕을 알지 못하고 하는 말이다.」

[사람은 알지 못한다]

(1) 공간과 시간을 통합한 것을 우주(宇宙)라고 한다.

(2) 우주는 무궁무진(無窮無盡)하고 영구불멸(永久不滅)이다.

(3) 몸 하나를 지니고 백년 전후를 사는 사람이 우주를 알 수 없다.

(4) 더욱이 보이지 않는 하늘과 하늘의 도리를 알 수 없다.

(5) 하늘은 우주 천지 자연 만물을 창조하고 영구히 발전케 하는 형이상의 절대신(絶對神)이다.

(6) 영적(靈的)인 신(神)과 도리(道理)를 사람은 부분적으로는 알 수밖에 없다.

[사람은 왜 사나]

(1) 공자는 앞에서 말했다. 「배우기만 하고 생각하지 않으면 어둡고, 생각만 하고 배우지 않으면 위태롭다.」〈제2. 위정편-15〉

(2) 학(學)은 성현의 가르침을 배우고 실천함이다. 성현의 가르침은 곧 「역사적 전통을 바탕으로 모든 사람이 하나가 되어 서로 사랑하고 함께 잘사는 도덕세계(道德世界)를 실현하라」는 가르침이다.

(3) 이는 곧 천명(天命)이다. 이와 같은 천명과 도덕을 바르게 알면 「내가 태어나 사는 연유와 목적을 알 것이다.」 「하늘은 인류의 역사와 문화를 계승 발전하라고 나를 낳고 생명을 주었다.」

11-12 : 경문 한글 풀이

시좌(侍坐)할 때의 태도가 민자건은 공손했고, 자로는 강직했고, 염유와 자공은 부드러웠다. 이에 공자는 즐거운 듯이 말했다. 「유 같은 사람은

천수를 다 누리기 어려울 것이다.」

閔子侍側 誾誾如也 子路 行行如也 冉有子貢 侃侃如
也 子樂曰 若由也 不得其死然.

[참고 주소 선역]

(1) 「항항(行行)은 굳세고 강한 모양이다.」

(2) 공자가 즐거운 듯이 말했다. <윤씨(尹氏)의 해석> 「자로(子路)
는 굳세고 강직하므로 장수(長壽)하고, 또 편하게 죽기 어려운 이유
가 있었다. 그런 까닭으로 경계의 말을 한 것이다.」 <* 그후 자로는
위(衛)나라에서 공회(孔悝)의 난에 휘말려 죽었다.>

[불행한 예언]

(1) 즐거운 마음으로 제자들을 보면서도, 자로(子路)를 걱정했다.
과연 자로는 63세 때, 위나라 괴외(蒯聵)와 그의 아들 출공(出公)
간의 임금 자리 다툼에 휩쓸려 처참하게 죽었다.

(2) 자로는 적의 칼을 맞고 죽으면서도 관(冠)을 바르게 고쳐 쓰고
죽었다고 전한다.

11-13 : 경문 한글 풀이

노나라 사람이 장부라는 창고를 만들자, 민자건
이 말했다.「전에 있던 창고를 그대로 쓰면 어떠
한가. 무엇 때문에 반드시 개조해야 하나.」 이에
공자가 말했다.「그는 말이 없는 사람이다. 그러
나 말을 하면 반드시 맞게 한다.」

**魯人 爲長府 閔子騫曰 仍舊貫如之何 何必改作. 子
曰 夫人不言 言必有中.**

[어구 설명] ○魯人(노인) : 노나라 사람. 실권을 쥐고 있던 계씨(季
氏)를 가리킨다. ○爲長府(위장부) : 「장부(長府)」라는 이름의 창
고를 만들었다. ○閔子騫(민자건) : 제6. 옹야편-9 참고. ○仍舊貫
(잉구관) : 옛날 그대로 쓰다. 「관(貫)은 사(事)」의 뜻이다. ○夫人
不言(부인불언) : 저 사람은 평소에 말을 잘 안한다. ○言必有中(언
필유중) : 말을 하면 반드시 사리에 맞게 한다.

[참고 주소 선역]

(1) 「장부(長府)는 창고의 이름이다.」 「재화(財貨)를 보관하는 곳
을 부(府)라 한다.」 「위(爲)는 개작(改作)한다는 뜻일 것이다.」

(2) 왕씨(王氏)의 말 : 「고쳐 지으면 백성을 피곤하게 만들고, 또
재물을 축내게 한다. 안할 수 있다면 옛날대로 일을 하는 게 좋다.」

(3) 「말을 함부로 하지 않아야 한다. 말을 도리에 맞게 하는 것은
유덕자만이 할 수 있다.」

[민자건(閔子騫)의 바른 말]

(1) 민자건은 계씨(季氏)가 비(費)의 재(宰)로 삼으려 한 것을 거절
했다. <제5. 공야장편-9>

(2) 그 정도로 신중한 사람이 마침내 입을 열고 계씨의 횡포(橫暴)
를 비난했다. 그 이유를 「집주(集註)」는 다음같이 풀이했다. 「장부
(長府)는 재물 창고다. 옛날 것을 그냥 쓰지 않고 새로 개축함으로
써 백성의 재물을 탕진한 것을 비난한 것이다.」

11-14 : 경문 힌글 풀이

공자가 말했다. 「자로는 거문고를 어찌 우리 문중에서 탈까.」 이에 제자들이 자로를 존경하지 않게 되었다. 그러자, 공자가 다시 말했다. 「자로는 당에 오를 수는 있다. 아직 실에 들지 못할 뿐이다.」

子曰 由之鼓瑟 奚爲於丘之門. 門人 不敬子路 子曰 由也 升堂矣 未入於室也.

[참고 주소 선역]

정자(程子)가 말했다. 「자로의 거문고 소리가 화락(和樂)하지 못하고 공자 같지 않음을 말한 것이다.」 공자가어(孔子家語)에 있다. 「자로가 타는 거문고 소리는 북쪽 변방의 살벌한 소리가 있었다.」 「아마 자로의 기질이 강용(剛勇)하여, 중화(中和)에 미치지 못한 것이다. 고로 그가 타는 거문고 소리가 이와 같았을 것이다.」

[승당(升堂)과 입실(入室)]

(1) 음악은 온화돈유(溫和敦柔)해야 한다. 성격이 억센 자로가 거문고를 탔으므로 소리가 굳고 억세게 들렸을 것이다. 이에 음악을 잘 알고 예민하게 분별하는 공자가 「저런 솜씨로 어찌 우리 문중에서 거문고를 타는가.」하고 가볍게 비판을 했다.

(2) 그러자 다른 제자들이 자로를 존경하지 않게 되자, 공자가 당황하여 다시 말을 바꾸었다. 「자로의 학문이나 거문고는 승당(升堂)은 했다. 아직 입실(入室)할 만하지 못했을 뿐이다.」

11-15 : 경문 한글 풀이

자공이 물었다. 「사와 상은 누가 더 현명합니까.」
공자가 말했다. 「사는 지나치고, 상은 미치지 못
한다.」 자공이 「그러면 사가 더 낫습니까.」하고
묻자, 공자가 말했다. 「지나친 것은 미치지 못함
과 같다.」

子貢問 師與商也孰賢 子曰 師也過 商也不及. 曰 然
則師愈與 子曰 過猶不及.

[참고 주소 선역]

(1) 「자장(子張)은 재주가 높고 뜻이 넓으며 구차하고 어려운 일
하기를 좋아했다. 고로 언제나 중용(中庸)을 넘었다. 자하(子夏)는
신의가 독실하고 근실하고 도를 잘 지켰다. 그러나 규모가 협소했
다. 그래서 언제나 미치지 못했다.」

(2) 「도(道)는 중용(中庸)에 맞게 해야 한다.」 「지나친 현명이 미치
지 못하는 것보다는 낫다고 해도 중용을 잃기는 마찬가지다.」

(3) 윤씨(尹氏)가 말했다. 「중용의 덕은 지극하다. 지나침과 미치지
못함은 같은 것이다. 처음에는 털끝만큼의 차가 있으나, 나중에는
잘못이 천리만큼 난다. 그러므로 성인의 가르침은 과(過)를 억제하
고 불급(不及)을 이끌어 중도에 돌아가게 한다.」

[과유불급(過猶不及)]

만사의 도리를 말하고, 또 행할 때는 중용(中庸)에 맞게 해야 한다.

모자라거나, 반대로 지나치게 해도 안 된다. 때와 장소 및 도리에 맞는 것을 중용이라고 한다. 공자는 말했다. 「중용의 덕은 지극하다. 그러나 사람들은 중용의 덕을 오래 지니지 못하는구나.(中庸之 爲德也 其至矣乎 民鮮久矣)」 <제6. 옹야편-29>

11-16 : 경문 한글 풀이

계씨가 주공보다 더 부자인데도, 염구가 그를 위해서 무거운 세금을 부과하고 거둬들여, 계씨의 재물을 불렸다. 이에 공자가 말했다. 「염구는 우리 도당이 아니다. 그대들아, 전고를 울리고 그를 공격해도 좋다.」

季氏富於周公 而求也 爲之聚斂而附益之. 子曰 非吾 徒也 小子 鳴鼓而攻之可也.

[어구 설명] ○非吾徒也(비오도야) : 도에 어긋난 짓을 한, 염구는 우리 도당이 아니다. ○鳴鼓而攻(명고이공) : 전고(戰鼓)를 두드려 울리고 그를 쳐라.

[참고 주소 선역]

「주공(周公)은 왕실의 가장 가까운 친형제로 큰 공이 있고, 또 자리는 총재였으므로 당연히 부를 누렸다.」 「계씨(季氏)는 제후 밑에 있는 경(卿)인데, 부(富)가 주공을 넘어설 정도로 많았다. <이는> 자기 임금의 재물을 탈취했거나 백성들을 혹심하게 착취하지 않고서는 어찌 부를 얻었겠는가.」 「염구가 계씨의 재신(宰臣)이 되었고, 또 그를 위해 가혹하게 세금을 거두어 그의 부를 늘게 해주었다.」

[명고공지(鳴鼓攻之)]

계씨(季氏)의 가신(家臣)인 염구(冉求)가 백성의 재물을 거두어들여, 결과적으로 백성을 고생시키고, 반대로 계씨의 재산을 더욱 불어나게 해주었다. 이에 공자는 인정(仁政)을 저버린 염구를 「북을 치고 그를 성토하라.」고 했다.

11-17 : 경문 한글 풀이

시(柴), 즉 자고(子羔)는 우직하다. 삼(參), 즉 증자(曾子)는 소박하다. 사(師), 즉 자장(子張)은 치우치다. 유(由), 즉 자로(子路)는 거칠다.

柴也愚 參也魯 師也辟 由也喭.

[어구 설명] ○柴也愚(시야우) : 자고(子羔)의 이름이 시(柴). 우(愚)는 우직하다. ○參也魯(삼야로) : 삼(參)은 증자(曾子)의 이름. 노(魯)는 소박하다. ○師也辟(사야벽) : 자장(子張)의 이름이 사(師). 벽(辟)은 치우치다. ○由也喭(유야언) : 유(由)는 자로(子路)의 이름. 언(喭)은 조잡하다.

[제자에 대한 평]

(1) 공자가 제자들의 이름을 들고 한마디씩 평했다. 자고(子羔)는 우직하다. 증자(曾子)는 소박하다. 자장(子張)은 치우치다. 자로(子路)는 조잡하다.

(2) 공자가 말했다. 「허물이나 잘못을 보면 그 인덕이나 사람됨을 알 수 있다.(觀過 斯知仁)」 <제4. 이인편-7>

11-18 : 경문 한글 풀이

공자가 말했다. 「안회는 도를 터득하는 데 가깝게 되었다. 가난하고 자주 쌀궤가 비었구나. 자공은 명을 따르지 않고 재산을 증식했으며, 추측한 바가 자주 맞았구나.」

子曰 回也其庶乎 屢空 賜不受命 而貨殖焉 億則屢中.

[참고 주소 선역]

(1) 안회(顔回)는 「가난 때문에 벼슬하려고 마음을 움직이고 부(富)를 구하지 않았다. 그래서 쌀궤가 비었던 것이다.」「도에 가깝게 되고, 또 안빈낙도(安貧樂道)할 수 있다는 뜻을 말한 것이다.」

(2) 「명(命)은 천명(天命)이다.」「화식(貨殖)은 재화(財貨)를 생산하고 증식한다는 뜻이다.」「자공(子貢)은 안자(顔子)같이 안빈낙도하지 않았다. 그러나 재능과 지식이 명철하고, 또 일을 잘 헤아려 많은 일을 맞게 하고 재물을 증식했다.」

(3) 정자(程子)가 말했다. 「자공의 재물증식(財物增殖)은 후세 사람들이 재물을 늘린 것과 같지 않았다. 어디까지나 도를 따르려는 마음을 잊지 않았던 것이다. 허기는 그렇게 벌이를 한 것도 역시 자공이 젊었을 때의 일이다. 나중에 본성(本性)과 천도(天道)를 듣고 안 다음에는 그런 돈벌이도 하지 않았다.」

[단사표음(簞食瓢飮)]

공자가 말했다. 「참으로 회는 어질다. 한 그릇 밥과 한 쪽박 물을 먹으며 누추한 거리에 살고 있으면, 남들은 그 괴로움을 참지 못하

거늘, 회는 그 즐거움을 변치 않으니, 참으로 회는 어질다.」<제6. 옹야편-11>

[사불행언중(賜不幸言中)]

좌전(左傳) 정공(定公) 15년에 있다. 봄에 주(邾)나라 은공(隱公)이 내조(來朝)했을 때, 그의 예절이 좋지 않았다. 그래서 자공(子貢)이 말했다. 「예용(禮容)을 보건대, 죽을 것 같다.」 과연 5월에 죽었다. 그래서 공자가 말했다. 「사(賜)는 불행(不幸)하게도 <억측한> 말이 맞았다. 이로 인해 사는 말을 많이 할 것이다.」

[안자(顏子)와 자공(子貢)]

여기서도 특성의 양면을 들었다. 도를 잘 깨닫고 행한 안회는 항상 식량이 떨어졌으며 가난에 시달렸다. 반면 자공은 군자의 숙명적인 가난을 감수하지 않고 난세에서도 슬기롭게 돈벌이를 잘했다. 그러나 자공의 경우는 「억측이 잘 적중했다」는 말로 바른 태도가 아님을 암시했다.

<u>11-19 : 경문 한글 풀이</u>

자장이 선인(善人)의 도를 묻자, 공자가 말했다.
「옛날 성인의 발자취를 밟고 따르지 않으면, 깊은
방에 들어가지 못한다.」

子張 問善人之道 子曰 不踐迹 亦不入於室.

[참고 주소 선역]

(1) 「선인(善人)은 자질은 좋으나 아직 배우지 못한 사람이다.」

(2) 정자(程子)가 말했다. 「천적(踐迹)은 성현의 도(道)를 따르고 바퀴자국을 지킨다는 뜻과 같다.」「선인은 비록 반드시 옛 성현의 발자국을 밟지 않아도 스스로 악을 행하지 않는다. 그러나 역시 성인의 실(室)에는 들어갈 수 없다.」

[바탕이 착해도 배워야 한다]

(1) 인류만이 학술문화를 바탕으로 하여 새롭게 창조적으로 발전케 하고 있다. 단 학술문화를 선하게 활용(活用)해야 한다. 악하게 악용(惡用)하면 총체적으로 망한다.

(2) 성현(聖賢)의 가르침이나 도리는 인류가 하나 되고 함께 잘사는 도리다. 이와 같은 가르침을 선인(善人)도 악인(惡人)도 배우고 따르고 실천해야 한다. 오늘의 세계는 물질, 과학, 공업 생산 및 지능을 오직 탐욕을 채우기 위한 무기(武器)로 악용하고 있다. <* 유교의 윤리 도덕적 가르침을 배워야 한다.>

11-20 : 경문 한글 풀이

공자가 말했다. 「변론을 잘한다고 편을 들지만, 그가 군자일까. 외모만 장중한 자가 아닐까.」

子曰 論篤是與 君子者乎 色莊者乎.

[참고 주소 선역]

다음 같은 뜻을 말한 것이다. 「단지 언변이 독실하다고 그를 추켜세우고 편들지만, <실은> 그가 참다운 군자인지, <밖으로 나타나는> 말만 잘 꾸미는 자인지를 알지 못한다.」「사람은 말이나 용모만으로 취하면 안 된다.」

<* 이 설은 「주자집주」를 따랐다. 앞장과 하나로 묶어, 선인(善人)의 조건으로 「논독시여(論篤是與)」「군자자호(君子者乎)」「색장자호(色莊者乎)」를 들었다. 즉 「선인은 언론이 독실해야 한다, 행동이 군자다워야 한다, 용모가 장중해야 한다」로 풀었다. 이 장을 앞장과 하나로 연결했다.> <* 고주(古注)는 다르다.>

11-21 : 경문 한글 풀이

자로(子路) :「좋은 말을 들으면 즉시 행해야 합니까.」 공자 :「부형이 계시니, 어떻게 자네 판단만으로 행할 것이냐.」 염유(冉有) :「좋은 말을 들으면 즉시 행해야 합니까.」 공자 :「들은 즉시 행하라.」 공서화(公西華) :「유가 『들은 즉시 행할까요』라고 묻자 『부형이 계신데』라고 하시더니, 구가 『들은 즉시 행할까요』라고 묻자 『들은 즉시 행하라』고 하시니, 저는 헷갈립니다. 감히 그 이유를 묻고자 합니다.」 공자 :「구는 소극적이므로 적극적으로 나서라 했고, 유는 남보다 훨씬 적극적이므로 뒤로 물러서게 한 것이다.」

子路問 聞斯行諸 子曰 有父兄在 如之何 其聞斯行之
冉有問 聞斯行諸 子曰 聞斯行之. 公西華曰 由也問
聞斯行諸 子曰 有父兄在 求也問 聞斯行諸 子曰 聞斯

行之 赤也惑 敢問. 子曰 求也退 故進之 由也兼人 故
退之.

[참고 주소 선역]

(1) 「겸인(兼人)은 남보다 뛰어났다는 뜻이다.」 장경부(張敬夫)가
말했다. 「의(義)를 들으면 당연히 용감하게 행해야 한다. 그러나
부형이 계시면 자기 혼자의 생각만으로 해서는 안 될 때가 있다.
만약에 부형의 명이나 허락을 받지 않고 행하면 도리어 의를 해치
게 된다.」

(2) 「자로(子路)는 가르침을 듣고 미처 행하지 못하면, 또 가르치는
말 듣기를 두려워했다.」 <제5. 공야장편-14> 「즉 자로는 성미가
급하기 때문에 당장 할 일을 하지 못하는 것을 두려워했다.」 「자로
의 하겠다는 의욕이 혹시나 넘쳐서 당연히 받아야 할 바 명 받는
일을 빠트릴 것을 공자가 특히 걱정했다.」

(3) 「염구(冉求) 같은 자질(資質)이나 품성(稟性)은 지나치게 약했
으므로 그가 명 받지 않을 것을 걱정하지 않고, 당연히 할 일을
하지 못하고 꾸물대고 위축되고 용감하게 하지 못함을 걱정했다.」
「공자 성인(聖人)이, 한 사람은 적극적으로 나가게 하고, 한 사람은
소극적으로 물러나게 한 것은 의리의 중용(中庸)의 도(道)로 요약
하고자 한 것이다. 즉 그들로 하여금 지나치거나 미치지 못함이
없게 하기 위한 것이었다.」

<* 공자의 적절한 가르침 : 공자는 때와 장소 및 사람에 따라 적절
하게 말하고 가르쳤다. 여기서도 성품이 적극적인 사람은 행동을
자제하게 하고, 반대로 소극적인 사람은 적극적으로 나가게 가르쳤

다.>

11-22 : 경문 한글 풀이

공자가 광(匡)에서 난을 당하였을 때, 안연이 뒤늦게 오자 공자가, 「나는 그대가 죽은 줄 알았다.」고 말했다. 그러자 안연이 아뢰었다. 「선생님이 계신데 제가 어찌 죽습니까.」

子畏於匡 顏淵後 子曰 吾以女爲死矣 曰 子在 回何敢死.

[스승을 섬기는 안회]

공자 일행이 위(衛)나라에서 진(陳)나라로 가는 도중 광(匡)이라는 곳에서 폭도들의 공격을 받은 일이 있었다. 그때의 공자와 안연의 대화다. 공자의 말에는 사랑하는 제자에 대한 염려의 정이 넘친다. 한편 안연의 말에도 스승에게 이사보은(以死報恩)하려는 정성이 넘친다. 아울러 군자로서 인도(仁道)의 구현(具顯)을 위해 자중하려는 신중함이 내보인다.

11-23 : 경문 한글 풀이

계자연 : 중유와 염구는 대신이라고 할 수 있습니까.」 공자 : 「나는 당신이 색다른 질문을 할 줄 알았는데, 고작 유와 구에 대해 묻는군요. 이른바 대신은 바른 도리로써 임금을 섬기고, 그렇지 못

하면 물러나는 사람을 말합니다. 지금의 유와 구는 이른바 가신 속에는 들 수 있겠지요.」 계자연 :「그렇다면 주인이 하고자 하는 일에 따르기는 합니까.」 공자 :「아비와 임금을 시해하는 일에는 그들도 따르지 않을 것입니다.」

季子然問 仲由冉求 可謂大臣與. 子曰 吾以子爲異之問 曾由與求之問 所謂大臣者 以道事君 不可則止 今由與求也 可謂具臣矣. 曰 然則從之者與. 子曰 弑父與君 亦不從也.

[계씨(季氏)를 비난함]

(1) 노(魯)나라의 임금을 무시하고 참월무도(僭越無道)하게 실권을 전횡(專橫)하고 있는 삼환씨(三桓氏)의 한 집안인 계씨(季氏)에 대한 공자의 비난이 잘 나타난 구절이다.

(2) 계자연(季子然)이 공자의 제자 「자로(子路)와 염구(冉求)」를 자기 밑에 가신(家臣)으로 채용하고 공자에게, 「그들은 이른바 대신(大臣)이겠지요.」하고 자랑스럽게 물었다.

(3) 그러나 공자는, 「대신은 도(道)로써 임금을 섬기는 사람이다. 도가 행해지지 않으면 물러나는 사람이다.」라고 대답했다.

(4) 그 말 속에는 다음과 같은 뜻이 포함되어 있다. 「당신은 무도한 대부(大夫)다. 대신을 거느릴 수 없다. 무도한 당신 밑에 있는 그들은 여러 가신 중의 하나일 뿐이다.」

(5) 이에 계자연이, 「그러면 상전의 명은 잘 따르겠군요.」하고 묻자,

공자는 다시 일침을 놓았다. 「대부라 할지라도 도에 맞는 명령을 내려야 한다. 무도하게 아버지나 임금을 시해하라는 따위의 명령은 그들일지라도 따르지 않을 것이다.」

(6) 「논어」에는 삼환씨를 비판한 글이 많다. 그 중에도 이 구절은 정면으로 그들을 부정한 것이라 하겠다.

11-24 : 경문 한글 풀이

자로가 자고로 하여금 계씨의 영지인 비(費)의 읍재가 되게 하자, 공자가 말했다. 「남의 집 아들을 망치게 하는구나.」 이에 자로가 아뢰었다. 「백성을 다스리는 일도 있고 사직을 받드는 일도 있습니다. 〈그것을 통해서 도를 배우고 익힐 수도 있습니다.〉 어찌 반드시 책 읽는 것만을 학문이라고 하겠습니까.」 그러자 공자가 말했다. 「그러므로 궤변(詭辯)하는 자가 밉다는 것이다.」

子路 使子羔爲費宰 子曰 賊夫人之子. 子路曰 有民人焉 有社稷焉 何必讀書 然後爲學 子曰 是故 惡夫佞者.

[어구 설명] ○子羔(자고) : 공자의 제자, 고영(高柴). ○爲費宰(위비재) : 비읍(費邑)을 다스리는 재(宰)가 되게 하다. 비(費)는 계씨(季氏)의 도읍, 재(宰)는 장(長), 즉 읍장(邑長)이다.

[참고 주소 선역]

(1) 자로(子路)가 계씨의 총재(冢宰)가 되자 자고(子羔)를 썼다.

(2) 「백성을 다스리고 제사를 지내고 신령을 섬기는 것은 당연히 배우는 사람이 할 일이다. 그러나 반드시 배움이 이루어진 후에 벼슬을 해야 그 배움을 바르게 행할 수 있다. 만약 처음부터 미처 배우지 못한 사람을 벼슬에 나가 배움을 이루게 하는 경우에는 미숙하므로 신령에도 소홀하고, 백성들도 학대하지 않기를 바라기 어렵게 된다.」

(3) 「자로의 말은 본래는 그런 뜻이 아니다. 다만 이론에 굽히고 말이 막힌 것을 입으로 변명하고 책망을 막으려고 했을 뿐이다. 그러므로 선생님이 그의 잘못을 배척하지 않고 다만 그가 궤변(詭辯)으로 막으려 한 것을 미워한 것이다.」

(4) 「자로가 자고로 하여금 먼저 정치를 하면서 배우게 하고자 한 것은 선후 본말의 순서를 잃은 것이다. 자기의 과오를 알지 못하고 구변으로써 남의 책망을 막으려고 했으므로 선생님이 그의 궤변을 미워한 것이다.」

<* 학후종정(學後從政) : 군자는 먼저 배우고 수양한 다음에 벼슬하고 정치에 참여해야 한다. 그런데 자로가 「정치를 하면서 배울 수 있지요.」하고 궤변했다가 꾸중을 들은 것이다.>

11-25-[1] : 경문 한글 풀이

자로, 증석, 염유, 공서화가 공자를 모시고 앉아 있었다. 그러자 공자가 말했다. 「내가 약간 나이

가 많다고 어려워 마라. 그대들은 평소에 『나를
남이 몰라준다』고 말하지만, 만약 그대들을 〈남
이〉 알아서 써준다면 어떻게 하겠느냐.」

子路 曾晳 冉有 公西華 侍坐 子曰 以吾一日長乎爾
毋吾以也 居則曰 不吾知也 如或知爾 則何以哉.

[어구 설명] ○曾晳(증석) : 증자(曾子 : 曾參)의 아버지. 역시 공자
의 문인, 이름은 점(點). ○侍坐(시좌) : 스승을 모시고 앉아 있다.
○以吾一日長乎爾(이오일일장호이) : 내가 자네들보다 약간 나이
가 많다고 해서. ○毋吾以也(무오이야) : 나를 어렵게 여기지 마라.
○居則曰(거즉왈) : 평소에 말하다. <불평했다, 말했다.> ○如或知
爾(여혹지이) : 혹 알아주고 <등용한다면, 즉 어떻게 하겠느냐.>

[25장의 많은 단락]

(1) 제25장은 길다. 「집주」는 전체를 「11단락」으로 나누었다. 여기
서는 「6단락」으로 나누어 풀이한다.

(2) 공자가 모처럼 한가하게 사랑하는 제자들, 즉 「자로 · 증석 · 염
유 · 공서화」와 함께 앉아 있게 되자 말했다. 「만약에 어떤 나라
임금이 너희들을 인정해서 등용해 준다면, 너희들은 나가서 어떻게
하겠느냐.」 제자들이 자기 생각을 솔직하게 말했다.

11-25-[2] : 경문 한글 풀이

자로가 불쑥 나서서 말했다. 「천승(千乘)의 나라
가 강대국 사이에 끼어 더더욱 무력 침략을 받고,

아울러 기근이 들어 궁핍해도, 제가 나서서 다스
리면 3년 안에, 나라를 강하게 만들고, 백성들에
게 방정한 도를 알게 하겠습니다.」공자가 빙그레
웃었다.

子路 率爾而對曰 千乘之國 攝乎大國之間 加之以師
旅 因之以饑饉 由也爲之 比及三年 可使有勇 且知方
也 夫子哂之.

[어구 설명] ○率爾(솔이) : 불쑥, 당돌하게 나서서. ○千乘之國(천
승지국) : 전차(戰車) 천 대를 동원할 수 있는 제후(諸侯)의 나라.
당시의 노(魯)나라・위(衛)나라・정(鄭)나라 같은 나라. ○攝乎大
國之間(섭호대국지간) : 강대국 사이에 끼어 있다. 「섭(攝)은 잡히
다, 압박을 받다」의 뜻. ○加之以師旅(가지이사려) : 강대국들이
무력 침공을 가한다. 사려(師旅)는 군대. 「사(師)는 2천5백 명」,
「여(旅)는 5백 명의 군대」. ○因之以饑饉(인지이기근) : 무력 침공
으로 인하여 기근에 시달린다. ○由也爲之(유야위지) : 유(由)가
나서서 나라를 다스린다면. 유는 자로의 이름. ○比及三年(비급삼
년) : 대략 3년이면. 「비(比)」는 대략, 근(近)의 뜻. ○可使有勇(가
사유용) : <나라의 힘을> 끌어올려 강하게 만든다. ○且知方也(차
지방야) : 또한 <백성들이> 방정한 도리를 알게 한다. ○夫子哂之
(부자신지) : 공자가 빙그레 웃었다.

11-25-[3] : 경문 한글 풀이

공자 : 「구야, 그대는 어떻게 하겠느냐.」염구 :

「사방 6, 70리, 혹은 더 작은 5, 60리쯤 되는
나라를 제가 맡아 다스린다면 3년 정도면 민생을
풍족하게 할 수 있을 겁니다. 그러나 예악은 〈저
는 못하므로〉 다른 군자를 기다리겠습니다.」

求 爾何如 對曰 方六七十 如五六十 求也爲之 比及三
年 可使足民 如其禮樂 以俟君子.

[어구 설명] ○求(구) : 염유(冉有)의 이름. ○如其禮樂(여기례악) :
예악교화(禮樂敎化)에 대해서는 〈저의 힘이 부족하니.〉 ○以俟君
子(이사군자) : 다른 군자를 기다리겠다.

[참고 주소 선역]

「구(求)야, 그대는 어떻게 하겠느냐.」「이는 공자의 물음이다. 다음
에도 물었다.」「사방 6, 70리는 소국이다.」「5, 60리는 더 작은 나라
다.」「염유(冉有)는 원래 겸손했다. 자로가 〈선생님을〉 미소 짓게
한 것을 보았으므로 그가 말을 더욱 겸손하게 한 것이다.」

11-25-[4] : 경문 한글 풀이

공자 :「적아, 그대는 어떻게 하겠느냐.」공서화 :
「제가 할 수 있는 바가 아니고, 배우고자 원하는
바를 아뢰겠습니다. 종묘의 제사나 제후들의 회
합 때에 검은 예복과 예관을 갖추고 군자의 예를
돕고 싶습니다.」

赤 爾何如 對曰 非曰能之 願學焉 宗廟之事 如會同

端章甫 願爲小相焉.

[어구 설명] ○赤(적) : 공서화(公西華)의 이름. ○非曰能之(비왈능지) : 제가 할 수 있다는 뜻이 아니라. ○願學焉(원학언) : 제가 배우고자 하는 바를 <아뢰겠습니다.> ○宗廟之事(종묘지사) : 종묘에서 제사를 지낼 때. ○如會同(여회동) : 혹은 제후들이 회동할 때. ○端章甫(단장보) : 단(端)은 현단(玄端)의 예복, 즉 검은 예복, 장보(章甫)는 치포(緇布), 검은 천으로 만든 예관(禮冠). ○願爲小相焉(원위소상언) : 의식을 행할 때의 보좌관 되기를 원한다. 상(相)은 의식을 집행하는 사람, 소(小)는 보좌관.

[참고 주소 선역]

「공서화(公西華)는 예악의 일에 뜻을 두었으나, 스스로 군자로 자처하기를 싫어했다. 그러므로 자기의 뜻을 말하면서 먼저 겸손하고, 아직 할 수 없으므로 배우기를 원한다고 말한 것이다.」

「종묘(宗廟)의 일은 제사(祭祀)를 말한다.」「제후(諸侯)가 때맞추어 서로 만나는 것을 회(會)라 하고, 많은 사람이 함께 만나보는 것을 동(同)이라 한다.」「단(端)은 현단복(玄端服)이다.」<* 검은 깃을 단 예복>「장보(章甫)는 예관(禮冠)이다.」「상(相)은 임금의 예를 돕는 사람이다.」「소(小)라고 말한 것은 역시 겸손한 말이다.」

11-25-[5] : 경문 한글 풀이

공자 :「점이여, 그대는 어떻게 하시겠소.」증석은 조용히 거문고를 타고 있다가, 크게 한바탕 소리를 튕기고 거문고를 놓고 일어서서 대답했다.

「저는 세 사람의 생각과 다릅니다.」 공자 :「무엇
을 걱정하시오. 각자가 자기 뜻을 말하는 것이
오.」〈이에 증석이 아뢰었다.〉「늦은 봄에 봄옷
을 만들어 입고, 관을 쓴 벗 대여섯과 아이들 6,
7명과 같이 기수에서 목욕하고, 기우제(祈雨祭)
를 드리는 단에서 바람을 쐬고 노래를 부르다가
돌아오겠습니다.」 공자가 감탄하고 말했다.「나
도 그대와 같소이다.」

點 爾何如 鼓瑟希 鏗爾 舍瑟而作 對曰 異乎三子者之
撰 子曰 何傷乎 亦各言其志也 曰 莫春者 春服旣成
冠者五六人 童子六七人 浴乎沂 風乎舞雩 詠而歸 夫
子 喟然歎曰 吾與點也.

[어구 설명] ○點(점) : 증석(曾皙)의 이름. 증석은 증자의 아버지.
○鼓瑟希(고슬희) : 거문고를 조용히 타다가. 「희(希)=희(稀)」 ○
鏗爾(갱이) : 쨍하고 크게 소리를 내다. ○舍瑟而作(사슬이작) :
거문고를 놓고 일어나서 말하다. ○異乎三子者之撰(이호삼자자지
찬) : 세 사람의 생각과 다르다. 「찬(撰)」은 「생각이나 말」의 뜻으로
푼다. ○何傷乎(하상호) : 무슨 걱정이냐. ○亦各言其志也(역각언
기지야) : 역시 각자 자기 뜻을 말하는 것이다. ○莫春者(모춘
자) : 늦은 봄에. 「모(莫)=모(暮)」 ○春服旣成(춘복기성) : 봄옷을
잘 차려 입고. 「춘복(春服)은 우제(雩祭)를 올릴 때 입는 제복」.
○冠者(관자) : 관을 쓴 사람, 성년이 된 사람. 나이 20세에 관을
쓴다. ○童子(동자) : 아이들. ○浴乎沂(욕호기) : 기수(沂水)에서

목욕을 한다. 「기(沂)」는 노(魯)나라의 성읍(城邑) 남쪽에 있는 강. 그 강가에 우제를 지내는 무우단(舞雩壇)이 있다. ○風乎舞雩(풍호무우) : 무우단에서 바람을 쐬다. ○詠而歸(영이귀) : <선왕의 덕을> 노래 부르고 돌아온다. ○喟然歎曰(위연탄왈) : 위연(喟然)도 감탄하다, 탄(歎)도 감탄하다. ○吾與點也(오여점야) : 나는 증석에 찬성한다. <＊ 집주와 다른 풀이도 있다.>

[참고 주소 선역]

(1) 「네 사람이 시좌(侍坐)하고 있었다. 나이대로 하면 증점(曾點)이 마땅히 <자로(子路)> 다음에 대답해야 한다. <그러나> 거문고를 타고 있었으므로 공자가 먼저 구(求)와 적(赤)에게 묻고, 나중에 점에게 물은 것이다.」「희(希)는 이따금씩 쉰다는 뜻이다.」「작(作)은 기(起)의 뜻이다.」「찬(撰)은 구(具)의 뜻이다.」「늦은 봄, 온화하고 따뜻할 때의 봄옷은 홑옷과 겹옷이다.」「욕(浴)은 세수대야에 씻는다는 뜻이다.」「오늘날 <3월> 상사일(上巳日)의 부정을 제거하는 불제(祓祭)가 바로 그것이다.」「기(沂)는 강물 이름이다. 노(魯)나라 도성 남쪽에 있다.」「한서(漢書) 지리지(地理志)에 온천이 있다고 했다. 이치상 혹 그럴 것이다.」「풍(風)은 바람을 쏘인다는 뜻이다.」「무우(舞雩)는 하늘에 제사하고 기우제를 지내는 곳이며, 제단과 닦아놓은 평지와 수목이 있다.」「영(詠)은 노래함이다.」

(2) 「증점(曾點)의 학문은 아마도 모든 인간적 욕심을 다 버린 경지에서 천리가 흘러 퍼지고 <천리가> 어느 곳에나 가서 차며, 조금도 빈틈이 없음을 알 수 있다. 그러므로 그의 동정(動靜)이 그와 같이 유연한 것이다.」「그리고 그의 말이나 뜻도 그가 처해 있는

자리를 넘지 않고, 그가 일용하는 평범한 것을 즐기는 것에 불과하며, 처음부터 자신을 제쳐놓고 남을 위하려는 뜻이 없었다.」「그래서 그의 가슴이 유연하고 곧바로 천지 만물과 더불어 상하로 함께 흘러가고 <모든 경지에서> 그가 오묘한 바를 터득했음을 은연중에 말 밖으로 나온 것을 알 수 있다.」「다른 세 사람이 정사(政事)를 규격에 맞게 하려는 말단적 태도를 보면, <증점의> 기상은 <그들과는> 달랐다.」「고로 공자가 탄식하며 깊이 그의 편을 들었던 것이다.」「그리고 문인이 그 본말을 자세히 기록한 것이다.」「허기는 <기술한 제자도> 역시 <그 내용을> 잘 알았을 것이다.」

11-25-[6] : 경문 한글 풀이

세 사람이 나가고 증석(曾晳 : 曾點)이 뒤에 남았다. <공자와 다음같이 말을 주고받았다.>

증석 :「세 사람의 말을 어떻게 생각하십니까.」
공자 :「저마다의 뜻을 말했을 뿐이다.」

증석 :「선생님은 왜 유의 말을 듣고 웃으셨습니까.」 공자 :「나라는 예로써 다스려야 하는데 그의 말이 겸양하지 못해서 웃은 것이다.」

증석 :「구가 말한 것도 나라를 다스리겠다는 뜻이 아닙니까.」 공자 :「사방 6, 70리이건 또는 5, 60리이건 역시 나라가 아니겠느냐. 구가 작은 나라의 경제만을 잘하겠다고 말한 것은 겸손을 보

인 것이다.」

증석 :「그렇다면 적이 말한 것도 나랏일이 아니
겠습니까.」 공자 :「종묘에 제사 드리는 일과, 제
후들이 회동하는 일이 어찌 제후의 일이 아니겠
느냐. 가장 큰 국가의 일이다. 그런데 적이 지나치
게 겸손하여 작은 일을 돕겠다고 말했으니, 그러
면 누가 그보다 큰 일을 돕는단 말이냐.」

三子者出 曾晳後 曾晳曰 夫三子者之言 何如 子曰 亦
各言其志也已矣 曰夫子何哂由也 曰爲國以禮 其言
不讓 是故哂之 唯求則非邦也與 安見方六七十 如五
六十而非邦也者 唯赤則非邦也與 宗廟會同 非諸侯
而何 赤也爲之小 孰能爲之大.

[어구 설명] ㅇ三子者出(삼자자출) : 자로·염유·공서화 세 사람
이 나갔다. ㅇ曾晳後(증석후) : 증석은 뒤에 남았다. ㅇ夫子何哂由
也(부자하신유야) : 선생님께서 왜 자로의 말을 듣고 웃으셨습니까.
ㅇ爲國以禮(위국이례) : 정치는 예로써 다스린다.

[참고 주소 선역]
(1)「증점(曾點)은 자로가 말한 뜻이 좋거늘, 선생님이 웃으셨으므
로 그 이유를 듣고자 한 것이다.」 「선생님은 총체적으로는 그의
능력은 인정했으나, 다만 겸손하지 못한 것을 비웃은 것이다.」 「증
점은 염구(冉求)의 말 역시 나라를 다스리고자 한 것인데, <선생님
이> 안 웃으신 것을 보고, 따라서 은근히 물은 것이다. 이에 선생님

의 대답은 폄(貶)하는 말 없이, 대체로 긍정한 것이다.」「이것도 역시 증석이 묻고, 선생님이 대답한 말이다.」

(2) 정자(程子)가 말했다.「옛날 학자는 부드럽고 유연하며, 선후의 차례를 잘 가렸다.」「그래서 자로(子路), 염유(冉由) 및 공서화(公西華)가 <순서대로> 뜻을 말하게 하고, 또 선생님이 그들의 말을 받아들인 것이고, 역시 그들의 말이 사실이기도 했다.」「<한편> 후세의 학자는 고원(高遠)을 좋아하고, 사람이 마음을 천 리 밖에 놀게 하면서, 몸은 도리어 그 자리에 있는 것과 같이한다.」

(3) 또 말했다.「공자와 증점은 아마도 성인의 뜻에 있어서는 같았다. 즉 요(堯)임금과 순(舜)임금의 기상으로, 참으로 다른 세 사람이 내세운 것과는 달랐다. 다만 행동이 따르지 않았다. 그래서 광(狂)이라 한다.」「자로 등의 소견은 작았다. 자로는 오직 예의 도리로써 나라를 다스리는 경지에 도달하지 못했다. 그래서 비웃었던 것이다. 만약 <자로가> 도달했다면 오히려 이런 기상이 될 것이다.」

(4) 또 말했다.「세 사람이 다 나라를 얻어 다스리고자 했으므로 선생님이 취하지 않았다.」「증점은 광자(狂者)다. 미처 성인의 일을 할 수 없으면서, 선생님의 뜻을 알 수 있었다. 그래서 『기수(沂水)에서 목욕하고, 무우(舞雩)에서 바람을 쐬고, 노래하면서 돌아오겠다』고 말했다.」「즉 즐겁게 얻을 바를 얻고자 말한 것이다.」
<＊「광(狂)은 말과 행동이 어긋난다」는 뜻. 맹자 진심편(盡心篇) 하에 있다.>

(5) 공자의 뜻은 다음 같았다.「노인을 안락하게 하고, 붕우를 믿게 하고, 어린 사람을 사랑으로 품고, 만물로 하여금 저마다 본성에 따라 잘살게 한다.」

[복잡한 11편 25장]

(1) 「제11편 25장」은 논어에서 가장 길며, 내용도 복잡하다.

(2) 공자가 「자로(子路), 증석(曾晳), 염유(冉有), 공서화(公西華)」 등 제자에게 「만약 그대들을 알아서 써준다면 어떻게 하겠느냐.」고 물었다. 이에 자로가 성급하게 직설적으로 「3년이면 약소국을 부강한 나라로 만들 수 있다.」고 큰소리쳤다. 이에 공자가 웃었다. 자로가 예악(禮樂)의 덕치(德治)를 말하지 않고, 부국강병(富國强兵)만 말했기 때문이다. 한편 염유와 공서화도 역시 「나서서 정치를 하겠다.」고 말했다. 다만 자로보다 겸손한 태도로 말했다. 그러나 증석은 「저는 그들과 생각이 다릅니다.」라고 전제하고 말했다. 「현재는 때가 아니니까 나서서 정치에 참여하지 않고 물러나 덕을 쌓고, 덕풍(德風)을 진작하겠다」는 뜻을 피력했다. 이에 공자가 크게 감탄하고 말했다. 「나도 네 생각에 찬동한다.」

12. 안연편(顔淵篇)

안연편은 총 24장이다. 형병(邢昺)은 대략 다음과 같이
설명했다.

이 편은 내용이 많다. 인정(仁政)의 도리를 밝히고, 아울러
그 인정을 달성하는 길을 말했다. 그리고 군신(君臣)과 부자
(父子)가 지켜야 할 예도(禮道)와 그 반대가 되는 미혹(迷惑)
을 분별하고, 옥사를 처결하는 일, 군자의 학문과 덕행 등이
다 언급되었다. 이들 가르침은 성현의 격언이며 동시에 벼슬
에 나가는 기본 단계이다. 그러므로 선진편(先進篇) 다음에
편집했다.

여기서도 공자는 제자들의 인품이나 정도에 따라 대답을
달리하고 있다. 특히 안연(顔淵)과 자장(子張)이 인(仁)에
대해서 묻자, 공자가 세계적인 차원에서 인을 설명했다. 그
만큼 두 제자를 높이 평가하였다.

12-1 : 경문 한글 풀이

안연이 인에 대해서 묻자, 공자가 대답했다. 「자
신의 이기적 욕심을 극복하고 천리에 돌아가는
것이 인의 실천이다. 하루만이라도 이기적 욕심
을 극복하고 천리에 돌아가면, 천하 만민이 인에
돌아가게 된다. 인의 실천은 자기 자신에게 달려

있다. 남에게 달려 있겠는가.」

안연이 「조목을 일러주십시오.」하자, 공자가 말했다. 「예가 아니면 보지 말고, 예가 아니면 듣지 말고, 예가 아니면 말하지 말고, 예가 아니면 행하지 마라.」 안연이 말했다. 「제가 비록 불민하지만, 말씀대로 실천하겠습니다.」

顏淵 問仁 子曰 克己復禮 爲仁 一日克己復禮 天下歸仁焉 爲仁由己 而由人乎哉. 顏淵曰 請問其目 子曰 非禮勿視 非禮勿聽 非禮勿言 非禮勿動 顏淵曰 回雖不敏 請事斯語矣.

[참고 주소 선역]

(1) 「인(仁)」은 「본심(本心)의 전덕(全德)」이다.」 「극(克)」은 「눌러 이긴다는 뜻이다.」 「기(己)」는 「자신의 사욕이란 뜻이다.」 「복(復)」은 「되돌아간다는 뜻이다.」 「예(禮)」는 「천리의 절문(天理之節文)」이다. 「인을 행하는 것은 <곧 하늘이 내려준> 본심의 덕을 온전하게 함이다.」

(2) 「원래 마음의 온전한 덕은 천리 아닌 것이 없다.」 「그러나 역시 인욕에 의해서 파괴되지 않을 수 없다.」 「그러므로 인을 이루려는 사람은 반드시 사욕을 눌러 이기고 예에 돌아가야 한다. <그래야> 비로소 일이 천리에 맞으며, 본심의 덕이 나에게 온전하게 회복된다.」 <* 「집주 원본」의 긴 단락을 다시 나누어 풀이했다.>

[본심지전덕(本心之全德)]

(1) 본심(本心) : 하늘은 만물을 낳고 키우고 번식하고 더욱 발전케

하는 「사랑의 마음과 도리」를 사람에게 주었다. 그것이 사람의 본심이다. 본심은 곧 천심(天心)이다. 특히 사람과 사람이 서로 사랑하고 함께 잘사는 공동체를 형성하는 마음이 곧 인심(仁心)이고 도덕성(道德性)이다.

(2) 전덕(全德) : 「사랑의 마음과 도리」를 실천하면 「좋은 성과가 나온다.」 그것이 덕(德)이다. 「천심(天心), 인심(仁心)」을 실천하면 수없이 많은 덕이 나오고 쌓인다. 예를 들면, 「효(孝), 제(弟), 충(忠), 신(信), 의(義), 예(禮), 지(知), 겸(謙), 양(讓), 온(溫), 검(儉)」 등이다. 한마디로 인이라고 했으나 그 속에는 모든 덕이 다 통합되어 있다.

[신지사욕(身之私欲)]

(1) 신(身) : 육신(肉身)과 자신(自身)의 두 가지 뜻이 있다.

(2) 사욕(私欲) : 사사로운 욕심에도 두 가지 뜻이 있다. 하나는 「육신을 바탕으로 한 동물적·생리적 생존욕구」다. 다른 하나는 「공생(共生)을 배제하고 나 혼자만 잘살겠다는 이기적 욕심」이다.

[천리지절문(天理之節文)]

(1) 천리(天理) : 이(理)는 속에 있는 도리라는 뜻이다. 천리(天理) 천도(天道)는 크게는 우주(宇宙)의 도리다. 우주는 공간(空間)과 시간(時間)을 통합한 말이다. 천지 자연 만물은 공간적으로 존재 운행하고 시간적으로 변화 발전한다. 이를 하늘을 중심으로 천도 혹은 천리라고 말한다.

(2) 절문(節文) : 「절(節)」은 「조절(調節)한다, 절도(節度)있게 한

다,는 뜻이다. 「문(文)」은 「문화적으로 아름답게 꾸미고 나타낸다」
는 뜻이다.

(3) 천리지절문(天理之節文) : 예절(禮節), 예의(禮儀), 의식(儀式)
등은 모두 천도 천리를 바탕으로 함께 살 수 있게 조절하고, 또
신분계층(身分階層)과 순서질서(順序秩序)를 절도있게 한 것이다.

[극기복례(克己復禮)]

(1) 「극기복례」 : 자기의 이기적 탐욕(貪慾)을 극복하고 천리에 돌
아가 따르고 실천한다. 「집주(集註)」의 풀이다.

(2) 고주(古注)는 약간 다르다. 「극기(克己)」를 마융(馬融)은 「약
신(約身)」이라 했다. 즉 몸을 단속하고 엄숙하게 행동한다는 뜻이
다. 공안국(孔安國)은 「몸을 능히 예에 돌아오게 하는 것이 곧 인이
다.(身能反禮則爲仁)」라고 풀었다. 형병(邢昺)은 다음과 같이 유현
(劉炫)의 설을 인용했다. 「극은 이긴다는 뜻이고, 기는 몸을 말한다.
(克訓勝也 己謂身也)」

[참고 주소 선역]

(1) 정자(程子)가 말했다. 「안연이 극기복례(克己復禮)하는 실천조
목을 묻자 공자가 예가 아니면 보지 말며, 예가 아니면 듣지 말며,
예가 아니면 말하지 말며, 예가 아니면 움직이지 말라고 했다.」「이
네 가지는 신체의 활용이다. 속마음을 외부에 응하게 하는 것이다.」
「<고로> 외적인 요인을 억제하면 그 중심이 되는 마음을 바르게
할 수 있다.」「안연이 섬기겠다고 했으므로 그는 성인의 <경지에>
나아갔던 것이다.」「후세에 성인을 배우는 자들은 마땅히 이것을
가슴속에 품고 잊지 말아야 할 것이며, 이어서 잠언으로써 스스로

경계해야 한다.」

(2) 시잠(視箴)에 있다. 「마음은 본래 공허하다. 사물에 응하고 자국이 없다. 마음을 잡는 데는 요령이 있다. 보는 것이 법칙이 된다. 앞에서 덮고 가리면 속마음도 변천한다. 밖에서 제어하여 속마음이 안정된다. 극기복례하면 영구히 성실하게 된다.(其視箴曰 心兮本虛 應物無迹 操之有要 視爲之則 蔽交於前 其中則遷 制之於外 以安其內 克己復禮 久而誠矣)」

(3) 청잠(聽箴)에 있다. 「사람이 바른 도리를 지키는 것은 천성을 바탕으로 한다. 지(知)에 유혹되고 사물로 변하고, 마침내 바른 것을 잃게 된다. 탁월한 그들 선각자들은 지(知)를 멈추고 안정하고 사특함을 막고 성실을 보존한다. <그래서> 예가 아니면 듣지 말아야 한다.(其聽箴曰 人有秉彝 本乎天性 知誘物化 遂亡其正 卓彼先覺 知止有定 閑邪存誠 非禮勿聽)」

(4) 언잠(言箴)에 있다. 「인심의 동요는 말에 따라 퍼진다. <그러므로> 조급하고 망령된 말을 하지 않으며, 속마음이 조용하고 한결같이 된다. 하물며 <말을> 중심으로 적이 되거나 우호하기도 한다. 길흉영욕도 오직 말이 불러오는 것이다. 천리를 해치고 바꾸면 허망하게 되고, 천리를 다치고 번잡하게 하면 갈라지고, 자기 마음대로 사물을 거슬리면, 가는 말이 사리에 어긋나고 오는 말도 사리에 어긋나게 된다. 법이 아니면 말하지 말라. 삼가고 훈계로 삼아야 한다.(其言箴曰 人心之動 因言以宣 發禁躁妄 內斯靜專 矧是樞機 興戎出好 吉凶榮辱 惟其所召 傷易則誕 傷煩則支 己肆物忤 出悖來違 非法不道 欽哉訓辭)」

(5) 동잠(動箴)에 있다. 「철인(哲人)은 기미(幾微)를 알고 생각이

성실하다. 지사(志士)는 힘써 행동하고 <도를 지키고> 일을 한다. 천리에 순응하면 여유가 있게 되고, 욕심을 따르면 오직 위태하게 된다. 다급할 때도 능히 생각하고 전전긍긍(戰戰兢兢)하면서 도를 지키고 행한다. <이런 것이> 습관이 되고 천성이 되면 성현과 같이 된다.(其動箴曰 哲人知幾 誠之於思 志士勵行 守之於爲 順理則裕 從欲惟危 造次克念 戰兢自持 習與性成 聖賢同歸)」

[공자사상의 핵심 : 인(仁)]

(1) 인(仁)은 공자 사상의 핵심이며, 최고의 덕목이다. 논어에는 인을 논한 구절이 근 백 개나 된다. 그러나 공자는 인에 대한 정의를 딱 떨어지게 내리지 않았다. 그 이유는 인이란 글자가 포괄하는 뜻이 엄청나게 많고 광범하기 때문이다. 한 글자 속에 많은 뜻이나 내용을 압축한 것이 한문·한자의 특색이다. 그러므로 인을 설명할 때에도 「상대, 장소 및 경우」에 따라 저마다 다르게 설명하고, 또 실천할 요점을 가르쳤다.

(2) 인의 뜻을 잘 요약한 구절을 몇개 추리면 다음과 같다. 제자 번지(樊遲)가 인을 묻자, 공자는 「남을 사랑함이다.(愛人)」<제12. 안연편-22>라 답했다. 인은 인간애(人間愛), 인류애(人類愛)이다. 자공(子貢)이 「백성에게 널리 베풀고 많은 사람을 구제할 수 있다면 인이라 말할 수 있습니까.(如能博施於民 而能濟衆者 何如 可謂仁乎)」하고 묻자, 공자가 대답했다. 「그것을 어찌 인이라고만 말하랴. 그 정도라면 반드시 성(聖)의 경지다. 요임금·순임금도 그렇게 하려고 애썼다.」「인(仁)은 내가 나서고 싶을 때나 자리에 남을 내세우고, 내가 도달코자 하는 바를 남으로 하여금 도달케 하는

것이다. 즉 나를 가지고 남을 촌탁하는 것이 인을 이루는 방도이다. (夫仁者 己欲立而欲人 己欲達而達人 能近取譬 可謂仁之方也已)」 <제6. 옹야편-30>

내가 하고 싶은 바를 남으로 하여금 달성케 하는 덕행이 곧 적극적인 인이다. 소극적 인은 곧 「내가 원치 않는 것을 남에게 강요하지 않는 것이다.(己所不欲 勿施於人)」<제12. 안연편-2, 제15. 위령공편-24> 보다 큰 인은 「나의 몸을 죽이고 나라나 모든 사람을 위한 인덕을 세우는 것이다.(殺身以成仁)」<제15. 위령공편-9>

(3) 이상에서 보듯이 인은 「남을 진정으로 사랑하고 남을 잘 되게 하는 실천적인 덕행이다.」 남을 진정으로 사랑하고 남을 높이기 위해서는 「나 자신의 동물적·이기적 탐욕」을 극복해야 한다. 그러므로 주자는 극기(克己)를 「사리사욕(私利私慾)을 극복함이다」라고 풀이하였다. 「예에 돌아간다(復禮)」를 해석함에 있어, 주자는 「예는 천리의 절문(節文)이다.(禮者 天理之節文)」라고 풀이했다. 주자의 말뜻을 깊이 알아야 한다. 「예」는 좁게는 예의범절(禮儀凡節)의 뜻이고, 크게는 국가적인 차원의 「문물(文物), 제도(制度), 의례(儀禮) 및 예악(禮樂)」 등의 모든 「문화적인 격식」을 다 포함한다. 이와 같은 「문화적인 격식」이 있어야 국가, 사회 및 가정의 「위계(位階) 질서(秩序)」가 바르게 잡힌다. 그러므로 「예는 사회질서를 바로잡고, 모든 사람이 함께 잘사는 공동체를 구성하고, 또 유지하는 문화적 문물제도 및 예의범절을 통합한 말이다.」

(4) 오늘의 정치세계에서는 복잡다단한 법률로써 사람의 행동을 규제하고 사회 질서를 유지한다. 그러나 옛날의 도덕 사회에서는 예로써 인정(仁政)과 덕치(德治)를 실행하려고 했다.

(5) 다음으로 주자가 말한 「천리(天理)의 절문(節文)」을 자세히 설명하겠다. 먼저 「천리」에 대한 설명을 하겠다. 천리는 곧 우주(宇宙)의 이법(理法)이다. 우(宇)는 공간을 말하고, 주(宙)는 시간을 말한다. 그러므로 우주는 곧 「공간과 시간의 통합체」이다. 따라서 우주를 한마디로 「천(天)」이라고 한 것이다. 그러므로 천리는 곧 「우주의 이법」이며, 그 속에는 자연과학에서 높이는 자연법칙(自然法則)도 포함된다.

(6) 공간과 시간을 통합한 「천(天)」은 절대(絕對)이다. 그 절대를 기독교에서는 인격신(人格神)으로 본다. 그리고 유교에서는 「이(理)」의 극치를 「태극(太極)」 혹은 「이(理)」라고 한다. 따라서 「절대가 만물을 창조하고 모든 현상을 주재한다」고 믿는 점에서는 기독교와 유교가 같다. 그러므로 천리는 곧 「인간을 포함한 자연 만물을 창조하고, 아울러 시간의 흐름에 따라 생성·변화·번식·발전」케 하는 「절대의 도리·진리」이다.

(7) 천리는 「광명정대(光明正大)하고 공평무사(公平無私)하고 영구불변(永久不變)」하는 도리이다. 동시에 천리는 대자연의 조화 속에서 만물을 고르게 「생성화육(生成化育)」하는 「절대선(絕對善)의 도리」이다. 그러므로 동양사상은 천도를 높이고 따르라고 하는 것이다. 과학자가 자연법칙을 존중하고 활용하듯이 인간 및 인류는 천도를 따르고 행해야 바르게 잘살고, 또 좋은 공동체, 즉 선세계(善世界)를 형성할 수 있다. 그러므로 모든 사람을 잘살게 하는 정치도 천리를 따르고 실천해야 한다. 천리를 안 따르고 「동물적·이기적 탐욕」을 바탕으로 남을 살상(殺傷)하고 남의 재물을 탈취하기 때문에, 오늘의 인류 세계가 위기에 빠진 것이다.

(8) 다음으로 「절문(節文)」에 대한 설명을 거듭 하겠다. 「절(節)」은 조절한다는 뜻이다. 「문(文)」은 「문화적으로 표현된 문물(文物), 제도(制度), 의례(儀禮) 및 예악(禮樂)」 등 모든 격식을 말한다. 그러므로 「천리의 절문」은 곧 「절대선인 하늘의 도리를 바탕으로 자연 만물 및 모든 사람을 조절하여 선세계(善世界)를 창건하고, 또 발전하기 위한 문화적 문물제도이다.」

(9) 「극기복례위인(克己復禮爲仁)」을 현대적으로 요약하면 다음과 같다. 「나의 동물적·이기적 탐욕을 극복하고 천리를 바탕으로 한 문물제도 및 예의범절을 따르고 실천하는 것이 곧 사랑과 인덕(仁德)이 넘치는 진정한 평화세계 창건에 직결된다.」

<＊ 오늘은 동물적·이기적 탐욕을 바탕으로 서로 싸우고 쟁탈하는 아귀도(餓鬼道)의 악덕정치에 골몰하고 있다. 따라서 약육강식(弱肉强食)의 생지옥(生地獄)을 연출하고 있다.＞

12-2 : 경문 한글 풀이

중궁이 인을 묻자, 공자가 말했다. 「문밖에 나가 사람을 대할 때에는 큰손님을 뵙는 듯이 하고, 백성을 부릴 때에는 큰제사를 모시는 듯이 해야 한다. 내가 원치 않는 바를 남에게 강요하지 마라. 나라에서도 집안에서도 원망이 없게 될 것이다.」 중궁이 말했다. 「저는 불민하나, 말씀대로 실천하겠습니다.」

仲弓問仁 子曰 出門如見大賓 使民如承大祭 己所不

欲 勿施於人 在邦無怨 在家無怨 仲弓曰 雍雖不敏 請
事斯語矣.

[참고 주소 선역]

주자는 생각한다.「극기복례(克己復禮)는 건도(乾道)이고, 주경행
서(主敬行恕)는 곤도(坤道)이다. 안자(顔子)와 염자(冉子)의 학문
의 고하심천(高下深淺)을 알 수 있다.(克己複禮 乾道也 主敬行恕
坤道也 顔冉之學 其高下淺深 於此可見)」「그러나 학자가 성실하게
존경과 용서를 실천하면 <예도(禮道)를> 터득할 것이며, 장차는
역시 이기심(利己心)도 극복하게 될 것이다.」

[백성에 대한 존경과 용서]

상하(上下)의 모든 사람을 공경하고 정사(政事)를 신중히 처리하
는 것이 인(仁)이다.「내가 하기 싫은 것을 남에게 강요하지 않는
것」도 인이다.

공자는 말했다.「백성을 존경하고 용서해야 한다.」그 바탕은 나의
마음이다. 나의 이기심을 버려야 한다. 그리고 예도(禮道)에 맞게
하면 점차로 심덕(心德)을 완전하게 할 수 있다.

12-3 : 경문 한글 풀이

사마우가 인에 대해서 묻자, 공자가 말했다.「인
은 말을 신중하게 하는 것이다.」그러자, 사마우
가「말을 신중하게 하는 것이 인입니까.」하고 재
차 묻자, 공자가 말했다.「행하기 어려우니, 말을

신중하게 아니할 수 있겠느냐.」

司馬牛問仁 子曰 仁者其言也訒 曰其言也訒 斯謂之
仁已乎 子曰 爲之難 言之得無訒乎.

[참고 주소 선역]

(1) 「사마우는 공자의 제자다. 이름은 이(犁), 상퇴(向魋)의 동생이
다.」 곧 송(宋)나라의 환퇴(桓魋)다. 인(仁)은 마음속에 간직하고,
잃지 않아야 한다. 「선생님은 사마우가 말이 많고 조급하기 때문에
이와 같이 말해주고, 그로 하여금 말을 삼가게 한 것이다.」

(2) 「무릇 인(仁)을 항상 마음에 품고 있으면, 만사를 소홀히 하지
않는다.」 「일을 소홀히 하지 않으므로 말을 제멋대로 쉽게 할 수
없게 된다. 억지로 입을 막고 나오지 못하게 하는 것이 아니다.」

[인자(仁者)는 인(訒)]

앞에 있듯이 안연(顔淵)과 중궁(仲弓)도 인(仁)에 대해 질문을 했
다. 이에 대한 공자의 대답은 저마다 다르다. 덕행이 높은 안연에게
는 「극기복례 위인(克己復禮 爲仁)」이라 했고, 정치 능력이 높은
중궁에게는 「윗사람을 공경하고 정사(政事)를 신중히 처리하여 모
든 사람에게 원망을 받지 않는 것이 곧 인이다.」라고 말했다. 그러
나 경솔하고 떠벌리기 좋아하는 사마우(司馬牛)에게는 「행하기에
앞서 말을 신중하게 하는 것이 곧 인이다.」라고 가르쳤다. 이에
사마우가 공자의 말뜻을 알아듣지 못하고 「신중하게 말하는 것이
곧 인입니까.」하고 반문하자, 공자가 다시 말했다. 「인은 물론, 다른
덕행도 행하기 어렵다. 그러니 말을 어렵게 여기고 신중하게 해야
한다.」 공자의 말 뒤에는 사마우를 탓하는 뜻이 숨어있다. 「너같이

말을 함부로 하는 자는 인덕은 고사하고 다른 덕행도 행할 수 없다」
고 암시한 것이다.

다음같이도 말했다. 「강직하고 의연하고 소박하고 과묵해야 인에
가깝다.(剛毅木訥 近仁)」＜제13. 자로편-27＞ 「말을 간교하게 잘
하고, 표정을 그럴싸하게 꾸미는 자는 인심(仁心)이나 인덕(仁德)
이 없다.(巧言令色 鮮矣仁)」＜제1. 학이편-2＞

12-4 : 경문 한글 풀이

**사마우가 군자에 대해서 묻자, 공자가 대답했다.
「군자는 두려워하지도 않고 겁내지도 않는다.」
사마우가 거듭 물었다. 「두려워하지 않고 겁내지
않으면, 그것으로 군자라 하겠습니까.」 공자가
말했다. 「속으로 살펴서 허물이 없거늘, 어찌 두
려워하며 겁을 내겠느냐.」**

司馬牛 問君子 子曰 君子 不憂不懼 曰 不憂不懼 斯
謂之君子已乎 子曰 內省不疚 夫何憂何懼.

[어구 설명] ○군자는 지(知)·인(仁)·용(勇) 삼달덕(三達德)을
갖추어야 한다. ○不憂不懼(불우불구) : 걱정하지 않고 겁내고 두
려워하지 않는다. ○內省不疚(내성불구) : 마음속으로 살펴보아도
허물이 없다. ○何憂何懼(하우하구) : 어찌 걱정하고 겁을 내는가.

[사마우(司馬牛)의 형제]

상퇴(向魋)는 곧 환퇴(桓魋)로 사마우(司馬牛)의 형이다. 송(宋)나
라 사람으로 사마(司馬)를 지냈다. 그러나 임금 경공(景公)에게 반

란했다. 이에 경공이 환퇴의 형, 상소(向巢)를 시켜 반란을 진정하
자 환퇴는 국외로 도망갔다. <제7. 술이편-22>

[군자 불우(不憂) 불구(不懼)]

마음속의 인심(仁心)을 덕행으로 나타내는 사람이 곧 군자다. 군자
는 절대선의 천도(天道)와 하나가 된 사람이다. 모든 도리를 알고
(知), 모든 사람과 만물을 사랑하고(仁), 또 용감하게 한다(勇). 삼
달덕(三達德)을 갖추어야 천지간에 「불우(不憂), 불구(不懼)한다.」

12-5 : 경문 한글 풀이

사마우가 걱정하며 말했다. 「남들은 형제가 있는
데, 저만 없군요.」 자하가 말했다. 「저는 들어서,
알고 있습니다. 『생사는 명에 따르고, 부귀는 하
늘에 매여 있다』 또 『군자로서 몸가짐을 경건히
하고 일을 도에 맞게 실수없이 하고, 아울러 남에
게 공손하고 예절 바르게 대하면, 사해 안의 모든
사람이 형제가 된다』고 들었습니다. 그러니 군자
인 당신이 어찌 형제 없음을 걱정하십니까.」

司馬牛憂曰 人皆有兄弟 我獨亡. 子夏曰 商聞之矣
死生有命 富貴在天 君子敬而無失 與人恭而有禮 四
海之內 皆兄弟也 君子何患乎無兄弟也.

[사해형제(四海兄弟)]

(1) 사마우(司馬牛)는 송(宋)나라 사람으로, 형제가 5명 있었다.

형제들이 다 악덕하고 문제가 많았다. 그래서 사마우가 걱정하고 두려워한 것이다. 특히 형 환퇴(桓魋)는 송나라에서 반란을 일으키고 국외로 도망갔으며, 한때는 공자를 시해하려고도 했었다.

(2) 그러나 사마우는 공자의 제자로서 군자의 도를 잘 지켰다. 이에 공자가 「마음속에 가책 받을 일이 없고 떳떳하거늘, 왜 걱정하고 겁을 내느냐.(內省不疚 夫何憂何懼)」고 위로해주었다.

(3) 한편 자하(子夏)도 다음과 같이 사마우를 타이르고 위로했다. 「생사와 부귀는 사람의 힘을 초월한 절대적인 천명으로 결정되거나 주어진다. 그러므로 생사 부귀는 하늘의 뜻에 맡겨야 한다.」 「군자의 도를 지키고 몸가짐을 경건히 하고 예절을 잘 지키면, 사해 안의 모든 사람이 다 형제가 된다.(四海之內 皆兄弟也)」

12-6 : 경문 한글 풀이

자장이 총명에 대해서 묻자, 공자가 대답했다.
「물이 스며들어 적시듯이 은근히 하는 참언이나, 피부로 느껴질 듯이 절박한 하소연에 넘어가지 않아야 총명하다고 말할 수 있다. 더욱이 물이 스며들어 적시듯이 은근히 하는 참언이나, 피부로 느껴질 듯이 절박한 하소연에 넘어가지 않아야 비로소 멀리 내다볼 수 있다고 말할 수 있다.」

子張問明 子曰 浸潤之譖 膚受之愬 不行焉 可謂明也
已矣 浸潤之譖 膚受之愬 不行焉 可謂遠也已矣.

[명(明)과 참언(讒言)]

(1) 자장(子張)은 노(魯)나라 사람으로, 공자의 제자다. 성은 전손(顓孫), 이름은 사(師)다. 공자보다 나이가 48세나 어렸다. 「제11. 선진편-16」에 있다. 「자공(子貢)이 『자장과 자하(子夏)는 누가 현명합니까』하고 묻자, 공자가 대답했다. 『자장은 지나치고, 자하는 미치지 못한다.』」

(2) 자장은 기상이 크고 적극적이었다. 그래서 공자가 그에게 「간흉(奸凶)하고 교묘하게 하는 남들의 참언(讒言)이나 참소(讒訴)에 넘어가지 않고 밝게 가려내야 한다.」고 말한 것이다.

(3) 바르고 어진 덕치(德治)를 펴기 위해서는 바르고 어진 선비를 등용해서 써야 한다. 그러므로 위정자는 사람을 밝게 보는 총명이 있어야 한다. 자장은 점차로 학문 수양해서 도를 바르게 깨닫고 실천했다.

(4) 논어에 있다. 「자장이 말했다. 선비는 위태로움을 보면 목숨을 바치고, 눈앞에 이득을 보면 의를 생각해야 한다. 제사는 공경하게 하고, 상은 슬프게 해야 한다. 그래야 선비라 하겠다.(子張曰 士見危致命 見得思義 祭思敬 喪思哀 其可已矣)」<제15. 자장편-1>

12-7 : 경문 한글 풀이

**[1] 자공이 정치에 대해서 묻자 공자가 말했다.
「백성의 식량을 충족하게 하고, 나라의 무력을 충실하게 하고, 또 모든 사람이 믿게 해야 한다.」**

[2] 자공이 「만부득이 한 가지를 버려야 한다면, 셋 중에 어느 것을 먼저 버려야 합니까.」하고 묻자 공자가 말했다. 「무력 강화를 버려야 한다.」

[3] 자공이 또 「만부득이 한 가지를 더 버려야 한다면, 나머지 둘 중에 어느 것을 버려야 합니까.」하고 묻자, 공자가 말했다. 「식량 충족 정책을 버려야 한다. 자고로 사람은 다 죽게 마련이다. 그러나 사람들이 믿지 않으면 나라가 존립할 수 없다.」

[1] 子貢 問政 子曰 足食 足兵 民信之矣. [2] 子貢曰 必不得已而去 於斯三者 何先 曰 去兵. [3] 子貢曰 必不得已而去 於斯二者 何先 曰 去食 自古皆有死 民無信不立.

[참고 주소 선역]

(1) 「창고에 곡식 저장이 충실하고, 또 무력과 군비가 정비된 다음에 백성에 대한 교화를 행하면, 백성들이 임금을 믿고, 또 그 나라를 이탈하지 않을 것이라」고 말한 것이다.

(2) 「양식이 풍족하고 믿음이 깊으면 병력이 없어도 나라를 군게 지킨다」는 뜻을 말한 것이다.

[식(食), 병(兵), 신(信)]

(1) 언변이 좋고 돈벌이 잘하는 자공(子貢)이 정치의 요체(要諦)를 묻자, 공자가 대답했다. 「백성들의 배를 채워주고, 나라의 무력을

강화하고, 아울러 국가에 대한 신망을 높여야 한다.」 이는 곧 「민생 (民生), 국방(國防) 및 국가에 대한 국민의 신망(信望)」을 말한 것 이며, 오늘의 일반적인 정치관과 다를 바 없다.

(2) 그러나 이 세 가지 기본정책에 대한 비중이나 순서에 있어, 공자의 생각은 일반과 달랐다. 즉 공자는 「국민의 신망」을 가장 중시하고 그 다음이 민생문제, 또 그 다음이 국방문제라고 말했다.

(3) 패도(霸道)의 악덕정치에서는 「무력강화와 경제발전」을 앞세 운다. 힘과 돈으로 백성을 다스리고자 한다.

(4) 그러나 공자의 도덕정치(道德政治)는 「국민의 신의」를 앞세운 다. 국가를 다스리는 위정자는 인덕(仁德)을 갖추고 인정(仁政)을 펴야 한다. 그래야 국민의 신의를 얻는다.

<* 오늘의 세계는 심각한 위기에 빠져 있다. 즉 「과학 기술과 재물 을 송두리째 무력(武力)으로 화하고, 이기적 탐욕을 채우기 위해 남을 살상(殺傷)하고, 남의 재물을 탈취하는 데 골몰하고 있다.」 이대로는 공멸(共滅)한다. 위기극복을 위해서 유교의 도덕정치사 상을 바르게 깊이 알아야 한다.>

12-8 : 경문 한글 풀이

[1] 위나라 대부 극자성이 말했다. 「군자는 본질 만을 높이면 된다. 어찌 문식(文飾)을 가하려 하 는가.」

[2] 이에 대하여 자공이 말했다. 「아깝게도 그대 의 군자에 대한 설은 맞지 않습니다. 빨리 달리는

사두마의 수레도 한 번 내뱉은 실언(失言)을 뒤쫓
아 갈 수 없다고 했습니다. 문식이 본질이고, 본질
이 문식이라고 하여 그 두 가지의 차이를 인정하
지 않는다면 호랑이나 표범의 가죽이 개나 양의
가죽과 같다고 하는 격입니다.」

[1] 棘子成曰 君子質而已矣 何以文爲. [2] 子貢曰
惜乎 夫子之說 君子也 駟不及舌 文猶質也 質猶文也
虎豹之鞹 猶犬羊之鞹.

[어구 설명] ㅇ棘子成(극자성) : 위(衛)나라의 대부. 자세히는 알
수 없다. ㅇ何以文爲(하이문위) : 어찌 외형적인 문식(文飾)을 꾸미
느냐. ㅇ駟不及舌(사불급설) : 빨리 달리는 사두마차(四頭馬車)도
설(舌), 즉 말(言)을 따를 수 없다. 잘못한 말은 돌이킬 수 없다.
ㅇ文猶質也(문유질야) : 문이 곧 질이다. ㅇ虎豹(호표) : 호랑이나
표범. ㅇ鞹(곽) : 털을 뽑은 속가죽.

[참고 주소 선역]

(1) 「극자성(棘子成)은 위(衛)나라 대부다. 당시의 사람들이 문에
치우친 것을 싫어하여 이와 같이 말했다.」「자성의 말도 결국은
군자란 뜻이다. 말을 일단 하면, 사마(駟馬)도 따를 수 없다하고
거듭 그의 실언을 애석하게 여긴 것이다.」

(2) 「곽(鞹)은 <겉의> 털무늬를 제거한 가죽이다.」「밖의 문양(紋
樣)과 바탕은 다 같으며, 서로 없으면 안 된다.」「만약 반드시 그
문양을 다 제거하고 오직 본바탕만을 있게 한다면, 군자와 소인의
분별도 없게 된다.」「무릇 극자성은 당시의 폐단을 교정하려고 하

다가, 굳이 지나치게 말했다.」「그리고 자공이 극자성의 폐단을 교
정하는 말에도 역시 본말 경중의 차이를 무시했다.」「서로가 다
실수한 것이다.」

[문질빈빈(文質彬彬)]

(1)「공자는 말했다. 질박함이 겉치레를 누르면 촌스럽고, 겉치레
가 질박함을 누르면 수다스럽다. 질박함과 겉치레가 서로 잘 어울
려야 비로소 군자다우니라.(子曰 質勝文則野 文勝質則史 文質彬彬
然後君子)」<제6. 옹야편-18>

(2)「군자는 내면적 덕성과, 외향적 꾸밈과 태도 및 행동거지가
일치해야 한다.」 이를 「문질빈빈(文質彬彬)」이라 한다.

12-9 : 경문 한글 풀이

애공이 유약에게 「금년에는 기근이 들어 국가의
비용이 모자라니 어떻게 하면 좋겠소.」하고 묻자
유약이, 「왜 10분의 1을 받는 세법을 쓰지 않으
십니까.」하고 되물었다. 애공이 「지금 10분의 2
를 받는 세법으로도 내가 모자라는데, 어떻게 10
분의 1을 받는 세법을 쓰겠소.」 하였다. 이에 유
약이 말했다.「백성이 풍족하면 더불어 임금이 부
족하겠습니까. 백성이 부족하면 임금이 혼자 풍
족하겠습니까.」

哀公 問於有若 曰年饑 用不足 如之何 有若 對曰 盍

徹乎. 曰 二 吾猶不足 如之何 其徹也 對曰 百姓足
君孰與不足 百姓不足 君孰與足.

[어구 설명] ○哀公(애공) : 노나라 임금으로 기원전 494년에 즉위.
애공 16년에 공자가 죽었다. ○有若(유약) : 공자의 제자, 유자(有
子). <제1. 학이편-2> ○盍徹乎(합철호) : 왜 철(徹)을 안 쓰느냐.
「철」은 「10분의 1을 거두는 세법」으로 정전제(井田制)에서 통용되
는 법이다. ○二(이) : 여기서는 10분의 2를 거두는 세법의 뜻.

[참고 주소 선역]

「철(徹)은 정전제에서 공통되고, 또 평등한 세법이다.」「주(周)나
라 제도로, 일부(一夫)는 농토 백무(百畝)를 받아 가지고 도랑(溝)
을 같이하는 이웃의 정전 경작자와 힘을 합해서 경작한다.」「이랑
(畝)을 기준으로 수확을 계산하고 대체로 백성은 10분의 9를 취하
고, 공(公)은 10분의 1을 취한다.」「고로 이를 철(徹)이라 한다.」
「노나라 선공(宣公) 때부터 무(畝)를 단위로 세금을 부과하고, 매
무(每畝)마다 수확의 10분의 1을 더 취했다. 그래서 곧 10분의 2를
취하게 된 것이다.」「고로 유약(有若)이 오직 철법만을 쓰라고 요청
하고, 한편 애공(哀公)이 씀씀이를 절약하고 백성을 잘살게 하기를
바란 것이다.」

[인정 자경계시(仁政自經界始)]

등(滕)나라 문공이 신하 필전(畢戰)을 시켜서 정전법에 대한 것을
물었다. 그러자 맹자가 필전에게 말했다. 「그대의 임금 문공이 장차
인정을 행하려고 하여, 그대를 선택해서 나에게 와서 묻게 했군요.
그러니 그대는 열심히 노력하시오. 무릇 인정은 반드시 토지의 경

계를 바르게 하는 데서 시작됩니다. 경계가 정확하지 않으면 9등분하는 정전이 균등하지 않고, 따라서 산출되는 곡식이나 세록이 공평하지 않게 됩니다. 그러므로 폭군이나 오리(汚吏)들은 경계를 태만하게 하는 것입니다. 먼저 경계를 정확하게 하면 경작자에 대한 토지 분배나 세록 제도를 앉아서 바르게 할 수 있습니다.」<맹자 등문공장구(滕文公章句) 상>

<* 필전은 등나라 신하다. 문공이 맹자의 말을 듣고 필전으로 하여금 정전의 일을 주관하게 했다. 고로 맹자에게 와서 자세하게 물었다. 「정지(井地)」는 토지를 「정(井)자로 9등분」함이다. 「경계(經界)」는 「농지를 다스리고 밭을 분할하여 그 도랑이나 길을 구획하고 나누어 경작케 한다」는 뜻이다.>

12-10 : 경문 한글 풀이

자장이 덕을 높이고 미혹을 분별하는 일에 대해서 묻자, 공자가 말했다. 「충성과 신의를 중하게 여기고, 도의를 실천하는 것이 곧 덕을 높이는 일이다. 내가 좋아하면 그가 살기를 바라고, 내가 미워하면 그가 죽기를 바라지만, 그와 같이 살기를 바랐다가 또 죽기를 바라는 것이 곧 미혹이다.」 (참으로 부하기 때문이 아니라, 단지 다를 뿐이다.)

子張問 崇德辨惑 子曰 主忠信 徙義 崇德也 愛之 欲其生 惡之 欲其死 旣欲其生 又欲其死 是惑也. (誠不

以富 亦祇以異.)

[참고 주소 선역]

정자(程子)가 말했다. 「이 구절은 착간(錯簡)이다. 마땅히 제16. 계씨편-12 제경공 유마천사(齊景公 有馬千駟) 앞에 있어야 한다. 그러므로 다음에도 역시 제공(齊公)이란 글자가 있으나 잘못이다.」

[인(仁)과 애(愛), 오(惡)]

(1) 진정한 덕은 인덕(仁德)이다. 그러므로 덕을 높이기 위해서는 인심(仁心)을 바탕으로 남에게 성실하고, 또 신의를 잘 지켜야 한다. 충(忠)은 「최선을 다한다」는 뜻이다. 국가의 중심인 임금에게 충성하는 것도 물론 충이다. 그러나 동시에 모든 사람에게도 성실하게 대하고, 또 자신이 최선을 다해서 사랑하고 받들어야 한다. 그것이 곧 충이다. 아울러 말과 행동이 일치하는 신의(信義)를 지키고 높여야 한다. 사회에 나가서 행동할 때는 사리사욕(私利私慾)을 극복하고, 사회적 정의(正義)나 도의(道義)를 굳게 지키고 실천해야 한다. 그러므로 공자는 「숭덕(崇德)은 곧 주충신(主忠信)과 사의(徙義)」라고 말했다.

(2) 「인(仁)은 천도(天道)를 바탕으로 한 진정한 사랑이다. 속인들의 애(愛)와 오(惡)가 아니다. 속세에 사는 속인들은 내가 좋아하면 살기를 바라고, 내가 미워하면 죽기를 바라지만, 그와 같은 애(愛)와 오(惡)는 미망(迷妄)이다. 인간의 생사(生死)는 하늘의 명에 의한다. 사람은 천명(天命)에 따라 성실하게 살아야 한다. 하늘의 사랑을 바탕으로 한 것이 인(仁)이다.」

12-11 : 경문 한글 풀이

제나라의 경공이 공자에게 정치에 대해서 묻자,
공자가 대답했다. 「임금은 임금다워야 하고, 신
하는 신하다워야 하고, 아비는 아비다워야 하고,
자식은 자식다워야 합니다.」 경공이 말했다. 「좋
은 말이오. 참으로 임금이 임금답지 못하고, 신하
가 신하답지 못하고, 아비가 아비답지 못하고, 자
식이 자식답지 못하면, 비록 곡식이 창고에 가득
한들 내가 어찌 먹을 수 있겠소.」

齊景公 問政於孔子 孔子對曰 君君 臣臣 父父 子子.
公曰 善哉 信如君不君 臣不臣 父不父 子不子 雖有粟
吾得而食諸.

[제(齊)나라의 난맥상(亂脈相)]

(1) 사기(史記) 제태공세가(齊太公世家)에서 간략히 추렸다. 제
(齊)나라는 태공망(太公望) 여상(呂尙)이 봉해진 나라다. 견융(犬
戎)이 주(周)나라 유왕(幽王)을 살해하자, 도읍을 동천(東遷)했다.
이 무렵 제나라 희공(釐公)이 왕위에 올랐다. 희공이 죽고 태자
제아(諸兒)가 양공(襄公)이라 했다.

(2) 양공은 태자일 때, 누이동생 문강(文姜)과 은밀히 정을 통했다.
문강은 노나라 환공(桓公)의 왕비가 된 다음에도, 잊지 못하고 환공
과 함께 제나라에 와서, 양공과 밀통(密通)했다. 이를 환공이 눈치

채고 노하자, 양공은 환공을 무참하게 살해했다. 양공은 마침내, 정적(政敵)에게 피살되었다.

(3) 세월이 지나고, 또 많은 어려움과 혼란 및 복잡한 우여곡절 끝에, 마침내 제나라에는 환공(桓公)이 등극했다. 그는 명상 관중(管仲)의 보필을 받아 춘추시대의 첫 패자(覇者)가 되었으며, 한동안은 위세를 떨쳤다. 그러나 관중이 늙어 죽은 다음에는 신하들이 서로 권세를 다투고, 또 5명의 왕자들의 심한 자리다툼 때문에 장례도 제대로 지내지 못했다. 이에 환공의 시신이 두 달 이상이나 방치되었다.

(4) 그후에도 임금은 계속해서 많은 왕비들을 사랑하고, 또 많은 왕자들을 출산했다. 따라서 자리다툼이 더욱 치열해졌다. 제나라 영공(靈公)이 노쇠하여 자리에 눕자, 권신 최저(崔杼)가 전의 태자였다가 쫓겨난 광(光)을 맞이하여 자리에 앉혔다. 그가 곧 장공(莊公)이다. 그리고 정적을 모조리 살해했다. 장공 6년에 대부 당공(棠公)이 죽었다. 이에 최저가 아름다운 당공의 부인을 자기 처로 삼았다. 한편 임금 장공은 자주 그녀와 밀통했다. 그래서 최저가 장공을 시해했다.

(5) 제나라 사관(史官)이 사실대로 「최저가 장공을 시해했다(崔杼弑莊公)」라고 적자, 실권을 쥐고 있던 최저가 그를 죽였다. 그러자, 사관의 동생이 똑같이 기술했다. 이에 최저는 그도 죽였다. 그러자 다른 동생이 나타나 역시 같은 말로 기술했다. 그 형제들은 사관의 직책에 충실했다. <좌전에도 보인다.>

(6) 다음 8대째 임금이 곧 경공(景公)이다. 경공은 어리석고 무능했다. 현상(賢相) 안영(晏嬰)의 보필로 자리를 유지할 수 있었다. 당시 공자는 경공을 두 번 만났다. 노(魯)나라 소공(昭公) 20년에

경공이 노나라에 왔을 때와, 소공 25년 공자가 제나라에 갔을 때다. 이 장에 나오는 말은 공자가 제나라에 갔을 때에 한 것이다.

(7) 진씨후시(陳氏厚施) : 집주(集註)에 「진씨가 후하게 베풀었다」 는 말이 있다. 진씨는 원래 진(陳)나라 여공(厲公) 타자(佗子) 완 (完)의 후손이다. 제(齊)나라로 도망해 와서 진씨라 했다. 그러나 나중에는 전씨(田氏)라고 고쳤다. 제나라 경공 때에 토목공사를 담 당하는 공정(工正)이 되었으며, 죽어서는 경중(敬仲)이라 시(諡)했 다. 그로부터 5대 뒤, 희자(釐子) 걸(乞)에 와서, 경공으로부터 대부 (大夫)에 임명되었다. 그러나 그는 백성들로부터 세금을 거둘 때는 작은 말로 받고, 백성들에게 곡물을 내줄 때는 큰 말을 썼다. 그래서 백성들의 민심을 은근히 독차지하고 국정을 손안에 넣었다. 걸이 죽자, 그의 아들 성자환(成子桓)은 간공(簡公)을 시해하고 평공(平 公)을 세웠다. 참으로 교묘하게 제나라의 실권을 파고들어갔다. 그 리고 경공 다음 5대, 강공(康公) 때에 전화(田和)가 강공을 바닷가 에서 시해하고 국권을 탈취했다.

12-12 : 경문 한글 풀이

공자가 말했다. 「한마디 말로써 판결을 내릴 수 있는 사람은 유(由)일 것이다.」 「자로는 승낙한 일을 묵히는 법이 없다.」

子曰 片言可以折獄者其由也與 子路無宿諾.

[자로의 신의(信義)]

(1) 자로(子路 : B.C. 542~480년)는 자(字)다. 노(魯)나라 변읍

(卞邑) 출신으로 성은 중(仲), 이름은 유(由)다. 흔히 계로(季路)라고도 불렀다. 공자보다 나이가 9세 어렸다. 출신은 빈천(貧賤)했으나, 기질이 용맹하고 성급했다. 그러나 남달리 강직하고 의리를 잘 지켰으며, 특히 공자에게는 지나치게 충성했다.

(2) 논어에만도 약 40차례나 보인다. 특히 자로는 정치적 재능이 탁월하여, 실제로 정치에 참여한 일도 있었다. 만년에는 위(衛)나라 공회(孔悝)의 가신으로 있다가 정치적 혼란에 휘말려 억울하게 죽었다. 즉 위령공(衛靈公)의 뒤를 이은 출공(出公)과, 일찍이 국외로 추방되었던 그의 아버지 괴외(蒯聵)와의 자리다툼 때문에 희생되었다.

12-13 : 경문 한글 풀이

공자가 말했다. 「송사를 듣고 판결하는 일을 나도 남같이 한다. 허나, 나는 반드시 송사 자체를 없게 하려고 한다.」

子曰 聽訟 吾猶人也 必也 使無訟乎.

[인정(仁政)과 법치(法治)]

(1) 사람은 절대로 혼자서는 태어날 수도 없고 자랄 수도 없다. 반드시 부모에 의해서 출생 성장하고 벗과 어울려 놀며 자라고, 스승의 가르침을 받고 발달하고, 국가의 중심인물인 임금의 다스림을 받고 공동생활을 하게 마련이다. 그러므로 윤리 도덕을 따르고 실천해야 공동체 생활을 원만하게 할 수 있다.

(2) 오늘의 세계와 인류는 법치(法治)만을 알고, 인정(仁政)에 대해

서는 거의 모른다. 그렇게 된 가장 큰 원인은 잘못된 「인간관(人間觀) 및 인생관(人生觀)」에 있다. 즉 사람을 「동물적・생리적・육체적・물질적・개별적 차원에서만 파악하고, 그 지각, 욕구, 활동, 기능 및 가치 판단을 개인적・순간적(瞬間的)・감관적(感官的)・물질적 욕구 충족에 두고 있다.」 한마디로 줄이면, 「나만 잘먹고 즐겁게 살면 된다.」 저마다 이기적 욕구를 채우려고 한다. 이에 서로 쟁탈하게 되고, 따라서 법치를 한다. 근본은 역시 인정덕치(仁政德治)다.

12-14 : 경문 한글 풀이

자장이 정치를 묻자, 공자가 말했다. 「자리에 있으면, 태만하지 말고 충성되게 해야 한다.」

子張 問政 子曰 居之無倦 行之以忠.

[어구 설명] ○居之無倦(거지무권) : 벼슬자리에 있으면, 절대로 게으르면 안 된다. ○行之以忠(행지이충) : 맡은 바 일을 충성스럽게 해야 한다. 충(忠)은 도(道)를 따라 성실하게 함이다. <* 무도한 임금에게 맹종(盲從)하는 것은 충이 아니다.>

[참고 주소 선역]

(1) 「거(居)는 충성된 마음을 간직한다는 뜻이다.」 「무권(無倦)은 시종여일(始終如一)하라는 뜻이다.」 정자(程子)가 말했다. 「자장은 인덕(仁德)이 부족하므로 성심(誠心)과 애민(愛民)의 정이 적을 것이다. 따라서 태만할 수도 있다. 고로 말한 것이다.」

(2) 자장의 성은 전손(顓孫), 이름은 사(師)다. 진(陳)나라 천민(賤

民) 출신이다. 공자보다 48세 나이가 어렸다. 그러나 외모가 당당하고 기상이 위무(威武)에 넘쳤다. 그러나 성실하고 근엄하지 못한 결점이 있었다. 논어에 여러 차례 나온다. 공자가 말한 바 있다. 「자장은 지나치고, 자하는 못미친다.」 <제11. 선진편-16>

12-15 : 경문 한글 풀이

공자가 말했다. 「널리 학문을 배우고, 예절로 단속해야, 도에 어긋나지 않게 될 것이다.」

子曰 博學於文 約之以禮 亦可以弗畔矣夫.

<* 중복된 구절 : 제6. 옹야편-27에는 「子曰 君子博學於文 約之以禮 亦可以弗畔矣夫」, 제9. 자한편-11에는 「博我以文 約之以禮」>

12-16 : 경문 한글 풀이

공자가 말했다. 「군자는 남의 장점을 도와 성취하게 하고, 남의 단점을 눌러 악하지 않게 한다. 그러나 소인은 이와 반대로 한다.」

子曰 君子 成人之美 不成人之惡 小人反是.

<* 군자(君子)는 사람을 사랑하고 교화하려고 애쓴다. 소인(小人)은 탐욕과 이기심으로 재물을 독점하려고 하며 남을 배제한다. 그래서 서로 쟁탈하게 마련이다.>

12-17 : 경문 한글 풀이

계강자가 공자에게 정치에 대해서 묻자, 공자가

말했다. 「정치는 바르게 하는 것입니다. 그대가
앞장서서 바르게 하면, 그 누가 감히 바르지 않게
하겠습니까.」

季康子 問政於孔子 孔子對曰 政者 正也 子帥以正 孰
敢不正.

[정자정야(政者正也)]

「정치는 바르게 하는 것이다.(政者正也)」 동서고금(東西古今) 이
를 부정하는 사람은 없다. 문제는 「정(正)」의 뜻이다. 공자의 바른
정치는 천도(天道)를 바탕으로 한 인도덕치(仁道德治)로 하나의
대동이상세계(大同理想世界)를 창건한다. 「정(正)」은 「하나(一)에
멈춤(止)」이다. 즉 천도이다. 욕심과 쾌락을 채우기 위한 정치는
나쁜 정치다. 윤리 도덕적 정신 가치보다, 재물과 충족을 기준으
로 한 악덕정치다. 양자는 정반대다.

12-18 : 경문 한글 풀이

계강자가 도둑을 걱정하고 공자에게 묻자, 공자가
말했다. 「당신 자신이 탐욕하지 않으면 비록 상을
준다고 해도 도둑질할 사람이 없을 것입니다.」

季康子 患盜 問於孔子 孔子對曰 苟子之不欲 雖賞之
不竊.

[계강자(季康子)의 탈적(奪嫡)]

계손씨(季孫氏) 집안의 주권자, 계환자(季桓子)가 병을 앓으면서,

총신(寵臣) 정상(正尙)에게 명을 내렸다. 계환자의 처 남유자(南孺子)가 아들을 낳거든 뒤를 잇게 하고, 딸이면 계강자(季康子)를 세우라 했다. 그러나 계강자는 계환자가 죽자 자리에 올랐다. 그리고 후에 남유자가 아들을 낳았는데도 자리를 내주지 않고 자객을 시켜 살해했다. 명색이 임금인 그가 이와 같이 끔찍한 짓을 했으니 백성이 도둑질을 안하겠는가. 당시 노나라에는 도둑이 성행했다.

12-19 : 경문 한글 풀이

계강자가 정치에 대해서 물으면서 공자에게 말했다. 「만약 무도한 사람을 사형에 처하고, 백성들로 하여금 도를 지키게 하면 어떻겠습니까.」 이에 공자가 말했다. 「당신은 정치를 하겠다면서 어찌 살인을 하려고 하십니까. 당신이 선하고자 애쓰면 백성들도 선하게 됩니다. 군자의 덕은 바람과 같고, 소인의 덕은 풀과 같습니다. 풀은 바람이 불면 반드시 쏠리게 마련입니다.」

季康子 問政於孔子曰 如殺無道 以就有道 何如. 孔子對曰 子爲政 焉用殺 子欲善 而民善矣 君子之德 風 小人之德 草 草上之風 必偃.

[무식한 계강자(季康子)]

인정(仁政)과 덕치(德治)의 바른 도리를 알 까닭이 없는 계강자가 「말 안 듣는 자를 사형하면 백성들이 순순히 따를 것이 아니냐.」고 형벌 강화의 뜻을 내비치자, 공자가 크게 핀잔을 주었다. 「왜 살인의 정치를 하려느냐. 위정자가 선정하면 백성들도 착하게 된다.」
<* 덕풍(德風)은 반드시 아래에 있는 풀을 나부끼게 한다.>

12-20 : 경문 한글 풀이

[1] 자장이 「선비는 어떻게 해야 통달한다고 말할 수 있습니까.」하고 묻자, 공자가 되물었다. 「자네가 말하는 통달이란 무슨 뜻인가.」 이에 자장이 「제후의 나라에서도 반드시 이름이 나고, 경대부의 영지에서도 반드시 이름이 나는 것입니다.」라고 대답했다.

[2] 공자가 말했다. 「그것은 명성이지 통달이 아니다. <참으로 통달하는 사람은> 성품이 소박 강직하고 정의를 사랑하고, 남의 말을 깊이 살피고, 남의 기색을 관찰하고, 또 신중한 태도로 남에게 겸손해야 한다. 그래야 제후의 나라에서도 통달할 수 있고, 또 경대부의 영지에서도 통달할 수 있다.」「그러나 명성을 얻기만 하는 사람은 겉으로는 인을 취하는 척하면서 실제로는 인에 어긋나는 짓을 한다. 그러면서도 자기의 처신에 대해서 의아하게 여기지 않는 사람이다. 이들이 곧 제후의 나라에서도 이름을 내고, 경대부의 영지에

서도 이름을 낸다.」

[1]子張 問 士何如 斯可謂之達矣 子曰 何哉 爾所謂 達者 子張 對曰 在邦必聞 在家必聞. [2] 子曰 是聞也 非達也 夫達也者 質直而好義 察言而觀色 慮以下人 在邦必達 在家必達 夫聞也者 色取仁而行違 居之不 疑 在邦必聞 在家必聞.

[자장(子張)과 명리(名利)]

(1) 자장(子張)은 통달(通達)을 겉으로 이름나고 이득을 얻는 것이라고 잘못 알고 있었다. 이를 공자가 바로잡아 주었다. 자장은 국가나 지역사회에서 명성을 얻는 것을 성공이나 성취라고 착각한 것이다.

(2) 통달의 참뜻은 「인도(仁道)와 인덕(仁德)을 상하 사방으로 미치게 하는 것이다.」 공자는 다음같이 말했다. 「이와 같은 진정한 공을 세우기 위해서는 첫째로, 자신이 본질적으로 강직하고 정의를 지켜야 한다(質直而好義). 위정자들의 언행이나 기색을 잘 살펴야 한다(察言而觀色). 또 백성들을 깊이 염려하고 그들에게 겸손해야 한다(慮以下人). 그래야 인정(仁政)이나 덕치(德治)를 위한 진정한 공을 세울 수 있다.」 「공을 세우는 것과 가면을 쓰고 대중의 명성을 얻는 것과는 다르다.」

(3) 진정한 통달은 절대선의 천도를 따르고 실천해서 경국제민(經國濟民)하고, 애민이물(愛民利物)하고, 치국(治國) 평천하(平天下)하는 것이다. 그렇게 되면 자연히 이름도 난다. 「효경(孝經)」에 있다. 「입신행도 양명어후세(立身行道 揚名於後世)」

12-21 : 경문 한글 풀이

[1] 번지가 공자를 따라 무우단(舞雩壇) 아래에서 바람을 쏘이다가 말했다. 「감히 묻겠습니다. 덕을 높이고, 악을 바로잡고, 미혹을 분별하는 〈도리를〉 알고 싶습니다.」

[2] 이에 공자가 말했다. 「참으로 좋은 질문이다. 일을 앞세우고 얻기를 뒤로하면, 그것이 덕이 아니겠느냐. 자신의 나쁜 점을 스스로 탓하고, 남의 나쁜 점은 탓하지 않는 것이 바로 악을 바로잡는 길이 아니겠느냐. 하루아침의 분을 참지 못하고 포악한 짓을 하여, 부모에게 누를 미치게 하는 것이 미혹이 아니겠느냐.」

[1] 樊遲 從遊於舞雩之下 曰 敢問崇德 脩慝 辨惑.
[2] 子曰 善哉問 先事後得 非崇德與 攻其惡 無攻人之惡 非脩慝與 一朝之忿 忘其身 以及其親 非惑與.

[숭덕(崇德), 수특(脩慝), 변혹(辨惑)]

번지(樊遲)가 「숭덕(崇德), 수특(脩慝), 변혹(辨惑)」에 대해서 묻자, 공자가 「참 적절한 질문이다.」하고 다음같이 깨우쳐 주었다. 「일을 먼저 하고 뒤에 얻는 것(先事後得)」이 「숭덕(崇德)」이다. 「자신을 심하게 책망하되, 남의 잘못을 관대하게 하는 것(攻其惡 無攻人之惡)」이 「수특(修慝)」이다. 「분을 참지 못하고 남과 싸워 그 화를 부모에게 미치게 하는 것(一朝之忿 忘其身 以及其親)」이 바로 미혹(迷惑)이다. 「그러므로 그렇게 하지 않는 것이 변혹(辨惑)이라고 했다.」 <* 앞의 「제12. 안연편-10」에서 자장(子張)도 같은 질문을 했으며, 공자의 대답은 다르다.> <* 제2. 위정편-5, 제6. 옹야편-22 참고>

[어린 제자 번지(樊遲)]

(1) 번지(樊遲)는 공자보다 나이가 46세나 어린 제자다. 성은 번(樊), 이름은 수(須)다. 자(字)가 자지(子遲)다. 그래서 번지(樊遲)라고 했다.

(2) 노애공(魯哀公) 11년에 제(齊)나라가 노나라를 침공했다. 그때 염유(冉有)의 명령에 따라, 어린 번지가 스스로 전차를 몰고 참가하여 승리를 거두었다.

(3) 그후, 공자가 노나라로 돌아오자, 공자의 문도(門徒)가 되었으며, 한편 공자의 수레를 몰기도 했다. 단 학문이나 수양면에서는 부족한 점이 많았다. 어떤 때는 공자에게 농사짓는 법을 물었다가 공자로부터 「소인재 번지야(小人哉 樊遲也)」라는 말을 들었다. <제13. 자로편-4>

(4) 「지(知)」에 대해서 묻자, 공자가 다음같이 말했다. 「무민지의 경귀신 이원지 가위지의(務民之義 敬鬼神 而遠之 可謂知矣)」 <제6. 옹야편-22>

12-22 : 경문 한글 풀이

[1] 번지가 인(仁)에 대하여 묻자, 공자가 말했

다. 「남을 사랑함이다.」 다시 지(知)에 대해서 묻자, 공자가 말했다. 「사람을 아는 것이다.」

[2] 그러나 번지가 뜻을 깨닫지 못하자, 공자가 다시 말했다. 「강직한 사람을 등용하여 사악한 사람 위에 쓰면, 사악한 사람도 강직한 사람으로 변할 수 있다.」

[3] 번지가 스승 앞에서 물러나, 자하를 보고 말했다. 「전에 제가 선생님을 뵙고 지(知)에 대해서 묻자, 선생님께서 『강직한 사람을 등용하여 사악한 사람 위에 쓰면, 사악한 사람도 강직한 사람으로 변할 수 있다』고 대답하셨는데, 무슨 뜻입니까.」

[4] 자하가 말했다. 「그 말씀은 참으로 많은 뜻을 지니고 있습니다. 순임금이 천하를 차지하자, 여러 사람들 중에서 선발하여 고요를 등용하니, 어질지 못한 사람들이 멀어졌으며, 탕임금이 천하를 다스림에, 여러 사람들 중에서 선발하여 이윤을 등용하니, 어질지 못한 사람들이 멀어졌던 것입니다.」

[1] 樊遲 問仁 子曰 愛人 問知 子曰 知人. [2] 樊遲 未達 子曰 擧直錯諸枉 能使枉者直. [3] 樊遲退 見子夏曰 鄕也 吾見於夫子而問知 子曰 擧直錯諸枉 能使

枉者直 何謂也. [4] 子夏曰 富哉 言乎 舜有天下 選於
衆 擧臯陶 不仁者遠矣 湯有大卜 選於衆 擧伊尹 不仁
者遠矣.

[인(仁)의 꽃을 피우게 하자]

(1) 공자가 주장하는 인(仁)은 최고의 덕(德)이다. 맹목적 사랑이
아니다. 최소한 다음 같은 조건을 갖추어야 한다.

(2) 절대선의 천도를 기준으로 선악시비(善惡是非)를 엄하게 가려
야 한다. 우주적 창조와 발전이라는 가치목적(價値目的)에 부응해
야 한다. 하나의 대동이상세계(大同理想世界)를 창건하는 인정덕
치(仁政德治)의 바탕이 되어야 한다.

(3) 무지악덕(無知惡德)이나 무력포악(武力暴惡)을 배척하고 사회
정의(社會正義)를 수호하는 강한 힘이 되어야 한다. <절대로 악에
게 지고 패하는 사람이 아니다.>

(4) 현시적(現時的)으로 인(仁)은 서로 사랑하고 협력하고, 공생
(共生), 공존(共存), 공영(共榮)하는 윤리 도덕(倫理道德)의 근본
뿌리가 되어야 한다.

(5) 역사적(歷史的)으로는 대를 이어가면서 인류(人類)의 역사 문
화를 계승 발전시키는 원동력이다.

하늘은 사람에게만 탁월한 심령(心靈)과 도덕성(道德性)을 부여해
주었다. 그러므로 사람은 「인(仁)의 꽃」을 피워내야 한다.

12-23 : 경문 한글 풀이

자공이 붕우의 도에 대해서 묻자, 공자가 말했다.

「충고하고 선으로 인도하되, 안 되면 그만두어라.
지나친 충고로 욕을 보는 일이 없게 해야 한다.」

子貢 問友 子曰 忠告而善道之 不可則止 無自辱焉.

[참고 주소 선역]

「벗은 <서로> 인덕(仁德)을 도와주는 사람이다.」「그러므로 <벗의 인덕을 도와주겠다는> 마음을 다해서 착하게 설득하고 인도해야 한다. 그러나 의(義)에 맞게 해야 한다.」「고로 <상대가> 듣지 않으면 그만두어야 한다. 만약에 충고를 거듭하면 <내가> 소외되고, 나 자신이 도리어 욕을 본다.」

12-24 : 경문 한글 풀이

증자가 말했다.「군자는 글로써 벗과 사귀고, 벗
함으로써 서로의 인덕을 돕고 높인다.」

曾子曰 君子 以文會友 以友輔仁.

[붕우보인(朋友輔仁)]

(1) 사람은 홀로 태어나 살다가 홀로 죽는다. 사는 것도 내가 살고 죽는 것도 내가 죽는다. 그러므로 사람의 존재와 삶은 어디까지나 나라고 하는 개체(個體)를 중심으로 한다.

(2) 깊이 생각해보자. 사람은 절대로 혼자서는 태어날 수도 없고, 자랄 수도 없고, 학문 지식을 배울 수도 없다. 특히 의식주(衣食住)의 수요도 혼자서는 해결할 수 없다. 그러므로 가정에서는 부모형제와 잘 어울려야 한다. 어려서는 벗과 함께 어울려 놀고, 또 배워야

한다. 나라에서는 군(君)과 민(民), 상하좌우(上下左右)가 잘 어울리고 뭉쳐야 한다. 그래서 유교는 윤리 도덕(倫理道德)을 중시하고 그 실천을 강조하고 있다.

(3) 오늘의 사람들은 윤리 도덕적 생활이나 가치보다 개인적 이기주의를 강조한다. 오늘의 사람들은 숭고한 정신보다 재물, 무력 및 육체적 쾌락에 몰두하고 있다. 그래서 쟁탈을 일삼고, 서로 타락하고 피곤하게 살고 있다.

(4) 벗에 대한 생각도 마찬가지다. 함께 어울려 노는 벗이 아니라, 서로 학문 도덕에 정진하고 서로의 인격(人格)과 인덕(仁德)을 높여주는 벗이라야 한다. 그래야 진정한 수신(修身), 제가(齊家), 치국(治國), 평천하(平天下)를 기대할 수 있다.

13. 자로편(子路篇)

고주(古注)에서 형병(邢昺)은 대략 다음같이 말했다. 「이 편에는 선인(善人)이나 군자(君子)가 나라를 다스리고 백성을 교화하는 인정(仁政)과 효제(孝悌)에 대한 글들이 많다.

특히 중용의 도를 지키고 윤리 도덕을 실천하는 것이 수신(修身)과 치국(治國)의 기본임을 밝혔다.」

안자(顔子)는 입실(入室)했으며, 자로(子路)는 승당(升堂)했다. 그래서 「안연편(顔淵篇)」 다음에 「자로편(子路篇)」을 오게 한 것이다.

집주(集註)는 「총 30장」으로 나누었다. 전반에는 주로 정치에 관한 문답(問答)이 많고, 후반에는 정치와 가정 및 위정자와 정치에 참여하는 선비들이 지켜야 할 도에 관한 내용이 많다.

13-1 : 경문 한글 풀이

자로가 정치에 대해서 묻자, 공자가 말했다. 「백성들보다 앞서서 일을 하고, 다음에 백성을 부려야 한다.」 「더 자세히 말씀해 주십시오.」 하자, 공자가 말했다. 「게으르지 말라.」

子路問政 子曰 先之勞之 請益 曰 無倦.

[어구 설명] ○子路問政(자로문정) : 자로가 정치에 대해서 물었다.

○先之勞之(선지로지) : 백성들보다 앞서서 일하고, 백성들을 부리라. ○請益(청익) : 더 자세히 말씀해 주십시오. ○無倦(무권) : 게으름을 피우지 말라.

[참고 주소 선역]

(1) 소씨(蘇氏)가 말했다. 「백성의 일에 대해서, 다스리는 사람이 먼저 애쓰면, 백성들은 어려운 일도 부지런히 하고, 또 원망하지 않는다.(凡民之事 以身勞之 則難勤不怨)」

(2) 정자(程子)가 말했다. 「자로가 정치를 묻자, 공자가 『이미 다 말해 주었다』고 하였다. 더 말해 달라고 하자, 공자는 곧 『물리거나 게으르게 하지 말라』고 말했다. 즉 더 할 말이 없으므로 자로가 스스로 깊이 생각하게 한 것이다.(程子曰 子路問政 孔子旣告之矣 及請益 則曰無倦而已 未嘗復有所告 姑使之深思也)」

[선지로지(先之勞之)]

고주(古注)에서 공안국(孔安國)은 다음같이 풀었다. 「앞서서 덕으로 인도하고, 백성들로 하여금 믿게 하고, 그런 다음에 그들을 부리고 일을 하게 한다.(先導之以德 使民信之 然後勞之)」 역경(易經)에 있다. 「즐겁게 백성을 부리면 백성들은 괴로움을 잊는다.」 <*역경 태괘(兌卦) 단사(彖辭)> 이는 곧 솔선수범(率先垂範)이다.

13-2 : 경문 한글 풀이

중궁이 계씨의 가재(家宰)가 되어 공자에게 정치에 대해서 묻자, 공자가 말했다. 「먼저 담당자에

게 일을 시키고, 작은 잘못은 관대히 용서해 주되,
현명한 사람을 등용해 써라.」 중궁이 「어떻게 현
명한 사람인지를 알고, 등용해 씁니까.」하고 묻
자, 공자가 말했다. 「네가 잘 아는 현명한 사람을
먼저 등용해 써라. 그러면 네가 모르는 현명한 사
람을 남들이 내버려두지 않을 것이다.」

仲弓爲季氏宰 問政 子曰 先有司 赦小過 擧賢才. 曰
焉知賢才而擧之 曰 擧爾所知 爾所不知 人其舍諸.

[어구 설명] ㅇ仲弓(중궁) : 공자의 제자. 성은 염(冉), 이름은 옹
(雍), 자가 중궁(仲弓). 노(魯)나라 사람으로 인덕(仁德)은 있으나
말재주가 없었다. ㅇ爲季氏宰(위계씨재) : <공자가 추천해서> 계
강자(季康子)의 재(宰)가 되었다. 「재」는 「다른 가신(家臣)들을 총
괄하는 장(長).」

[참고 주소 선역]

(1) 「실무(實務)를 각자가 수행하게 하고, 재(宰)는 나중에 그들의
공(功)을 고찰해야 한다. 그러면 재는 힘들이지 않고 모든 일을
처리한다.」 「작은 잘못은 용서하면 형벌을 남용하지 않아도 사람들
이 기뻐한다.」 「현(賢)은 유덕자(有德者)의 뜻이다.」 「재(才)는 유
능자(有能者)의 뜻이다.」 「이들을 등용해 쓰면 각 담당자가 인재를
얻을 수 있고, 따라서 다스림이 더욱 잘 된다.」

(2) 정자(程子)가 말했다. 「사랑에 있어서도 사람은 부모를 먼저
친애한다. 부모만 사랑하지 않고 남에게도 사랑을 미치게 한다.」

[중궁(仲弓)의 덕행]

중궁은 공자의 제자다. 노(魯)나라 사람으로, 염옹(冉雍)이다. 인덕 (仁德)은 있으나 말재주가 없었다. 공자가 계강자(季康子)에게 추 천해서 「계씨재(季氏宰)」가 되었다. <제6. 옹야편-1, 6, 제11. 선진 편-2>

13-3 : 경문 한글 풀이

[1] 자로가 공자에게 물었다. 「위나라 임금이 선 생님을 모셔다가 정치를 부탁하면, 무엇을 먼저 하시겠습니까.」 공자가 말했다. 「반드시 이름과 명분을 바로잡겠다.」 자로가 의아하게 여기며 「그럴까요. 허나, 선생님의 생각은 우원(迂遠)한 것 같습니다. 왜 이름이나 명분을 먼저 바로잡으 시려고 하십니까.」하고 되물었다.

[2] 공자가 말했다. 「그대는 참으로 무식하고 무 례하구나, 유(由)야. 군자는 자기가 모르는 일에 는 입을 다물고 있어야 한다. 이름이나 명분이 바 로서지 않으면, 말이 순조롭게 전달되지 못하고, 말이 순조롭게 전달되지 않으면, 모든 일이 성취 되지 못하고, 모든 일이 성취되지 않으면, 예악이 흥성하지 못하고, 예악이 흥성하지 않으면, 형벌

이 적중하지 못하고, 형벌이 적중하지 않으면, 백성들은 손발 둘 곳을 잃게 된다. 그러므로 군자가 사물에 적합한 이름을 지을 때에는 반드시 말할 수 있게 하며, 말한 것을 반드시 행할 수 있게 해야 한다. 그러므로 군자는 말에 있어, 조금도 소홀한 바가 있어서는 안 된다.」

[1] 子路曰 衛君待子而爲政 子將奚先 子曰 必也正名乎 子路曰 有是哉 子之迂也 奚其正. [2] 子曰 野哉由也 君子 於其所不知 蓋闕如也 名不正則言不順 言不順則事不成 事不成則禮樂不興 禮樂不興則刑罰不中 刑罰不中則民無所措手足 故君子 名之必可言也 言之必可行也 君子於其言 無所苟而已矣.

[어구 설명] [1] ○衛君(위군) : 위(衛)나라 출공(出公 : B.C. 492~481년 재위)이다. 영공(靈公)이 죽자, 영공의 부인 남자(南子)가 원래의 태자 괴외(蒯聵)를 제쳐놓고, 그의 아들 첩(輒)을 임금 자리에 앉혔다. 그러자 외국에 망명중이던 아버지 괴외가 돌아와, 아들과 자리다툼을 했다. 이에 위나라는 혼란해졌다. ○待子而爲政(대자이위정) : <만약에> 선생님을 받들어 모시고 정치를 한다면. ○子將奚先(자장해선) : 선생님은 무슨 일을 먼저 하시겠습니까. ○必也正名乎(필야정명호) : 반드시 명분을 밝히겠다. 고주(古注)는 「이름」이라 하고, 신주(新註)는 「명분(名分)」이라 풀었다. ○有是哉(유시재) : 그렇게 하시겠습니까. ○子之迂也(자지우야) : 선생님의 생각은 비현실적이고 우원(迂遠)한 것 같습니다. ○奚其正(해

기정) : 당장에 쳐야 할 텐데, 왜 명분 바로잡는 일을 먼저 하십니까.

[2] ○野哉由也(야재유야) : 유야, 너는 참으로 촌놈이로구나. 「야 (野)」는 「무식하고 무례하다」는 뜻. ○於其所不知(어기소부지) : 자기가 모르는 일에 대해서는. ○蓋闕如也(개궐여야) : 「개(蓋)」는 무릇. 「궐여(闕如)」는 빠뜨린다. 즉 모른 척한다는 뜻. ○名不正(명 부정) : 사물의 이름이나 명분이 바르지 않으면. ○則言不順(즉언 불순) : 사람들의 말이 순리대로 통하지 못한다. ○言不順 則事不成 (언불순 즉사불성) : 말이 순리대로 통하지 않으면, 일이 바르게 성취되지 않는다. ○禮樂不興(예악불흥) : 예악이 흥성할 수 없다. ○刑罰不中(형벌부중) : 형벌을 바르고 맞게 집행할 수 없다. ○民 無所措手足(민무소조수족) : 백성들이 손발을 놓거나 움직일 수 없 게 된다. 즉 행동할 수 없게 된다는 뜻. ○君子名之(군자명지) : 임금이나 선비는 이름을 붙이고 말할 때. ○必可言也(필가언야) : 반드시 말로 할 수 있게 해야 한다. 언어로 표현한다. ○必可行也(필가행야) : 반드시 실천해야 한다. ○君子於其言(군자어기언) : 군자는 말 표 현에 있어서나, 대의명분을 밝힘에 있어. ○無所苟而已矣(무소구 이이의) : 소홀하지 않고 엄정(嚴正)하게 해야 한다.

[참고 주소 선역]

[1] (1) 위군(衛君)은 출공(出公) 첩(輒)을 말한다. 이때는 노애공 (魯哀公) 10년이며 공자가 초(楚)나라에서 위(衛)나라로 돌아왔을 때다. <* 내용이 복잡하여 나누어 풀이했다.>

(2) 「그때, 출공은 아버지를 아버지로 여기지 않고 도리어 할아버 지를 사당에 모시고 <아버지를 제쳐놓고, 임금 노릇을 했으므로>

참으로 명분으로나, 사실로나 문란했다.」「고로 공자가 정명(正名)을 앞세운 것이다.」

(3) 정자(程子)가 말했다. 「이름이나 명분과 사실은 서로 어울려야 한다. 한 가지 일에 있어 명실상부를 소홀히 하면, 나머지는 모두 구차하게 된다.」

[2] (1) 호씨(胡氏)가 말했다. 「위나라 세자 괴외(蒯聵)는 어머니 남자(南子)의 음란을 수치로 여기고, 살해하려고 했으나, 성공하지 못하고 다른 나라로 망명했다.」「이에 영공(靈公)은 <둘째 아들> 영(郢)을 세자로 삼고자 했으나, 영이 사양했다.」「영공이 죽자, 부인 남자가 영을 세우려고 했다. 그러나 역시 사퇴했다. 그래서 괴외의 아들 첩(輒)을 임금에 내세우고, 괴외를 물리쳤던 것이다.」

(2) 「허기는 괴외가 어머니를 살해하려고 했으므로 결국은 아버지에게 죄를 지었다.」「한편 첩은 나라를 점거했다.」「이들은 다 아버지 없는 자들로 나라를 지니고 다스릴 수 없음이 분명하다.」

(3) 공자의 말은 다음 같은 깊은 뜻이 있다. 「정치는 정명(正名)을 앞세워야 한다.」「공자가 정명을 말했거늘, 자로(子路)가 끝내 알아듣지 못했다.」「고로 자로는 첩(輒)을 섬기고 물러나지 않았으며, 끝내 난리에 휩싸여 죽었다.」「<자로는> 다만 녹(祿)을 먹으면, 난(難)을 피하지 않는 것이 의(義)인 줄만 알고 첩의 녹을 먹는 것이 의가 아님을 몰랐다.」

[정명(正名)과 정치]

(1) 정명(正名)의 뜻을 크게 두 가지로 풀 수 있다.

① 철학적·논리적으로 사물의 이름, 즉 명칭을 바르게 함이다.

② 사회적·정치적으로 신분이나 명분을 바르게 함이다.

이 장에서 공자가 말한 「정명」은 둘 다 포함한다.

(2) 이 글이 바로 「유교(儒敎)의 정명론(正名論)」이다. 특히 신분상의 명분을 공자는 「군군(君君), 신신(臣臣), 부부(父父), 자자(子子)」라고 말했다. <제12. 안연편-11> <* 공자의 정명론(正名論)을 오늘의 정치를 예로 들면 잘 알 수 있다. 오늘의 세계 정치는 남을 굴복케 하는 것, 재물이나 이득으로 남을 낚고 따르게 하는 것이다.>

<* 오늘의 정치는 절대선 천도 천리도 없고, 윤리 도덕도 없다. 국회에서 정한 여론이나 법이 법이다. 국제 정치의 경우는 더 심하다. 무력과 재물과 과학 기술 및 조직력을 바탕으로 하고 있다. 그러면서 입으로는 세계평화, 민족공존을 외친다.>

13-4 : 경문 한글 풀이

번지가 공자에게 농사짓는 법을 가르쳐 달라고 청하자, 공자가 말했다. 「나는 늙은 농부만 못하다.」 번지가 다시 채소 재배하는 법을 가르쳐 달라고 청하자, 공자가 말했다. 「나는 늙은 채소장이만 못하다.」 번지가 나간 다음에 공자가 말했다. 「번수는 소인이로다. 윗사람이 예를 좋아하면 백성들도 경건하지 않을 리 없고, 윗사람이 도의를 지키면 백성들도 복종하지 않을 리 없고, 윗사람이 신의를 지키면 백성들도 성실하지 않을 리 없다. 그러면 이웃나라 백성들이 자기 자식을 포대기에 싸 업고 찾아올 것이다. 덕으로 다스리면 되는데, 어찌 군자가 농사를 배우고자 하는가.」

樊遲 請學稼 子曰 吾不如老農 請學爲圃 曰 吾不如老圃 樊遲出. 子曰 小人哉 樊須也 上好禮 則民莫敢不敬 上好義 則民莫敢不服 上好信 則民莫敢不用情 夫如是 則四方之民 襁負其子而至矣 焉用稼.

[어구 설명] ○樊遲(번지) : 공자의 제자, 이름이 수(須). <제2. 위정편-5, 제12. 안연편-21, 22> ○四方之民(사방지민) : 사방에 있는 인접 국가의 백성들이. ○襁負其子(강부기자) : 포대기에 자기 자식을 싸 업고. ○而至矣(이지의) : 그 나라로 올 것이다. ○焉用稼(언용가) : 선비는 덕치(德治)에 전념해야 한다. 왜 농사일을 하느냐.

[번지(樊遲)에 대한 배려]

(1) 공자의 제자 번지(樊遲)는 이름이 수(須)다. 여러 차례 나온 바 있다. 이 장에서 그는 엉뚱하게 「농사짓는 법을 물었다.」 이에 공자는 제대로 대답도 하지 않고 물러나게 한 다음, 간접적으로 군자 교육의 가치와 목적을 말했다. 군자를 배양하는 목적은 인정(仁政)과 덕치(德治)를 실현하기 위해서다. 그러므로 장차 도덕정치에 참여한 군자들은 「문행충신(文行忠信)」 <제17. 술이편-24> 및 예악(禮樂)을 잘 학습해야 한다.

(2) 덕풍(德風)으로 백성들을 교화하면, 백성들도 감화되고, 도(道)

를 따라 바르게 살고, 예(禮)를 따르게 된다. 그렇게 되면 인접 국가에서 보는 백성늘이 어린아이를 포대기에 싸서 능에 업고 모여늘 것이다. 「군자는 불기다.(君子不器)」 <제2. 위정편-12>

13-5 : 경문 한글 풀이

공자가 말했다. 「시 3백 편을 암송해도 맡은 바 정사를 제대로 하지 못하고, 또 사방에 사신으로 가서 혼자 응대하지 못한다면, 비록 많은 시를 외웠다 한들 무슨 소용이 있겠느냐.」

子曰 誦詩三百 授之以政 不達 使於四方 不能專對 雖多 亦奚以爲.

[참고 주소 선역]

(1) 「전(專)은 독(獨)의 뜻이다.」 「시(詩)는 사람의 정서(情緒)를 바탕으로 하고 사물의 도리에 맞는다. 고로 풍속의 성쇠(盛衰)와 정치의 득실(得失)을 알 수 있다.」 「시의 표현은 온후화평(溫厚和平)하고, 풍유(諷諭)하는 장점이 있다.」 「고로 시경(詩經)의 시를 암송하면, 반드시 정치의 도리에 통달하고, 또 말하게 된다.」

(2) 정자(程子)가 말했다. 「경전(經典)의 궁구(窮究)는 치용(致用)하기 위해서다.」 「세상에서 시를 암송하는 사람이, 과연 정치에 종사했을 때, 능히 홀로 대응할 수 있을까. 아마 못할 것이다.」 「그러므로, 그들이 배운 바는 장구(章句)의 말단일 뿐이다.」 「이것이 학자의 큰 걱정이다.」

[시경(詩經)과 덕치(德治)]

(1) 시경(詩經)의 내용을 크게 「풍(風), 아(雅), 송(頌)」 셋으로 분류한다. 「풍(風)」으로 민풍(民風)을 살피고, 「아(雅)」로써 정치적 행사를 알 수 있고, 「송(頌)」으로 국가를 창건한 선조신(先祖神)의 공덕을 알 수 있다.

(2) 시경에 있는 시 3백 편은 덕치(德治)의 교훈을 담고 있다. 시경 3백 편을 배우고 암송하는 목적은 덕치를 진작함에 있다. 암송만 하고 덕치에 공을 세우지 못하거나, 외국에 사신으로 가서 외교적 사명을 완수하지 못하면 시경을 암송한 보람이 없게 된다.

13-6 : 경문 한글 풀이

공자가 말했다. 「위가 올바르면 명령을 내리지 않아도 만사가 이루어진다. 위가 바르지 못하면 설혹 호령해도 백성이 따르지 않는다.」

子曰 其身正 不令而行 其身不正 雖令不從.

<* 집주가 없다. 제12. 안연편-17 : 政者正也 子帥以正 孰敢不正>

13-7 : 경문 한글 풀이

공자가 말했다. 「노나라와 위나라의 정치는 형제 간의 다스림이다.」

子曰 魯衛之政 兄弟也.

[어구 설명] ㅇ魯衛之政(노위지정) : 노나라와 위나라의 정치. ㅇ兄弟也(형제야) : 형제지간이다.

[참고 주소 선역]

「노(魯)나라는 주공(周公)의 후예 나라다.」「위(衛)나라는 강숙(康叔)의 후예 나라다.」「본래 형제 나라였다. 그런데 당시 쇠하고 혼란하고, 또 정치도 비슷했다.」「고로 공자가 탄식한 것이다.」

[노(魯)나라 · 위(衛)나라는 형제 나라]

노나라의 시조는 주공이다. 위나라의 시조는 강숙이다. 두 사람 다 문왕(文王)의 아들이고 무왕(武王)의 동생이다. 그러므로 두 나라는 다 혈연적(血緣的)으로 밀접한 관계가 있었다. 그러나 공자 시대에는 두 나라가 쇠퇴했고, 또 정치가 문란했다. 즉 노나라에서는 삼환씨(三桓氏)가 참월(僭越)했고, 위나라에서는 괴외(蒯聵)와 아들 첩(輒)이 자리다툼을 했다.

13-8 : 경문 한글 풀이

공자가 위나라의 공자(公子) 형(荊)을 다음같이 높이 평했다. 「그는 집안의 살림을 잘했다. 처음 재물이 생기자, 이만하면 소용에 맞겠다라고 말했으며, 그후 좀더 재물이 늘어나자, 그런 대로 갖추어졌다라고 말했으며, 그후 재물이 많아지자, 이제야 아름답게 되었다고 말했느니라.」

子謂衛公子荊 善居室 始有 曰 苟合矣 少有 曰 苟完矣 富有 曰 苟美矣.

[어구 설명] ㅇ衛公子荊(위공자형) : 위나라의 공자 형(荊). <서자

(庶子)이면서 위에서 높이는 육군자(六君子) 중의 한 사람이다.>

[위(衛)나라 공자 형(荊)]

위(衛)나라의 공자(公子)이면서, 교만하지 않고 절검(節儉)하고 지족(知足)하는 형(荊)을 공자가 칭찬했다. 특히 가정을 다스리는 경제생활면에서 칭찬했다. 예나 지금이나 사람들은 욕심으로 재물을 긁어모으려 하고, 잘못된 삶을 살게 마련이다. 그러나 형은 공자이면서 「안분지족(安分知足)」할 줄 알았다. 만족은 마음으로 얻는 것이다.

13-9 : 경문 한글 풀이

공자가 위나라에 갔을 때, 염유가 수레를 몰았다. 그러자 공자가 말했다. 「백성들이 많구나.」 염유가 「이렇게 백성들이 많으니, 다음에 무엇을 더 보태야 합니까.」 하고 묻자, 공자가 말했다. 「백성들을 부유하게 해주어야 한다.」 염유가 「백성들이 부유하게 된 다음에는 무엇을 더 해주어야 합니까.」 하고 묻자, 공자가 말했다. 「백성들을 교화해야 한다.」

子適衛 冉有僕 子曰 庶矣哉. 冉有曰 旣庶矣 又何加焉 曰 富之. 曰 旣富矣 又何加焉 曰 敎之.

[염유(冉有)의 행정(行政)]

(1) 덕치(德治)는 우선 백성을 잘살게 하고, 또 백성들을 교육하고

교화해서 윤리 도덕적으로 잘살게 해주어야 한다.

(2) 염유(冉有)의 성은 염(冉), 이름은 구(求)다. 자가 염유 혹은 자구(子求)다. 공자보다 나이가 29세 어렸다. 그는 행정 능력에 뛰어났다. 그러나 도를 안 지키고 자기 상전에게 맹종하는 결점이 있었다. 심한 예가 「제11. 선진편-16」에 있다.

(3) 「계씨자는 노나라 임금이나 주공보다 더 부자인데도, 염구가 그를 위해서 무거운 세금을 부과하고 거둬들여 계씨의 재물을 더욱 불려 주었다. 이에 공자가 말했다. 『염구는 나의 제자가 아니다. 그대들아, 북을 치고 그를 공격해도 좋다.』」 또 「계씨가 태산(泰山)에 제사를 지내는 참월(僭越)한 짓을 막지 않아, 공자로부터 핀잔을 받았다.」 <제3. 팔일편-6> 「구는 재주가 있다. 정치를 하는 데 문제가 없다.」 <제6. 옹야편-8> 공자가 말했다. 「정치에는 염유와 계로가 뛰어났다.(政事冉有季路)」 <제11. 선진편-3>

13-10 : 경문 한글 풀이

공자가 말했다. 「혹 나를 써 준다면, 1년이면 나라를 바로잡고, 3년이면 성과를 올리겠다.」

子曰 苟有用我者 朞月而已可也 三年有成.

[참고 주소 선역]

「기월(朞月)은 1년을 한 번 돈다는 뜻이다.」 「가(可)는 근근이라는 뜻이다. 즉 기강을 잡는다는 뜻이다.」 「유성(有成)은 다스림의 공을 세운다는 뜻이다.」 윤씨(尹氏)가 말했다. 「공자가 당시 <위나라 임금이> 자기를 등용하지 못하는 것을 한탄하고 이렇게 말한 것이다.」 내가 사기(史記)를 살펴 본 바 「이는 아마도 위령공(衛靈公)이 공자를 등용하지 못하므로 이렇게 말한 것이리라.」

[위령공(衛靈公)과 공자]

(1) 바로 앞의 7장에서 말했다. 노(魯)나라와 위(衛)나라는 형제 간의 나라다. 특히 시조(始祖)가 다 같이 주(周)나라 문왕(文王)의 아들이고, 또 무왕(武王)과 주공(周公)의 동생들이다. 그래서 공자가 친근감을 가졌으며, 3년 정도만 바르게 다스리고 지도하면 좋게 될 것이라고 믿었던 것이다.

(2) 한편 위령공(衛靈公)도 공자에 대해서는 호감을 가졌다. 그러나 임금 자신이 우둔했으며 더군다나, 음탕한 왕비(王妃)와 신하들이 공자 등용을 가로막았다. 그래서 끝내 등용되지 못했다.

13-11 : 경문 한글 풀이

공자가 말했다. 「착한 사람이 나라 다스리기를 백 년 하면, 잔인 포악을 눌러 이기고, 사형을 없게 할 수 있다고 했거늘, 참으로 옳은 말이다.」

子曰 善人爲邦百年 亦可以勝殘去殺矣 誠哉是言也.

[참고 주소 선역]

(1) 「위방백년(爲邦百年)」은 「백년, 즉 3세(世)를 계속해서 다스린다는 뜻이다.」 「승잔(勝殘)」은 「잔인하고 포악한 사람을 교화해서, 악하지 않게 한다는 뜻이다.」 「거살(去殺)」은 「백성이 선화(善化)되어 형벌을 쓰지 않아도 좋다는 뜻을 말한 것이다.」 「아마 옛날부

터 이런 말이 있었을 것이다. 공자가 그 말을 칭찬한 것이다.」

(2) 정자(程子)가 말했다.「한(漢)나라 고조(高祖)와 혜제(惠帝) 때부터 문제(文帝)와 경제(景帝)에 이르기까지, 백성들이 순박하고 온후하여, 거의 형벌을 쓰지 않았으므로 거의 <옛말과> 비슷한 상태였다.」윤씨(尹氏)가 말했다.「승잔거살(勝殘去殺)은 악인들이 악을 행하지 않을 뿐만이 아니다. 선인들의 공도 이와 같은 것이다.」 「성인 공자 같으면 백년을 기다리지 않고도 교화가 될 것이다.」

[선악(善惡) 백년(百年)]

(1) 선(善)이나 악(惡)은 반드시 나타난다. 선정(善政)은 흥성(興盛)으로 이어지고 악정(惡政)은 멸망(滅亡)으로 이어진다.

(2) 단 점진적으로 나타난다. 최소한 3대, 즉 백년을 두고 나타난다.

(3) 역경(易經)에 있다.「선을 쌓은 집안에는 반드시 경사(慶事)가 따르고, 악을 쌓은 집안에는 반드시 재앙(災殃)이 따른다.(積善之家 必有餘慶 積不善之家 必有餘殃)」<坤 文言傳>

(4) 순자(荀子)는 말했다.「선을 행한 사람에게는 하늘이 복으로써 보답하고, 악을 행한 사람은 하늘이 화로써 갚아준다.(爲善者 天報之以福 爲不善者 天報之以禍)」<宥坐篇>

13-12 : 경문 한글 풀이

공자가 말했다.「천명을 받은 왕자가 다스리면 반드시 30년 후에는 인(仁)하게 된다.」

子曰 如有王者 必世而後仁.

[참고 주소 선역]

(1) 「여기서 말하는 왕자(王者)는 천명을 받고 천하를 흥성하게 다스리는 성인(聖人)을 말한다. 30년이 1세다.」 「인(仁)은 교화(教化)가 흡족하게 되었다는 뜻이다.」

(2) 정자(程子)가 말했다. 「주(周)나라의 문왕(文王)과 무왕(武王)에서 성왕(成王)에 걸쳐 예악(禮樂)이 흥성했다. 그것이 바로 왕자와 인(仁)이다.」

[필세후인(必世後仁)]

정자의 말을 다시 복습하자. 「3년에는 법도(法度)와 기강(紀綱)을 세울 수 있다.」 「그러나 백성들을 인의(仁義)에 흠뻑 물들게 하고, 또 인의가 행동에 나타나 넘치고, 따라서 예악(禮樂)이 흥성하게 되기 위해서는 최소한 30년, 즉 한 세대(世代)는 필요하다.」

13-13 : 경문 한글 풀이

공자가 말했다. 「자기의 몸가짐을 바르게 하면 다스리는 데 무슨 어려움이 있겠는가. 허나 자기의 몸가짐도 바르게 하지 못하면 어찌 남을 바르게 다스리겠는가.」

子曰 苟正其身矣 於從政乎何有 不能正其身 如正人何.

[정치(政治)는 정치(正治)]

(1) 「바를 정(正)」은 「절대선의 천도(天道)를 따라 애민이물(愛民

利物)하는 다스림이다.」국가적 차원에서는 인정(仁政)으로 일이 관지(一以貫之)한다.

(2) 일(一)은 곧 하늘과 하나가 된다는 뜻이다. 「정치는 바르게 함이다.(政者正也)」<제12. 안연편-17> 「바를 정(正)」은 「하나에 가서 머물다(止於一)」이다. 「인정덕치(仁政德治)는 곧 천도(天道)를 따라 지덕(地德)을 세움이다.」

13-14 : 경문 한글 풀이

염유가 조정에서 물러 나오자, 공자가 「왜 늦었느냐.」고 물었다. 염유가 「정사가 있었습니다.」하고 대답했다. 공자가 말했다. 「그것은 계씨의 개인적 일이다. 만약 나라의 정치적인 일이라면, 비록 내가 등용되지 않았어도 함께 참석하여 듣기는 했을 것이다.」

冉子 退朝 子曰 何晏也 對曰 有政. 子曰 其事也 如有政 雖不吾以 吾其與聞之.

[참고 주소 선역]

(1) 「염유(冉有)는 당시 계씨(季氏)의 가신이었다.」 「조(朝)는 조례(朝禮)가 아니고, 계씨의 사사로운 조회(朝會)라는 뜻이다.」 「정(政)은 나라의 정사라는 뜻이다.」 「사(事)는 일가(一家)의 일이라는 뜻이다.」 「예(禮)의 도리로 대부가 비록 직책을 맡아 일을 다스리지 않아도 국정에 대해서는 참여할 수 있었다.」

(2) 당시 계씨는 일개 대부 신분인데 노나라의 권세를 전횡하고 있었다.

(3) 국정을 공적으로 다른 대부들과 의논하지 않고 독단으로 사실(私室)에서 모의(謀議)했다.

(4)「고로 공자가 도를 모르는 염자(冉子)에게 그것은 반드시 계씨의 집안일이라고 말한 것이다.」「국정(國政)이라면 내가 대부인데, <비록 등용해 쓰지 않아도 역시 정사에 대한 말을 들어야 한다.> 그런데 지금 듣지 못했으니, 그것은 국정이 아니다.」

(5) 공자가 이렇게 말한 뜻은 곧 당(唐)나라 위징(魏徵)이 태종(太宗)에게 모후의 헌릉(獻陵)에 대해서 한 말과 비슷하다. 즉 명분을 바르게 하고 계씨의 전횡을 억제하고자 염유를 가르친 뜻이 있다.

[위징헌릉지대(魏徵獻陵之對)]

(1) 당태종(唐太宗)은 이미 태종의 후(后), 문덕황후(文德皇后)를 장사지냈다. 그후 원중(苑中)에 층관(層觀)을 세우고 위징(魏徵)과 함께 문덕황후의 능인 소릉(昭陵)을 바라보았다.

(2) 이때 위징이 말했다.「신(臣)은 눈이 흐려 잘 볼 수 없습니다. 폐하께서도 헌릉(獻陵)을 바라보시는 걸로 알고 있습니다.」헌릉은 태종의 어머니 능(陵)이다.

(3) 그러자 태종은 눈물을 머금고, 층관을 철거했다. <당서(唐書) 위징전(魏徵傳)>

[국사(國事)와 가사(家事)]

(1) 국가정치는 임금을 중심으로 한다. 신하가 충성으로 보좌하고

백성들을 잘살게 하는 덕치라야 한다. 또 정치의 요체(要諦)로 반드시 명분과 이름을 바르게 해야 한다.(必也正名乎)」<제13. 자로편-3>

(2) 그러나 당시 계씨(季氏)는 대부(大夫) 신분으로 노(魯)나라의 정사(政事)를 가로채고 전횡(專橫)하고 있었다. 그것은 국가의 정사가 아니고 「계씨의 가사(家事)」이다. 그래서 공자가 말했다.

13-15 : 경문 한글 풀이

정공이 물었다. 「한마디로 나라를 흥성하게 할 수 있습니까.」 공자가 대답했다. 「말은 원래 〈그렇게 할 수 있는 것이 아닙니다.〉 그러나 그와 근사한 뜻으로 사람들이 전하는 바 『임금 되기가 어렵고 신하 되기가 쉽지 않다』는 말이 있습니다. 만약에 임금 되기 어려움을 참으로 안다면 그 말이 곧 한마디로 나라를 흥하게 할 수 있는 말일 것입니다.」 정공이 또 물었다. 「한마디로 나라를 잃게 할 수 있는 그런 말이 있겠습니까.」 공자가 대답했다. 「말은 그렇게 할 수 있는 것이 아닙니다. 그러나 그와 근사한 뜻으로 사람들이 전해온 바 『나는 임금 된 것을 기뻐하지 않지만, 내 말을 백성들이 어기지 않는 것을 기쁘게 여긴다』라는 말

이 있습니다. 만약 임금의 말이 착하고, 그 말을
어기지 않는다면, 그야 좋지 않겠습니까. 그러나
임금의 말이 착하지 못한데 백성들이 어기지 못
한다면, 그것이 곧 한마디로 나라를 잃게 할 수
있는 말에 가까운 것이 아니겠습니까.」〈* 임금
은 독재하면 안 된다.〉

定公問 一言而可以興邦 有諸. 孔子對曰 言不可以若
是 其幾也 人之言曰 爲君難 爲臣不易 如知爲君之難
也 不幾乎一言而興邦乎. 曰 一言而喪邦 有諸. 孔子
對曰 言不可以若是 其幾也 人之言曰 予無樂乎爲君
唯其言而莫予違也 如其善而莫之違也 不亦善乎 如
不善而莫之違也 不幾乎一言而喪邦乎.

[노정공(魯定公)]

(1) 정공(定公, B.C. 509~495년 재위)은 소공(昭公)의 동생이다.
소공이 삼환씨(三桓氏)를 치려다가 실패하고 외국으로 망명했으
며, 7년 만에 진(晉)나라에서 객사하자, 임금 자리에 올랐다.

(2) 당시 공자는 출사(出仕)하지 않고 교학(敎學)에 전념하고 있었
다. 한마디 말로 나라를 흥하게 하거나 잃게 할 수는 없다. 그래서
공자는 고어(古語)를 인용하고 국가의 흥망성쇠(興亡盛衰)가 임금
의 말에 달렸음을 깨우치게 하려고 했다.

(3) 특히 「자기를 따르라는 말」이 곧 나라를 망하게 하는 말임을
지적했다. 정치는 도를 따라야 한다.

13 16 : 경문 한글 풀이

섭공이 정치에 대해서 묻자 공자가 말했다. 「가까
운 사람들이 기쁘게 따르고, 먼 나라 사람들이
〈덕을 따라〉 오게 해야 합니다.」

葉公問政 子曰 近者說 遠者來.

[어구 설명] ○葉公(섭공) : 초(楚)나라의 대부. <제7. 술이편-18>
○近者說(근자열) : 가까운 사람들이 기뻐한다. ○遠者來(원자래) :
먼 나라 사람들도 덕을 따라 〈그 나라로〉 온다.

[참고 주소 선역]

「섭공(葉公)의 음과 뜻은 제7. 술이편-18에 있다.」「은택(恩澤)을
입으면 기뻐하고, 소문을 들으면 〈그 나라로〉 몰려온다. 그러나
반드시 가까이 있는 백성들이 기뻐한 뒤에야, 먼 나라 사람들도'
오게 마련이다.」 <* 덕치(德治)의 은택은 사방으로 퍼진다.>

13-17 : 경문 한글 풀이

자하가 거보의 읍재가 된 다음에 정사에 대해서
묻자 공자가 말했다. 「급하게 서두르지 말고, 또
작은 이익을 얻으려고 하지 마라. 급하게 서두르
면 통달할 수 없고, 작은 이득을 얻으려고 하면
큰 일을 이루지 못한다.」

子夏 爲莒父宰 問政 子曰 無欲速 無見小利 欲速則不

達 見小利則大事不成.

[참고 주소 선역]

(1) 「거보(莒父)는 노(魯)나라의 읍(邑) 이름이다.」

(2) 정자(程子)가 말했다. 「자장(子張)이 정치를 묻자 공자가 말했다. 『자리에 있으면 게을리하지 말고 행동을 충실하게 하라(居之無倦 行之以忠)』」 <제12. 안연편-14>

(3) 「자하(子夏)가 정치를 묻자 공자가 말했다.『속히 하려고 하지 말고, 적은 이를 보지 마라(無欲速 無見小利)』」

(4) 「자장(子張)은 지나치게 고답(高踏)했고 인애(仁愛)하지 못했다. 즉 자하의 결점은 항상 가깝고 작은 데 있었다.」 「고로 <공자가> 각자에 따라 절실한 일을 가지고 말해 준 것이다.」

[읍(邑)도 인덕(仁德)으로]

(1) 도성(都城)의 정사를 처리할 때에도 인정(仁政)의 원칙을 따라야 한다. 크게 보고 통달해야 한다. 눈앞의 작은 이득을 탐하고 덕치(德治)를 망각해서는 안 된다.

(2) 앞에 있다. 「착한 사람이 나라 다스리기를 백년 하면, 잔인 포악한 자를 눌러 이기고 사형을 없게 할 수 있다고 했거늘, 참으로 옳은 말이다.」 <제13. 자로편-11>

(3) 「천명을 받은 왕자가 나타난다면 반드시 30년 후에는 인덕(仁德)이 넘치리라.」 <제13. 자로편-12> 지방의 행정이라도 이와 같은 원대한 목표에 따라 바르게 다스려야 한다.

13-18 : 경문 한글 풀이

섭공이 공자에게 말했다. 「우리 마을에 있는 곧은 사람은 아버지가 양을 훔친 것을 증언했소이다.」 이에 공자가 말했다. 「우리 마을의 곧은 사람은 그와 다릅니다. 아버지는 자식을 위해 숨기고, 자식은 아버지를 위해 숨깁니다. 곧음은 그런 속에 있어야 합니다.」

葉公 語孔子曰 吾黨 有直躬者 其父攘羊 而子證之. 孔子曰 吾黨之直者 異於是 父爲子隱 子爲父隱 直在 其中矣.

[참고 주소 선역]

(1) 「직궁(直躬)은 곧은 몸가짐으로 행동하는 사람이다.」 「어떤 까닭이 있어 남의 물건을 훔치는 것을 양(攘)이라 한다.」 「부자가 서로 숨겨주는 것이 천리와 인정의 지극함이다.」 「그러므로 법적(法的)인 강직을 구하지 않아도 곧은 도리가 그 속에 있게 마련이다.」

(2) 사씨(謝氏)가 말했다. 「천리를 따르는 것이 곧음이다.」 「아버지가 아들을 위해 숨겨주지 않고, 자식이 아버지를 위해 숨겨주지 않는 것이 천리에 따르는 것이겠는가.」

(3) 「고수(瞽瞍)가 살인을 하면 순(舜)이 몰래 아버지를 업고 도망하여, 바닷가에 가서 살았을 것이다.」 「그때에는 아버지를 사랑하

는 마음이 우세했으므로, 그렇게 하는 것이 곧은지 아닌지를 헤아리릴 겨를이 있었겠는가. 없었을 것이다.」

[부자(父子)의 천리(天理)]

(1) 부자(父子)는 저마다 개별적 존재로 삶을 산다. 그러므로 남이라고 생각할 수도 있다. 서양사상은 개인주의적 입장에서 남으로 본다. 그러나 동양사상은 대국적이고 본질적인 견지에서 부자를 남으로 보지 않고 하나의 뿌리에서 나온 같은 생명체로 본다.

(2) 즉 세대와 몸은 다르지만 생명의 뿌리와 혈통과 성정(性情)은 같다. 특히 같은 혈통의 부자는 「남」이 아니고 「하나」라고 본다.

(3) 천도 천리에서 보면 부자만이 아니다. 「나(自)와 남(他)」도 같다. 천지만물을 생성화육(生成化育)하는 절대자인 「하늘의 명(天命)」을 받고 만물의 영장으로 태어나 하늘의 뜻인 인류의 역사 문화 발전에 기여하는 삶을 살고 있는 것이다.

(4) 이러한 깊은 도리와 뜻을 알고 행하는 사람이 곧 군자(君子)다. 그러므로 군자는 「대도(大道)의 인(仁)」을 따른다. 군자는 물론 법(法)을 어기지 않는다.

(5) 천륜(天倫)을 바탕으로 한 인정(人情)과 정리(情理)를 잘 모르는 섭공(葉公)은 「제정한 법을 기준으로 직(直)을 말한 것이다.」

13-19 : 경문 한글 풀이

번지가 인에 대해서 묻자 공자가 말했다. 「거할 때는 공손한 태도를 취하고, 일을 처리할 때는 신중하게 하고, 남에게는 충성을 다하는 것이다. 이런 인은 비록 오랑캐 땅에 가도 버리면 안 된다.」

樊遲問仁 子曰 居處恭 執事敬 與人忠 雖之夷狄 不可
棄也.

[참고 주소 선역]

(1) 정자(程子)가 말했다. 「이와 같이 하라는 말은 위아래 다 통하
는 말이다.」 「성인은 처음부터 두말 하지 않는다.」 「이와 같은 인
(仁)의 태도를 충실히 하면 얼굴에 빛이 나고 등이 볼록해지며,
그 범위를 넓히고 추진하면 세계적인 차원으로 독실하고 공손하여
천하를 평화롭게 할 수 있다.」(篤恭而天下平矣)

(2) 호씨(胡氏)가 말했다. 「번지(樊遲)가 공자에게 인(仁)에 대해
서 물은 것이 세 번이다.」 「이것이 첫 번째이다.」 「<두 번째는>
인자선난이후획(仁者先難而後獲)이고」 <제6. 옹야편-22> 「<세
번째는> 번지문인 자왈애인(樊遲問仁 子曰愛人)이다.」 <제12. 안
연편-22>

[번지(樊遲)와 인(仁)의 단계]

(1) 번지가 인(仁)을 묻자 공자는 인자(仁者)가 취할 행동을 말했
다. 「평소의 몸가짐을 공손하게 해야 한다.(居處恭)」 「모든 일을
정성을 기울여 해야 한다.(執事敬)」 「모든 사람에게 충성스럽게 대
해야 한다.(與人忠)」 그리고 「이와 같은 태도는 비록 오랑캐 땅에
가는 경우에도 행해야 한다.」고 덧붙여 강조했다.

(2) 공자가 자공에게 일러준 단계가 곧 군자(君子)나 인자(仁者)가
행할 단계이며 필수 단계이다.

13-20 : 경문 한글 풀이

[1] 자공이 물었다. 「어떻게 하면 선비라고 할 수 있습니까.」 공자가 말했다. 「몸가짐과 언행에 부끄러움을 느낄 줄 알아야 한다. 또 사방에 외교 사절로 나가면 임금으로부터 위임받은 사명을 욕 되게 하지 말아야 한다. 그래야 비로소 선비라 할 수 있다.」

[2] 자공이 또 말했다. 「감히 묻겠습니다. 그 다음가는 사람은 어떻게 해야 합니까.」 공자가 말했다. 「일가친척으로부터 효자라고 칭찬 받고, 마을 사람들로부터 우애롭다고 칭찬을 받아야 한다.」

[3] 자공이 물었다. 「감히 묻겠습니다. 그 다음가는 사람은 어떻게 해야 합니까.」 공자가 말했다. 「말한 것을 반드시 실행하고, 실행하면 반드시 성과를 거두는 사람이다. 〈비록〉 딱딱하고 강직하여 소인 같지만 그래도 역시 그 다음은 갈 수 있다.」

[4] 자공이 「오늘 정치를 하고 있는 사람은 어떻습니까.」하고 묻자 공자가 말했다. 「아, 말이나 되같이 작은 기량을 가진 사람이야 논할 바 못된다.」

[1] 子貢問曰 何如 斯可謂之士矣 子曰 行己有恥 使
於四方 不辱君命 可謂士矣. [2] 曰 敢問 其次 曰 宗
族 稱孝焉 鄕黨 稱弟焉. [3] 曰 敢問其次 曰 言必信
行必果 硜硜然小人哉 抑亦可以爲次矣. [4] 曰 今之從
政者 何如 子曰 噫 斗筲之人 何足算也.

[참고 주소 선역]

정자(程子)가 말했다. 「자공의 뜻은 아마 자기의 결백한 행동으로
사람들에게 이름을 내고자 한 것이다. 그러나 공자는 그에게 독실
하게 하고 스스로 체득하라고 말한 것이다.(程子曰 子貢之意 蓋欲
爲皎皎之行 聞於人者 夫子告之 皆篤實自得之事)」

[여러 단계의 선비[士]]

(1) 선비는 예의염치(禮義廉恥)를 알고 실천해야 한다. 예(禮)는
절대선의 천도천리(天道天理)를 따르고 실천함이다. 의(義)는 도
리를 따라 사물을 바르게 처리함이다. 아울러 사회 정의를 지킴이
다. 염(廉)은 청렴결백(淸廉潔白)함이다. 치(恥)는 양심이나 수치
심을 바탕으로 자신의 잘못을 창피하게 여김이다. 사람만이 수치심
을 지니고 있다. 단 공자가 여기서 말하는 선비는 치(恥)를 가리는
데서부터 시작한다. 즉 낮은 단계의 선비라 하겠다.

(2) 공자는 그들을 다시 3단계로 나누어 말했다.

으뜸은 자기 잘못을 창피하게 여기고, 정치적 사명을 다하는 정치
참여자이다.

다음은 정치에 참여하지 못하고 아에 처해 있으되, 일가친척으로부

터 효자라고 칭찬받고, 사회적으로는 겸손하고 우애롭다고 칭찬받는 사람이다.

그 아래 단계는 언행일치(言行一致)하고 작은 일이라도 성취하는 사람이다.

이 3단계만을 선비라고 말할 수 있다고 말했다. 오늘의 정치인은 두소지인(斗筲之人)이다.

13-21 : 경문 한글 풀이

공자가 말했다.「중용의 도를 행하는 사람과 함께 하지 못할 바에는 차라리 뜻이 높은 사람이나 혹은 고집스러운 사람을 택하겠다. 뜻이 높은 사람은 진취적이고, 고집스러운 사람은 나쁜 일은 하지 않기 때문이다.」

子曰 不得中行而與之 必也狂狷乎 狂者進取 狷者有所不爲也.

[참고 주소 선역]

(1)「행(行)은 도(道)이다.」「광자(狂者)는 뜻이 높고 자기의 행하는 바를 숨기거나 가려 덮는 일이 없는 사람이다.」「견자(狷者)는 지식은 모자라지만 악이나 불의와 타협하지 않고 지나치게 절개를 지키는 사람이다.」

(2)「원래 성인 공자는 중도(中道)를 행하는 사람을 모아서 가르치려고 했다.」「그러므로 차라리 광자(狂者)나 견자(狷者)를 얻고 그

들의 뜻이나 절조를 바탕으로 격려 혹은 억제하고 도에 나가면 좋겠다고 가설적으로 말한 것이다.」「그 단계에서 멈추려고 한 것이 아니다.」

(3) 맹자가 말했다.「공자는 어찌 중도를 행하는 사람을 얻고자 하지 않았겠는가. 반드시 얻을 수 없으므로 다음을 생각한 것이다.」

(4)「금장(琴張), 증석(曾晳), 목피(牧皮)가 바로 공자가 말하는 광자(狂者)이다.」「그들의 뜻은 크고 이상이 높았으며, 고인, 고인하고 외치고 높였으며 자신들의 행동을 숨기지 않았다.」「광자도 얻을 수 없으므로 불결(不潔)을 하찮게 여기는 선비라도 함께하고자 했으니 그들이 곧 견자(狷者)이며 차선이었다.」

[광자(狂者)와 견자(狷者)]

(1) 천하와 나라를 바로잡기 위해서는 도(道)를 같이하는 동지가 있어야 한다. 가장 이상적인 동지는「중용(中庸)의 도, 중정(中正)의 도」를 행하는 참다운 군자다.

(2) 그러나 그런 사람은 많지 않고, 또 어울리기 어렵다. 그렇다고 간사하고 아첨하는 소인배와 짝하면 안 된다.

(3) 춘추시대는 전국적으로는 패자(霸者)가 위에 있고, 국내적으로는 무도한 대부나 가신(家臣)들의 하극상(下剋上)이 성행했다. 그러므로 지나치게 온후독실(溫厚篤實)한 선비만으로는 세상을 바로잡을 수 없었다.

(4) 고로 차라리 광자(狂者)나 견자(狷者) 같은 행동파가 있어야 한다고 궁여지책(窮餘之策)으로 말한 것이다. 그러나 그것이 목적이 아니다.

13-22 : 경문 한글 풀이

공자가 말했다. 「남쪽 사람이 사람에게 항심(恒心)이 없다면 무당이나 의원도 어찌 할 수 없다고 말했는데, 좋은 말이다. 주역에 덕행이 일정하지 않으면 수치를 초래한다는 점괘가 있다.」 공자가 말했다. 「그것은 점으로 치는 것이 아니다.」

子曰 南人有言曰 人而無恒 不可以作巫醫 善夫 不恒 其德 或承之羞. 子曰 不占而已矣.

[참고 주소 선역]

(1) 「남인(南人)은 남쪽 나라 사람이다.」 「항(恒)은 항상 믿고, 또 오래 변하지 않는다는 뜻이다.」 「무(巫)는 귀신과 교통하는 사람이다.」 「의(醫)는 생사(生死)에 관여하는 사람이다.」 「고로 비록 천한 일을 하는 사람이지만, 특히 항심(恒心)이 없을 수 없다.」 「공자는 그 말을 칭찬하고 좋게 여겼다.」

(2) 「이는 주역(周易) 항괘(恒卦) 구삼(九三) 효사(爻辭)이다.」 「승(承)은 진(進)의 뜻이다.」

[점을 치지 말라]

(1) 「자불어 괴력난신(子不語 怪力亂神)」 <제7. 술이편-20>

(2) 공자 사상은 광명정대(光明正大)하고 공평무사(公平無私)하고, 또 영구불변(永久不變)하는 절대선의 천도를 바탕으로 한 인정덕치(仁政德治) 사상이다.

(3) 이를 달성하기 위해서는 항심(恒心)을 바탕으로 수기치인(修己治人)해야 한다. 이욕(利慾)에 빠지면 도덕을 못 지킨다.

(4) 고어(古語)에 있다. 「무항(無恒)이면 무의(巫醫)도 효험이 없게 된다.」

13-23 : 경문 한글 풀이

공자가 말했다. 「군자는 화동(和同)하고 뇌동(雷同) 하지 않는다. 소인은 뇌동하고 화동하지 않는다.」

子曰 君子和 而不同 小人同 而不和.

[화동(和同)과 뇌동(雷同)]

(1) 나라를 위해 합심하고 협력하는 사람이 군자다.

(2) 소인은 나만 잘살면 된다는 천박한 생각으로 재물만을 추구한다. 또 소인들은 작당하고 부화뇌동하면서 반도덕적인 삶을 산다. 그러므로 공동체의 공동이익을 해친다.

(3) 군자는 대의명분(大義名分)을 지키면서 서로 화동협력(和同協力)한다. 그러나 소인은 저마다의 이득을 취하려고 부화뇌동(附和雷同)한다. 군자는 대동세계를 창건하려고 한다. 소인은 탐욕을 바탕으로 하면 아첨아부(阿諂阿附)하게 마련이다.

13-24 : 경문 한글 풀이

자공이 물었다. 「마을 사람들이 다 좋아하면 어떻습니까.」 공자가 말했다. 「그것만으로는 안 된다.」

자공이 또 물었다. 「마을 사람들이 모두 미워하면 어떻습니까.」 공자가 말했다. 「그래도 좋지 못하다. 마을의 착한 사람들이 좋아하고, 마을의 악인들이 싫어하는 그런 사람이라야 한다.」

子貢問曰 鄕人皆好之 何如 子曰 未可也. 鄕人皆惡之 何如 子曰 未可也 不如鄕人之善者好之 其不善者惡之.

[속인(俗人)과 공론(公論)]

(1) 공자는 말했다. 「오직 인자만이 능히 남을 좋아할 수도 있고, 반대로 미워할 수도 있다.(惟仁者 能好人 能惡人)」 <제4. 이인편-3>

(2) 일반 대중은 선악시비(善惡是非)를 바르게 가리거나 또 판단하지 못한다. 그러므로 무식한 대중의 지지를 얻는 사람이 반드시 좋은 사람이라고 단정할 수 없다. 선인이 좋아하고 악인이 미워하는 그런 사람이라야 한다.

(3) 세속적인 생각으로는 모든 사람의 지지를 받고, 모든 사람으로부터 사랑 받는 그런 사람을 덕(德) 있는 사람이라고 착각한다.

(4) 그러나 군자(君子)는 절대선의 천도(天道)를 기준으로 선(善)을 선양하고, 악(惡)을 억제해야 한다. 그러므로 착한 대중은 좋아하고 따를 것이다. 반대로 악한 사람은 그를 꺼리고 멀리할 것이다.

13-25 : 경문 한글 풀이

공자가 말했다. 「군자를 섬기기는 쉬우나 기쁘게

하기는 어렵다. 바른 도리가 아닌 방법으로 그를 기쁘게 해도 군자는 기뻐하지 않는다. 군자가 사람을 부릴 때에는 재능과 기량에 맞게 부린다.」

「반대로 소인은 섬기기는 어렵고 기쁘게 하기는 쉽다. 비록 도리가 아닌 방법으로 그를 기쁘게 해 주어도 그는 기뻐한다. 또 소인은 사람을 부릴 때에는 한 사람에게 모든 기능이 구비되기를 요구한다.」

子曰 君子 易事而難說也 說之不以道 不說也 及其使人也 器之. 小人 難事而易說也 說之雖不以道 說也 及其使人也 求備焉.

[참고 주소 선역]

「기지(器之)」는 「재질과 기량에 맞게 쓴다는 뜻이다.」「군자의 마음은 공정하고 관대하다. 소인의 마음은 사사롭고 각박하다. 천리(天理)와 인욕(人欲) 간에는 모든 것이 서로 반대가 된다.(君子之心 公而恕 小人之心 私而刻 天理人欲之間)」

[군자적 임금과 소인적 임금]

군자는 도가 행해지고 천하가 평화롭게 되어야 기뻐한다. 고로 기쁘게 하기 어렵다. 소인은 도에는 관심이 없고 오직 탐욕을 채우려고 한다. 「군자는 곧 군자다운 임금」이다. 「소인은 곧 소인 임금」의 뜻이다. 도를 따르는 「군자 임금」은 섬기기는 쉬우나 도를 이루고 기쁘게 하기는 어렵다. 반대로 「소인 임금」은 재물이나 주색 유흥으로 즐겁게 해주기는 쉽다.

13-26 : 경문 한글 풀이

공자가 말했다. 「군자는 태연하면서도 교만하지 않고, 소인은 교만할 뿐 태연하지 못하다.」

子曰 君子泰而不驕 小人驕而不泰.

[태이불교(泰而不驕)]

천인합일(天人合一)하고 천도(天道)를 따라 만민(萬民)을 사랑하고, 또 자연과학을 바탕으로 기계 문명을 발달시켜야 한다. 그래야 도덕적으로 경제도 높인다. 또 인류를 대동하고 세계 평화를 구현해야 한다. 그런 사람이 군자다. 그러므로 군자는 천지간에 태연자약할 수 있다. 그러면서 하늘과 더불어 자기를 내세우지 않는다. 이를 「태이불교(泰而不驕)」라고 한다.

13-27 : 경문 한글 풀이

공자가 말했다. 「강직하고 과감하고 질박하고 말이 무딘 사람이 인에 가깝다.」

子曰 剛毅 木訥 近仁.

[강의목눌근인(剛毅木訥近仁)]

이기적(利己的)·관능적(官能的)·동물적(動物的) 욕심을 극복해야 인덕(仁德)에 가까이 갈 수 있다. 그러기 위해 「강의목눌(剛毅木訥)」해야 한다. 즉 강직하고 의연하고, 질박하고 말이 무딘 사람이라야 한다. 그래야 인심(仁心)을 따를 수 있다.

13-28 : 경문 한글 풀이

자로가 물었다.「어떻게 하면 가히 선비라 하겠습니까.」공자가 말했다.「간곡히 서로 선을 권하고 잘못을 고치도록 애쓰고, 또 함께 화목하고 즐기면 선비라 말할 수 있다. 친구에게는 서로 간곡히 선을 권하고 잘못을 고치도록 애쓰고, 형제간에는 부드럽게 화목하고 즐겨야 한다.」

子路問曰 何如 斯可謂之士矣. 子曰 切切偲偲 怡怡 如也 可謂士矣 朋友 切切偲偲 兄弟 怡怡.

[어구 설명] ○斯可謂之士矣(사가위지사의) : 비로소 선비라고 말할 수 있습니까. ○切切(절절) : 간곡히 권하고 잘못을 책한다. ○偲偲(시시) : 애쓰고 노력한다. ○怡怡(이이) : 화동(和同)하고 화락(和樂)한다.

[자로(子路)에게 하는 말]

자로가「어떻게 하면 선비라 하겠습니까.」하고 묻자 공자가 기대 이하의 말을 했다.「간곡히 서로 선을 권하고, 잘못을 고치도록 애쓰거라. 또 함께 화목하고 즐겨야 한다. 친구에게는 간곡히 선을 권하고 잘못을 고치도록 애쓰고, 형제간에는 화목해야 한다.」

13-29 : 경문 한글 풀이

공자가 말했다.「선인이 백성을 7년 동안 교화하

면, 백성들을 나가 싸우게 해도 된다.」

子曰 善人敎民七年 亦可以卽戎矣.

[어구 설명] ○善人(선인) : 도(道)를 따르고 행하는 착한 사람. ○敎民七年(교민칠년) : 백성들을 7년 가르치고 교화한다. 주자(朱子)는 「효제충신(孝悌忠信)」을 가르친다고 풀었다. ○卽戎(즉융) : 전쟁에 나가 싸우게 할 수 있다. 이때의 싸움은 나라를 수호하는 성전(聖戰)의 뜻이다.

[참고 주소 선역]

「교민(敎民)」은 「백성에게 효제충신(孝悌忠信)을 행하게 가르치고, 아울러 농사에 힘쓰고 무술의 법을 익히게 한다는 뜻이다.」 「백성이 윗사람을 친애하고, 군장(君長)을 위해 죽을 줄 알게 된다. 고로 싸움터에 나가 싸우게 해도 된다.」

13-30 : 경문 한글 풀이

공자가 말했다.「백성들을 바르게 가르치지 않고 싸우게 하면, 곧 백성들을 버리는 것이 된다.」

子曰 以不敎民戰 是謂棄之.

[참고 주소 선역]

「백성에게 싸움하는 법을 가르치지 않고 싸우게 하면, 반드시 패망의 화를 입는다. 이것이 곧 백성을 버리는 것이다.」

[기민(棄民)]

(1) 통치자가 자기의 야욕을 채우기 위해 백성을 싸우게 하는 것은

백성을 죽게 하는 것이며, 곧 백성을 버리는 것이다.

(2) 백성이 없으면 임금도 없게 되고 나라도 망한다. 그런데 동서고
금을 막론하고, 무지하고 악덕한 임금들은 백성을 사랑할 줄 모르
고 함부로 백성들을 전쟁터에서 죽게 하고 종국에는 자기도 망했다.

(3) 절대로 침략전쟁을 하면 안 된다. 그러나 남의 침략을 막는
거룩한 성전(聖戰)을 위해 평소에 국방을 강화하고 백성을 훈련해
야 한다. 그보다 더 중요한 것이 백성들에게 윤리 도덕을 교육하는
것이다.

14. 헌문편(憲問篇)

제14편 제1장은 첫머리 구절이 「헌문치(憲問恥)」다. 그래서 편명(篇名)을 「헌문(憲問)」이라고 한 것이다.

고주(古注)에서 형병(邢昺)은 대략 다음같이 말했다.

이 편에는 주로 삼왕(三王)과 이패(二覇)의 역사적 기록과 기타 여러 제후(諸侯)나 대부(大夫)들의 행적을 논했다.

아울러 「인을 실천하고 염치를 아는 것(爲仁知恥)」과 「자신을 수양하고 백성을 편하게 해주는 것(修己安民)」이 「정치의 대절(大節)」임을 밝혔다. 고로 「자로(子路)가 문정(問政)한 제13편」 다음에 편찬했다.

주자(朱子)의 집주(集註)에는 호씨(胡氏)의 말을 인용했다. 즉 「아마도 원헌이 기술한 것일 것이다.(此篇 疑 原憲所記)」

집주는 47장이라고 했다. 그러나 이 책에서는 총 46장으로 나누었다. 즉 이 책에 있는 「제36장 [1] 或曰 以德報怨何如 [2] 子曰 何以報德 以直報怨 以德報德」을 집주는 두 장으로 나누었다. 그래서 47장이 된 것이다.

14-1 : 경문 한글 풀이

원헌이 부끄러움에 대해서 묻자 공자가 말했다.
「나라에 도가 있으면 녹을 받는다. 그러나 나라에

도가 없는데 녹을 받는 것은 부끄러운 일이다.」

憲問恥 子曰 邦有道穀 邦無道穀 恥也.

[어구 설명] ○憲(헌) : 공자의 제자, 공자보다 36세 연소하다. 성이 원(原), 이름이 헌(憲)이다. 자는 자사(子思) 혹은 원사(原思)라고 했다. 매우 가난하게 살았다. <제6. 옹야편-5> ○邦有道穀(방유도곡) : 나라에 도가 있으면 출사(出仕)하고 녹(祿)을 받는다. ○邦無道穀(방무도곡) : 나라에 도가 행해지지 않고 무도할 때에 출사하고 녹을 받는 것. ○恥也(치야) : 부끄럽고 창피한 일이다.

[방무도곡치야(邦無道穀恥也)]

(1) 방(邦)은 제후(諸侯)의 나라다. 도가 행해지는 좋은 나라에는 군자가 참여해야 한다. 「방유도 곡(邦有道 穀)」을 이런 뜻으로 푼다. 「제8. 태백편-13」에도 「천하유도즉현(天下有道則見) 무도즉은(無道則隱)」이라고 했다.

(2) 도가 행해지지 않는 악하고 혼란한 나라에서는 곡을 받아먹으면 안 된다. 만약에 불의(不義)의 녹을 받으면 그야말로 수치(羞恥)라 하겠다. 이럴 때는 군자는 물러나 홀로 착하게 살아야 한다. 이를 맹자(孟子)는 「독선기신(獨善其身)」이라고 했다.

<* 「방무도 부차귀언 치야(邦無道 富且貴焉 恥也)」를 집주(集註)에서 「至於邦有道 穀之可恥 則未必知也」라고 했다. 필자는 다음같이 풀었다. 「나라에 도가 있어도 녹을 받는 것이 부끄러울 수도 있음을 그는 알지 못했을 것이다.」>

14-2 : 경문 한글 풀이

「남에게 이기기를 좋아하고, 자기의 공을 내세워

자랑하고, 남을 원망하고, 또 끝없이 탐욕을 부리
는 〈네 가지를〉 억제하면 인이라 할 수 있습니까.」
공자가 말했다. 「그렇게 할 수 있기는 매우 어렵
다. 그러나 인인지 어떤지는 잘 모르겠다.」

克伐怨欲 不行焉 可以爲仁矣 子曰 可以爲難矣 仁則
吾不知也.

[참고 주소 선역]

(1) 「이것 역시 원헌(原憲)이 물은 것이다.」 「극(克)은 이기기를
좋아한다는 뜻이다.」 「벌(伐)은 자기를 자랑한다는 뜻이다.」 「원
(怨)은 성을 내고 한을 품는다는 뜻이다.」 「욕(欲)은 탐욕(貪慾)의
뜻이다.」 「이 네 가지를 가지고 자신을 억제할 수 있으니, 행하지
못하게 하는 것은 어렵다고 하겠다.」

(2) 「그러나 인(仁)은 천리(天理)와 혼연일체(渾然一體)를 이룬 경
지이다.」 「인을 체득하면 자연히 그들 네 가지 폐단이 없게 된다.」
「그러므로 네 가지를 행하지 않는 것만으로는 인에는 부족하다는
뜻을 공자가 말한 것이다.」

(3) 정자(程子)가 말했다. 「사람이면서 『극(克), 벌(伐), 원(怨), 욕
(欲)』을 없게 하는 것은 오직 인자(仁者)만이 가능하다.」

[인(仁)의 두 단계(段階)]

(1) 현대적으로 생각해보자. 사람은 동물적 육체만의 존재가 아니
다. 만물의 영장으로 동물과는 차원이 다른 심령(心靈)과 정신(精
神)을 바탕으로 숭고(崇高)한 종교생활(宗敎生活)과 도덕생활(道

德生活)을 하고 있다.

(2) 사람의 욕구와 생활 및 활동도 크게 두 가지로 나눌 수 있다. 「동물적·육체적·감각적 욕구와 생활 및 활동」「인간적·정신적·이성적 욕구와 생활 및 활동」

(3) 「육체적 욕구나 삶」은 「나만 잘살겠다는 이기주의에 쏠리기 쉽다.」 그러나 「정신적·이성적 욕구나 삶」은 「함께 잘살자는 박애주의(博愛主義)를 바탕으로 한다.」 인(仁)은 최고의 덕(德)이다. 인덕(仁德)을 세우기 위해서는 「이기적 욕심」을 극복해야 한다. 그런 다음에 하늘과 하나가 되는 인을 실천할 수 있다.

14-3 : 경문 한글 풀이

공자가 말했다. 「선비가 편하게 있기를 바라면, 참다운 선비라 할 수 없다.」

子曰 士而懷居 不足以爲士矣.

[참고 주소 선역]

「거(居)」는 「편안한 곳에 있고 싶어한다는 뜻이다.」

<* 참고 「인자선난이후획(仁者先難而後獲)」 제6. 옹야편-22>

14-4 : 경문 한글 풀이

공자가 말했다. 「나라에 도가 있을 때는 말과 행동을 돋보이게 하지만, 나라에 도가 없으면 행동은 돋보이게 하되 말은 겸손하게 해야 한다.」

子曰 邦有道 危言危行 邦無道 危行言孫.

[어구 설명] ㅇ邦有道(방유도) : 나라에 도가 있다. 즉 위정자가 도를 따라 나라를 다스린다는 뜻. ㅇ危(위) : 고답(高踏)하고 준엄(峻嚴)하게 한다. 즉 도덕적으로 돋보이게 한다. ㅇ邦無道(방무도) : 나라가 문란하고 도가 없을 때는. ㅇ危行(위행) : 행동은 높고 돋보이게 하지만. ㅇ言孫(언손) : 말은 신중하고 겸손하게 한다.

[참고 주소 선역]

「위(危)는 높고 준엄하다는 뜻이다.」「손(孫)은 낮고 순하다는 뜻이다.」 윤씨(尹氏)가 말했다. 「군자의 몸가짐은 변하면 안 된다. 말에 있어, 때로 화를 피하기 위하여, 할 말을 다하지 못하는 수도 있다.」 「그러나 나라를 다스리는 임금이 선비로 하여금 말을 낮게 하기를 강요하면 어찌 나라가 위태롭지 않겠는가.」

[위언위행(危言危行)]

나라를 다스리는 임금이나 신하는 다 절대선의 천도(天道)를 따라야 한다. 그러므로 임금을 보필하는 신하도 천도를 굳게 지키고, 또 행동해야 한다. 여기서 말하는 「위(危)」는 「도를 지키고 높은 자세로 강직하게 한다」는 뜻이다.

14-5 : 경문 한글 풀이

공자가 말했다. 「덕 있는 사람은 반드시 도에 맞는 말을 한다. 그러나 말 잘하는 사람이 다 덕이 있는 것은 아니다. 인자는 반드시 용감하게 행한

다. 그러나 용감한 사람이 다 인자는 아니다.」

子曰 有德者必有言 有言者不必有德 仁者必有勇 勇者不必有仁.

[어구 설명] ㅇ有德者必有言(유덕자필유언) : 덕 있는 사람은 반드시 도에 맞는 좋은 말을 한다. ㅇ有言者不必有德(유언자불필유덕) : 말 잘하는 사람이 다 덕이 있는 것은 아니다. ㅇ仁者必有勇(인자필유용) : 인자는 반드시 용감하게 행동한다. ㅇ勇者不必有仁(용자불필유인) : 용감한 사람이 다 인자는 아니다.

[인(仁)과 삼달덕(三達德)]

(1) 인심(仁心)에서 우러나오는 인덕(仁德)은 아름다운 언행(言行)으로 나타난다. 고로 말이나 행동이 도에 맞고 좋게 마련이다.

(2) 맹목적으로 혈기(血氣)에서 솟아나는 육체적 폭력만을 휘두르는 자에게는 인덕이나 정의(正義)가 없다. 국가의 정치도 마찬가지다. 인심을 바탕으로 하면 인정덕치(仁政德治)가 된다. 탐욕이나 폭력을 바탕으로 하면 포악하고 무도한 학정(虐政)이 된다.

(3) 「인자(仁者)는 인심(仁心)을 바탕으로 만민 만물(萬民萬物)을 사랑하고 양육하는 사람이다.」 인자는 「지(知)·인(仁)·용(勇)」의 삼달덕(三達德)을 갖추어야 한다. 지(知)는 곧 절대선의 도를 알고 실천함이다. 인(仁)은 큰 인의 핵심이 되는 사랑이다. 용(勇)은 정의(正義)의 실천력이다. 도의나 정의에 어긋나는 나쁜 짓을 무모하게 행하는 짓은 진정한 용기가 아니다.

(4) 동물적 이기심(利己心)을 채우기 위해 무모하게 폭력을 행사하는 자는 「악덕한 폭도」다. 그런 자는 용기 있는 자가 아니다. 무식한

폭도다.

(5) 오늘의 세계는 「무력과 권모술수 및 거짓말」을 바탕으로 정치를 하고 있다. 이러한 현상을 방무도(邦無道)라고 한다. 참다운 지식인 군자는 무도한 나라에 참여해서도 안 되고, 특히 녹을 먹으면 안 된다. 범죄에 가담하면 안 된다.

(6) 「인(仁)」에는 큰 인과 작은 인이 있다. 「지(知)·인(仁)·용(勇) 삼달덕(三達德)」의 하나인 「인」은 「작은 인」이다. 「큰 인」은 공자 사상의 핵심이 되는 최고의 덕목이다. 즉 「효제충신(孝悌忠信)」 「인의예지(仁義禮智)」 「온화공경(溫和恭敬)」 「근검절약(勤儉節約)」이 다 포함된다.

14-6 : 경문 한글 풀이

[1] 노나라 대부 남궁괄이 공자에게 물었다. 「예(羿)는 활을 잘 쏘고, 오(奡)는 배를 흔들 만큼 힘이 강했으나, 그들은 모두 제 명에 죽지 못했지요. 그러나 우(禹)와 직(稷)은 스스로 농사를 짓고 일을 했으나, 나중에는 천하를 얻었지요.」

[2] 공자는 대답을 하지 않다가, 남궁괄이 나간 다음에 말했다. 「저런 사람이 참으로 군자로다. 저런 사람이 참으로 덕을 존중하는 사람이다.」

[1] 南宮适 問於孔子曰 羿善射 奡盪舟 俱不得其死 然禹稷躬稼而有天下. [2] 夫子不答 南宮适出 子曰 君子哉 若人 尙德哉 若人.

[어구 설명] ○南宮适(남궁괄) : 노(魯)나라의 대부, 자는 자용(子容), 남용(南容)이라고도 한다. <제5. 공야장편-2, 제11. 선진편-6> ○羿(예) : 신화에 나오는 명궁(名弓). 하(夏)나라 임금을 죽이고 왕위를 찬탈했다. 그러나 제자 한착(寒浞)에게 피살되었다. ○奡(오) : 한착의 아들로, 큰 배를 흔들어 엎을 만큼 힘이 강했다. 그러나 그도 하나라 임금 소강(少康)에게 피살되었다. ○禹(우) : 하(夏)나라의 시조. 치수(治水)의 공을 세워, 순(舜)임금으로부터 천하를 선양(禪讓)받았다. ○稷(직) : 주(周)나라의 선조로, 농사를 지어 백성들을 잘살게 해주었다. 후손이 문왕(文王), 무왕(武王)이다.

[남궁괄(南宮适)의 말]

무력으로 나라를 찬탈한 자는 제 명에 죽지 못한다. 그러나 몸소 고생하고 남을 잘살게 하는 사람은 천하를 얻을 것이다. 이런 원칙을 남궁괄(南宮适)이 신화를 인용해서 말했다. 그리고 은근히 당시에 무력을 휘두르는 자들을 후예(后羿)나 한착(寒浞)에 비유하고, 공자(孔子)를 하우왕(夏禹王)이나 주문왕(周文王)에 비유했다. 그래서 공자가 나중에 그를 칭찬한 것이다. <*「고대중국의 인간상, 고대중국의 제왕학」 명문당 간행 참고>

14-7 : 경문 한글 풀이

공자가 말했다. 「군자로서 어질지 못한 사람이 있을 수는 있다. 그러나 소인이면서 어질게 하는 사람은 절대로 없다.」

子曰 君子而不仁者 有矣夫 未有小人而仁者也.

[참고 주소 선역]

사씨(謝氏)가 말했다. 「군자는 인(仁)에 뜻을 둔다. 그러나 잠시 소홀한 사이에 인심(仁心)이 흩어져 인하지 않는 것을 면하지 못할 수도 있다.」

[군자(君子)와 소인(小人)]

군자도 수양에 따라 등급이 다양하게 마련이다. 어쩌다가 방심(放心)할 수도 있다. 소인은 「이기적·동물적 욕심을 바탕으로 권력과 재물만을 쟁취하려고 한다.」 그러므로 소인에게는 절대로 인심(仁心)도 인덕(仁德)도 있을 수 없다.

14-8 : 경문 한글 풀이

공자가 말했다. 「사랑한다고 힘든 일을 안하게 할 수 있겠느냐. 충성한다면서 바르게 가르치지 않을 수 있겠느냐.」

子曰 愛之 能勿勞乎 忠焉 能勿誨乎.

[참다운 사랑과 충성]

(1) 상대를 훌륭한 사람이 되게 하는 것이 사랑이다. 자식을 사랑하기 때문에 힘든 공부나 일을 하게 한다. 공부도 일도 하지 않으면 결국 자식을 폐인이 되게 한다. 충성(忠誠)의 뜻도 바르게 알자.

(2) 충성한다는 것은 상대방이 도를 따라 착한 삶을 살게 깨우치고 협조하는 실천적인 덕행이다. 상대방이 무도한 짓을 하는데 맹목적으로 부화뇌동(附和雷同)하는 것은 충성이 아니다. 그러므로 임금

이 잘못하면 정성껏 충간(忠諫)해야 한다. 친구나 붕우가 잘못하면 성실하게 타이르고 깨우쳐서 바른 길을 가게 해야 한다.

14-9 : 경문 한글 풀이

공자가 말했다. 「정나라에서는 사령을 작성할 때, 비심이 초안을 잡고, 세숙이 내용을 검토하고, 외교관 자우가 문장을 수정하고, 동리의 자산이 윤색했다.」

子曰 爲命 裨諶草創之 世叔討論之 行人子羽脩飾之
東里子産潤色之.

[어구 설명] ○爲命(위명) : 「위(爲)」는 작성한다. 「명(命)」은 다른 나라 제후(諸侯)에게 보내는 사명(辭命), 즉 외교문서. ○裨諶(비심) : 정나라의 대부. ○草創之(초창지) : 초안을 잡는다. ○世叔(세숙) : 정나라의 대부, 유길(游吉). ○討論之(토론지) : 내용을 검토하고 심의한다. ○行人子羽(행인자우) : 「행인(行人)」은 외교관. 자우(子羽)는 대부. 공손휘(公孫揮). ○脩飾之(수식지) : 문장을 잘 꾸민다. ○東里子産(동리자산) : 동리에 사는 자산. ○潤色之(윤색지) : 아름답게 윤색한다.

[참고 주소 선역]

「비심(裨諶) 이하, 네 사람은 다 정나라의 대부다.」「초(草)는 대략의 뜻이다.」「창(創)은 초고를 만든다는 뜻이다.」「세숙(世叔)은 유길(游吉)이다. 춘추전(春秋傳)에는 자대숙(子大叔)이라 했다.」「토(討)는 더욱 연구한다. 논(論)은 논의(論議)한다는 뜻이다.」「행인(行人)은 사신을 담당하는 관리다.」「자우(子羽)는 공손휘(公孫揮)다.」「수식(修飾)은 글을 보충하거나 삭제한다는 뜻이다.」「동리(東里)는 지명으로 자산(子産)이 사는 곳이다.」「윤색(潤色)은 <글을> 아름답게 다듬는다는 뜻이다.」「정(鄭)나라에서는 외교사령(外交辭令)을 작성할 때, 반드시 이들 네 명의 현인(賢人)을 거쳐 작성했다.」「자세히 살피고 정밀하게 생각하고, 각자의 장점을 다 발휘했다.」「그래서 <다른 나라> 제후들과 응대할 때에, 실수하는 일이 거의 없었다.」「공자가 이를 말한 것은 대략 <그들의 처사를> 좋게 여긴 것이다.」

[정(鄭)나라의 외교사령(外交辭令)]

(1) 자산(子産)은 정(鄭)나라의 대부이자 현상(賢相)이다. 정나라는 강대국 진(晉)나라와 초(楚)나라 사이에 끼어있는 약소국이었다. 그러므로 자산은 주변 국가와의 외교 친선에 힘을 기울였다. 그 한 예가 「외교사령」을 빈틈없이 아름답게 작성하는 것이었다. 그래서 「책략을 잘 세우는 비심(裨諶), 박학하고 글을 잘 짓는 세숙(世叔), 능숙한 외교 사신인 자우(子羽) 및 자신의 최종적인 윤색을 거쳤던 것이다.」

(2) 외교사령은 나라의 학문 사상을 대표하는 문화의 결정이다. 공자도 자산을 높이 평가했다. <제5. 공야장편-16>

14-10 : 경문 한글 풀이

어떤 사람이 자산에 대해서 묻자, 공자가 말했다.

「그는 은혜로운 사람이다.」 자서에 대해 묻자, 공

자가 말했다. 「그저그렇다.」 관중에 대해서 묻자,
공자가 말했다. 「정치적 수완이 있는 사람이다.
그가 백씨의 병읍 3백호를 몰수했으나, 백씨는
가난에 빠져 거친 음식을 먹다가 죽었으나, 원망
하는 말을 못했다.」

或問子産 子曰 惠人也. 問子西 曰 彼哉 彼哉. 問管仲
曰 人也 奪伯氏騈邑三百 飯疏食 沒齒 無怨言.

[어구 설명] ○子産(자산) : 바로 앞에 나옴. <제5. 공야장편-16>
○子西(자서) : 초(楚)나라 공자 신(申). 소왕(昭王)의 동생으로 영
윤(令尹)을 지냈다. ○管仲(관중) : 제(齊)나라의 대부로 명상(名
相). <제3. 팔일편-22> ○人也(인야) : 「뛰어난 정치인」이라는 뜻.
○奪伯氏 騈邑三百(탈백씨 병읍삼백) : 「백씨(伯氏)」는 제(齊)나라
의 대부, 이름은 언(偃). 「병읍(騈邑)」은 지명, 「삼백(三百)」은 3백
호(戶)가 있는 땅. 백씨의 죄를 물어, 관중이 그의 땅을 몰수했다.
○飯疏食(반소사) : 거친 음식을 먹고살다. ○沒齒(몰치) : 수명을
다하고 죽을 때까지. ○無怨言(무원언) : 관중에 대해서 원망의 말
을 못했다.

[참고 주소 선역]

(1) 「자산(子産)의 정치 방식은 관대한 것은 아니었다. 그러나 그의
마음은 한결같이 사람을 사랑하는 것을 주로 했다.」 「고로 공자가
그를 은혜로운 사람이라고 말한 것이다. 중점을 들어 말한 것이다.」
(2) 「자서(子西)는 초(楚)나라 공자(公子) 신(申)이다.」 「그는 능히
초나라의 임금자리를 양보하고, 소왕(昭王)을 세워 나라의 기강과

정치를 개혁할 수 있었으므로, 역시 현명한 대부였다.」「그러나 그는 임금에게 참월(僭越)하게 한다는 <나쁜 평판을> 고치지 못하고 <멋대로 간섭했다.>」「소왕이 공자를 등용하려 하자 다시 가로막았다.」「그후, 마침내 백공(白公)을 불러들여 화란을 일게 했으니, 그의 인간됨을 알 수 있다.」피재(彼哉)」는 「외면하고 무시한다는 뜻이다.」<좌전 소공(昭公) 26년, 좌전 애공(哀公) 16년>

(3) 「인야(人也)」는 「그 사람이란 뜻이다.」「백씨(伯氏)는 제(齊)나라의 대부(大夫)이다.」「병읍(騈邑)은 지명이다.」「치(齒)는 연령(年齡)의 뜻이다.」「아마 제나라의 임금 환공(桓公)이 백씨의 토지를 몰수하고 관중(管仲)에게 주었을 것이다.」「백씨는 자기의 죄를 알고, 또 관중의 공(功)에 심복(心腹)했으므로 <자신이> 궁핍하고 쫓겨도 죽을 때까지 원망하지 않았을 것이다.」「순경(荀卿)이 말하는 바,『호적(戶籍)에 적힌 사(社) 3백을 주어도 거절하는 부자가 없다』고 한 것이 바로 이 같은 것이다.」<* 서사(書社)는 호적에 적혀 있는 사(社). 1사는 25가(家)를 묶은 지역사회의 뜻이다. 서사 삼백(書社三百)은 7,500가(家)를 통합한 넓은 지역사회다. 순자 중니편(荀子 仲尼篇)

「어떤 사람이 물었다.『관중과 자산은 누가 더 좋습니까』주자가 대답했다.『관중의 덕은 재능을 능가하지 못하고, 자산의 재능은 덕을 능가하지 못했다. 그리고 두 사람 다 성인의 학문에 대해서는 대체로 알지 못했을 것이다』」

[인물평(人物評)]

공자가 정(鄭)나라의 자산(子産), 초(楚)나라의 자서(子西) 및 제

(齊)나라의 관중(管仲) 등, 세 사람을 평했다. 「자산은 은혜로운 사람이다.」 『자서는 외면하고 말하지 않았다.」 『관중에 대해서는 『유능한 정치인이다』라고 말했다.」 <* 자산 : 제5. 공야장편-16, 제14. 헌문편-9 * 관중 : 제3. 팔일편-22, 제14. 헌문편-10>

<u>14-11 : 경문 한글 풀이</u>

공자가 말했다. 「가난하면서 원망하지 않기는 어렵지만, 부자로 살면서 교만하지 않기는 쉽다.」

子曰 貧而無怨 難 富而無驕 易.

[참고 주소 선역]

「가난하고 부족한데 원망하지 않기는 어렵다. 부자로 살면서 교만하지 않기는 용이하다. 그것이 사람의 상정(常情)이다. 그러나 사람은 마땅히 어려움을 극복하는 데 힘써야 하며, 용이한 일도 소홀히 해서는 안 된다.」

[인지상정(人之常情)]

(1) 가난하고 쪼들리면 원망하기 쉽다. 부귀를 누리면 자만(自慢)하기 쉽다. 속인들의 상정(常情)이다. 「허나 가난하면서 원망하지 않기는 어렵다.」 「그러나 부자로 살면서 교만하지 않기는 쉽다.」

(2) 마음으로 할 수 있다. 한 단계 높은 경지를 「제1. 학이편-15」에서 자공(子貢)과 공자가 다음같이 말을 주고받았다. 「가난해도 아첨하지 않고, 부유해도 교만하지 않으면 어떻겠습니까.(貧而無諂 富而無驕 何如)」 「그러나 가난하면서 도를 즐기고, 부유하면서 예

를 좋아하는 사람만은 못하다.(未若貧而樂 富而好禮者也)」

14-12 : 경문 한글 풀이

공자가 말했다.「맹공작은 조나 위 같은 세도가의 가신이 되면 잘할 것이다. 그러나 등이나 설 같은 작은 나라의 대부가 되면 안 될 것이다.」

子曰 孟公綽 爲趙魏老則優 不可以爲滕薛大夫.

[어구 설명] ㅇ孟公綽(맹공작) : 노나라의 대부. 그를 과욕(寡慾)하고 유덕(有德)하다고 칭찬했다. 행정 능력은 높이 평가하지 않았다.

[맹공작(孟公綽)]

사기 중니제자열전에, 공자가 존경한 사람이라고 했다. 공자보다 전 시대의 노나라 대부다. 그는 몸가짐이 점잖고, 또 야심이나 욕심이 거의 없었다. 그러므로 조(趙)나라나 위(魏)나라 같은 큰 나라에서는 실질적인 일은 현재(賢才)에게 맡기고, 자기는 일 없이 살 수 있었을 것이다. 그러나 잡다한 일이 많은 등(滕)나라나 설(薛)나라 같은 작은 나라에서는 견디기 어려울 것이라고 평한 것이다.

14-13 : 경문 한글 풀이

[1] 자로가 인격완성에 대해 묻자 공자가 말했다. 「장무중 같은 지혜와, 맹공작 같은 청렴과, 변장자 같은 용감성과, 염구 같은 재주를 갖추고, 또 예악으로 문화적으로 가꾸면 인격완성이라 할 수

있다.」

[2] 공자가 말했다.「그러나 오늘의 인격완성은 반드시 그렇게 하지 않아도 된다. 이득을 보면 의를 생각하고, 위급할 때에는 생명을 바치고, 오래된 약속이라도 평생 잊지 않으면 인격완성이라 할 수 있다.」

[1] 子路 問成人 子曰 若臧武仲之知 公綽之不欲 卞
莊子之勇 冉求之藝 文之以禮樂 亦可以爲成人矣.
[2] 曰 今之成人者 何必然 見利思義 見危授命 久要
不忘平生之言 亦可以爲成人矣.

[어구 설명] ○成人(성인) : 여기서는 인격완성의 뜻. ○若臧武仲之
知(약장무중지지) : 장무중(臧武仲) 같은 지혜. 장무중은 노나라의
대부 장손흘(臧孫紇). 문중(文仲)의 손자, 선숙(宣叔)의 아들로, 박
학다식했다. ○公綽之不欲(공작지불욕) : 맹공작(孟公綽) 같은 과
욕(寡慾). <앞장에 나왔다.> ○卞莊子之勇(변장자지용) :「변(卞)」
은 노나라의 읍명(邑名), 즉「변읍에 사는 장자(莊子)」라는 뜻. 그
는 용감했다. ○冉求之藝(염구지예) : 염구는 다재다능(多才多能)
했다. <제6. 옹야편-8> ○文之以禮樂(문지이례악) : 예와 악으로
써 문채(文彩)를 내게 한다. 즉 더욱 문화적으로 세련되게 한다.
○亦可以爲成人矣(역가이위성인의) : 역시 인격완성이라 하겠다.
○見利思義(견리사의) : 이(利)를 보면, 의(義)를 생각한다. ○見危
授命(견위수명) : 위급할 때에는 생명을 바치고 구한다. ○久要
(구요) : 오래된 약속. ○平生之言(평생지언) : 평생을 두고 자기가

한 말.

[성인(成人)의 조건]

(1) 성인(成人)은 인격을 완성한 사람, 즉 「인격완성자(人格完成者)」이다. 이 장에서 공자는 인격을 완성하는 바탕을 「지(知), 불욕(不欲), 용(勇), 예(藝)를 들고, 다시 예악(禮樂)으로 문화적으로 빛을 내게 해야 한다고 말했다.」 최고의 성인(成人)은 곧 성인(聖人)이다. 일반적으로는 인자(仁者)라고 한다. 인자는 「삼달덕(三達德), 즉 지(知)·인(仁)·용(勇)」을 갖추어야 한다. 알기 쉽게 거듭 말하겠다. 「인격을 완성한 군자 지식인」은 「지혜(知慧), 과욕(寡慾), 용기(勇氣), 재능(才能)을 갖추고, 아울러 예악으로써 문채(文彩)를 나게 해야 한다.」 오늘의 말로 하면 「진(眞)·선(善)·미(美)」와 「지(知)·인(仁)·용(勇)」을 겸비해야 한다. 그리고 예를 따라 질서를 바로잡고, 악(樂)으로 화락(和樂)해야 한다. 예는 성(性)을 순화하고, 악(樂)은 정(情)을 미화한다. 예악은 법령이나 형벌에 앞서 문화적으로 인간을 아름답고 바르게 승화시킨다.

<* 오늘의 사람들은 금전(金錢), 물질(物質), 과학 기술(科學技術), 무력(武力)만을 높이고, 사리사욕(私利私慾)만을 채우려고 한다. 그래서 사회, 국가 및 세계가 혼란하고 위기에서 허덕이고 있다.>

(2) 윤리 도덕 교육을 부흥하고 개인적으로는 인격을 완성하고, 국가적으로는 「효제(孝弟), 충신(忠信), 인의(仁義)」를 높이고 실천하는 도의사회(道義社會)를 재건해야 한다.

(3) 인정(仁政)과 덕치(德治)를 실현하기 위해서는 사람들이 먼저 사람다워야 한다. 혹심한 이기주의(利己主義), 무력주의(武力主義)

및 물질주의(物質主義)를 극복하고 대의명분(大義名分)과 윤리 도덕을 존중하는 선량한 문화인이 되어야 한다.

14-14 : 경문 한글 풀이

[1] 공자가 공명가에게 공숙문자에 대해서 물었다.「정말인가요. 공숙문자는 말이 없고, 웃지 않고, 재물을 취하지 않는다고 하는 말이 〈사실인가요.〉」

[2] 공명가가 대답했다.「말을 전한 사람이 지나쳤습니다. 공숙문자는 반드시 말할 때에 말했으므로 남들이 그의 말을 싫어하지 않았습니다. 또 참으로 즐거울 때에 웃었으므로 남들이 그의 웃음을 싫어하지 않았습니다. 또 언제나 의롭다는 것을 안 후에 재물을 취했으므로 남들이 그가 가져도 싫어하지 않았습니다.」

[3] 공자가 말했다.「과연 그러할까. 참으로 그러했을까.」

[1] 子問 公叔文子 於公明賈 曰 信乎 夫子 不言 不笑 不取乎. [2] 公明賈 對曰 以告者過也 夫子時然後言 人不厭其言 樂然後笑 人不厭其笑 義然後取 人不厭其取. [3] 子曰 其然 豈其然乎.

[어구 설명] ㅇ公叔文子(공숙문자) : 위(衛)나라의 대부. 공손발(公

孫拔), 또는 공손지(公孫枝)라고도 한다. 「문(文)」은 시호(諡號).
○公明賈(공명가) : 위나라 사람. 자세히는 모른다.

[지나친 칭찬]

공자가 위(衛)나라 대부(大夫) 공숙문자(公叔文子)의 인품을 역시 위나라 사람 공명가(公明賈)에게 물었다. 그러자 공명가가 지나치게 칭찬했다. 그 정도가 너무 지나쳐서 공자가 의아하게 여기고 「과연 그러할까.」 했던 것이다.

14-15 : 경문 한글 풀이

공자가 말했다. 「장무중이 방읍을 거점으로 하고, 자기 후계자를 세우겠다고 노나라 〈임금에게〉 요청했다. 비록 임금에게 강요하지 않았다고 말하지만 나는 믿지 않는다.」

子曰 臧武仲 以防 求爲後於魯 雖曰不要君 吾不信
也.

[어구 설명] ○臧武仲(장무중) : 앞의 13장에 나왔다. 노나라 대부로 지혜나 지략에 뛰어났다.

[장무중(臧武仲)에 대한 평]

노(魯)나라 대부 장무중이 죄를 짓고 제(齊)나라로 도망가면서, 자기의 영읍(領邑) 방읍(防邑)의 후계자를 자신이 정하겠다고 임금에게 강요했다. 이에 대해서 공자는 그를 「임금을 협박한 자」라고 평했다. 이런 평이 곧 난신적자(亂臣賊子)를 벌주려는 춘추필법(春

秋筆法)이라 하겠다.

14-16 : 경문 한글 풀이

공자가 말했다. 「진나라 문공은 사계(邪計)를 쓰고 바르지 못했으며, 제나라 환공은 바르고 사계를 쓰지 않았다.」

子曰 晉文公 譎而不正 齊桓公 正而不譎.

[어구 설명] ○晉文公(진문공) : 진(晉)나라의 문공(文公). 춘추시대의 두 번째 패자(覇者)다. ○譎(휼) : 사계(邪計)를 쓰다. ○齊桓公(제환공) : 제나라의 환공(桓公). 춘추시대의 첫 번째 패자다.

[진문공(晉文公)]

(1) 춘추시대(春秋時代) 초기의 진(晉)나라 임금은 헌공(獻公)이다. 헌공은 부인이 많았다. 그러나 첫째 부인 가씨(賈氏)는 소생이 없었다. 다른 부인 제강(齊姜)이 낳은 아들인 신생(申生)을 태자(太子)로 삼았다. 헌공은 다시 이적(夷狄)의 자매를 동시에 아내로 삼았다. 그래서 언니는 아들 중이(重耳)를 낳고, 동생은 아들 이오(夷吾)를 낳았다. 그후 헌공은 다시 여융(驪戎)이란 나라를 치고, 여비(驪妃)와 그녀의 동생을 함께 아내로 삼았다. 그때가 B.C. 672년이다. <공자 출생 전이다.>

(2) 그런데 여비는 보통 여자가 아니었다. 자기 아들 해제(奚齊)를 낳자, 그를 임금이 되게 하기 위하여 음흉하고 간악한 모략을 다양하게 썼다. 그래서 태자 신생은 죽고, 중이와 이오는 오랫동안 외국에서 고생했다. 그리고 수십 년이 지나 중이가 진나라 임금이 되었

다. 그가 바로 진문공(晉文公)이다. 그때 그의 나이는 이미 60세를 넘었다. <* 진문공이 방랑하고 고생할 때, 개자추(介子推)가 충성했다.>

14-17 : 경문 한글 풀이

[1] 자로가 물었다. 「환공이 공자 규를 살해하자, 소홀은 규를 따라 죽었으나, 관중은 죽지 않았으니, 어질지 못하다 하겠습니까.」

[2] 공자가 말했다. 「환공이 제후들을 규합하는데 병차(兵車) 같은 무력을 사용하지 않은 것은 관중의 힘이었다. 그러니 역시 어질다고 하겠다, 역시 어질다고 하겠다.」

[1] 子路曰 桓公殺公子糾 召忽死之 管仲不死 曰未仁乎. [2] 子曰 桓公 九合諸侯 不以兵車 管仲之力也 如其仁 如其仁.

[어구 설명] ○桓公(환공) : 제(齊)나라 임금(B.C. 685~643년 재위). 현상(賢相) 관중(管仲)이 보필하여 그를 패자(覇者) 되게 했다. ○殺公子糾(살공자규) : 공자 규(糾)를 죽이다. ○召忽死之(소홀사지) : 공자 규의 보좌역의 한 사람인 소홀(召忽)은 순사(殉死)했다. ○管仲不死(관중불사) : 관중도 소홀과 같이 공자 규의 후견인이었다. 그러나 그는 죽지 않고 살아남았다. ○未仁乎(미인호) : 어질지 않은가요. ○桓公九合諸侯(환공구합제후) : 환공이 천하의 모든 제후들을 규합하고 <패자가 되었다.> ○不以兵車(불이병차) : 병차,

즉 무력을 쓰지 않은 것. ㅇ管仲之力也(관중지력야) : 관중의 힘
이다. ㅇ如其仁(여기인) : 그러한 일은 인(仁)과 같다. <*「고주(古
注)」는「누가 그의 인을 따르랴」로 풀기도 한다.>

[참고 주소 선역]

(1) 춘추전(春秋傳)에 다음같이 있다.「제(齊)나라 양공(襄公)은
무도했다.」「포숙아(鮑叔牙)는 공자 소백(小白)을 받들어 모시고
거(莒)로 피했다.」「그후 무지(無知)가 양공을 죽였다.」「관이오(管
夷吾 : 管仲)와 소홀(召忽)은 공자 규(糾)를 받들어 모시고 노(魯)
나라로 망명했다.」「노나라는 <공자 규를> 받아들였다.」<무도한
양공이 죽자 두 공자(公子), 즉 규와 소백이 앞다투어 제나라로
돌아가서 자리에 오르려고 서로 다투었다.>「규가 이기지 못했으
며, 소백이 제나라로 들어가 <자리에 올랐다.> 그가 바로 환공(桓
公)이다.」「환공은 노나라로 하여금 공자 규를 죽이게 했다.」「한편
<환공은 노나라에게> 관중(管仲)과 소홀(召忽)을 압송(押送)할
것을 청했다.」「이에 소홀은 자결해 죽었다.」「<그러나 관중은 죽
지 않고> 자기를 잡아 가두라고 자청했다.」「한편 포숙아(鮑叔牙)
는 환공에게 관중을 재상(宰相)으로 등용해 쓰라고 말했다.」「<이
와 같은 역사적 사실을 놓고> 자로(子路)는 의아하게 여겼다.」즉
「관중은 자기가 섬기는 공자 규를 잊고, <반대로> 원수가 되는
공자 소백을 섬기고 <재상이 되어> 일을 했다.」「<이러한 처사
는> 마음이 모질고 도리를 해치는 것이라, 인이 될 수 없다.」<라
고 의아하게 여긴 것이다.>

(2)「구(九)」를 춘추전(春秋傳)에는 규(糾)라고 썼다. 바르게 감독

한다는 뜻이다. 고자(古字)는 통했다.」「불이병차(不以兵車)는 무
력적 위엄을 빌리지 않았다는 뜻이다.」「여기인(如其仁)」은 「누가
그와 같은 인자일까라는 뜻을 말한 것이다.」「거듭 두 번 말한 것은
깊이 인정한 것이다.」「허기는 관중이 비록 인인(仁人)은 될 수
없어도, 그의 이택(利澤)이 사람에게 미쳤으므로, 인의 공이 있는
것이다.」

14-18 : 경문 한글 풀이

[1] 자공이 말했다. 「관중은 비인도적인 사람이 아
니겠습니까. 환공이 공자 규를 죽였는데, 따라 죽지
않았을 뿐더러, 도리어 환공을 도왔으니까요.」

[2] 공자가 말했다. 「관중은 환공의 재상으로 그
를 도와 패자로 만들고, 또 천하를 크게 바로잡았
다. 그리하여 오늘에 이르도록 그의 혜택을 입고
있는 것이다. 만약 관중이 아니었더라면 우리들
도 머리를 풀고 오랑캐 옷을 입었을 것이 아니겠
느냐. 그 어찌 관중의 태도가 볼 것 없는 남녀들이
작은 절개를 지킨다고 스스로 목매어 개천 속에
서 아무도 모르게 개죽음하는 것과 같겠느냐.」

[1] 子貢曰 管仲 非仁者與 桓公 殺公子糾 不能死 又
相之. [2] 子曰 管仲 相桓公 霸諸侯 一匡天下 民到于
今 受其賜 微管仲 吾其被髮左衽矣 豈若匹夫匹婦之

爲諒也 自經於溝瀆而莫之知也.

[환공(桓公)과 관중(管仲)]

B.C. 698년 : 희공(僖公=釐公)이 죽었다. 태자 제아(諸兒)가 자리에 올라, 양공(襄公)이라 했다. 양공의 큰동생이 규(糾), 작은동생이 소백(小白)이다.

B.C. 694년 : 양공은 무도했으며, 노(魯)나라의 임금 환공(桓公)을 죽였다.

B.C. 686년 : 제나라에 반란이 일어나고 양공이 살해되었다. 이에 외국에 망명중이던 규와 소백이 임금자리를 놓고 다투었다. 규의 후견인은 관중(管仲)이고, 소백의 후견인은 포숙아(鮑叔牙)였다.

B.C. 685년 : 관중은 거(莒)에서 달려오는 소백을 활로 쏘았다. 그러나 소백은 죽지 않고 살아서 먼저, 제나라에 와 왕의 자리에 올랐다.

한편 소백을 죽였다고 믿었던 규와 관중은 뒤늦게 노나라에서 돌아왔다. 그러나 어찌 된 일인가. 소백이 먼저 와서 자리에 올라 있었다. 임금이 된 소백은 노나라에 청하여 자기 형 규를 처형하게 했다. 그리고 관중과 소홀(召忽)을 압송하라고 명했다. 이에 소홀은 자결했다. 그러나 관중은 죽지 않았다. 한편 관중의 친구이자 어려서부터 소백의 후견인이었던 포숙아의 말을 듣고 마침내 환공은 관중을 죽이지 않고 재상에 등용했다. 이에 관중은 환공을 춘추시대의 첫번째 패자로 만들고, 또 세상을 바르게 잘 다스렸다. 공자는 여기서 「제후를 규합하고 일광천하(糾合諸侯 一匡天下)했다.」고 칭찬했다. <제3. 팔일편-22, 제14. 헌문편-10, 17>

14-19 : 경문 한글 풀이

공숙문자의 가신인 대부 선이 공숙문자의 추천으로 같이 조정의 신하가 되었다. 공자가 듣고 말했다. 「가히 시호를 문(文)이라고 할 만하다.」

公叔文子之臣 大夫僎 與文子 同升諸公 子聞之 曰 可以爲文矣.

[어구 설명] ○公叔文子(공숙문자) : 위(衛)나라 대부. 14장 참조. ○僎(선) : 공숙문자의 가신(家臣). ○與文子(여문자) : 공숙문자와 같이. ○同升諸公(동승제공) : 같이 공조(公朝), 즉 조정(朝廷)에 오르게 되었다. ○子聞之(자문지) : 공자가 그 말을 듣고. ○可以爲文矣(가이위문의) : 문이라 시호를 붙일 만하다.

[공숙문자(公叔文子)]

자기의 가신을 추천해서 대부가 되게 하고, 또 함께 공조(公朝)에 오르게 한 공숙문자를 칭찬했다. <제14. 헌문편-14> <* 집주(集註)의 「순리성장(順理成章)」을 대전주소(大全註疏)는 다음같이 풀었다. 「능력이 있는 선(僎)을 천거한 것은 순리(順理)다. 미천한 선(僎)을 높인 것은 성장(成章)이다.」>

14-20 : 경문 한글 풀이

[1] 공자가 위나라 영공의 무도함을 말하자 계강자가 되물었다. 「그런데 왜 자리를 잃지 않습니까.」

[2] 공자가 말했다. 「중숙어가 빈객을 접대하고, 축타가 종묘를 잘 모시고, 왕손가가 군대를 잘 다스리니 어찌 그가 자리를 잃겠습니까.」

[1] 子言 衛靈公之無道也 康子曰 夫如 是 奚而不喪.
[2] 孔子曰 仲叔圉 治賓客 祝鮀 治宗廟 王孫賈 治軍旅 夫如是 奚其喪.

[어구 설명] ○衛靈公之無道(위령공지무도) : 위(衛)나라의 영공이 무도하다. ○康子(강자) : 계강자(季康子). <제2. 위정편-20> ○夫如是(부여시) : 그렇게 무도한데. ○奚而不喪(해이불상) : 어찌해서 임금 자리를 잃지 않느냐. ○仲叔圉治賓客(중숙어치빈객) : 중숙어(仲叔圉)가 빈객을 잘 접대한다. 즉 외교를 잘 다스린다. 중숙어는 위나라 대부 공문자(孔文子). <제5. 공야장편-15> ○祝鮀治宗廟(축타치종묘) : 축타(祝鮀)가 종묘를 잘 모신다. 선조신(先祖神)의 보호를 받는다. 축타는 위나라의 가신. <제6. 옹야편-16> ○王孫賈治軍旅(왕손가치군려) : 왕손가(王孫賈)가 군대를 잘 다스리고 통솔한다. 왕손가도 위나라의 가신. <제3. 팔일편-13>

[참고 주소 선역]

(1) 「중숙어(仲叔圉)는 곧 공문자(孔文子)다.」「세 사람은 다 위(衛)나라의 신하다. 비록 반드시 현인은 아니었으나 재능은 쓸 만했다. 그래서 영공(靈公)이 쓰고, 저마다의 재능에 합당하게 했다.」
(2) 윤씨(尹氏)가 말했다. 「위령공(衛靈公)은 무도하여, 의당 자리를 잃어야 했다. 그러나 이들 세 사람을 쓸 수 있어서 나라를 보전할

수 있었다.」「하물며 도(道)를 따르는 임금이면서 천하의 현재(賢才)들을 쓸 수 있으면 <좋지 않겠는가.>」「시경(詩經)에 있다.『이보다 더 잘하는 사람이 없으므로 사방이 다 따른다』<대아(大雅)억편(抑篇)>

[위령공(衛靈公)의 신하]

위(衛)나라의 영공(靈公)은 늙고 우매했다. 그러나 그 밑에 있는 신하들이 총명하고 유능했으므로, 그가 자리를 잃지 않고 견딜 수 있었다고 말한 것이다. 그러나 총체적으로 위나라는 공자의 기대에 어긋나는 나라였다. 특히 영공이 총애하는 남자(南子)로 인해 영공 사후에는 나라가 혼란했다.

14-21 : 경문 한글 풀이

공자가 말했다.「함부로 말하고 부끄럽게 여기지 않는다면, 행하기 어려울 것이다.」

子曰 其言之不怍 則爲之也難.

[어구 설명] ○其言之(기언지) : 함부로 말을 한다. ○不怍(부작) : 부끄럽게 여기지 않는다.「怍(부끄러워할 작)」○爲之也(위지야) : 행하다, 실천하다.

[큰소리치는 자]

사기꾼은 허튼소리를 하고도 부끄러운 줄 모른다. 남을 속이고 이득을 취하기에 바쁘기 때문이다. 나중에 탄로나고 망신당한다는 것조차 모를 정도로 무식하기 때문이다.

14 22 : 경문 한글 풀이

[1] 진성자가 간공을 시해하자 공자는 목욕하고 입조하여 애공에게 아뢰었다. 「진성자가 자기의 군주를 시해했으니 그를 토벌하십시오.」

[2] 그러나 애공은 「저들 삼가(三家)에게 말하시오.」하고 미루었다. 이에 공자가 조정에서 물러나 말했다. 「나도 대부의 말석에 있던 몸이라 고하지 않을 수가 없었다. 그런데 임금은 그들 삼가에게 말하라고 하시더라.」

[3] 그후 공자가 삼가에게 가서 말했으나 그들은 「안 된다.」고 말했다. 이에 공자는 말했다. 「나도 대부의 말석에 있던 몸이라, 고하지 않을 수가 없어 고한 것이다.」

[1] 陳成子 弑簡公 孔子沐浴而朝 告於哀公曰 陳恒弑其君 請討之. [2] 公曰 告夫三子 孔子曰 以吾從大夫之後 不敢不告也 君曰告夫三子者. [3] 之三子 告不可 孔子曰 以吾從大夫之後 不敢不告也.

[어구 설명] ○陳成子(진성자) : 성(成)은 시호다. 제(齊)나라 대부 진항(陳恒)이다. 일명 전상(田尙)이라고도 했다. ○弑簡公(시간공) : 제나라의 임금 간공(簡公)을 시해했다. 그리고 간공의 동생 평공(平公)을 앉히고 국권을 전횡(專橫)했다. ○告夫三子(고부삼자) :

삼가(三家)에게 말하고 부탁하시오.「삼가」는 곧 노나라의 정권을
가로챈「맹손(孟孫), 숙손(叔孫), 계손(季孫)」의 세 집안. ㅇ之三子
告(지삼자고) : 공자가 삼가에게 가서 고했다. ㅇ不可(불가) : 세
집은「불가」라 했다. 즉 진성자의 처벌을 반대했다.

[참고 주소 선역]

(1)「진성자(陳成子)는 제나라 대부, 이름은 항(恒)이다.」「간공(簡
公)은 제나라 임금으로 이름은 임(壬)이다.」「이와 같은 역사적 사
실이 춘추(春秋) 애공(哀公) 14년에 있다.」

(2) 정자(程子)가 말했다.「좌전(左傳)에는 공자의 말을 다음같이
적었다.『진항(陳恒)이 임금을 시해했으므로 그를 용서하지 않는
백성들이 반이나 되었다. 노나라의 민중과 제나라의 반을 합하면
이길 수 있다.』이는 공자의 말이 아니다. 참으로 이 말같이 하면
힘이지 의가 아니다.」「공자의 뜻은 그의 죄를 명분으로 바로잡고,
위로는 천자에게 고하고 아래로는 방백에게 고하여 전국적으로 그
를 명분상으로 벌하자는 것이었다.」「제나라를 이기는 것은 공자에
게는 다른 일이다.」「공자는 명분을 바로잡자는 것이다. 노나라 사
람들의 많고 적고는 헤아리지 않은 것이다.」

[대의명분을 밝히는 춘추필법]

(1) 이 사건은 춘추좌씨전(春秋左氏傳) 애공(哀公) 14년에 보인다.
당시 공자는 71세의 고령이었다. 그러나 공자는 애공에게 고해서
진항(陳恒)을 토벌하기를 바랐다. 당시 제나라의 백성들도 자기 임
금을 죽인 진항을 부당하게 여겼다. 그러므로 노나라 애공이 정의
의 깃발을 높이 들면 역적을 처치할 가능성도 있었을 것이다.

(2) 그러나 애공은 임금으로서의 권위와 주체성을 잃고 국권을 「삼가(三家)」에게 농락당하고 있었으므로 직접 나서지 못했다. 그래서 공자는 아쉬운 마음으로 말했다. 「나도 한때는 이 나라 대부의 말석에 있던 몸이라 고하지 않을 수가 없었다.(以吾從大夫之後 不敢不告也)」 한편 삼가는 역적 진씨와 내통하고 있었으므로 공자의 말이 통할 리 없었다. 공자는 알고 있었다. 그러나 국정(國政)을 바로잡아야 할 대부로서 할 말을 했다.

(3) 한편 공자의 의도는 무력으로 그를 토벌하자는 것이 아니라, 대의명분(大義名分)에 따라 모든 사람이 나서서 선악시비를 밝히자는 것이었다.

(4) 여기 나오는 진항은 원래 초(楚)나라에게 멸망된 진(陳)나라 사람이다. 그러나 제나라에서 정치적으로 세력을 얻고 성을 전(田)이라 하고 마침내는 제나라를 가로챘다. 그래서 강제(姜齊)가 전제(田齊)로 변한 것이다.

14-23 : 경문 한글 풀이

자로가 임금 섬김에 대해서 묻자, 공자가 말했다.
「속이지 말고 면전에서도 간언을 올려라.」

子路問 事君 子曰 勿欺也 而犯之.

[어구 설명] ○事君(사군) : 임금 섬기는 도리. ○勿欺也(물기야) : 속이지 말라. ○而犯之(이범지) : 면전에서도 충간하라.

<* 용기가 넘치는 자로(子路)에게 먼저 속이지 말라고 했다.>

14-24 : 경문 한글 풀이

공자가 말했다. 「군자는 위로 가서 도달하고, 소
인은 아래로 처진다.」

子曰 君子上達 小人下達.

[어구 설명] ㅇ君子上達(군자상달) : 군자는 위를 바라보고 수양하
고 나간다. 그래서 도덕(道德)이나 인의(仁義)를 달성하려고 한다.
ㅇ小人下達(소인하달) : 소인은 아래로 처져, 재물이나 육체적 쾌
락을 취하려고 한다.

[상달(上達)과 하달(下達)]

(1) 도심(道心)을 바탕으로 해야 상달(上達)할 수 있다.

(2) 나만 잘살겠다는 이기심(利己心)이나 육체적 쾌락만을 채우려
고 하면 밑으로 처진다.

14-25 : 경문 한글 풀이

공자가 말했다. 「옛날 공부하던 사람은 자기 수양
을 위해서 했다. 그러나 오늘 공부하는 사람은 남
에게 잘 보여지기 위해서 한다.」

子曰 古之學者爲己 今之學者爲人.

[어구 설명] ㅇ古之學者(고지학자) : 옛날의 글공부하던 사람. ㅇ爲
己(위기) : 자기 수양. 자신의 학문과 덕행을 높이기 위해서 공부했
다. ㅇ今之學者(금지학자) : 오늘의 글공부하는 사람은. ㅇ爲人(위

인) : 남에게 잘 보이고 쓰이기 위해서 공부를 한다는 뜻.

[인격완성(人格完成)]

군자는 도를 따라 상달(上達)한다. 이와 반대로 소인은 사리사욕과
쾌락을 추구한다. 군자는 자신의 인격완성을 위해서 학문을 배우고
자기를 수양한다. 자기 수양은 곧 사욕(私欲)을 극복하고 도를 실천
하려는 노력이다. 이와 반대되는 것이 소인이다. 소인은 돈과 쾌락
만을 위한다.

14-26 : 경문 한글 풀이

**[1] 거백옥이 공자에게 사신을 보냈다. 공자가
사신과 자리를 같이하고 물었다. 「대부 어른께서
는 무엇을 하고 계십니까.」**

**[2] 사신이 대답했다. 「우리 어른께서는 자기의
과실을 적게 하고자 애쓰시나, 잘 되지 않는 것
같습니다.」 사신이 나간 후에 공자가 말했다. 「참
훌륭한 사자로다, 훌륭한 사자로다.」**

[1] 蘧伯玉 使人於孔子 孔子與之坐 而問焉 曰 夫子
何爲. [2] 對曰 夫子欲寡其過 而未能也 使者出 子曰
使乎 使乎.

[어구 설명] ○蘧伯玉(거백옥) : 위(衛)나라의 대부. 성이 거(蘧),
이름은 원(瑗), 자가 백옥(伯玉). 현명하고 덕이 높았다.

[참고 주소 선역]

「장주(莊周)는 장자(莊子) 칙양편(則陽篇)에서 거백옥을 다음같이 칭찬했다. 『거백옥은 나이 50을 살면서, 49년 잘못했음을 알았다. (莊周稱 伯玉行年五十 而知四十九年之非)』 또 말했다. 『거백옥은 나이 60세를 살면서 60년 동안 변화했다.(玉行年六十 而六十化)』 아마 그는 덕을 높이는 공부를 늙어도 게을리하지 않았을 것이다. 이것으로 그가 도를 독실하게 실천하고, 또 빛을 높이 나타냈음을 사신만 알았을 뿐 아니라, 공자도 역시 믿었던 것이다.」

[거백옥(蘧伯玉)과 사신(使臣)]

「거백옥이 과실을 적게 하려고 애를 쓴다」고 한 말은 「군자의 도리를 지키고 있다」는 뜻이다. 그러나 「잘 안 되는 모양입니다」라고 한 말은 겸양을 표시한 말이다. 그래서 공자가 「훌륭한 사신」이라고 칭찬했다. 거백옥도 덕이 높지만, 말을 잘한 사신도 현명했다.

14-27 : 경문 한글 풀이

공자가 말했다. 「그 자리에 있지 않으면, 그 자리의 정사를 도모하지 않는다.」

子曰 不在其位 不謀其政.

[어구 설명] ○不謀其政(불모기정) : 그 자리에서 할 정사를 도모하지 않는다. <* 거듭 나왔음. 제8. 태백편-14>

14-28 : 경문 한글 풀이

증자가 말했다. 「군자는 자기 지위를 벗어나는 일

을 생각하지 않는다.」

曾子曰 君子 思不出其位.

[참고 주소 선역]

(1) 「이 말은 역경(易經) 간괘(艮卦)의 상사(象辭)이다.」「증자(曾子)가 전에 이 말을 했을 것이다.」「논어를 기술한 사람이 앞장의 말에 이어 유사한 말을 기록했을 것이다.」

(2) 범씨(范氏)가 말했다. 「모든 사물은 저마다 제자리에 있어야 비로소 천하의 도리가 바르게 선다.」「그러므로 군자의 생각도 자기의 자리를 벗어나지 않아야 한다. 그래야 군신(君臣), 상하(上下), 대소(大小)가 다 각자의 직책을 이룰 수 있다.」

[사불출기위(思不出其位)]

「임금은 임금다워야 하고, 신하는 신하다워야 한다.」 그런데 오늘의 많은 사람은 군자답게 행동하지 않고 육신적 삶만을 살고 있다. 그래서 윤리 도덕이 없어지고 인류가 위기에 빠진 것이다.

14-29 : 경문 한글 풀이

공자가 말했다. 「군자는 자기의 말이 행실보다 지나친 것을 부끄럽게 여긴다.」

子曰 君子 恥其言 而過其行.

[참고 주소 선역]

「치(恥)는 자기 말대로 다하지 못한 것을 부끄럽게 여긴다는 뜻이다.」「과(過)는 말을 지나치게 한다는 뜻이다.」

[치기언 과기행(恥其言 過其行)]

군자는 자기 말이 실천보다 과장되고 넘치는 것을 스스로 창피하게 여기고 반성한다. 그러나 소인은 처음부터 남을 속이고 세속적인 이득을 얻으려고 계획적으로 거짓말을 한다. 이러한 태도가 곧 권모술수를 농하는 악덕정치의 바탕이다.

14-30 : 경문 한글 풀이

[1] 공자가 말했다. 「군자의 도가 세 가지 있으나, 나는 하나도 제대로 못하고 있다. 인덕 있는 자는 근심하지 않고, 지혜로운 자는 미혹되지 않고, 용감한 자는 두려워하지 않는다.」

[2] 자공이 말했다. 「선생님께서 스스로를 말씀하신 것이다.」

[1] 子曰 君子 道者三 我無能焉 仁者不憂 知者不惑 勇者不懼. [2] 子貢曰 夫子自道也.

[어구 설명] ○仁者不憂(인자불우) : 인덕을 갖춘 사람은 걱정하지 않는다. ○知者不惑(지자불혹) : 바르게 알고 지혜로운 사람은 미혹되거나 망설이지 않는다. ○勇者不懼(용자불구) : 도를 터득하고 용감하게 실천하는 사람은 두렵고 무서운 것이 없다. ○夫子自道也(부자자도야) : 선생님이 자신을 말씀하신 것이다.

[군자도삼(君子道三)]

(1) 천도(天道)는 곧 우주의 이법(理法)이며 절대선(絶對善)의 도

리다. 군자는 「천인합일(天人合一)」한다. 천도를 따르고 행한다.

(2) 절대선의 천도를 바르게 알고 실천하는 지자(知者)는 미혹되고 망설이지 않는다. 만민을 사랑하고 덕을 베푸는 인자(仁者)는 근심하고 걱정할 것이 없다. 정의를 위해 용감하게 실천하는 용자(勇者)는 하늘을 대신하는 사람이라 겁나고 두려울 것이 없다. 그러므로 「지(知)·인(仁)·용(勇)」을 군자의 삼달덕(三達德)이라 한다.

(3) 「제9. 자한편-28」에는 「인자불우(仁者不憂), 지자불혹(知者不惑), 용자불구(勇者不懼)」라고 했다.

(4) 그래서 집주(集註)에서 순서가 다르다고 한 것이다. 이 장에서 공자는 「삼달덕」을 말했다. 그리고 「나는 할 수 없다.(我無能焉)」라고 했다. 그러자 자공(子貢)이 「선생님이 자신을 말씀하신 것이다.(夫子自道也)」라고 단호하게 말했다. 상호 모순이 있는 듯했으므로 집주(集註)는, 「스스로를 책망하고 남들을 면려하게 한 것이다.(自責以勉人也)」라고 어렵게 풀이했다.

14-31 : 경문 한글 풀이

자공이 사람을 비교하고 평하자, 공자가 말했다. 「사는 참으로 현명하구나. 저렇게 남들을 비교하고 평하다니. 그러나 나는 저렇게 할 틈이 없다.」

子貢方人 子曰 賜也 賢乎哉 夫我則不暇.

[어구 설명] ㅇ方人(방인) : 사람을 서로 비교하고 비평한다. ㅇ賜(사) : 자공의 이름. ㅇ不暇(불가) : <나는 저렇게> 할 틈이 없다.

[말 잘하는 자공(子貢)]

(1) 「제11. 선진편-4」에서 공자가 말했다. 「덕행(德行)에는 안연(顔淵), 민자건(閔子騫), 염백우(冉伯牛), 중궁(仲弓)이고, 언어(言語)에는 재아(宰我), 자공(子貢)이고, 정사(政事)는 염유(冉有), 계로(季路), 문학(文學)에는 자유(子游), 자하(子夏)가 뛰어났다.」

(2) 자공은 말만 잘할 뿐 아니라, 억측(臆測), 화식(貨殖) 및 인물비방(人物比方)도 잘했다. 여기서는 공자가 그의 인물비방을 억제하고자 했다. <제11. 선진편-15, 18>

14-32 : 경문 한글 풀이

공자가 말했다. 「남이 알아주지 않는 것을 걱정하지 말고, 나에게 능력 없는 것을 걱정하라.」

子曰 不患人之不己知 患其不能也.

[참고 주소 선역]

「대체로 장지(章指)가 같으면서 글도 다르지 않은 것으로 한 번 말한 것을 거듭 나오게 했다.」「글이 약간 다른 것은 여러번 말하고 여기저기 나오게 했다.」「이 장의 구절은 <논어 전체에> 네 번이나 보이며, 글도 약간 다르다.」「즉 성인 공자가 이에 대하여 거듭 말했으니, 자상하게 말하고자 한 뜻을 알 수 있다.」

<* 참고 : 제1. 학이편-1, 제4. 이인편-14, 제15. 위령공편-18. 이 장까지 도합 4장이다.>

14-33 : 경문 한글 풀이

공자가 말했다. 「남이 나를 속일까 지레 의심하지
말고, 남이 나를 불신할까 억측하지 말라. 허나
역시 남보다 먼저 깨닫고 알아야 현명하니라.」

子曰 不逆詐 不億不信 抑亦先覺者 是賢乎.

[어구 설명] ㅇ不逆詐(불역사) : 「역(逆)」은 미리 앞질러. 「사(詐)」
는 속이다. 즉 남이 속이지나 않을까 지레 의심하지 말라는 뜻.
ㅇ不億(불억) : 억측하지 말라. ㅇ抑亦(억역) : 그러나 역시.

[참고 주소 선역]

(1) 「역(逆)」은 「아직 나에게 오지 않은 것을 미리 방비한다는 뜻이
다.」「억(億)」은 「아직 나타나지 않은 것을 미리 생각한다는 뜻이
다.」「사(詐)」는 「남이 나를 속인다는 뜻이다.」「불신(不信)」은 「남
이 나를 의심한다는 뜻이다.」「억(抑)은 반어사(反語辭)다.」

(2) 「비록 미리 거역하거나 억측하지 않아도, 남의 거짓된 정(情)을
자연스럽게 먼저 깨달아야 비로소 현명하니라.」 양씨(楊氏)가 말했
다. 「군자는 한결같이 성실해야 한다.」「그러나 성실하지 못하고
현명하지 못한 자가 있게 마련이다.」「그러므로 미리 남이 나를
속일까 하고 거역하지 않고, 또 남이 나를 불신할까 하고 억측하지
않고 <나 자신이> 항상 앞질러 깨닫고 알아야 한다.」「만약 앞질
러 대처하지 않고, 또 억측하지 않다가 결국 소인에게 속임을 당한
다면 역시 볼 것이 못된다.」

(3) 남을 적극적으로 사랑하고 잘되게 하는 것이 인(仁)이다. 그러

나 소인(小人)은 「남을 의심하거나 남이 나를 불신할까 억측한다.」
그러지 말고 적극적으로 남을 잘되게 인도해야 한다.

14-34 : 경문 한글 풀이

미생무가 공자에게 말했다. 「구(丘) 그대는 어
째서 그렇게 세상에 미련을 두고 서성대는가. 말
재주를 피우고자 함인가.」 이에 공자가 말했다.
「감히 말재주를 피우고자 함이 아닙니다. 세상
의 고루함을 가슴아프게 여기고 이를 고치고자
함입니다.」

微生畝 謂孔子曰 丘 何爲 是栖栖者與 無乃爲佞乎 孔
子曰 非敢爲佞也 疾固也.

[어구 설명] ○微生畝(미생무) : 「미생(微生)」은 성. 「무(畝)」는 이
름. 나이가 많은 은자(隱者)일 것이다. 그래서 공자에게 말을 낮추
었다. ○是栖栖者與(시서서자여) : 그렇게 이 세상에 미련을 두고
오락가락하는가. ○疾固也(질고야) : 고루한 세상을 가슴아프게 여
기고 병든 세상을 고치려는 것이다.

[미생무(微生畝)와 공자]

도가(道家)의 은자(隱者)들은 공자가 은퇴하지 않고 세상을 바로
잡으려고 애쓰는 것을 잘 이해하지 못하고 도리어 빈정대기도 했
다. 여기 나오는 미생무(微生畝)도 같았다. 이에 대해 공자가 말했
다. 「나는 고루하고 악덕한 세상을 바로잡고, 만민을 잘살게 하기
위하여 임금이나 지식인들을 깨우치고자 한다.」

<* 노자(老子)나 도가(道家)는 기피와 은둔을 강조한다. 불교(佛敎)도 무(無)와 사(死)를 동일시한다. 공자(孔子)는 유(有)와 생(生)을 바르게 살자고 한다.>

14-35 : 경문 한글 풀이

공자가 말했다. 「기주의 말은 힘으로 일컫는 것이 아니다. 조련이 잘되었음을 일컫는 것이다.」

子曰 驥不稱其力 稱其德也.

[어구 설명] ㅇ驥(기) : 기주(驥州)에서 산출되는 명마(名馬). ㅇ不稱其力(불칭기력) : 그 힘을 가지고 명마라고 일컫는 것이 아니다. ㅇ稱其德也(칭기덕야) : 조련(調練)이 잘된 결과로 명마라고 일컫는 것이다. 「덕(德)」은 「덕택, 그 결과」라는 뜻.

[참고 주소 선역]

「기(驥)」는 「좋은 말의 이름이다.」 「덕(德)」은 「조련을 잘하였다는 뜻이다.」 윤씨(尹氏)가 말했다. 「기마(驥馬)가 힘이 세고 잘 달리는 것은 조련을 잘해서 얻은 덕성이다.」 「사람의 재능도 학문으로 덕을 쌓아야 한다.」

[조련해야 덕이 높아진다]

기마(驥馬)는 원래 힘이 있다. 게다가 조련(調練)을 잘했으므로 천리마(千里馬)라고 칭찬을 받는 것이다. 사람도 같다. 원래 영물(靈物)이다. 천생으로 영특하고 재주가 많다. 그러나 학문과 수양으로 인덕(仁德)을 높여야 한다.

14-36 : 경문 한글 풀이

[1] 어떤 사람이 「원한을 덕으로 갚으면 어떻겠습니까.」하고 물었다.

[2] 공자가 말했다. 「그러면 덕에는 무엇으로 갚겠느냐. 원한에는 직량(直諒)으로 갚고, 덕에는 덕으로 갚아야 한다.」

[1] 或曰 以德報怨 何如. [2] 子曰 何以報德 以直報怨 以德報德.

[어구 설명] ㅇ以德報怨(이덕보원) : 덕으로써 원한에 갚는다. ㅇ何如(하여) : 어떠합니까. ㅇ以直報怨(이직보원) : 원한(怨恨)을 직량(直諒)으로 갚는다. 「직량」은 「정직하고 성실하다는 뜻이다.」

[참고 주소 선역]

「어떤 사람의 말은 지금의 노자 책에 보인다.」「덕(德)은 은혜라는 뜻이다.」그는 다음 같은 뜻을 말한 것이다. 「남에게 원망을 받은 것을 이미 덕으로써 보답했으니, 즉 나에게 덕을 베푼 사람에게는 또 무엇으로 보답해야 할까 하고 물은 것이다.」「나를 원망하게 만든 사람에게 애증(愛憎) 취사(取捨) 같은 모든 감정을 초월하고 한결같이 지공무사(至公無私)하게 하는 것이 이른바 직량(直諒)이다.」「자기에게 덕을 베푼 사람에게는 반드시 덕으로써 보답하고 잊지 말아야 한다.」

[우매한 사람도 가르쳐아 한다]

(1) 어떤 사람은 「덕으로 원한을 갚아주라.(以德報怨)」고 했다. 그러나 공자가 말했다. 「그러면 덕을 무엇으로 갚느냐.(何以報德)」

(2) 어떤 사람의 말은 「악을 덕으로 보답하라.」고 한 것이다. 이는 후덕(厚德)하다고 말할 수 있다. 그러나 선악을 혼동한 흠이 있다.

(3) 선은 선이고 악은 악이다. 선과 악을 분별해야 한다.

(4) 왜 악행을 했는가를 깊이 생각해야 한다.

　① 동물적 수심(獸心)·이기적 욕심(慾心)·육체적 쾌락(快樂)에만 빠지면 선악을 구분하지 못한다.

　② 사람에게는 영적(靈的)·정신적(精神的) 도덕성(道德性)이 있다는 것을 알아야 한다.

(5) 그래서 공자는 바르게 배우고 깊이 알기 위해 천도(天道)를 가르쳤던 것이다. 천도를 알면 선과 악을 구분할 수 있다.

[선악시비를 무시한 노자]

노자는 하늘도 무(無)다. 만물도 무(無)다. 따라서 선악시비(善惡是非)도 없다. 그러므로 덕(德)도 원(怨)도 초월해야 한다. 그러므로 이덕보원(以德報怨)이라고 한 것이다.

<* 많은 사람들은 노자 사상을 현상계를 초월한 절대무(絶對無)의 깊은 사상이라 착각하고 높인다. 그러나 잘 생각해 보자. 우주, 천지, 자연이 있다. 산도 있고, 땅도 있고, 바다도 있다. 식물, 동물, 조류, 어류도 있다. 그 중에 사람이 살고 있다. 그런데 절대무라고 할 수가 있는가. 공자 사상보다 노자 사상만을 높이면 안 된다.>

14-37 : 경문 한글 풀이

[1] 공자가 「나를 알아주지 않는구나.」하고 한탄
하자, 자공이 「어찌 선생님을 알아주지 않는다고
하십니까.」하고 되물었다.

[2] 이에 공자가 말했다. 「하늘도 원망하지 않고,
사람도 탓하지 않겠다. 아래에서 배워 위에 통달
하니, 나를 알아주는 분은 바로 하늘이니라.」

[1] 子曰 莫我知也夫 子貢曰 何爲其莫知子也. [2]
子曰 不怨天 不尤人 下學而上達 知我者 其天乎.

[어구 설명] ○莫我知也夫(막아지야부) : 나를 알아주지 않는구나.
○不怨天(불원천) : 하늘을 원망하지 않는다. ○不尤人(불우인) :
사람을 탓하지 않는다. ○下學而上達(하학이상달) : 지상의 현상
(現象)을 보고 배워서 천상의 천도(天道)를 터득한다는 뜻. ○知我
者 其天乎(지아자 기천호) : 나를 알아주는 분은 바로 하늘이로다.

[참고 주소 선역]

정자(程子)가 말했다. 「하늘을 원망하지 않고 사람을 탓하지 않음
은 도리상 당연히 그래야 한다.」 「하학(下學)과 상달(上達)의 뜻은
말에 나타나 있다.」 「학자가 모름지기 하학상달(下學上達)이라는
말을 굳게 지키는 것이 곧 학문의 요점이다.」 「무릇 인간 세상사를
하학하면 곧 천리에 상달한다.」 「그러나 충분히 익히고 잘 살피지
않으면 역시 상달할 수 없다.」 <* 지상의 만상을 잘 배우면, 자연법

칙이나 하늘의 도리를 알 수 있다. 과학이 법칙을 준수하듯이 사람
이나 정치는 천도를 따르고 행해야 한다.>

14-38 : 경문 한글 풀이

[1] 공백료가 계손씨에게 자로를 참소했다. 이
사실을 자복경백이 공자에게 고하면서 말했다.
「계손씨는 분명히 공백료의 말에 마음이 흔들리
고 있습니다. 아직은 저의 힘으로 자로를 모함한
공백료를 처형하고 그의 시체를 시장터에 내보일
만합니다.」

[2] 공자가 말했다. 「도가 행해지는 것도 천명이
며, 도를 폐하는 것도 천명이다. 공백료가 천명을
어찌 하겠느냐.」

[1] 公伯寮 愬子路於季孫 子服景伯 以告曰 夫子 固
有惑志於公伯寮 吾力 猶能肆諸市朝. [2] 子曰 道之
將行也與 命也 道之將廢也與 命也 公伯寮其如命何.

[어구 설명] ○公伯寮(공백료) : 「공백(公伯)」은 성, 「요(寮)」는 이
름. 노(魯)나라 사람이다. 공자의 제자라고도 하나 확실치 않다.
○愬(소) : 참소하다, 중상하다. 즉 자로(子路)를 계손씨(季孫氏)에
게 참소했다. 당시 자로는 계손씨의 가신(家臣)으로 있었다. ○子服
景伯(자복경백) : 「자복(子服)」이 성, 「경(景)」은 시호, 「백(伯)」은
자(字)다. 이름은 하(何). 노(魯)나라 대부(大夫)로 맹손씨(孟孫氏)

의 일족.

[참고 주소 선역]

(1) 「공백료(公伯寮)는 노나라 사람이다. 자복(子服)은 성(氏), 경(景)은 시호(諡號), 백(伯)은 자(字)다. 즉 노나라 대부 자복하(子服何)이다.」「부자(夫子)는 계손(季孫)을 가리킨다.」「즉 <계손씨가> 공백료의 말을 듣고 <자로를> 의심할 거라고 말한 것이다.」「사(肆)는 시신을 <장터에> 내둔다는 뜻이다. 즉 공백료를 처형하겠다는 뜻이다.」

(2) 사씨(謝氏)가 말했다. 「비록 공백료의 참소가 행해진다 해도 <그것은> 역시 천명이다.」「<그러므로> 실질적으로는 공백료가 어떻게도 할 수 없다.」

(3) 나 주자(朱子)는 생각한다. 「<공자는> 이렇게 말하고, 경백(景伯)을 깨우치고, 자로(子路)를 안심시키고, 공백료에게 경고한 것이다.」「성인(聖人)은 이해(利害)가 걸려 있을 때에도 <미리 천도를 따라 행동하지> 천명의 결판을 기다린 다음에 태연하게 하는 것이 아니다.」

[삼도(三都) 철수 실패]

(1) 노(魯)나라 정공(定公) 11년(B.C. 499)에 공자는 나이 53세로 노나라의 사구(司寇)가 되었다. 그리고 다음해, 즉 정공 12년에 공자는 자로(子路)를 계씨(季氏)의 총재(家宰)가 되게 했다. 그리고 삼환씨(三桓氏)를 설득하여 그들이 자진해서, 그들의 무력 거점인 삼도(三都)를 철수하게 했다. 그래서 「숙손씨의 후(郈)」「계손씨의 비(費)」는 철수했다. 그러나 맹손씨가 「성(郕)」에서 할거하고 다시

세 집안과 함께 저항했으므로 공자의 「삼도철수정책(三都撤收政策)」이 실패한 것이다.

(2) 이 장에 나오는 이야기는 이때의 일이다. 즉 자로와 함께 계손씨를 섬기던 공백료가 자로를 모함한 것이다. 그런데 계손씨의 일족으로 공자에게 호감을 가진 자복경백이 공백료를 처형하겠다고 한 것이다. 그래서 공자가 대국적인 견지에서 천명을 말한 것이다. 즉 좋은 세상에서는 도(道)가 행해지고, 나쁜 세상에서는 도가 행해지지 않고 악인(惡人)과 악덕(惡德)이 활개를 친다. 노나라에서 삼환씨가 임금을 무시하고 국권을 참월(僭越)하게 가로채고 있는 것은 곧 무도(無道)하기 때문이다. 자로가 참소를 당한 것도 무도하기 때문이다. 그러나 공자는 「국가의 유도(有道)와 무도(無道)는 사람의 힘만으로 되는 것이 아니고 보이지 않는 하늘의 명이 작용하고 있다」고 믿었다. 「공백료가 천명을 어찌 하겠는가.」라고 했다.

14-39 : 경문 한글 풀이

공자가 말했다. 「현명한 사람은 어지러운 세상을 피하고, 그 다음은 무도한 나라를 피하고, 그 다음은 무례한 사람을 피하고, 그 다음은 나쁜 말을 피한다.」 그리고 덧붙여 말했다. 「그와 같이 실천한 사람이 일곱 사람 있었다.」

子曰 賢者辟世 其次辟地 其次辟色 其次辟言 子曰 作者七人矣.

[어구 설명] ○賢者(현자) : 현명한 사람. ○辟世(피세) : 무도한

세상을 피한다, 도가 행해지지 않는 난세(亂世)를 피한다. ㅇ辟地(피지) : 땅을 피한다, 즉 무도하고 흐트러진 나라를 피한다. ㅇ辟色(피색) : 「색(色)」은 안색(顔色), 즉 악덕하고 무례한 임금을 피한다는 뜻. 좁게는 나쁜 인간을 피한다는 뜻. ㅇ辟言(피언) : 도에서 벗어난 나쁜 말이나 글을 피한다. ㅇ作者(작자) : 이상과 같이 행한 사람이. ㅇ七人矣(칠인의) : 일곱 명이 있었다. 즉 장저(長沮), 걸익(桀溺), 장인(丈人), 신문(晨門), 하궤(荷蕢), 의봉인(儀封人), 초광접여(楚狂接輿) 일곱 명이다. 단 확실하게 말할 수 없다.

[현인의 단계]

(1) 공자는 「제8. 태백편-13」에서 말했다. 「독실하게 믿고 배우기를 좋아하고, 죽음으로써 도를 지키고 높여야 한다.(篤信好學 守死善道)」 「위태로운 나라에는 들어가지 말고, 문란한 나라에는 살지 마라.(危邦不入 亂邦不居)」 「천하에 도가 있으면 나타나고, 도가 없으면 숨어라. 나라에 도가 있는데 가난하고 비천하면 부끄러운 노릇이다. <한편> 나라에 도가 없는데도 부하고 귀해도 부끄러운 노릇이다.(天下有道則見 無道則隱 邦有道 貧且賤焉 恥也 邦無道 富且貴焉 恥也)」

(2) 그 연장선상에서 공자는 현인(賢人)의 단계를 말했다. 「피세(辟世), 피지(辟地), 피색(辟色), 피언(辟言)」 그리고 다시 7명의 은자(隱者)를 들었다. 7명은 확실치 않다.

(3) 무리하게 다음의 7인이라고 할 수 있다. 「장저(長沮), 걸익(桀溺), 장인(丈人), 신문(晨門), 하궤(荷蕢), 의봉인(儀封人), 초광접여(楚狂接輿) 등일 것이다.」

14-40 : 경문 한글 풀이

자로가 석문에서 묵었다. 문지기가「어디에서 왔소.」하고 물었다. 자로가「공씨 문중에서 왔소.」하고 대답하자, 문지기가 말했다.「안될 줄 알면서 굳이 하려는 사람들이구려.」

子路宿於石門 晨門曰奚自 子路曰 自孔氏 曰是知其
不可而爲之者與.

[어구 설명] ○宿於石門(숙어석문) : 석문(石門)에서 묵었다. 「석문」은 노나라 성밖에 있는 문. ○晨門(신문) : 아침에 문을 여는 문지기. ○奚自(해자) : 어디에서 왔는가. ○自孔氏(자공씨) : 공씨 문중에서 왔다. ○知其不可(지기불가) : 안 되는 줄 알면서. ○而爲之者與(이위지자여) : 그래도 고집스럽게 하는 사람이군.

[참고 주소 선역]

호씨(胡氏)가 말했다. 「신문(晨門)은 세상을 바로잡을 수 없다고 생각하고 애쓰지 않았다. 고로 공자를 나무란 것이다. 그러나 그는 성인 공자가 천하를 바로잡지 못할 때가 없다고 보는 것을 몰랐던 것이다.」

[속인(俗人)·성인(聖人) 및 은자(隱者)]

(1) 속인(俗人) : 동서고금(東西古今)을 막론하고 일반 대중들은 「나 혼자만 잘살면 된다」고 생각한다. 또 잘사는 기준도 육체적(肉體的)·생리적(生理的) 욕구를 바탕으로 한 「외형적 물질생활과

관능적 쾌락 추구에 두고 있다.」

(2) 성인(聖人) 공자는 「육체적 삶과 정신적 삶과 아울러 나와 남이 서로 사랑하고 협동하고, 아울러 부모와 자식이 대를 이어가면서 역사 문화를 계승 발전케 하는 윤리 도덕생활(倫理道德生活)을 중시한다.」

(3) 「그러므로 형이상(形而上)의 절대선의 진리인 천도(天道)를 실천하고, 인류대동(人類大同)의 평화세계창건(平和世界創建)을 강조한다.」

(4) 「그러기 위해서 개개인이 성현(聖賢)의 경전(經典)과 역사적 전통을 배우고, 또 실천해야 한다.」

(5) 「절대선의 천도를 깨닫고 자기를 수양하고 인덕(仁德)을 세우기 위해서는 극기복례(克己復禮)해야 한다.」

(6) 즉 저속한 이기적 욕심을 극복하고 천도천리에 돌아가야 한다. 그래서 성인 공자는 사람들을 열심히 가르쳤다. 동시에 천하를 주유(周遊)하면서 우매한 임금들을 깨우치려고 애썼다.

(7) 한편 은자(隱者)는 힘들고 어려우면 모든 것을 포기하고 물러나는 경솔한 사람들이다. 그러므로 난세(亂世)를 바로잡으려는 공자의 노력을 오해하고 조소했다. 다른 장에도 나온다.

14-41 : 경문 한글 풀이

[1] 공자가 위나라에서 경쇠를 치자, 삼태기를 메고 문앞을 지나가던 사람이 말했다. 「뜻이 담겨져 있구나. 치는 경쇠 소리에.」 잠시 후에 또 말했

다. 「경소리가 천덕스럽고 깐깐하구나. 자기를 몰라주면 그만둘 것이로다. 물이 깊으면 옷을 벗고, 얕으면 걷어올리고 건너가라고 했거늘.」

[2] 이에 공자가 말했다. 「과감하다. 그러나 그렇게 무모하게 세상을 버리는 일은 어렵지 않다.」

[1] 子擊磬於衛 有荷蕢而過孔氏之門者曰 有心哉 擊磬乎 旣而曰 鄙哉 硜硜乎 莫己知也 斯己而已矣 深則厲 淺則揭. [2] 子曰 果哉 末之難矣.

[어구 설명] ○子擊磬於衛(자격경어위) : 공자가 위나라에서 경쇠를 쳤다. 경(磬)은 경쇠라는 악기. ○有荷蕢(유하궤) : 흙 삼태기를 메고. ○過孔氏之門(과공씨지문) : 공자가 유숙하고 있는 집 문앞을 지나가다. ○有心哉(유심재) : 음악 소리에 뜻이 담겨져 있다. ○硜硜乎(갱갱호) : 돌 부딪치는 소리가 각박하고 깐깐하다. ○深則厲(심즉려) : 물이 깊으면 옷을 벗어들고 강을 건너가다. ○淺則揭(천즉게) : 물이 얕으면 옷을 걷어올리고 강을 건너가다. 「심즉려 천즉게(深則厲 淺則揭)」는 시경(詩經) 패풍(北風)에 있는 구절. <*집주에는 위풍으로 되어 있으나 원래는 패풍에 있다.>

[포기하면 어려울 것이 없다]

(1) 세상을 버리고 은퇴하기는 어렵지 않다. 흐트러진 세상을 바로잡기가 어려운 것이다.

(2) 어려운 일을 하는 사람이 공자다. 어려운 일을 무책임하게 버리고 모른 척하는 자들이 은사(隱士)다. 남을 죽이고 자기 욕심을

채우는 악한(惡漢)보다는 무위자연(無爲自然)하는 은사가 좋다. 그러나 은사만으로는 인류의 역사 문화가 발전할 수 없다.

14-42 : 경문 한글 풀이

[1] 자장이 물었다. 「서경에 고종이 양음(諒陰) 으로 3년 간 말하지 않았다고 했는데 무슨 뜻입니 까.」

[2] 공자가 말했다. 「어찌 고종만 그리 했겠느냐. 옛사람들은 모두 그랬다. 임금이 세상을 뜨면 백 관들이 다 자기의 직책을 총괄해서 총재에게 재 가받기를 3년 간 했다.」

[1] 子張曰 書云 高宗 諒陰三年 不言 何謂也. [2] 子曰 何必高宗 古之人 皆然 君薨 百官總己 以聽於冢 宰三年.

[어구 설명] ㅇ書云(서운) : 서경에 있다. 이 말은 무일편(無逸篇)에 있다. ㅇ高宗(고종) : 은(殷)나라 중흥의 왕 무정(武丁). ㅇ諒陰(양 음) : 곧 양암(諒闇)이다. 부왕(父王)이 죽으면 천자나 임금은 3년 간 양암한다. 즉 여막(廬幕)에 사는 것같이 해야 한다. ㅇ三年不言 (삼년불언) : 천자가 조용히 양암에서 3년 간 복상(服喪)했다는 뜻 이다. ㅇ何必高宗(하필고종) : 어찌 반드시 고종만 그렇게 했겠느 냐. ㅇ皆然(개연) : 다 그렇게 했다. ㅇ君薨(군훙) : 임금이 죽으면. ㅇ百官總己(백관총기) : 백관들은 다 자기의 직책을 총괄해서. ㅇ 以聽於冢宰(이청어총재) : 총재의 말을 듣고 처리한다. 즉 총재의

재가를 받았다는 뜻.

[삼년거상(三年居喪)]

부모가 죽으면 자식은 「3년 간 거상(居喪)해야 한다.」 그것이 천하의 통례(通禮)다. 임금도 3년 간 여막(廬幕)에 해당하는 양암(諒闇)에 거처했다. 그리하여 백관들은 모든 정사를 총재(冢宰)에게 묻고, 그의 재가를 받고 처리했다. 이 말은 「예기 단궁하편(禮記 檀弓下篇)」에도 보인다.

14-43 : 경문 한글 풀이

공자가 말했다. 「윗사람이 예를 좋아하면, 백성들 부리기가 쉽다.」

子曰 上好禮 則民易使也.

[어구 설명] ○上好禮(상호례) : 윗사람이 예를 좋아하고 솔선수범(率先垂範)하면. ○則民易使也(즉민이사야) : 백성이 교화되어 부리기 쉽다. <제13. 자로편-4, 제17. 양화편-4>

[예(禮)와 덕치(德治)]

(1) 설문(說文)에 있다. 「예(禮)는 이(履)다. 신을 섬기고 복을 받는 바탕이다.(所以事神致福也)」

(2) 성리학(性理學)에서는 「예는 이(理)」라고 풀었다. 공자는 천신(天神)이나 선조에 대한 제사(祭祀)를 높이고 경건히 받들었다. 그러나 동시에 예를 천리(天理)에 따른 덕치(德治)의 외형적·문화적 행동규범(行動規範)으로 파악하고 그 실천을 강조했다.

(3) 그러므로 「위에 있는 천자나 임금이 예를 솔선수범하면 아래의 백성들도 교화된다. 따라서 위계(位階) 질서(秩序)가 바로잡히고, 아울러 덕치(德治)가 용이하게 될 수 있다고 말한 것이다.」

14-44 : 경문 한글 풀이

자로가 군자에 대해서 묻자, 공자가 말했다.「자기를 수양하고 모든 것을 경건히 받들어야 한다.」 자로 :「그렇게만 하면 됩니까.」 공자 :「자기를 수양하고 남들을 안락하게 해주어야 한다.」 자로 :「그렇게만 하면 됩니까.」 공자 :「자기를 수양하고 백성을 안락하게 해주어야 한다. 자기를 수양하고 백성을 안락하게 해주는 것은 요임금이나 순임금도 실현하기 어려워한 바이다.」

子路問君子 子曰 脩己以敬 曰如斯而已乎 曰脩己以安人 曰如斯而已乎 曰脩己以安百姓 脩己以安百姓 堯舜其猶病諸.

[어구 설명] ○脩己以敬(수기이경) : 자기를 수양하고 모든 일을 경건하고 성실하게 받들고 처리한다. ○如斯而已乎(여사이이호) : 그렇게 하는 것뿐입니까. ○脩己以安人(수기이안인) : 자기를 수양하고 다른 사람을 안락하게 해준다. ○安百姓(안백성) : 모든 백성을 안락하게 해준다. 「인(人)은 지식이 있는 지도급의 사람」, 「민(民)은 서민 대중들의 뜻으로 구분할 수도 있다.」 ○堯舜(요순) : 요임금과 순임금. 성군(聖君)이다. ○其猶病諸(기유병제) : 요순 같

은 성군도 역시 고심했다.

[참고 주소 선역]

(1) 「원래 성인의 마음은 무궁하다.」「<그래서> 비록 세상이 지극히 잘 다스려져도, <성인이> 어찌 사해 안에 과연 하나도 제자리를 얻지 못한 것이 없다는 것을 능히 알겠는가.」「그러므로 요임금·순임금 같은 성군도 여전히 백성을 편안하게 해주려고 애쓴 것이다.」「만약 자신의 다스림을 만족하게 여긴다고 말하면 성인이라 할 수 없다.」

(2) 정자(程子)가 말했다. 「군자가 자신의 인덕(仁德)을 닦고 백성을 편하게 하고, 또 <임금이나 나라를> 독실히 공경해야 천하가 태평하게 된다.」「상하가 <예를 따라> 한결같이 공경하면 곧 하늘과 땅이 바르게 자리하고 만물이 스스로 자라고, 또 기(氣)가 조화되고 사령(四靈)이 다 이를 것이다.」「이렇게 하는 것이 곧 본체가 뻗고 순탄하게 이루어지는 도리이며, 총명 예지도 모두 그로부터 나온다.」「<그러므로> 이로써 하늘을 섬기고 상제에게 제사를 드려야 한다.」

<* 수기(修己)와 안백성(安百姓)이다. 군자가 자기를 수양하고 인덕(仁德)을 확립하는 목적은 결국 남에게 사랑을 베풀고 백성을 잘살게 하기 위해서다. 그래야 천지의 신령들이 복을 내려준다.>

14-45 : 경문 한글 풀이

원양이 앉아서 공자를 기다렸다. 공자가 그를 책망했다. 「어려서도 겸손하지 못하고, 자라서도

칭찬 받을 만한 일이 없고, 늙어서는 죽지 않고
보람없이 살고 있는 자가 바로 삶에 대한 도둑이
다.」 그리고 지팡이로 그의 정강이를 때렸다.

原壤夷俟 子曰 幼而不孫弟 長而無述焉 老而不死 是
爲賊 以杖叩其脛.

[어구 설명] ○原壤(원양) : 노(魯)나라 사람으로, 공자가 어려서부
터 잘 알고 있던 사람일 거라고 한다. 예기에 보면, 그의 어머니가
죽었는데도, 그는 관에 올라가 노래를 불렀다고 하며, 공자가 그를
도와서 장례를 치르게 했다고 한다. ○夷俟(이사) : 「이(夷)는 앉아
서 두 다리를 뻗다.」「사(俟)는 기다리다.」 ○幼而不孫弟(유이불손
제) : 어려서는 남에게 겸손하지 않고, 또 우애롭게 하지 않았다.
○長而無述焉(장이무술언) : 자라서는 칭찬 받을 만한 일을 한 것
이 없다. ○老而不死(노이불사) : 늙어서 죽지 않고 살되, 무가치하
게 살고 있다. ○是爲賊(시위적) : 그런 사람이 바로 삶에 대한 도둑
이다. ○以杖叩其脛(이장고기경) : 지팡이로 그의 정강이를 때렸다.

[꾸짖고 때리다]
(1) 어려서는 효도와 예절을 지키지 않고 자라서는 착하고 보람
있는 일을 하지 않고, 인륜(人倫)을 해치는 일만을 한 사람이 바로
원양(原壤)이다.
(2) 그러면서 늙어서도 죽지 않고 살고 있다. 그래서 공자는 「삶에
대한 도둑」이라고 책망하고 매질까지 했다.
(3) 하늘로부터 삶을 내려받았으므로 하늘의 뜻과 도리에 맞는 착
한 삶을 살아야 한다.

<* 그러나 제14. 헌문편 말미에 있는 여러 장의 글은 공자의 기본 사상에 맞지 않는다. 아마도 논어를 편집하거나 재정리할 때에 섞여 들어갔을 것이다.>

14-46 : 경문 한글 풀이

[1] 궐(闕)이라는 향당의 한 소년이 전갈(傳喝)하고 있었다. 어떤 사람이 「저 아이는 장차 공부하고 정진할 수 있을까요.」하고 물었다.

[2] 공자가 대답했다. 「저 아이가 어른 자리에 앉아 있는 것을 보았으며, 또 어른과 나란히 걸어가는 것을 보았습니다. 그러므로 저 아이는 공부하고 정진하려는 아이가 아니고 성급하게 성공하기를 바라는 아이입니다.」

[1] 闕黨童子將命 或問之曰 益者與. [2]子曰 吾見其居於位也 見其與先生並行也 非求益者也 欲速成者也.

[참고 주소 선역]

「궐당(闕黨)은 마을 이름이다.」「동자(童子)는 아직 관례를 올리지 않은 소년을 일컫는 말이다.」「장명(將命)은 손님에게 주인의 말을 전한다는 뜻이다.」「어떤 사람이 이 아이는 글을 잘 배우고 더욱 정진할 것이므로, 공자가 그 아이를 시켜 명을 전하게 하고, 또 특별히 총애한다고 의아하게 여긴 것이다.」「예(禮)로써 동자는 당연히 구석에 앉고, 또 뒤따라가야 한다.」 공자가 말했다. 「내가 보니 이 아이는 예를 따르지 않으므로, 더욱 발전할 수 없으며 오직 속히 성취하고자 할 뿐이다.」 「그러므로 그로 하여금 사령 일을 맡게 하고, 어른과 어린이의 질서를 보고, 또 읍하고 공손하게 하는 데 익숙하게 하려고 한 것이다.」 「즉 억제하고 가르치려고 한 것이지 각별히 총애한 것이 아닐 것이다.」

[동자(童子)에 대한 생각]

(1) 어떤 사람이 말을 전하는 동자를 보고 「이 아이는 장차 훌륭한 사람이 될 것이므로, 공자가 그 아이를 각별히 사랑하고 말을 전하게 한다」고 생각했다.

(2) 그러나 공자는 말했다. 「그 아이는 예를 모르고 서두르기만 한다.」 <* 사람은 어려서부터 예의범절을 잘 배워야 자라서 학문에 정진하고 도덕을 몸에 익힐 수 있다.>

15. 위령공편(衛靈公篇)

「제15. 위령공편」을 주자의 집주(集註)는 「총41장」이라고 했다. 그러나 이 책에서는 「총42장」으로 나누었다. 한 장이 많은 이유는 「제1장과 2장」을 집주는 「한 장」으로 합했으나, 이 책은 「두 장」으로 나누었다.

주자의 집주에는 「제15. 위령공편」에 대한 해설이 없다. 고주(古注)에는 대략 다음같이 기술했다. 「이 편에는 공자가 겪은 불우한 일들과, 또 수신처세(修身處世)에 관한 여러 가지 말을 수록했으며 아울러 세상이 쇠퇴한 것을 슬프게 여긴 글이 많다. 그래서 전편 다음에 실었다.(此篇雜記 夫子不遇之事 及修身處世之法 多悼衰世之意 故以次前篇也)」

제15편에 있는 중요한 내용은 다음 같다. 「제1장 : 위령공이 전쟁에 대해 묻자 공자가 위나라를 떠났다.」「제2장 : 군자고궁(君子固窮)」「제3장 : 일이관지(一以貫之)」「제5장 : 무위이치(無爲而治)한 순(舜)을 높였다.」「제8장 : 지사(志士)·인인(仁人)은 살신성인(殺身成仁)한다.」「제11장 : 역사적 문물을 선용하라.」「제13장 : 호색(好色)보다 호덕(好德)해야 한다.」「제20장 : 군자질명불칭(君子疾名不稱)」「제24장 : 기소불욕(己所不欲) 물시어인(勿施於人)」「제29장 : 인능홍도(人能弘道)」「제31장 : 사불여학(思不如學)」「제32장 : 모도 불모식(謀道 不謀食)」「제36장 : 당인불양어사(當仁不讓於師)」「제39장 : 유교무류(有敎無類)」「제40장 : 도부동 불상모(道不同 不相謀)」

15-1 : 경문 한글 풀이

위나라의 영공이 공자에게 전술(戰術)에 대해서 묻자 공자는 「제사 올릴 때, 제기 놓는 법에 대해서는 일찍이 들어서 알고 있으나, 전쟁 전술에 대해서는 배운 바가 없습니다.」라고 말하고, 다음 날 위나라를 떠났다.

衛靈公 問陳於孔子 孔子對曰 俎豆之事 則嘗聞之矣
軍旅之事 未之學也 明日遂行.

[어구 설명] ㅇ衛靈公(위령공) : 위나라 영공. <제14. 헌문편 -20>
ㅇ問陳於孔子(문진어공자) : 공자에게 진술(陳術=戰術)에 대해서 묻다. 즉 전술(戰術)과 무력배치(武力配置)에 대해서 물었다. ㅇ俎豆之事(조두지사) : 제사 지내는 법의 뜻이다. ㅇ軍旅之事(군려지사) : 군대나 전쟁에 관한 일. 주례(周禮)에 있다. 「일려(一旅)는 500명, 일군(一軍)은 12,500명.」 「천자(天子)는 육군(六軍), 대국(大國)은 삼군(三軍), 소국(小國)은 일군(一軍)이다.」 ㅇ明日遂行(명일수행) : 다음날 위나라를 떠났다.

[참고 주소 선역]

진(陳)은 군사(軍師)가 군대를 지휘해서 행렬(行列)과 대오(隊伍)를 짓게 함을 말한다. 조두(俎豆)는 제사 때 쓰는 제기(祭器)다. 윤씨(尹氏)가 말했다. 「위(衛)나라 영공(靈公)은 무도한 임금이면서 또 전쟁하고 토벌하려는 뜻을 지니고 있었다. 고로 공자가 전쟁에 관한 일은 배우지 않았다고 대답하고 위나라를 떠났다.」

<* 앞에도 여러번 나왔다. 공자는 위나라 영공을 설득하려고 오랫동안 애썼다. 그러나 결국 실망하고 위나라를 떠났다. 노애공(魯哀公) 3년, 공자 나이 60세 때 일일 것이다.>

15-2 : 경문 한글 풀이

진나라에서 양식이 떨어지고 따라갔던 제자들이 병들어 일어나지 못하게 되었다. 이에 자로가 성을 내고 공자를 뵙고 말했다.「군자가 이렇듯이 궁핍해야 합니까.」공자가 말했다.「군자는 원래 궁핍하게 마련이다. 소인배는 궁핍하면 문란하게 된다.」

在陳絶糧 從者病 莫能興. 子路 慍見曰 君子亦有窮乎. 子曰 君子固窮 小人窮斯濫矣.

[어구 설명] ○在陳絶糧(재진절량) : 공자 일행이 진나라에서 양식마저 떨어졌다. 진(陳)나라는 하남성(河南省) 진주(陳州) 일대의 작은 나라. 대략 공자 나이 63세 때의 일이다. ○君子亦有窮乎(군자역유궁호) : 군자도 역시 이렇게 궁핍해야 합니까. ○君子固窮(군자고궁) : 군자는 당연히 궁핍하게 마련이다. 군자는 궁핍한 법이다. ○小人窮斯濫矣(소인궁사람의) : 소인배는 궁핍하면 문란하게 된다.

[군자고궁(君子固窮)]

(1) 도(道)가 행해지면 군자(君子)가 달통(達通)하고, 도가 행해지

지 않으면 군자가 궁핍(窮乏)하게 마련이다.

(2) 한편 천하의 운세는 때와 더불어 천명(天命)을 따르게 마련이다.

(3) 공자가 처했던 춘추시대는 혹심한 난세였다. 그래서 군자들은 곤궁(困窮)을 면치 못했다.

(4) 자로(子路)는 사려(思慮)가 깊지 못했다. 그래서 『공자 같은 유덕자(有德者)가 왜, 절량(絶糧) 곤궁(困窮)해야 하는가』하고 화를 냈다.

(5) 이에 공자가 『군자고궁(君子固窮)이라, 소인은 궁하면 문란하게 된다』고 타이른 것이다.

(6) 특히 이때는 큰 나라인 초(楚)나라와 오(吳)나라가 싸우고, 작은 나라인 진(陳)나라와 채(蔡)나라도 전란에 휘말렸다. 그래서 공자가 더욱 고생했다.

<* 집주(集註)는 제2장을 앞의 제1장에 합쳤다.>

15-3 : 경문 한글 풀이

공자가 자공에게 말했다.「사야, 그대는 내가 많은 것을 배우고, 또 그것들을 다 기억하고 있다고 생각하겠지.」자공이「네, 안 그렇습니까.」하고 되물었다. 그러자 공자가 말했다.「안 그렇다. 나는 하나를 가지고 꿰뚫고 있다.」

子曰 賜也 女以予爲多學 而識之者與 對曰然 非與 曰 非也 予一以貫之.

[어구 설명] ㅇ賜也(사야) : 사(賜)는 자공(子貢)의 이름. ㅇ予一以貫之(여일이관지) : 나는 하나로써 꿰뚫고 있느니라.

[참고 주소 선역]

사씨(謝氏)가 말했다. 「성인은 우주와 하나가 되었으므로 그 도가 광대하다. 그러나 속인은 알 수 없다.」「일이관지(一以貫之)」해야 한다. 시경(詩經) 대아(大雅) 문왕편(文王篇)에 있다. 『하늘 위에서 벌어지는 일은 소리도 없고 냄새도 없다.(上天之載 無聲無臭)』

[성인(聖人)과 일이관지(一以貫之)]

(1) 성인(聖人)은 천인합일(天人合一)한다. 본연지성(本然之性)과 천도(天道)를 바탕으로 인덕(仁德)을 세운다. 그것을 「일이관지(一以貫之)」라고 한다.

(2) 「제4. 이인편-15」에서 공자가 증자(曾子)에게 「오도일이관지(吾道一以貫之)」라고 말하자, 증자는 알아듣고 나중에 「충서(忠恕)」라고 해석했다. 이때의 「일(一)」은 「인덕(仁德)」의 뜻이다. 그러나 여기서 말하는 「일」은 「하나인 절대선의 천도」 및 「천도를 바탕으로 한 도(道)」의 뜻으로 보아야 한다.

(3) 집주(集註)에서 주자는 「이인편은 행(行)을 말한 것이고, 여기서는 지(知)를 말한 것이다」라고 했다. 즉 행동을 「충(忠)과 서(恕)를 바탕으로 하면 인덕(仁德)을 세울 수 있다.」 한편 만물에 대한 인식은 「하나인 천도」를 기준으로 해야 한다. 「인간적인 차원의 박학다식(博學多識)」만으로는 바르게 인식하고 사물을 바르게 처리할 수 없다.

15-4 : 경문 한글 풀이

공자가 말했다.「유야, 덕을 아는 사람이 참으로 드물구나.」

子曰 由 知德者鮮矣.

[어구 설명] ○由(유) : 자로(子路)의 이름. ○知德者鮮矣(지덕자선의) : 덕을 알고 실천하는 사람이 거의 없다.「지(知)」는「도(道)를 배우고 깨닫고, 또 알고 실천한다.」「덕(德)」은「도를 실천해서 얻은 좋은 성과나 열매.」내가 도를 행하면 덕(德)이 서고 그 결과로 남들도 덕을 본다.

[지덕(知德)의 깊은 뜻]

(1) 지덕(知德)의 지(知)는 알고 실천한다는 뜻이다. 덕(德)은 도(道)를 실천해서 얻은 좋은 성과나 열매의 뜻이다.

그러므로「지덕자선의(知德者鮮矣)」를 다음같이 풀 수 있다.

　① 임금의 경우는「절대선의 천도를 따르고 실천해서 인정(仁政)과 덕치(德治)를 세우는 임금이 거의 없다.」

　② 군자의 경우는「하늘이 내려준 본성(本性)을 바탕으로 극기복례(克己復禮)하고 노여움(慍)을 참고 의리(義理)를 행해서 덕(德)을 세우는 사람이 거의 없다.」

(2) 공자는「제1. 학이편-1」에서 말했다.「남이 알아주지 않아도 노여워하지 않으면 군자가 아니겠는가.(人不知而不慍 不亦君子乎)」

(3) 그런데 성미가 급한 자로가 진(陳)나라에서 양식(糧食)이 떨어

지고 제자들이 병에 쓰러지자 화를 냈던 것이다. 그래서 공자가 「유(由)야.」하고 다정하게 이름을 부르고, 이와 같이 타일러 순 것이다.

15-5 : 경문 한글 풀이

공자가 말했다. 「인위적으로 꾸미지 않고 다스리신 분이 바로 순임금이셨다. 어떻게 하셨느냐 하면, 순임금은 몸가짐을 공손히 하시고, 또 바르게 남쪽을 바라보시고 앉아 계실 뿐이었다.」

子曰 無爲而治者 其舜也與 夫何爲哉 恭己正南面而已矣.

[어구 설명] ○無爲而治(무위이치) : 인위적으로 조작하지 않고 자연스럽게 다스리다. ○恭己正(공기정) : 몸가짐을 공손히 하고 모든 일을 바르게 한다. ○南面而已矣(남면이이의) : 임금은 남쪽을 바라보고 앉아 있을 뿐, 작위(作爲)하지 않았다.

[무위이치(無爲而治)]

무위이치(無爲而治)에는 크게 세 가지 뜻이 있다. 순임금이 덕(德)이 많아서 자연히 천하를 요임금으로부터 선양(禪讓) 받았으며, 또 현명한 신하들이 많아서 순임금 자신은 별로 일을 하지 않았다. 전쟁 같은 악덕한 조작(造作)을 하지 않았다. 노자(老子) 사상같이 무위자연(無爲自然)의 도를 따랐다.

<* 특히 권모술수나 잔인한 전쟁 같은 악덕한 일을 하지 않았다는 뜻이 많다.>

15-6 : 경문 한글 풀이

자장이 행도(行道)에 대해서 묻자, 공자가 말했다. 「군자가 말을 충성되고 믿음직하게 하고, 행실을 돈후하고 공손하게 하면, 비록 오랑캐 땅에서도 도가 행해질 것이다. 그러나 말이 충성되거나 믿음직하지 못하고, 또 행실이 돈후하거나 공손하지 못하면, 향리인들 도가 행해지겠느냐. 그러므로 군자는 〈충신독경(忠信篤敬)을〉 서 있을 때에도 눈앞에 엄숙히 떠올리고, 수레를 탔을 때에도 수레멍에에 걸려 있는 듯이 살펴야 한다. 그래야 도가 행해진다.」 자장이 이 말을 허리띠에 적었다.

子張問行 子曰 言忠信 行篤敬 雖蠻貊之邦 行矣 言不忠信 行不篤敬 雖州里 行乎哉 立則見其參於前也 在輿則見其倚於衡也 夫然後行. 子張書諸紳.

[자장(子張)과 간록(干祿)]

(1) 「제2. 위정편-18」에 있다. 「자장이 녹(祿) 구하는 법을 배우고자 하자, 공자가 말했다. 『많이 듣고 배우되 의아스러운 것을 빼놓고 나머지를 신중히 말하면 허물이 적을 것이다. 또 많이 보고 알되 확실하지 못한 것을 빼놓고 나머지만을 행하면 뉘우침이 적을 것이다. 말에 허물이 적고, 행동에 뉘우침이 적으면 녹은 스스로 얻게

마련이다.(子張 學干祿 子曰 多聞闕疑 愼言其餘 則寡尤 多見闕殆 愼行其餘 則寡悔 言寡尤 行寡悔 祿在其中矣)』」

(2) 여기서는 「『군자는 말을 충성되고 믿음직하게 하고, 행실을 돈후하고 공손하게 해야 한다.(言忠信 行篤敬)』」고 공자가 말했다.

15-7 : 경문 한글 풀이

**공자가 말했다.「사어는 참으로 강직하다. 나라
에 도가 있어도 화살같이 곧게 행하고, 나라에 도
가 없어도 화살같이 곧게 행한다.」「거백옥은 참
으로 군자로다. 나라에 도가 있으면 벼슬하고, 나
라에 도가 없으면 거두어 자신을 감추노라.」**

子曰 直哉 史魚 邦有道 如矢 邦無道 如矢. 君子哉
蘧伯玉 邦有道 則仕 邦無道 則可卷而懷之.

[어구 설명] ○直哉史魚(직재사어) : 사어(史魚)는 강직한 사람이다. 사어는 위(衛)나라의 대부다. 자어(子魚)는 자다. ○如矢(여시) : 화살같이 곧게 행동하다. ○君子哉蘧伯玉(군자재거백옥) : 거백옥은 참으로 군자다. 거백옥도 위나라의 대부다. <제14. 헌문편-26> ○可卷而懷之(가권이회지) : 모든 것을 말아 거두고 품속에 간직한다. 즉 벼슬에서 물러나 몸을 숨긴다.

[참고 주소 선역]

(1) 「사(史)는 관명(官名)이다. 어(魚)는 위(衛)나라 대부로 이름은 추(鰌)다.」「여시(如矢)는 강직하다는 뜻이다.」

(2) 「사어(史魚)는 자신이 임금에게 현명한 사람을 쓰게 하고, 반대로 어리석은 사람을 물러나게 하지 못했다.」 「그래서 죽은 시체로써 임금에게 간했다.」 「공자가 그와 같은 강직을 칭찬한 것이다. 공자가어(孔子家語)에 보인다.」

(3) 위나라 영공(靈公)은 우매했다. 그래서 현명한 거백옥(蘧伯玉)을 안 쓰고, 반대로 어리석은 미자하(彌子瑕)를 등용했다.

(4) 사어가 이를 간했으나 임금이 듣지 않자 병들어 죽었다. 죽기 전에 사어는 아들에게 말했다. 「내가 죽으면, 시체를 창 밑에 놓아라.」 조문(弔問)하러 온 영공이 이상하게 여기고 물었다. 「왜 장례를 치르지 않느냐.」 사어의 아들이 아뢰었다. 「임금님에게 제대로 충간(忠諫)하지 못해서 벌을 받고자 해서입니다.」 이에 영공이 뉘우치고 미자하를 물리치고 거백옥을 등용했다.」

[사어(史魚)와 거백옥(蘧伯玉)]

사어는 참다운 군자다. 살아서 임금에게 충간을 못했으므로 죽은 다음에 시체가 되어 간한 것이다. 한편 거백옥은 손임보(孫林父)나 영식(甯殖) 같은 자들과는 어울리지 않았다. 화살같이 강직한 사어에 대한 이야기나, 위(衛)나라 대부 거백옥은 「집주」에 보인다. 이같은 군자이므로 공자가 그의 집에 유숙했다.

15-8 : 경문 한글 풀이

공자가 말했다. 「더불어 말할 수 있는 사람과 말하지 않으면 사람을 잃고, 더불어 말할 수 없는 사람과 말하면 말을 잃는다. 지혜로운 사람은 사

람도 잃지 않고, 또 말도 잃지 않는다.」

子曰 可與言而不與言 失人 不可與言而與之言 失言
知者不失人 亦不失言.

[어구 설명] ㅇ可與言(가여언) : 더불어 말할 수 있다, 혹은 말을 해야
하는데. ㅇ失人(실인) : 사람을 잃는다. ㅇ不可與言(불가여언) : 더불
어 말할 수 없다, 혹은 말을 하면 안 된다. ㅇ失言(실언) : 말을 잃는다,
즉 헛되게 말을 한다는 뜻.

[불실인(不失人)과 불실언(不失言)]

(1) 슬기롭고 착한 사람이 서로 어울리고 힘을 합해야 현실적으로
덕치도 할 수 있다. 뿐만 아니다. 역사와 문화적으로도 발전할 수
있다. 그러한 도리를 아는 것이 지혜(智慧)다. 구체적으로 말하면
천도를 따라 지덕을 세워야 한다. 알기만 하고 덕을 세우지 않으면
지혜가 못된다.

(2) 「불실인(不失人)」과 「불실언(不失言)」의 뜻을 바르게 깊이 알
아야 한다. 「절대선의 천도에 맞게 말하고, 착한 사람이 서로 어울
려 선세계(善世界)를 창조해야 한다.」

(3) 이와 같은 도리를 바르게 깨닫고 아는 것을 「지(知)」라고 한다.
「지(知)에는 행(行), 즉 실천(實踐)」이 포함되어 있다.」 「슬기롭게
알고 총명하게 행동하는 것」을 「지혜(智慧)」라고 한다. 「인(人)」은
「인인(仁人)」이다.

15-9 : 경문 한글 풀이

공자가 말했다. 「지사(志士)나 인자(仁者)는 살

기 위하여 인을 해치는 법이 없다. 도리어 몸을
죽이고 인을 이룩한다.」

子曰 志士 仁人 無求生以害仁. 有殺身以成仁.

[어구 설명] ○志士(지사) : 도(道)를 따라 경국제민(經國濟民)하려는 뜻이 굳은 선비. ○仁人(인인) : 인심(仁心)을 바탕으로 인정덕치(仁政德治)를 구현(具現)하려는 휴머니스트(humanist). ○無求生以害仁(무구생이해인) : 육체적 삶(生)을 구하려고 인(仁)을 해치지 않는다. ○有殺身以成仁(유살신이성인) : 국가나 천하를 위해 나의 몸을 희생하고, 만민(萬民)을 잘살게 하는 인(仁)을 이룬다.

[참고 주소 선역]

(1) 「지사(志士)는 인(仁)에 뜻을 둔 선비다.」 「인인(仁人)은, 즉 인심(仁心)을 바탕으로 하고 인덕(仁德)을 이룩한 사람이다.」 「이(理)에 있어 마땅히 죽어야 하는데, 살기를 구하면 마음이 불안하게 되고, 또 마음의 덕을 해치게 된다. 마땅히 죽어야 할 때에 죽으면 마음이 편안하고 덕도 온전하게 된다.」

(2) 정자가 말했다. 「실리(實理)를 마음으로 터득하면 스스로 분별하게 된다.」 「실리(實理)는 곧 실지로 시(是)를 알고 실지로 비(非)를 안다는 뜻이다.」 「옛사람으로 몸을 바치고 생명을 희생하는 사람이 있었다. 만약 실제로 옳다고 생각하지 않았다면 어떻게 그와 같이 했겠는가.」 「고로 몸을 희생하고 인을 이루는 사람(有殺身以成仁者)은 오직 자기가 옳다고 믿은 하나만을 이룩한 사람이라 하겠다.」 <* 실리는 곧 천리(天理)다. 천리가 곧 실제로 우주 천지 자연 만물의 생육화성(生育化成)을 지배하고 있다.>

[살신성인(殺身成仁)]

(1) 사람도 동물에 속한다. 그러므로 육신을 바탕으로 동물적인 삶을 영위한다. 그러나 인간은 동물과는 차원이 다른 가치적 삶을 영위한다. 즉 인류애를 바탕으로 평화세계를 창건하고, 아울러 역사와 문화를 대대로 이어가면서 더욱 새롭게 발전시킨다.

(2) 이와 같은 도덕사상의 핵심(核心)을 공자는 한마디로 묶어 「인 (仁)」이라 했다. 삶의 가치는 육체적 삶에만 있지 않고 보다 더 정신적·도덕적 가치에 있다.

(3) 그래서 공자는 「살신성인(殺身成仁)」하라고 강조한 것이다. 살신성인하기 위해서는 동물적 삶을 지양해야 한다. 이를 「극기복례 (克己復禮)」라고 말한다. 「이기심(利己心)을 극복하고 천리를 따라 서로 사랑하고 함께 잘사는 예도(禮道)에 돌아가야 한다.」 그것이 곧 「인(仁)의 구현(具現)」이다.

15-10 : 경문 한글 풀이

자공이 인을 이룩하는 방법을 묻자, 공자가 말했다. 「공장(工匠)이 일을 잘하려면 반드시 먼저 연장을 예리하게 한다. 그러므로 그 나라에 있을 때는 그 나라의 현명한 대부를 섬기고, 또 인덕 있는 선비와 벗하여야 한다.」

子貢問爲仁 子曰 工欲善其事 必先利其器 居是邦也
事其大夫之賢者 友其士之仁者.

[참고 주소 선역]

「현(賢)은 일을 현명하게 처리하는 사람의 뜻이다.」「인(仁)은 덕(德)이 어진 사람이라는 뜻이다.」「공자는 일찍이 『자공은 자기만 못한 사람을 좋아한다』고 말한 적이 있다. 고로 이렇게 말한 것이다.」<* 공자가어(孔子家語) 육본편(六本篇)에 있다.> 「즉 자공이 사람을 사귈 때에 엄격히 선택하고 함께 절차탁마해서 덕을 이루기를 바랐던 것이다.」 정자(程子)가 말했다. 「자공은 인정(仁政)을 펴는 방법을 물었지, 인(仁)을 물은 것이 아니다. 고로 공자는 인정을 펴는 인적 자료를 말해준 것이다.」

[현인과 인자와 어울려라]

어질고 착한 사람들이 하나로 뭉치고 세를 형성해야 인정(仁政)을 실천할 수 있다. 좋으나 나쁘나 혼자서는 큰 일을 할 수 없다. 정치가 타락하고 세상이 악하게 되는 것도 나쁜 사람들이 결탁하고 사회나 국가를 지배하기 때문이다. 그러므로 사회나 국가를 혁신하고 바르게 잡기 위해서는 바르고 착한 사람들이 함께 뭉치고 세를 형성해야 한다. 특히 인정(仁政)을 구현(具現)하기 위해서는 「지인용(智仁勇)의 삼달덕(三達德)」을 갖춘 군자(君子)나 인자(仁者)들이 굳게 단결해야 한다.

<u>15-11 : 경문 한글 풀이</u>

안연이 나라 다스리는 법을 묻자, 공자가 말했다.
「하(夏)나라의 역법(曆法)을 쓰고, 은(殷)나라의
수레를 타고, 주(周)나라의 면류관을 쓰고, 음악

은 소무(韶舞)를 기준으로 한다. 정(鄭)나라의 음
악은 추방하고, 아첨하는 자들을 멀리하라. 정나
라 음악은 음란하고, 아첨하는 사람은 위태롭다.」

顔淵 問爲邦 子曰 行夏之時 乘殷之輅 服周之冕 樂則
韶舞 放鄭聲 遠佞人 鄭聲淫 佞人殆.

[어구 설명] ㅇ問爲邦(문위방) : 나라 다스리는 도리나 방법을 묻다.
ㅇ行夏之時(행하지시) : 하(夏)나라의 시령(時令)을 쓰다. 음력(陰
曆)으로 농사를 짓는 데 적합하다. ㅇ乘殷之輅(승은지락) : 은(殷)
나라의 수레. 나무로 만들고 견실하며 실용적이다. ㅇ服周之冕(복
주지면) : 주(周)나라 때의 면류관을 쓰고 예복을 입는다. 예법(禮
法)에 맞았다. ㅇ樂則韶舞(악칙소무) : 「소(韶)」는 순(舜)임금의 음
악. 옛날에는 음곡(音曲)과 무곡(舞曲)이 일치했다. 「칙(則)」은 법
칙으로 삼는다. 공자는 소(韶)를 진선진미(盡善盡美)하다고 높였
다. <제3. 팔일편-25> ㅇ放鄭聲(방정성) : 정(鄭)나라의 음악을
추방한다. ㅇ遠佞人(원녕인) : 아첨하는 사람을 멀리한다. ㅇ鄭聲
淫(정성음) : 정나라 음악은 음란하다. ㅇ佞人殆(영인태) : 아첨하
는 자는 나라를 위태롭게 한다.

[참고 주소 선역]

(1) 정자(程子)가 말했다. 「정사(政事)를 물은 제자가 많았으나, 오
직 안연(顔淵)에게만 이렇게 말했다.」 「대략 다음같이 생각할 수
있다.」 「하(夏)・은(殷)・주(周) 3대의 문물제도는 때에 따라 손익
(損益)이 있게 마련이며, 세월이 오래 되면 폐단이 없을 수 없다.」
「주(周)나라가 쇠하자, 문물제도를 진작하지 않았다. 고로 공자가

선왕의 예(禮)를 참작하고 만세 불변의 도리를 세우고, 이와 같이 말하고 징조로 삼게 한 것이다.」「이와 같이 하면 기타도 다 상고할 수 있다.」

(2) 장자(張子)가 말했다.「예악(禮樂)은 덕치(德治)의 법도(法度)이다.」「정나라의 음악을 추방하고 영인(佞人)을 멀리하는 것은 법도 밖의 것을 추방한다는 뜻이다.」「하루라도 삼가지 않으면 법도가 허물어진다.」「순(舜)이 다스렸던 우(虞)나라 및 우(禹)가 다스렸던 하(夏)나라 때에는 군신(君臣)이 서로 경계하고 삼갔다.」「공자의 말뜻도 대략 이와 같을 것이다.」「또 말했다. 법도를 바르게 세우고, 능히 지킬 수 있어야, 덕(德)이 오래가고, 업(業)이 클 수 있다.」「정성(鄭聲)이나 영인(佞人)은 모든 사람으로 하여금 지킬 바를 잃게 한다. 고로 근절하고 추방한 것이다.」

[역대의 문물(文物) 활용]

공자는 학문이나 사상면에서만 역사와 전통을 존중한 것이 아니다. 외형적으로 나타나 보이는 문물제도 및 복식이나 수레 같은 기물이나 도구들도 역사적으로 가장 탁월하고 발달한 것들을 골라 활용하라고 가르쳤다. 공자는 인정과 덕치도 역대의 좋은 문물을 활용하기를 강조했다. 오늘로 말하자면 정신적 윤리 도덕만이 아니고 물질문명도 활용하라고 가르친 것이다.

15-12 : 경문 한글 풀이

공자가 말했다.「사람은 멀리 생각하고 염려하지 않으면, 반드시 가까운 근심거리가 있게 마련

이다.」

子曰 人無遠慮 必有近憂.

[어구 설명] ㅇ人無遠慮(인무원려) : 멀리 걱정하고 염려하지 않으면. ㅇ必有近憂(필유근우) : 반드시 나의 주변이나 가까운 곳에서 걱정거리가 발생한다.

[참고 주소 선역]

소씨(蘇氏)가 말했다. 「사람이 밟는 땅은, 발을 받치는 넓이 이외는 다 쓸데없는 땅이라 하겠다. 그러나 다 폐기할 수 없다. 그러므로 생각이 천리 밖에 미치지 않으면 우환이 바로 앉은 자리 밑에 오게 된다.」

[원려(遠慮)의 깊은 뜻]

(1) 원려(遠慮)에는 여러 가지 뜻이 있다. 당장 눈앞만을 보지 말고 넓게 멀리, 또 시간적으로도 과거·현재·미래를 아울러 생각하라는 뜻이 다 포함되어 있다.

(2) 공자는 「일이관지(一以貫之)」했다. 그 견지에서 보면 「원려(遠慮)」는 곧 「우주관(宇宙觀), 세계관(世界觀), 역사관(歷史觀)」을 다 포함한다.

(3) 공자는 2,500년 전에 이미 이런 말을 했다. 그런데 오늘의 사람들은 아직도 모른다. 모를 뿐더러, 오직 동물적 본능과 나만의 사리사욕(私利私慾)을 채우려고 서로 싸운다.

(4) 또 돈벌이에 몰두하고 지구나 환경을 파괴하고 있다. 무식하기 때문이다. 「무원려(無遠慮)면 필유근우(必有近憂)라.」

15-13 : 경문 한글 풀이

공자가 말했다. 「끝이로다. 나는 아직 덕 좋아하기를 여색 좋아하듯 하는 사람을 보지 못했노라.」

子曰 已矣乎 吾未見好德 如好色者也.

[어구 설명] ○已矣乎(이의호) : 끝났다. 더 바랄 게 없다. ○吾未見 (오미견) : 나는 아직까지 보지 못했다. ○好德(호덕) : 인덕(仁德) 베풀기를 좋아하고, 인정(仁政) 펴기를 좋아하는 임금의 뜻. ○如好 色(여호색) : 여색 좋아하듯. 당시의 임금들은 도덕적으로 타락하 고 여색을 탐했다.

[호덕(好德) 호색(好色)]

임금만이 아니다. 모든 사람이 다 같다. 「식색(食色)에만 매달리고 인덕(仁德)을 외면한다.」「인덕」은 숭고한 정신(精神)을 바탕으로 하는 것이다. 「호색(好色)은 육체적 감각(感覺)을 바탕으로 하는 것이다.」<* 오늘의 사람들은 식색만을 안다.>

15-14 : 경문 한글 풀이

공자가 말했다. 「장문중은 벼슬자리를 도둑질하 는 사람이다. 유하혜가 어진 사람인 줄 알면서도 자기와 함께 벼슬자리에 서게 하지 않는다.」

子曰 臧文仲 其竊位者與 知柳下惠之賢 而不與立 也.

[어구 설명] ○臧文仲(장문중) : 노(魯)나라의 대부. ○其竊位者與 (기절위자여) : 벼슬자리를 도둑질하는 사람이다. ○知柳下惠之賢 (지류하혜지현) : 유하혜가 현명한 사람인 줄 알고도. ○不與立也 (불여립야) : 함께 벼슬하게 하지 않는다.

[참고 주소 선역]

「유하혜는 노(魯)나라 대부, 전획(展獲)이다. 자는 금(禽)이다. 식읍(食邑)이 유하(柳下)다. 시호가 혜(惠)이다.」 범씨(范氏)가 말했다. 「장문중(臧文仲)은 노나라에서 정치를 했으나 유하혜같이 현명한 사람을 알지 못했으니, 밝지 못한 것이다. 알면서도 등용하지 않았으면 현인을 덮고 가린 것이다. 밝지 못한 죄는 작지만, 현명한 사람을 덮고 가린 죄는 크다. 그러므로 공자가 불인(不仁)이라 하고, 또 자리를 도둑질한 것이라고 말한 것이다.」

[절위자(竊位者)]

덕치(德治)의 핵심(核心)은 현인등용(賢人登用)이다. 우매한 임금은 강직하고 현명한 인재를 멀리하고, 반대로 사악한 아첨배만을 가까이한다. 그 결과는 멸망이다. 임금만이 아니다. 임금을 보좌할 경대부(卿大夫) 같은 귀족들도 현명한 인재를 천거하고, 반대로 어리석고 교활한 자들을 물리쳐야 한다.

15-15 : 경문 한글 풀이

공자가 말했다. 「자신에 대한 책망을 엄하게 하고, 남에 대한 책망을 가볍게 하면, 원망이 멀어질 것이다.」

子曰 躬自厚 而薄責於人 則遠怨矣.

[참고 주소 선역]

자기에 대한 책망을 엄하게 하므로 자신이 더욱 닦아진다. 한편 남에 대한 책망을 가볍게 하므로 남들이 쉽게 따른다. 그러므로 남들이 나를 원망하지 않게 된다.

<* 자신은 엄하게 책망하고, 남에게는 관대하게 하라. 그러면 남들이 나를 따르고, 또 나를 원망하지 않게 된다.>

15-16 : 경문 한글 풀이

공자가 말했다.「어찌할까, 어찌할까하고 걱정하지 않는 사람에 대해서는 나도 어찌할 수가 없다.」

子曰 不曰 如之何 如之何者 吾末如之何也已矣.

[어구 설명] ㅇ不曰 如之何如之何者(불왈 여지하여지하자):「어찌할까, 어찌할까」하고 생각하거나 걱정하지 않는 사람. ㅇ吾末如之何也已矣(오말여지하야이의) : 나도 어찌할 수가 없다.

[참고 주소 선역]

「어찌할까, 어찌할까.」는「일처리를 심사숙고하고 잘 살피고 행하라는 말이다.」「이렇게 하지 않고 함부로 하는 자는 성인 공자도 어찌할 수 없다.」

[심사숙고(深思熟考)]

심사숙고하고 노력해야 한다. 안 그러면 공자 같은 성인도 교도(教導)할 수 없다.

15-17 : 경문 한글 풀이

공자가 말했다. 「종일 모여 있으면서, 말이 의
(義)에 미치지 않고, 작은 지혜를 가지고 행동하
는 사람들은 참으로 곤란하다.」

子曰 羣居終日 言不及義 好行小慧 難矣哉.

[어구 설명] ○羣居終日(군거종일) : 종일 모여 있으면서. ○言不及
義(언불급의) : 주고받는 말이 도의(道義)나 인의(仁義)에 미치지
않는다. ○好行小慧(호행소혜) : 작고 얕은 꾀 부리기를 좋아하는
사람들. ○難矣哉(난의재) : 곤란하다, 구제 불능이라는 뜻.

[참고 주소 선역]

「소혜(小慧)는 사사로운 지혜다.」「말이 도의(道義)에 미치지 않으
면 방자하고 편벽하고 사악하고 사치하는 마음이 더욱 돋아난다.」
「소혜를 즐겨 행하면 험악한 짓을 행하고 요행을 바라는 기능만이
능숙해지게 마련이다.」「난의재(難矣哉)는 덕에 들어갈 수 없고 근
심이나 해(害)만이 있을 거라는 뜻이다.」

[소인지군거(小人之群居)]

(1) 도(道)를 터득한 대인(大人)이나 군자(君子)가 모이면 국가와
세계가 바르게 된다.

(2) 반대로 남을 속이고 재물이나 권력을 얻으려는 소인(小人)들이
많으면 나라가 타락하고 위태롭게 된다.

(3) 「잔꾀(小慧)」는 「거짓된 지혜나 궤변이다.」 겉약고 꾀 부리는

사이비(似而非) 지식인들 때문에 나라가 결딴나게 마련이다.

15-18 : 경문 한글 풀이

공자가 말했다. 「군자는 의를 바탕으로 하고, 예를 행하고, 겸손하게 말하고, 신의로써 매듭을 짓는다. 이런 사람이 참다운 군자니라.」

子曰 君子 義以爲質 禮以行之 孫以出之 信以成之 君子哉.

[어구 설명] ○義以爲質(의이위질) : 의를 바탕으로 삼다. 인의(仁義)를 본질로 한다. ○禮以行之(예이행지) : 예로써 행한다. 즉 예의 범절(禮儀凡節)에 맞게 행동한다. ○孫以出之(손이출지) : 겸손하게 말을 한다. 말을 신중하고 겸손하게 한다. ○信以成之(신이성지) : 자기가 한 말을 신의로써 매듭을 짓는다.

[의이위질(義以爲質)]

「의(義)」는 「절대선의 도(道)를 기준으로 사물을 바르고 알맞게 처리함이다. 따라서 나에게도 좋고 남에게도 좋게 마련이다.」 「인의 실천이 의(義)다.」 그래서 공자는 말했다. 「의를 본질적 근간으로 삼고 예를 행하고, 겸손하게 하고 모든 일을 성취해야 한다.」 군자는 모든 행동이나 일을 의(義)에 맞게 해야 한다.

15-19 : 경문 한글 풀이

공자가 말했다. 「군자는 자신의 무능을 걱정할 뿐, 남이 자기를 알아주지 않는 것은 걱정하지 않는다.」

子曰 君子 病無能焉 不病人之不己知也.

[어구 설명] ○君子病(군자병) : 군자는 걱정한다. ○無能(무능) :
자신의 무능. ○不病人之不己知(불병인지불기지) : 남이 나를 알아
주지 않는 것을 걱정하지 않는다.

<* 원본에 집주가 없다. 참고 : 제1. 학이편-16, 제4. 이인편-14,
제14. 헌문편-32>

15-20 : 경문 한글 풀이

공자가 말했다. 「군자는 종신토록 이름이 나지 않는 것을 유감으로 여긴다.」

子曰 君子 疾沒世而名不稱焉.

[어구 설명] ○疾(질) : 꺼린다. 싫어한다. ○沒世(몰세) : 죽을 때까
지. 죽은 다음에도. ○名不稱(명불칭) : 이름이 칭송되지 않는다.

[참고 주소 선역]

범씨(范氏)가 말했다. 「군자의 학문은 자기 수양을 위해서 하는
것이다. 남이 나를 알고 써주기를 바라고 하는 것이 아니다.」「그러
나 죽을 때까지 이름이 나지 않았다면 곧 그가 선(善)한 일을 하고
실적(實績)을 올리지 못했음을 알 수 있다.」

[선명(善名)을 내자]

(1) 공자는 말했다. 「군자거인 오호성명(君子去仁 惡乎成名)」<제
4. 이인편-4>

(2) 「후생가외(後生可畏)」「40, 50세가 되어도 이름이 나지 않으면

두렵지 않다.(四十五十而不聞焉 斯亦不足畏也已)」<제9. 자한편-
22>

(3) 이들을 요약하면 다음 같은 뜻이 된다. 「역사와 문화는 발전한
다. 그러므로 뒤에 태어난 사람은 두렵게 마련이다.」「그러나 학문
수양을 바탕으로 인덕(仁德)을 높이지 못하면 아무것도 아니다.」
군자는 공을 세우고 착한 이름(善名)을 남겨야 한다. 악덕한 삶을
살고 악명(惡名)을 남기면 안 된다. 공자 사상의 저변에는 인류의
역사와 문화가 시대와 더불어 더욱 발전한다는 「역사적 발전관」이
깊이 살아 있다.

(4) 역사적 발전은 사람이 한다. 따라서 공자는 후배 학자들에 의해
역사와 문화가 발전한다고 믿었던 것이다. 그러므로 「후생가외」라
고 했다. 학자나 군자는 역사와 문화를 더욱 새롭게 창조해야 한다.
이를 공자는 「온고지신(溫故知新)」이라고 했다.

15-21 : 경문 한글 풀이

공자가 말했다. 「군자는 자신에게 구하고, 소인
은 남에게 구한다.」

子曰 君子求諸己 小人求諸人.

[어구 설명] ○君子求諸己(군자구제기) : 군자는 모든 것을 자기에
게 찾고 구한다. ○小人求諸人(소인구제인) : 소인은 모든 것을 남
에게 찾고 구한다.

[참고 주소 선역]

사씨(謝氏)가 말했다. 「군자는 자기에게 구하지 않는 게 없다. 소인

은 군자와 반대로 모든 것을 남에게 구한다. 이 점이 군자와 소인이 나누어지는 바탕이니.」

[군자가 구하는 것]

(1) 군자와 소인은 구하는 것이 다르다. 군자는 도(道)를 따라 인정(仁政)과 덕치(德治)가 행해지기를 구한다.

(2) 소인은 사리사욕(私利私慾)을 채우기 위해 재물(財物)이나 이득(利得)을 얻으려고 한다.

(3) 군자는 성현(聖賢)의 말이나 글을 배워 도(道)를 터득하고 자기 수양을 바탕으로 경국제민(經國濟民)하고, 모든 사람에게 인덕(仁德)을 베풀어 선명(善名)을 남기고자 한다. 그러므로 모든 바탕이 자기에게 있다. 고로 「자기에게서 구한다」고 말한 것이다.

15-22 : 경문 한글 풀이

공자가 말했다. 「군자는 긍지(矜持)를 가지되 다투지 않는다. 함께 어울리되 편당(偏黨)하지 않는다.」

子曰 君子 矜而不爭 羣而不黨.

[어구 설명] ○君子矜(군자긍) : 군자는 긍지를 가지고, <위엄 있게 행동한다.> ○而不爭(이부쟁) : 그러나, <남들과 함부로> 다투지 않는다. ○羣(군) : 같은 군자끼리 어울리고 화동(和同)한다. 혹은 공동체에 사는 모든 사람과 잘 어울린다. ○而不黨(이부당) : 그러나 편당(偏黨)하거나 당파적인 처신을 하지 않는다.

[부쟁(不爭)·부당(不黨)]

(1) 군자는 절대선의 천도(天道)를 기준으로 한다. 천도는 광명정대(光明正大)하고 공평무사(公平無私)하고 영구불변(永久不變)한 도리다. 그러므로 군자는 크게는 우주 천지 만물과 도를 같이하고, 작게는 모든 사람과 화동(和同)한다.

(2) 소인(小人)은 사리사욕(私利私慾)을 바탕으로 범죄적 집단이나 편당(偏黨)을 꾸미고 국가의 재물을 사취(詐取)한다.

15-23 : 경문 한글 풀이

공자가 말했다. 「군자는 말만으로 사람을 추켜세우지 않고, 사람의 위상이 낮다고, 그의 말까지 폐하지 않는다.」

子曰 君子 不以言擧人 不以人廢言.

[어구 설명] ○不以言擧人(불이언거인) : 말로써 사람을 천거하지 않는다, 즉 말만 잘한다고 그 사람을 등용하지 않는다. ○不以人廢言(불이인폐언) : 그 사람의 위상(位相)이 낮다고 해서, 좋은 말까지 폐하지 않는다. <* 원본에 집주가 없다.>

[군자와 소인의 말]

(1) 선인(善人)과 악인(惡人), 대인(大人)과 소인(小人)을 분별해야 한다. 또 사람의 말도 분별해야 한다.

(2) 도심(道心)을 바탕으로 한 착한 말인지, 사욕(私欲)에서 나온 나쁜 말인지를 구분해야 한다. 신분이 높아도 말이 도에 안 맞으면

안 된다. 신분이 낮아도 말이 옳고 도에 맞으면 들어야 한다. <제14.
헌문편-5>

15-24 : 경문 한글 풀이

**자공이 물었다. 「한마디로 평생 지키고 행할 말이
있습니까.」 공자가 말했다. 「서(恕)니라. 내가 원
치 않는 바를 남에게 강요하지 말아야 한다.」**

子貢問曰 有一言 而可以終身行之者乎. 子曰 其恕乎
己所不欲 勿施於人.

[어구 설명] ○有一言(유일언) : 한마디 말. ○而可以(이가이) :
…할 수 있는. ○終身行之者乎(종신행지자호) : 평생토록 행할 수
있을 만한 <덕을 나타내는 말.> ○其恕乎(기서호) : 그 말이 바로
서(恕)일 것이다. ○己所不欲(기소불욕) : 내가 원치 않는 바. ○勿
施於人(물시어인) : 남에게 하라고 강요하지 마라.

[참고 주소 선역]

「추기급물하면 내가 남에게 덕을 끝없이 베풀게 된다. 고로 평생토
록 행할 수 있다.(推己及物 其施不窮 故可以終身行之)」

<* 추기급물은 「내가 원하는 바를 남으로 하여금 달성하게 한다」
는 뜻이다.>

[인(仁)의 핵심은 서(恕)]

(1) 공자가 최고의 덕(德)으로 높인 인(仁)은 절대선(絶對善)인 하
늘의 도리를 따른 것으로 그 속에는 「인의예지신(仁義禮智信)」을

비롯해 기타의 많은 덕이 포함되어 있다.

(2) 여기서는 그 일부를 말한 것이다. 「제4. 이인편-15」에 있다. 「공자가 나의 길은 하나로 꿰뚫었다.(吾道一以貫之哉)」라고 한 말을 증자(曾子)가 다음같이 부연했다. 「선생님의 도는 충과 서이다. (夫子之道 忠恕而已矣)」 즉 「하나(一)」는 「천도를 따른 인(仁)」이고, 「충(忠)과 서(恕)」는 인의 핵심이다.

(3) 여기서는 이를 다시 한마디, 서(恕)로 줄인 것이다. 「충(忠)」은 적극적인 인덕이고, 「서(恕)」는 소극적인 인이다.

(4) 「충(忠)」은 적극적으로 남을 사랑하고 추켜세우는 덕행이다. 이는 곧 「내가 나서고 싶으면 남을 내세운다. 내가 달성하고 싶으면 남을 달성하게 해준다.(己欲立而立人 己欲達而達人)」<제6. 옹야편-30>이다. 「서(恕)」는 「나를 미루어 남으로 하여금 하게 한다. (推己及人)」이다. 「서」에는 「최선을 다하는 적극적인 인(仁)」과 「남을 용서해주는 소극적인 인(仁)」이 다 포함되어 있다. 공자는 「내가 원하지 않는 바를 강요하지 말라.(己所不欲 勿施於人)」고 했다.

15-25 : 경문 한글 풀이

공자가 말했다. 「내가 누구를 허물하고, 누구를 칭찬하겠느냐. 칭찬할 사람이 있다면, 그럴 만한 실증이 있을 것이다.」「오늘의 백성들도 하(夏)·은(殷)·주(周) 3대 때의 도를 바르게 따라서 산 사람들이니라.」

子曰 吾之於人也 誰毀誰譽 如有所譽者 其有所試矣.

斯民也 三代之所以 直道而行也.

[어구 설명] ○吾之於人也(오지어인야) : 나는 모든 사람에 대해서. ○誰毀誰譽(수훼수예) : 누구를 허물하고, 누구를 칭찬하랴. ○如有所譽者(여유소예자) : 칭찬할 사람이 있다면. ○其有所試矣(기유소시의) : 그는 시험을 통해서 실증된 사람이다. ○斯民也(사민야) : 오늘의 이 모든 백성들. ○三代(삼대) : 하(夏) · 은(殷) · 주(周) 3대. ○直道而行也(직도이행야) : 곧게 도를 행했던 사람들이다.

[참고 주소 선역]

(1) 「훼(毀)」는 「남을 사실보다 더 깎아내리고 나쁘다고 말한다는 뜻이다.」 「예(譽)」는 「남을 사실보다 더 지나치게 좋다고 칭찬한다는 뜻이다.」 「공자는 그런 일이 없다. 그러나 혹시 남을 칭찬할 때도 반드시 전에 시험을 해서 그렇다는 것을 알고 있는 것이다.」 「성인(聖人) 공자는 선(善)을 선하다고 인정할 때는 빠르게 한다. 그러나 구차하게 하는 법이 없다.」 「반대로 악(惡)을 나쁘다고 할 때에는 매우 더디게 한다. 그때에도 이전에 이미 그가 악한 줄 알면서도 끝까지 훼손하지는 않는다.(聖人善善之速 而無所苟如此 若其惡惡 則已緩矣 是以雖有以前知其惡 而終無所毁也)」

(2) 「사민(斯民)은 오늘의 이 사람이란 뜻이다.」 「3대는 하(夏)나라 · 상(商=殷)나라 · 주(周)나라를 말한다.」 「도를 곧게 따랐다(直道)고 한 것」은 「사사롭고 굽은 데가 없었다는 뜻이다.」 다음 같은 뜻을 말한 것이다. 「내가 욕하거나 칭찬하는 바가 없는 이유는 대략 오늘에 사는 이 사람들도, 즉 3대 때는 선(善)을 좋아했고 악(惡)을 미워하고, 또 사사롭게 왜곡된 바가 없었다.」 「고로 나도 지금 역시

시비의 사실을 왜곡되게 할 수 없다.」

(3) 윤씨(尹氏)가 말했다. 「공자는 모든 사람에 대해서 어찌 욕하거나 칭찬하려는 뜻이 있겠는가. 공자가 칭찬할 때에는 아마도 시험을 거쳐 참으로 그가 좋다는 것을 알았기 때문일 것이다.」「오늘 사는 사람들도 3대 때에는 도를 곧게 따라 행했으니 어찌 <세월이 흘렀다고> 사사로움을 용납할 수 있겠는가.」<옛날이나 지금이나 다를 바가 없게 해야 한다.>

[훼예(毀譽)와 사실]

앞의 23장에서 공자는 「군자는 말만으로 사람을 추켜세우지 않는다.(君子 不以言擧人)」라고 했다. 여기서는 「사람을 칭찬할 때나, 반대로 폄(貶)할 때나, 시험을 걸친 다음에 실증적으로 해야 한다.」고 말했다.

<* 후반부 「사민야(斯民也)」 이하는 별장(別章)으로 나누기도 한다. 오늘의 백성들도 하(夏)·은(殷)·주(周) 3대 때에는 바르게 산 후손들이다. 그러므로 역사적 정통을 따라야 함을 강조한 것이다.>

15-26 : 경문 한글 풀이

공자가 말했다. 「전에는 역사를 기록하는 사관(史官)이 의아한 것을 빼놓고 적지 않았다.」「전에는 말을 가진 사람이 남에게 빌려주고 타게 한 좋은 일이 있었다. 그러나 지금은 그런 일이 없게 되었다.」

子曰 吾猶及史之闕文也. 有馬者 借人乘之 今亡矣
夫.

[어구 설명] ㅇ吾猶及(오유급) : 나도 역시 볼 수 있었다. ㅇ史之闕
文也(사지궐문야) : 역사를 기록하는 사관(史官)이 <의아한 점을
빼놓고> 기록하지 않았다. ㅇ有馬者(유마자) : 말을 가진 사람. ㅇ
借人乘之(차인승지) : 남에게 빌려주고 타게 하다. 고주(古注)에는
남에게 말을 빌려주고 말을 길들게 했다는 뜻으로 풀기도 했다.
ㅇ今亡矣夫(금무의부) : 지금은 <그러한 미풍(美風)이> 없어졌다.
볼 수 없게 되었다.

[참고 주소 선역]

양씨(楊氏)가 말했다. 「사궐문(史闕文)과 마차인(馬借人)의 두 가
지 일을 공자도 전에는 역시 볼 수 있었다. 그러나 지금은 없어졌다
고 시대가 더욱 나빠진 것을 슬퍼한 것이다.」「나, 주자는 생각한다.
이 말은 반드시 <무슨 뜻이 있어> 했을 것이다. 비록 작은 일이지
만 시대의 변천이 큼을 알 수 있다.」호씨(胡氏)가 말했다. 「이 장의
뜻은 의아하다. 억지로 해석할 수 없다.」

<* 사관(史官)과 궐문(闕文) : 옛날의 사관은 역사를 사실대로 쓰
고, 잘 모르거나 의심나는 곳은 비워두었다. 사궐문과 마차인의 구
절은 별개의 글일 것이다.>

15-27 : 경문 한글 풀이

공자가 말했다. 「간교한 말은 덕을 어지럽히고,
작은 것을 참지 못하면 큰 일을 어지럽힌다.」

子曰 巧言亂德 小不忍 則亂大謀.

[어구 설명] ㅇ巧言(교언) : 간교하게 잘 꾸민 말. ㅇ亂德(난덕) : 덕을 어지럽힌다. ㅇ小不忍(소불인) : 작은 것을 참지 못하면. ㅇ則亂大謀(즉란대모) : 곧 크게 꾸민 일을 어지럽히고, 또 망친다.

[참고 주소 선역]

「간교한 말은 시비를 뒤집고 어지럽게 하고, 또 듣는 사람으로 하여금 지킬 바 도를 잃게 한다.」 「작은 어려움을 참고 견디지 못하는 것은 연약한 여자의 인(仁)이나, 경솔하게 분개하는 필부의 용(勇)과 같은 것이다.」

[교언난덕(巧言亂德)]

공자는 「제1. 학이편-3」에서 「교언영색 선의인(巧言令色 鮮矣仁)」이라 말했다. 여기서는 「작은 것을 참지 못하면, 즉 큰 계획을 어지럽게 한다.(小不忍 則亂大謀)」라고 했다. 「소(小)」는 「인간적 욕심(欲心)」, 「대모(大謀)」는 「인정덕치(仁政德治)」다.

15-28 : 경문 한글 풀이

공자가 말했다. 「대중이 싫어해도 반드시 살펴보고, 대중이 좋아해도 반드시 살펴보아야 한다.」

子曰 衆惡之 必察焉 衆好之 必察焉.

[어구 설명] ㅇ衆惡之(중오지) : 대중이 미워하는 것, 여러 사람이 싫어하는 것. ㅇ必察焉(필찰언) : 반드시 살펴보다.

[참고 주소 선여]

양씨(楊氏)가 말했다. 「인자(仁者)만이 능히 사람을 좋아도 하고, 또 미워도 할 수 있다.」 「대중(大衆)이 호오(好惡)하는 바를 잘 살피지 않으면 사사로움에 덮이게 될 것이다.」

<* 속인의 호오(好惡) : 도(道)를 모르는 대중은 육체적 욕구와 이기심(利己心)을 기준으로 좋아도 하고, 또 미워도 한다. 그러므로 잘 살펴야 한다. 제4. 이인편-3, 제13. 자로편-24 참고>

15-29 : 경문 한글 풀이

공자가 말했다. 「사람이 도를 넓힐 수 있는 것이지, 도가 사람을 넓히는 것이 아니다.」

子曰 人能弘道 非道弘人.

[어구 설명] ○人能弘道(인능홍도) : 사람이 능히 도를 펴고 넓힐 수 있다. ○非道弘人(비도홍인) : 도가 사람을 넓히는 것이 아니다.

[인능홍도(人能弘道)]

「인능홍도(人能弘道)」는 곧 「사람이 도를 넓힌다」는 뜻이다. 나누어 설명하겠다.

(1) 천도(天道)는 곧 우주(宇宙)의 법칙이며 동시에 인류의 역사와 문화 발전의 도리이다. 유교사상에서 말하는 우주는 공간(空間)과 시간(時間)을 통합한 뜻이다. 천지 자연 만물 및 사람은 공간적·현시적(現時的)·개별적(個別的)으로 존재하고 삶을 산다. 그러나 동시에 시간적·역사적으로 대를 이어가면서 총체적으로 번식하

고, 또 발전하고 있다. 이와 같은 우주적 생성(生成), 변화(變化), 발전(發展)의 도리를 한마디로 천도라고 한다.

(2) 하늘은 사람에게만 탁월한 본성을 부여해 주었다. 그러므로 사람만이 본성을 바탕으로 우주의 도리, 곧 절대선의 천도를 깨닫고 실천하고, 또 활용할 수 있다.

(3) 우주의 법칙, 즉 천도를 따라 자연과 조화를 이루고 인류가 하나가 되어 평화세계를 이루고 문화를 발전하는 삶이 곧 유교에서 강조하는 윤리 도덕적 삶이다. 즉 나와 만민 및 인류가 하나가 되어 더욱 발전하는 도리다.

(4) 인식과 실천의 주체(主體)는 바로 「나」다. 「내」가 천도를 알고 실천해야 천도가 우주적으로 확대되고 실현된다. 그래서 「사람이 도를 넓힌다」 또는 「내가 원하면 인(仁)이 온다」고 말한 것이다. <제7. 술이편-29>

15-30 : 경문 한글 풀이

공자가 말했다. 「잘못하고 고치지 않는 것이 바로 잘못이니라.」

子曰 過而不改 是謂過矣.

[어구 설명] ○過而不改(과이불개) : 잘못을 저지르고 고치지 않는다. ○是謂過矣(시위과의) : 그것이 곧 <더 큰> 잘못이다.

[참고 주소 선역]

「자신의 잘못을 능히 고칠 수 있어야, 잘못이 없는 착한 본래의 상태로 돌아간다.」 「끝내 잘못을 고치지 않으면, 즉 잘못이 <습관

이 되고> 굳어져 다시는 고칠 수 없게 된다.」

[잘못의 뜻]

(1) 동물세계에는 윤리 도덕이 없다. 인간 인류만이 절대선의 천도를 따라 수신(修身), 제가(齊家), 치국(治國), 평천하(平天下)한다.

(2) 여기서 말하는 「잘못(過)」은 「윤리 도덕을 이탈하고 동물적 본능과 이기적 삶만을 추구하는 것이다.」 <* 속인은 육신적 삶만 안다.>

15-31 : 경문 한글 풀이

공자가 말했다. 「나는 전에 종일토록 먹지도 않고 밤새도록 자지도 않고 생각을 했다. 그러나 이득 이 없었다. 역시 배우는 것만 못하다.」

子曰 吾嘗終日不食 終夜不寢以思 無益不如學也.

[참고 주소 선역]

「이 말은 <혼자> 생각만 하고 배우지 않는 사람을 위해서 한 말이다.」 「허기는 마음고생하면서 혼자 생각만 하고 반드시 구하려고 하는 것보다, 뜻을 겸손하게 가지고 배워서 스스로 터득하는 것이 좋다.」 이씨(李氏)가 말했다. 「공자는 생각만 하고 성현의 글이나 역사적 전통을 안 배운 협소하고, 또 독단적인 분이 아니었다. 특히 이 같은 말을 하고 사람들을 가르친 것이다.」

[학(學)과 사(思)]

(1) 논어 첫 구절이 바로 「학이시습지 불역열호(學而時習之 不亦說

乎)」이다. 공자는 학문을 바탕으로 군자를 배양해서 「인정덕치(仁政德治)」를 구현(具現)하고자 했다.

(2) 그러므로 공자는 성현(聖賢)의 경전(經典)과 성왕성제(聖王聖帝)의 역사적 도통(道統)을 열심히 가르쳤다. 즉 학문과 역사적 사실을 바탕으로 참된 도리를 알게 하고, 또 선세계(善世界)를 창건하고자 했다.

(3) 중용(中庸)에 있다. 학(學)은 「박학(博學), 심문(審問), 신사(愼思), 명변(明辯), 독행(篤行)」을 다 포함한다. 단 여기서 말하는 사(思)는 다른 뜻이다. 즉 독단적 허무맹랑한 생각이다. 특히 나쁜 생각 셋을 들겠다.

① 사람은 동물적 존재로 육체적 삶을 살고 있다. 그러므로 돈을 잘 벌고, 잘 먹고 잘 놀고, 사치하고 안락하게 살면 된다는 생각.

② 속인같이 철저하게 개인주의·이기주의적으로 살면 된다. 낡아빠진 윤리 도덕은 버리라는 생각.

③ 도가(道家)의 해탈(解脫) 사상 및 은퇴(隱退) 사상같이 모든 것을 무(無)로 돌리고 무지(無知)와 무위(無爲)하자는 생각.

15-32 : 경문 한글 풀이

공자가 말했다. 「군자는 도를 도모하고, 밥을 도모하지 않는다. 농사를 지어도 굶주릴 수 있으나, 배우면 저절로 녹을 얻을 수 있다. 군자는 도를 걱정하되 가난을 걱정하지 않는다.」

子曰 君子 謀道 不謀食 耕也 餒在其中矣 學也 祿在

其中矣 君子 憂道 不憂貧.

[어구 설명] ○君子(군자) : 학문과 덕행을 쌓고, 인정(仁政)과 덕치(德治) 구현(具現)에 참여하는 선비. ○謀道(모도) : 도의 달성을 도모하다. ○不謀食(불모식) : 식록(食祿) 얻기를 도모하지 않는다. ○耕也(경야) : 경작을 해도. ○餒在其中矣(뇌재기중의) : 굶주림이 그 속에 있다. <정치가 나쁘면 굶주린다.> ○學也(학야) : 배우고 참다운 군자가 되고, 바른 정치를 펴다. ○祿在其中矣(녹재기중의) : 자기가 먹을 식록(食祿)이 그 속에서 나온다. ○憂道(우도) : 도의 실천을 걱정한다. 즉 도덕정치의 실현을 걱정한다. ○不憂貧(불우빈) : 내가 가난하게 살고 안 살고는 걱정하지 않는다.

[군자모도(君子謀道)]

(1) 포학무도(暴虐無道)한 임금은 백성들을 싸움터에서 죽게 한다. 또 임금이 가렴주구(苛斂誅求)하면 백성들은 굶주리게 마련이다.

(2) 군자는 도(道)를 따라 경국제민(經國濟民)하는 것을 목표로 한다. 나라가 다스려지면 모두가 잘먹고 살 수 있다.

(3) 거듭 말하겠다. 군자는 인정(仁政)에 참여하는 엘리트, 휴머니스트이다. 따라서 어떻게 하면 천하에 절대선(絶對善)의 도덕정치를 펴고 백성들을 잘살게 해줄까 하는 것을 걱정하고 염려해야 한다.

(4) 나만의 부귀영화(富貴榮華)를 얻으려고 안달하는 자는 참다운 군자가 아니다. 그런 자는 소인(小人)이다. 개인보다 전체를 위하고, 물질보다 정신을 높이고, 도덕 사회 건설에 앞장서는 지식인이 바로 군자다. 권력과 돈만 아는 자는 소인이다.

<* 동서고금을 막론하고 오늘의 세계정치는 권모술수(權謀術數)

와 재물과 무력을 바탕으로 자기의 탐욕을 채우려고 서로 쟁탈하고 있다. 따라서 「인정덕치(仁政德治)」라는 말 자체를 모른다.>

15-33 : 경문 한글 풀이

공자가 말했다. 「지능으로써 나라를 얻었다 해도 인덕으로써 지키지 않으면 반드시 잃게 된다.」 「지능으로써 나라를 얻고 인덕으로써 지킨다 해도 장엄한 태도로 임하지 않으면 백성들이 존경하지 않는다.」「지능으로써 나라를 얻고 인덕으로써 지키고 장엄한 태도로 임하되, 백성을 부림에 있어 예로써 하지 않으면, 역시 완전하지 못하다.」

子曰 知及之 仁不能守之 雖得之 必失之. 知及之 仁能守之 不莊以涖之 則民不敬. 知及之 仁能守之 莊以涖之 動之不以禮 未善也.

[참고 주소 선역]
「지혜가 족하고, 나라를 다스릴 도리를 알아도, 사욕이 끼어들면 나 자신이 나라를 간직할 수 없다.」

[지(知), 인(仁), 장(莊), 예(禮)]
(1) 국가와 백성을 다스리는 임금은 통치의 도리를 바르게 알아야 한다. 그리고 백성을 인애(仁愛)하고 인덕(仁德)을 세워야 한다.
(2) 다음으로 장엄(莊嚴)한 자세로 백성에게 임해야 한다. 끝으로

예악(禮樂)으로 국가의 질서와 법도를 바로잡고, 아울러 백성에게 예의범절을 가르쳐 스스로 「화동진작(和同振作)」하게 해야 한다.

(3) 임금은 「지(知), 인(仁), 장(莊), 예(禮)」의 네 단계를 거쳐야 한다. 임금만이 아니다. 정치에 참여하는 군자나 선비들도 이 네 단계를 거치고, 백성들도 이 네 단계를 거쳐 저마다 본성인 선을 발휘하게 해야 한다. 그 바탕이 학문 교육 수양이다.

15-34 : 경문 한글 풀이

공자가 말했다.「군자는 작은 일은 몰라도 큰 일은 맡아서 다스릴 수 있다. 소인은 큰 일은 맡아서 다스릴 수 없어도 작은 일은 잘 안다.」

子曰 君子 不可小知 而可大受也 小人 不可大受 而可小知也.

[어구 설명] ○君子不可小知(군자불가소지) : 군자는 작은 일은 알지 못하나. ○而可大受也(이가대수야) : 그러나 큰 일을 맡아서 다스릴 수 있다. ○小人不可大受(소인불가대수) : 소인은 큰 일은 맡아서 다스리지 못하나. ○而可小知也(이가소지야) : 작은 일은 알 수 있다. 「지(知)」는 「알고, 또 다스린다」의 뜻이다.

[대수(大受)와 소지(小知)]

(1) 군자는 대수(大受)할 수 있다. 도(道)를 바탕으로 도덕정치를 담당할 수 있다. 즉 극기복례(克己復禮)하고 경국제민(經國濟民)할 수 있다.

(2) 한편 소인(小人)은 소지(小知)할 수 있다. 즉 「작은 일, 일상생

활에 필요한 모든 일들을 담당할 수 있다.」 <* 정직하게 일하지 않고, 남을 속이거나 악한 짓을 하는 소인은 사람이 아니다. 동물보다도 못한 아귀(餓鬼)라 하겠다.>

15-35 : 경문 한글 풀이

공자가 말했다.「백성에게는 인(仁)이 물이나 불보다 더 귀중하다. 나는 물이나 불 때문에 죽은 예는 보았다. 그러나 인으로 해서 죽었다는 예는 보지 못했다.」

子曰 民之於仁也 甚於水火 水火 吾見蹈而死者矣 未見蹈仁而死者也.

[어구 설명] ○民之於仁也(민지어인야) : 백성에게 있어, 인(仁)이나 인정(仁政)은. ○甚於水火(심어수화) : 물이나 불보다 더 심각하고 귀중하다. 「물과 불」이 있어야 사람이 산다. 그러나 홍수나 화재 때문에 사람이 죽을 수도 있다. ○吾見蹈而死者矣(오견도이사자의) : 나는 물과 불을 밟고 죽은 사람을 보았다. ○蹈仁而死者也(도인이사자야) : 인과 인정 때문에 휘말려 죽었다는 사람을 <보지 못했다.>

[인(仁)과 수화(水火)]

사람은 육체적 삶만을 살지 않는다. 숭고한 정신적 삶을 살아야 한다. 개별적·육체적 삶을 살기 위해서는 물과 불이 반드시 있어야 한다. 그러나 모든 사람이 함께 어울려 공동체(共同體)를 이루고, 또 역사와 문화를 계승 발전하기 위해서는 숭고한 정신을 바탕으로 한 「윤리 도덕의 핵심인 인(仁)」을 따르고 실천해야 한다.
정치도 마찬가지다. 통치자가 백성을 부력으로 억압하고 착취하지
말고, 인정(仁政)을 바탕으로 인덕(仁德)을 베풀어야 한다. 그래야
백성이 평안(平安)하고 화락(和樂)할 수 있다. 「물과 불」은 「개별
적·육체적 삶」에 반드시 필요하다. 그러나 윤리 도덕의 바탕인
「인과 인정」이 더 중대하다.

15-36 : 경문 한글 풀이

공자가 말했다. 「인을 행함에 있어서는 스승에게 도 양보하지 않는다.」

子曰 當仁 不讓於師.

[어구 설명] ○當仁(당인) : 인을 실천함에는. ○不讓於師(불양어
사) : 스승에게도 양보하지 않는다.

[불양어사(不讓於師)]

(1) 「당인(當仁)」은 「인(仁)을 자기의 임무로 삼고 행한다는 뜻이
다. 그러므로 스승에게도 뒤지지 않게 한다.」「즉 마땅히 용감하게
나아가고 반드시 행함을 말한 것이다.」

(2) 정자(程子)가 말했다. 「인을 행하는 것은 자기에게 달렸다. 다
른 사람과 같게 하느냐 못하느냐가 있을 수 없다.」「만약 좋은 명분
이 밖에 있다면 남에게 뒤지지 않게 하는 것이 불가하다.」

(3) 인을 행함에는 스승에게도 양보하지 않는다. 즉 스승보다도
더 적극적으로 인을 행해야 한다. 스승을 존경한다고 해도, 인에
있어서는 겸손하게 뒤지면 안 된다. 인은 속에서 우러나오는 덕행

(德行)이다. 세차게 해야 한다.

15-37 : 경문 한글 풀이

공자가 말했다.「군자는 굳고 바르게 하지만, 그렇다고 부당하게 남을 믿고 포섭하지 않는다.」

子曰 君子貞而不諒.

[어구 설명] ○貞(정) : 곧고, 또 굳다. ○不諒(불량) : <선악 시비를 가리지 않고 부당하게> 남을 믿거나 포섭하지 않는다.

[정이불량(貞而不諒)]

(1) 군자는 도(道)를 곧고 굳게 지키고 행한다. 인(仁)에 있어서도 적극적으로 남을 사랑하고, 또 남의 잘못을 관대하게 용서해 준다. 즉「충서(忠恕)로써 일이관지(一以貫之)한다.」

(2) 그렇다고 부당하게 남을 믿거나 포섭하고 도당을 만들지 않는다.「군자는 두루 통하되 편파적이 아니다. 소인은 편파적이되 두루 통하지 않는다.(君子 周而不比 小人 比而不周)」「군자는 긍지를 가지되 다투지 않고, 대중과 어울리되 당파를 꾸미지 않는다.(君子 矜而不爭 羣而不黨)」

15-38 : 경문 한글 풀이

공자가 말했다.「임금을 섬길 때에는 먼저 자기의 직책을 성심으로 받들고, 후에 녹을 받아야 한다.」

子曰 事君 敬其事 而後其食.

[경사후식(敬事後食)]

(1) 군자는 일하기 위해 먹는다. 녹을 받기 위해 벼슬하는 것이 아니다. 도를 따라 나라를 바르게 다스리고, 백성을 잘살게 하기 위해 벼슬을 한다. 그래서 녹을 받는 것이다.

(2) 소인은 반대다. 먹기 위해 일한다고 생각한다.

(3) 「경사(敬事)」의 「경(敬)」은 「주일무적(主一無適)」의 뜻이다. 오직 인(仁)을 중심으로 하고, 사사로운 길로 나가지 않는다는 뜻이다.

15-39 : 경문 한글 풀이

공자가 말했다. 「가르침에는 유가 없다.」

子曰 有敎無類.

[유교무류(有敎無類)]

(1) 사람은 동물적 생존 및 개별적 삶만을 살지 않는다. 도덕적 삶을 살아야 한다. 또 역사와 문화를 계승하고 더욱 발전케 하는 문화생활도 해야 한다.

(2) 그러므로 많은 것을 배우고 연구해야 한다. 즉 과학 기술 공업 생산 및 법률 정치 외교 교역 및 국방 전술 등, 모든 것을 배워야 한다. 더 중요한 것은 내면적 심성함양(心性涵養)과 자기수양(自己修養) 및 도덕정치(道德政治)다.

(3) 즉 인격이나 인품을 교육으로 형성할 수 있다. 사람의 종류나 신분상의 부류가 있는 것이 아니다.

15-40 : 경문 한글 풀이

공자가 말했다. 「믿고 따르는 도가 같지 않으면 서로 함께 논하거나 도모하지 않는다.」

子曰 道不同 不相爲謀.

[어구 설명] ○道不同(도부동) : 믿고 따르고 행하는 바, 도(道)가 같지 않으면. ○不相爲謀(불상위모) : 서로 함께 논의(論議)하거나 일을 도모(圖謀)하지 않는다.

[도부동 불상모(道不同 不相謀)]

선악시비(善惡是非)를 논하고 가리기 위해서는 「기본 원칙이나 도리가 있어야 한다.」 극단적인 예를 들어 말하겠다. 「사람은 동물에 불과하다」는 관점에서 보는 생활태도와 「사람은 도덕적 본성을 지닌 숭고한 영장(靈長)이다」라는 관점에서 보는 생활태도는 같지 않을 것이다. 유교는 후자를 강조한다.

15-41 : 경문 한글 풀이

공자가 말했다. 「말은 뜻만 전달하면 된다.」

子曰 辭達而已矣.

[어구 설명] ○辭達(사달) : 말은 뜻을 바르게 전달(傳達)해야 한다. 「사(辭)」를 「외교적 문서나 말」로 풀이하기도 한다. ○而已矣(이이의) : 그뿐이다. 군소리나 가식(假飾)이 필요없다는 뜻.

[교언영색(巧言令色)하지 마라]

(1) 공자는 「제1. 학이편-3」에서 다음같이 말했다. 「말을 듣기 좋

게 잘하고, 용모를 보기 좋게 꾸미는 사람은 참된 인심(仁心)이나 인덕(仁德)이 없다.(巧言令色 鮮矣仁)」

(2) 또 「강직하고 의연하고 질박하고 과묵한 사람이 인자에 가깝다.(剛毅木訥近仁)」라고 했다. <제13. 자로편-27> 남을 속이고 몇푼의 돈을 벌려는 악덕한 자들은 외면을 꾸미고 남에게 아첨한다.

15-42 : 경문 한글 풀이

악사인 장님 면(冕)이 공자를 찾아와서 뵙자, 그가 층계 앞에 오면, 공자가 「층계요.」라 하고, 그가 자리 앞에 오면, 공자가 「자리요.」라 하고, 그가 자리 잡고 앉으면, 공자가 「아무개는 여기 있고, 아무개는 저기 있소.」하고 말했다. 악사 면이 물러간 다음에 자장이 물었다. 「장님인 악사에게 말하는 도가 있습니까.」 공자가 대답했다. 「그렇다. 바로 그렇게 하는 것이 장님인 악사를 돕는 길이다.」

師冕見及階 子曰 階也 及席 子曰 席也 皆坐 子告之曰 某在斯 某在斯. 師冕出 子張問曰 與師言之道與子曰 然 固相師之道也.

[어구 설명] ○師冕(사면) : 「면(冕)」이라는 이름의 악사(樂師). 장님이다. ○及階(급계) : 층계 앞에 도달하면. ○及席(급석) : 자리앞에 오면. ○皆坐(개좌) : 모든 사람이 다 착석하면. ○某在斯(모재사) : 아무개는 여기 있다. ○與師言之道與(여사언지도여) : <그렇

게 하는 것이> 악사에게 말하는 도리입니까. ○固相師之道(고상사
지도) : 바로 장님인 악사를 돕는 도리이다.

[참고 주소 선역]

「성인 공자 문하에서 배우는 학자는 선생님의 일언일동(一言一動)
을 통해서 존심성찰(存心省察)을 이와 같이 하지 않음이 없었다.」
<＊「존심성찰」은 「하늘이 내려준 절대선의 도(道)와 인(仁)을 마
음속에 항상 간직하고, 도를 실천하고 인을 베풀었나를 스스로 반
성하고 살펴본다」는 뜻이다.>

[자상한 마음]

도(道)와 인(仁)은 큰일에만 행하는 것이 아니다. 국가와 만민을
다스리는 도덕정치에만 적용하는 것이 아니다. 임금 앞에서만 선양
하는 것이 아니다. 평범하고 가난하거나 호소할 데 없는 장애인에
게도 자상하게 베풀어야 한다. 이 장의 글을 통해 우리는 「공자가
얼마나 자상한 인자(仁者)인가」를 알 수 있다. 인애(仁愛)와 예절
(禮節)은 멀리 있는 것이 아니다. 바로 일상생활 속에서 남을 사랑
하고 친절을 베푸는 것이다.

※ 제15편 사상 복습 ※

[하늘(天)과 하늘의 도리(天道)]

(1) 하늘은 공간(空間)과 시간(時間)을 통합한 우주(宇宙)를 주재
(主宰)한다. 하늘은 유일무이(唯一無二)한 절대자(絶對者)다.

(2) 하늘에 의해서 천지(天地)가 운행하고, 아울러 자연 만물이 생

성(生成) 변화(變化) 번식(繁殖) 및 발전하고 있다. 그 모든 도리를 하늘의 도리, 즉 천도(天道)라고 한다. 천도는 곧 절대선(絶對善)의 도리다. 과학에서 높이는 자연법칙도 천도이다. 거듭 말하겠다. 하늘은 만물을 낳고 키워준다. 그 도리가 하늘의 도리다.

[육체적 삶과 정신적 삶]

(1) 인간도 동물에 속한다. 그러므로 동물적 본능을 바탕으로 생존한다. 즉 저마다 먹고 마시고, 또 남자와 여자가 짝짓기를 하여 자식을 낳고 대(代)를 이어가고 있다.

(2) 그러나 인간의 육체적 지각, 기능 및 감각은 차원이 다르게 우수하고 다양하고, 또 섬세하다. 그러므로 인간 인류는 문화, 예술 및 과학을 역사적으로 계승 발전하고 있다.

(3) 하늘은 인간에게만 탁월한 지능(知能)과 아울러 「숭고한 심령(心靈)과 정신(精神) 및 도덕성(道德性)의 핵심」인 「인심(仁心)」을 본성(本性) 속에 깊이 심어 주었다. 그러므로 인간 인류는 역사적으로 종교생활과 윤리 도덕생활을 이어오고 있다.

(4) 인간 및 인류의 역사를 되돌아보면, 육체적·외형적 문화생활과 정신적·내면적 도덕생활이 변증법적으로 발달하고 있음을 알 수 있다.

[윤리 도덕의 핵심은 인(仁)]

(1) 인간은 절대로 혼자서는 태어날 수도 없고, 또 혼자서는 살 수가 없다. 가정(家庭)에서는 부모 형제 및 부부(夫婦)가 서로 사랑하고 화목해야 한다. 학교나 사회에서는 스승과 학생, 선배와 후배가 서로 사랑하고 화목해야 한다. 국가에서는 상하좌우 모든 사람

이 서로 사랑하고 협동하고, 또 하나의 중심점에 뭉쳐야 한다.

(2) 이와 같이 모든 사람이 서로 사랑하고 협동해서 함께 잘살고 발전하기 위해서 윤리 도덕을 따르고 실천해야 한다. 이를 다음같이 요약할 수 있다. 가정적으로는 효제(孝弟), 사회적으로는 예절(禮節), 국가적으로는 충신(忠信), 세계적으로는 인의(仁義)다.

(3) 이와 같은 「효제, 충신, 예절, 인의」를 포괄한 것이 바로 「인(仁)」이다.

(4) 사람은 본성적으로 서로 사랑하고 협조하여 함께 잘사는 마음, 즉 「인심(仁心)」을 지니고 있다. 그러므로 사람은 누구나 다 인덕(仁德)을 세울 수 있다.

[극기복례(克己復禮)가 곧 위인(爲仁)이다]

(1) 동물적·육체적·이기적 삶만을 살면 인(仁)을 이룰 수 없다.

(2) 탁월한 지각으로 천도를 깨닫고 학문 수양으로 이기적 욕심을 극복하고 천인합일(天人合一)해야 인덕을 세울 수 있다. 극기복례(克己復禮)에는 크고 작은 두 가지 뜻이 있다. 큰 뜻은 사리사욕(私利私慾)을 억제하고 천도천리(天道天理)에 돌아가는 것이다. 작은 뜻은 예의범절을 지키고 행함이다. 인자(仁者)는 안빈낙도(安貧樂道)해야 한다.

[살신성인(殺身成仁)]

(1) 「인자는 먼저 고생하고 나중에 얻는다.(仁者先難而後獲)」 더 크게 말하면 인자는 살신성인(殺身成仁)해야 한다. 즉 나보다도 남을 잘살게 해주어야 한다.

(2) 「노인을 편안하게 해주고, 붕우에게 신의를 지키고, 어린 사람을 품는 것이다.(老者安之 朋友信之 少者懷之)」

(3) 「넓게 베풀고 백성을 구제해주는 것(博施濟衆)은 인(仁)이자 성(聖)의 경지다.」

(4) 학문과 교육이 바로 인과 성의 경지다.

(5) 「인의 실천은 나에게 달렸다.(爲仁由己)」

(6) 「인은 멀리 있지 않다. 내가 원하면 바로 온다.(仁遠乎哉 我欲仁 斯仁至矣)」

[인(仁)과 일이관지(一以貫之)]

(1) 먼저 큰 일이관지(一以貫之)를 말하겠다. 하늘은 절대선의 도리를 따라 땅 위에 만물을 낳고 번성하게 한다. 사람은 하늘과 땅 사이에서 천도를 따라 역사와 문화를 더욱 창조적으로 발전하게 한다.

(2) 이를 천도(天道), 인행(人行), 지덕(地德)이라 한다. 사람은 곧 하늘의 대신자(代身者)다. 그러므로 사람이 실제로 지상세계를 주재하며 애민이물(愛民利物)해야 한다. 고로 인심(人心=仁心)은 곧 천심(天心)이다. 인도(仁道)는 곧 천도(天道)다. 인덕(仁德)은 곧 지덕(地德)이다. 이를 종합해서 일이관지라고 한다. 즉 사람이 자연 만물을 사랑하고, 또 활용해서 인류의 역사 문화를 더욱 발전시켜야 한다. 그것이 큰 인이다.

(3) 작은 인과 일이관지를 말하겠다. 적극적으로 사랑하고 최선을 다하는 것을 충(忠)이라 한다. 즉 「인자는 나보다 남을 세우고 달성케 해야 한다.」 이 세상의 모든 사람은 부족하다. 그러므로 남의

잘못을 사랑으로 품고 관대하게 용서해주어야 한다. 그것이 소극적인 사랑, 곧 서(恕)이다. 인은 충서(忠恕)를 합친 것이다.

(4) 우주 천지는 질서정연하게 돌며 만물을 낳고 양육한다. 그와 같은 도리를 따라 인간 사회 질서를 바로잡고, 또 만인을 화락(和樂)하게 하는 것이 곧 예악(禮樂)이다.

(5) 예(禮)는 형식보다 마음이 더 중요하다. 예에 합당한 행동의 대표가 「공(恭), 관(寬), 신(信), 민(敏), 혜(惠)」이다.

[인(仁)의 종합적 복습]

「인(仁)은 인(人)이다.」 「인(仁)은 이인(二人)이다.」 「인(仁)은 애인(愛人)이다.」 즉 인은 사람과 사람이 어울려 공동체를 형성하고 서로 사랑하고 서로 협동하여 함께 잘살고 역사적으로 발전하는 도리이자 실천적 덕행(德行)이다. 인도(仁道)의 반대가 패도(覇道)다. 무력으로 남을 치고, 남의 재물을 빼앗는 것이다.

16. 계씨편(季氏篇)

제16편은 논어 중에서도 체재가 특이하다. 그러므로 남송
(南宋)의 홍홍조(洪興祖)는 제론(齊論)이라는 설에 동의
했다.

논어에는 삼론(三論)이 있다. 고문으로 된 고론(古論), 노
나라 학자가 전한 노론(魯論) 및 제나라에서 전한 제론(齊
論)이다.

다른 편과 같지 않은 점을 들면 다음과 같다.

「자왈(子曰)」을 여기서는 「공자왈(孔子曰)」이라 했다.

「삼우(三友), 삼락(三樂), 삼연(三衍), 삼계(三戒), 삼외
(三畏)」등 수적으로 맞춘 장이 많다. 또 한 장의 분량이
긴 것이 많이 있다. 제16편을 총 14장으로 나눈다. 이 책에서
는 장이 긴 것을 다시 분단(分段)했다.

[제16편 1장을 5단으로 나누었다]

16-1-1 : 경문 한글 풀이

계씨가 전유를 치려고 했다. 이에 계씨 밑에서 벼
슬하던 염유와 계로가 공자에게 「계씨가 전유를
치려고 합니다.」하고 아뢰었다. 공자가 말했다.
「구야, 이는 바로 네 잘못이 아니냐. 무릇 전유는

옛날의 주나라 선왕께서 동쪽 몽산 밑에 봉하고, 몽산의 제주(祭酒)로 삼으셨고, 또 노나라 영토 내에 있으며, 또 바로 노나라 사직의 신하다. 그런데 어찌 함부로 친단 말이냐.」

季氏 將伐顓臾 冉有季路 見於孔子曰 季氏將有事於 顓臾. 孔子曰 求 無乃爾是過與 夫顓臾 昔者 先王以 爲東蒙主 且在邦域之中矣 是社稷之臣也 何以伐爲.

[어구 설명] ㅇ季氏(계씨) : 참월(僭越)하게 노나라의 실권을 잡았다. 당시의 실재 인물은 계자연(季子然)일 것이다. <제3. 팔일편-1, 3. 제11. 선진편-24> ㅇ將伐(장벌) : 무력으로 치려고 했다. ㅇ顓臾(전유) : 복희(伏羲)의 후예로 성은 희(姬). 그는 주공(周公)이 노나라에 봉해지기 전에, 노나라 영토 내에 있는 동몽(東蒙)의 제주(祭酒)였다. ㅇ冉有(염유) : 공자의 제자, 이름은 구(求). <제3. 팔일편-6> ㅇ季路(계로) : 즉 자로(子路)다. 성은 중(仲), 이름이 유(由), 자가 자로. <* 공자는 주로 염유를 책망했다.> ㅇ將有事於顓臾(장유사어전유) : 장차 전유 나라에서 일이 벌어질 것이다. 즉 계씨가 전유를 치려고 한다는 뜻. ㅇ求(구) : 염유(冉有)의 이름. ㅇ無乃爾是過與(무내이시과여) : 즉 네가 잘못한 것이 아니냐. ㅇ昔者先王(석자선왕) : 옛날 주나라 선왕이. ㅇ以爲東蒙主(이위동몽주) : <전유를> 동몽(東蒙)의 제주로 삼고, <산제(山祭)를 지내게 했다.> 「동몽」은 몽산(蒙山) 동쪽 땅. 몽산은 산동성(山東省) 비현(費縣)에 있다. ㅇ且在邦域之中矣(차재방역지중의) : 또한 전유는 노나라 국토 안에 있었다.

16-1-2 : 경문 한글 풀이

염유가 「계씨가 치려고 하는 것이지, 저희들이 원하는 것이 아닙니다.」라고 말했다. 공자가 말했다. 「구야, 옛날의 사관 주임(周任)이 『자기의 재능을 펴고 벼슬에 오르되, 만약 제 힘으로 감당하지 못하면 물러난다』고 했다. 그런데 위태로워도 붙잡지 못하고, 엎어져도 일으키지 못한다면 그런 신하를 어디에 쓰겠느냐. 또 그대들의 말도 잘못이다. 호랑이나 물소가 우리 밖에 나오거나, 궤 속에 넣어둔 귀중한 옥이 깨졌다면, 그것은 누구의 잘못이겠느냐.」

冉有曰 夫子欲之 吾二臣者 皆不欲也. 孔子曰 求 周任有言曰 陳力就列 不能者止 危而不持 顚而不扶 則將焉用彼相矣 且爾言過矣 虎兕出於柙 龜玉毁於櫝中 是誰之過與.

[어구 설명] ○夫子欲之(부자욕지) : 부자(夫子)는 여기서는 계씨(季氏)를 말한다. 즉 계씨가 전유를 치려고 한다. ○吾二臣者(오이신자) : 우리 두 신하, 즉 염유(冉有)와 자로(子路)는 한동안 계씨의 가신(家臣)이었다. ○皆不欲也(개불욕야) : 다 바라지 않는다. ○周任有言曰(주임유언왈) : 주임(周任)이 말했다. 「주임」은 옛날의 사관(史官)이다. ○陳力就列(진력취렬) : 자기의 능력을 발휘해 보이고, 자리에 오른다. 「진(陳)」은 힘을 내보인다. 「열(列)」은 벼슬자

리에 나가다. ○不能者止(불능자지) : 자기 힘으로 못하면 <벼슬을> 그만둔다. ○危而不持(위이부지) : 위태롭게 기우는데도 바로 잡지 못한다. ○顚而不扶(전이불부) : 엎어지는데도 부축해 일으키지 못한다. ○將焉用(장언용) : 장차 어디에 쓰겠는가. ○彼相矣(피상의) : 그와 같은 가신. 「상(相)」은 「돕는 가신」. ○且爾言過矣(차이언과의) : 또 그대들의 말이 잘못되었다. ○虎兕出於柙(호시출어합) : 호랑이나 물소가 우리 밖으로 나오다. <* 계손씨를 비유한 말> ○龜玉(귀옥) : 점을 치는 거북이나 의례(儀禮)에 쓰는 귀중한 옥(玉). <* 노나라 임금을 비유한 말> ○毁於櫝中(훼어독중) : 함 속에 보관하고 있는 귀중한 거북이나 옥구슬이 훼손되면. ○是誰之過與(시수지과여) : 그것은 누구의 잘못이냐.

[물러나지 않음을 탓한다]

(1) 공자가 염유(冉有)와 자로(子路)를 꾸짖었다.

(2) 꾸짖은 이유는 다름이 아니다. 염유와 자로가 계씨(季氏)에게 간(諫)하여 막지 못하고, 그대로 자리에서 물러나지 않았기 때문이다.

16-1-3 : 경문 한글 풀이

염유가 말했다. 「지금 전유는 성이 견고하고, 또 계씨의 성인 비에 가까우므로 지금 이를 치고 빼앗지 않으면 장차 반드시 자손들의 우환거리가 될 것입니다.」 이에 공자가 말했다. 「구야, 군자는 안 그런 척하고 욕심을 내고, 또 반드시 하려고 하면서 말을 꾸미는 것을 미워한다.」

冉有曰 今夫顓臾 固而近於費 今不取 後世必爲子孫
憂. 孔子曰 求 君子疾夫舍曰欲之 而必爲之辭.

[어구 설명] ㅇ今夫顓臾(금부전유) : 지금 그 전유는. ㅇ固而近於費
(고이근어비) : 도성이 견고하고, 또 <계씨의 도읍인> 비에 가까이
있다. ㅇ今不取(금불취) : 지금 취하지 않으면. ㅇ後世(후세) : 후세
에, 장차. ㅇ必爲子孫憂(필위자손우) : 반드시 자손들의 우환거리가
될 것이다. ㅇ君子疾(군자질) : 군자는 싫어한다, 미워한다. ㅇ夫舍
曰欲之(부사왈욕지) : 무릇, 겉으로는 아닌 것같이 하면서 <속으로
는> 하고자 한다. ㅇ而必爲之辭(이필위지사) : 그리고 반드시 말을
꾸며서 하는 것을 <미워한다.>

[참고 주소 선역]

「고(固)는 동몽(東蒙)의 성곽이 완전하고 견고하다는 뜻을 말한
것이다.」「비(費)는 계씨의 사읍(私邑)이다.」「이 말은 염구(冉求)
가 꾸며서 한 말이다. 그러므로 역시 그가 실지로 계씨와 모의했음
을 알 수 있다.」「욕지(欲之)는 자기의 이득을 탐한다는 뜻을 말한
것이다.」

[모의에 참가한 염구]

앞에서 「우리들은 모릅니다.」라고 말한 염유가 이번에는 「동몽의
성이 견고하고, 또 가깝기 때문에 그냥 놔둘 수 없다.」고 말했다.
그래서 공자는 그가 모의에 가담했음을 눈치 챘던 것이다.

16-1-4 : 경문 한글 풀이

「나는 들은 바 있다. 나라를 다스리는 사람은 백

성이 적음을 걱정하지 않고, 혜택이나 분배가 고르지 못함을 걱정한다. 가난을 걱정하지 않고, 편안하지 못함을 걱정한다.」「고르게 다스리면 가난하지 않고, 화목하면 백성이 적지 않을 것이고, 편안하면 나라가 기울지 않을 것이다.」「그러므로 먼 사람이 따르지 않으면, 문화적 덕치를 닦아서 스스로 오게 할 것이며, 오면 그들을 편안히 살게 해주어야 한다.」

丘也聞 有國有家者 不患寡 而患不均 不患貧 而患不安. 蓋 均無貧 和無寡 安無傾. 夫如是 故遠人不服 則脩文德 以來之 既來之 則安之.

[어구 설명] ㅇ丘也聞(구야문) : 나 공자는 들은 바 있다. 「구(丘)」는 공자의 이름. ㅇ有國有家者(유국유가자) : 나라를 지니고 다스리는 사람. 「국(國)은 큰 나라」, 「가(家)는 작은 나라」. ㅇ不患寡(불환과) : 영토나 백성의 수가 적은 것을 걱정하지 않는다. ㅇ而患不均(이환불균) : 국가의 혜택이 백성에게 고르게 돌아가지 못함을 걱정한다. ㅇ不患貧(불환빈) : 가난을 걱정하지 않는다. ㅇ而患不安(이환불안) : 도리어 편안하지 못한 것을 걱정한다. ㅇ蓋均無貧(개균무빈) : 무릇, 나라의 혜택이 고르게 백성들에게 미치면, 가난할 수가 없다. ㅇ和無寡(화무과) : 상하좌우의 모든 사람이 화목하면 백성의 수가 적을 수 없다. ㅇ安無傾(안무경) : 나라가 안정되고 백성이 안락하면 나라가 위태롭게 기울 수 없다. ㅇ夫如是(부여시) : 무릇 이렇게 <나라를 다스리는 법이다.> ㅇ遠人不服(원인불

복) : 먼 사람들이 복종하지 않으면. 「원인(遠人)」은 「지역적으로 먼 데서 온 사람의 뜻만이 아니다. 그 나라 왕실이나 통지계급과 거리가 먼 사람의 뜻도 포함된다.」 ○則脩文德(즉수문덕) : <위정자 자신이> 학문과 덕행을 닦고. ○以來之(이래지) : 그래가지고 <먼 사람들이> 나라에 와서 살게 한다. ○旣來之(기래지) : 이미 온 사람들에게는. ○則安之(즉안지) : 즉 안락하게 살게 한다.

[균(均), 화(和), 안(安)]

나라를 다스리는 사람은 「백성이 적음을 걱정하지 않고, 혜택이나 분배가 고르지 못함을 걱정한다.」

「가난을 걱정하지 않고, 편안하지 못함을 걱정한다.」

「고르면 가난하지 않고, 화목하면 백성이 적지 않을 것이고, 편안하면 나라가 기울지 않을 것이다.」

덕치(德治)는 작은 나라에서도 꽃피게 해야 한다.

16-1-5 : 경문 한글 풀이

「지금 유와 구는 계씨를 돕는데, 먼 사람들이 스스로 따르도록 하지 못했을 뿐 아니라, 민심이 이탈되고 나라가 쪼개지는데도, 이를 막고 지키지 못하고, 도리어 같은 나라 안에서 전쟁을 일으키고자 한다. 나는 계씨의 걱정이 전유에 있는 것이 아니라, 바로 병풍 안, 즉 노나라의 정치 안에 있음을 우려하노라.」 <계씨가 임금을 누르고 실권

을 휘두르고 있기 때문이다.〉

今由與求也 相夫子 遠人不服 而不能來也 邦分崩離
析 而不能守也 而謀動干戈於邦內 吾恐季孫之憂 不
在顓臾 而在蕭牆之內也.

[참고 주소 선역]

(1) 「간(干)은 방패다.」 「과(戈)는 창이다.」 「소장(蕭牆)은 병풍이
다.」 「고르지 않고 화합하지 않으면, 안에서 변란이 일어날 것이다.」
「그후에, 애공(哀公)이 월(越)로써 노나라를 치고 계씨를 제거하려
고 했다.」 <* 좌전(左傳) 애공 27년에 보인다.>

(2) 사씨(謝氏)가 말했다. 「당시에는 삼환씨(三桓氏)가 강하고 공
실(公室)은 약했다. 그런데 염구(冉求)가 또 전유(顓臾)를 쳐서 계
씨를 더욱 크게 하려고 했다.」 「선생이 염구를 심하게 탓한 것은
그렇게 하면 노나라 공실이 더욱 수척하게 되고, 삼환씨가 더욱
비대하게 되기 때문이다.」

(3) 홍씨(洪氏)가 말했다. 「두 사람이 계씨에게 벼슬하면서 계씨가
하고자 하는 일을 다 선생에게 고했을 것이다. 선생의 말에 따라,
구제하고 중지하게 한 일이 역시 많았을 것이다.」 「전유를 치는
일이 전(傳)에 없다. 아마 선생의 말에 따라 중지했을 것이다.」

[가신(家臣)의 책임]

(1) 전횡 무도한 계씨(季氏)가 전유(顓臾)를 치고 더욱 세(勢)와
부(富)를 부풀리려고 했는데도, 가신으로 있는 염유(冉臾)가 말리
지 않고 도리어 모의에 가담했다. 그래서 공자가 심하게 꾸짖은
것이다.

(2) 「다스림은 바르게 해야 한다.(政者正也)」 군자(君子)가 정치에 참여하는 목적도 도의정치(道義政治)를 실현하기 위해서다. 군자는 절대로 포악무도(暴惡無道)한 권력자에 붙어 아부하거나, 또는 녹을 받아먹으면 안 된다. 이와 같은 원칙과 정신을 기준으로 공자가 계씨의 가신(家臣)으로 있으면서, 계씨의 잘못을 바로잡지 못하고 도리어 군색하게 변명하려는 자로(子路)와 염유(冉有)를 신랄하게 꾸짖었다. 윗사람의 부정(不正)을 자기 힘으로 막거나 고칠 수 없으면, 벼슬자리에서 물러나야 한다. 할 일을 못하면서 자리에 있는 것은 「절위(竊位)다.」 <제15. 위령공편-13>

(3) 「나라를 다스리는 사람은 백성 적음을 걱정하지 않고, 혜택이나 분배가 고르지 못함을 걱정한다. 가난을 걱정하지 않고, 편안하지 못함을 걱정한다. 고르면 가난하지 않고, 화목하면 백성이 적지 않을 것이고, 편안하면 나라가 기울지 않을 것이다.」 덕치의 기본이다.

16-2 : 경문 한글 풀이

공자가 말했다. 「천하에 도가 있으면 예악과 정벌의 명령이 천자로부터 나오고, 천하에 도가 없으면 예악과 정벌의 명령이 제후로부터 나온다. 제후로부터 나오면 대략 10대로 망하지 않음이 없고, 대부로부터 나오면 5대로 망하지 않음이 없고, 가신이 국권을 잡으면 3대에 망하지 않음이 없다. 천하에 도가 있으면 정사가 대부의 손에 있을 리 없고, 천하에 도가 있으면 서민들이 논하지

않는다.」

孔子曰 天下有道 則禮樂征伐 自天子出 天下無道
則禮樂征伐 自諸侯出. 自諸侯出 蓋十世希不失矣
自大夫出 五世希不失矣 陪臣執國命 三世希不失矣.
天下有道 則政不在大夫 天下有道 則庶人不議.

[어구 설명] ○天下有道(천하유도) : 천하에 도가 행해지면. ○禮樂
征伐(예악정벌) : 「예악(禮樂)」은 다음 같은 것을 다 포함한다. 「문
물(文物), 제도(制度), 의식(儀式), 예절(禮節), 전장(典章) 및 음악
(音樂)」 등이다. 예악은 문화적으로 백성을 교화하는 규범이다. 「정
벌(征伐)」은 「정의(正義)의 군대를 동원하고 무력으로 난신(亂臣)
이나 역적(逆賊)을 토벌함이다.」 즉 무력행사(武力行使)의 뜻. ○
自天子出(자천자출) : 문무(文武)의 명령이 천자로부터 나온다. ○
無道(무도) : 도가 없으면, 도가 행해지지 않으면. ○自諸侯出(자제
후출) : 제후가 참월(僭越)하게 대권을 행사한다는 뜻. ○蓋十世(개
십세) : 대략 10대(代). ○希不失矣(희불실의) : 나라를 잃고 망하지
않음이 거의 없다. 「希=稀」 ○自大夫出(자대부출) : 나라의 대권을
대부가 농단(壟斷)하면. ○五世希不失矣(오세희불실의) : 5대에 가
서, 나라를 잃고 망한다. ○陪臣執國命(배신집국명) : 가신(家臣)들
이 국권(國權)을 가로채고 정령(政令)을 발하면. 「배신(陪臣)」은
대부 밑에 있는 가신. ○三世希不失矣(삼세희불실의) : 3대에 망하
지 않음이 없다. ○政不在大夫(정부재대부) : 정사나 정령을 대부
가 처리하지 않는다. ○庶人不議(서인불의) : 서민이나 백성들은
정치를 논하거나 말하지 않는다.

[참ㄱ 주수 선역]

「선왕(先王)의 제도를 <따라야 한다.> 제후(諸侯)는 <함부로> 예악(禮樂)을 고치거나 정벌(征伐)을 멋대로 할 수 없다.」「배신(陪臣)은 곧 가신(家臣)이다.」「도리를 심하게 어기면, 더욱 빨리 잃는다. 대략 <잃는> 세대의 수가 이와 같다.」「정사를 제멋대로 하면 안 됨을 말한 것이다.」「위에서 실정(失政)이 없으면 아랫사람들이 사사롭게 의논하지 않는다. 입에 재갈을 물려 감히 말을 못하게 하는 것이 아니다.」「이 장은 천하의 대세를 논한 것이다.」

[천하(天下)와 유도(有道)]

(1) 공자는 이미 2,500년 전에 「천하에 도가 있으면 예악과 정벌이 천자로부터 나오고(天下有道 則禮樂征伐 自天子出), 천하에 도가 없으면 예악과 정벌이 제후로부터 나온다.(天下無道 則禮樂征伐 自諸侯出)」고 말했다.

(2) 이때의 「천하」는 「세계(世界)」의 뜻이고, 「유도(有道)」는 「절대선(絶對善)의 천도(天道)를 바탕으로 도덕정치(道德政治)를 한다」는 뜻이다. 「천자(天子)」는 천명(天命)을 받은 최고의 성제(聖帝)나 성왕(聖王)의 뜻이고, 제후(諸侯)는 지방국가(地方國家)를 다스리는 영도자(領導者)의 뜻이다.

(3) 이와 같은 「세계적 덕치사상」을 공자는 이미 2,500년 전에 말했다. 그러나 오늘의 세계는 아직도 무력이 강한 강대국(强大國)이 약소국(弱小國)을 지배하는 것을 당연시하고 있다.

(4) 동서고금(東西古今)을 막론하고 정치의 바른 도리는 「공동체를 구성하는 모든 사람이 서로 사랑하고 하나가 되어, 함께 잘사는

도리」다. 그 도리가 곧 절대선의 천도(天道)를 따르고 행하는 인정
덕치(仁政德治)다.

(5) 그러므로 세계는 천명을 받은 천자를 중심으로 하나가 되어야
한다. 천자 밑으로 제후(諸侯), 경(卿), 대부(大夫), 사(士), 서인(庶
人), 백성(百姓)이 저마다의 신분과 위계(位階)를 지키고 각자의
직분을 다해야 한다. 그래야 그 공동체가 고르고 평안하게 발전한
다. 천도를 따르지 않고, 아래가 위를 능멸하거나 침범하면 그 공동
체는 망한다. <* 대전주소(大全註疏)에는 노(魯)나라의 실례를 들
었다.>

16-3 : 경문 한글 풀이

**공자가 말했다.「작록을 주는 권한이 왕실에서 떠
난 지 5세대가 되었으며, 정령이 대부에게 넘어
간 지가 4세대가 되었다. 그러므로 삼환씨의 자
손도 미약해지는 것이 당연하다.」**

孔子曰 祿之去公室 五世矣 政逮於大夫 四世矣 故夫
三桓之子孫 微矣.

[어구 설명] ○祿之去公室(녹지거공실) : 작록(爵祿)을 내리는 권
한이 왕실에서 떠나다. 즉 삼환씨(三桓氏)가 전횡(專橫)했다는 뜻.
「공실(公室)」은 노나라 왕실. ○五世矣(오세의) : 5세대(世代)가 되
었다. ○政逮於大夫(정체어대부) : 정사가 <임금 손을 떠나> 대부
들 손에 들어간 지. ○四世矣(사세의) : 4세대가 되었다. ○故夫三
桓之子孫微矣(고부삼환지자손미의) : 고로, 삼환씨의 자손들이 쇠

퇴하고 미약해진다.

[참고 주소 선역]

「노(魯)나라는 문공(文公)이 죽자, 공자 수(遂)가 아들 적(赤)을 죽이고 선공(宣公)을 세웠다. 그래서 임금이 바른 정치를 잃고, 성공(成公), 양공(襄公), 소공(昭公), 정공(定公) 모두 다섯 임금을 거쳤다.」「계무자(季武子)가 처음 국정을 전횡(專橫)한 후, 도자(悼子), 평자(平子), 환자(桓子)까지 4세(世)를 거쳤다. 그런데 환자가 가신 양호(陽虎)에게 잡히고 말았다.」「삼환(三桓)은 다 환공(桓公)의 후손이다.」

[노나라와 삼환씨(三桓氏)]

(1) 앞에서 공자는 「제후가 천자를 무시하고 참월(僭越)하게 권력을 가로채고 전횡(專橫)하면, 대략 10세가 되면 나라를 잃고 망하지 않음이 거의 없다.(自諸侯出 蓋十世希不失矣)」라고 했다.

(2) 또 「나라의 대권을 대부가 가로채고 전횡하면 5대(代)에 나라를 잃고 망한다.(自大夫出 五世希不失矣)」라고 말했다.

(3) 이와 같은 원칙을 적용해서 「삼환씨의 자손들도 쇠퇴하게 마련이다.(故夫三桓之子孫微矣)」라고 말한 것이다.

(4) 노(魯)나라의 문공(文公)이 죽은 후, 문공의 아들 적(赤)을 양중(襄仲)이 죽이고 선공(宣公)을 내세웠다. 5세 동안 정권을 삼환(三桓：孟孫, 叔孫, 季孫) 세 대부가 가로채고 전횡했다. 그런데 그들도 결국은 가신(家臣)인 양호(陽虎)에게 능욕을 당하고 세력이 쇠약하게 되었다.

16-4 : 경문 한글 풀이

공자가 말했다. 「이로운 벗이 셋이고, 해로운 벗이 셋이다. 정직한 사람과 벗하고, 성실한 사람과 벗하고, 박학한 사람과 벗하면 유익하다.」「알랑거리고 비위를 잘 맞추는 사람과 벗하거나, 굽실대는 사람과 벗하거나, 빈말 잘하는 사람과 벗하면 해롭다.」

孔子曰 益者三友 損者三友 友直 友諒 友多聞 益矣
友便辟 友善柔 友便佞 損矣.

[어구 설명] ○益者三友(익자삼우) : 이로운 세 부류의 벗. ○損者三友(손자삼우) : 손해가 되는 세 종류의 벗. ○友直(우직) : 정직하고 강직한 사람과 벗하다. 즉 충간(忠諫). ○友諒(우량) : 성실한 사람과 벗하다. 신의를 지키는 벗. ○友多聞(우다문) : 박학다식한 사람과 벗하다. ○便辟(편벽) : 알랑거리고 비위를 맞추는 사람. ○善柔(선유) : 줏대없이 굽실거리는 사람. ○便佞(편녕) : 아첨하는 사람.

[익우(益友)와 손우(損友)]

(1) 사람은 윤리 도덕을 잘 따르고 행해야 한다. 가정에서는 육친애(肉親愛)를 바탕으로 효제(孝弟)해야 한다. 국가에서는 상하좌우(上下左右)가 충신(忠信)을 바탕으로 덕치(德治)와 예절(禮節)을 잘 지켜야 한다.

(2) 한편 사람은 평생을 두고 벗과 어울리게 마련이다. 벗에는 서로 착하고 이로운 익우(益友)가 있고, 반대로 서로 해가 되는 손우(損友)가 있게 마련이다.

(3) 강직하고 성실하고 박학다식한 사람을 벗하면 이로움이 많다. 반대로 남의 비위를 잘 맞추는 사람, 줏대없이 남에게 굽실대는 사람, 가식과 교언으로 남의 환심을 사려는 사람 등을 벗으로 삼으면 해롭다. 좋은 벗과 어울려야 인격에 도움이 되고, 사회적으로는 정의와 도의를 실천할 수 있다. 함께 술 마시고 놀거나 혹은 악덕한 죄를 짓는 벗은 손우(損友)를 지나, 악우(惡友)라 하겠다.

16-5 : 경문 한글 풀이

공자가 말했다. 「좋아하는 일 중에 유익한 것이 셋 있고, 해로운 것이 셋 있다. 예악을 따라 절제하기를 좋아하거나, 남의 착한 일 말하기를 좋아하거나, 현명한 벗을 많이 갖기를 좋아하는 일은 유익하다.」「방자한 쾌락을 좋아하는 것이나, 일락 유흥을 좋아하는 것이나, 술잔치 좋아하는 것은 해롭다.」

孔子曰 益者三樂 損者三樂 樂節禮樂 樂道人之善 樂多賢友 益矣 樂驕樂 樂佚遊 樂宴樂 損矣.

[어구 설명] ㅇ益者三樂(익자삼요) : 유익한 세 가지의 좋아하는 일. 「樂(즐길 요)」ㅇ損者三樂(손자삼요) : 손해가 되는 세 가지의 즐거움. ㅇ樂節禮樂(요절례악) : 절도와 조절의 바탕이 되는 예악

을 좋아하는 것. ○樂道人之善(요도인지선) : 남의 선을 말하기를 좋아하다. ○樂多賢友(요다현우) : 현명한 벗 많기를 좋아하다. ○益矣(익의) : 유익하고 이롭다. ○樂驕樂(요교락) : 교만을 떨며 방자하게 노는 것을 좋아한다. ○樂佚遊(요일유) : 안일하고 놀기를 좋아하다. ○樂宴樂(요연락) : 술잔치 벌이고 놀기를 좋아하다. ○損矣(손의) : 나쁘고 손해가 된다.

[익요(益樂)와 손요(損樂)]

유교사상의 견지에서 가치있는 즐거움을 둘, 손해를 보는 즐거움을 하나로 나눌 수 있다.

(1) 성현(聖賢)과 군자(君子)의 도덕생활 : 수기치인(修己治人), 경국제민(經國濟民) 및 진정한 세계평화와 인류대동(人類大同)을 목적으로 한다.

(2) 소박하고 평범한 서민과 백성 : 성실하고 부지런히 일하고, 자기 자신과 가족 및 이웃과 어울려 평화롭게 산다.

(3) 소인과 악인들 : 개인이나 집단적 차원에서 탐욕을 채우고, 또 저속한 쾌락을 위해 남을 속이고 남의 재물을 빼앗기 쉽다.

(4) 공자가 말하는 「삼익요(三益樂)」는 (1)에 속한다. 반대로 「삼손요(三損樂)」는 (3)에 속한다.

<* 오늘의 많은 사람들은 (3)에만 쏠린다. 무력을 바탕으로 침략하거나, 나만 잘살고 쾌락을 취하는 것은 동물 이하의 악덕이다.>

16-6 : 경문 한글 풀이

공자가 말했다. 「군자를 모시고 있을 때, 저지르

기 쉬운 잘못이 셋 있다. 윗사람이 말하기 전에
먼저 입을 여는 것을 조급한 탓이라 한다. 윗사람
이 말했는데도 대꾸하지 않는 것을 속을 감추는
탓이라 한다. 윗사람의 안색을 살피지 않고 함부
로 말하는 것을 못 보는 탓이라 한다.」

孔子曰 侍於君子 有三愆 言未及之而言 謂之躁 言及
之而不言 謂之隱 未見顔色而言 謂之瞽.

[어구 설명] ○侍於君子(시어군자) : 임금이나 군자를 모시고 있을
때. ○有三愆(유삼건) : 저지르기 쉬운 잘못이 셋 있다. ○言未及之
(언미급지) : 어른이 말하지 않았는데. ○而言(이언) : 내가 먼저
말하는 것을. ○謂之躁(위지조) : 조급한 탓이라 한다. ○言及之(언
급지) : 어른이 말했는데. ○而不言(이불언) : 내가 대꾸하지 않는
것을. ○謂之隱(위지은) : 숨기는 것이라 한다. ○未見顔色(미견안
색) : 어른의 안색을 살피지 않고. ○而言(이언) : 내가 함부로 말하
는 것을. ○謂之瞽(위지고) : 장님처럼 보지 못하는 것이라 한다.

[참고 주소 선역]

「군자(君子)는 덕과 자리가 있는 사람의 통칭이다.」「건(愆)은 과
실이란 뜻이다.」「고(瞽)는 보는 눈이 없어 <상대하는 군자의>
말이나 안색을 살피지 못한다는 뜻이다.」

[어른에게 대하는 태도]

(1) 어른과 대화할 때에는 세심하고 신중하게 해야 한다. 어른이
먼저 말을 하면, 뜻을 깊이 생각하고 신중하게 대답해야 한다. 어른

이 말을 걸었는데도 멍청하게 있기만 하고 응대하지 않으면 실례가 되고, 또 속을 숨기는 것으로 오해한다. 특히 대화할 때는 어른의 표정과 기색을 잘 살피면서 바르게 응대해야 한다.

(2) 그러기 위해서는 나의 저속한 욕심이 없어야 한다. 그래야 바르게 도를 알고, 또 예의범절을 행할 수 있다.

16-7 : 경문 한글 풀이

공자가 말했다. 「군자가 삼가야 할 세 가지가 있다. 청소년기에는 혈기가 안정되지 않았기 때문에 여색을 경계해야 한다. 장년기에는 혈기가 마냥 강성하기 때문에 싸움을 경계해야 한다. 노년기에는 혈기가 쇠하므로 욕심을 경계해야 한다.」

孔子曰 君子有三戒 少之時 血氣未定 戒之在色 及其 壯也 血氣方剛 戒之在鬪 及其老也 血氣旣衰 戒之在 得.

[어구 설명] ○君子有三戒(군자유삼계) : 군자가 경계해야 할 세 가지 사항이 있다. ○血氣未定(혈기미정) : 혈기가 안정되지 않았다. ○戒之在色(계지재색) : 여색을 경계해야 한다. ○血氣方剛(혈기방강) : 혈기가 마냥 강하고 왕성하므로. ○戒之在鬪(계지재투) : 경계를 싸움에 둔다. 즉 남과 다투고 쟁탈하지 않도록 경계해야 한다. ○血氣旣衰(혈기기쇠) : 혈기가 시들고 쇠약하므로. ○戒之在得(계지재득) : <수(壽)와 명(名)에 대한> 욕심을 삼가야 한다.

[군자의 삼계(三戒)]

이 장에서 말한 군자는 인격을 완성한 군자가 아니다. 학문을 배우고 덕(德)을 높이려는 「성장과정에 있는 군자」를 상대로 한 말이다. 군자도 사람이면서 나이와 더불어 성장한다. 이 세 단계를 공자의 성장과정과 함께 살펴보겠다. <제2. 위정편-4>

(1) 청소년기에는 혈기가 안정되지 않았기 때문에 여색을 경계해야 한다. 공자는 「오십유오이지어학(吾十有五而志於學)」이라 하였다.

(2) 장년기에는 혈기가 마냥 강성하기 때문에 자기만의 고집을 내세우고, 또 이기려고 싸움하는 것을 경계해야 한다. 공자는 「삼십이립(三十而立)」, 「사십이불혹(四十而不惑)」, 「오십이지천명(五十而知天命)」이라 하였다.

(3) 노쇠한 노년기에는 장수(長壽)와 명예(名譽)를 얻으려는 집착(執着)이나 집념(執念)에서 해탈해야 한다. 공자는 「육십이이순(六十而耳順)」, 「칠십이종심소욕 불유구(七十而從心所欲 不踰矩)」라 하였다.

16-8 : 경문 한글 풀이

공자가 말했다. 「군자가 두려워해야 할 일이 세 가지 있다. 천명을 두려워해야 하고, 대인을 두려워해야 하고, 성인의 가르침을 두려워해야 한다. 소인은 천명을 모르므로 두려워하지 않으며, 대인에게 함부로 대들고, 성인의 가르침을 업신여긴다.」

孔子曰 君子有三畏 畏天命 畏大人 畏聖人之言. 小
人 不知天命 而不畏也 狎大人 侮聖人之言.

[어구 설명] ○君子有三畏(군자유삼외) : 군자가 두려워해야 할 일
이 세 가지 있다. ○天命(천명) : 하늘의 절대명령이다. 우주(宇宙)
의 이법(理法), 자연법칙(自然法則), 하늘의 도리[天道] 등이 다 천
명이다. ○大人(대인) : 하늘과 하나가 된 사람, 천도천리(天道天
理)를 따르고 행하는 사람. ○聖人之言(성인지언) : 성인의 말, 가르
침, 성인의 글이나 책. ○小人(소인) : 욕심만 채우려는 속인. ○狎
大人(압대인) : 「압(狎)은 무엄하게 함부로 대한다.」 즉 동물 같은
삶을 사는 소인은 정신적·도덕적으로 높은 경지의 대인(大人)을
높일 줄 모르고, 함부로 대한다. ○侮聖人之言(모성인지언) : 성인
의 말을 도리어 무시하고 욕한다.

[대인(大人)과 소인(小人)]

(1) 역경(易經)에 있다. 「대인은 천지와 덕을 합한 사람이다.(大人
者 與天地合其德)」 맹자(孟子)는 「대인은 자기를 바르게 하고, 모
든 사물을 바르게 하는 사람이다.(有大人者 正己而物正者也)」라고
했다. <맹자 진심(盡心) 상>

(2) 공자는 대인에 대한 정의를 말하지 않았으나 군자와 소인을
비교한 말이 많다. 대표적인 말이 「군자는 의를 밝히고, 소인은 이
를 밝힌다.(君子喻於義 小人喻於利)」이다. <제4. 이인편-16>

16-9 : 경문 한글 풀이

공자가 말했다. 「나면서 스스로 아는 사람은 으뜸

이다. 배워서 아는 사람은 다음이다. 막히면 애쓰
고 배우는 사람은 그 다음이다. 그러나 막혀도 배
우지 않으면 백성들도 아래로 친다.」

孔子曰 生而知之者 上也 學而知之者 次也 困而學之
又其次也 困而不學 民斯爲下矣.

[어구 설명] ㅇ生而知之者(생이지지자) : 천생으로 총명하여 스스
로 천도천리(天道天理)를 깨닫고 아는 사람. ㅇ學而知之者(학이지
지자) : 학문을 배워서 천도천리를 터득하고 아는 사람. ㅇ困而學之
(곤이학지) : 막히고 곤란하게 되자, 배워 깨닫고 아는 사람. ㅇ困而
不學(곤이불학) : 막히고 곤란을 겪으면서도 배우지 않는 사람. ㅇ
民斯爲下矣(민사위하의) : 세상 사람들은 그를 가장 하치로 친다.
「민(民)」은 「일반 사람이나 서민의 뜻이다.」

[학이지지(學而知之)]

(1) 모든 사람은 하늘로부터 내려받은 「선본성(善本性)」이 있다.
그러나 기질(氣質)에 따라 「선본성」을 따르고 실천하는 데, 차등이
있다.

　　생이지지(生而知之)는 성인(聖人)이다.

　　학이지지(學而知之)는 군자(君子)다.

　　곤이학지(困而學之)는 서민(庶民)이다.

　　곤이불학(困而不學)은 소인(小人)이나 악인(惡人)이다.

(2) 「지지(知之)」를 「기술이나 기능을 알다」의 뜻으로 풀 수도 있
다. 단 천도를 따라야 사람다운 사람이 되며 기술도 선용할 수 있다.

16-10 : 경문 한글 풀이

공자가 말했다. 「군자가 깊이 생각해야 할 일이 아홉 가지 있다. 사물을 밝고 정확하게 보려고 생각해야 한다. 남의 말을 들을 때에는 사리를 총명하게 분별하려고 생각해야 한다. 남에게 대할 때에는 안색 표정을 온화하게 하려고 생각해야 한다. 몸가짐과 태도를 공손하게 하려고 생각해야 한다. 말을 성실하고 진실 되게 하려고 생각해야 한다. 일처리를 경건하게 하려고 생각해야 한다. 의아한 것은 남에게 묻고자 해야 한다. 분이 나도 뒤에 닥쳐올 재난을 생각하고 참고 자제해야 한다. 이득이 있어도 먼저 도의를 생각해야 한다.」

孔子曰 君子有九思 視思明 聽思聰 色思溫 貌思恭 言思忠 事思敬 疑思問 忿思難 見得思義.

[어구 설명] ○有九思(유구사) : 아홉 가지 일에 대해서 깊이 생각해야 한다. 「사(思)」는 착한 본성을 바탕으로 깊이 생각하고, 또 도리에 맞게 하려고 생각한다. ○視思明(시사명) : 사물을 볼 때에는 밝고 정확하게 보려고 생각한다. ○聽思聰(청사총) : 들을 때에도 사리를 총명하게 분별하도록 생각한다. ○色思溫(색사온) : 안색이나 표정을 온화하게 하려고 노력한다. ○貌思恭(모사공) : 몸가짐과 태도를 공손하게 하려고 노력한다. ○言思忠(언사충) : 말을 성

실하게 하려고 노력한다. ○事思敬(사사경) : 일처리를 경건하게 하려고 노력한다. ○疑思問(의사문) : 의문은 남에게 묻고자 한다. ○忿思難(분사난) : 당장에 성을 내지 말고 뒤에 닥쳐올 재난을 깊이 생각한다. ○見得思義(견득사의) : 앞에 이득이 있어도 도의 를 생각해야 한다.

[참고 주소 선역]

(1) 정자(程子)가 말했다. 「아홉 가지 생각은 저마다 하나하나씩 온전하게 해야 한다.」

(2) 사씨(謝氏)가 말했다. 「태연하게 도를 따르고, 도에 맞게 하지 못하는 단계에서는 항상 스스로를 성찰해야 한다.」

<＊「성자(誠者) 불면이중(不勉而中) 불사이득(不思而得) 종용중 도(從容中道)」 중용(中庸) 20장>

<＊ 맹자는 「성실하게 하고자 생각하는 것이 사람의 도리이다.(思 誠者 人之道也)」라고 하였다. 맹자(孟子) 이루(離婁) 상>

[구사(九思)]

(1) 도리를 깊이 생각하고 행동해야 한다. 육체적 감각이나 이기적 욕심만으로 행동하면 위태롭게 된다. 개인이나 국가나 다 같다.

(2) 천도와 도덕성을 기준으로 성실(誠實)하게 해야 한다. 「성실」 의 뜻을 깊이 알아야 한다. 중용(中庸)에 「성자 천지도(誠者 天之 道)」라고 있다. 이는 곧 「하늘은 만물을 성실하고 알차게 창조(創 造)하고 생육(生育)하고, 또 번식(繁殖) 발전케 한다는 뜻이다.」 그러므로 「하늘의 도리를 성실하게 따르고 행하는 것이 곧 사람의

도리다.」 중용에서는 「성지자 인도야(誠之者 人道也)」라고 했다.

(3) 도(道)를 따르는 목적은 인의(仁義)의 공동체를 만들고, 아울러 인류의 역사와 문화를 더욱 창조적으로 발전시키기 위해서이다.

(4) 밝게 보고 총명하게 듣고 얼굴 표정을 온화하게 하고, 태도를 공손하게 하고, 말을 충성되고 신의 있게 하고, 사물 처리를 경건하게 하고, 의문 나는 것을 잘 물어보고, 화가 나도 뒤를 생각하고 참는다.

(5) 특히 눈앞에 있는 이득을 취하기에 앞서 도의를 잘 생각해야 한다. 생각이 깊지 못하면 타락하고 악하게 된다.

16-11 : 경문 한글 풀이

공자가 말했다. 「선을 보면 못 미칠 것처럼 더욱 노력하여 선을 행하고, 선하지 않은 것을 보면 끓는 물 속에 손을 넣고 더듬다가 후딱 빼듯이 물러난다. 나는 그런 사람을 보기도 했고, 또 그런 사람의 말을 듣기도 했다.」 「한편 숨어살면서 자기의 뜻을 찾고 의를 행하면서 자기의 도를 달성한다고 하더라. 허나 나는 그런 사람의 말을 듣기는 했어도 아직까지 그런 사람을 보지는 못했다.」

孔子曰 見善如不及 見不善如探湯 吾見其人矣 吾聞其語矣. 隱居以求其志 行義以達其道 吾聞其語矣 未見其人也.

[어구 설명] ㅇ見善如不及(견선여불급) : 선을 보면 따라가지 못할 듯이 <더욱 노력하고 선을 행하려고 한다.> ㅇ見不善如探湯(견불선여탐탕) : 불선을 보면 끓는 물을 더듬는 듯이 <얼른 손을 빼고 물러난다.> ㅇ吾見其人矣(오견기인의) : 나는 그런 사람을 보기도 했고. ㅇ吾聞其語矣(오문기어의) : 그렇게 한 사람들의 말을 듣기도 했다. ㅇ隱居以求其志(은거이구기지) : 은퇴해 있으면서 자기가 뜻한 바 도를 찾는다. ㅇ行義以達其道(행의이달기도) : 의를 행하면서 자기가 옳다고 믿는 도를 달성한다. ㅇ未見其人也(미견기인야) : 아직 그런 사람을 보지 못했다.

[선악(善惡)을 분명히 한다]

선악(善惡)을 분명히 알고, 또 실천해야 한다. 선악의 기준은 천도(天道)다. 개인적으로나 국가적으로나 천도를 따라 애민이물(愛民利物)하는 것이 선(善)이다. 반대로 이기적 탐욕이나 육체적 쾌락을 채우기 위하여 남을 해치거나 남의 재물을 탈취하는 것은 악(惡)이다. 옛날부터 전하는 말에 있다. 「선을 보면 못 미칠 것처럼 더욱 노력하여 선을 행하고, 선하지 않은 것을 보면 끓는 물 속에 손을 넣다가 후딱 빼듯이 물러난다.」 그리고 공자는 덧붙여 말했다. 「실지로 선을 행하고 악에서 물러나는 사람은 많지 않다.」

<* 오늘의 시대에는 정반대다. 악하게 사는 것을 당연시하고 있다. 그래서 인류가 위기에 빠진 것이다. 더 한심한 것은 위기를 위기인 줄 알지 못하는 것이다.>

16-12 : 경문 한글 풀이

제나라의 경공은 말 4천 필을 가졌다. 그러나 그

가 죽을 때에 사람들이 그의 덕을 칭송하지 않았
다. 백이·숙제는 수양산 밑에서 굶어 죽었다. 그
러나 사람들은 오늘날에도 칭송한다.

齊景公 有馬千駟 死之日 民無德而稱焉 伯夷叔齊 餓
于首陽之下 民到于今稱之 其斯之謂與.

[어구 설명] ○齊景公(제경공) : 제나라 경공. <제12. 안연편-11>
○有馬千駟(유마천사) : 말 4천 필을 가졌다. 「말 네 필을 사(駟)라
고 한다.」 제후(諸侯)는 약 2천6백 필의 말을 가진다. 경공의 4천
필은 천자보다 많다. ○死之日(사지일) : 「죽은 다음」의 뜻. ○民無
德而稱焉(민무덕이칭언) : 백성들이 그의 덕을 칭송하지 않았다.
칭송할 덕이 없었다. ○伯夷叔齊(백이숙제) : 「제5. 공야장편-23」
참고. ○餓于首陽之下(아우수양지하) : 수양산 밑에서 굶어 죽었다.
○民到于今稱之(민도우금칭지) : 백성들이 오늘까지 칭송한다. ○
其斯之謂與(기사지위여) : 그것이 곧 이것을 말하는 것이리라. 이
구절은 시경의 구절이다. 허나 여기서는 잘 맞지 않는다. 집주(集
註)는 이 구절을 착간(錯簡)이라고 했다.

[경공(景公)과 백이(伯夷)·숙제(叔齊)]

(1) 타락하고 무도한 정치사회에서 권력을 독차지하고 부귀영화를
누린다고, 덕이 있는 것이 아니다. 제(齊)나라는 대국이다. 경공(景
公)의 말 4천 필은 막대한 재산이다. 허나, 입덕(立德)하지 않았으
므로 그가 죽은 다음 사람들이 그를 칭송하지 않았다.

(2) 백이(伯夷)·숙제(叔齊)는 수양산(首陽山)에서 고사리를 먹다
가 굶어 죽었다. 대의명분을 지켰으므로 오늘까지 칭송되고 있다.

[16-13장을 두 단(段)으로 나누어 풀이한다]

16-13-1 : 경문 한글 풀이

진항이 백어에게 「그대는 아버님으로부터 남달리 가르침을 받은 일이 있어요.」하고 묻자, 백어가 대답했다. 「없어요. 하루는 아버지가 홀로 서 계실 때에, 제가 뜰 앞을 지나가자, 아버님께서 『너는 시를 배웠느냐』하고 물으시기에 『아직 못 배웠습니다』하고 아뢰자 아버님께서 다음같이 말하셨습니다. 『시를 배우지 않으면 남과 더불어 말할 수 없다』그래서 저는 물러나 시를 공부했습니다.」

陳亢 問於伯魚曰 子亦有異聞乎 對曰 未也 嘗獨立 鯉趨而過庭 曰 學詩乎 對曰 未也. 不學詩 無以言 鯉退而學詩.

[어구 설명] ○陳亢(진항) : 「제1. 학이편-10」에 나오는 자금(子禽)이라고 한다. 그러나 확실치 않다. ○問於伯魚曰(문어백어왈) : 백어(伯魚)에게 물었다. 「백어」는 공자의 아들, 이름은 이(鯉). ○子亦有異聞乎(자역유이문호) : 그대도 역시 <아버님, 공자 선생으로부터> 특별히 다른 가르침을 받은 일이 있느냐. ○對曰未也(대왈미야) : 백어가 대답했다. 「없습니다.」 ○嘗獨立(상독립) : <백어의 말 계속> 아버지가 혼자 계실 때. ○鯉趨而過庭(이추이과정) : 이

(鯉), 즉 제가 뛰어서 뜰을 지나가려고 하자. ○曰學詩乎(왈학시
호) : 「<아버지가>『너, 시를 배웠느냐』하시기에.」 ○對曰未也(대
왈미야) : 「제가『아직 안 배웠습니다』하고 대답했습니다.」 ○不學
詩 無以言(불학시 무이언) : 「<그러자 아버님께서>『시를 안 배우
면 남하고 말을 할 수 없다』고 말했다.」 ○鯉退而學詩(이퇴이학
시) : 「그래서 이, 즉 저는 물러나 시를 공부했습니다.」 <백어가
한 대답>

16-13-2 : 경문 한글 풀이

「어느 날 또 아버님께서 홀로 서 계실 때, 제가
뜰 앞을 지나가자, 아버님께서『너 예를 배웠느냐』
하고 물으시기에『아직 못 배웠습니다』하고 아뢰
었더니, 아버님께서『예를 배우지 않으면, 세상
에 나서서 행세할 수 없다』고 하셨습니다. 그래서
물러나 예를 배웠습니다. 제가 아버님으로부터
직접 들은 말씀은 이 두 가지뿐입니다.」 진항은
물러 나와 기뻐하며 말했다. 「하나를 묻고, 셋을
얻었다. 시와 예의 가르침을 알았고, 또 군자는
자기 아들을 특별히 가까이하지 않음도 알았다.」

他日 又獨立 鯉趨而過庭 曰 學禮乎 對曰 未也 不學
禮 無以立 鯉 退而學禮 聞斯二者. 陳亢 退而喜曰 問
一得三 聞詩 聞禮 又聞君子之遠其子也.

[어구 설명] ○學禮乎(학례호) : 예를 배웠느냐. ○不學禮(불학례)

: 예를 배우지 않으면, 즉 예를 모르면. ○無以立(무이립) : 사회에
나가 행세할 수 없다. ○聞斯二者(문사이자) : <백어의 말> 제가
아버님으로부터 들은 말은 이 두 가지뿐이다. ○問一得三(문일득삼)
: 하나를 묻고 세 가지 말을 듣고 알았다. ○聞詩聞禮(문시문례) :
시와 예에 대한 가르침을 듣고 배웠다. ○君子之遠其子也(군자지원
기자야) : 군자는 자기 자식을 남다르게 특별히 가르치지 않고, 다른
사람과 같은 자리에서 훈육한다는 뜻.

[공자의 아들 교육]

(1) 공자는 외아들뿐이었다. 이름은 이(鯉), 자가 백어(伯魚)다. 그
렇다고 특별히 다르게 교육하지 않았다. 다른 문하생들과 같이 학
문과 예의범절을 중하게 여기고 스스로 배우고 익히게 했다.

(2) 공자가 특히 아들에게 강조한 과목은 두 가지다. 시경(詩經)
및 예의범절(禮儀凡節)이다.

(3) 시경의 가르침을 한마디로 온유돈후(溫柔敦厚)라 한다. 시경을
배우면 모든 사리(事理)에 통달한다. 아울러 심기(心氣)를 화평(和
平)하게 한다.

(4) 예절을 배우고 몸에 익혀야 사회에 나가 남과 어울리고, 또
국가의 일꾼으로 도덕정치에 참여할 수 있다.

16-14 : 경문 한글 풀이

「임금의 처를 임금이 부를 때는 부인이라 하고,
부인 스스로는 소동이라 하고, 그 나라 사람이 부
를 때는 군부인이라 한다. 다른 나라 사람에게 일

컬을 때는 과소군이라 하고, 다른 나라 사람이 부를 때는 역시 군부인이라 한다.」

邦君之妻 君稱之曰夫人 夫人自稱曰小童 邦人稱之曰君夫人 稱諸異邦曰寡小君 異邦人稱之亦曰君夫人.

[어구 설명] ○邦君之妻(방군지처) : 나라 임금의 처, 아내. ○君稱之曰夫人(군칭지왈부인) : 임금이 부를 때는 부인이라 한다. ○夫人自稱曰小童(부인자칭왈소동) : 부인이 자신을 일컬을 때는 소동이라 한다. ○邦人稱之曰君夫人(방인칭지왈군부인) : 그 나라 사람들이 임금 부인을 부를 때는 군부인이라 한다. ○稱諸異邦(칭제이방) : 다른 나라 사람에게 일컬을 때는. ○曰寡小君(왈과소군) : 과소군이라 한다. ○異邦人稱之(이방인칭지) : 다른 나라 사람들이 부를 때는. ○亦曰君夫人(역왈군부인) : 역시 군부인이라 한다.

[임금의 부인]

(1) 제12, 13, 14의 세 장은 앞에 「공자왈(孔子曰)」이 없다. 논어를 편찬한 사람이 당시의 일화나 기록의 토막을 엮어서 넣었을 것이다.

(2) 참고로 「임금의 부인」에 대한 호칭을 간단히 적겠다. 예기(禮記) 곡례편(曲禮篇)에 보면 대략 다음 같다. 천자(天子)의 비(妃)를 후(后)라 한다. 제후(諸侯)는 부인(夫人), 대부(大夫)는 유인(孺人), 사(士)는 부인(婦人), 서인(庶人)은 처(妻)라 한다. 기타 후궁(後宮)에는 수많은 비첩(婢妾)들이 있다.

❈ 제16편 사상 복습 ❈

[공자의 정치 이상 : 대동사상(大同思想)]

공자는 「예기 예운편(禮記 禮運篇)」에서 종국적인 이상을 다음같이 말했다. 이를 「대동사상(大同思想)」이라고 한다. 나누어 기술하겠다.

「큰 도리가 이루어지면 천하를 공유하게 된다.(大道之行也 天下爲公)」 <즉 하나의 인류 평화 세계가 실현된다.>

「현명하고 유능한 지도자를 선출하고, 사람들이 서로 신의를 지키고 돈독히 화목한다.(選賢與能 講信修睦)」

「그러므로 자기 부모만을 친애하거나 내 자식만을 자애하지 않는다.(故人不獨親其親 不獨子其子)」 <모두가 서로 사랑한다.>

「늙은 사람으로 하여금 천수를 누리게 하고, 젊은 사람으로 하여금 일을 하게 하고, 어린아이들은 잘 양육한다.(使老有所終 壯有所用 幼有所長)」 <노후 대책, 청년 활용, 아동 교육>

「홀아비·과부·고아·외톨이 및 노약자들도 돌보고 생활을 보장해 준다.(矜寡孤獨廢疾者 皆有所養)」 <사회적 복지 완성>

「남자는 일하고 여자는 시집간다.(男有分女有歸)」 <국가 생산과 인구 증가 발전>

「재물을 땅에 버려두거나 개인이 독점하지 않는다.(貨惡其棄於地也 不必藏於己)」 <생산 경제 향상과 공동 복지 향유>

「모든 사람이 능력을 발휘하여 일하고, 아울러 재물을 혼자서만 간직하지 않는다.(力惡其不出於身也 不必爲己)」 <개인이 실력을

발휘하고 성과를 공유한다.〉

「그러므로 사람들이 권모술수를 농하지 않게 되며, 도둑이나 난동하는 자들도 없게 되고, 따라서 대문을 닫지 않고도 안심하고 살수 있다.(是故謀閉而不興 盜賊亂賊而不作 故外戶而不閉)」〈진정한 인(仁)의 세계다.〉

「이러한 세상을 대동세계라고 한다.(是謂大同)」〈하나의 인류 평화 세계이다.〉

* 진정한 인류 대동의 하나의 세계를 창건(創建)하기 위해서는 극기복례(克己復禮)해야 한다. 즉 동물적·육체적·이기주의적 탐욕(貪慾)을 극복하고, 정신적·도덕적 인심(仁心)을 바탕으로 공존(共存), 공생(共生), 공영(共榮) 및 역사 문화적으로 공동발전(共同發展)해야 한다. 그래서 공자는 말했다. 「극기복례는 곧 인을 이룩함이다.(克己復禮 爲仁)」 이는 천도천리(天道天理)를 따라 인정덕치(仁政德治)를 펴는 것이다.

[인간의 삶과 가치 평가]

인간도 동물이다. 그러므로 동물적·자연적 삶을 산다. 그러나 인간은 동물과는 차원이 다른 정신(精神)과 지능(知能)을 지니고 있다. 고로 인간의 삶을 크게 다음같이 나누고 평가할 수 있다.

(1) 동물적 차원의 삶 : 동물과 같은 차원에서 산다. 즉 태어나 자라고 먹고 마시고 뛰고 놀다가 노쇠하여 죽는다. 동물의 세계에는 조직적인 공동체나 역사도 문화도 없다. 고로 개별적 존재로 먹고 마시고 감각적으로 반응하고 행동하다가 스러진다. 동물은 자연으로 주어진 본성 그대로의 삶을 산다. 따라서 선(善)도 악(惡)

도 없으며, 역사나 문화에도 남기는 것이 없다.

(2) 인간적 차원의 삶 : 인간의 삶을 선악(善惡)과 역사석 평가를 기준으로 크게 셋으로 나눌 수 있다.

① 동물적 차원에서 자연과 더불어 태어나 살다가 간다. 선(善)도 악(惡)도 없다. <* 노장(老莊)의 주장이다.>

② 이기적 욕심을 바탕으로 학문 지식 기능을 악용하고, 남을 속이거나 살상하고, 남의 재물을 탈취하고 나만의 부귀영화를 누리거나, 또는 육체적 향락을 마냥 채우다가 간다. 역사적 평가 로는 악에 속한다. <* 많은 사람과 나라가 몰두한다.>

③ 숭고한 정신과 도덕성을 바탕으로 학문 지식 기능을 선용하고 천도천리(天道天理)를 따라 인정덕치(仁政德治)를 구현하려고 한다. 역사적 평가로는 선(善)에 속한다. <* 공자의 사상이다. 단 후세의 유교는 참된 도리와 본래의 정신을 잊고 세속적으로 타락하고 악화되어 도리어 해를 끼쳤다.>

[무도한 난세(亂世)]

(1) 변혁기(變革期)의 난세 : 공자시대는 변혁기였다. 서주(西周) 시대의 왕실의 권위가 무너지고, 예악문물(禮樂文物) 및 토지제도 (土地制度)가 크게 변했다. 그래서 각지의 제후(諸侯)들이 권세(權 勢)를 다투고 있었다. 그 중에도 12제후국과 5패(覇)가 두각을 나 타냈다. 한편 같은 제후국 안에서도 왕족이나 귀족간의 자리다툼이 나 하극상(下剋上)이 격화되었다. 예를 들면, 춘추시대에 임금 시해 (弑害)가 36차례 있었고, 또 망국(亡國)이 52개나 있었다. 기타의 난맥상은 부지기수(不知其數)였다.

(2) 그래서 공자는 교육으로 청신한 지식인, 도덕적인 지도자를 배양하고, 서주(西周)의 문물제도를 바탕으로 도덕정치를 바로잡으려고 했다.

(3) 공자는 당시의 타락상을 다음같이 말했다. 「천하에 도가 있으면 예악과 정벌의 명령이 천자로부터 나오고, 천하에 도가 없으면 예악과 정벌의 명령이 제후로부터 나온다. 제후로부터 나오면 대략 10대로 망하지 않음이 없고, 대부로부터 나오면 5대로 망하지 않음이 없고, 가신이 국권을 잡으면 3대에 망하지 않음이 없다. 천하에 도가 있으면 정사가 대부의 손에 있을 리 없고, 천하에 도가 있으면 서민들이 논란하지 않는다.」<제16. 계씨편-2>

또 다음같이도 말했다. 「명분이 바로서지 않으면, 말이 순조롭게 전달되지 못하고, 말이 순조롭게 전달되지 않으면, 모든 일이 성취되지 못하고, 모든 일이 성취되지 않으면, 예악이 흥성하지 못하고, 예악이 흥성하지 않으면, 형벌이 적중하지 못하고, 형벌이 적중하지 않으면, 백성들은 손발 둘 곳을 잃게 된다.」<제13. 자로편-3> 그러므로 명분과 예악(禮樂)을 바로잡아야 덕치를 할 수 있다.

[덕치(德治)와 그 내용]

(1) 공자가 말했다. 「다스림을 덕으로써 하면 마치 북극성이 제자리에 있으되 여러 별들이 공수(拱手)하고 따르는 것과 같다.(爲政以德 譬如北辰 居其所 而衆星共之)」「정치로 이끌고 형법으로 다지면 백성들은 죄를 모면하되 부끄러움을 못 느낀다. 그러나 덕으로 이끌고 예로써 다지면 염치를 알고, 또 바르게 된다.(道之以政 齊之以刑 民免而無恥 道之以德 齊之以禮 有恥且格)」<제2. 위정

편-1, 3>

공자가 계강자에게 말했다. 「당신은 정치를 하겠다면서 어찌 살인을 하려고 하십니까. 당신이 선하게 하려고 애쓰면 백성들이 선하게 됩니다. 군자의 덕은 바람과 같고, 소인의 덕은 풀과 같습니다. 풀은 바람이 불면 반드시 쏠리고 따르게 마련입니다.(子欲善 而民善矣 君子之德風 小人之德草 草上之風 必偃)」 「정치는 바르게 잡는 것입니다. 그대가 앞장서서 바르게 하면, 그 누가 감히 바르지 않게 하겠습니까.(政者正也 子帥以正 孰敢不正)」 <제12. 안연편-19, 17>

(2) 백성을 사랑한다는 것은 곧 백성을 잘살게 하고, 또 잘 교화하고 발전 되게 함이다. 공자는 말했다. 「전차 천 대를 동원할 수 있는 큰 나라를 다스릴 때에는 모든 일을 천도에 맞게 엄숙하게 처리하고, 재물을 절약하고 모든 사람을 사랑하고 특히 때에 맞게 백성을 부려써야 한다.(道千乘之國 敬事而信 節用而愛人 使民以時)」 <제1. 학이편-5> 공자는 자공(子貢)에게 말했다. 「족식(足食), 족병(足兵), 민신지의(民信之矣)」 「그 중에도 백성의 신임을 받는 것을 가장 중하게 높여야 한다.」 <제12. 안연편-7>

(3) 밝은 임금과 현명한 신하가 하나가 되어야 한다. 공자는 말했다. 「임금은 신하를 예에 맞게 쓰고, 신하는 임금을 충성으로 받들고 섬겨야 한다.(君使臣以禮 臣事君以忠)」 <제3. 팔일편-19> 임금은 바르고 현명한 신하를 천도 천리에 맞게 예우해야 한다. 신하에게 도에 어긋나는 악한 일을 강요하면 안 된다. 한편 신하는 정성과 최선을 다하여 바르고 착한 정치를 해야 한다. 임금에게 잘못이 있으면, 충간(忠諫)을 올려야 한다.

(4) 백성을 우선 잘살게 해주어야 한다. 공자가 위(衛)나라에 갔을 때, 수레를 모는 제자 염유(冉有)에게 말했다. 「저 많은 백성들을 우선 부자로 잘먹고 잘살게 해주어야 한다. 그리고 난 다음에는 잘 교육하고 교화해야 한다.」 <제13. 자로편-9> 또 공자는 다음같이 말했다. 「선인이 백성을 7년 간 가르친 다음에 비로소 싸움터에 나가서 싸우게 할 수 있다.(善人敎民七年 亦可以卽戎矣)」 「백성을 가르치고 교화하지 않고 무조건 싸움터에 나가 싸우게 하는 것은 곧 백성을 버리는 것이다.(以不敎民戰 是謂棄之)」 <제13. 자로편-29, 30>

(5) 악덕한 폭군은 남의 나라를 침략하려고 무고한 백성을 전쟁에 동원하고 무참하게 죽인다. 착하고 밝은 임금은 백성을 잘살게 해주고, 또 교육해서 높인다. 대학(大學)에서는 「명명덕(明明德), 친민(親民)=신민(新民), 지어지선(止於至善)」이라 한다.

[도덕 교육의 근본 핵심은 효(孝)]

(1) 「효(孝)」는 곧 「효(效)」와 같다. 즉 크게는 「하늘의 도리를 본받고 행한다는 뜻이고, 작게는 가정에서 선조(先祖)와 아버지의 뜻과 공을 계승하고 더욱 발전 되게 한다는 뜻이다.」 그래서 효경(孝經)에서 공자는 말했다. 「효(孝)는 천경(天經) 지의(地義) 민행(民行)이다.」 「효는 모든 덕행의 근본이고, 모든 가르침의 시발점이다.(夫孝 德之本也 敎之所由生也)」 이를 수양(修養) 수덕(修德)이라고 한다. 그러므로 전통사상에서는 덕행의 근본으로 효도 효행을 어려서부터 가정에서 엄하게 훈육했다.

(2) 하늘과 땅이 어울려 만물을 생성하는 천지의 영구불변의 도를

따라야 한다. 효경에 있다. 「선왕은 지극한 덕행인 효행과 가장 긴요한 도리인 효도로써 천하 만민을 교화하고 순송케 했다. 그러므로 백성들이 서로 화목했고, 또 상하가 서로 원망하는 일이 없게 되었다.(先王 有至德要道 以順天下 民用和睦 上下無怨)」

(3) 결론을 말하겠다. 진정한 선세계(善世界)를 창건하기 위해서는 내면적 정신문화와 윤리 도덕 및 효도를 세계적으로 높이고 실천케 해야 한다. 그래야 인류대동(人類大同)을 기할 수 있다.

17. 양화편(陽貨篇)

제17. 양화편은 주로 세상이 무도(無道)하고 사람들이 도덕적으로 타락한 것을 한탄한 내용이 많다.

황간(皇侃)은 대략 다음과 같이 말했다. 「계씨편(季氏篇) 다음에 양화편(陽貨篇)을 놓은 이유는 당시의 흉악한 난맥상을 밝히고자 해서이다.」

당시에는 나라의 큰 신하들만이 아니고, 가신(家臣)들도 천박했다. 그래서 그들 역시 흉악했다.

집주(集註)에는 평어가 없이 26장으로 나누었다.

17-1 : 경문 한글 풀이

[1] 〈계씨의 가신이며 무도한〉 양화가 공자를 만나고자 했으나 공자가 만나 주지 않았다. 그러자 양화가 공자에게 돼지를 선물로 보냈다. 이에 공자는 양화가 자기 집에 없을 때를 맞추어 〈사례를 하러〉 갔으며, 〈공교롭게도〉 길에서 〈양화를〉 만났다.

[2] 양화가 말했다. 「이리 오시오. 나는 당신과 함께 말하고 싶소. 귀중한 보배를 지니고 있으면

서 〈나라를 구하지 않고〉 혼미하게 내버려두는 것을 인(仁)이라 하겠소.」〈양화가 스스로 말했다.〉「아닐 것이오.」「때를 놓치는 것을 지혜롭다 하겠소.」「아닐 것이오.」「세월은 지나가고 우리를 기다리지 않소.」

[3] 공자가 말했다.「그렇소. 장차 나가서 일하리다.」

[1] 陽貨欲見孔子 孔子不見 歸孔子豚 孔子 時其亡也 而往拜之 遇諸塗. [2] 謂孔子曰 來 予與爾言 曰懷其寶而迷其邦 可謂仁乎 曰不可 好從事而亟失時 可謂知乎 曰不可 日月逝矣 歲不我與. [3] 孔子曰 諾 吾將仕矣.

[어구 설명] ○陽貨欲見孔子(양화욕견공자) : 양화가 공자를 만나려고 했다. 「양화(陽貨)」는 곧 양호(陽虎)다. 노나라의 무도한 대부 계씨(季氏)의 가신(家臣)이다. 그런데 나중에는 계씨에게 반란했다. ○孔子不見(공자불견) : 공자가 만나 주지 않았다. ○歸孔子豚(귀공자돈) : 공자에게 삶은 돼지고기를 선물로 보냈다. 「귀(歸)는 궤(饋)의 뜻이다.」 ○孔子時其亡也(공자시기무야) : 공자는 양화가 집에 없을 때를 맞추어. ○而往拜之(이왕배지) : 양화의 집에 가서 인사를 하려고 했다. ○遇諸塗(우제도) : 가는 길에 양화를 도중에서 만났다. ○謂孔子曰(위공자왈) : 양화가 공자에게 말했다. ○來 予與爾言(내 여여이언) : 이리 오시오. 내가 당신에게 말하리다. ○懷其寶(회기보) : 보배로운 학식과 덕을 지니고 있으면서. ○迷

其邦(미기방) : 자기 나라가 길을 잃고 헤매게 내버려두는 것을.
○可謂仁乎(가위인호) : 인이라 말할 수 있소. ○不可(불가) : 아닐
거요. <양화가 자문자답한 말이다. 공자의 대답이라고 보기도 한
다. 그러나 부적당하다.> ○好從事(호종사) : 정사(政事) 다스리기
를 좋아하면서. ○亟失時(기실시) : 「기(亟)」는 「여러 차례」, 즉 자
주. 「실시(失時)」는 때를 잃고 안하다. ○可謂知乎(가위지호) : 지
혜롭다고 할 수 있겠느냐. ○日月逝矣(일월서의) : 시간이 지나간
다. ○歲不我與(세불아여) : 세월은 우리를 기다리지 않는다. 「여
(與)」는 함께하다, 기다리다. ○諾 吾將仕矣(낙 오장사의) : 알았소
이다. 내가 장차 나가서 일하리다. <이 말은 공자가 한 말이다.>
<* 회기보 이미기방(懷其寶 而迷其邦), 호종사 이기실시(好從事
而亟失時), 일월서의 세불아여(日月逝矣 歲不我與) 세 구절은 옛날
부터 전하는 고어(古語)일 것이다.>

[참고 주소 선역]

(1) 「양화(陽貨)가 공자를 만나고자 한 뜻은 좋다고 해도 <속으로
는> 공자의 도움을 얻어서 반란을 하려고 한 것에 불과했다.」「고
로 공자가 안 만난 것은 의(義)이다.」「한편 공자가 <양화의 집에
가서> 절하는 것은 예(禮)이다.」

(2) 「<그러나> 반드시 양화가 없을 때를 맞춰 간 것은 <의와 예를
다 맞게 하려고 한 것이다.」「<뜻하지 않게> 길에서 만났는데도
피하지 않은 것은 끝내 거절할 수 없었기 때문이다.」

(3) 「양화의 질문에 응대한 것은 도리상 강직해서이다. 응대하면서
도 길게 말하지 않은 것은 공손하게 말하되 굽히지 않기 위해서다.」

[양호를 안 만나다]

(1) 공자 나이 50세 전후의 일이다. 노(魯)나라 임금을 무시하고 참월(僭越)한 계평자(季平子)가 죽고, 아들 계환자(季桓子)가 뒤를 이었다. 그러자 계씨의 가신인 양호(陽虎=陽貨)가 반란하고 계환자를 가두고 살해하려고 했다.

(2) 그때 양호가 공자를 만나고자 했다. 물론 공자가 만나 주지 않았다. 그러자 양호가 공자에게 돼지를 선물로 보냈다. 이에 공자가 양호가 집에 없을 때에 가서, 예를 차리려고 하다가 공교롭게도 길에서 만났다.

17-2 : 경문 한글 풀이

공자가 말했다. 「인간의 본성은 서로 비슷하다.
그러나 배우고 익힘에 따라 달라지고 멀어진다.」

子曰 性相近也 習相遠也.

[어구 설명] ○性相近也(성상근야) : 사람의 본성은 서로 비슷하다. 여기서 말한 성(性)은 인간이 가지고 있는 정신적 도덕성, 즉 본성이다. <* 성리학(性理學)에서는 인간의 본성과 육체적 기질(氣質)를 나누어 말했다.> ○習相遠也(습상원야) : 배우고 익힘에 따라 서로 다르고 멀게 된다.

[참고 주소 선역]

(1) 「여기서 말한 바, 인간의 성(性)은 기질(氣質)을 겸한 것이다.」 「기질지성(氣質之性)은 당연히 선미(善美)하거나 <반대로> 추악

(醜惡)하거나 같지 않게 마련이다.」「그러나 <모든 사람의 본성의> 시초를 논하면, 모두가 서로 다르고, 또 서로 먼 것이 아니다. 다만 착하게 하면 착하게 되고, 악하게 길들이면 악하게 된다.」「그래서 비로소 서로 멀어지게 되는 것이다.」

(2) 정자(程子)가 말했다.「이 말은 기질지성을 말한 것이다.」「본연지성(本然之性)을 말한 것이 아니다.」「<사람의 성의> 본(本)을 말하면 성(性)은 곧 이(理)이다.」「그리고 이(理)는 선하지 않은 것이 없다.」「맹자(孟子)가 말한 성선(性善)이 바로 이것이다.」「어찌 서로 비슷하겠는가.」<* 성즉리(性則理)다. 이(理)는 절대선의 천리(天理)다. 사람은 천리를 따르는 선본성(善本性)이 있다.>

[인간의 본성(本性)]

(1) 공자는 이미 2,500년 전에「사람의 본성은 비슷하다. 그러나 익힘에 따라 서로 차이가 나고 멀어진다.(性相近也 習相遠也)」고 말했다.

(2) 이를 송(宋)대의 성리학자 정자(程子)는 다음같이 풀이했다. 「이 말은 기질지성(氣質之性)을 말한 것이다. 본연지성(本然之性)을 말한 것이 아니다.」

(3) 공자와 정자의 말을 종합해서 현대적으로 나누어 설명하겠다. 인간의 본성을 바르게 알아야 바르게 살 수 있다. 많은 사람들은 잘못 알고 잘못된 삶을 살고 있다. 그러면서「잘못임」을 모른다.

[현대적 풀이]

유교의 가르침을 알고 바르게 살자.

(1) 인간의 존엄성(尊嚴性) : 인간은 동물적·육체적 존재이며 동시에 영적(靈的)으로 숭고한 정신능력을 하늘로부터 받아 지니고 있다. 그래서 영육일체(靈肉一體)라 하며, 종교신앙(宗敎信仰)을 귀하게 여긴다. 유교는 천도천리(天道天理)를 강조한다.

(2) 성리학에서는 육체적 본성을 「기질지성(氣質之性)」이라 하고, 영적·정신적 도덕성을 「본연지성(本然之性)」이라 한다.

(3) 육체적 삶은 식색(食色)의 본능적·이기적 욕구를 충족해야 하며, 의식주(衣食住) 같은 필요한 재물을 취해야 한다. 한편 이기적 욕구는 탐욕(貪慾), 허영(虛榮), 사치(奢侈) 및 교만(驕慢)으로 변하고 마침내는 남과의 쟁탈을 유발한다.

(4) 영적·정신적 도덕성은 남을 사랑하고 도와주려는 인심(仁心), 인애(仁愛) 및 인덕(仁德)으로 발전한다.

(5) 본연지성은 곧 우주 천지 자연 만물을 「생성화육(生成化育)」하는 천도천리와 일치한다. 그러므로 본연지성은 선(善)하다. 그 속에 인의예지(仁義禮智) 등 모든 도덕이 포함되어 있다.

(6) 육체를 바탕으로 한 기질지성은 별로 배우지 않아도 스스로 활동하고 발전한다.

(7) 정신적 본연지성을 바탕으로 한 도덕실천(道德實踐)은 「역사 전통과 성현의 학문과 사회적 기풍」 등을 바탕으로 학습하고 숙달해야 착하게 실천할 수 있다.

(8) 오늘의 많은 사람들은 정신적 도덕을 잘 모르거나 혹은 무시한다. 반대로 이기적 욕심이나 물질적 탐욕만을 채우기 위하여 학문 지식 과학 물질 및 무력을 악용하는 것을 당연시하고 있다. 그래서

개인이나 국가가 전락(轉落)하게 마련이다.

17-3 : 경문 한글 풀이

**공자가 말했다. 「높은 도리를 알고 실천하는 사람
과 낮고 어리석은 사람은 서로 바꿀 수 없다.」**

子曰 唯上知與下愚 不移.

[어구 설명] ㅇ上知(상지) : 높게 배우고 아는 사람, 즉 높게 배워, 천도를 알고 덕을 세우는 사람. ㅇ下愚(하우) : 천박하고 우매하고 어리석은 사람, 즉 하늘의 도리를 모르고 하천(下賤)하고 우매한 삶만을 살려는 사람. 혹은 탐욕을 채우기 위해 악덕을 자행하는 악인. ㅇ不移(불이) : 서로 바꿀 수 없다. 생각이나 행동 및 처지나 자리를 바꿀 수 없다.

[참고 주소 선역]

(1) 「이 구절은 앞장을 이어받고 한 말이다.」 「사람의 기질(氣質)은 서로 비슷하다. <그러나> 그 중에도 다시 <선천적으로> 정해진 바 좋은 것 혹은 나쁜 것이 있으며, 습관이나 습속만으로는 <쉽게> 옮아지지 않는다.」

(2) 정자(程子)가 말했다. 「사람의 성품은 본래 착하다. 그런데 옮길 수 없다고 함은 무슨 뜻일까.」 「성품을 말할 때는 곧 다 착하다고 한다. <그러나> 재능을 말할 때는 곧 아래에 처진 자를 <위로> 옮길 수 없다고 한다.」 <* 육신(肉身)의 바탕이 되는 「기질지성(氣質之性)」은 근본적으로는 같다. 그러나 혈통에 따라 청탁(淸濁), 현우(賢愚), 미추(美醜) 등이 같지 않다.>

(3) 「이른바, 하우(下愚)에 두 종류가 있다.」「즉 자포(自暴)와 자기(自棄), 둘이다.」「사람은 참되게 선(善)으로써 자신을 다스리면 <선으로> 옮아가지 못할 것이 없으며, 비록 지극히 어둡고 어리석은 자라도 다 점진적으로 연마하여 발전할 수 있다.」「허나 자포자(自暴者)는 <선하게 되는 것을 스스로> 거절하고 선으로 나아가지 않는다.」「자기자(自棄者)는 <선하게 되기를 스스로> 단절하고 하지 않으며, 비록 성인과 함께 있어도, 감화할 수가 없고 선한 경지에 들어가지 못한다.」「공자가 말하는 하우이다.」

(4) 「그러나 기질이 반드시 어둡고, 또 어리석은 것은 아니다. <그 중에는> 왕왕 억세게 반대를 하고, 또 재능과 힘이 남보다 뛰어난 자가 있으니, 은(殷)나라의 주(紂)가 바로 그런 자다.」「성인(聖人) 공자는 스스로 선(善)을 단절한 자를 하우라고 말한 것이다.」「허기는 그들의 결말을 생각해 보면 참으로 어리석었다.」「혹자는 이 장을 앞장과 합하여 하나가 된다고 말했다. 그때에는 자왈(子曰) 두 자는 연문(衍文)이 될 것이다.」

[상지(上知)와 하우(下愚)]

(1) 바로 앞의 집주(集註)에서 「이 장을 앞장과 합할 수 있다」고 했으나 잘못이다. 이 장은 「오직 기질지성을 바탕으로 한 재주나 능력을 말한 것이다.」 혼동하면 안 된다.

(2) 상지(上知) : 높게 배워 천도를 알고 인정덕치(仁政德治)를 실천하는 임금이나 군자다.

(3) 하우(下愚) : 하늘의 도리를 모르고 천하고 어리석은 사람이나 악인이다. 그 대표가 바로 은(殷)나라의 주(紂)다.

(4) 주문왕(周文王)과 은주왕(殷紂王)은 불이(不移)이다.

(5) 오늘의 세계에서도 도덕적 삶을 사는 사람과 동물 이하의 삶을 사는 사람은 다르다.

17-4 : 경문 한글 풀이

[1] 공자가 무성에 가서, 예악 울리는 소리를 듣고, 빙그레 웃으면서 말했다. 「닭을 잡는데 어찌 소 잡는 칼을 쓰느냐.」

[2] 〈무성의 읍재로 있는〉 자유가 대답했다. 「전에 저는 선생님에게 들은 바 있습니다. 『군자는 도를 배우면 백성들을 사랑하고, 소인들은 도를 배우면 부리기 쉽다』고 하셨습니다.」

[3] 공자가 말했다. 「그대들이여, 언의 말이 옳다. 내가 한 말은 농담 삼아 한 말이다.」

[1] 子之武城 聞弦歌之聲 夫子莞爾而笑曰 割雞焉用牛刀. [2] 子游對曰 昔者偃也 聞諸夫子曰 君子學道則愛人 小人學道則易使也. [3] 子曰 二三者 偃之言是也 前言戱之耳.

[어구 설명] ○子之武城(자지무성) : 공자가 무성(武城)에 가다. 「지(之)」는 동사로 「가다」의 뜻. 「무성」은 노(魯)나라 변경에 있는 성읍(城邑)으로, 당시 자유(子游)가 읍재(邑宰)였다. ○聞弦歌之聲(문현가지성) : 예악 울리는 소리를 듣고. 「현(弦)」은 「금슬

(琴瑟)」.「가(歌)」는 노래, 즉 예악의 뜻. ○夫子(부자) : 공자.
○莞爾(완이) : 빙그레 웃다. ○割雞焉用牛刀(할계언용우도) : 닭
을 잡는데 어찌 소 잡는 큰 칼을 사용하나. 즉「작은 지방을 다스리
는데 어찌 국가 차원의 예악을 연주하느냐」의 뜻. ○子游對曰(자유
대왈) : 자유가 대답해서 아뢰었다. ○昔者(석자) : 전에. ○偃也聞
諸夫子曰(언야문제부자왈) : 저는 선생님의 말씀을 들었습니다.
「언(偃)」은 자유(子游)의 이름. ○君子學道則愛人(군자학도즉애
인) : 군자는 도를 배우면 곧 백성을 사랑해야 한다. ○小人學道則
易使也(소인학도즉이사야) : 소인은 도를 배우면 부려쓰기 쉽다.
「소인」은 여기서는 일반 백성의 뜻. ○二三者(이삼자) : 그대들이
여. <공자가 제자들을 부르는 말.> ○偃之言是也(언지언시야) :
언, 즉 자유의 말이 옳다, 맞는다. ○前言戲之耳(전언희지이) : 아까
내가 한 말은 농담 삼아 한 말이다.

[참고 주소 선역]

(1)「여기서 말하는 군자와 소인은 지위를 말한 것이다.」「자유(子
游)의 말은 원래 공자가 항상 하던 말이다.」「즉 군자와 소인은
다 배우지 않으면 안 된다.」「고로 무성(武城)이 작지만 자유는
역시 반드시 예악으로 교화했다.」

(2)「<공자가> 자유의 독실한 믿음을 칭찬하고, 아울러 문인들의
의혹을 풀어주려고 했다.」「다스림에는 대소가 있다. 그러나 다스
림에는 반드시 예악을 써야 하므로 그 기본 도리는 하나이다.」「그
러나 다른 사람들은 <그 도리를> 쓰지 못했으나, 자유만이 실행했
다.」「그래서 <공자가> 반대로 희롱조로 말했다.」「그러나, 자유

가 정직하게 대답했으므로 <공자가> 다시 <자유의 말을> 옳다하고 자기의 말이 사실은 희롱한 말이라고 하였다.」

[할계언용우도(割雞焉用牛刀)]

(1) 「닭을 잡고 요리하는데, 왜 소를 잡을 때 쓰는 큰 칼을 쓰느냐.」하고 공자가 제자 자유(子游)에게 농담을 했다. 당시 자유는 무성(武城)을 다스리는 읍장(邑長)이었다. 평소에 공자는 제자에게 가르쳤다. 「크나 작으나, 사람들을 다스릴 때는 형벌(刑罰)보다 예악(禮樂)으로 순화하고 교화해야 한다.」

(2) 그래서 자유는 선생님의 말을 따라 예악으로 사람들을 교화했다. 이를 공자가 기뻐했다. 남들은 못하는 것을 자유만이 하므로 너무 기뻐서 일부러 농담조로 말한 것이다. 처음부터 공자는 핀잔을 주려고 한 것이 아니었다. 속으로 칭찬하면서 자유로 하여금 「왜 예악을 울리는지, 그 깊은 뜻을」 말하게 하기 위해 던진 농담조의 물음이었다. 자유가 바르게 대답하자, 공자는 말했다. 「아까 내가 한 말은 농담이다.」 유머러스한 일면이 나타난 글이다.

17-5 : 경문 한글 풀이

공산불요가 비에서 반란하고 공자를 불렀다. 이에 공자가 가려고 하자 자로가 불쾌한 듯이 말했다. 「가지 마세요. 왜 무도한 공산에게 가려고 하십니까.」 공자가 말했다. 「나를 부르는 자가 어찌 헛되게 부르겠느냐. 만약 그가 나의 뜻과 도리를 따르고 쓴다면 나는 동쪽에 있는 노나라를 주나

라처럼 부흥시키고자 한다.」

公山弗擾以費畔 召 子欲往. 子路不說曰 末之也已
何必公山氏之之也. 子曰 夫召我者 而豈徒哉 如有用
我者 吾其爲東周乎.

[어구 설명] ○公山弗擾(공산불요) : 「공산(公山)」은 성, 불요(弗
擾)는 이름. 계씨(季氏)의 가신(家臣)이며, 비(費)의 읍재(邑宰)였
다. ○以費畔(이비반) : 비에서 계씨에게 반란했다. ○召(소) : <반
란을 일으킨 공산불요가> 공자를 불렀다. ○子欲往(자욕왕) : 공자
가 가려고 하자. ○子路不說曰(자로불열왈) : 자로가 싫어하면서
말했다. ○末之也已(말지야이) : 가지 마세요. 「말(末)」은 「무(無)」
와 같다. 「지(之)」는 동사로 「가다」의 뜻. ○公山氏之之也(공산씨
지지야) : 공산씨에게로 가시려고 <하십니까.> 앞의 「지(之)」는
「에게로」, 뒤의 「지(之)」는 「가다」의 뜻. ○夫召我者(부소아자)
: 무릇 나를 부르면서, 혹은 나를 부르는 사람이면서. ○豈徒哉(기
도재) : 어찌 헛되게 <나를 불렀겠느냐.> ○如有用我者(여유용아
자) : 만약 나의 뜻과 도리를 듣고 쓴다면. ○吾其爲東周乎(오기위
동주호) : 나는 <동쪽에 있는 노나라를 중심으로> 주나라를 다시
부흥시키겠다.

[참고 주소 선역]

(1) 불요(弗擾)는 계씨(季氏)의 가신이다. 양호(陽虎)와 같이 계환
자(季桓子)를 잡아 가두었다. 그리고 먼저 반란을 한 양화가 도망가
자, 불요가 비읍(費邑)을 거점으로 삼고 반란했다.

(2) 「기도재(豈徒哉)」는 『반드시 나를 쓸 것이다』라는 뜻을 말한

것이다.」<* 당시 공산불요가 노나라를 위해서 일할 것이라는 뜬소문이 있었다.> 「위동주(爲東周)는 동쪽에 있는 <노나라에> 주(周)나라의 도(道)를 부흥하겠다는 뜻을 말한 것이다.」

(3) 정자(程子)가 말했다. 「성인은 천하에는 쓰지 못할 사람도 없고, 또 잘못을 고치지 못할 사람도 없다고 생각했다. 고로 가려고 했다.」「그러나 결국 가지 않은 것은, 그가 반드시 고칠 수 없는 자라는 것을 알기 때문이었다.」

[왜 가려고 했을까]

(1) 「대전주소」의 풀이를 참고로 하겠다. 「소씨(蘇氏)가 말했다. 공자가 반란한 사람을 돕지 않는 것은 천하가 다 아는 일이다. 그러나 공산불요가 공자를 부른 것은 악한 뜻이 아니고 혹 착한 뜻이 있었을 것이다. 그래서 공자가 그를 착하게 고쳐주려고 했을 것이다.」

(2) 당시 공산불요가 노나라를 돕자고 한다는 뜬소문이 있었다. 그래서 공자가 가려고 한 것이다. 그러나 결국 안 될 것임을 알고 가지 않은 것이다.

(3) 한편 공자는 자기가 이상으로 높였던 주(周)나라를 다시 부흥하려는 일념으로 공산의 부름에도 응하려 했다. 물론 실제로는 반역자의 부름에 응하지도 않고 가지도 않았다. 공자 나이 50세 전후의 일화라 하겠다.

<u>17-6 : 경문 한글 풀이</u>

[1] 자장이 공자에게 인에 대해서 묻자, 공자가

말했다. 「다섯 가지를 천하에 실천할 수 있으면, 그것이 곧 인이 된다.」 자장이 「자세히 말씀해 주세요.」하고 청했다.

[2] 공자가 말했다. 「공(恭), 관(寬), 신(信), 민(敏), 혜(惠)의 다섯 가지다. 공손하면 욕을 보지 않고, 관대하면 많은 사람을 얻고, 신의가 있으면 남들이 신임하고, 민첩하면 일을 성취할 수 있고, 은혜로우면 남을 족히 부릴 수 있다.」

[1] 子張問仁於孔子 孔子曰 能行五者於天下爲仁矣 請問之. [2] 曰 恭寬信敏惠 恭則不侮 寬則得衆 信則人任焉 敏則有功 惠則足以使人.

[어구 설명] ○子張(자장) : 공자보다 48세나 어린 제자. 전손사(顓孫師), 자가 자장이다. <제2. 위정편-18> ○問仁於孔子(문인어공자) : 공자에게 인에 대해서 물었다. ○能行五者於天下(능행오자어천하) : 능히 다섯 가지를 천하 만민에게 행할 수 있으면. ○爲仁矣(위인의) : 인이 된다, 그것이 곧 인의 실천이다. ○請問之(청문지) : 자세히 말씀해 주세요. ○恭寬信敏惠(공관신민혜) : 공손, 관용, 신의, 민첩, 은혜. ○恭則不侮(공즉불모) : 모든 사람에게 공손하게 하면 남으로부터 욕을 보지 않는다. ○寬則得衆(관즉득중) : 남에게 관대하고 관용을 베풀면 많은 사람들이 나에게 온다. 많은 사람들의 인심을 얻는다. ○信則人任焉(신즉인임언) : 말한 것을 실천하고 신의를 지키면 남들이 나를 신임하고, 또 일을 맡긴다. ○敏則有功(민즉유공) : 민첩하고 기민하게 해야 모든 일을 성취하

고, 또 공을 세울 수 있다. ○惠則足以使人(혜즉족이사인) : 남에게 은혜와 혜택을 베풀면 남들을 족히 부려 쓸 수 있다.

[참고 주소 선역]

(1) 장경부(張敬夫)가 말했다. 「능히 다섯 가지 덕을 천하 만민에게 행할 수 있어야 인심(仁心)이 공평무사하고, 또 두루 퍼질 수 있다. 그러나 공(恭)이 기본일 것이다.」

(2) 이씨(李氏)가 말했다. 「이 장은 『육언육폐(六言六蔽)』<제17. 양화편-8>, 『오미사악(五美四惡)』<제20. 요왈편-2> 등과 같다.」

[큰 인(仁)과 작은 인덕(仁德)]

(1) 중국철학의 특색은 「하나로 묶고 한 글자로 표현하는 것이다.」 그 대표가 「도(道)」라는 글자다. 「도」는 유가(儒家)나 도가(道家)가 같이 내세우고 높인다. 즉 우주의 본체, 도리 및 자연만물의 생성발전의 도리 및 사람의 도리 등 광범한 뜻을 다 포함하고 있다.

(2) 「큰 인(仁)」 속에는 수없이 많은 「작은 인덕」이 포함되어 있다. 여기서 말하는 「공손(恭遜), 관대(寬大), 신의(信義), 민첩(敏捷) 및 은혜(恩惠)」 등이 다 작은 인덕이다. 자장(子張)은 장엄하고 허세를 부리는 결함이 있었다. 그래서 공자가 이 다섯 가지를 강조한 것이다.

17-7 : 경문 한글 풀이

[1] 필힐이 공자를 부르자, 공자가 가려고 했다. 이에 자로가 말했다. 「전에 선생님이 하신 말씀을

들은 바 있습니다. 『자기 자신에게도 좋지 못한 일을 하는 그런 사람들 속에 군자는 들어가지 않는다』그런데 지금 필힐이 중모에서 모반하고 있는데, 선생님께서 가려고 하시니 어찌 된 일입니까.」

[2] 공자가 말했다. 「그렇다. 그러나 나는 전에 다음 같은 말을 한 바도 있다. 『갈아도 닳지 않으니, 굳지 아니하냐. 물들여도 검어지지 않으니, 희지 아니하냐』내가 어찌 바가지처럼 공중에 매달린 채로 있으면서 먹지 않겠느냐.」

[1] 佛肹召 子欲往 子路曰 昔者 由也 聞諸夫子 曰 親於其身爲不善者 君子不入也 佛肹以中牟畔 子之往也 如之何. [2] 子曰 然 有是言也 不曰堅乎 磨而不磷 不曰白乎 涅而不緇 吾豈匏瓜也哉 焉能繫而不食.

[어구 설명] ○佛肹召(필힐소) : 필힐(佛肹)이 공자를 부르다. 「필힐」은 진(晉)나라의 대부, 조간자(趙簡子)의 가신으로 중모(中牟)의 읍재(邑宰)였다. ○以中牟畔(이중모반) : 중모에서 반란하고 있다. 「반(畔)=반(叛)」 ○子之往也(자지왕야) : 선생님이 가시려고 하시니. ○如之何(여지하) : 어찌 된 일입니까. ○然(연) : 그렇다. ○有是言也(유시언야) : 「전에 내가 그런 말을 했다.」 아울러 「또 다음과 같은 말도 했다」의 뜻도 겸한다. ○不曰堅乎 磨而不磷(불왈견호 마이불린) : 굳지 않으냐. 아무리 갈아도 닳지 않으니. 「磷(돌이 얇아질 린)」 ○不曰白乎 涅而不緇(불왈백호 열이불치) : 희지 아니하냐. 물들여도 검게 되지 않으니. 「涅(검게 물들일 녈), 緇(검

은 치)」 ○吾豈匏瓜也哉(오기포과야재) : 내가 어찌 표주박이냐.
「匏(박 포), 瓜(오이 과)」 ○焉能繫而不食(언능계이불식) : 어찌 공
중에 매달려 있으면서 먹거나 마시지 않겠느냐.

[참고 주소 선역]

장경부(張敬夫)가 말했다. 「자로가 전에 들은 바는 군자가 몸을
지키는 일반적 법이다.」 「<그러나> 공자가 오늘 말한 바는 성인으
로서 도(道)의 대권을 체득하겠다는 뜻이다.」 「허나 공자가 공산불
요(公山弗擾)나 필힐(佛肸) 같은 자의 부름에 가고자 한 것은 <성
인의 신념으로 가르치면> 천하에는 고칠 수 없는 사람이 없고,
또 일하지 못할 사람이 없다고 생각했기 때문이다.」 「그러나 결국
가지 않은 것은 그들은 끝내 고칠 수 없고, 또 일할 수 없는 자라고
인정했기 때문이다.」 「전자는 남을 살리려는 인이고, 후자는 사람
을 알아보는 지(知)이다.」

[공자의 의도]

(1) 고주(古注)에서 공안국(孔安國)은 필힐은 「진(晉)나라 대부 조
간자(趙簡子)의 읍재(邑宰)라고 했다.」 궐리지연보(闕里志年譜)에
는 「공자 62세 때에, 위(衛)나라에서 필힐이 반란했다.」고 적었으
며, 사기(史記) 공자세가(孔子世家)에도 이와 같다. 그러나 사실이
아니다.

(2) 한편 후세의 학자는 다음같이 말했다. 「중모(中牟)는 범씨(范
氏)의 성읍(城邑)이다. 조간자가 범씨와 중행씨(中行氏)를 공격했
으므로 필힐이 중모에서 범씨를 위해서 조간자와 싸웠다.」 확실한
것은 알 수가 없다.

(3) 원래 공자는 다음같이 생각했다. 「무도한 세계를 선세계(善世界)로 혁신하기 위해서는 학문과 덕행을 갖춘 군자들이 많이 참여해야 한다.」 또 성인(聖人) 공자는 「나쁜 사람도 고칠 수 있고, 잘못한 사람도 잘하게 고칠 수 있다」는 신념이 있었다. 그래서 공산불요(公山弗擾)나 필힐(佛肸) 같은 반란자(叛亂者)의 부름에 응하려고 했다.

(4) 이러한 생각은 곧 인심(仁心)에서 나오는 높은 경지이다. 그러나 결국 「그런 자들은 고칠 수 없다는 것을 알고 안 갔다.」 이는 곧 지(知)의 경지이다. 제1장에서 양화(陽貨)가 불러도 응하지 않았다. 그러나 공산불요나 필힐의 경우는 가려고 했다가 자로(子路)에게 저지되었다.

17-8 : 경문 한글 풀이

[1] 공자가 자로에게 물었다. 「유야. 자네는 여섯 가지 덕을 나타내는 말에 숨은 여섯 가지 폐단에 대해서 아느냐.」 자로가 대답했다. 「아직 모릅니다.」

[2] 공자가 말했다. 「거기 앉아라. 내가 말해 주마. 인(仁)을 좋아하되 배우기를 좋아하지 않으면 폐는 어리석게 된다. 지(知)를 좋아하되 배우기를 좋아하지 않으면 폐는 허황하게 된다. 신(信)을 좋아하되 배우기를 좋아하지 않으면 폐는

남을 해치게 된다. 직(直)을 좋아하되 배우기를 좋아하지 않으면 폐는 각박하게 된다. 용(勇)을 좋아하되 배우기를 좋아하지 않으면 폐는 난동에 흐르게 된다. 강(剛)을 좋아하되 배우기를 좋아하지 않으면 폐는 광기를 부리게 된다.」

[1] 子曰 由也 女聞六言六蔽矣乎 對曰 未也. [2] 居吾語女 好仁不好學 其蔽也愚 好知不好學 其蔽也蕩 好信不好學 其蔽也賊 好直不好學 其蔽也絞 好勇不好學 其蔽也亂 好剛不好學 其蔽也狂.

[어구 설명] ○由也(유야) : 공자가 자로(子路)의 이름을 불렀다. ○女聞(여문) : 너는 들었느냐. 배우고 아느냐. ○六言六蔽(육언륙폐) : 「육언(六言)」은 「여섯 가지 덕을 나타내는 말.」 즉 「인지신직용강(仁知信直勇剛)」 여섯 가지 덕명(德名)이다. 「육폐(六蔽)」는 「여섯 가지 폐단, 결점.」 ○對曰未也(대왈미야) : 자로가 「아직 듣지 못해서 모릅니다.」하고 대답했다. ○居(거) : 앉거라. ○吾語女(오어여) : 내가 너에게 말해 주마. ○好仁(호인) : 인을 좋아하기만 하고. ○不好學(불호학) : 배우기를 좋아하지 않으면, 즉 「학문을 통해 인(仁)의 깊은 도리를 모른다」는 뜻이다. ○其蔽也愚(기폐야우) : 그 폐단은 우매하게 된다. 즉 우매한 사람이 된다. ○好知(호지) : 아는 것, 학식 지식을 좋아하다. ○其蔽也蕩(기폐야탕) : <학문 지식으로 도리에 맞게 하지 않으면> 그 폐단은 허무맹랑하게 된다. 「탕(蕩)」은 「넘친다, 방탕하게 된다.」 ○好信(호신) : 말한 것을 실천하기를 좋아한다. 신의를 지킨다. ○其蔽也賊(기폐야적) :

도에 맞지 않는 말을 하거나 실천하면, 사회적으로 남을 해치게 된나. <폭력난에서 신의를 시킨나는 섯은 범쇠를 상행하는 섯이 다.> ○好直(호직) : 곧고 정직한 것을 좋아한다. ○其蔽也絞(기폐야 교) : <도를 기준으로 곧게 행동해야 한다.> 도에서 벗어난 정직이나, 자기 욕심을 기준으로 곧게 뻗으면, 각박하고 고집스럽게 된다. ○好勇(호용) : 용감하기를 좋아한다. 용(勇)은 맹목적으로 날뛰는 것이 아니다. 도를 따르고 정의를 위해 과감하게 행동하는 것을 용이라 한다. ○其蔽也亂(기폐야란) : 도를 이탈한 용맹은 난동에 직결된다. 도를 기준으로 하지 않고, 자기 욕심을 채우기 위해 날뛰면 결국 난동을 하게 된다. ○好剛(호강) : 굳세고 의연하기를 좋아한다. ○其蔽也狂(기폐야광) : 도를 이탈한 강견(剛堅)은 광기를 부리게 된다.

[육언(六言) 육폐(六蔽)]

(1) 윤리 도덕은 천도(天道)를 기준으로 한다. 극단적인 예를 들겠다. 국가나 임금에게 충성하는 것은 좋은 일이다. 그렇다고 악덕한 임금에게 맹목적으로 복종하는 것은 충성이 아니다.

(2) 도를 따라 나라를 바르게 다스리는 임금에게 도를 따라 충성해야 한다. 그와 같은 천도(天道)나 정도(正道)를 알기 위해서 학문을 배우고, 또 익혀야 한다.

(3) 윤리 도덕의 덕목(德目)도 다 같다. 여기서는 강직하고 용감한 자로(子路)를 위해서 여섯 가지를 들었다.

(4) 「인(仁), 지(知), 신(信), 직(直), 용(勇), 강(剛)」 등을 육언(六言)이라 하고, 그에 따르는 폐단을 육폐(六蔽)라고 했다.

(5) 학문을 통해서 진리를 바르게 배우고, 역사를 통해서 선악 및 흥망성쇠를 바르게 알아야 한다. <* 오늘의 세계는 강대국의 재물과 무력을 기준으로 한다. 이는 옛날의 폭군에게 맹종하는 것과 같다. 공자는 이미 춘추시대에 학덕(學德)을 겸비한 군자를 배양하고 천하를 바르게 하려고 했다.>

17-9 : 경문 한글 풀이

공자가 말했다.「그대들은 왜 시를 공부하지 않는가. 시는 감흥을 돋아 올리고, 사물을 보게 하고, 무리와 함께 어울리게 하며, 원망하게도 할 수 있다. 가까이는 부모를 섬기고, 멀리는 임금을 섬기는 도리를 배울 수 있다. 또 시를 통해 새나 짐승, 풀, 나무 등의 이름도 많이 배우게 된다.」

子曰 小子 何莫學夫詩 詩可以興 可以觀 可以羣 可以怨 邇之事父 遠之事君 多識於鳥獸草木之名.

[어구 설명] ○小子(소자) : 그대들이여. <공자가 제자들을 부른 말> ○何莫學夫詩(하막학부시) : 왜 시경(詩經)에 있는 시들을 공부하지 않는가. 공자 시대에는「시경」이라 하지 않고「시」혹은「시삼백(詩三百)」이라 했다. ○詩可以興(시가이흥) : 시는 사람의 감흥이나 흥취를 돋아 올린다. ○可以觀(가이관) : 모든 사물을 깊이 관찰케 한다. ○可以羣(가이군) : 대중과 함께 어울리고 화동(和同), 화락(和樂)하게 한다. ○可以怨(가이원) :「슬픔이나 원한을 풀게 한다.」<넓은 뜻>「정치를 은근히 풍자한다.」○邇之事父(이

지사부) : 가까이는 부모 섬기는 효(孝)의 도리. ○遠之事君(원지사군) : 멀게는 임금 섬기는 충(忠)의 도리. ○多識於鳥獸草木之名(다식어조수초목지명) : 새, 짐승, 풀, 나무 등의 이름 등 많은 것을 알게 한다.

[시(詩)와 공자]

(1) 「제8. 태백편-8」에서 공자는 말했다. 「흥어시(興於詩), 입어례(立於禮), 성어악(成於樂)」

(2) 「제16. 계씨편-13」에는 공자의 아들 백어(伯魚)가 공자의 말을 다음같이 전했다. 「불학시 무이언(不學詩 無以言), 불학례 무이립(不學禮 無以立)」

(3) 군자 교육에 있어, 시(詩), 예(禮), 악(樂)을 강조했다. 이 장과 다음 장은 주로 시경(詩經) 학습의 중요성을 말한 것이다. 나누어 설명하겠다.

[시경(詩經) 학습의 중요성]

(1) 시경은 순화된 말로 표현된 문학의 결정(結晶)이다. 그러므로 시를 배우면, 고대인의 생활과 풍습, 정서와 사상, 정치의 득실(得失) 및 종교 신앙 등을 광범하게 알 수 있다.

(2) 아울러 자연 만물 현상 및 행사에 대한 명칭도 배울 수 있다. 더 중요한 것은 시를 공부하면 인간의 감정과 정서 및 흥취를 돋우고, 또 순화한다. 아울러 지각과 판단, 특히 정치사상과 도덕 윤리 의식을 높인다. 오늘의 사람들도 문학과 시를 배워야 한다. 그래야 건전한 인격자가 될 수 있다.

17-10 : 경문 한글 풀이

공자가 〈아들〉 백어에게 물었다. 「너는 시경의
주남과 소남편의 〈시를 공부하고〉 그 가르침대
로 행하느냐. 사람으로서 주남과 소남의 가르침
을 행하지 않으면, 앞에 담이 서있는 듯, 바르게
서서 나아갈 수 없다.」

子謂伯魚曰 女爲周南召南矣乎 人而不爲周南召南
其猶正牆面而立也與.

[어구 설명] ○子謂伯魚曰(자위백어왈) : 공자가 아들 백어에게 묻
고 말했다. ○女爲(여위) : 너는 공부하고, 또 가르침대로 행하느냐.
○周南召南(주남소남) : 시경에 있는 편명(篇名). 주남편, 소남편.
○人而不爲(인이불위) : 사람으로서 〈주남 소남을〉 배우고, 또 가
르침대로 행하지 않으면. ○其猶正牆面而立(기유정장면이립) : 바
로 담을 마주보고 서있음과 〈같다.〉 즉 앞으로 더 나아갈 수도
없고, 또 넓게 바라볼 수도 없다는 뜻. 윤리 도덕의 가르침을 따르지
않으면 세상이나 국가에 나가 서서 행세할 수 없다.

[참고 주소 선역]

「위(爲)는 학(學)과 같은 뜻이다.」<* 학(學)에는 지(知)와 행(行)
이 다 포함되어 있다.> 「주남(周南)과 소남(召南)은 시경(詩經)의
첫머리에 있는 편명(篇名)이다. 모두 수신(修身)과 제가(齊家)에
관한 내용을 말했다.」「정장면이립(正牆面而立)」은 「바로 앞에 담
을 마주보고 서있다」는 말로 「곧 지극히 가까운 곳에서도 보이는

것이 없고, 또 한 발도 나갈 수 없다는 뜻을 말한 것이다.」

[장면이립(牆面而立)]

공자는 자기 아들 백어(伯魚)에게 말했다. 「시경 첫머리에 있는 주남이나 소남편의 시를 배우고 그 가르침을 행하지 않으면, 흡사 담 앞에 서있듯이, 바르게 보고 바르게 행동할 수 없다.」 주남과 소남 두 편은 시경 중에서도 가장 중요한 시편이다. 부부(夫婦)의 바른 도리와 도덕을 강조한 시편이다.

17-11 : 경문 한글 풀이

공자가 말했다. 「예다, 예라고 말하지만, 구슬이나 비단을 말하겠느냐. 음악이다, 음악이라고 말하지만, 〈악기인〉 종이나 북을 말하겠느냐.」

子曰 禮云禮云 玉帛云乎哉 樂云樂云 鐘鼓云乎哉.

[어구 설명] ○禮云禮云(예운례운) : 예가 중요하다고 말하지만. ○玉帛云乎哉(옥백운호재) : 옥이나 비단 같은 외형적 장식만을 말하는 것이겠느냐. ○樂云樂云(악운악운) : 음악을 강조하지만. ○鐘鼓(종고) : 종이나 북 같은 악기만을 말하겠느냐.

[참고 주소 선역]

(1) 「마음속의 존경(尊敬)을 외형적 옥백(玉帛)으로 나타낸 것이 곧 예(禮)이다.」 「마음속의 화동(和同)을 외형적 종고(鐘鼓)로 나타낸 것이 곧 악(樂)이다.」 「근본을 잊고 말단인 형식만을 차리는 것을 어찌 예악이라 말하겠느냐.」

(2) 정자(程子)가 말했다. 「예는 오직 한결같이 질서를 세우는 것이고, 악은 오직 한결같이 화(和)를 이루는 것이다.」 「두 글자 속에는 많은 의리(義理)가 담겨져 있다.」 「천하의 모든 사물에는 예악이 없는 것이 없다. 예를 들면, 여기 두 의자를 놓을 때, 하나를 바르지 않게 놓으면 곧 질서가 없게 된다.」 「무질서는 괴리(乖理)이고, 괴리는 불화(不和)이다.」 「또한 도둑들은 도를 안 차리는 것 같지만, 그 나름대로 그들만의 예악이 있게 마련이다.」 「반드시 총괄하는 자와 따르는 자가 있으며, 반드시 서로 말을 듣고 순종해야 도둑질도 할 수 있다. 아니면 반란하고 통일이 없게 되고, 단 하루도 도둑질을 할 수 없게 된다.」 「예악은 없는 곳이 없다. 학자들은 모름지기 잘 알아야 한다.」

[예악의 형식과 본질]

(1) 「제3. 팔일편-3」에서 공자는 말했다. 「사람이 어질지 못하면 예와 악은 무엇할 것이냐.(子曰 人而不仁 如禮何 人而不仁 如樂何)」 「불인(不仁)」은 「인도(仁道)를 따라 행하고, 인심(仁心)으로 남을 사랑하고 인덕(仁德)을 세운다는 뜻이다.」 악덕한 범죄를 막기 위해 형벌을 제정하듯이, 도덕심을 바탕으로 국가의 질서를 바로잡고 사람을 화합(和合)하게 하기 위해서 예와 악을 제정한 것이다.

(2) 사치와 낭비하기 위해서 번잡하게 꾸민 것이 아니다. 예악의 근본원리가 중하다. 예는 이(理)와 이(履)에 통한다. 즉 예의 내면은 천리(天理)와 인심(仁心)이다. 효도(孝道), 상례(喪禮), 제사(祭祀)도 인심과 정성에서 우러나와야 한다. 겉으로 형식만 차리는 것만이 아니다.

<* 오늘의 정치는 탐욕(貪慾)을 채우는 데 급급하고, 윤리 도덕보다 재물과 무력만을 중시한다. 고로 사기와 쟁탈이 난무하고 동물 이하로 전락하고 있다.>

17-12 : 경문 한글 풀이

공자가 말했다. 「얼굴은 장엄하나 속이 약한 사람을 소인에 비유하면, 담을 뚫고 넘나드는 도둑 같다고 하겠다.」

子曰 色厲而內荏 譬諸小人 其猶穿窬之盜也與.

[어구 설명] ㅇ色厲(색려) : 얼굴 표정이나 외모를 장엄하게 꾸민다. ㅇ內荏(내임) : 속이 무르다. 도덕적으로 약하다. ㅇ譬(비) : 비유한다. ㅇ穿窬(천유) : <담을> 뚫고 넘어가서 <도둑질한다.>

[참고 주소 선역]

「소인(小人)은 미천한 백성의 뜻이다.」「천(穿)은 벽을 뚫는다는 뜻이다.」「유(窬)는 담을 넘는다는 뜻이다.」 다음 같은 뜻을 말한 것이다. 「그들은 사실 <도둑질하는 것이> 아니다. 허나 도둑이란 이름을 받고 항상 남이 알까 두려워한다.」

[악덕한 임금이나 신하]

(1) 참다운 「인정덕치(仁政德治)」를 하기 위해서는 임금과 신하가 학문을 통해 「절대선의 천도」를 깨닫고, 아울러 수양으로 「탐욕, 유흥, 거만 등 악덕을 극복해야 한다.」

(2) 겉으로만 장엄하게 꾸미고 위엄을 내보여도 결국은 나라와 백

성을 해치는 도둑에 불과하게 된다. 도둑은 천벌을 받는다.

17-13 : 경문 한글 풀이

**공자가 말했다. 「마을 사람들이 높이는 우두머리
는 결국은 덕을 해치는 도둑이라 하겠다.」**

子曰 鄉原 德之賊也.

[어구 설명] ○鄉原(향원) : <무식하고 저속한> 마을 사람들이 떠
받드는 두목 같은 사람. ○德之賊也(덕지적야) : 덕을 해치는 도둑
같은 사람이라 하겠다.

[도덕과 속인(俗人)]

(1) 도덕정치에 참여하는 군자(君子)는 성현의 경전(經典)을 배우
고, 또 수양(修養)을 해야 한다.

(2) 일반 서민들은 농업이나 생산에 전념하게 마련이다. 그러므로
저속한 시골 사람들이 내세우는 「향원(鄉原)」, 즉 「착한 사람 혹은
두목」은 「높은 경지의 도덕보다, 얄팍한 인정이나 의리」에 끌리게
마련이다.

(3) 사람은 윤리 도덕을 높여야 인정덕치(仁政德治)를 할 수 있다.
윤리 도덕을 외면하고 「먹고 마시고 뛰고 놀기만 하면 된다고 하는
저속한 생각」으로는 도덕정치를 이룰 수 없다.

(4) 그래서 공자가 「저속한 사람들과 동류합오(同流合汚)」하는 향
원(鄉原)을 「덕(德)의 적(賊)」이라고 한 것이다.

(5) 「동류합오」는 곧 「도덕을 외면하고 먹고 마시고 뛰고 놀기만

하는 꼴을 말한 것이다.」「향원(鄉原)」을 「마을에 가면 그 마을의 기풍이나 풍습을 손중한다」로 풀기도 한다.

17-14 : 경문 한글 풀이

공자가 말했다.「길에서 저속한 말을 듣고, 길에 서 옮겨 말하는 것은 곧 덕을 포기하는 것이다.」

子曰 道聽而塗說 德之棄也.

[어구 설명] ○道聽(도청) : 길바닥에서 소인들이 하는 말을 듣고. ○塗說(도설) : 길바닥에서 속인들에게 전하고 말하는 것. ○德之棄也(덕지기야) : 도덕을 포기하는 짓이다. <속인의 말로는 덕치(德治)를 할 수 없다.>

[참고 주소 선역]

「착한 말을 듣고 <그 말을 따라> 자기 수양을 하지 않으면 곧 덕을 스스로 버리는 일이다.」 왕씨(王氏)가 말했다. 「군자는 <성현의> 말과 <역사적 행적을> 많이 알고 덕을 쌓는다.」「<그런데> 길에서 듣고 길에서 말하는 식으로 하면 곧 <도와 덕을> 버리는 짓이라 하겠다.」

[도청도설(道聽塗說)]

「도청도설(道聽塗說)」은 「길에서 좋은 말을 듣고 길에서 말만으로 흘려버리면 덕을 버리는 것이다.」 앞의 「도(道)」를 「천도(天道)」라고 해석할 수도 있다. 한편 이 말 전체를 「군자가 좋은 말을 듣고 자기 수양을 하지 않고, 길에서 말만 하고 다니는 것을」 탓한 것으

로 풀이한다. 반대로 「속인들의 천박한 말만을 주고받으면 덕을
포기하는 것」이라고 풀이할 수도 있다. 도를 터득한 스승의 가르침
이나 성현(聖賢)의 글을 배워야 한다.

17-15 : 경문 한글 풀이

**공자가 말했다. 「천박한 사람과는 함께 임금을 섬
길 수 없다. 그들은 이득을 얻지 못하면 얻을 걱정
만 하고, 얻으면 잃을까봐 걱정한다. 잃을까봐 걱
정하면 못하는 짓이 없노라.」**

子曰 鄙夫 可與事君也與哉 其未得之也 患得之 旣得
之 患失之 苟患失之 無所不至矣.

[어구 설명] ○鄙夫(비부) : 천박하고 비루한 사람. ○可與事君也與
哉(가여사군야여재) : 함께 임금을 섬길 수 있겠는가. 그럴 수 없다.
○其未得之也(기미득지야) : 그들은 <명예, 지위, 권력 및 재물 등
을> 얻지 못하면. ○患得之(환득지) : 얻으려고 걱정하고 안달을
떤다. ○旣得之(기득지) : 이미 얻으면. ○患失之(환실지) : 잃을까
걱정한다. 즉 안 놓치려고 한다. ○無所不至矣(무소부지의) : 도달
하지 않는 곳이 없다, 무슨 짓이든 다 한다.

[참고 주소 선역]

「비부(鄙夫)」는 「용렬하고 나쁘고 고루하고 모자라는 자를 일컫는
말이다.」 하씨(河氏)가 말했다. 「환득지(患得之)」는 「얻지 못할 것
을 걱정한다는 뜻이다.」 「작게는 등창을 빨거나 치질을 핥으며, 크
게는 아비와 임금을 시해한다. 이 모두가 <자리> 잃을 것을 걱정

해서 발생한 <죄이다.>」 호씨(胡氏)가 말했다. 「허창(許昌)의 근재지(靳裁之)가 말했다. 『선비의 인품에는 대략 3등급이 있다. 노덕에 뜻을 둔 선비는 공명(功名)이 부족하면 어쩌나 하고 마음을 쓴다. 공명에 뜻을 둔 선비는 부귀가 부족하면 어쩌나 하고 마음을 쓴다. 오직 부귀만을 얻겠다고 뜻을 둔 선비는 역시 못할 바 없이 별짓을 다 한다. <이들 세 단계의 선비 중> 부귀에 뜻을 둔 자가 곧 공자가 말하는 비부이다.』」

[선비의 정신]

(1) 인간은 「나」 혼자 살다가 「나」 혼자 죽으면 끝난다고 생각하면 안 된다. 「나」는 인류의 한 사람으로 태어나 살고 있다. 「나」는 인류의 역사와 문화를 계승하고, 또 발전시켜야 한다. 이와 같은 「나의 삶의 뜻과 가치」를 깨닫고, 의식해야 한다. 그리고 「인류의 한 사람으로 인류의 역사 문화 발전에 선가치적으로 이바지하는 것이 모든 사람의 도리, 즉 인도(人道=仁道)이다.」 이와 같은 도리를 깨닫고 사는 사람이 바로 참다운 지식인, 즉 군자(君子)다.

(2) 가정, 사회, 국가 및 인류세계가 다 공동체다. 모든 공동체에는 중심적 존재가 있다. 가정에서는 부(父), 국가에서는 군(君)이다. 세계적 차원에서는 종교신앙에서 높이는 신(神)이다. 유교에서는 천(天) 혹은 천도(天道)라고 높인다.

(3) 군자와 선비는 국가적 차원에서는 임금을 중심으로 하고 천도를 따르고 정성을 다 바쳐야 한다. 재물이나 지위나 명예나 권력을 위하는 자는 참다운 군자나 선비가 아니다.

(4) 여기서 말하는 비부(鄙夫)는 「용렬하고 천박하고 비루한 지식

인」의 뜻이다. 재물이나 명예 및 지위 권력을 얻으려고 안달을 떠는 저속한 지식인이다. 이들 비부들은 음흉하고 간악한 수를 써서, 이 기적 이득을 얻으려고 온갖 악덕을 다 자행한다. 그래서 국가와 세계가 악덕하게 되는 것이다.

(5) 공자가 강조한 윤리 도덕은 「개인인 나」와 「전체로서의 인류」를 「하나로 만들고 참다운 평화를 창건하는 도리이다.」

17-16 : 경문 한글 풀이

공자가 말했다. 「옛사람들은 세 가지 결점이 있었으나, 오늘에는 그것마저 없는 것 같다.」 「옛날에는 미쳐도 방자했으나, 오늘에는 방탕하게 미친다. 옛날에는 자기 자랑을 해도 깨끗하게 했으나, 오늘에는 분노와 싸움질로 자랑을 한다. 옛날에는 어리석어도 우직했으나, 오늘에는 어리석은 척하면서 남을 속인다.」

子曰 古者民有三疾 今也或是之亡也. 古之狂也肆 今之狂也蕩 古之矜也廉 今之矜也忿戾 古之愚也直 今之愚也詐而已.

[어구 설명] ○古者民有三疾(고자민유삼질) : 옛사람에게 세 가지 결점이 있었다. 「질(疾)」은 「<도덕적> 결점이나 병이란 뜻이다.」 ○今也或是之亡也(금야혹시지무야) : 지금은 그것마저 없게 되었다. ○古之狂也肆(고지광야사) : 옛날의 미친 사람은 자유분방하게 행동했다. 「광(狂)은 도덕적 견지에서 볼 때 미친 사람.」 「사(肆)는

방자하고 분방하게 행동한다.」 ○今之狂也蕩(금지광야탕) : 오늘의 미진 사람은 넉없이 방낭하다. ○古之矜也廉(고지긍야렴) : 옛날의 자존(自尊) 자긍(自矜)한 사람은 세속에서 벗어나 유별나게 했다. 「긍(矜)은 긍지를 가졌다.」「염(廉)은 검소하고 깨끗하게 했다.」 ○今之矜也忿戾(금지긍야분려) : 오늘의 자기 자랑을 하는 사람은 남에게 화를 내고 싸움질을 하면서 위세를 보인다. ○古之愚也直(고지우야직) : 옛날의 어리석은 사람은 우직했다. ○今之愚也詐而已矣(금지우야사이이의) : 오늘의 어리석은 사람은 남을 속인다.

[참고 주소 선역]

「사람은 기(氣)의 평화를 잃으면 병이 난다.」「고로 기품(氣稟)이 한쪽으로 치우치면 역시 병이 난다.」「옛날 사람이 말하는 바, 병, 즉 도덕적 결함은 오늘에는 완전히 없어졌다. 그러므로 오늘의 풍속이 더욱 상처를 입고 구차하게 되었다.」<* 오늘에는 육체적 병과 정신적 병이라고 한다.>

[고대의 병(病)과 현대의 악(惡)]

공자가 고대인과 당시 사람들의 결점 셋을 들고 서로 비교했다. 즉 「광(狂), 긍(矜) 및 우(愚)」 셋이다. 「광(狂)은 지나치게 높고 엉뚱한 욕망」, 「긍(矜)은 지나친 긍지(矜持)」, 「우(愚)는 학식이 없어 어둡고 밝지 못함이다.」 이들은 다 도(道)를 잃었으므로 도덕에 합당하지 않다. 그런 중에서도 고대인과 당시 사람들은 다음같이 심하게 격차가 난다고 공자가 한탄한 것이다. 광(狂)은 소절(小節)을 안 지킬 정도다. 법(法)도 안 지키고 방탕했다. 긍(矜)은 소절(小節)도 안 지킬 정도다. 그러나 당시 사람들은 금세 성을 내고 함부

로 싸우고 남을 해친다. 우(愚)는 우직하다는 뜻이다. 그러나 당시
사람들은 남을 속이고 남의 재물을 탈취했다.

<* 이 말을 윤리 도덕을 높이는 사람과, 오직 동물적·이기적 삶만
을 살려는 오늘의 사람으로 대조해 볼 수 있다.>

17-17 : 경문 한글 풀이

공자가 말했다.「듣기 좋게 말을 하고, 보기 좋게
표정을 꾸미는 사람은 인심(仁心)이나 인덕(仁
德)이 별로 없다.」

子曰 巧言令色 鮮矣仁.

<* 제1. 학이편-3에 나왔다.>

17-18 : 경문 한글 풀이

공자가 말했다.「자주색이 붉은색을 빼앗는 것을
미워하며, 정나라의 음탕한 음악이 우아한 아악
을 문란케 하는 것을 미워하며, 입빠른 자의 말이
나라를 뒤엎는 것을 미워한다.」

子曰 惡紫之奪朱也 惡鄭聲之亂雅樂也 惡利口之覆
邦家者.

[어구 설명] ○惡(오) : 미워한다, 싫어한다. ○紫之奪朱也(자지탈
주야) : 잡색(雜色)인 자주색이 원색(原色)인 붉은색을 흡수하여
지운다. ○鄭聲之亂雅樂也(정성지란아악야) : 정나라의 음탕한 음
악이 바르고 우아한 아악을 문란하게 한다. ○利口之覆邦家者(이

구지복방가자) : 교언영색(巧言令色)으로 영리하게 말 잘하는 자가 나라를 뒤엎고 망지게 한다.

[참고 주소 선역]

(1) 「주(朱)가 정색(正色)이다.」「자(紫)는 간색(間色)이다.」「아(雅)가 정악(正樂)이다.」「이구(利口)는 약빠르게 응대한다는 뜻이다.」「복(覆)은 기울고 망하게 한다는 뜻이다.」

(2) 범씨(范氏)가 말했다. 「타락한 세상의 도리는 바른 자가 이기는 예가 항상 적고, 바르지 못한 자가 이기는 경우가 언제나 많다. 그래서 성인이 미워하는 것이다.」「말을 약빠르게 잘하는 자는 옳은 것을 그르다 하고, 그른 것을 옳다고 한다. 현인을 불초라 하고, 불초를 현인이라 한다.」<그런 말을> 만약 임금이 좋아하고 믿으면 국가를 전복하는 일도 어렵지 않을 것이다.」

[중간의 이구(利口)]

중간색(中間色)이 원색을 흐리게 하고, 타락하고 난잡한 음악이 고상하고 우아한 음악을 몰아내게 마련이다. 정신적으로 높은 윤리도덕보다, 육체적·감각적 쾌락이 사람을 홀리게 마련이다. 임금과 나라를 어지럽게 만들고, 드디어는 엎어지고 망하게 만드는 자가 바로 중간에서 교언영색(巧言令色)하는 간신(奸臣)이다.

17-19 : 경문 한글 풀이

공자가 「나는 말을 안하겠다.」고 하자, 자공이 아뢰었다. 「선생님께서 말씀을 하지 않으시면 저희들은 어떻게 도를 풀이하겠습니까.」 그러자 공자가 말했다. 「하늘이 무슨 말을 하더냐. 사계절이 바뀌어 돌고, 만물이 살아서 자라지만 하늘이 무슨 말을 하더냐.」

子曰 予欲無言 子貢曰 子如不言 則小子何述焉. 天何言哉 四時行焉 百物生焉 天何言哉.

[어구 설명] ○予欲無言(여욕무언) : 나는 말하지 않겠다. ○子如不言(자여불언) : 선생님께서 말씀을 안하시면. ○則小子何述焉(즉소자하술언) : 저희들은 어떻게 도를 풀이하겠습니까. ○天何言哉(천하언재) : 하늘이 무슨 말을 하더냐. 말이 없다. ○四時行焉(사시행언) : 사계절이 바뀌어 간다. 즉 시간이 흐른다. ○百物生焉(백물생언) : 만물이 살아서 번식한다. 「생(生)」은 「생육화성(生育化成)」을 합친 뜻이다. 즉 하늘은 만물을 낳고(生), 양육하고(育), 음과 양이 합해서(化), 생명을 번식하게 한다(成).

[참고 주소 선역]

(1) 「사계절이 운행하고 만물이 살아 번식하는 것[四時行 百物生]」이 「바로 천리가 사실로 나타나고 사방으로 흘러 퍼지는 것이다. 말하지 않아도 보고 알 수 있는 것이다.」

(2) 「성인의 모든 동정(動靜)은 오묘하고 정밀한 천리의 나타남이 아닌 게 없다. <그러나> 역시 다 천리일 뿐이다. 그러니 어찌 말을 들어야 <천리가> 나타난다고 하겠는가. <말을 듣지 않고도 알아야 한다.>」「이와 같이 <공자는> 자공(子貢)에게 절실하게 계시했다. 그러나 애석하게도 그는 끝내 깨닫지 못했다.」

<* 공자가 「자욕무언(子欲無言)」이라고 말했을 때, 자공이 듣고

알았어야 한다. 그렇지 못하고 자공이 「자여불언 즉소자하술언(子
如不言 則小子何述焉)」이라고 말했나.>

(3) 정자(程子)가 말했다. 「공자의 도덕은 해와 별같이 밝고 빛이
난다. 허나 문인들이 미처 깨닫지 못할까 걱정이 되어 『나는 말하지
않겠다』고 말한 것이다. 안자(顔子) 같으면 곧 말없이 알았을 것이
다. 다른 제자들은 의문을 품지 않을 수 없었다. 그러므로 『저희들
은 어떻게 풀어야 합니까』했다.」「<공자가> 다시 말했다. 『하늘이
무슨 말을 하더냐. <아무 말도 하지 않는다.> 그러나 사시를 운행
하고 만물을 낳고 번식케 한다(天何言哉 四時行焉 百物生焉)』 즉
지극히 명백하다는 뜻을 말한 것이다.」 주자(朱子)는 생각한다. 「이
장의 말은 전편에서 『숨기는 것이 없다』고 한 말과 함께 뜻을 밝힌
것이다. 배우는 사람은 알아야 한다.」 <제7. 술이편-23>

[사시행(四時行) 백물생(百物生)]

(1) 공자는 제자들에게 철학을 가르친 것이 아니다. 「도(道)와 효
(孝) 및 인(仁)」에 대한 실천을 강조했다. 그래서 공자는 철학적으
로 「천(天)과 천도(天道)」에 대한 말을 하지 않았다. 이에 「자공(子
貢)이 말했다. 선생님의 문물제도에 관한 말씀은 들을 수가 있으나,
인간의 본성이나 천도에 대한 말씀은 좀처럼 들을 수가 없다.(夫子
之文章 可得而聞也 夫子之言 性與天道 不可得而聞也)」 <제5. 공야
장편-13>

(2) 이 장에서 공자는 말했다. 「하늘이 무슨 말을 하더냐. <아무
말도 하지 않는다. 그러나 잘 보아라.> 사계절의 운행에 따라 만물
이 살고, 또 번성한다.(四時行 百物生)」 이는 곧 천과 천도를 스스

로 보고 깨달으라는 가르침이다. 즉 하늘은 말없이 천지를 운행하고 만물을 생성(生成), 변화(變化), 번식(繁殖) 및 발전(發展)하게 하고 있음을 스스로 보고 깨달아야 한다.

(3) 공자는「하늘의 도리를 터득한 최고의 성인(聖人)」이다. 성인은「하늘이나 하늘의 도리와 하나가 된 사람이다.」그러므로 논어에 있는 공자의 말이나 가르침은 하늘의 도리를 꿰뚫고 있다. 즉 일이관지(一以貫之)하고 있다.

(4)「일(一)」의 뜻을 깊이 알아야 한다. 설문해자(說文解字)에 있다.「태초에 도(道)가 하나에서 나타나 섰고, 하늘과 땅이 나뉘었고, <하늘과 땅이> 어울리고 변화해서 만물을 살게 했다.(惟始太初 道立於一 造分天地 化生萬物)」결국「하나(一)」는 하늘이고 하늘의 도리다. 나누어 설명하겠다.

① 우주, 천지, 만물의 창조주(創造主)이다. 이를 본체(本體)라고도 한다.

② 자연 만물에게 생명을 주고 살아 자라고 번식하고 발전케 하는「생명(生命)의 본체」이다.

③ 우주와 천지의 운행과 질서를 섭리하는 도리(道理)의 주재자(主宰者)다.

이와 같은「하나」를 다른 종교에서는「유일무이한 절대자, 살아있는 하나님」이라고 한다. 중국에서도 태고 때에는「하나(一)」혹은「하늘(天), 상제(上帝)」를 인격신(人格神)으로 믿고 높였다.

그러나 주(周)나라 이후에는 점차로「도리화(道理化)」했다. 즉 우주 천지 자연 만물의 본체를「천(天)」이라 했고, 천지의 운행과 자연 만물의 생성변화의 도리를 「천도(天道), 천리(天理)」라 했고 더 줄여서 「도(道), 이(理)」라고 했다. 특히 주역(周易)에서는 「공간과 시간을 초월한 절대 및 절대적 도리를 하나로 줄여 태극(太極)」이라고 했다.

17-20 : 경문 한글 풀이

유비(孺悲)가 공자를 뵈려고 했으나, 공자는 병을 핑계로 사절했다. 그리고 유비의 말을 전하려고 온 사자가 문밖으로 나가자, 공자는 거문고를 타고 노래하며 그 사자에게 들려주었다.

孺悲 欲見孔子 孔子辭以疾 將命者出戶 取瑟而歌 使之聞之.

[어구 설명] ○孺悲(유비) : 노(魯)나라 사람. 애공(哀公)의 신하로 애공의 명으로 공자에게 상례(喪禮)에 대해 배운 일이 있다. ○欲見孔子(욕견공자) : 공자를 만나려고 했다. <유비가 직접 오지 않고 사람을 시켜, 공자를 만나려고 한 것은 무례한 짓이다.> ○辭以疾(사이질) : 몸이 아프다는 핑계로 거절했다. ○將命者出戶(장명자출호) : 유비의 말을 전하러 온 사자가 대문을 나서자. ○取瑟而歌(취슬이가) : 공자가 거문고를 타고 노래를 불렀다. ○使之聞之(사지문지) : 사자로 하여금 소리를 듣게 했다.

[무례를 스스로 알게 함]

몸이 아프다는 것은 핑계이고, 사실은 상대가 무례했으므로 안 만났던 것이다. 그러면서 거문고를 타고 노래한 것은 사자에게 실은 병이 아니라는 사실을 은근히 알리고, 스스로 그들의 무례를 알게 하고자 한 것이다.

17-21 : 경문 한글 풀이

[1] 재아가 물었다. 「3년의 복상은 기한이 너무 오래입니다. 군자가 3년이나 예를 지키지 못하면 예가 반드시 무너지고, 3년이나 음악을 울리지 않으면, 음악이 반드시 시들 것입니다. 그러니 이미 묵은 곡식이 없어지고 새 곡식이 상에 올라오고, 또 불씨를 일으키는 수나무를 바꾸어 새로 뚫어 새 불씨를 피우는 것처럼 〈복상도〉 1년으로 끝내는 것이 좋지 않겠습니까.」

[2] 공자가 되물었다. 「1년만 하고 쌀밥을 먹고, 비단옷을 입어도 네 마음이 편하겠느냐.」 재아가 「편합니다.」하고 대답했다.

[3] 그러자 공자가 말했다. 「네 마음이 편하면 그렇게 하라. 원래 군자는 복상중에는 맛있는 음식을 먹어도 달지 않고, 음악을 들어도 즐겁지 않고, 안락하게 있어도 편하지 않기 때문에, 그렇게 하지 않는 것이다. 그러나 네 마음이 편하다면 그렇게 하라.」

[4] 재아가 나가자, 공자가 말했다. 「여는 참으로 어질지 못하구나. 자식이 태어나 3년이 되어야 비로소 부모의 품에서 벗어나듯이, 부모의 상을 3년 모시는 것은 천하에 공통된 예법이다. 여도 자기 부모로부터 3년 동안 사랑을 받았을 터인데.」

[1] 宰我問 三年之喪 期已久矣 君子 三年不爲禮 禮必壞 三年不爲樂 樂必崩 舊穀旣沒 新穀旣升 鑽燧改火 期可已矣. [2] 子曰 食夫稻 衣夫錦 於女安乎 曰安. [3] 女安則爲之 夫君子之居喪 食旨不甘 聞樂不樂 居處不安 故不爲也 今女安則爲之. [4] 宰我出 子曰 予之不仁也 子生三年然後 免於父母之懷 夫三年之喪 天下之通喪也 予也 有三年之愛於其父母乎.

[3년의 복상(服喪)]

(1) 바로 앞, 19장에서 공자는 자공(子貢)에게 말했다. 「사계절의 운행에 따라 만물이 살아 번식한다.(四時行焉 百物生焉)」 즉 시간의 흐름에 따라 공간적으로 자연 만물이 생성 변화 번식 발전한다. 그것이 우주의 도리다. 인간도 「자자손손(子子孫孫), 세세대대(世世代代)」 이어가면서 역사와 문화를 계승 발전하고 있다.

(2) 오늘 내가 살아서 문화를 향유하는 것은 부모와 선조의 덕택이다. 「나를 낳고 양육해준 부모의 은혜」는 「산보다 높고 바다보다 깊다.」 이 엄연한 사실을 사람만이 인식하고, 또 보답한다. 그래서 만물의 영장이라고 한다. 사람이면서 부모에게 효도하지 못하면 동물과 같다. 동물 세계에서는 죽으면 그만이다. 인간세계에만 상

례(喪禮)가 있다.

(3) 특히 부모는 나의 전신(前身)이고, 내 생명의 근원이다. 그러므로 부모의 죽음을 나의 죽음으로 공감(共感)하고, 3년 간 거상(居喪)하는 것이다. 이와 같은 삼년상은 자식으로서의 인정(人情=仁情)에서 스스로 우러나오는 효성(孝誠)이다. 하늘이 준 성리(性理)를 바탕으로 한 것이 예(禮)이다.

17-22 : 경문 한글 풀이

공자가 말했다. 「하루 종일 배불리 먹기만 하고, 마음 쓰는 일이 없으면 참으로 딱하다. 주사위나 바둑이 있지 않으냐. 차라리 그런 내기라도 하는 편이 안하는 것보다 좋을 것이다.」

子曰 飽食終日 無所用心 難矣哉 不有博奕者乎 爲之
猶賢乎已.

[어구 설명] ○飽食終日(포식종일) : 종일 배불리 먹기만 한다. ○無所用心(무소용심) : 마음 쓰는 일이 없다, 아무 일도 하지 않는다. ○難矣哉(난의재) : 곤란하다, 딱하다. ○不有博奕者乎(불유박혁자호) : 박혁(博奕) 같은 것이 있지 않으냐. 「박혁」은 주사위나 장기 혹은 바둑 같은 내기 노름. ○爲之猶賢乎已(위지유현호이) : 차라리 그런 내기라도 하는 편이 더 현명하고 좋다.

[무위도식(無爲徒食)]

(1) 사람으로 태어나 보람 있는 일을 하지 않고 건성으로 먹기만 하는 것을 「무위도식(無爲徒食)」이라 한다. 사람은 저마다 무엇인

가 보람 있는 일을 해야 한다. 잘 생각해 보자. 「생명(生命)은 무엇 인가.」 「생명은 곧 일하고 활동하는 기능이다.」 「죽지 않고 오래 살고 자 하면서 일은 안하려고 한다.」 「생각이 부족하기 때문이다.」 그래서 공자가 차라리 장기나 바둑 같은 오락이라도 하라고 말한 것이다. 「공자의 말은 노름을 하라는 뜻이 절대 아니다.」 「노름은 사기와 도둑질을 겸한 악덕(惡德)이며, 전쟁 다음가는 죄악(罪惡) 이다.」

(2) 맹자는 말했다. 「배불리 잘먹고 따뜻하게 잘 입고 편하게 살되, 가르침이 없으면 금수와 비슷하게 된다.(飽食暖衣 逸居而無敎 則 近於禽獸)」 <맹자 등문공 상> 이때의 가르침은 곧 윤리 도덕 교육 이다. <* 오늘의 사람들을 보자. 윤리 도덕을 모르고 동물같이 살 면 차라리 다행이다. 그보다 더 악덕하다. 즉 사기, 기만, 노름, 도둑, 살인 강도 및 전쟁으로 남의 재물을 탈취하고 잘살려고 한다. 동물 보다 더 나쁘다. 생각하는 힘이 없기 때문이다.>

17-23 : 경문 한글 풀이

자로가 「군자는 용맹을 숭상합니까.」하고 묻자, 공자가 말했다. 「군자는 의를 으뜸으로 여긴다. 군자가 용맹하고 의가 없으면 난을 일으키고, 소 인이 용맹하고 의가 없으면 도둑질을 하게 된다.」

子路曰 君子尙勇乎 子曰 君子義以爲上 君子有勇而 無義 爲亂 小人有勇而無義 爲盜.

[어구 설명] ○君子尙勇乎(군자상용호) : 군자는 용맹을 숭상하느

냐. ○君子義以爲上(군자의이위상) : 군자는 도의(道義)를 가장 으뜸으로 여긴다. 도의는 하늘의 도리를 기준으로 모든 사물을 옳고 바르게 처리함이다. ○君子有勇而無義爲亂(군자유용이무의위란) : 군자로서 용맹하기만 하고 도의를 따르지 않으면 난을 일으킨다. ○小人有勇而無義爲盜(소인유용이무의위도) : 소인이 용맹하기만 하고 도의를 따르지 않으면 도둑질을 한다.

[참고 주소 선역]

「상(尙)은 높인다는 뜻이다.」「군자가 난을 일으키고 소인이 도둑질을 한다는 것은 다 <지위에서> 그렇게 한다는 뜻을 말한 것이다.」윤씨(尹氏)가 말했다. 「도의를 바르게 알고 높이면, 용기가 더욱 크게 된다.」「자로는 용기를 좋아했다. 고로 선생님이 이렇게 말하고 그의 모자라는 점을 구해주려고 한 것이다.」호씨(胡氏)가 말했다. 「아마 이 말은 자로가 공자를 처음 만났을 때의 문답일 것이다.」

[의(義)와 용(勇)]

「의(義)」는 「의(宜)」다. 「바르고 좋게 한다는 뜻이다.」그러나 그 기준은 절대선(絕對善)의 천도(天道)에 두어야 한다. 「나 혼자 잘 먹고 잘살기 위해 남을 해치는 것은 의(義)가 아니다.」오늘의 많은 나라에서는 일부 계층만을 옹호하는 편파적인 법을 기준으로 한다. 그래서 혼란이 그치지 않는다. 속인들도 천도를 알고 따라야 악덕에 빠지지 않는다. 천도를 저버리고 동물적・이기적 욕심만을 채우려고 날뛰면 남을 살상하고 도둑질을 하게 된다. 정치에 참여하는 군자가 무력만을 휘두르면 난을 일으키게 된다.

17-24 : 경문 한글 풀이

[1] 자공이 「군자도 미워하는 것이 있습니까.」하고 묻자, 공자가 말했다. 「미워하는 것이 있다. 남의 잘못을 떠들어대는 것을 미워하고, 아래에 있는 사람이 윗사람 비방하는 것을 미워하고, 용맹하게 날뛰고 예절을 지키지 않는 것을 미워하고, 과감하지만 꽉 막혀 사리에 통하지 않는 것을 미워한다.」

[2] 그리고 공자가 물었다. 「사야, 그대도 미워하는 것이 있느냐.」

[3] 이에 자공이 대답했다. 「엿보고 아는 척하는 사람을 미워하고, 불손한 태도를 용감하다고 생각하는 사람을 미워하고, 남의 비밀을 폭로하는 것을 강직하다고 생각하는 사람을 미워합니다.」

[1] 子貢曰 君子亦有惡乎 子曰 有惡 惡稱人之惡者 惡居下流而訕上者 惡勇而無禮者 惡果敢而窒者. [2] 曰 賜也 亦有惡乎. [3] 惡徼以爲知者 惡不孫以爲勇者 惡訐以爲直者.

[어구 설명] ○君子亦有惡乎(군자역유오호) : 군자도 역시 미워하는 것이 있습니까. ○有惡(유오) : 미워하는 것이 있다. ○惡稱人之惡者(오칭인지악자) : 남의 결점이나 잘못을 떠들어대는 일 혹은

사람을 미워한다. ○惡居下流而訕上者(오거하류이산상자) : 저속한 부류에 속하는 자가 윗사람을 비방하고 욕하는 일을 미워한다. ○惡勇而無禮者(오용이무례자) : 무모하게 폭력을 휘두르고 예절을 지키지 않는 사람을 미워한다. ○惡果敢而窒者(오과감이질자) : 독단적이고 과단성은 있으나, 꽉 막혀 사리에 통하지 않는 사람을 미워한다. ○惡徼以爲知者(오요이위지자) : 남의 것을 엿보고 아는 체하는 사람을 미워한다. ○惡不孫以爲勇者(오불손이위용자) : 남에게 불손하게 하는 것을 용감하다고 생각하는 자를 미워한다. ○惡訐以爲直者(오알이위직자) : 남의 비밀을 폭로하는 것을 정직이라고 생각하는 사람을 미워한다.

[군자도 악을 미워한다]

「제4. 이인편-3」에 있다. 「오직 인자만이 능히 <참되게> 사람을 좋아할 수도 있고, 또 반대로 미워할 수도 있다.(唯仁者 能好人 能惡人)」 군자(君子)나 인자(仁者)는 선악(善惡)을 분명히 구별한다. 그러므로 착한 사람을 참으로 좋아하고, 반대로 나쁜 사람을 미워할 수 있다. 군자나 인자는 바르게 알고 행한다. 그러므로 선악을 바르게 구분해야 한다. 인자가 남을 사랑한다고 해서 악도 사랑하는 것이 아니다. 악한 사람과 우매한 사람은 가르치고 선도한다. 대학(大學)에 있는 삼강령(三綱領) 「명명덕(明明德), 친민(親民)=신민(新民), 지어지선(止於至善)」이 곧 인덕(仁德)이다. 「어둡고 모르는 사람을 깨우치고, 악을 버리고 새롭게 명덕(明德)을 밝히고, 최고선의 경지로 나아가게 해야 한다.」

17-25 : 경문 한글 풀이

**공자가 말했다. 「여자와 소인은 다루기 어렵다.
가까이하면 공손치 않고, 멀리하면 원망한다.」**

子曰 唯女子與小人 爲難養也 近之則不孫 遠之則怨.

[어구 설명] ○女子與小人(여자여소인) : 여자와 소인. 옛날의 대가
족제도에서는, 가장(家長)과 주부(主婦) 이외에 많은 「첩(妾), 비
(婢), 복(僕)」들이 함께 살았다. ○爲難養也(위난양야) : 한 집안에
서 많은 여자들과 하인들을 다루기가 어렵다는 뜻. ○近之則不孫
(근지즉불손) : 가장이 조금만 친근하게 하면 불손하게 되고. ○遠
之則怨(원지즉원) : 소원하게 대하면 원망한다.

[참고 주소 선역]

「이 소인(小人)은 역시 노복이나 하인을 말한다.」 「군자가 신하나
첩에게 장엄하게 대하고 자애로써 양육하면 이 같은 걱정이 없을
것이다.」 <* 여기서 말하는 여자와 소인은 특히 비천한 하인이나,
노비 여종들을 말한 것이다.>

17-26 : 경문 한글 풀이

**공자가 말했다. 「나이 사십이 되어 남에게 미움을
받으면, 인격적으로 더 볼 것이 없다.」**

子曰 年四十而見惡焉 其終也已.

[어구 설명] ○見惡焉(견오언) : 남에게 미움을 받는다. ○其終也已
(기종야이) : <인격적으로> 끝난 것이다. 더 볼 것이 없다.

[참고 주소 선역]

(1)「나이 40세는 덕(德)을 이루는 때다. 남에게 미움을 받는다면, <더 나아갈 것이 없고> 멈출 뿐이다.」「이 말은 모든 사람에게 때를 놓치지 말고 개과천선(改過遷善)하라고 가르친 말이다.」소씨(蘇氏)가 말했다.「이 말 역시 보람 있게 하라고 말한 것이다. 누구를 위해서 한 것인지는 알지 못한다.」

(2)「삼십이립(三十而立)」하고,「사십이불혹(四十而不惑)」해야 한다. 신념도 없고 덕도 세우지 못하고 남에게 미움을 받는 그런 사람은 군자로서는 더 바랄 것이 없다.

제17편 사상 복습

[도덕과 하나의 세계]

(1) 모든 사람은 개별적 존재로 육신생활을 영위한다. 그러므로 의식주(衣食住)의 바탕이 되는 재물을 풍요롭게 공급해야 한다. 그러기 위해서는 과학 기술 공업 생산을 발달시켜야 한다.

(2) 개개인이 물질적으로 잘살기 위해서는 국가적 차원에서 모든 사람이 잘 배우고 노력하고 연구해서 새롭고 뛰어난 업적을 세워야 한다. 안 그러면 뒤처지고 낙오한다.

(3) 세계 인류의 엄연한 역사적 사실은 약육강식(弱肉强食)이었다. 무력이 강한 나라가 약한 나라를 침략 탈취했다. 그러면서 그와 같은 악덕을 호도하기 위한 사기와 변명을 하고 있다. 지금도 그렇다. 고로 민족과 국가는 자주적 국방을 강화해야 한다.

(4) 이상을 종합하여 다음같이 말할 수 있다. 개인과 국가가 하나가 되어야 한다. 그래야 개인도 잘살고 국가도 발전하고 역사와 문화도 계속적으로 새롭게 발전한다.

(5) 이와 같은 의식을 실천한 것이 바로 유교에서 높이는 윤리 도덕이다. 즉 개체와 전체가 하나가 되어 함께 잘살고 발전하는 도덕이다. 도(道)는 기본도리이고 덕(德)은 얻어진 좋은 성과이다. 윤리 도덕을 지켜야 「나와 가족, 국가 민족 및 세계 인류가 하나가 되어 참다운 하나의 평화 세계를 창건할 수 있다.」

<* 오늘의 인류 세계는 심각한 위기에 처해 있다. 강대국이 재물과 무력을 바탕으로 남을 지배하고 억압하고 자기만의 욕심을 채우고 있다. 그런데도 많은 지식인이 아직도 우매하다.>

[윤리(倫理)의 실천과 그 단계]

이상에서 본 바와 같이 「나와 남」이 어울려 함께 잘사는 도리를 도덕 혹은 윤리라 한다. 특히 윤리는 인간과 인간이 함께 어울리고 함께 잘사는 「인간관계에 중점을 둔 사회적 규범」이다. 그 단계를 다음같이 설명할 수 있다.

성장한 남녀가 결혼하고 자녀를 낳고 양육해야 국가 민족이 계승 발전한다. 가정은 국가의 기본단위다. 가정에서 부부가 화목하고, 부자가 친애하고, 형제가 우애(友愛)해야 공동체가 안정되고, 또 발전할 수 있다. 가정이 무너지면 국가도 무너지게 마련이다. 사회에서는 스승과 제자, 연장자와 연소자, 선배와 후배 및 같은 또래의 붕우가 저마다 질서(秩序)와 신의(信義)를 지키고 협동해야 한다. 그래야 사회가 안정되고 발전한다. 국가에서는 모든 사람이 「하나

의 중심적 존재인 임금을 중심으로 일심동체(一心同體)」를 이루어
야 한다. 즉 임금은 국가와 전체 백성의 이익과 발전을 위해 도를
따르고, 백성은 국가와 백성을 통합한 상징인 임금을 위해 도를
따르고 최선을 다한다.

윤리의 기본을 오륜(五倫)이라 한다. 군신유의(君臣有義), 부자유
친(父子有親), 부부유별(夫婦有別), 장유유서(長幼有序), 붕우유신
(朋友有信)이다. 동양의 윤리 도덕은 「쌍무적 실천규범(雙務的 實
踐規範)」이다. 위나 아래가 다 같이 윤리 도덕을 실천해야 한다.

[시경(詩經)과 시교(詩敎)]

(1) 시경에 추려진 305편의 시를 크게 「풍(風), 아(雅), 송(頌)」
셋으로 분류한다. 풍(風)은 여러 나라의 기풍(氣風)이나 백성들의
감정(感情)을 읊은 시들이다. 아(雅)는 국가정치에 참여하는 귀족
들의 생활, 행사, 의례(儀禮) 등을 다양하게 읊은 시들이다. 송(頌)
은 주로 주(周)나라 및 은(殷)나라의 시조(始祖)를 제사 지낼 때,
칭송하는 종교시(宗敎詩)라 하겠다.

(2) 시경 서문에 있다. 「시는 뜻을 표현한 바이다.(詩者 志之所之
也)」 약 천 년 전부터 각지에서 전래한 시들이며, 천 편 이상이
된다. 그들 시를 통해서 고대의 종교관, 정치사상 및 모든 사람의
사상이나 정서를 알 수 있다. 그러나 공자시대에는 305편으로 정리
되었다.

(3) 공자가 도덕적으로 정리해서 학생들에게 교육하고 익히게 했
다. 이를 시교(詩敎)라 했다. 모시대서(毛詩大序)에서 몇 마디를
추려 보겠다. 「잘 다스려진 나라의 시나 음악이 편하고 즐거운 것은

정치가 온화하기 때문이다.(治世之音 安以樂 其政和) 흐트러진 나라의 시나 음악이 원망스럽고 노여운 것은 성지가 어긋나기 때문이다.(亂世之音 怨以怒 其政乖) 망한 나라의 시나 음악이 애달프고 슬픈 것은 백성들이 곤궁하기 때문이다.(亡國之音 哀以思 其民困) 고로 득실을 바로잡고 천지를 감동시키고 귀신을 감동하게 하는 것은 시보다 더한 것이 없다.(故正得失 東天地 感鬼神 莫近於詩) 선왕은 시로써 부부를 바로잡고, 효경을 이루게 하고, 인륜을 두텁게 하고, 교화를 아름답게 했다.(先王以詩經夫婦 成孝敬 厚人倫 美敎化 移風易俗)」

(4)「고로 시에는 여섯 가지 바른 뜻이 있다.(故詩有六義也) 즉 풍(風)・부(賦)・비(比)・흥(興)・아(雅)・송(頌)이다.」<풍아송(風雅頌)은 내용상의 분류, 부비흥(賦比興)은 표현 및 가치적 분류다. 부(賦)는 진술한다는 뜻, 비(比)는 비유한다는 뜻, 흥(興)은 흥미를 돋아 일으킨다는 뜻이다.>

(5)「윗사람은 풍으로써 아랫사람을 교화하고, 아랫사람은 풍으로써 윗사람을 풍자한다. 문장을 바탕으로 하기 때문에 말한 사람도 죄가 없고, 듣는 사람도 족히 경계로 삼는다. 고로 풍(風)이라 한다.(上以風化下 下以風刺上 主文而譎諫 言之者無罪 聞之者 足以戒 故曰風)」

(6) 이와 같은 풍의 대표가 곧「주남(周南) 소남(召南)」이다. 그래서 공자가「제17. 양화편-10」에서 백어(伯魚)에게 배우라고 강조한 것이다.

(7) 시의 가치나 효용면에서도 이 두 편을 으뜸으로 친다. 이 두 편의 시를 공부해야 인간의 기미(機微)와 부부의 중요성과 덕치(德

治)의 바른 도리를 터득할 수 있다. 유보남(劉寶楠)은 「논어정의(論語正義)」에서 대략 다음같이 풀이했다. 「당시 백어가 결혼을 하려던 때, 공자가 부부의 애정을 토대로 집안을 바르게 다스리는 제가(齊家)의 도리를 깨우쳐주고, 아울러 나라에서 임금을 받드는 군신(君臣)의 도리를 바르게 배우게 하려고 이렇게 말했다.」 고금 동서를 막론하고 남녀의 윤리 도덕이 바로 서야 가정, 국가가 바르게 된다.

18. 미자편(微子篇)

제18. 미자편은 모두 11장으로 대개가 성인이나 현인들에 관한 일화가 많다. 즉 그들의 출사(出仕)와 은퇴(隱退)를 기술하고, 간접적으로 공자의 사상을 부각하려고 했다.

특히 세상을 버리고 숨어사는 은자(隱者)들을 등장시켜 공자의 적극적인 현실참여 및 개혁사상을 강조한 글이 많다. 또 이 편에는 앞에 「자왈(子曰)」이 없다. 그러나 간간이 공자의 평어(評語)를 삽입하여 그들에 대한 공자의 태도나 생각을 나타냈다.

주자집주(朱子集註)에는 다음같이 말했다. 「이 편은 성현의 출처를 기록한 것이 많다. 모두 11장이다.(此篇 多記聖賢之出處 凡十一章)」

18-1 : 경문 한글 풀이

미자는 떠났고, 기자는 종으로 가장하고 숨었고, 비간은 간하다가 죽었다. 공자가 말했다. 「은나라에는 세 명의 인자가 있었다.」

微子去之 箕子爲之奴 比干諫而死. 孔子曰 殷有三仁焉.

[어구 설명] ○微子去之(미자거지) : 「미자(微子)」는 은(殷)나라를 망친 마지막 왕, 주왕(紂王)의 서형(庶兄)이다. 이름은 계(啓), 「미

(微)」는 나라 이름. 「자(子)」는 작위(爵位)다. 포악무도한 주왕에게 간했으나 듣지 않자, 제기(祭器)를 가지고 미(微)나라로 가서 은나라 선조의 제사를 보전했다. ○箕子爲之奴(기자위지노) : 「기(箕)」는 나라 이름. 「자(子)」는 작위(爵位), 이름은 자여(子餘), 주왕의 백부다. 주왕에게 간해도 듣지 않으므로, 스스로 광인(狂人)을 가장하고 노예들 틈에 끼어 숨었다. ○比干諫而死(비간간이사) : 주왕의 숙부 비간이 격렬하게 간하자, 주왕이 그를 무참히 죽였다. ○殷有三仁焉(은유삼인언) : 은나라에는 세 사람의 인자(仁者)가 있었다. 주(周)나라가 세워진 다음, 미자(微子)는 송(宋)나라에 봉해졌으며, 기자(箕子)는 조선(朝鮮)에 갔다고 전한다.

[미자, 비간, 기자의 수난]

(1) 망국의 임금 뒤에는 반드시 요염한 독부가 있게 마련이다. 은 (殷)나라를 망친 주왕(紂王)은 달기(妲己)와 짝하고 온갖 악덕을 다 자행했다. 그 대표적인 것이 주지육림(酒池肉林)과 포락지형(炮烙之刑)이다. 주왕과 달기는 이궁(離宮) 안의 연못을 술로 가득 채우고, 둘레의 숲에 고기 안주를 주렁주렁 매달고, 연일 난잡한 술잔치를 벌였다. 무희들의 나체 춤이 끝나면 모든 사람도 알몸이 되어 연못가에 몰려와 소같이 엎드려 꿀떡꿀떡 술을 마신다. 이를 우음(牛飮)이라 했고, 이 술잔치를 사가(史家)들은 「주지육림」이라고 기술했다.

(2) 한편 그들의 악덕을 탓하는 사람을 잡아다가 혹독하게 형벌을 가했다. 이를 포락지형이라 했다. 즉 깊은 구덩이를 길게 파고 그 위에 둥근 동주(銅柱)를 걸쳐놓고 죄지은 사람에게 무사히 건너가

면 죄를 용서해준다는 이상한 형벌이었다. 그러나 뜨겁게 달군 기름 바른 둥근 쇠기둥을 맨발로 무사히 건너갈 수 없다. 그래서 모든 사람이 실족하고 불속으로 떨어져 처참하게 타 죽는다. 달기는 그와 같은 단말마적인 참상을 보면서 깔깔대고 웃었으니, 그녀는 참으로 마녀(魔女)의 화신(化身)이라 하겠다. 한편 주왕은 임산부의 배를 갈라 태아를 죽이고, 또 노인의 다리를 잘라 골수를 보기도 했다고 한다. 악독한 임금 밑에는 반드시 간악한 밀고자가 있게 마련이다. 그들은 대개 정의로운 사람을 밀고한다. 그러므로 포락지형에 걸려서 처참하게 죽은 사람들이야말로 참으로 착하고 정의로운 사람들이었다. 예나 지금이나 악독한 독재자는 정의를 내걸고 악을 반대하는 선량한 사람들을 무참히 죽이려는 증오심이 있는 법이다.

(3) 착한 사람은 반드시 고개를 들고 다시 나타나게 마련이다. 그래서 은나라 말기에도 바르고 착한 왕족이나 충신들이 수없이 나타났다. 물론 주왕은 그들의 충고를 안 들었다. 안 들었을 뿐만 아니라, 그들을 박해하고 심지어 죽이기도 했다. 그 대표자가 곧 「미자(微子)・비간(比干)・기자(箕子)」였다. 폭군과 독부의 광란(狂亂)이 절정에 달하자, 마침내 서형(庶兄) 미자가 행방을 감추었다. 숙부(叔父) 비간이 참다못해 꾸짖고 훈계하자, 악독한 주왕은 눈을 부라리며 말했다. 「내가 들은 바 성인의 심장에는 구멍이 일곱 개 있다고 하더라. 사실 그런지 봅시다.」 그리고 그 자리에서 비간의 가슴을 도려내고 죽였다. 다른 숙부인 기자는 미친 척하고 떠돌았다. 그러자 주왕은 기자를 잡아 가두었다. <* 필자 저술 : 「고대 중국의 인간상」 명문당 간행 참고>

<* 동서고금을 막론하고 악한 사람보다 착한 사람이 더 많다. 우주 천지 만물은 하늘에 의해서 창조되고, 또 하늘의 도리를 따라 역사적으로 발전한다. 그러므로 인간세계에도 하늘의 도리를 어기고 자기의 욕심만을 채우려는 악인보다, 하늘의 도리를 따르고 남을 사랑하고 덕을 베풀려는 선인이 더 많게 마련이다.>

18-2 : 경문 한글 풀이

유하혜가 노나라의 재판관이 되었다가 세 번이나 자리에서 쫓겨났다. 어떤 사람이 물었다.「그대는 아직도 노나라를 버리고 떠나지 않으시오.」유하혜가 대답했다.「도를 곧게 지키고 사람을 다스리면 어디에 간들 세 번을 쫓겨나지 않겠는가. 반대로 도를 굽히고 사람을 다스릴 바에야 반드시 부모님의 나라를 떠날 이유가 있겠는가.」

柳下惠 爲士師 三黜 人曰 子未可以去乎. 曰 直道而事人 焉往而不三黜 枉道而事人 何必去父母之邦.

[어구 설명] ○柳下惠(유하혜) : 노(魯)나라의 대부. <제15. 위령공편-14> ○士師(사사) : 관명(官名), 소송을 심리하고 판결하는 벼슬. 형관(刑官). ○三黜(삼출) : 세 번이나 자리에서 쫓겨나다. ○子未可以去乎(자미가이거호) : 그대는 아직도 노나라를 떠나지 않으려는가. ○直道而事人(직도이사인) : 도를 곧게 지키고 사람을 다스리면. ○焉往而不三黜(언왕이불삼출) : 어디에 간들 세 번 쫓겨나지 않겠는가. ○枉道而事人(왕도이사인) : 도를 굽히고 사람을

다스릴 바에야. ○何必去父母之邦(하필거부모지방) : 어찌 반드시 부모의 나라를 떠날 필요가 있는가.

[유하혜(柳下惠)의 특성]

여기서 말하는 유하혜(柳下惠)는 그의 장점만을 들어 말한 것이다. 즉 도를 곧게 지켰으므로 세 번 쫓겨났던 것이다. 그렇다고 내 나라를 버리고 다른 곳으로 가겠는가. 끝까지 내 나라에 남겠다고 말했다. 집주(集註)에도 「그가 온화하고 도를 곧게 지켰다」고 칭찬했다. 「뒤의 제8장」에서도 공자는 유하혜(柳下惠)와 소련(少連)을 함께 다음같이 말했다. 「낮은 뜻으로 몸을 굽히고 자기 신분에 맞게 말하고 행동하여 <언제나> 무난하게 했다.(降志辱身矣 言中倫 行中慮 其斯而已)」 <* 단 백이(伯夷)·숙제(叔齊)에 비하면 한 단계 아래다. 그러나 뒤에 나오는 여러 명의 은자(隱者)에 비하면 훨씬 높다.>

18-3 : 경문 한글 풀이

제나라의 임금 경공이 공자에 대한 대우를 논의할 때 말했다. 「계씨같이 최고로는 대우하지 못하지만 계씨와 맹씨의 중간 정도로는 대우하겠다.」 후일 「내가 너무 늙어서 쓸 수 없다.」고 말을 바꾸었다. 이에 공자가 즉시 제나라를 떠났다.

齊景公 待孔子曰 若季氏則吾不能 以季孟之間 待之
曰 吾老矣 不能用也 孔子行.

[어구 설명] ○齊景公(제경공) : 제나라의 경공. ○待孔子曰(대공자

왈) : 공자에 대한 대우를 논의하며 말했다, 「대(待)」를 사기 공자세가(孔子世家)에는 「지(止)」라고 썼다. 즉 「공자를 잡고 말했다」로 풀 수 있다. ㅇ若季氏 則吾不能(약계씨 즉오불능) : 계씨같이 최고로 대우할 수는 없다. 계씨는 노나라의 상경(上卿)이다. ㅇ以季孟之間待之(이계맹지간대지) : 계씨와 맹씨의 중간으로 대우하겠다, 즉 상경(上卿)과 하경(下卿) 사이로 대우하겠다는 뜻. ㅇ曰(왈) : <후에 다른 말을> 했다. ㅇ吾老矣不能用也(오로의불능용야) : 내가 늙었으므로 공자를 쓰지 못하겠다. ㅇ孔子行(공자행) : 공자가 즉시 제나라를 뒤로하고 물러났다.

[공자와 제경공(齊景公)]

(1) 노(魯)나라 소공(昭公)이 삼환씨의 전횡(專橫)을 치려다가 실패하고 도리어 제(齊)나라로 망명했다. 그때가 대략 소공 25년(B.C. 517)이다. 이로 인해 노나라에는 임금이 없게 되었으며, 소공은 국외에서 7년 간을 살다가 객사했다.

(2) 임금을 내쫓은 무도(無道)한 삼환씨를 공자가 분개한 것은 당연했다. 공자 나이 35세 때의 일이다. 소공이 실패하고 제나라로 망명하자, 공자도 즉시 제나라에 갔다. 가는 도중에 태산(泰山) 곁을 지나가다가, 무덤에서 곡하는 여인을 보고 제자들에게 「가정맹우호(苛政猛于虎)」라고 가르치기도 했다.

(3) 제나라에서도 공자가 학식이 많고 인격이 높고, 특히 예악(禮樂)에 밝다고 잘 알려져 있었다. 그래서 공자는 이듬해(B.C. 516년) 제나라 임금 경공(景公)을 만났다. 경공은 공자에게 정치에 대해서 물었다. 당시 제나라는 큰 나라였다. 무력도 강하고 재물도

많았다. 그러나 국가정치가 문란하고 특히 하극상(下剋上)이 심했다.

(4) 논어에 있다. 「제나라 경공이 공자에게 정치에 대해서 묻자, 공자가 대답했다. 임금은 임금다워야 하고, 신하는 신하다워야 하고, 아비는 아비다워야 하고, 자식은 자식다워야 합니다.(齊景公問政於孔子 孔子對曰 君君 臣臣 父父 子子)」「경공이 말했다. 좋은 말이요. 참으로 임금이 임금답지 못하고, 신하가 신하답지 못하고, 아비가 아비답지 못하고, 자식이 자식답지 못하면, 비록 곡식이 창고에 가득한들 내가 어찌 먹을 수 있겠소.(公曰 善哉 信如君不君 臣不臣 父不父 子不子 雖有粟 吾得而食諸)」<제12. 안연편-11>

(5) 제나라 임금 경공은 50년 이상 임금노릇을 했으며, 사치를 좋아한 옹졸한 임금이었다. 그래서 공자는 「재물을 절약하라.」고 말하기도 했다. 당시 그를 보좌한 재상(宰相)이 바로 안영(晏嬰)이었다. 그는 실리(實利)와 부국강병(富國强兵)만을 추구했다. 그래서 공자를 등용하지 않았던 것이다. 그래도 경공은 기회를 보아 공자를 등용하려고 했다. 그러나 안영을 비롯하여 많은 제나라 귀족들이 공자가 주장하는 예치(禮治)에 대해서 반대했다. 즉 합리적인 법치(法治)와 반대가 된다. 또 지나치게 허례허식을 차리고, 나라의 재물을 낭비할 우려가 크다는 이유에서였다. 심지어 어떤 신하는 공자를 해치려고 했다. 이에 경공이 태도를 바꾸고 공자에게 말했다. 「나는 이미 늙어서, 그대를 쓰지 못하겠소.」 이에 공자는 다급히 제나라를 떠나, 노나라로 돌아왔다.

18-4 : 경문 한글 풀이

제나라 사람이 미녀와 풍악놀이를 보내왔다. 노나라 계환자가 이를 받아들이고 즐겼으며, 사흘 동안이나 조례를 보지 않았다. 이에 공자는 벼슬을 버리고 노나라를 떠났다.

齊人 歸女樂 季桓子受之 三日不朝 孔子行.

[어구 설명] ○齊人歸女樂(제인귀녀악) : 제나라 사람이 여악(女樂)을 보내왔다. 「여악」은 「미인들로 꾸며진 가무단(歌舞團)」. 즉 노(魯)나라의 집권층을 타락시키려고 한 것이다. ○季桓子受之(계환자수지) : 계환자가 받아들이고 즐겼다. 「계환자」는 당시 노나라의 실권을 잡고 있었다. 이름은 사(斯), 환(桓)은 시호, 계강자(季康子)의 아버지다. ○三日不朝(삼일부조) : 사흘 간 조례를 안 보고 여악을 즐겼다. ○孔子行(공자행) : 공자가 <실망하고 벼슬을 내놓고> 노나라를 떠났다.

[참고 주소 선역]

(1) 「계환자(季桓子)는 노나라 대부로, 이름이 사(斯)다.」「사기(史記)에 보면, 정공(定公) 10년에 공자가 노나라 사구(司寇)가 되었으며, 재상(宰相)을 섭행(攝行)했다.」「<그러자> 제나라 사람들이 두려워하고 여악(女樂)을 보내 <노나라가 번성하는 것을> 저지(沮止)하려고 했다.」

(2) 윤씨(尹氏)가 말했다. 「<노나라의 실권을 잡은 계환자가> 여악(女樂)을 받아들이고 정치를 태만하게 했다.」「이와 같이 현인

(賢人)을 멀리하고 예도(禮道)를 무시했으므로 <그들과 함께> 다스릴 수 없음을 알 수 있다. 공자가 <노나라를> 떠난 것이다. 즉 사소한 기미를 보고 작정하고, 하루도 기다리지 않고 떠난 것이다.」

(3) 범씨(范氏)가 말했다. 「이 편은 <노나라에> 인자하고 현명한 공자가 나타나자, <제나라가 여악(女樂)으로 방해하자, 공자가 노나라를 떠남으로써> 절충했음을 기술한 글이다.」「이는 곧 중용지도(中庸之道)를 밝힌 것이다.」

[제(齊)나라의 여악(女樂)]

(1) 노(魯)나라 정공(定公) 12년(B.C. 498)에, 공자는 나이 54세로 사구(司寇)가 되어 삼환씨(三桓氏)의 세력을 약화시키고 정치를 바로잡으려고 했다.

(2) 그러자 이웃에 있는 강대국 제(齊)나라가 노나라의 중흥을 시기하고 방해하려는 목적으로 80명으로 구성된 여자 가무단을 당시의 실권자인 계환자(季桓子)에게 보냈다. 말하자면 노나라의 집권 세력을 타락시키려는 의도로 보낸 것이다.

(3) 이에 노나라의 군신(君臣)이 미혹되어 조회도 안보고 정사를 소홀히 했다. 공자는 계씨와의 관계가 더 악화되었고, 마침내는 노나라를 떠나 위(衛)나라로 갔다.

<* 다른 설. 53세가 아니라 55세 때. 제나라가 80명의 여악을 노나라에 보내, 임금이나 권력자를 타락시키려고 했다. 노나라는 교제(郊祭)의 제육(祭肉)을 공자에게 보내지 않았다. 그래서 공자는 노나라를 뒤로하고 위나라로 갔다.>

18-5 : 경문 한글 풀이

[1] 초나라의 미치광이 접여가 공자 앞을 지나가며 노래했다. 「봉황새야, 봉황새야. 어찌 덕이 그리도 쇠했느냐. 지난 일은 간할 수 없거니와, 앞으로는 바르게 좇을 수 있다고 했다. 그러나 가망이 없으니, 그만둘지어다. 오늘날에는 정치에 참여하는 사람은 위태롭기만 할 것이다.」

[2] 공자가 수레에서 내려, 그와 함께 말하려고 했으나, 그가 재빠르게 몸을 피했으므로, 말을 하지 못했다.

[1] 楚狂接輿 歌而過孔子 曰 鳳兮鳳兮 何德之衰 往者不可諫 來者猶可追 已而已而 今之從政者殆而.
[2] 孔子下 欲與之言 趨而辟之 不得與之言.

[어구 설명] ㅇ楚狂接輿(초광접여) : 초나라 사람으로 미친 척하고 난세를 한탄하며 숨어사는 은사(隱士). 성은 육(陸), 이름은 통(通), 자가 접여(接輿)다. 「접여」는 「수레에 접근한 자」라는 뜻이다. ㅇ歌而過孔子曰(가이과공자왈) : 노래를 부르며, 공자 앞을 지나가면서 말했다. ㅇ鳳兮鳳兮(봉혜봉혜) : 봉황새는 영조(靈鳥)로, 천하에 도(道)가 행해지는 성천자(聖天子) 시대에만 나타난다. 공자도 성인이다. 그러므로 봉황새가 나타나야 할 텐데, 안 나타난다고 한탄한 것이다. ㅇ何德之衰(하덕지쇠) : 어째서 덕이 쇠했느냐. 참으로 덕

이 쇠퇴했구나. ○往者不可諫(왕자불가간) : 이미 지난 일은 간하고 닷할 수 없나. ○來者猶可追(내사유가추) : 앞일은 바르게 추구할 수 있다. 이 두 구절은 고어(古語)일 것이다. ○已而已而(이이이이) : 이미 끝났다, 그만두어라. <실망을 나타낸 말.> ○今之從政者殆而(금지종정자태이) : 오늘의 <난세에서> 정치에 참여하는 사람은 위태로울 뿐이다. ○孔子下(공자하) : 공자가 수레에서 내려. ○欲與之言(욕여지언) : 그에게 <도리를> 말하고자 했다. ○趨而辟之(추이피지) : 뛰어 달려 몸을 피했으므로. ○不得與之言(부득여지언) : 함께 말할 수 없었다.

[공자와 은자(隱者)]

고주(古註)와 신주(新註)는 해석이 다르다. 먼저 고주를 들겠다.

(1) 공자 같은 성인이 나타났으나, 천하가 도덕적으로 타락하여 봉황새도 나타나지 않았다. 그래서 초(楚)나라의 미치광이 접여(接輿)가 공자 앞을 지나가면서 이와 같이 노래하고 「생명이 위태롭다.」고 경고했다. 사기(史記) 공자세가(孔子世家)에는 「공자 나이 63세 때, 초나라 소공(昭公)이 공자를 등용하고자 했다. 그러나 영윤(令尹) 자서(子西)가 반대하여 이루지 못했으며, 소공이 죽은 다음에 공자에게 『오늘의 정치를 담당하는 자들은 위험한 자들이라고(今之從政者 殆而)』 경고한 것이다.」라고 하였다.

(2) 신주는 다음 같은 뜻으로 풀었다. 봉황새를 공자에 비유했다. 봉황새는 「도가 행해지고 성군(聖君)이 나온 때에 나타나는 법이다. 지금은 난세다. 왜 봉황새인 공자가 숨지 않느냐. 마땅히 숨어라」하고 알려준 것이다. 이에 공자가 「출처(出處)의 도리를 말해주

려고 했으나, 그는 도망가고 듣지 않았다.」

(3) 「제5장, 제6장 및 제7장」은 공자에게 은퇴하기를 권하는 사람들의 말을 적은 글이다. 이들 은둔자는 노장(老莊)파의 「현실도피자(現實逃避者)」들이다. 도가 행해지지 않는 난세에는 물러나 자기 한몸이라도 보전하면 된다고 생각했다. 그러나 공자의 생각은 다르다. 도(道)가 없는 세상을 도가 있게 하는 것이 군자(君子)의 사명이라고 믿었다.

18-6 : 경문 한글 풀이

[1] 장저와 걸익이 짝을 지어 밭갈이를 하는데, 공자가 지나가다가 자로를 시켜 나루터를 물었다.

[2] 장저 :「저 고삐를 잡고 있는 분이 누구요.」 자로 :「공구이시오.」 장저 :「바로 노나라 공구이시오.」 자로 :「그렇소.」 장저 :「그렇다면, 그 분이 나루터를 알 것이오.」

[3] 자로가 걸익에게 묻자, 걸익이 되물었다.「당신은 누구요.」 자로 :「나는 중유라 하오.」 걸익 :「바로 당신이 노나라 공구의 제자요.」 자로 :「그렇소.」 걸익 :「지금 세상은 무도함이 도도히 물 흐르듯 하는데, 그 누가 고칠 수 있겠소. 또 당신도 사람을 가리고 피하는 공구를 따라다니는 것보다, 우리처럼 세상을 피해서 숨어사는 은사를

따르는 것이 어떠하오.」 이렇게 말하고 걸익은 써레질을 그치지 않고 계속했다.

[4] 자로가 돌아와서 고하자, 공자가 한탄하며 말했다. 「사람은 새와 짐승과 어울려 살지 못한다. 내가 저들과 더불어 살지 않으면, 누구와 더불어 살겠느냐. 천하에 도가 행해지면 내가 구태여 변혁하고자 애쓰겠느냐.」

[1] 長沮桀溺 耦而耕 孔子過之 使子路問津焉. [2] 長沮曰 夫執輿者 爲誰 子路曰 爲孔丘 曰 是魯孔丘與 曰 是也 曰 是知津矣. [3] 問於桀溺 桀溺曰 子爲誰 曰 爲仲由 曰 是魯孔丘之徒與 對曰 然 曰 滔滔者 天下皆是也 而誰以易之 且而與其從辟人之士也 豈若從辟世之士哉 耰而不輟. [4] 子路 行以告 夫子憮然 曰 鳥獸 不可與同羣 吾非斯人之徒與 而誰與 天下有道 丘不與易也.

[어구 설명] ○長沮(장저) : 은사(隱士). ○桀溺(걸익) : 역시 은사. ○耦而耕(우이경) : 짝지어 밭갈이를 하다. ○孔子過之(공자과지) : 공자가 곁을 지나가다. ○使子路問津焉(사자로문진언) : 자로를 시켜서 그들에게 나루터를 물었다.

[참고 주소 선역]

「이인(二人)은 모두 은자(隱者)다.」 「우(耦)는 짝이 되어 밭을 간다는 뜻이다.」 「당시 공자는 초(楚)나라에서 돌아와 채(蔡)나라로 가고 있었다.」「진(津)은 <강을 건너는> 나루터이다.」「접여(接輿)」
는 「<공자가 수레의> 고삐를 잡고 수레 안에 있다는 뜻이다.」「원
래는 자로(子路)가 <수레를> 몰고 고삐를 잡았다. 지금 내려서
나루를 묻고 있으므로 선생이 대신 잡은 것이다.」「나루를 안다(知
津)」고 말한 것은 「<공자가> 자주 여러 나라를 두루 돌았으므로
스스로 나루터를 알 것이라는 뜻을 말한 것이다.」

[높은 단계의 공자 사상]

(1) 토막 소설 같은 글이다. 세상에 도가 없다고 세상을 버리고
혼자 숨어사는 은사(隱士)들에게 공자는 말한다.「인간이므로 인간
사회를 버릴 수 없다. 사람은 금수(禽獸)같이 원시적 생활을 할
수 없다. 인간사회가 도를 잃고 악덕이 판치면, 이를 바로잡으려는
노력을 우리가 해야 한다.」

(2) 잘 알지 못하는 사람은 노자(老子)나 장자(莊子)의 은퇴사상을
심오(深奧)한 사상이라 속단한다. 그러나 단계가 있다.

① 육체적 쾌락 및 이기적 탐욕을 채우기 위해 남을 속이거나
살상하고, 남의 재물을 탈취하는 자는 동물만도 못한 자다.

② 차라리 동물같이 자연의 도리대로 살다가 죽는 사람이 낫다.
<노장(老莊) 사상은 이 단계를 철학적으로 말한 것이다.>

③ 공자 사상은 적극적으로 도덕적 대동세계(大同世界)를 창건
(創建)하자는 높은 경지다.

(3) 그러므로 공자는 어렵고 힘들다고 현실을 도피하는 은퇴사상을
반대했다. 그렇다고 악덕한 임금에 붙어 녹을 받아먹는 것도 용납
하지 않았다. 무도한 나라에서는 벼슬하지 말라고 가르쳤다.

(4) 그의 현실 참여는 무도(無道)한 나라를 유도(有道)한 나라로 개혁할 수 있을 때에 한하는 것이다. 그러나 당시는 하극상(下剋上)의 난세였으며, 나라와 나라가 무력을 바탕으로 서로 대항하고 있었다. 그러므로 당시의 임금들은 공자의 고매(高邁)하고 원대(遠大)한 예치(禮治)를 받아들이고 실천할 수가 없었던 것이다.

18-7 : 경문 한글 풀이

[1] 자로가 공자를 수행하다가 뒤처졌다. 마침 지팡이에 대 삼태기를 걸고 어깨에 진 노인을 만났다. 자로가 물었다. 「선생님을 못 보셨습니까.」 그러자 노인이 말했다. 「사지를 움직이지 않고, 오곡도 나눠 심지 않고 떠다니는 처지에, 누구를 보고 선생이라 하시오.」 노인은 이렇게 말하고 지팡이를 땅에 꽂아 놓고 김을 매었다.

[2] 자로가 공손한 태도로 손을 모아 곁에 서있었다. 그러자 노인은 자로를 자기 집에 재우고, 닭을 잡고 기장밥을 지어 대접하고, 또 자기의 두 아들을 보여주었다.

[3] 이튿날 자로가 공자에게로 가서 고하자, 공자는 「그는 은자(隱者)다.」라고 말하고, 자로로 하여금 되돌아가 그를 다시 찾아보게 했다. 그러나

그는 이미 어디론가 가고 없었다.

[4] 자로는 노인이 없으므로 아들에게 공자의 말을 다음같이 전했다. 「만약에 모든 선비가 출사(出仕)하지 않는다면, 의(義)를 세울 수 없다. 장유(長幼)간의 예절을 폐할 수 없다면, 어찌 군신(君臣)간의 의를 폐할 수 있겠는가. 자기 한몸을 깨끗이 하려고 숨어사는 것은 곧 큰 윤리를 문란케 하는 것이 된다. 군자가 출사하는 것은 의를 행하기 위해서이다. 세상에 도가 이루어지지 않고 있음은 나도 벌써부터 잘 알고 있는 바이다.」

[1] 子路從而後 遇丈人 以杖荷蓧 子路問曰 子見夫子乎 丈人曰 四體不勤 五穀不分 孰爲夫子 植其杖而芸. [2] 子路拱而立 止子路宿 殺雞爲黍而食之 見其二子焉. [3] 明日 子路行以告 子曰 隱者也 使子路反見之 至則行矣. [4] 子路曰 不仕無義 長幼之節 不可廢也 君臣之義 如之何其廢之 欲絜其身 而亂大倫 君子之仕也 行其義也 道之不行 已知之矣.

[어구 설명] ○遇丈人(우장인) : 노인을 만나다. ○以杖荷蓧(이장하조) : 지팡이에 대 삼태기를 걸머지고 가다. ○五穀不分(오곡불분) : 오곡을 나눠 심지도 않고 <즉 생산에 참여하지 않고 몰려다니기만 하는 처지에.> ○孰爲夫子(숙위부자) : 누구를 선생이라 하느냐. 누가 선생이겠느냐. ○止子路宿(지자로숙) : 그 노인은 자로를 자기 집에 재우고. ○殺雞爲黍而食之(살계위서이식지) : 닭을 잡고

기장밥을 지어서 먹게 했다. ㅇ見其二子焉(견기이자언) : 자기의
두 아들도 보게 했다. ㅇ子路曰(사로왈) : 사로가 <공사의 선살을
대신해서> 말했다. ㅇ不仕無義(불사무의) : 선비나 지식인이 나라
에 나가서 벼슬하지 않는다면, 국가의 도의(道義)나 정의(正義)도
세울 수 없다. ㅇ長幼之節(장유지절) : 장유의 예절, 즉 형과 동생,
연장자와 연소자, 선배와 후배간의 순서, 서열, 위계 등의 법도와
규범. ㅇ不可廢也(불가폐야) : 폐할 수 없다. ㅇ君臣之義(군신지
의) : 국가적인 차원에서 임금과 신하 사이의 의리(義理)나 도의(道
義). ㅇ如之何其廢之(여지하기폐지) : 어찌 <군신간의 의를> 폐할
수 있겠느냐.

[참고 주소 선역]

(1) 「윤(倫)은 순서와 질서의 뜻이다.」 「사람이 지킬 큰 인륜의 질
서는 다섯이 있다.」 「부자유친(父子有親), 군신유의(君臣有義), 부
부유별(夫婦有別), 장유유서(長幼有序), 붕우유신(朋友有信)의 다
섯이다.」

(2 출사(出仕)는 군신지의(君臣之義)를 행하기 위해서이다. 고로
비록 도(道)가 행해지지 않는 것을 알아도 벼슬하고 나라를 바로잡
는 것을 폐할 수 없다.

(3) 성인만이 군신지의를 폐하지 않고 반드시 바르게 따르고 행할
수 있다. 그러므로 나가서 벼슬하거나, 물러나 집에 있으나 항상
도에서 떨어지지 않는다.

<* 이상의 집주(集註)는 경문도 길고, 또 집주도 복잡하다. 그래서
단락을 나누어 풀이했다.>

[은자(隱者)의 세 종류]

(1) 「제18. 미자편-5, 6, 7」에 나오는 은자(隱者)를 세 종류로 분류할 수 있다. 나누어 설명하겠다.

① 5장에 나오는 초광(楚狂) 접여(接輿) : 자진해서 공자에게 접근해서 「오늘 나라를 다스리는 자들은 못된 자들이다.(今之從政者 殆而)」라고 가르쳐 주고 행방을 감추었다.

② 6장에 나오는 장저(長沮)와 걸익(桀溺) : 짝이 되어 농사를 짓는 은자(隱者)다. 공자가 자로(子路)를 시켜서 나루터를 묻자(問津), 두 사람이 다 공자와 자로를 함께 비난하듯 말했다. 먼저 장저가 말했다. 「여러 나라를 주유(周遊)하는 공자는 나루터를 알 것이다.」 다음에 걸익이 자로에게 말했다. 「도도히 흘러가는 천하를 누가 고칠 수 있는가. 왜 그대는 임금을 골라 오가는 공자를 따라다니는가. 우리같이 세상을 피하고 차라리 농사나 지어라.」

③ 7장에 나오는 하조장인(荷蓧丈人) : 늙은 장인이 자로에게 「일도 안하고 오곡도 분간할 줄 모르는 공자 같은 사람을 왜 선생으로 모시는가.」하고 심하게 비난했다. 그래도 자로가 공손한 자세로 그의 말을 듣자, 늙은 장인은 자로를 데리고 가서 후하게 대접하고, 자기 아들까지 만나게 해주었다.

(2) 공자는 이들을 설득하려고 했다. 즉 「천하에 대의대륜(大義大倫)을 세우려고 애써야 한다.」고 은자(隱者)보다 높은 단계를 알게 하려고 했다. 그러나 그들은 도망가고 듣지 않았다.

18-8 : 경문 한글 풀이

[1] 뛰어난 사람은 「백이와 숙제, 우중, 이일, 주장, 유하혜, 소련」 일곱 사람이다.

[2] 공자가 말했다. 「자기 뜻을 굽히지 않고, 또 자기 몸을 욕되게 하지 않은 사람은 백이와 숙제일 것이다.」

[3] 유하혜와 소련을 평해서 말했다. 「뜻을 굽히고 몸을 욕되게 했으나, 말이 조리에 맞고 행동이 깊은 생각에 맞았으니, 그 점에서 옳았다.」

[4] 우중과 이일을 평해 말했다. 「은거하면서도 큰소리를 쳤으나, 그들의 처신이 청렴했고, 세상을 버리는 품이 적절했다.」

[5] 「그러나 나는 이들과 다르다. 가도 없고 불가도 없다.」

[1] 逸民 伯夷叔齊 虞仲 夷逸 朱張 柳下惠 少連. [2] 子曰 不降其志 不辱其身 伯夷叔齊與. [3] 謂 柳下惠 少連 降志辱身矣 言中倫 行中慮 其斯而已矣. [4] 謂 虞仲 夷逸 隱居放言 身中淸 廢中權. [5] 我則異於是 無可無不可.

[어구 설명] ○逸民(일민) : 절행(節行)이 뛰어나면서 정치적으로

나타나지 않고, 은퇴한 사람. ㅇ伯夷(백이)·叔齊(숙제) : 제5. 공야장편-23, 제7. 술이편-14 참고. ㅇ虞仲(우중) : 중옹(仲雍). 태백(太伯=泰伯)의 동생. 주(周)나라 문왕(文王)의 아버지 계력(季歷)에게 자리를 물려주기 위하여, 형제가 형만(荊蠻)으로 몸을 피했다. 즉 말없이 주(周) 왕조의 터를 세운 은자(隱者)들이다. <제8. 태백편-1> ㅇ夷逸(이일)·朱張(주장) : 잘 알 수 없다. ㅇ柳下惠(유하혜) : 제15. 위령공편-14, 제18. 미자편-2 참고. ㅇ少連(소련) : 동이(東夷) 사람으로, 부모의 상(喪)을 정중히 모셨다고 알려졌다. ㅇ不降其志(불강기지) : 자신의 뜻을 굽히지 않고. ㅇ不辱其身(불욕기신) : 자신의 몸도 욕되게 하지 않고. ㅇ降志辱身矣(강지욕신의) : 뜻을 굽히고 몸도 욕되게 했으나. ㅇ言中倫(언중륜) : 말이 도리와 조리에 맞는다. ㅇ行中慮(행중려) : 행동이 깊은 생각과 일치한다. ㅇ其斯而已矣(기사이이의) : 그것만은 옳았다. ㅇ隱居放言(은거방언) : 숨어살면서 큰소리치다. ㅇ身中淸(신중청) : 몸가짐이 청렴결백하다. ㅇ廢中權(폐중권) : 세상을 버리고 은퇴함이 시기적절했다. 「폐(廢)는 물러나다, 권(權)은 임기응변으로 잘 맞춘다. 권형(權衡)의 뜻.」 ㅇ我則異於是(아즉이어시) : 나는 그들과 다르다. ㅇ無可無不可(무가무불가) : 가(可)도 없고 불가(不可)도 없다.

[일민(逸民)과 공자]

(1) 앞에서 은자(隱者)를 비판한 공자는 이번에는 일민(逸民)을 말했다. 「일민」은 품행(品行)이나 절도(節度)가 높으면서 현실 정치에 참여하지 않고 홀로 고결하게 산 사람들이다.

(2) 여기에는 일곱 명의 일민이 보인다. 즉 「백이(伯夷)·숙제(叔

齊)・우중(虞仲)・이일(夷逸)・주장(朱張)・유하혜(柳下惠)・소
련(少連)」이다. 이들은 저마다 한 가지 절개(節介)를 높였다.

(3) 그러나 성인 공자는 「가도 없고 불가도 없는(無可無不可)」태
도로 천하를 개조하려고 했다. <* 공자의 사상은 오늘에도 살아
있다.>

18-9 : 경문 한글 풀이

**태사 지는 제나라로 갔고, 아반 간은 초나라로 갔
고, 삼반 요는 채나라로 갔고, 사반 결은 진나라로
갔고, 북을 치는 방숙은 하내로 들어갔고, 작은
북을 흔드는 무는 한중으로 들어갔고, 소사 양과
경쇠를 치는 양은 섬으로 갔다. <* 노(魯)나라가
어지러워지자 여러 악관(樂官)들이 사방으로 흩
어졌다.>**

大師摯適齊 亞飯干適楚 三飯繚適蔡 四飯缺適秦 鼓
方叔入於河 播鼗武入於漢 少師陽擊磬襄 入於海.

[어구 설명] ○大師摯(태사지) : 태사(大師)는 궁중의 악관장(樂官
長). 이름이 「지(摯)」다. ○適齊(적제) : 제(齊)나라로 갔다. ○亞飯
干(아반간) : 「아반(亞飯)」은 차반(次飯), 즉 점심때에 음악을 연주
하는 악관. 이름이 간(干). ○楚(초) : 초나라. ○三飯繚(삼반료) :
「삼반(三飯)」은 점심과 저녁 사이의 가벼운 간식. 이때 음악을 연주
하는 악관. 이름이 「요(繚)」다. ○蔡(채) : 채나라. ○四飯缺(사반
결) : 「사반(四飯)」은 저녁 식사. 이때 음악을 연주하는 악관. 이름

이 「결(缺)」이다. ○秦(진) : 진나라. ○鼓方叔(고방숙) : 「고(鼓)」는
북을 치는 악관. 이름이 「방숙(方叔)」이다. ○入於河(입어하) : 하내
(河內) 지방으로 들어갔다. ○播鼗武(파도무) : 「파(播)」는 「흔든
다.」 「도(鼗)」는 「자루가 달린 작은 북.」 「무(武)」는 악관의 이름.
○入於漢(입어한) : 한수(漢水) 지방으로 들어갔다. ○少師陽(소사
양) : 「소사(少師)」는 악관의 차장(次長). 이름이 「양(陽)」이다. ○
擊磬襄(격경양) : 「격(擊)」은 치다. 「경(磬)」은 「옥돌로 만든 타악기
(打樂器).」 악관의 이름이 「양(襄)」이다. ○入於海(입어해) : 바다
속의 섬으로 갔다.

[악공의 분산]

예치(禮治)가 쇠퇴하면 교화의 근간인 예악(禮樂)이 시들고, 성인
군자 및 악관들이 사방으로 흩어진다. 노나라가 쇠퇴하자 악관들이
사방 여러 나라로 떠나갔다. 공안국(孔安國)은 노 애공(哀公) 때의
일이라고 했다. 오늘에도 사회가 도덕적으로 타락하면, 대중 음악
이 문란하게 된다. 예(禮)는 인간의 이성을 바탕으로 사회 질서를
바로잡아주고, 악(樂)은 인간의 감정을 승화시켜 준다. <단 이 구
절은 공자가 한 말인지 아닌지 알 수 없다.>

18-10 : 경문 한글 풀이

**주공이 아들인 노나라 임금에게 말했다. 「군자는
일가친척을 소홀히 하지 말며, 대신으로 하여금
자기를 써주지 않는다는 원한을 품게 하지 말며,
원로 공신은 큰 죄가 아니면 버리지 않고, 또 한**

사람에게 모든 것이 갖추어지기를 구하지 말라.」

周公 謂魯公曰 君子 不施其親 不使大臣 怨乎不以 故舊無大故 則不棄也 無求備於一人.

[어구 설명] ○周公(주공) : 주공단(周公旦), 공자가 가장 높이는 사람. <제7. 술이편-5, 제8. 태백편-11> ○魯公(노공) : 주공의 아들 백금(伯禽). 주공이 자기 대신 아들 백금을 노나라 임금으로 삼았다. ○君子(군자) : 여기서는 백성을 다스리는 임금의 뜻. ○不施其親(불시기친) : 일가친척을 소홀히 대하지 않는다. ○不使大臣(불사대신) : 대신으로 하여금 <원망하지> 않게 하다. ○怨乎不以(원호불이) : 「쓰이지 않음(不以)」을 원망하다. ○故舊無大故(고구무대고) : 「고구(故舊)」는 「원로들, 오래된 신하.」 「무대고(無大故)」는 「큰 잘못이 없으면.」 ○則不棄也(즉불기야) : 즉 버리지 않는다. ○無求備於一人(무구비어일인) : 한 사람에게 모든 것이 구비되기를 구하거나, 바라지 않는다.

[주공(周公)의 말]

주공이 자기 대신 노나라의 임금이 된 아들 백금(伯禽)에게 일러준 말이다. 일가친척을 사랑하고 가까이해야 한다. 왕실이 화목해야 한다. 대신을 잘 등용해서 원망이나 불평이 없게 해야 한다. 국가의 원로들을 소외하거나 이유없이 버리면 안 된다. 한 사람에게 모든 일을 맡기면 안 된다.

정치의 기본을 말한 것이다. 오랫동안 전해오는 말을 혹 공자가 제자들에게 가르쳤을 것이다.

18-11 : 경문 한글 풀이

주나라에 여덟 명의 선비가 있었다. 백달과 백괄, 중돌과 중홀, 숙야와 숙하 및 계수와 계왜였다.

周有八士 伯達 伯适 仲突 仲忽 叔夜 叔夏 季隨 季騧.

[어구 설명] ○周有八士(주유팔사) : 주나라에 여덟 명의 선비가 있었다. 첫째, 둘째, 셋째, 넷째가 다 쌍둥이다. ○伯達伯适(백달백괄) : 맏이로 태어난 쌍둥이다. ○仲突仲忽(중돌중홀) : 두 번째로 태어난 쌍둥이다. ○叔夜叔夏(숙야숙하) : 세 번째로 태어난 쌍둥이다. ○季隨季騧(계수계왜) : 막내로 태어난 쌍둥이다.

[참고 주소 선역]

「혹은 <주나라 제2대> 성왕(成王) 때의 사람이라 하고, 혹은 <제11대> 선왕(宣王) 때의 사람이라고도 한다.」「아마 한 어머니가 네 번 <쌍둥이를 낳아> 여덟 아들을 키웠을 것이다. 허나 상고할 수 없다.」장자(張子)가 말했다. 「선인(善人)이 많음을 기술한 것이다.」나, 주자(朱子)는 다음같이 생각한다. 「이 편은 공자가 세 인자(仁者), 일민(逸民), 사지(師摯) 및 여덟 사람을 다 칭찬하고 배열한 것이다. <특히> 접여(接輿), 장저(長沮), 걸익(桀溺) 및 장인(丈人)에 대해서는 저마다 만나서 잘 말하려는 뜻도 있었던 것이다.」「<이들은> 다 쇠퇴한 세상을 <한탄하는> 뜻이 있으므로 느끼는 바가 깊었다. <공자가> 진(陳)나라에 있을 때에 한 탄식도 이와 같은 것이었을 것이다.」「<은나라의> 세 인자는 도(道)와 일치하고 기타의 군자들도 역시 일세의 고결한 선비들이다.」「만약 성인의 도(道)를 늘을 수 있고, 지나친 점을 제재하고, 미치지 못하는 바를 애쓰게 했더라면, 그들이 선 자리가 어찌 그와 같은 경지에서 멈추었겠느냐.」

[몸을 숨긴 선비]

미자편(微子篇)에는 난세(亂世)에 몸을 숨긴 고결한 선비들에 대한 글이 많다. 은(殷)나라 삼인(三仁)은 미자(微子), 기자(箕子), 비간(比干)이다. 노(魯)나라의 유하혜(柳下惠)는 피하거나 희생되었다. 한편 은자(隱者)들은 공자를 비판했다. 백이(伯夷)·숙제(叔齊)는 아사(餓死)했다. 기타 일민(逸民)이 있다.

제18편 사상 복습

[원시인(原始人)의 무의식(無意識)]

(1) 우주학(宇宙學)이나 원시인류학(原始人類學)에는 아직도 정설(定說)이 없다. 「지구형성(地球形成)」을 수십억년 전으로 추측하고, 또 「북경원인(北京猿人) 같은 원시인」의 출현을 백만년 전이라 한다. 그러나 언제부터 원시인들이 「인간적 자각」을 갖기 시작했는지는 알 수 없다. 오랜 세월을 동물과 같은 차원에서 「무의식적으로」 살아왔을 것이라 추측한다.

(2) 그러다가 자기의식(自己意識)을 바탕으로 공동생활을 하게 되었으며, 동시에 「남과 다른 집단을 의식」하게 되었다. 그래서 「나와 남」, 「우리 집단과 남의 집단」의 의식이 높아졌으며, 원시적 공동체

나 사회생활이 형성되었을 것이다.

(3) 단 원시인의 의식은 동물적·육체적·이기적 욕심과 힘을 바탕으로 한 의식이다. 따라서 원시인의 사회적 집단생활도 강한 자가 약한 자를 부려쓰는 노예집단 혹은 노예 국가적 절대지배였다. 그러므로 권력을 가진 왕은 생사여탈(生死與奪)을 자행(恣行)했다. 그러면서 왕 자신은 육체적으로 영생하고 싶어했다. 그래서 이집트의 금자탑이나, 미라 혹은 진시황(秦始皇)의 용인총(俑人冢)이 생겼던 것이다.

(4) 무력으로 남을 죽이고 남의 토지나 재물을 탈취하여 나 홀로 잘살려는 악덕정치는 로마제국 시대부터 오늘까지 이어지고 있다. 그래서 인류는 위기에 빠져있는 것이다.

[천도(天道)와 문화 발전]

(1) 이집트의 왕이나 진시황(秦始皇) 혹은 로마의 네로 황제 같은 인물은 탁월한 존재라고 할 수 있다. 그러나 그 탁월함은 무자비한 독재자로서 탁월했을 뿐이다.

(2) 공간과 시간을 통합한 우주에는 태고 때부터 해와 달과 지구가 저마다 돌고, 또 함께 돈다. 공간과 시간은 무한하고, 또 무진하다. 그 속에서 자연 만물의 생명체(生命體)가 저마다 생사(生死)를 되풀이한다. 동시에 총체적으로 변하고, 또 번성하고 있다. 이와 같은 도리를 자연법칙이라고 한다.

(3) 인간과 인류는 자연 속에서 삶을 영위한다. 고로 우주와 자연법칙을 따라야 한다. 이를 한마디로 천도(天道)라고 한다. 인간은 개별적 생명체로 태어나 살다가 반드시 죽는다. 그러나 음(陰)과

양(陽)의 결합으로 새 생명체를 낳고 번식한다.

(4) 즉 남성과 여성이 어울려 자녀를 낳고 양육하고, 더 나아가서는 교육하여 역사와 문화를 계승하고 더욱 새롭게 발전한다. 그러므로 개별적 존재인 개인은 공동체와 불가분의 밀접한 관계 속에 살게 마련이다. 즉 「나」는 「가정, 사회, 국가 및 인류의 역사와 문화와 밀접 불가분의 관계 속에 살고 있는 것이다.」 이러한 사실과 도리를 바르게 알고 의식해야 한다.

(5) 이상을 총체적으로 다음같이 말한다. 역경(易經) 계사전(繫辭傳)에 있다. 「일음일양지위도(一陰一陽之謂道) 계지자선야(繼之者善也) 성지자성야(成之者性也)」 이와 같이 「생생불이(生生不已)」 하는 인류의 역사 문화를 계승하고 발전케 하기 위해 개개인이 태어나 살고 일하고 활동하는 것이다. 그것이 바로 천도(天道)다.

(6) 이와 같은 도리를 알고 실천함으로써 자연과학도 발전하고 인류의 역사 문화도 계승 발전한다. 남을 죽이고 나만 홀로 살 수도 없다. 또 그래서는 과학 역사 문화가 발전하지 않는다.

(7) 인류의 역사 문화 및 과학은 오랜 세월, 지구상에 살았던 모든 사람의 노력과 예지의 결정이다. 절대로 남을 죽인 임금의 업적이 아니다. <* 오늘의 세계에서 약소국가를 무력으로 침공하는 강대국의 정치인은 도덕적으로 우매한 자라 하겠다.>

[육체와 물질적 생활의 한계]

(1) 보통 사람들은 육체적 삶만을 삶의 전부라고 생각한다. 그런데 육체적 삶에는 한계가 있다. 출생에서 사망까지 길어야 백년이다. 백년 간도 기운이 한결같지 않다. 젊어서는 기운이 세차지만 늙으

면 쇠잔해지고, 또 질병에 시달리게 마련이다.

(2) 사람의 욕심은 끝이 없다. 그러므로 육체적 삶을 끝없이 살고자 한다. 또 남보다 더 부귀영화를 누리고 사치하고 거만을 떨며 살려고 한다. 그래서 무리하게 심하면 죄를 짓고 재물을 모으려고 한다. 따라서 악덕한 범죄가 발생한다. 그러나 육체적 삶은 자연과 물질적 제약을 받게 마련이다. 그러므로 때가 되면 반드시 죽는다. 남는 것은 착한 업적 혹은 악한 흔적만이다.

(3) 천도에 맞게 육체적 삶을 살면 행복과 기쁨이 넘치고 자손이 번성하고 인류의 역사 문화가 더욱 새롭게 발전한다. 반대로 탐욕을 채우기 위하여 악하게 하면 벌을 받는다. 순자(荀子)가 말했다. 「위선자 천이복보지(爲善者 天以福報之), 위불선자 천이화보지(爲不善者 天以禍報之)」

(4) 천도에 맞게 기능을 발휘하면 자연과학이 발달하고 인류가 평화와 행복을 누린다. 반대로 이기적 욕심을 채우려고 기능을 발휘하면 세계가 전란에 휘말리고 인류가 고통을 받는다.

(5) 천도에 맞게 사랑이나 감정을 표현하면, 여러 가지 아름다운 예술의 꽃이 피어난다. 반대로 과격하게 희로애락(喜怒哀樂) 등 감정을 폭발하면 비극과 악덕이 넘치게 마련이다.

[심령(心靈)과 정신(精神)의 부활(復活)]

창조주 하늘은 사람에게는 육체만 주지 않고, 다른 동물과는 차원이 다른 탁월한 도덕성을 부여해 주었다. 이를 기독교에서는 심령(心靈)이라 하고, 불교에서는 불성(佛性)이라 한다. <* 대략 기원전 500년경에 그리스에서는 철학, 인도에서는 불교, 중국에서는

공자의 유교사상이 대두했다.> 사람은 절대로 동물적·육체적·
물실석 삶만을 살게 되어 있지 않다. 기독교에서는 예수의 육신을
십자가에 바치고 심령을 부활했다. 불교는 육신보다 불심(佛心)을
따르라고 가르쳤다. 유교는 대동세계(大同世界)를 창건(創建)하라
고 가르쳤다. 오늘이 바로 인류의 대전환기(大轉換期)다.

19. 자장편(子張篇)

　　이 편은 대체로 공자의 뛰어난 제자들의 말을 추렸다. 자하(子夏)의 말이 가장 많고, 다음으로 자공(子貢), 증자(曾子)의 순서로 많다. 총 25장으로 나누었다.

　　주자집주(朱子集註)에는 대략 다음같이 말했다. 「이 편은 모두 제자들의 말을 기록했다. 자하의 말이 많고 자공이 그 다음이다. 아마 공자 문중에서 안자 이하로는 총명함이 자공 만한 제자가 없고, 증자로부터 이하로는 독실함이 자하 만한 이가 없었을 것이다. 그러므로 특별히 자세하게 기록한 것이다. 모두 25장이다.」

19-1 : 경문 한글 풀이

자장이 말했다. 「선비는 위태로움을 보면 생명을 바치고, 이득을 보면 의를 생각해야 한다. 제사 때에는 공경하고, 상례 때에는 애통해해야 한다. 그래야 비로소 가하다.」

子張曰 士 見危致命 見得思義 祭思敬 喪思哀 其可已矣.

[어구 설명] ○子張(자장) : 제2. 위정편-18 참고. ○見危致命(견위치명) : 나라가 위태롭고 위기에 처하게 되면, 선비는 생명을 바쳐야

한다. ○見得思義(견득사의) : 이득을 보면 의를 생각한다. 즉 재물, 권력, 지위 등 보는 이득을 취하기 전에 먼저 도의에 맞는가 안 맞는가를 생각해야 한다. ○祭思敬(제사경) : 제사 때에는 성실하고 엄숙하게 해야 한다. ○喪思哀(상사애) : 상례 때에는 진정으로 애통해해야 한다. ○其可已矣(기가이의) : 그래야 비로소 선비라 하겠다.

[참고 주소 선역]

「치명(致命)은 목숨을 바친다는 뜻으로 수명(授命)과 같다.」「이들 네 가지는 입신(立身)의 대절(大節)이다. 하나도 못하면 나머지도 볼 것이 못된다.」「그래서 선비가 이와 같아야 가함에 가까울 수 있다고 말한 것이다.」

[견위치명(見危致命)]

「제14. 헌문편-13」에서 자로(子路)가 성인(成人)에 대해서 묻자, 공자가 말했다. 「<오늘의 성인은 최소한> 견리사의(見利思義) 견위수명(見危授命)해야 한다.」 성인(成人)이나 군자(君子)는 오늘의 지식인(知識人), 국가의 일꾼들이다. 더 크게 말하면 인류의 역사 문화를 발전케 하는 휴머니스트이다. 지식인은 나만을 위해 살면 안 된다. 나보다 가정, 국가, 민족 및 전체 인류의 평화와 행복을 위해 헌신해야 한다. 최소한 나라를 위해 솔선하여 생명을 바치고 나라를 자주적으로 지켜야 한다. 그러나 오늘의 많은 지식인은 나의 이득만을 취하려고 한다. <제3. 팔일편-12, 26>

19-2 : 경문 한글 풀이

자장이 말했다. 「덕을 지니고 있어도 남에게 넓히

지 않고, 도를 믿고 실천함이 독실하지 못하면 어
찌 도덕을 가졌다 혹은 안 가졌다고 말할 수 있겠
느냐.」

子張曰 執德不弘 信道不篤 焉能爲有 焉能爲亡.

[어구 설명] ㅇ執德不弘(집덕불홍) : 자기 자신이 덕을 지니고 있으
면서, 모든 사람에게 넓게 베풀지 않는다. ㅇ信道不篤(신도부독) :
도를 믿고 실천하는 데 독실하지 않다. ㅇ焉能爲有(언능위유) : 어
찌 <도를 믿는다, 또 덕이 있다고> 말할 수 있느냐. ㅇ焉能爲亡(언
능위무) : <반대로> 어찌 도나 덕이 없다고 말하겠느냐.

[참고 주소 선역]

「도를 터득해도 지키고 행하는 바가 좁으면, 덕(德)이 외롭게 된다.」
「도를 듣고 배워서 알되 믿고 행하는 바가 독실하지 않으면, 도가
없게 된다.」「그러니 어찌 있다 없다 할 수 있겠는가. 경중(輕重)을
말하기에도 부족하다는 뜻이다.」

[독신(篤信), 홍덕(弘德)]

우주 천지 만물을 창조하고 더욱 번성케 하고, 특히 인류의 역사와
문화를 더욱 새롭게 발전하게 하는 도리가 곧 천도(天道)다. 그러므
로 천도를 절대선(絕對善)의 도(道)라고 한다. 도를 독실하게 믿고
성실하게 행하여 얻어지는 좋은 성과가 바로 덕(德)이다. 그러므로
천도를 독실하게 믿고 행해서 만민을 사랑하고, 또 잘살게 해야
한다. 그것이 곧 「인도(仁道), 인덕(仁德)」이다. 도덕을 속에 품기
만 해서는 안 된다. 실천해서 좋은 성과, 즉 덕을 넓게 세워야 한다.

나타나지 않는 도덕은 없는 것과 같다.

19-3 : 경문 한글 풀이

[1] 자하의 문인이 자장에게 사람과 사귀는 도리를 묻자, 자장이 되물었다. 「그대의 선생 자하는 무어라고 하시더냐.」 이에 문인이 대답했다. 「저의 선생 자하께서는 좋은 사람과는 사귀되, 좋지 못한 사람은 거절하라고 말씀하셨습니다.」

[2] 그러자 자장이 말했다. 「내가 들은 바와는 다르구나. 군자는 현명한 사람을 존중하지만 또한 일반 사람들도 넓게 받아들인다. 선량한 사람을 칭찬하지만 또한 무능한 사람도 긍련히 여긴다. 만약 내가 크게 현명하면, 누구나 다 받아줄 것이다. 그러나 내가 현명하지 못하면 남들이 나를 거절할 것이니, 어찌 남을 거절할 수 있겠는가.」

[1] 子夏之門人 問交於子張 子張曰 子夏云何 對曰 子夏曰 可者與之 其不可者拒之. [2] 子張曰 異乎吾所聞 君子尊賢而容衆 嘉善而矜不能 我之大賢與 於人何所不容 我之不賢與 人將拒我 如之何其拒人也.

[어구 설명] ○子夏之門人(자하지문인) : 자하의 문중에서 배우는 사람, 문하생, 제자. ○問交於子張(문교어자장) : 자장에게 교우(交友) 혹은 교인(交人)의 도리를 물었다. ○子夏云何(자하운하) : 그

대의 선생 자하는 무어라고 말하더냐. ○可者與之(가자여지) : 좋은 사람과는 사귀고. ○其不可者拒之(기불가자거지) : 좋지 않은 사람은 거절(拒絶)하라.「거(拒)=거절」○異乎吾所聞(이호오소문) : <자하의 말> 내가 들은 바는 다르다.「소문(所聞)」은「듣거나 배워서 알고 있는 바」의 뜻. ○君子尊賢而容衆(군자존현이용중) : 군자는 현명한 사람을 존경하고 높이되 평범한 대중들도 잘 포용해야 한다. ○嘉善而矜不能(가선이긍불능) : 잘하는 사람을 칭찬하되 잘 못하는 사람도 긍련히 여기고 도와준다.「가(嘉)」는 좋게 여기고, 칭찬한다.「긍(矜)」은 불쌍히 여기고 동정하고 도와준다. ○我之大賢與(아지대현여) : 내가 크게 현명하다면. ○於人何所不容(어인하소불용) : 남에게 어찌 용납되지 않겠느냐. 내가 현명하면 남들이 다 받아준다. ○我之不賢與(아지불현여) : 내가 현명하지 못하면. ○人將拒我(인장거아) : 남들이 나를 거절할 것이다. ○如之何其拒人也(여지하기거인야) : 어찌 내가 남을 거절하겠는가.

[자하(子夏)와 자장(子張)]

사람은 개별적 존재이면서 동시에 반드시 사회적으로 어울려 살게 마련이다. 그래서 윤리 도덕이 필요하고 특히 인애(仁愛)해야 한다. 이 장에서 논한 바,「벗을 사귀는 도리(交友之道)」에 있어 자하(子夏)와 자장(子張)의 주장이 서로 다르다. 자하는「좋은 사람과는 벗하되, 좋지 못한 사람과는 사귀지 말라」고 시비(是非)를 분명히 했다. 그러나 자장은「현명한 사람을 존경하되 그렇지 못한 사람도 포섭하고, 능력 있는 사람을 칭찬하되 그렇지 못한 사람도 동정하고 포섭하고 도와주어야 한다」고 포용주의

(包容主義)를 말했다. 이들의 주장은 결국 공자의 가르침을 하나씩 들고 주상한 것이다. 즉 자하는 「자기보다 못한 사람을 벗으로 사귀지 말라(無友不如己者)」는 말을 강조한 것이고, 자장은 「모든 사람을 넓게 사랑하되 특히 인자를 친애하라(汎愛衆而親仁)」를 강조한 것이다. 특히 자장은 「나 자신이 남보다 뛰어나게 현명해야 한다. 그렇게 되면 자연히 좋은 벗과 사귀게 된다」는 점을 밝혔다. <제1. 학이편-6, 8>

19-4 : 경문 한글 풀이

자하가 말했다. 「비록 작은 도에도 반드시 볼 만한 점이 있다. 그러나, 원대한 뜻을 이루는 데에는 장애가 되므로 군자는 배우지 않는다.」

子夏曰 雖小道 必有可觀者焉 致遠恐泥 是以君子不爲也.

[어구 설명] ○雖小道(수소도) : 비록 작은 도(道)라도. ○必有可觀者焉(필유가관자언) : 반드시 볼만한 점이 있다. ○致遠(치원) : 원대한 뜻을 품고 먼길을 간다, 즉 대도(大道)를 따라 천하에 인덕(仁德)을 세운다. ○恐泥(공니) : 「이(泥)는 막히다, 방해가 된다는 뜻.」 즉 「잡스런 사상이나 부분적인 기공(技工)에 몰두하면, 원대한 뜻을 이루고 대도(大道)를 행하는 데, 방해가 된다는 뜻」이다. ○是以(시이) : 그러므로. ○君子不爲也(군자불위야) : 군자는 <대도(大道)를 따라, 인덕(仁德)을 세우는 데 힘을 쓰지> 소도(小道)를 따르거나, 말단적인 일에 주력하지 않는다.

[참고 주소 선역]

(1) 「소도(小道)」는 「농경(農), 원예(圃), 의약(醫), 점복(占卜)」 등이다. 「이(泥)는 통하지 않는다는 뜻이다.」

(2) 양씨(楊氏)가 말했다. 「백가의 모든 기술은 이목구비(耳目口鼻)같이 저마다 밝게 나타나는 바가 있기는 하지만, <그러나> 서로 통할 수가 없다.」 「<소도(小道)는> 볼만한 것이 없지는 않다. <그러나> 원대한 <대도(大道)를> 이루는 데는 지장이 된다. 고로 군자는 배우거나 행하지 않는다.」

[대도(大道)와 소도(小道)]

(1) 공자가 말했다. 「군자는 기능공 같은 존재가 아니다.(君子不器)」 <제2. 위정편-12> 군자는 대도(大道)를 따라 「사랑과 평화가 넘치는 하나의 인류 세계」를 창건하는 원리의 실천자, 즉 「인자(仁者=휴머니스트)」라야 한다. 인자는 우주적인 안목으로 과학 기술을 활용한다. 물론 전문적인 기술은 절대로 필요하다. 그러나 부분만 알고 전체를 모르면 과학 기술을 악용하게 된다.

(2) 「소도(小道)」는 제자백가(諸子百家)의 학설이나 사상 및 백공(百工)들의 여러 가지 기능 기예를 말한다. 주자(朱子)는 「농포의복(農圃醫卜)」 등이라고 주를 달았다. 이에 비해 「수기치인(修己治人), 천인합일(天人合一), 평천하(平天下)」를 주장하는 유가의 도덕사상은 대도(大道)의 정치사상이다.

19-5 : 경문 한글 풀이

자하가 말했다. 「날마다 모르던 바를 알고, 달마

다 능히 하던 바를 잊지 않고 행하면, 가히 배우기 좋아한다고 말할 수 있다.」

子夏曰 日知其所亡 月無忘其所能 可謂好學也已矣.

[어구 설명] ㅇ日知(일지) : 날마다 새로 깨닫고 알다. ㅇ其所亡(기소망) : 「망(亡)은 무(無)와 같다.」 즉 미처 알지 못했던 바, 몰랐던 것. ㅇ月無忘(월무망) : 달을 거듭해서 잊지 않는다. ㅇ其所能(기소능) : 자기가 능히 할 수 있었던 일. ㅇ可謂好學也已矣(가위호학야이의) : 가히 호학(好學)이라고 말할 수 있다. 「학(學)」은 배워서 알고, 또 실천함이다. 지행(知行)을 겸한다.

[참고 주소 선역]

「망(亡)은 무(無)와 같은 뜻이다.」「자기가 미처 가지고 있지 못했던 바를 말한다.」윤씨(尹氏)가 말했다. 「호학(好學)은 날로 새롭게 깨닫고 행하고, 아울러 기왕의 것을 잊지 않는다는 뜻이다.」

[호학(好學)과 일신(日新)]

(1) 자하(子夏)는 문학(文學)에 뛰어났다. 여기서 말하는 문학은 넓은 의미의 학문이다. 호학(好學)을 쉽게 「배우기를 좋아한다」로 풀이하지만, 그 참뜻은 깊다. 즉 옛날의 전적(典籍)을 학습하고 연구해서 절대선의 도를 터득하고, 도를 행동으로 실천하여 개인적으로나 사회적으로나 인덕(仁德)을 세워야 한다.

(2) 알기만 하고 실천하지 않으면 소용이 없다. 알고 실천하여 인덕(仁德)을 세워야 한다. 「지(知)와 행(行)」은 날로 새로워져야 한다. 즉 날마다 새롭게 알고, 달마다 더욱 크고 높은 덕을 세워야 한다.

이를 여기서는 「일지기소망(日知其所亡) 월무망기소능(月無忘其
所能)」이라고 했다. 공자는 「온고이지신(溫故而知新)」이라고 했다.
공자의 사상 속에는 역사적 발전관(歷史的 發展觀)이 살아 있다.
<제2. 위정편-11>

19-6 : 경문 한글 풀이

**자하가 말했다.「넓게 배우고 뜻을 독실하게 세우
고, 또 절실하게 묻고 가깝게 생각하면, 인덕이
속에서 저절로 나온다.」**

子夏曰 博學而篤志 切問而近思 仁在其中矣.

[어구 설명] ㅇ博學(박학) : 넓게 배운다. 「박(博)」에는 천지의 도리
와 역사 전통이 다 포함된다. 공자는 기본으로 「육예(六藝), 즉 예
(禮), 악(樂), 사(射), 서(書), 어(御), 수(數)」는 물론 「육경(六經),
즉 역경(易經), 서경(書經), 시경(詩經), 예기(禮記), 악기(樂記) 및
춘추(春秋)」를 가르쳤다. ㅇ篤志(독지) : 뜻을 독실하게 한다. 도
(道)를 따르고 실천해서 인덕(仁德)을 세움이다. ㅇ切問(절문) : 자
기가 대하거나 처리할 모든 사물에 대해서 심각하게 의문을 제기하
고, 또 그 해답을 구해야 한다는 뜻. ㅇ近思(근사) : 가까이 생각한
다. 즉 자기를 주체로 하고 자기와 관련이 있는 사람이나 사물에서
부터 깊이 생각한다. ㅇ仁在其中矣(인재기중의) : 그렇게 하면 인
도(仁道)를 스스로 터득하고, 또 인덕(仁德)을 세울 수 있다.

[참고 주소 선역]

(1) 「네 가지는 모두 박학(博學), 심문(審問), 신사(愼思), 명변(明

辭)뿐이며, 아직도 역행(力行)과 위인(爲仁)에는 미치지 못한다.」
「그러나 <이 네 가지를> 잘 따르고 행하면 마음이 밖으로 나가지
않고 속에 있으면서 성숙하게 된다. 고로 인(仁)이 그 중에 있다고
말한 것이다.」

(2) 정자(程子)가 말했다. 「넓게 배우고(博學), 또 뜻을 독실하게
하고(篤志), 절실하게 묻고(切問), 또 가깝게 나로부터 생각하는(近
思) <네 가지를 행하면> 어째서 인(仁)이 그 속에 있다고 말하는
가.」 「학자는 잘 생각하고 <이 말뜻을> 터득해야 한다. 그 뜻을
잘 알면 곧 하늘과 땅의 도리를 꿰뚫게 된다.」 또 말했다. 「학문을
넓게 배우지 못하면 나 자신을 단속하고 지키지 못한다.」 「뜻이
독실하지 않으면 힘써 실천할 수 없다.」 「절실하게 묻고 가깝게
생각하는 것을 나 자신에게 두면 비로소 인(仁)이 나의 마음속에
있게 된다.」 또 말했다. 「가까운 데서부터 생각한다는 것은 차츰
단계를 따라 추진해 나간다는 뜻이다.」 소씨(蘇氏)가 말했다. 「박학
하면서 뜻이 독실하지 못하면 크기만 하고 성취하지 못한다. 허망
하게 묻고 먼 것만을 생각하면 애만 쓰고 공이 없게 된다.」

[박학, 독지, 절문, 근사]

(1) 학문과 수양을 배우는 군자(君子)는 「박학(博學), 독지(篤志),
절문(切問), 근사(近思)」 네 가지에 힘을 써야 한다.

① 「박학(博學)」은 「천지의 도리와 지식 기능을 배우고 익힌다는
뜻과, 동시에 역사와 문화의 전통을 계승하고 더욱 새롭게 발전
케 한다는 뜻을 포함한다.」

② 「독지(篤志)」는 「목적의식을 크고 높고, 또 투철하게 세운다

는 뜻이다. 즉 인(仁)에 뜻을 두어야 한다.」

③「절문(切問)」은「나 자신이 어떻게 해야 하는가를 절실하게, 또 철저하게 묻고 해답을 얻음이다.」

④「근사(近思)」는「바로 내가 주체가 되어, 나의 체험을 바탕으로 내가 대하는 주변 사람이나 사물의 도리와 처리 방식을 깊이 생각한다는 뜻이다.」

(2) 그렇게 하면 인덕(仁德)을 세울 수 있다.「호학(好學)」은 다음에도 나온다. <제1. 학이편-14, 제5. 공야장편-15, 28, 제6. 옹야편-3, 제8. 태백편-13>

19-7 : 경문 한글 풀이

자하가 말했다.「모든 기능공은 작업 현장에서 일을 성취한다. 군자는 학문을 가지고 도를 실현한다.」

子夏曰 百工居肆 以成其事 君子學以致其道.

[어구 설명] ○百工居肆(백공거사) : 모든 공장(工匠)이나 기능공은 작업 현장에 있으면서. ○以成其事(이성기사) : 자기가 맡은 바 일을 완성한다. ○君子學(군자학) : 군자는 배우고 실천함으로써, 학문과 덕행으로써. ○以致其道(이치기도) : 도를 달성한다. 즉 인도(仁道)를 따라 덕치(德治)한다.

[학문과 작업]

(1) 인도덕치(仁道德治)는 천도(天道)를 따르고 실천해서 만민을

잘살게 해주는 사람의 도덕정치다. 그러므로 군자의 학문을 바탕으로 하되 모든 실무자들이 저마다 실무를 바르게 해야 한다.

(2) 군자는 학문을 바탕으로 기본원칙을 제시하고, 각 방면의 실무 처리를 하는 백관(百官)이나 백공(百工)들은 저마다의 부서(府署)에서 도와 원칙을 따라 일을 바르게 처리해야 한다. <* 주자의 주를 따라 백공의 뜻을 확대했다.>

19-8 : 경문 한글 풀이

자하가 말했다.「소인들은 잘못을 하면, 반드시 얼버무려 속이려고 한다.」

子夏曰 小人之過也 必文.

[어구 설명] ㅇ小人之過也(소인지과야) : 소인은 잘못하거나 과실을 하면. ㅇ必文(필문) : 반드시 변명하거나 말을 꾸며서 얼버무리고, 또 호도(糊塗)하려고 한다.

<* 소인의 기만(欺瞞) : 소인은 도(道)를 모른다. 고로 재물을 취하기 위해 남을 속이거나 심지어 죄를 저지르기도 한다. 그러면서도 알지 못하고 구차한 말로 자기만의 변명을 한다.>

19-9 : 경문 한글 풀이

자하가 말했다.「군자의 태도는 세 가지로 다르게 나타난다. 멀리서 바라보면 엄숙하고, 가까이 접하면 온화하고, 말을 들으면 엄정하다.」

子夏曰 君子有三變 望之儼然 卽之也溫 聽其言也

厲.

[어구 설명] ㅇ君子有三變(군자유삼변) : 군자의 태도가 세 가지로 다르게 나타난다. ㅇ望之儼然(망지엄연) : 멀리서 바라보면 위엄이 있고 근엄하게 보인다. ㅇ卽之也溫(즉지야온) : 가까이 가서 접하면 온화하고 포근함을 느낀다. ㅇ聽其言也厲(청기언야려) : 가르침의 말을 들으면 <심할 정도로> 바르고 엄격하다.

[군자 삼변(三變)]

군자 자신이 의식적으로 세 번 태도를 바꾸는 것이 아니다. 인심(仁心)을 바탕으로 인덕(仁德)을 베풀고자 하는 군자의 태도는 한결같다. 그러나 남이 보기에 다르게 보이고 느껴진다. 군자는 엄숙하게 예를 갖춘다. 고로 멀리서 보면 장엄(莊嚴)하게 보인다. 그러나 가까이 가서 접해보면, 온화(溫和)와 친애(親愛)를 느낀다. 그러나 군자의 말이나 가르침은 도를 따라 엄하고 바르다.

19-10 : 경문 한글 풀이

자하가 말했다. 「군자는 신임을 받은 다음에 백성들을 부려야 한다. 신임을 받지 못하고 백성들을 부리면, 자기들을 혹독하게 괴롭힌다고 생각한다. 또 신임을 받은 다음에 충간해야 한다. 신임을 받지 못하고 충간하면, 자기를 비방하는 줄로 생각한다.」

子夏曰 君子信 而後勞其民 未信 則以爲厲己也 信 而後諫 未信 則以爲謗己也.

[어구 설명] ㅇ君子信(군자신) : 군자는 신임을 받아야. ㅇ而後(이후) : 그래야, 비로소. ㅇ勞其民(노기민) : 백성들을 부려쓰다. ㅇ未信(미신) : 미처 신임을 받지 못하면. ㅇ以爲厲己也(이위려기야) : <백성들이> 자기들을 혹독하게 학대한다고 생각한다. ㅇ諫(간) : 간하다, 충간하다. ㅇ以爲謗己也(이위방기야) : 자기를 비방하거나 훼방한다고 생각한다.

[정성과 믿음]

정치에 참여하는 군자(君子)는 우선 학문과 덕행을 가지고 임금이나 백성에게 신임을 얻어야 한다. 그런 다음에 백성들에게 영을 내리고 그들을 부려야 한다. 안 그러면 백성들이 자기들을 혹독하게 괴롭힌다고 생각한다. 고로 영(令)이 시행되지 않을 것이다. 또 임금이나 윗사람에게도 신임을 받은 다음에 충간(忠諫)해야 한다. 안 그러면 윗사람들이 자기를 비방한다고 곡해한다. <* 여기 문제가 있다. 임금, 군자, 백성이 다 도(道)를 알고 따르려고 해야 서로 믿게 된다. 저마다 다른 생각을 하면, 도가 같을 수 없다.>

19-11 : 경문 한글 풀이

자하가 말했다. 「큰 덕은 그 규범을 넘으면 안 된다. 그러나 작은 덕은 약간 넘날 수 있다.」

子夏曰 大德不踰閑 小德出入可也.

[어구 설명] ㅇ大德不踰閑(대덕불유한) : 대덕(大德)은 한계를 넘으면 안 된다. 「대덕」은 「삼강오륜(三綱五倫), 인정(仁政)과 덕치(德治)의 기본 도덕.」 「踰(넘을 유)」 「한(閑)은 법도의 테두리.」 <*

閑=闌=欄〉 ○小德(소덕) : 일상생활에서 지킬 예의범절. ○出入可也(출입가야) : 약간 넘날 수 있다.

[대덕 불유한(大德不踰閑)]

국가적인 차원에서 대의명분(大義名分)을 밝히기 위해서는 개인적인 차원의 예의범절에 융통성이 있을 수 있다. 그러나 소절(小節)을 위해 대절(大節)을 잃거나, 지키지 않으면 안 된다.

<u>19-12 : 경문 한글 풀이</u>

[1] 자유가 말했다. 「자하의 제자들은 물 뿌리고, 마당 쓸고, 응대하고, 진퇴하는 일은 잘 알지만, 그것들은 말단적인 일이며, 본질적인 것을 알지 못하니 어찌합니까.」

[2] 자하가 이 말을 듣고 말했다. 「아, 자유의 생각은 잘못이다. 군자의 도는 어느 것은 먼저 가르치고, 어느 것은 뒤로 돌리고 소홀히 해도 되는 것이 아니다. 비유하자면, 초목을 종류에 따라 하나하나 키우듯이, 〈사람에 따라 가르침의 선후를 다르게 할 수 있다.〉 또 군자의 도를 어찌 속임수로 일시에 다 알게 할 수 있겠느냐. 〈각자의 소질과 정도에 따라 차근차근 배우고 알게 해야 한다.〉 처음과 끝을 일시에 터득하는 사람은 바로

성인이니라.」

[1] 子游曰 子夏之門人小子 當洒掃應對進退則可矣
抑末也 本之則無 如之何. [2] 子夏聞之曰 噫 言游過
矣 君子之道 孰先傳焉 孰後倦焉 譬諸草木 區以別矣
君子之道 焉可誣也 有始有卒者 其唯聖人乎.

[어구 설명] ○子夏之門人小子(자하지문인소자) : 자하의 문하생이
나 제자들은. ○洒掃(쇄소) : 물 뿌리고 비로 쓰는 일. ○應對(응
대) : 손님을 응대하는 일. ○進退(진퇴) : 나가고 물러나는 일, 몸놀
림. ○抑末也(억말야) : 그러나, <그런 일들은> 말단적인 일들이
다. ○本之則無(본지즉무) : 근본이 되는 대학지도(大學之道) 같은
높은 학식은 알지 못한다. ○言游過矣(언유과의) : 자유(子游)의
말이나 생각은 잘못이다. 「언유(言游)」의 언(言)은 자유의 성(姓).
○君子之道(군자지도) : 군자를 <가르치는> 도리. ○孰先傳焉(숙
선전언) : 무엇을 먼저 가르치고 전해야 하는지. <혹은> ○孰後倦
焉(숙후권언) : 무엇을 뒤로 돌리고 소홀히 한다. 「권(倦)」은 「가르
치는 데 힘을 안 쓴다. 소홀히 한다.」○譬諸草木(비제초목) : 이것
을 초목 <재배에> 비유하면. ○區以別矣(구이별의) : 종류에 따라
구분해서 별개로 적절히 재배하듯이 <사람마다 소질과 정도에 따라
다르게 차근차근 가르쳐야 한다는 뜻.> ○焉可誣也(언가무야) :
어찌 억지로 할 수 있느냐. 「무(誣)」는 「즉 피교육자의 소질과 정도
를 무시하고 무리하게 억지로 가르친다」는 뜻이다. ○有始有卒者
(유시유졸자) : 처음과 끝을 일시에 다 터득하는 사람은. ○其唯聖
人乎(기유성인호) : 오직 바로 성인뿐이다.

[참고 주소 선역]

정자(程子)가 말했다. 「군자가 사람을 가르치는 데는 순서가 있다. 먼저 작고 비근한 것을 전수하고, 다음에 크고 먼 것을 가르친다. 먼저 근소(近小)한 것을 전하지 않고, 나중에 원대(遠大)한 것을 가르치지 않는다.」 또 말했다. 「물 뿌리고 비로 쓸고 응대하는 것은 곧 형이상(形而上)의 일이다. 도리에 대소가 없기 때문이다. 그러므로 군자는 다만 홀로 삼가야 한다.」 또 말했다. 「성인의 도는 그 이상의 정조(精粗)가 없다.」 「쇄소응대(灑掃應對)를 따라서 의(義)를 정밀하게 하고 입신(入神)하고 관통(貫通)하는 경지는 하나의 이치이다.」 「비록 쇄소응대라 해도 어떻게 하느냐를 보아야 한다.」 또 말했다. 「만물은 본말(本末)이 있으며, 본말을 두 단계로 나눌 수 없다. 쇄소응대도 그와 같으며, 반드시 필연적 바탕이 있는 것이다.」 또 말했다. 「쇄소응대로부터 올라가면 곧 성인(聖人)의 일에 도달할 수 있다.」

[본말상통(本末相通)]

어려서 가정에서 「쇄소(洒掃)와 효제(孝弟)」를 익히는 것은 소학(小學)의 가르침이다. 그러나 소학이 몸에 배어야 커서 치국(治國) 평천하(平天下)의 「대학지도(大學之道)」를 터득할 수 있다. 본(本)과 말(末), 소절(小節)과 대절(大節)은 「일이관지(一以貫之)」한다.

19-13 : 경문 한글 풀이

자하가 말했다. 「출사하여 잘하고, 또 여력이 있으면 학문을 배워도 된다. 잘 배우고도 여력이 있

으면 나가서 출사해도 된다.」

子夏曰 仕而優則學 學而優則仕.

[어구 설명] ○仕而優則學(사이우즉학) : 벼슬하고도 여유가 있으면 배운다. 「우(優)」는 「잘하고, 또 여유가 있다는 뜻이다.」 ○學而優則仕(학이우즉사) : 배우고 여력이 있으면 출사한다.

[학(學)과 사(仕)]

(1) 군자가 글을 배우는 목적은 「수기치인(修己治人)」이다. 「수기(修己)」는 천도를 바탕으로 인격을 수양함이다. 수단방법을 가리지 않고 재물과 권력을 잡거나 혹은 나쁜 임금 밑에서 자리와 녹을 얻는 것은 인격자(人格者)가 할 일이 아니다.

(2) 「치인(治人)」은 「모든 사람을 사랑하고 잘살게 다스린다」는 뜻이다. 악덕한 권력과 무력으로 백성을 억압하고 착취하는 것은 정치가 아니다.

(3) 군자는 악덕한 임금 밑에서 벼슬하지 않는다. 인정덕치(仁政德治)를 펴는 임금을 위해서만 출사(出仕)한다. 도(道)가 행해지지 않는 경우에는 「독선기신(獨善其身)」한다. 즉 「학문수도(學問修道), 안빈낙도(安貧樂道)」한다.

19-14 : 경문 한글 풀이

자유가 말했다. 「상례에는 진심으로 슬픔을 다해야 한다.」

子游曰 喪致乎哀而止.

[어구 설명] ○喪(상) : 부모의 상례. ○致乎哀(치호애) : 진심으로 슬퍼한다. 「치(致)」는 「진심으로 다한다」는 뜻이다. ○而止(이지) : 「…할 뿐이다. 오직 …해야 한다.」 주자(朱子)는 「번거롭게 꾸미는 것을 높이지 않음(不尙文飾)」이라고 주를 달았다.

[상치애(喪致哀)]

「효경(孝經) 상친장(喪親章)」에 있다. 「부모님이 살아 계실 때는 애경(愛敬)으로 받들어 모시고, 돌아가시면 진정으로 애척(哀戚)하는 정으로 섬기고 모셔야 한다.(生事愛敬 死事哀戚)」

19-15 : 경문 한글 풀이

자유가 말했다. 「나의 벗 자장은 어려운 일을 잘 한다. 그러나 아직 인하지는 않다.」

子游曰 吾友張也 爲難能也 然而未仁.

[어구 설명] ○爲難能也(위난능야) : 어려운 일을 할 수 있다. ○然而未仁(연이미인) : 그러나 아직은 인심(仁心)을 바탕으로 인덕(仁德)을 세울 경지에는 미치지 못했다.

[자장(子張)의 결점]

(1) 자장(子張)은 행동이 지나치게 고매(高邁)하다. 그러나 성실(誠實)하고 측은(惻隱)하게 하려는 뜻이 부족하다.

(2) 그래서 자유(子游)가 자장을 평했다. 그는 재주와 능력은 있다. 그러나 겉으로 내보이기를 좋아했다. 따라서 인(仁)의 기초가 되는 성실과 측은함이 부족했다.

19-16 : 경문 한글 풀이

**증자가 말했다. 「당당하구나, 자장은. 그러나 함
께 인을 성취하기는 어렵다.」**

曾子曰 堂堂乎張也 難與竝爲仁矣.

[어구 설명] ○堂堂乎張也(당당호장야) : 자장은 <겉으로는> 당당
하다. ○難與竝爲仁矣(난여병위인의) : 함께 인정을 하기는 어렵다.

[참고 주소 선역]

(1) 「당당(堂堂)은 용모를 성대하게 꾸민다는 뜻이다.」 즉 다음 같
은 뜻을 말한 것이다. 「그가 외모에 힘쓰고 스스로 높은 척하므로
<남들이 그와> 함께 인(仁)을 행할 수 없다. 또 <그 자신도> 남이
인을 이루게 돕지 못한다.」

(2) 범씨(范氏)가 말했다. 「자장(子張)은 외면을 지나치게 꾸미고,
내면적 <인이> 부족하다. 고로 <공자의 다른> 문인들이 그와 함
께 어울려 인을 하지 않았던 것이다.」 「공자가 『강의목눌근인(剛毅
木訥近仁)』이라고 말했듯이, 외면을 꾸미는 것이 부족하더라도 내
면적 인이 넘쳐야 비로소 인을 이룰 수 있는 것이다.」 <제12. 안연
편-24, 제13. 자로편-27>

[외모를 꾸미는 자장(子張)]

(1) 증자(曾子)가 자장(子張)을 평했다. 「자장은 외면을 지나치게
꾸미고 고매하게 보이려고 했다. 그러므로 그는 내면적인 인심(仁
心)이 부족하고, 다른 사람과도 협동하고 함께 일할 수 없었다.」

(2) 인자(仁者)나 군자(君子)는 외면보다 내면에 힘을 써야 한다.

서로 사랑하고 협동해야 한다. <＊「제15장, 제16장」을 집주의 풀이와 반대 되게 풀기도 한다. 즉 「자장만이 당당하게 어려운 일도 하고 인도 행한다. 그러므로 다른 사람은 동등하게 할 수 없다.」 단 이 책에서는 취하지 않는다.＞

19-17 : 경문 한글 풀이

증자가 말했다. 「나는 선생님의 말씀을 들었다. 사람은 스스로 정성을 다하지 못한다. 그러나 부모의 상례에는 반드시 정성을 다해야 한다.」

曾子曰 吾聞諸夫子 人未有自致者也 必也親喪乎.

[어구 설명] ○吾聞諸夫子(오문제부자) : 나는 선생님으로부터 들었다. ○人未有自致者也(인미유자치자야) : 사람은 자치(自致)하지 못한다. 「자치」는 「자발적으로 정성을 다 바치고 일한다」는 뜻이다. ○必也親喪乎(필야친상호) : 반드시 부모의 상례에는 스스로 정성을 다해야 한다.

[참고 주소 선역]

「치(致)는 지극함을 다한다는 뜻이다.」「원래 사람은 자기의 진정(眞情)을 스스로 다 바치지 못한다.」 윤씨(尹氏)가 말했다. 「부모의 상에서는 마땅히 자신의 진정을 다 바쳐야 한다. 그때에도 진정을 다 바치지 않으면, 어디에 진정을 바칠 것인가.」

[친상(親喪)에는 진정(眞情)]

부모의 상례(喪禮)를 극진히 모시고, 3년 복상(服喪)해야 한다. 설

사 다른 일에 있어 자발적으로 정성을 다하지 못해도, 부모의 상례
만은 정성을 다해야 한다. 속에서 우러나오는 애도의 정과 정성이
다. 부모는 「나와 한몸이다. 나의 전신(前身)이다.」 부모의 상례를
정성으로 치르고, 또 제사를 모시는 것이 효도(孝道)다.

19-18 : 경문 한글 풀이

**증자가 말했다. 「나는 선생님의 말씀을 들은 바
있다. 맹장자의 효도에 있어, 다른 점은 할 수 있
지만, 그가 선친의 가신을 그대로 두고, 또 정치
방식을 고치지 않은 것은 남들이 따르기 어렵다.」**

曾子曰 吾聞諸夫子 孟莊子之孝也 其他可能也 其不
改父之臣 與父之政 是難能也.

[어구 설명] ㅇ孟莊子(맹장자) : 노(魯)나라의 대부(大夫) 중손씨
(仲孫氏), 이름은 속(速). 그의 아버지 맹헌자(孟獻子)는 현명했다.
아들 맹장자가 아버지의 뜻을 따랐다. ㅇ其他可能也(기타가능야) :
다른 것은 <남들도> 할 수 있을 것이다. ㅇ其不改(기불개) : 맹
장자가 <아버지의 뜻과 방식을 따르고> 고치지 않은 것은. ㅇ父
之臣(부지신) : 즉 아버지의 가신을 바꾸지 않고, 그대로 두었다.
ㅇ父之政(부지정) : 아버지의 정치 방식을 고치지 않고 그대로 지켰
다. ㅇ是難能也(시난능야) : 이러한 점은 <다른 사람이> 따르고
하기 어렵다.

[참고 주소 선역]

「맹장자(孟莊子)는 노(魯)나라 대부로, 이름이 속(速)이다. 그의 아

버지 헌자(獻子)는 이름이 멸(蔑)이다.」「<아버지> 맹헌자(孟獻
子)는 현명하고 덕이 있었다. <그의 아들> 맹장자가 능히 <아버지
의> 신하를 그대로 쓰고, 또 <아버지의> 정책을 그대로 지켰다.」
「그러므로 기타 효행으로 비록 칭송할 것이 있어도, 그와 같이 어렵
지 못하다.」 <* 아버지의 신하를 그대로 쓰고, 또 정책을 그대로
지키는 일이 더 어렵다는 뜻.>

[효도(孝道)와 계승(繼承)]

(1) 맹장자(孟莊子)가 아버지가 쓰던 가신을 그대로 쓰고, 또 아버
지의 정치 방식을 그대로 계승한 것을 높인 것이다. 공자가 말했다.
「아버지가 살아 계시면 어른의 뜻을 살펴 따라야 하고, 이미 돌아가
셨으면 생존시의 행적을 살펴 본으로 삼아야 한다. 3년 간을 두고
선친의 도를 고치지 않아야 비로소 효라 할 수 있다.(父在觀其志
父沒觀其行 三年無改於父之道 可謂孝矣)」<제1. 학이편-11>

(2) 중용(中庸)에서 공자가 말했다. 「주나라의 무왕과 주공단(周公
旦)은 효도를 충분히 달성했다. 무릇 효는 선조나 아버지의 뜻과
이상을 계승하고, 아울러 선조나 아버지의 사업을 더욱 발전시키는
것이다.(武王周公 其達孝矣乎 夫孝者 善繼人之志 善述人之事也)」
즉 효는 「계지술사(繼志述事)」이다.

19-19 : 경문 한글 풀이

**맹손씨가 양부를 사사(士師)로 삼자, 양부가 증
자에게 와서 물었다. 이에 증자가 말했다. 「윗사
람이 바른 도를 잃고, 백성들이 흩어진 지 오래되**

었다. 만약 백성들의 실정을 다스리는 경우에도 그들을 긍휼히 여기되 기뻐하지 말라.」

孟氏 使陽膚爲士師 問於曾子 曾子曰 上失其道 民散
久矣 如得其情 則哀矜而勿喜.

[어구 설명] ㅇ孟氏(맹씨) : 맹손씨(孟孫氏), 노나라의 실권을 가로
챈 무도한 대부다. ㅇ陽膚(양부) : 증자(曾子)의 제자. ㅇ士師(사
사) : 소송을 처리하는 사법관. ㅇ問於曾子(문어증자) : <벼슬에
오른 양부가 스승인> 증자에게 어떻게 하면 좋으냐고 물었다. ㅇ
上失其道(상실기도) : 윗사람들이 도를 잃고 무도한 정치를 했으
며. ㅇ民散久矣(민산구의) : 그래서 백성들도 산란(散亂)하게 되었
다. 즉 바른 길을 잃고 <도덕적으로> 뿔뿔이 흩어진 지 오래되었
다. ㅇ如得其情(여득기정) : 만약에 <백성들의 잘못을> 재판할
일이 있게 되어도. 「정(情)은 실정(實情) 혹은 사실.」 ㅇ則哀矜
(즉애긍) : 불쌍히 여기고 긍휼(矜恤)하고 동정해야 한다. ㅇ而勿喜
(이물희) : <재판관은 처벌하는 일을> 기뻐하거나 좋아하지 마라.

[참고 주소 선역]

「양부(陽膚)는 증자의 제자다.」「민산(民散)」은 「백성들의 인정(人
情=仁情)이나 의리(義理)가 <도에> 어긋나고 이탈되어, 서로 매
어지고 연결되지 않는다는 뜻이다.」 사씨(謝氏)가 말했다. 「백성을
산란하게 한 것은 <그들로 하여금> 무도하게 만들고, 또 그들을
순진하게 교화하지 않았기 때문이다.」「고로 그들이 법을 어기는
것은 급박하여 부득이한 것이 아니고, 무지에 빠졌기 때문이다.」
「고로 <백성이 죄를 범했다는> 사정을 <바르게> 알고 불쌍히

여기되, <죄를 다스리는 것을> 좋아하면 안 된다.」

[민산(民散)의 원인]

(1) 위정자가 무도(無道)한 정치를 하면, 사회가 도덕적으로 타락하고 혼란해지고, 따라서 백성들이 바른 길을 잃고, 뿔뿔이 흩어지게 마련이다. 「민산(民散)」은 곧 「백성이 도(道)를 잃고 뿔뿔이 흩어지고, 또 하늘이 내려준 인심(人心=仁心)을 잃고 욕심을 부리다가 죄를 짓는다」는 뜻이다.

(2) 그러므로 군자는 백성의 죄를 다스리기에 앞서 백성을 죄에 빠뜨린 원인이 악덕정치에 있음을 바르게 알고, 또 백성들을 연민하고 동정해야 한다. <* 오늘의 법치(法治)가 권력자에 의해 좌지우지(左之右之)되기도 한다.>

19-20 : 경문 한글 풀이

자공이 말했다.「은나라 주왕의 악덕은 그렇게까지 심하지 않았을 것이다. 그러므로 군자는 하류에 처하기를 싫어한다. 천하의 모든 악이 다 돌아오기 때문이다.」

子貢曰 紂之不善 不如是之甚也 是以 君子惡居下流
天下之惡 皆歸焉.

[어구 설명] ○紂之不善(주지불선) : 은(殷)나라 주왕(紂王)의 악행(惡行). 「주(紂)」는 은 왕조의 마지막 임금으로 포악무도(暴惡無道)의 대명사로 일컫는다. ○不如是之甚也(불여시지심야) : 그렇게 심하지 않았을 것이다. 즉 전설에서 말하는 것처럼 심하게 나쁘지

않았을 것이다. ㅇ是以(시이) : 그러므로. <사실 이상으로 악명을 뉘집어쓴다.> ㅇ君子惡居下流(군자오거하류) : 군자는 하류에 지 하기를 싫어한다. ㅇ天下之惡皆歸焉(천하지악개귀언) : <하류에 는> 천하의 모든 악이나 악명이 다 모인다.

[불거하류(不居下流)]

(1) 「불거하류(不居下流)」는 「모든 악명(惡名)이 쏟아지고 집중되 는 밑바닥, 즉 나쁜 정치체제에는 끼어들지 않는다」는 뜻이다.

(2) 우(禹)가 세운 하(夏) 왕조의 마지막 왕이 걸(桀)이고, 탕왕(湯 王)이 걸을 치고 세운 나라가 은(殷)나라이다. 그리고 은나라의 마 지막 임금이 주(紂)다.

(3) 이들 두 임금 「걸과 주」는 포악무도의 대명사로 불린다. 특히 주왕(紂王)은 달기(妲己)라는 요녀(妖女)와 짝이 되어 주지육림 (酒池肉林)의 일락(逸樂)에 빠졌고, 포락지형(炮烙之刑)으로 백성 을 학대했다.

(4) 그 결과 주(周)나라 문왕(文王) 및 무왕(武王)에게 멸망되었다. 천하의 악덕(惡德), 악명을 주왕이 혼자 뒤집어쓰고 있는 것이다. 그러므로 군자는 모든 더러운 찌꺼기가 흘러 모이는 하류에 몸을 두지 않는다. 하류에 거(居)하지 않기 위해서는 정도(正道)를 잘 알고, 명리(名利)에 대한 욕심을 제거해야 한다.

19-21 : 경문 한글 풀이

자공이 말했다. 「군자의 잘못은 일식이나 월식 같 다. 잘못하면 남들이 모두 보고, 고치면 또 남들이 모두 우러러본다.」

子貢曰 君子之過也 如日月之食焉 過也人皆見之 更
也人皆仰之.

[어구 설명] ○君子之過也(군자지과야) : 군자가 잘못하는 것은.
○如日月之食焉(여일월지식언) : 흡사 일식이나 월식과 같다. ○過
也人皆見之(과야인개견지) : 잘못하면 사람들이 다 본다. 「견지(見
之)」를 「나타나 보인다」로 풀어도 된다. ○更也人皆仰之(갱야인개
앙지) : 고치면 사람들이 다시 우러러본다.

[군자지과(君子之過)]

공자는 「잘못을 꺼리지 말고 즉시 고쳐라.(過則勿憚改)」라고 말했
다. 군자도 잘못이 있을 수 있다. 그러나 즉시 고쳐야 한다. 태양에
도 일식(日蝕)이 있을 수 있고, 달에도 월식(月蝕)이 있을 수 있다.
그러나 해와 달이 즉시 정상으로 돌아가듯이, 군자도 즉시 바르게
고쳐야 한다. 군자의 일거수(一擧手) 일투족(一投足)은 백성들이
주시한다. 그러므로 모범이 되어야 한다.

19-22 : 경문 한글 풀이

[1] 위나라의 대부 공손조가 자공에게 물었다.
「공자께서는 누구에게 배우셨나요.」

[2] 자공이 말했다. 「주나라 문왕과 무왕의 도가
아직 땅에 떨어지지 않고 사람들이 따르고 행하
고 있습니다. 그러므로 현명한 사람은 큰 것을 배

워 알고, 현명하지 못한 사람은 작은 것을 배워 알고 있습니다. 그 모두가 문왕과 무왕의 도가 아닌 것이 없습니다. 그러니 공자께서도 문왕과 무왕의 도를 배우지 않으셨겠습니까. 그러니 또 어찌 정해진 스승이 있으셨겠습니까.」

[1] 衛公孫朝 問於子貢曰 仲尼焉學. [2] 子貢曰 文武之道 未墜於地 在人 賢者識其大者 不賢者識其小者 莫不有文武之道焉 夫子焉不學 而亦何常師之有.

[어구 설명] ○衛公孫朝(위공손조) : 위나라의 대부, 성이 공손(公孫), 이름이 조(朝). ○仲尼焉學(중니언학) : 중니(仲尼), 즉 공자는 누구에게 배웠느냐. 「언(焉)」은 의문사. 여기서는 '누구에게'의 뜻으로 푼다. ○文武之道(문무지도) : 주(周)나라를 창건한 문왕(文王)과 <그의 아들> 무왕(武王)의 가르침과, 문물제도 및 덕치의 도리 등을 다 포함한다. ○未墜於地(미추어지) : 아직 땅에 떨어져 없어지지 않고. ○在人(재인) : 사람에게 있다. 즉 오늘의 세상 사람들이 잘 알고 있다. <역사적 사실과 전통으로 풀어도 된다.> ○賢者識其大者(현자식기대자) : 현명한 사람은 그 도리와 전통의 큰 것을 알다. 「식(識)을 지(識)로 발음해도 된다.」 「대(大)는 덕치(德治)의 기본 도리.」 ○不賢者識其小者(불현자식기소자) : 현명하지 않은 사람은 작은 것을 알다, 즉 일반 백성들은 살기 위한 기술이나 기능 및 사람의 도리 등을 알고 행하고 있다는 뜻. ○莫不有文武之道焉(막불유문무지도언) : 그 모두가 문왕과 무왕의 도리가 아닌 것이 없다. 즉 오늘의 사람들도 문왕과 무왕이 남겨준 덕치의 전통

과 혜택을 받고 있다는 뜻. ○夫子(부자) : 선생님, 즉 공자. ○焉不
學(언불학) : 어찌 <그와 같은 역사적 전통을> 배우지 않으랴.
○而亦何常師之有(이역하상사지유) : 그러므로 또 어찌 <특별히
따로> 스승이 있었겠느냐. 과거의 역사 전통에서 광범하게 배우고
스스로 터득했다는 뜻.

[문무지도(文武之道)]

공자가 너무나 뛰어나게 아는 것이 많고, 또 덕이 높으므로, 위(衛)
나라 대부 공손조(公孫朝)가 같은 위나라 출신이면서 공자의 제자
인 자공(子貢)에게 물었다.「그분이 특별히 스승으로 삼고 배운
분이 누구입니까.」이에 자공이 대답했다.「저의 스승 공자님은 특
정한 선생이 안 계십니다. 과거의 역사와 문화 전통, 특히 주(周)나
라 문왕(文王)과 무왕(武王) 및 주공(周公)의 유훈(遺訓)과 유업
(遺業) 및 문물제도를 통해서 천도(天道)와 덕치(德治)의 도리를
스스로 터득하신 것입니다.」

19-23 : 경문 한글 풀이

[1] 노나라의 대부 숙손무숙이 조정에서 다른 대
부에게「자공이 공자보다 현명하다.」고 말했다.
이 말을 자복경백이 자공에게 전했다.

[2] 자공이 말했다.「궁궐 담에 비유하면 저의
담은 어깨 정도의 높이로서, 담 너머로 궁궐 속의
방이나 집의 아름다움을 엿볼 수 있습니다. 그러

나 공자님의 담은 여러 길의 높이라, 바르게 문으로 들어가지 못하면, 궁궐 속에 있는 종묘의 엄숙한 아름다움과, 백관들의 다양한 모습을 볼 수 없습니다. 그런데 그 문안에 들어갈 수 있는 사람이 별로 없습니다. 그러므로 공자님의 높은 경지를 모르는 숙손무숙이 그렇게 말할 만도 하지 않겠습니까.」

[1] 叔孫武叔 語大夫於朝曰 子貢賢於仲尼 子服景伯 以告子貢. [2] 子貢曰 譬之宮牆 賜之牆也及肩 闚見 室家之好 夫子之牆數仞 不得其門而入 不見宗廟之 美 百官之富 得其門者或寡矣 夫子之云 不亦宜乎.

[어구 설명] ㅇ叔孫武叔(숙손무숙) : 노(魯)나라의 대부, 이름은 주구(州仇), 시호가 무(武), 숙(叔)은 자(字)다. ㅇ語大夫於朝(어대부어조) : 조정에서 다른 대부에게 말했다. ㅇ子貢賢於仲尼(자공현어중니) : 자공이 스승 중니(仲尼)보다 현명하다. 「중니」는 공자의자. ㅇ子服景伯(자복경백) : 노나라의 대부, 이름은 하(夏), 시호(諡號)가 「경(景)」. <제14. 헌문편-38> ㅇ以告子貢(이고자공) : 그말을 자공에게 전했다. ㅇ譬之宮牆(비지궁장) : 궁궐의 담에 비유하면. ㅇ賜之牆也及肩(사지장야급견) : 사(賜)의 담 높이는 어깨에 미칠 정도다. 「사」는 「자공의 이름.」 ㅇ闚見室家之好(규견실가지호) : <어깨 높이의 담 너머로> 방이나 집의 아름다움을 엿본다. 「闚(엿볼 규)」 ㅇ夫子之牆數仞(부자지장수인) : 공자의 담 높이는 여러 길이 된다. ㅇ不得其門而入(부득기문이입) : 대문으로 들어가

지 못하면. ○不見宗廟之美(불견종묘지미) : 엄숙한 종묘의 아름다
운 모습을 볼 수 없다. ○百官之富(백관지부) : 많은 고관들의 다양
하고 풍부한 학식이나 덕행도 <담 너머로는 볼 수 없다.> ○得其
門者或寡矣(득기문자혹과의) : 실지로 대문 안에 들어갈 수 있는
사람은 별로 없다. ○夫子之云(부자지운) : 숙손무숙이 그렇게 말
한 것은. ○不亦宜乎(불역의호) : 역시 그렇게 말할 만도 하지 않겠
느냐. <즉 공자의 깊은 경지를 알 수 없는 그로서는 「자공이 현명하
다고 말할 만도 하다」는 뜻.>

[불견종묘지미(不見宗廟之美)]

노(魯)나라의 대부 숙손무숙(叔孫武叔)이 성인 공자의 높은 경지
를 알지 못하고 경솔하게 「자공(子貢)이 더 현명하다.」고 말했다.
이에 자공이 말했다. 「대문을 통해서 궁(宮) 안에 들어가야 엄숙한
종묘(宗廟)와 장엄한 백관(百官)의 모습을 보고 알 수 있다. 무식한
그가 어찌 성인의 위대함을 알겠느냐.」하고 탓했다. 「제23, 24, 25
장」은 무식한 사람이 공자를 평한 말이다.

19-24 : 경문 한글 풀이

숙손무숙이 공자를 비방하자, 자공이 그에게 말
했다. 「그러지 마시오. 선생님을 비방하면 안 됩
니다. 다른 사람은 현명하다 해도 언덕 같으며,
누구나 넘을 수 있습니다. 그러나 공자님은 해나
달같이 밝고 높으신 분이라, 다른 누구도 넘지 못
합니다. 비록 남들이 자기 스스로 선생님의 가르

침을 거절한다 해도, 해나 달 같은 선생님의 가르
침에, 어찌 흠이 있겠습니까. 오히려 그 사람의
분수 없음을 나타낼 뿐입니다.」

叔孫武叔 毀仲尼 子貢曰 無以爲也 仲尼不可毀也 他
人之賢者丘陵也 猶可踰也 仲尼日月也 無得而踰
焉 人雖欲自絶 其何傷於日月乎 多見其不知量也.

[어구 설명] ○毀仲尼(훼중니) : 공자를 비방하다. 공자의 가르침을
헐뜯고 욕하다. ○無以爲也(무이위야) : 그렇게 하지 마시오. ○仲
尼不可毀也(중니불가훼야) : 공자를 비방하거나, 그의 가르침을 비
난하면 안 된다. ○他人之賢者(타인지현자) : 다른 사람의 현명은
<그 높이가.> ○丘陵也(구릉야) : 산이나 언덕 정도이다. ○猶可踰
也(유가유야) : 역시 넘을 수 있다. ○仲尼日月也(중니일월야) :
공자의 현명은 <그 높이나 밝기가> 해나 달 같다. ○無得而踰焉
(무득이유언) : 아무도 넘을 수 없다. ○人雖欲自絶(인수욕자절) :
사람이 비록 스스로 <공자의 가르침을> 거절하고 끊는다 해도.
○其何傷於日月乎(기하상어일월호) : 해나 달에게 무슨 해를 입힐
수 있겠는가. ○多見其不知量也(다견기부지량야) : <도리어> 비
방하는 사람 자신이 분별이나 분수 없음을 내보이게 할 뿐이다.

[분수를 모르는 무숙(武叔)]

자기의 분수를 모르는 노나라 대부, 숙손무숙(叔孫武叔)이 함부로
공자를 비방하자, 자공(子貢)이 책망했다. 그리고 공자를 해와 달같
이 높은 분이라고 높였다.

19-25 : 경문 한글 풀이

[1] 진자금이 자공에게 말했다.「그대가 겸손해서 그렇지, 공자가 어찌 그대보다 더 현명하겠는가.」

[2] 자공이 말했다.「군자는 말 한마디로 지혜로 운지 혹은 지혜롭지 못한지 알 수 있습니다. 그러므로 말을 삼가지 않으면 안 됩니다. 모든 사람이 선생님을 따르지 못함은 마치 하늘에 사다리를 놓고 오를 수 없는 것과 같습니다. 선생님께서 나라를 맡아서 다스리신다면, 옛말에 있듯이 〈다음과 같이 하실 것입니다.〉 즉『사람들을 일으켜 저마다 떳떳하게 나서게 하시고, 사람들이 도를 따르고 행하게 하시고, 또 모든 사람이 편히 잘살게 되므로 먼 곳의 백성들이 모여듭니다. 사람들이 각자 노동하고 일하며, 서로 사랑하고 화합합니다. 살아서는 함께 번영하고, 죽으면 서로 슬퍼합니다.』선생님의 〈경지가 이와 같이 높으시니〉 다른 사람이 어찌 미치겠습니까.」

[1] 陳子禽 謂子貢曰 子爲恭也 仲尼豈賢於子乎. [2] 子貢曰 君子一言以爲知 一言以爲不知 言不可不愼 也 夫子之不可及也 猶天之不可階而升也 夫子之得 邦家者 所謂立之斯立 道之斯行 綏之斯來 動之斯和

其生也榮 其死也哀 如之何其可及也.

[어구 설명] ㅇ陳子禽(진자금) : 공자의 문인, 자공의 제자라고도 한다. <제1. 학이편-10> ㅇ子爲恭也(자위공야) : <자금이 자공에게 하는 말> 그대가 겸손하다. ㅇ仲尼豈賢於子乎(중니기현어자호) : 중니, 즉 공자가 어찌 당신보다 더 현명하겠습니까. ㅇ君子一言以爲知(군자일언이위지) : 군자는 한마디 말로써, 자신의 지혜로움을 나타낸다. 혹은 한마디 말을 듣고 지혜롭다 한다. ㅇ一言以爲不知(일언이위부지) : 말 한마디로써, 지혜롭지 않음을 안다. ㅇ言不可不愼也(언불가불신야) : 말을 삼가지 않으면 안 된다. ㅇ夫子之不可及也(부자지불가급야) : 선생님을 따를 수 없음을 <비유하면.> ㅇ猶天之不可階而升也(유천지불가계이승야) : 마치 하늘에 사다리를 놓고 올라갈 수 없음과 같다. ㅇ夫子之得邦家者(부자지득방가자) : <만약에> 선생님이 국가를 맡아서 다스릴 수 있다면. 「방(邦)은 제후(諸侯)의 나라.」 「가(家)는 경(卿)이나 대부의 영지(領地).」 ㅇ立之斯立(입지사립) : 사람들을 내세울 때에는 저마다 바르게 나가서 일하게 한다. 「입(立)은 바르게 서다, 자립(自立)하다, 사회에 나가서 일을 한다는 뜻.」 ㅇ道之斯行(도지사행) : 도를 실현함에 있어서는 모든 사람이 바르게 따르고 실천하게 한다. ㅇ綏之斯來(수지사래) : 백성들을 편하게 잘살게 해주므로, 먼 곳의 사람들도 찾아온다, 귀화한다. 「綏(편안할 수)」 ㅇ動之斯和(동지사화) : 모든 사람들이 저마다 활동하고 일하면서 동시에 서로 화합하고 협동하게 한다. ㅇ其生也榮(기생야영) : 모든 사람들이 생시에는 잘살고 번영한다. ㅇ其死也哀(기사야애) : 죽은 다음에는 자손들이 애통해한다. 즉 자손들이 정중하게 장사지내고 제사를 모신다

는 뜻. 그것이 곧 효도(孝道)다. ○如之何(여지하) : 어떻게 해서. ○其 可及也(기가급야) : 다른 사람이 공자의 높은 경지를 따르겠느냐.

[참고 주소 선역]

정자(程子)가 말했다. 「이는 성인(聖人)의 신화(神化)로 위나 아래 가 천지와 함께 흐르는 경지이다.」 사씨(謝氏)가 말했다. 「자공이 성인 공자를 칭찬한 말을 보면 자공이 만년에 덕을 많이 쌓았으며, 지극히 고원(高遠)한 경지에 이르렀음을 알겠다.」

[스승을 높인 자공(子貢)]

공자의 학문과 사상은 넓고, 또 높다. 그러므로 편협하고 저속한 사람들이 쉽게 알지 못한다.

예나 지금이나 같다. 잘 모르면, 비방하고 배척하게 마련이다. 그래 서 「제23, 24, 25장」에서 여러 사람이 공자를 낮추어 말했다. 이에 공자의 수제자 자공(子貢)이 공자를 옹호하느라 애썼다.

제23장에서 자공은 「공자의 학문, 사상 및 덕행은 어깨 너머로는 알 수 없다. 정식으로 배우고 익히고 실천해야 차츰 단계적으로 터득하게 될 것이다.」라고 말했다.

제24장에서는 「공자는 해와 달 같은 존재다. 남이 알아주지 않아도, 그 높이와 빛은 변함이 없다.」고 했다.

제25장에서는 「공자가 정치를 하면, 사람들을 교화해서 모든 사람 이 입신행도(立身行道)하고, 안락생업(安樂生業)하고, 인애친화 (仁愛親和)하고, 살아서도 번영하고, 죽어서도 자손의 제사를 받는 다.」고 말했다. 즉 도덕이 확립되는 것이다.

공자의 사상은 오늘에도 활용되어야 한다. 그래야 인류위기를 극복하고 인류대동의 이상을 구현할 수 있다.

<* 공자가 죽은 다음 자공과 많은 제자들은 무덤 곁에 초려(草廬)를 짓고 3년 간 복상했다. 그 중에도 자공은 다시 3년을 더 복상했다. 이것을 보아도 자공이 얼마나 스승을 잘 모셨는지를 알 수 있다. 공자는 생전에 자공이 덕에 있어서는 안연만 못하고, 또 너무 경제와 재물에 집착한다고 가볍게 나무라기도 했다.>

[공자의 탁월한 제자들]

<* 사마천(司馬遷)은 「사기(史記) 공자세가(孔子世家)」에서 다음 같이 말했다. 「공자가 시서예악(詩書禮樂)을 가르친 제자가 3천 명이나 되고, 육예(六藝)에 통달한 자가 72명이나 된다.」 「사기 중 니제자열전(仲尼弟子列傳)」에도 비슷하게 적었다. 여기에서는 논어에서 잘 알려진 제자들을 골라 약술하겠다.>

(1) 안회(顔回) : 안연(顔淵), 자는 자연(子淵)

노나라 사람으로 공자보다 30세 어리다. 논어에 약 20번 이상 나온다. 공자가 가장 아끼던 수제자였으나, 공자 말년에 공자보다 앞서 사망했다. 제자 중 가장 인덕(仁德)이 높았으며, 평생 벼슬하지 않고 「일단사(一簞食) 일표음(一瓢飮)」하면서 「안빈낙도(安貧樂道)」하였다. 「극기복례(克己復禮) 위인(爲仁)」은 공자가 그에게 한 말이다.

(2) 자로(子路) : 이름은 중유(仲由), 다른 자가 계로(季路)

노나라 변(卞) 출신이다. 공자보다 9세 연소했다. 논어에 약 38번 나온다. 천한 출신으로 젊어서는 싸우기를 좋아했다. 그러나 공자에게 글을 배우고 수양했으며, 평생 공자를 가까이 모시고 고락을 함께했다. 용맹하고 성미가 급해서 공자에게 자주 꾸중을 듣기도 했다. 그러나 평생 스승에게 충성했다. 공자가 노나라에서 벼슬할 때도 그 밑에서 보필했으며, 특히 「타삼도(墮三都)」 때에는 크게 활약했다. 나이 63세 때, 위(衛)나라 정변에 연루되어 죽었다. 당시 72세인 공자가 크게 비통해했다.

(3) 자공(子貢) : 이름은 단목사(端木賜)

위(衛)나라 사람이며 공자보다 31세 어리다. 논어에 약 38번 나온다. 탁월한 언변과 재능을 타고났으므로 공자도 그를 언어(言語)에 뛰어났다고 칭찬했다. 제자 중에서도 공자와의 문답(問答)이 가장 많다. 그러나 자공은 스스로 자신을 안연(顔淵)보다 못하다고 인정했다. 그러나 말재주가 뛰어난 그는 여러 나라를 다니면서 외교적으로 공을 세웠으며, 또한 공자를 높이고 알리는 데도 크게 공을 세웠다. 특히 경제적으로도 재물을 많이 축적한 그는 공자 학파를 음으로 양으로 지원했다. 그는 안빈낙도(安貧樂道)하고 독선기신(獨善其身)하지는 않았으나, 평생을 두고 공자를 높이 받들고 충성을 바쳤다. 특히 공자 사후에는 다른 제자와 더불어 공자 무덤 곁의 초려(草廬)에서 3년 간 거상(居喪)했으며, 다시 3년을 연장하여 도합 6년 간을 복상(服喪)했다.

(4) 자하(子夏) : 이름은 복상(卜商)

위(衛)나라 사람으로 공자보다 44세 어리다. 논어에는 약 19번 나온다. 출신은 빈천했으나 수재였다. 그러므로 공자의 후반기 제자 중에서도 가장 뛰어났으며, 공사의 징찬을 많이 받았다. 일찍이 노 나라의 거보재(莒父宰)를 지냈으며, 공자 사후에는 위(魏)나라에 가서 학문을 가르쳤으며, 한때는 위문후(魏文侯)의 스승이 되기도 했다. 특히 그는 공자의 문헌정리(文獻整理)에 자료를 수집하기도 했다. 전국 초기에 활약한 전자방(田子方), 단간목(段干木), 오기 (吳起) 등도 그에게 배웠다.

(5) 자장(子張) : 성은 전손(顓孫), 이름은 사(師)

진(陳)나라 사람으로 공자보다 48세 어리다. 논어에는 약 20번 나 온다. 빈천한 출신의 소장(少壯) 학자로, 체격이나 용모가 당당하고 장엄했다. 그래서 남에게도 외형적 위세를 부리기 좋아했다. 공자 는 그를 편파적이고 과격하다고 평했다. 공자가 죽은 후 진(陳)나라 에 가서 제자들을 가르쳤으며, 결국 유학팔가(儒學八家)의 한 학파 를 형성했다. 자장의 학문 태도는 자하(子夏)와 대를 이룬다. 공자 는「자장은 외형을 꾸미고 편파적이면서 내면적으로 알차지 못하 다.」「자장은 지나치고 자하는 못 미친다.」고 평하기도 했다. 공자 는 자장에게 관(寬)하라고 가르치기도 했다.

(6) 증자(曾子) : 증삼(曾參), 자는 자여(子輿)

증자는 존칭으로 노나라 사람이다. 공자보다 46세 아래로 논어에는 14번 나온다. 농민 출신으로 인품이 돈후(敦厚), 성실(誠實), 근엄 (謹嚴)하고, 또 내성적이었다. 논어에서 말했다.「오일삼성오신(吾 日三省吾身)」「신종추원 민덕귀후(愼終追遠 民德歸厚)」, 또「일이 관지(一以貫之)를 충(忠)과 서(恕)라고 풀었다.」효경(孝經)과 대학(大學)을 저술했다. 한편 그의 학문은 자사(子思)를 통해 맹자(孟子)에게 이어졌다.

(7) 염구(冉求) : 자는 자유(子有), 염유(冉有)라고도 함

노나라 사람으로, 공자보다 29세 어리다. 논어에 16번 나온다. 정치적 재능이 탁월하고 다재다능(多才多能)했다. 노나라의 실권을 전횡(專橫)한 계강자(季康子)의 재신(宰臣)으로 잘 다스렸다. 한때는 무공을 세우기도 했다. 그리고 계강자를 설득하고, 14년 간이나 여러 나라를 떠돌던 공자를 맞아들이게 하기도 했다. 그러나 그가 계강자를 위해 세금을 무겁게 거둬들이자 공자로부터 「그대는 우리 문도(門徒)가 아니다.」라는 심한 꾸중을 듣기도 했다.

(8) 자유(子游) : 이름은 언언(言偃)

오(吳)나라 사람으로 공자보다 45세 어리다. 논어에 8번 나온다. 자하(子夏)와 같이 문학에 뛰어났다. 20여세로 노나라 무성(武城)의 재(宰)가 되기도 했으며, 공자의 가르침을 따라 예악을 흥성하게 했다. 그에게 배운 사람들이 순자(荀子)와 반대가 되는 학파를 형성했다.

(9) 번수(樊須) : 자는 자지(子遲), 번지(樊遲)라고도 함

제(齊)나라 사람으로, 공자보다 36세 혹은 46세 어리다고 한다. 논어에는 약 5번 나온다. 염구(冉求)가 제나라 군대와 싸울 때 도와주기도 했다. 학문을 좋아했으면서 또 노동생산도 잘하려고 생각하여 공자에게 농사에 관한 질문을 했다가, 꾸중을 듣기도 했다. 번지가 지(知)와 인(仁)에 대해서 묻자, 공자가 말했다. 「무민지의(務民

之義) 경귀신이원지(敬鬼神而遠之) 가위지의(可謂知矣)」「인자선
난이후획(仁者先難而後獲) 가위인의(可謂仁矣)」

(10) 재여(宰予) : 자는 자아(子我), 재아(宰我)

노나라 사람으로, 논어에 5번 나온다. 말을 잘해서 자공(子貢)과
함께 언어(言語)에 뛰어났다. 초기에 낮잠을 자다가 공자로부터 혹
독하게 야단을 맞기도 했다. 또 삼년상(三年喪)이 너무 길다고 말했
다가 공자로부터 질책을 받기도 했다.

(11) 중궁(仲弓) : 이름은 염옹(冉雍)

노나라 사람으로, 공자보다 29세 아래다. 논어에 7번 나온다. 출신
은 빈천했으나, 몸가짐이 의젓하여, 공자가 「가사남면(可使南面)」
이라고 칭찬했다. 계손씨(季孫氏)의 재(宰)를 지냈으며, 덕행(德
行)으로 이름이 높았다. 공자는 그를 산천 제사에 바치는 붉은 털의
희생우(犧牲牛)에 비유했다.

(12) 유약(有若) : 성이 유(有), 자가 자유(子有), 유자 (有子)

노나라 사람으로, 공자보다 43세 아래다. 논어에는 4번 나온다. 용
모가 공자를 닮았고 또 체구도 장대했다. 일찍이 군인으로서 전쟁
에서 용맹을 날리기도 했다. 공자의 사상을 잘 이해한 제자였다.
「효제야자 위인지본(孝弟也者 爲仁之本)」「예지용 화위귀(禮之用
和爲貴)」 등이 그가 한 말이다. 또 노나라 애공(哀公)에게 「백성족
군숙여부족(百姓足 君孰與不足)」이라 하고 세금 감면을 권했다. 공
자 사후에 자하, 자장, 자유 등이 그를 공자 대신 모시자고 했으나,
증자 등이 반대했다.

(13) 민자건(閔子騫) : 민손(閔損)

노나라 사람으로 공자보다 15세 아래다. 논어에 5번 나온다. 어려서 계모에게 심하게 학대를 받았으나 한결같이 효도했다. 공자에게 배우고 특히 덕행에 뛰어났다. 한편 고결한 몸가짐으로 도를 따르지 않는 대부나 임금 밑에서는 출사하지 않았다. 즉 「불사대부(不仕大夫) 불탐오군지록(不貪汚君之祿)」했다. 「덕행은 안연, 민자건, 염백우, 중궁이다.」라고 하였다.

<* 이상이 논어에 나타난 중요한 제자들이다.>

20. 요왈편(堯曰篇)

요왈편은 논어의 마지막 편이며, 그 체제가 특이하다. 공자의 말이나 제자의 말을 추린 것과는 다르게, 주로 경전에서 격언이 될 만한 구절을 뽑아서 논어를 총괄하려는 의도로 편찬한 것 같다. 이 편은 크게 세 장으로 나눈다.

제1장은 요(堯), 순(舜), 우(禹), 무왕(武王) 등이 임금자리를 물려줄 때에 한 말들을 추렸다. 공자는 이들을 성왕(聖王)으로 높이 평가했다.

제2장은 자장(子張)이 정치에 대해서 묻자, 공자는 「오미오악(五美五惡)」을 말했다.

제3장에서 공자는 최종적으로 다시 천명(天命)을 강조하며 말했다. 「천명을 모르면 군자가 될 수 없다.(不知命 無以爲君子也)」

이 책에서는 독자를 위해, 장(章)을 다시 여러 문단으로 나누어 풀이했다.

제20편 제1장을 다시 「9개의 구절」로 나누어 풀이했다.

20-1-[1] : 경문 한글 풀이

[1] 요임금이 말했다. 「그대, 순아! 하늘이 정한 바 임금차례가 그대에게 왔으니, 그대는 반드시 중(中)의 도를 지켜라. 사해의 백성들이 곤궁하

면 하늘의 녹도 영영 끝이 나리라.」

[1] 堯曰 咨 爾舜 天之曆數在爾躬 允執其中 四海困
窮 天祿永終.

[어구 설명] ○堯曰(요왈) : 요임금이 순에게 천자 자리를 선양(禪
讓)하면서 말했다. ○咨爾舜(자이순) : 자아! 그대 순아. <내 말을
들어라!> ○天之曆數(천지역수) : 하늘에 의해서 운행(運行)되는
운수(運數). 여기서는「천명으로 정해지는 천자의 순서, 차례」의
뜻. ○在爾躬(재이궁) : 그대에게 있게 되었다. 즉 천명이 그대에게
내렸다는 뜻. ○允執其中(윤집기중) : 진실로 하늘의 중정(中正)의
도를 지켜라.「允(진실로 윤), 執(잡을 집)」○四海困窮(사해곤궁) :
사해(四海)의 모든 백성들이 곤궁(困窮)하면.「사해」는 오늘의 말
로는「전 세계」와 같다.「곤궁」은「도덕적(道德的)으로나, 경제적
으로나 막히고 궁핍하게 된다. ○天祿永終(천록영종) : 하늘이 내
리는 복록(福祿)이 영원히 끊어진다, 단절된다.

[참고 주소 선역]

(1)「이 말은 요(堯)임금이 순(舜)에게 명하고 제위(帝位)를 선양
(禪讓)하면서 한 말이다.」<* 선양은 하늘에 제사를 지내고 하늘의
명으로 임금자리를 덕 있는 자에게 물려주는 것을 일컫는다.>「자
(咨)는 감탄하는 소리다.」「역수(曆數)는 제왕을 서로 계승하는
차례를 말한다. 마치 세시(歲時)와 절기(節氣)의 선후와 같은 뜻이
다.」「윤(允)은 신(信)과 같은 뜻이다.」<* 참으로 믿고 성실하게
한다는 뜻이다.>「중(中)은 지나치거나 부족함이 없게 함을 말한
다.」<* 중은 중정(中正), 중용(中庸)과 같은 뜻이다.>「사해(四

海)의 모든 사람이 <도덕적으로나 경제적으로나> 막히고 궁핍하
게 되면 곧 <하늘이 내려주는> 복록(福祿)이 영원히 단절된다.
<즉> 경계하라고 말한 것이다.」

(2) 주자(朱子) : 「제왕이 자리를 계승하는 차례와 지키는 연수(年
數)는 자연의 운행, 즉 달력의 계절 월일과 같다. 사람은 덕(德)에
의해서 정해진다. 참위(讖緯)와 같지 않다.」 「중(中)은 <근본적으
로> 두 가지 뜻이 있다. 하나는 희로애락(喜怒哀樂) 같은 감정을
때와 경우에 맞게 표현한다. 또 하나는 모든 일을 중용의 도에 맞게
한다는 뜻이다. 이는 곧 윤집기중(允執其中)이다.」

(3) 남헌장씨(南軒張氏) : 「그의 덕이 천심(天心)에 합당해야 천지
역수(天之曆數)가 자기 몸에 있는지를 안다.」 「윤집기중은 모든 사
물이 천리(天理)에 딱 맞다는 뜻이다.」 「하늘이 보고 듣는 것은
모두 우리 백성들이 보고 듣는 것을 바탕으로 한다. 만약 사해가
곤궁하면 천록도 곧 영원히 끊어진다.」

[선양(禪讓)과 윤집기중(允執其中)]

(1) 이 글은 공자의 사상을 이해하는 데 중요하다. 고대의 신화
전설에서 최고의 성제(聖帝)로 높이는 분이 바로 삼황(三皇)이다.
그 첫 번째 성제 요(堯)임금이 천하를 순(舜)에게 선양(禪讓)할 때
에, 「중정(中正)의 도를 지켜야 한다.(允執其中)」고 말했다.

(2) 「중정의 도」는 곧 「절대선(絶對善)의 천도(天道)」다. 하늘은
자연 만물을 낳고 키우고 번성케 한다. 그 도리가 천도다. 천도는
광명정대(光明正大)하고, 공평무사(公平無私)하고, 또 영구불변
(永久不變)하는 절대선의 진리다. 천도는 곧 우주(宇宙)의 이법(理

法)이다. 만물은「우주의 이법」, 즉「천도」를 따라서 생육하고, 또 번식한다.

(3) 사람도「우주의 이법」, 즉「천도」를 따라야 한다. 그래야 모든 사람이 저마다 바르게 살고, 또 번영할 수 있다.

(4) 사람은 개별적으로 독립된 삶을 영위하는 동시에, 여러 사람이 모여 공동체를 구성하고 협동함으로써 함께 번성하고, 아울러 역사와 문화를 발전케 한다.

(5) 그러므로 국가라는 공동체가 형성되고 그 공동체의 중심적 존재인 임금이 있게 마련이다. 임금은 전체를 대표하고 전체의 이익과 행복을 보장해야 한다. 그러므로 자연 만물을 육성 번성케 하는 절대선의 하늘의 도리를 따라 만민을 잘살게 해주어야 한다. 즉 도(道)를 따라 정치를 해야 한다. 이를 덕치(德治)라 한다.

(6) 정치를 크게 둘로 나눌 수 있다. 패도(覇道)의 통치(統治)와 왕도(王道)의 덕치이다. 포악무도한 무력으로 백성을 억압 유린하거나, 권모술수로 국민을 기만하고 통치계급의 이익만을 위하는 악덕정치를 패도의 통치라고 한다. 이와 반대로 절대선의 도를 따르고 실천해서 좋은 성과, 즉 덕(德)을 세우는 바르고 착한 정치를 왕도덕치라고 한다.

(7) 하늘은 덕 있는 사람에게 명(命)을 내려, 하늘의 아들, 즉 천자(天子)가 되게 하고, 하늘을 대신하여 천하 만민을 다스리게 한다. 그러므로 천명을 받은 임금이나 천자는 절대선의 천도를 따라, 만민을 잘살게 하고, 또 번성케 해야 한다.

(8) 그래야 하늘은 언제까지나 복록(福祿)을 내려준다. 그러므로

요임금이 순임금에게 「윤집기중(允執其中)」하라고 말한 것이다. 천명(天命)을 받고 존귀한 자리에 올라도, 천자나 임금이 도를 따라 덕을 세우지 못하면, 즉 실덕(失德)하면, 하늘은 내렸던 명을 거두고 새로 유덕자(有德者)에게 명을 바꾸어 내린다. 이것을 혁명(革命)이라 한다.

(9) 덕을 세우지 못하는 것을 하늘은 어떻게 아는가. 백성을 통해서 안다. 임금이 덕을 세우면 백성이 잘살고 번성한다. 그러면 하늘은 그대로 그 임금에게 복록(福祿)을 내려준다. 그러나 임금이 실덕하여 백성들이 곤궁(困窮)에 빠지면, 하늘은 내렸던 천명과 복록을 거두어들인다. 이를 「사해곤궁 천록영종(四海困窮 天祿永終)」이라고 말한다.

(10) 오늘의 세계는 무력패도의 악덕정치만을 펴고 있으며 왕도덕치(王道德治)를 못함으로써 위기에 빠져 있다.

20-1-[2] : 경문 한글 풀이

[2] 순임금도 역시 선양할 때, 우에게 일러주었다.

[2] 舜亦以命禹.

[어구 설명] ○舜亦以命禹(순역이명우) : 삼황(三皇)의 두 번째 순임금이 우에게 선양할 때에 <말을> 해주었다.

[참고 주소 선역]

(1) 「순(舜)이 나중에 우(禹)에게 자리를 물려줄 때에도 역시 이 말을 지키라고 명했다.」 「오늘에도 서경(書經) 우서(虞書) 대우모(大禹謨)에 있다. <앞의> 말보다 더 자세하다.」

(2) 주자(朱子) : 「요임금이 순임금에게 말할 때는 『윤집기중(允執其中)』이라고만 했다. 그러나 순임금이 우임금에게 말할 때는 다음 같이 길게 했다. 즉 『인심유위(人心惟危) 도심유미(道心惟微) 유정유일(惟精惟一) 윤집궐중(允執厥中)』」

[대우모(大禹謨)의 글]

서경(書經) 대우모(大禹謨)에 다음 같은 말이 있다. 「하늘이 정한 임금 차례가 그대에게 왔다. 그대는 마침내 임금자리에 올라라.(天之曆數在汝躬 汝終陟元后)」「인간적인 욕심은 위태롭다. 도를 따르려는 마음이라야 자상할 수 있다. <도를 따르려는 마음을 지녀야> 지극히 정성 되고 한결같을 수 있다. 그러므로 중정의 도를 꽉 잡고 지켜야 한다.(人心惟危 道心惟微 惟精惟一 允執厥中)」「백성들은 임금이 아니면 누구를 높이 받들 것이며, 임금은 백성들이 아니면 더불어 나라를 지킬 수 없노라.(衆非元后何戴 后非衆罔與守邦)」「조심하고 공경해야 한다. 신중해야 임금자리를 간직할 수 있다. 그러므로 임금으로서 하고자 원하는 바를 하늘 앞에 경건하게 빌고 가다듬어야 한다.(欽哉 愼乃有位 敬修其可願)」「천하 사해의 만민이 곤궁하면 하늘이 내려주는 복록(福祿)도 영원히 단절된다.(四海困窮 天祿永終)」<* 이 글이 곧 고대 중국의 도덕정치의 기본 도리이다.>

20-1-[3] : 경문 한글 풀이

[3] <은(殷)나라 탕(湯)이 하(夏)나라 걸(桀)을 치고 자리에 오르기 전에 하늘에 제사를 지내며

말했다.〉「변변치 못한 소자, 이(履)는 감히 검은
수컷 소를 제물로 바치고, 빛나고 위대하신 상제
에게 아뢰옵니다. 죄는 용서받지 못하므로 상제
의 신하인 〈걸의 죄도〉 덮어 둘 수 없습니다. 〈모
든 것을〉 상제의 마음으로 보고 처리하겠습니다.
저의 죄는 만방의 백성과는 상관이 없지만, 만방
의 백성의 죄는 곧 저의 죄입니다.」

[3] 曰 予小子履 敢用玄牡 敢昭告于皇皇后帝 有罪
不敢赦 帝臣不蔽 簡在帝心 朕躬有罪 無以萬方 萬方
有罪 罪在朕躬.

[어구 설명] ㅇ予小子履(여소자리) : 저, 소자 이(履).「이」는「은
(殷)나라의 시조 탕왕(湯王)의 이름.」<* 탕(湯)이 하(夏)나라의
포악무도한 걸(桀)을 치고 자리에 오를 때, 상제(上帝)에게 맹세한
말이다. 상제에게 소자라고 한 것이다.〉 ㅇ敢用玄牡(감용현모) :
감히 검은 수소를 제물로 올리고 〈제사를 드린다.〉「현(玄)」은
검은색. 하(夏) 왕조를 상징한다. 은(殷) 왕조의 상징은 백색(白色)
이다. ㅇ敢昭告于(감소고우) : 감히 하늘에게 밝게 고한다. ㅇ皇皇
后帝(황황후제) : 빛나고 넓은 하늘의 임금, 상제. ㅇ有罪不敢赦(유
죄불감사) : <하늘에> 죄지은 자는 절대로 용서하지 않겠다. ㅇ帝
臣不蔽(제신불폐) : 상제의 신하인 걸의 죄도 가려 덮어 둘 수 없다.
<반드시 벌을 받아야 한다.〉 ㅇ簡在帝心(간재제심) : ① 모든 기록
은 하늘의 마음에 적혀 있다. ② 모든 것을 하늘의 마음을 읽고
결정하겠다. <집주(集註)의 설> 필자는 둘을 종합해서 다음같이

풀었다. 「걸의 죄가 이미 하늘에 기록되어 있으므로, 하늘의 뜻에 따라 걸의 죄를 토벌했으며, 또 앞으로도 하늘의 뜻을 따르겠습니다.」 ○朕躬有罪(짐궁유죄) : 저 자신에게 죄가 있으면. ○無以萬方(무이만방) : 만방, 즉 천하 만민 때문이 아니다. 그들과는 무관하다. 나 자신의 책임이다. ○萬方有罪(만방유죄) : <그러나> 천하 만민이 죄가 있으면. ○罪在朕躬(죄재짐궁) : 그 책임은 <그들을 다스릴> 나에게 있다. 내가 잘못해서 백성이 죄짓는 것이다.

[탕왕(湯王)의 말]

(1) 요(堯)임금은 순(舜)에게 선양(禪讓)했고, 순임금은 우(禹)에게 선양했다. 우왕도 선양하려고 했다. 그러나 우왕이 죽은 다음, 신하들이 우왕의 아들을 임금자리에 앉혔다. 그래서 세습(世襲)하게 되었다. 세습이란 곧 아들이나 후손이 나라를 계승하는 것이다. 그러므로 결국에는 우매하고 악덕한 임금이 나라를 망치는 예가 있게 되었다. 그 첫 번째 예가 바로 하(夏)나라 마지막 왕 걸(桀)이다. 두 번째 예가 은(殷)나라 마지막 임금 주(紂)이다.

(2) 바로 앞에 있다. 「임금은 윤집궐중(允執厥中)해야 한다. 사해곤궁(四海困窮)이면 천록영종(天祿永終)이라.」 즉 임금은 하늘을 대신하여 백성을 다스린다. 그래서 「하늘의 아들, 즉 천자(天子)」라고 한다. 그런데 임금이 도(道)를 따라 덕(德)을 세우지 않고, 백성을 곤궁하게 하고, 음란(淫亂)하면 천벌을 받고 결국에는 망하게 마련이다. 그 예가 바로 하(夏)나라 마지막 임금 걸(桀)이었다. 그리고 새로 등장한 임금이 은(殷)나라의 시조(始祖) 탕(湯)이다. 그는 새로운 유덕자(有德者)였다. 그래서 탕은 하늘의 뜻을 따라 걸을 치고

하늘에 제사를 지냈던 것이다.

20-1-[4, 5] : 경문 한글 풀이

[4] 〈주나라 무왕(武王)이 은나라의 주(紂)를 칠 때에 말했다.〉「우리 주나라에는 하늘이 내려주신 큰 선물이 있다. 즉 선량한 인물이 많다.」

[5] 「비록 지극히 친근한 사람이라도, 인덕을 갖춘 사람만 못하다. 백성들에게 허물이 있으면, 그 죄는 내가 혼자 지겠다.」

[4] 周有大賚 善人是富. [5] 雖有周親 不如仁人 百姓有過 在予一人.

[어구 설명] ○周有大賚(주유대뢰) : 주나라에는 하늘이 내려준 크고 많은 복이 있다. 즉 하늘이 많은 재물과 함께 선량한 인재를 내려주었다. 「賚(줄 뢰)」 ○善人是富(선인시부) : 착하고 유능한 사람이 많다. 〈그것이 하늘이 내려준 복이다.〉 ○雖有周親(수유주친) : 비록 지극히 친한 사람이라도. 혹은 주나라의 친족(親族)이라도. ○不如仁人(불여인인) : 인덕(仁德)을 지닌 사람만 못하다. ○百姓有過(백성유과) : 백성들에게 잘못이나 허물이 있다면. ○在予一人(재여일인) : 그 죄는 바로 나 한 사람에게 있다. 따라서 그 책임을 나 혼자서 진다.

[참고 주소 선역]

(1) 「다음은 주무왕(周武王)의 일을 말한 것이다.」「뇌(賚)는 준다

는 뜻이다.」「무왕이 상(商=殷)나라를 치고, 사해만민(四海萬民)에게 큰 복을 주었다. 서경(書經) 주서(周書) 무성편(武成篇)에 보인다.」「이는 곧 부하게 된 사람은 다 선인이라는 뜻을 말한 것이다.」「시서(詩序)에서 『뇌(賚)는 선인에게 주는 것이다』라고 한 것은 아마 이를 바탕으로 했을 것이다.」<* 「뇌(賚)」는 시경(詩經) 주송(周頌)의 편명(篇名)이다. 그 서문에 보인다.>

(2)「이 구절은 서경 주서 태서편(泰誓篇)의 말이다.」공씨(孔氏)가 말했다.「주(周)는 지극하다는 뜻이다.」「즉 주(紂)에게는 지극히 가까운 친족(親族)이 많았다. 그러나 주(周)의 많은 인인(仁人)만 못했다는 뜻을 말한 것이다.」<* 「수유주친 불여인인(雖有周親 不如仁人)」에 대한 집주>

[주무왕(周武王)의 말]

「서경 태서」에 있다.「하늘이 나로 하여금 죄진 주를 치고 백성을 잘 다스리게 하려고 한다.(天其以予乂民)」「나에게는 나라를 잘 다스릴 신하 열 명이 있다. 한마음으로 한결같이 덕을 행하고 있다. 그러므로 <은나라 주를> 가까이하는 사람이 있어도, 우리나라의 인덕을 행하는 어진 사람을 이길 수 없다.(予有亂臣十人 同心同德 雖有周親 不如仁人)」「하늘은 우리 백성의 눈을 통해서 보고, 하늘은 우리 백성의 귀를 통해서 듣는다. 그러므로 백성에게 허물이 있다면, 그 죄와 책임은 나 한 사람에게 있는 것이다.(天視自我民視 天聽自我民聽 百姓有過 在予一人)」

이상은 주나라 무왕(武王)이 주(紂)를 토벌하기에 앞서 하늘과 제후(諸侯)에게 맹세한 말이다. <* 앞의 「제1장 제4~5구절」은 곧

집주(集註)의 「4구절」과 「5구절」이란 뜻이다. 집주는 완전히 분리했으나, 이 책에서는 합쳤다. 다음도 같다.>

20-1-[6~9] : 경문 한글 풀이

[6] 도량형을 바로잡고, 문물제도를 살펴 고치고, 황폐한 관서를 복구하여 가꾸었다. 이에 사방 모든 지방의 행정이 잘 되었다.

[7] 망했던 왕손들의 나라를 다시 일으켜주고, 끊어졌던 대를 다시 이어주고, 숨은 인재를 등용했다. 이에 천하 만민의 민심이 주나라로 돌아왔다.

[8] 주나라가 가장 소중히 여긴 것은 백성을 잘살게 하는 민생과, 아울러 죽은 사람을 정중하게 장사 지내고, 또 경건하게 제사 모시는 일이었다.

[9] 관대했으므로 많은 사람들이 귀속했고, 신의가 있었으므로 백성들이 신임했고, 성실하고 민첩하게 했으므로 많은 공적을 세웠으며, 공평무사했으므로 모든 사람이 마음으로 기뻐하고 따랐다.

[6] 謹權量 審法度 修廢官 四方之政行焉. [7] 興滅國 繼絶世 擧逸民 天下之民歸心焉. [8] 所重 民食喪祭. [9] 寬則得衆 信則民任焉 敏則有功 公則說.

[어구 설명] ○謹權量(근권량) : 정직하고 성실하게 도량형(度量衡)을 정한다. 「權(저울추 권), 量(헤아릴 량)」○審法度(심법도) : 법률과 제도를 자세히 세밀하게 제정한다. ○脩廢官(수폐관) : 난세에 퇴폐하고 폐지되었던 관청이나 기관을 다시 복구하고 다스리다. ○四方之政行焉(사방지정행언) : 천하의 모든 나라 정치가 바르게 행하게 되었다. ○興滅國(흥멸국) : 멸망한 나라를 다시 부흥시킨다. ○繼絕世(계절세) : 단절되었던 집안의 대를 다시 계승케 한다. ○擧逸民(거일민) : 숨어있던 뛰어난 인재들을 등용한다. ○天下之民歸心焉(천하지민귀심언) : 천하 만민이 마음으로 복종하고 귀의한다. ○所重(소중) : 중하게 여기다, 소중히 여긴다. ○民食喪祭(민식상제) : 백성들의 「식상제(食喪祭)」이다. 「식(食)은 잘먹고 사는 민생(民生), 상(喪)은 부모의 상례(喪禮)를 정중히 모신다, 제(祭)는 선조 부모의 제사를 때맞추어 경건히 지낸다.」○寬則得衆(관즉득중) : 관대하게 인덕(仁德)을 베풀면 많은 사람들이 그 나라에 모여든다. ○信則民任焉(신즉민임언) : 신의를 지키고 신망이 높으면 백성들이 신임한다. ○敏則有功(민즉유공) : 일을 성실하고 민첩하게 처리하면 많은 공적을 올릴 수 있다. ○公則說(공즉열) : 만민에게 공평무사하게 하면 만민이 기뻐하고 따른다.

[참고 주소 선역]

(1)「권(權)은 저울의 추다.」「양(量)은 말(斗)과 곡(斛 : 10말)을 합한 뜻이다.」「법도(法度)는 예악과 문물제도를 다 말한다.」「흥멸계절(興滅繼絕)」은 「황제(黃帝), 요(堯), 순(舜), 하(夏), 상(商=殷)의 후예들을 봉해 준 것을 말한다.」「거일민(擧逸民)」은 「감옥에

갇혀 있는 기자를 석방하고, <은나라의 현인> 상용(商容)의 지위를 회복한 것을 말한다.」「이 세 가지는 모든 사람이 마음으로 원하던 바였다.」「서경(書經) 무성편(武成篇)에 있다. 백성의 오교(五敎)와 특히 식(食), 상(喪), 제(祭)를 중시한다.」

(2) 「이 구절은 무왕의 일이다. <그러나> 출처를 알 수 없다. 아마 광범하게 제왕의 도를 말했을 것이다.」 양씨(楊氏)가 말했다. 「논어라는 책은 모두가 성인 공자의 은미(隱微)한 말을 적었으며, <그 가르침을> 문도(門徒)들이 전하고, 또 지킴으로써 사도(斯道)를 밝히고자 한 것이다. 고로 끝편에서 『요임금이 순에게 명한 말과, 탕왕(湯王)과 무왕(武王)이 <혁명에 앞서> 군대에게 맹서하고 전달한 뜻과 아울러 그들이 시행한 정사(政事)를 <기술하고, 그 모두가> 성학(聖學)과 그 성학이 전래해온 바가 하나임을 말하고자 한 것이다. 따라서 <끝에서> 논어 20편의 대지(大旨)를 기술하고 밝힌 것이다.」「맹자(孟子)도 끝편에서 역시 『요, 순, 탕(湯), 문왕(文王), 무왕(武王) 및 공자가 서로 계승한 차례』를 서술했다. <논어의 끝편이나 맹자의 끝편이나> 모두가 같은 뜻이다.」

[사문(斯文)과 도통(道統)]

(1) 제5~8구절의 여러 구절은 「좌전(左傳)」에 「공자의 말」로 인용된 것도 있다. 이 책에서는 공자가 주나라의 정치를 긍정적으로 평가한 말로 풀이했다.

(2) 제20편 제1장에 대해서 종합적으로 보충하겠다. 공자의 사상은 과거의 역사적·문화적 전통을 계승한 것이다. 「자장이 앞으로 10세의 일을 알 수 있습니까.(子張問 十世可知也)」하고 묻자, 공자가

대답했다. 「은나라는 하나라의 예를 바탕으로 했으므로 손익(損益)한 바를 알 수 있다. 주나라는 은나라와 하나라의 예를 바탕으로 했으므로 손익한 바를 알 수 있다. 그러므로 만약 주의 전통을 계승한다면 백세라도 알 수 있다.(殷因於夏禮 所損益可知也 周因於殷禮 所損益可知也 其或繼周者 雖百世亦可知也)」<제2. 위정편-23>

(3) 공자는 또 「주나라는 하와 은 두 나라의 좋은 점을 거울삼았으며, 그 문화가 더욱 빛나고 풍성하다. 그러므로 나는 주나라의 문화를 따른다.(子曰 周監於二代 郁郁乎文哉 吾從周)」고 하였다. <제3. 팔일편-14>

(4) 공자는 주나라의 문화를 「사문(斯文)」이라고 높였다. 「공자가 광(匡)에서 위태로운 지경에 빠졌을 때 말했다. 문왕은 이미 돌아가셨지만, 그분이 남긴 문화는 나에게 전해져 있지 않으냐. 하늘이 그의 문화를 없애려고 했다면, 후세 사람들이 그 문화에 관여하지 못했을 것이다. 하늘이 그 문화를 없애려고 하지 않으니, 광 사람인들 나를 어찌 해치겠느냐.(子畏於匡曰 文王旣沒 文不在茲乎 天之將喪斯文也 後死者不得與於斯文也 天之未喪斯文也 匡人其如予何)」<제9. 자한편-5>

(5) 공자가 높인 「사문」은 역사적 전통이며 동시에 인류 사회의 미래를 발전케 할 「바른 문화의 길」이다. 그러므로 공자는 「사문」을 선양했다. 「사문」은 곧 「절대선의 하늘의 도리를 따르고 실천하는 문화」다. 「사문」은 공자 이전부터 면면히 계승되어 왔다. 그 바른 문화의 전통은 옛날부터 성현(聖賢)에 의해서 계승되고 선양되어 왔다. 신화 전설 시대에 속하는 삼황(三皇), 즉 「복희(伏羲), 신농(神農), 황제(黃帝)」를 위시하여 오제(五帝)에 속하는 「요제

(堯帝), 순제(舜帝), 우왕(禹王), 탕왕(湯王), 문왕과 무왕」에 이어
졌다. 논어의 마지막 편 「제20. 요왈편-1」에서 공자는 주로 『요제,
순제, 우왕, 탕왕 및 주(周)나라』의 말을 들고, 바른 덕치의 도리를
선양했다. 이와 같이 성현들에 의해서 「정통의 도가 전해지는 것」
을 「도통(道統)」이라고 한다.

(6) 이 도통은 공자 이후에도 이어졌다. 물론 나라와 시대에 따라
「도의 계승 선양」에 「성쇠(盛衰)」가 있는 것은 사실이다. 오늘은
세계적으로 「도의 계승과 선양이 쇠퇴한 때」이다. 그러나, 「절대인
하늘과 더불어, 절대선의 천도」는 절대로 없어지는 법이 없다. 장차
는 다시 사람들이 천도(天道)를 따르게 될 것이다. 참고로 도통의
일부를 도시하겠다.

「요(堯)-순(舜)-우(禹)-탕(湯)-문(文)-무(武)-주공(周公)-공자
(孔子)-맹자(孟子)-주자(朱子)」로 이어진다.

20-2-[1~4] : 경문 한글 풀이

[1] 자장이 공자에게 물었다. 「어떻게 하면 바르
게 다스릴 수 있습니까.」 공자가 대답했다. 「다섯
가지 미덕을 존중하고, 네 가지 악덕을 배제하면
바르게 다스릴 수 있다.」

[2] 자장이 물었다. 「무엇을 다섯 가지 미덕이라
고 말합니까.」 공자가 말했다. 「군자는 백성에게
베풀어주되 허비하지 않는다. 백성에게 힘든 일
을 하게 하되 원망을 받지 않는다. 인덕(仁德) 세

우기를 바랄 뿐, 탐욕을 채우려 하지 않는다. 학덕
(學德)을 많이 지니고 태연자약하되, 남에게 거
만하지 않는다. 장중하고 위엄이 있지만 남에게
각박하거나 사납게 하지 않는다.」

[3] 자장이 「『백성에게 베풀어주되 허비하지 않
는다』는 무슨 뜻입니까.」하고 묻자, 공자가 말했
다. 〈다섯 가지 미덕에 대해서 자세히 설명했다.〉
「백성들이 이롭다고 생각하는 바를 따라서 그들
을 이롭게 해주니, 그것이 곧 『백성에게 베풀어주
되 허비하지 않음』이 아니겠느냐. 백성들을 부려
쓸 때에 일할 만한 사람을 택해서 일하게 하니,
누가 원망하겠느냐. 군자는 원래 인정(仁政)을
펴고 인덕(仁德) 세우기를 소망한다. 그리고 뜻
대로 인덕을 세우니 또 무엇을 탐내겠느냐. 〈즉
인(仁)이 아닌 권력이나 재물을 탐내지 않는다는
뜻.〉 군자는 상대방의 재물이 많으나 적으나, 권
력이 크나 작으나, 누구에게나 거만한 태도를 취
하지 않는다. 그것이 곧 『태연자약하면서 교만하
지 않는다』가 아니겠느냐. 군자는 옷을 입거나 관
을 쓰거나, 복장이나 차림을 단정히 하고 존엄한
태도로 눈을 바르게 뜨고 사물을 바라본다. 그러

므로 남들이 엄숙한 태도로 군자를 우러러보고 경외한다. 그것이 곧『장중하고 위엄이 있지만 남에게 각박하거나 사납게 하지 않는다』가 아니겠느냐.」

[4] 자장이 「무엇을 네 가지 악덕이라고 합니까.」 하고 묻자, 공자가 말했다. 「백성들을 가르치지 않고 죄진 사람을 사형에 처하는 것을 학정이라 한다. 미리 훈계하지 않고 잘못된 결과를 책망하는 것을 포악이라 한다. 법령을 엉성하게 정하고, 또 기한을 촉박하게 한정하는 것을 적해(賊害)라고 한다. 어차피 남에게 줄 것을 출납을 인색하게 하는 것을 하리(下吏)의 짓거리라 한다.」

<* 집주는 2구절로 추렸다. 이 책은 4구절로 나누어 풀이한다.>

[1] 子張 問於孔子曰 何如 斯可以從政矣 子曰 尊五美 屛四惡 斯可以從政矣. [2] 子張曰 何謂五美 子曰 君子 惠而不費 勞而不怨 欲而不貪 泰而不驕 威而不猛. [3] 子張曰 何謂 惠而不費 子曰 因民之所利而利之 斯不亦惠而不費乎 擇可勞而勞之 又誰怨 欲仁而得仁 又焉貪 君子 無衆寡 無小大 無敢慢 斯不亦泰而不驕乎 君子 正其衣冠 尊其瞻視 儼然人望而畏之 斯不亦威而不猛乎. [4] 子張曰 何謂四惡 子曰 不教而殺 謂之虐 不戒視成 謂之暴 慢令致期 謂之賊 猶之與

人也 出納之吝 謂之有司.

[어구 설명] ㅇ子張問於孔子曰(자장문어공자왈) : 자장이 공자에게 물어 말했다. ㅇ何如(하여) : 어떻게 해야. ㅇ斯可以從政矣(사가이종정의) : 바르게 다스릴 수 있습니까. ㅇ尊五美(존오미) : 다섯 가지 착하고 아름다운 미덕을 높이고 존중한다. ㅇ屛四惡(병사악) : 네 가지 나쁜 악덕한 일을 막고 배제한다.

ㅇ何謂五美(하위오미) : 무엇을 오미(五美)라고 합니까. 「오미」는 다섯 가지 좋고 아름다운 군자의 덕(德) 혹은 덕치(德治)의 도리나 방법. ㅇ君子(군자) : <바르게 나라를 다스리는> 임금이나 선비를 포함한 뜻이다. ㅇ惠而不費(혜이불비) : <백성에게> 은혜를 베풀어주되 <나라의 재물을> 허비하거나 낭비하지 않는다. ㅇ勞而不怨(노이불원) : 백성들을 부리고 일하게 하지만, 원망을 받지 않는다. ㅇ欲而不貪(욕이불탐) : 인정(仁政)과 덕치(德治)를 바랄 뿐, 탐욕스럽게 재물이나 권세를 얻으려고 하지 않는다. ㅇ泰而不驕(태이불교) : 높은 학문과 인덕(仁德)을 지니고 태연자약하면서도, 남을 멸시하거나, 남에게 교만하지 않는다. ㅇ威而不猛(위이불맹) : <예(禮)를 잘 지킨다. 따라서> 인격이나 태도가 장중하고 위엄이 있으면서도 남이나 백성에게 사납게 하거나, 각박하게 하지 않는다.

ㅇ何謂惠而不費(하위혜이불비) : 무엇을 「백성에게 베풀어주되 허비하지 않는다.」고 말하느냐. 「혜이불비(惠而不費)」는 공자의 「오미(五美)」에 대한 첫 번째 설명이다. 그 깊은 뜻을 자장이 다시 물었으며, 공자는 「오미」에 대한 다섯 가지 설명을 하나하나 자세히 말했다. ㅇ因民之所利而利之(인민지소리이리지) : 백성들이 이롭다고

생각하는 바를 따라서 그들을 이롭게 해준다. 「이(利)」는 「이롭다고 생각하고, 얻고자 하는 이득의 뜻까지 다 포함된다.」 즉 농부에게는 농사를 지음으로써 이득을 얻게 해주고, 어부에게는 고기를 잘 잡게 해준다는 뜻이다. ○斯不亦惠而不費乎(사불역혜이불비호) : 그렇게 하는 것이 곧 「혜이불비」가 아니겠느냐. ○擇可勞而勞之(택가로이로지) : 노역(勞役)할 만한 사람 혹은 합당한 때, 혹은 일을 택해서 부려쓴다. ○又誰怨(우수원) : 백성들이 잘 이해하므로 아무도 원망하는 사람이 없다는 뜻. ○欲仁而得仁(욕인이득인) : 군자는 인정(仁政)을 펴고 인덕(仁德) 세우기를 소망하고, 본래의 뜻대로 인정을 펴고 인덕을 세우니. ○又焉貪(우언탐) : 또 무엇을 탐내겠느냐. <즉 권력이나 재물을 탐내지 않는다는 뜻.> ○無衆寡(무중과) : 상대방이 재물을 많이 가졌거나 조금 가졌거나 상관하지 않고, 혹은 사람의 수가 많거나 적거나 상관하지 않고. ○無小大(무소대) : 권력이 크거나 작거나 상관하지 않고, 혹은 세력이 크거나 작거나 상관하지 않고. ○無敢慢(무감만) : 모든 사람에게 거만한 태도를 취하지 않는다. ○斯不亦泰而不驕乎(사불역태이불교호) : 그것이 곧 「태이불교(泰而不驕)」가 아니겠느냐. ○正其衣冠(정기의관) : 자기의 복장이나 차림을 단정히 하다. 「의관」은 의복이나 관모(冠帽). ○尊其瞻視(존기첨시) : 존엄한 태도로 눈을 바르게 뜨고 사물을 바라본다. 「瞻(볼 첨)」 ○儼然人望而畏之(엄연인망이외지) : 남들이 엄숙한 태도로 군자를 바라보고 경외(敬畏)한다. ○斯不亦威而不猛乎(사불역위이불맹호) : 그것이 바로 「위이불맹(威而不猛)」이 아니겠느냐.

○何謂四惡(하위사악) : 무엇을 네 가지 악덕이라 하는가. ○不敎

而殺(불교이살) : 미리 백성을 가르치거나 교화하지 않고, <버려 두었다가> 죄를 지으면 사형에 처하는 것을. ○謂之虐(위지학) : 잔학(殘虐) 혹은 학정(虐政)이라 한다. ○不戒視成(불계시성) : 백성에게 미리 훈계하거나 경계하게 지도하지 않고 <버려두었다가> 잘못한 결과만을 보고 처벌하는 것을. 「시성(視成)」의 「성(成)」은 「한 일, 성과(成果) 혹은 결과(結果)」의 뜻이다. ○謂之暴(위지폭) : 폭정이라 한다. ○慢令致期(만령치기) : <위정자가> 법령을 애매하게 만들고 <백성에게는> 엄하게 촉박하게 지키게 한다. 「만(慢)」은 「흐리멍덩하다」는 뜻. 「치기(致期)」는 「촉박하게 기한을 정하고 행하기를 기약하다」는 뜻. ○謂之賊(위지적) : 선량한 백성을 해친다는 뜻이다. ○猶之與人也(유지여인야) : <어차피 모든 사람에게 고르게> 주게 되어 있는 것을. 「유(猶)」를 집주(集註)는 「균(均)」으로 풀었다. ○出納之吝(출납지린) : 출납을 인색하게 하는 것을. ○謂之有司(위지유사) : 하천한 벼슬아치들의 짓거리라 한다. 「유사(有司)」는 「국고의 출납을 담당하는 벼슬아치.」

[참고 주소 선역]

「학(虐)은 잔혹(殘酷)하고 불인(不仁)하다는 뜻이다.」 「폭(暴)은 당장 과격하게 한다는 뜻이다.」 「치기(致期)는 기한을 각박하게 한다는 뜻이다.」 「적(賊)은 자르고 해친다는 뜻이다. 앞에서는 느슨하게 하고, 뒤에서는 다급하게 하여 백성들이 잘못하면 형벌에 처한다. 이런 것이 곧 백성을 죽이고 해치는 것이다.」 「유지(猶之)는 다 같게 한다는 뜻이다. 모든 사람에게 물건을 주면서도 출납할 때에 혹시 인색하게 하고 과감하지 못하면 곧 유사(有司)가 <인색하게 하는 것과 같으며> 정치의 본체(本體)가 될 수 없다.」 「비록 많이 주어도 사람들이 은혜롭게 생각하지 않는다.」「항우(項羽)는 부하가 공을 세워 마땅히 봉(封)을 받아야 하거늘, 노상이 낡을 때까지 모질게 참고 봉하지 않았다. <그래서 부하들이 끝까지 애쓰지 않았으므로> 결국 패하고 말았던 것이다. 이것이 증험(證驗)이라 하겠다.」 윤씨(尹氏)가 말했다.「정치에 대한 문답은 많으나, 이 구절같이 잘 갖추어진 글은 없다. 그러므로 제왕의 정치에 이어 기술한 것이다. 곧 공자의 정치하는 법을 알 수 있다.」

[오미(五美), 사악(四惡)]

(1) 논어 맨 끝편에서 정치의 요체를 묻는 자장(子張)에게 공자는 다음같이 오미(五美)와 사악(四惡)을 말했다. 오미는 나라를 다스리는 임금이나 군자가 지키고 행할 인정(仁政)과 덕치(德治)의 항목이다.

① 혜이불비(惠而不費), ② 노이불원(勞而不怨), ③ 욕이불탐(欲而不貪), ④ 태이불교(泰而不驕), ⑤ 위이불맹(威而不猛)

(2) 사악은 포학무도한 악정의 항목이다. 사악을 따르면 임금은 나라를 잃고 군자는 악신으로 전락한다.

① 학(虐), ② 폭(暴), ③ 적(賊), ④ 유사지린(有司之吝)

<* 동서고금을 막론하고 오미를 따르면 천하가 흥성하고 평화롭게 된다.>

20-3 : 경문 한글 풀이

공자가 말했다.「천명을 알지 못하면 군자가 될 수 없다. 예를 알지 못하면 세상에 나설 수 없다.

말을 모르면 사람을 다스릴 수 없다.」

子曰 不知命 無以爲君子也 不知禮 無以立也 不知言
無以知人也.

[어구 설명] ○不知命(부지명) : 명(命)을 모르면. 「명」은 곧 「천명
(天命)」이다. 즉 절대(絶對)인 하늘이 내려준 모든 것이다. ○無以
爲君子也(무이위군자야) : 군자가 될 수 없다. 군자라 할 수 없다.
○不知禮(부지례) : 예를 모르면. ○無以立也(무이립야) : 사회나
국가에 나가서 자립할 수 없다. 떳떳하게 행세할 수 없다. ○不知言
(부지언) : 말을 알지 못하면. 여기서 말하는 「언(言)」은 「하늘의
도리를 알고 말한다」는 뜻이다. ○無以知人也(무이지인야) : 사람
을 알지 못하고, 또 다스리지 못한다.

[참고 주소 선역]

(1) 정자(程子)가 말했다. 「지명(知命)은 곧 하늘이 내린 명이 있음
을 알고, 또 믿는다는 뜻이다.」 「사람이 천명을 알지 못하면 곧
해(害)를 보면 피하고, 이(利)를 보면 달려가게 되니 어찌 군자라
하겠는가.」 「예를 모르면 이목(耳目) 이상의 <예절이> 없으며,
<따라서> 수족을 <예절에 맞게> 놀리지 못한다.」 「말이 <도리
에> 맞는지 안 맞는지를 보고, 그 사람이 바른지 악한지를 알 수
있다.」

(2) 윤씨(尹氏)가 말했다. 「셋을 행해야 군자의 자격을 갖춘다. 제자
들이 글을 끝편으로 삼은 것은 뜻이 없겠는가.」 「학문을 배우는 사람
이 어려서부터 <논어를> 읽고 배우면서 늘어서 한마디도 활용할
줄 모른다면, 성인 공자의 가르침을 모독함에 가깝지 않겠는가.」

「<그런 사람은> 공자님의 죄인이니라 생각지 않을 수 있겠는가.」

[지명(知命)과 지례(知禮)]

논어의 마지막 구절로, 공자의 세 가지 말을 들었다. 나누어 뜻을 보충 설명하겠다.

(1) 「천명을 모르면 군자가 될 수 없다.(不知命 無以爲君子也)」 천명은 하늘이 절대적인 명령으로 내려준 모든 것을 뜻한다. 하늘은 우주 천지 자연 만물을 창조하고, 동시에 우주의 이법(理法)에 따라 만물의 생성 변화를 주재하는 절대자(絶對者)이다. 즉 하늘은 시간의 흐름에 따라 만물을 사랑으로 생육(生育) 번식(繁殖) 발전(發展)케 하는 절대선(絶對善)의 도리, 즉 천도(天道)의 주재자(主宰者)이다. 이와 같은 「절대자 하늘」과 「절대선의 도리, 즉 천도」를 알고 행하는 것이 곧 「지천명(知天命)」이다.

(2) 하늘은 만물 중에 오직 사람만을 「만물의 영장」으로 만들었다. 그러므로 사람은 누구나 다 「지천명」해야 한다. 특히 학문과 덕행을 바탕으로 정치에 참여할 군자는 「절대선의 도리」를 따라서, 덕치(德治)를 해야 한다. 그것이 곧 지천명(知天命)이다. 그러기 위해서는 「동물적 삶만 살면 안 된다.」 「정신적·도덕적 삶을 살기 위해 열심히 배우고, 또 자기수양을 해야 한다.」

(3) 시간과 공간을 주재하고, 섭리하는 하늘의 뜻은 깊고 미묘하다. 그러므로 하늘의 뜻을 사람이 다 알 수 없다. 예를 들면, 공자 같은 성인을 왜 난세에 태어나게 했으며, 또 고생하게 했는가. 기독교에서는 수난을 받고 돌아가신 예수님을 왜 믿어야 하는가? 동양이나 서양이나 이면에 숨겨진 깊은 뜻이 있을 것이다. 이를 공자는 「나이

오십에 천명을 알게 되었다.(五十而知天命)」라고 말했다. 현인(賢人)이 난세에 태어나 고생하는 것도 「하늘의 뜻이고, 또 조화(造化)다.」 그것을 알고 따르는 것이 지천명이다. 숙명론(宿命論)과는 다르다. 하늘의 뜻과 도리를 터득하고, 따라서 바르게 사는 것이 곧 지천명이다. 지천명해야 참다운 지식인, 즉 군자가 된다.

(4) 「예를 모르면, 독립된 인격자로서 사회나 국가에 나가서 일할 수 없다.(不知禮 無以立也)」 「예」는 이(理)와 이(履)에 통한다. 즉 「천리(天理)를 따르고 행한다는 뜻」이다.

(5) 예를 외형적으로 나타낸 것이 크게는 문화적인 문물제도, 전장(典章), 예악(禮樂) 및 여러 가지 의식 의례 등이 다 포함된다. 작게는 가정적 혹은 개인적 차원에서의 각종 예의범절(禮儀凡節), 관혼상제(冠婚喪祭)의 의식 의례 등이 포함된다. 절대선의 천도천리(天道天理)를 문화적으로 나타낸 것이 예다. 그러므로 예를 모르면, 개인적으로는 문화인이 될 수 없고, 또 국가적으로는 선량한 국민이 될 수 없다. 더욱이 「수기치인(修己治人)」하는 군자가 될 수 없다.

(6) 「말을 모르면 사람을 다스릴 수 없다.(不知言 無以知人也)」 언어는 정보 전달의 도구다. 말을 바르게 해야 정보가 바르게 전달되고, 또 서로 협동해서 큰 일을 할 수 있다. 공자는 말했다. 「사물에 대한 이름을 바르게 하지 않으면, 말이 고르지 못하고, 말이 고르지 못하면, 일이 이루어지지 않는다.(名不正 則言不順 言不順 則事不成)」 「일이 바르게 성취되지 않으면, 예악이 흥하지 않고, 예악이 흥하지 않으면, 형벌이 바르게 시행되지 않고, 형벌이 바르게 시행되지 않으면, 백성들은 손발을 움직일 수 없게 된다.(事不成 則禮樂

不興 禮樂不興 則刑罰不中 刑罰不中 則民無所措手足)」고로 「군자
는 말을 소홀히 해서는 안 된다.(君子於其言 無所苟而已)」<제13.
자로편-3>

말에는 「소리말」과 「글씨말」이 있다. 특히 남을 지도하고 다스릴
군자는 「글씨말」, 즉 「문자(文字)=한자(漢字)」를 바르게 알고 쓸
줄 알아야, 국가정치에 참여하고 남을 다스릴 수 있다. 「무이지인야
(無以知人也)」의 지(知)는 다스린다는 뜻이다.

(7) 오늘의 세계와 인류가 왜 혹심한 위기에 빠져, 개인적으로나
국가적으로나 악하게 살아야 하는가.

　① 절대선(絶對善)의 천도를 모르거나 외면하기 때문이다.

　② 정신적・도덕적 삶을 살지 않고 동물적・이기적 삶만을 살기
때문이다.

　③ 재물과 과학을 선용하여 서로 사랑하고 함께 잘사는 「사랑의
세계」를 건설하지 않는다.

　④ 반대로 남을 살상하고 남의 재물을 탈취하는 악덕 전쟁에 악
용하기 때문이다.

(8) 그러나 인류 세계는 변하고 있다. 강대국이 약소민족을 침략하
고 혼자 잘사는 시대는 지나갔다. 모든 사람이 하나가 되고 함께
잘사는 「인류대동세계(人類大同世界)」로 변하고 있다.

(9) 모든 지식인이 바르게 눈을 뜨고 바른 도리를 알고 실천하자.
그러기 위해서는 공자사상을 바르게 배우고, 바르게 알고, 또 실천
하자.

✳ 제20편 사상 복습 ✳

[고전을 가르친 공자의 정신]

(1) 공자는 기원전 500년, 즉 2,500년 전의 위대한 교육자이자 사상가였다. 교육이나 사상은 하루아침에, 한 사람에 의해서 나타나고, 또 위대하게 되는 것이 아니다. 현명하고 착한 많은 사람의 정성과 노력에 의해 쌓이고 발전하고, 또 높아지는 것이다. 공자의 위대한 사상도 마찬가지다. 그 이전의 역사적 전통을 계승한 것이다. 이를 도통(道統)을 계승하고 발전시킨 것이라 한다. 공자가 계승한 도통과 사상은 곧 수천 년 전부터 전해 내려온 삼황(三皇) 오제(五帝)의 인애(仁愛)와 덕치(德治)를 포함한다.

(2) 고대의 원시인(原始人)은 동물과 같은 삶을 살았다. 그러므로 학문 문화 도덕을 지각(知覺)하거나, 또 행하지 못했다. 그러나 장구한 세월이 흐름에 따라 복희(伏羲), 신농(神農), 수인(燧人) 같은 선각자가 나타나, 자연을 이용하고 불을 활용하는 지혜와 문화적 삶의 길을 터주었다. 그리고 뒤이어 요(堯), 순(舜), 우(禹) 같은 성제(聖帝)가 나타나 공동체를 다스리고 물려주는 덕치와 선양(禪讓)을 실천했다. 공자는 이와 같이 좋은 전통만을 이어 받고 높이고, 또 교육하고 발전시켰다. <* 잘 생각해 보자. 오늘에도 선악(善惡)이 혼재(混在)하고 있다. 그러나 많은 사람들이 선을 외면하고 악한 길만을 가고 있다. 그래서 인류가 위기에 처해 있는 것이다. 그런데도 사람들이 잘 모른다. 그래서 더욱 심각한 것이다. 동물적·육체적·이기적·물질적 삶만을 살면 안 된다. 더욱 악하게 되고 종국에는 멸망한다.>

(3) 요, 순, 우의 선양(禪讓)은 「제20. 요왈편-1」에 있으며, 그 핵심은 『서경(書經) 대우모(大禹謨)』에 다음같이 있다. 『하늘이 정한 임금 차례가 그대에게 왔다. 그대는 마침내 임금자리에 올라라.(天之曆數在汝躬 汝終陟元后)」「인간적인 욕심은 위태롭다. 도를 따르려는 마음이라야 자상할 수 있다. <도를 따르려는 마음을 지녀야> 지극히 정성 되고 한결같을 수 있다. 그러므로 중정의 도를 꽉 잡고 지켜야 한다.(人心惟危 道心惟微 惟精惟一 允執厥中)」「천하 사해의 만민이 곤궁하면 하늘이 내려주는 복록(福祿)도 영원히 단절된다.(四海困窮 天祿永終)」

(4) 하(夏)·은(殷)·주(周) 3대도 역사적으로 실재했던 고대의 왕국이다. 나누어 설명하겠다.

① 하(夏)나라는 치수(治水)의 공을 세운 우(禹)가 순(舜)으로부터 선양(禪讓)을 받은 나라다.

② 은(殷)나라의 마지막 왕 걸(桀)이 포학무도했다. 그래서 덕이 높은 탕(湯)이 무력으로 치고, 은나라를 세웠다. <* 은나라를 초기에는 상(商)이라고 했다.>

③ 은나라의 마지막 왕 주(紂)도 잔인악덕(殘忍惡德)했다. 그래서 덕이 높은 주(周)나라의 문왕(文王)이 천명을 받았다. 그후 무왕(武王)과 주공(周公)이 문왕의 뜻을 따라 주를 토벌하고 주(周)나라를 세우고, 예악 문물제도를 확립했다. <* 공자는 초기의 주나라를 더없이 높였다.>

(5) 이와 같은 고대 역사의 선악과 변천을 기록한 전적(典籍)이 공자 시대에도 남아 있었다. 그래서 공자는 그들 전적을 통해 인간

과 국가의 역사와 발전 과정을 알게 하고, 또 선악의 가치를 나라를 다스리는 임금이나 선비 및 정치에 참여하는 모든 지식인에게 바른 도리와 길을 알게 했다.

[도덕(道德), 전적(典籍) 및 예악(禮樂)]

(1) 공자는 생이지지(生而知之)한 지성선사(至聖先師)다. 그러므로 절대선(絶對善)의 천도(天道)를 깨닫고 모든 사람이 윤리 도덕을 실천해서 선세계(善世界)를 창건해야 한다고 가르쳤다. 아울러 역사를 통해 성제(聖帝)나 성왕(聖王)의 업적을 높이고 사실적으로 증명했다. 고대의 역사나 기록은 왕실의 사관(史官)만이 기록하고 관리했다. 그러나 왕조가 쇠하거나 멸망하면 문헌이나 기록도 산실되거나 고쳐 쓰여졌다. 그래서 공자는 각지에 흩어져 있는 문헌이나 기록을 수집하고 재정리하고, 또 도덕적 가치를 판단하고 체계적으로 정리하고 가르쳤다. 대표적인 전적은 「시(詩), 서(書), 예(禮), 악(樂), 역(易) 및 춘추(春秋)다.」 <* 당시는 경(經)이라 하지 않았다.> 나누어 설명하겠다.

(2) **시삼백(詩三百)** : 공자 시대에도 「시삼백」이라 했다. 즉 공자 시대에도 대략 3백 편의 시가 전해 내려왔다. 그러나, 서주(西周) 초기의 흥성기(興盛期)를 거쳐 춘추(春秋)의 쇠퇴기(衰頹期)를 거치는 사이에 「내용과 체제가 혼란스럽게 되었다.」 그래서 공자가 각지에 전하는 「3천 편의 시」를 수집하고 재정리해서 덕치(德治)에 맞게 그 내용과 체제를 바르게 정리하고 새롭게 해석했을 것이다. 시(詩)는 본래 문학에 속한다. 문학은 개인이나 집단의 생활, 감정, 사상 및 양상을 다각적으로 표현한다. 그러므로 고대의 시도 시대

와 더불어 다르게 나타났던 것이다. 즉 덕치(德治) 때에는 시도 성아(止雅)하게 나타나고, 난세(亂世)에는 난잡(亂雜)하게 나타난다. 이러한 모든 시를 공자가 도덕가치를 기준으로 사상적으로 재정리하고, 또 체제상으로도 「풍(風)·아(雅)·송(頌)」으로 나누었을 것이다. 즉 「지방의 민간시인 풍(風)도 그 해석을 도덕적으로 했을 것이다.」 「귀족사회의 행사나 연락(宴樂)을 읊은 아(雅)의 시들도 대소(大小)로 정리했다.」 「왕조의 건국 조상이나 임금의 선조를 모시는 종묘제사를 읊은 송(頌)도, 격식을 높여 악무(樂舞)를 곁들였다.」 이렇게 문학에 속하는 시를 바로잡고 도덕적으로 높여, 상하 만민의 성정(性情)을 순화하고 높이고자 했다. <* 난세에는 문학도 타락하고 음란하게 된다.>

(3) **서경(書經)** : 상서(尙書)라고도 한다. 현재 「십삼경주소(十三經註疏)」에 수록된 상서는 「금문상서(今文尙書)」와 「고문상서(古文尙書)」를 합친 것이다. 공자가 편찬하고 가르친 상서가 어떠한 것인지는 알 수 없다. 공자 이전부터 고대 역사의 문헌이 전했다. 그러나 공자는 항상 문헌이 부족하다고 걱정했다. 공자는 덕치를 역사적으로 실증하고자 했다. 그래서 「호고(好古) 민이구지(敏以求之)」라 하고, 고대로부터 전해오는 문헌을 잘 인용하고 풀이하고, 또 가르쳤다. 그러나 공자가 꾸민 상서가 어떠한 것인지는 알 수 없다.

(4) **예(禮)와 악(樂)** : 주(周)나라 초기에는 주공(周公)이 제정한 예악 문물제도가 찬연하게 빛났다. 그러나 춘추 후반기에는 쇠퇴하고 문란하게 되었다. 예악은 내면적으로는 천리(天理)를 바탕으로 하고, 외면적으로는 사회질서를 바로잡고, 또 화합하게 하는 문화

적·예술적 표현이다. 예악을 따르고 행해야 개인적으로는 종합적 인격자가 될 수 있고, 국가적으로는 인애(仁愛)가 넘치는 통합적 도덕국가를 형성할 수 있다. 그래서 공자는 개인적으로나 국가적으로나 예악을 강조했다. <* 사치와 낭비를 위해서 예악을 권장한 것이 아니다.>

(5) **역경(**易經**)** : 주역(周易)이라고도 한다. 천지 자연의 형상 변화 및 국가나 인간의 흥망성쇠를 점(占)치고, 아울러 그 철리(哲理)를 풀이하는 책이다. 재래의 설로는 복희(伏羲)가 팔괘(八卦)를 만들고, 문왕(文王)이 괘사(卦辭)를 달고, 주공(周公)이 효사(爻辭)를 달고, 공자(孔子)가 십익(十翼)을 지었다고 한다. <그러나 후세 학자들은 부정하는 사람이 많다.> 사기(史記) 공자세가(孔子世家)에 다음같이 있다. 「공자가 만년에 주역을 좋아했다. 그리고 <경문(經文)에 서(序)와 전(傳)을 달았다. 계사전(繫辭傳)도 그 중에 포함된다.>」「목간(木簡)을 묶은 가죽끈이 세 번이나 끊어졌다.(韋編三絶)」「<공자가 50살 때 말했다.> 만약 앞으로 몇년만 더 허락한다면 나는 역에 대해서 빛을 낼 것이다.(假我數年 若是 我于易 則彬彬矣)」

공자는 제자에게 주역을 가르치지는 않았다. 그러나 주역의 깊은 철리를 깊이 터득하고 있었을 것이다. <* 단 주역에는 공자의 유가 사상 이외의 다른 사상이 많이 혼합되어 있다.>

(6) **춘추(**春秋**)** : 춘추는 노나라 은공(隱公) 원년(元年 : B.C. 722)에서 애공(哀公) 14년(B.C. 481)까지, 약 242년 간의 역사를 연대별로 적은 기록이다. <* 다른 나라 역사 기록도 춘추라고 부른 경우가 있다.> 노나라의 춘추는 그 기록이 너무 간단하고 도덕적

가치 평가가 없었다. 그래서 공자가 붓을 대고 자세히 전후사정을 밝히고, 또 평한 기록이다. 「맹자(孟子) 등문공(滕文公) 하」에 다음 같이 있다.

「세도가 쇠미하고 사설폭행이 심하게 행해졌으며, 신하가 임금을 시해하거나, 자식이 아버지를 죽이는 일이 허다했다. 그래서 공자 가 두려워하고 춘추 원문에 붓을 대고 가필했다. <나라의 역사를 기록한> 춘추는 천자가 나라를 다스리는 역사 기록이다. 그래서 공자가 말했다.『나를 바르게 알아주는 것도 춘추의 글이고, 반대로 나를 벌주려고 하는 것도 춘추의 글일 것이다.』」

즉 공자가 노나라 궁중의 역사 기록을 심하게 가치 평가를 했으므로, 칭찬할 수도 있고, 반대로 비난할 수도 있다는 뜻이다.

노나라는 대부인 삼환씨(三桓氏)가 임금의 권력을 가로채고 무도한 짓을 자행했다. 그러나 사관은 그들의 악행을 사실대로, 또 구체적이면서 비판적으로 기록할 수가 없었다. 그래서 애매하고 모호했다. 그래서 공자가 붓을 들고 날카롭게 비판하고 선악을 분명히 가렸다. 맹자는 또 다음같이 말했다.

「공자가 춘추에 붓을 대고 재평가하자, 난신적자들이 크게 겁냈다. (孔子成春秋 而亂臣賊子懼)」

즉 공자는 준엄하게 역사 기록을 바로잡고, 비평하고, 대의명분(大義名分)을 밝혔다. 이와 같은 공자의 역사 기록과 비평을 후세의 역사가들이 본받았음은 물론이다. 아울러 공자는 고전을 재편집함으로써 사람들을 역사적으로 경고하고, 바르게 인도하고자 했다.

찾아보기

ㄴ

ㅅ

ㅈ

ㅊ

한글판 논어경문과
인정仁政 덕치德冶 사상

초판 인쇄 – 2011년 4월 11일
초판 발행 – 2011년 4월 15일
編著者 – 張 基 槿
발행인 – 金 東 求
발행처 – 명 문 당(창립 1923년 10월 1일)
　　　　서울특별시 종로구 안국동 17-8
　　　　우체국 010579-01-000682
　　　　전 화 (02) 733-3039, 734-4798
　　　　FAX (02) 734-9209
　　　　Homepage www.myunmundang.net
　　　　E-mail mmdbook1@kornet.net
　　　　등록 1977.11.19. 제1-148호

■

ISBN 978-89-7270-980-0 93140